Die Chronik-Bibliothek des 20. Jahrhunderts

Brigitte Beier

Chronik 1929

Tag für Tag in Wort und Bild

Chronik Verlag

Abbildungen auf dem Schutzumschlag
(oben links beginnend)
Reichsaußenminister Gustav Stresemann vor dem Völkerbund in Genf
Französische Truppen räumen die Koblenzer Rheinlandzone
Literaturnobelpreisträger Thomas Mann
Aufruf zum Volksbegehren gegen den Youngplan
Der »Schwarze Freitag« — für viele der wirtschaftliche Ruin
Festnahme während der Mai-Unruhen in Berlin
Schutzumschlag von John Heartfield für Kurt Tucholskys »Deutschland, Deutschland über alles!«

Fachautoren: Dr. Ingrid Loschek (Mode), Jochen Rentsch (Musik), Rainer Wachtel (Architektur)
Lektorat: Thomas Bertram
Anhang: Ludwig Hertel, Bernhard Pollmann, Karl Adolf Scherer
Bildredaktion: Traute Schürmann-Bätzel
Graphiken: Roman Necki
Redaktionelle Abwicklung: Barbara Reppold-Hinz, Annette Retinski
Leihgeber für Zeitungen und Zeitschriften: Institut für Zeitungsforschung, Dortmund

Druck: Mohndruck, Graph. Betriebe GmbH, Gütersloh
ISBN 3-577-14029-1

Inhalt 1929

Der vorliegende Band aus der »Chronik-Bibliothek des 20. Jahrhunderts« führt Sie zuverlässig durch das Jahr 1929 und gibt Ihnen — aus der Sicht des Zeitzeugen, aber vor dem Hintergrund des Wissens von heute — einen vollständigen Überblick über die weltweit wichtigsten Ereignisse in Politik und Wirtschaft, Kultur und Sport, Alltag und Gesellschaft. Sie können das Jahr in chronologischer Folge an sich vorüberziehen lassen, die »Chronik 1929« aber auch als Nachschlagewerk oder als Lesebuch benutzen. Das Chronik-System verbindet eine schier unübersehbare Fülle von Artikeln, Kalendereinträgen, Fotos, Graphiken und Übersichten nach einheitlichen Kriterien und macht damit die Daten dieses Bandes mit jedem anderen Band vergleichbar. Wer die »Chronik-Bibliothek« sammelt, erhält ein Dokumentationssystem, wie es in dieser Dichte und Genauigkeit nirgends sonst zu haben ist.

Hauptteil (ab Seite 8)

Jeder Monat beginnt mit einem Kalendarium, in dem die wichtigsten Ereignisse chronologisch geordnet und in knappen Texten dargestellt sind. Sonn- und Feiertage sind durch farbigen Druck hervorgehoben. Pfeile verweisen auf ergänzende Bild- und Textbeiträge auf den folgenden Seiten. Faksimiles von Zeitungen und Zeitschriften, die im jeweiligen Monat des Jahres 1929 erschienen sind, spiegeln Zeitgeist und herausragende Ereignisse.
Wichtige Ereignisse des Jahres 1929 werden — zusätzlich zu den Eintragungen im Kalendarium — in Wort und Bild beschrieben. Jeder der 371 Einzelartikel bietet eine in sich abgeschlossene Information. Die Pfeile des Verweissystems machen auf Artikel aufmerksam, die an anderer Stelle dieses Bandes ergänzende Informationen zu dem jeweiligen Thema vermitteln.
615 häufig farbige Abbildungen und graphische Darstellungen illustrieren die Ereignisse und Entwicklungen des Jahres 1929 und werden damit zu einem historischen Kaleidoskop besonderer Art.
Hinter dem Hauptteil (ab S. 212) geben originalgetreue Abbildungen einen Überblick über alle Postwertzeichen, die 1929 im Deutschen Reich neu ausgegeben wurden.

Übersichtsartikel (ab Seite 16)

19 Übersichtsartikel, am blauen Untergrund zu erkennen, stellen Entwicklungen des Jahres 1929 zusammenfassend dar.
Alle Übersichtsartikel aus den verschiedenen Jahrgangsbänden ergeben — zusammengenommen — eine sehr spezielle Chronik zu den jeweiligen Themenbereichen (z. B. Film von 1900 bis 2000).

Anhang (ab Seite 213)

Der Anhang zeigt das Jahr 1929 in Statistiken und anderen Übersichten. Ausgehend von den offiziellen Daten für das Deutsche Reich, für Österreich und die Schweiz, regen die Zahlen und Fakten zu einem Vergleich mit vorausgegangenen und nachfolgenden Jahren an.
Für alle wichtigen Länder der Erde sind die Staats- und Regierungschefs im Jahr 1929 aufgeführt und werden wichtige Veränderungen aufgezeigt. Die Zusammenstellungen herausragender Neuerscheinungen auf dem Buchmarkt sowie der Premieren auf Bühne und Leinwand werden zu einem Führer durch das kulturelle Leben des Jahres 1929.
Das Kapitel »Sportereignisse und -rekorde« spiegelt die Höhepunkte des Sportjahres 1929.
Internationale und deutsche Meisterschaften, die Entwicklung der Leichtathletik- und Schwimmrekorde sowie alle Ergebnisse der großen internationalen Wettbewerbe im Automobilsport, Eiskunstlauf, Fußball, Gewichtheben, Pferde-, Rad- und Wintersport sowie im Tennis sind wie die Boxweltmeister im Schwergewicht nachgewiesen.
Der Nekrolog enthält Kurzbiographien von Persönlichkeiten, die 1929 verstorben sind.

Register (ab Seite 233)

Das *Personenregister* nennt — in Verbindung mit der jeweiligen Seitenzahl — alle Personen, deren Namen in diesem Band verzeichnet sind.
Werden Personen abgebildet, so sind die Seitenzahlen kursiv gesetzt.
Herrscher und Angehörige regierender Häuser mit selben Namen sind alphabetisch nach den Ländern ihrer Herkunft geordnet.
Wer ein bestimmtes Ereignis des Jahres 1929 nachschlagen möchte, das genaue Datum oder die Namen der beteiligten Personen aber nicht präsent hat, findet über das spezielle *Sachregister* Zugang zu den gesuchten Informationen.
Oberbegriffe und Ländernamen erleichtern das Suchen und machen zugleich deutlich, welche weiteren Artikel und Informationen zu diesem Themenfeld im vorliegenden Band zu finden sind. Querverweise helfen bei der Erschließung der immensen Informationsvielfalt.

CAUTION

Das Jahr 1929

Am 25. Oktober 1929, dem »Schwarzen Freitag«, stürzen an der New Yorker Börse die Aktienkurse - dieser Tag markiert den Beginn der Weltwirtschaftskrise; Massenarbeitslosigkeit und Verarmung weiter Bevölkerungskreise in allen Industriestaaten werden die Folge sein.
Der Börsenkrach ist nur ein Symptom für tieferliegende ökonomische Probleme, die nicht nur in Deutschland, sondern auch in anderen europäischen Staaten die parlamentarische Demokratie gefährden und die Entstehung faschistischer Systeme begünstigen. Vier Jahre nach dem »Schwarzen Freitag« haben die Nationalsozialisten die Macht im Deutschen Reich übernommen, zehn Jahre nach diesem Tag hat der Zweite Weltkrieg schon begonnen.
Deutschland ist wegen der Abhängigkeit von ausländischen Krediten von der weltweiten Krise — abgesehen von den USA — am stärksten betroffen. Nur mit Hilfe dieser Kredite ist es in der Lage, die Reparationen an die Siegermächte des Weltkriegs zu leisten. Noch während der Verhandlungen über eine endgültige Regelung der deutschen Zahlungen (Stichwort: Youngplan) stellt sich heraus, daß die deutsche Regierung die festgesetzten Raten nicht aufbringen kann; das Ausbleiben der Auslandskredite bringt die Regierungen des Reichs, einiger Länder und Städte bereits Ende 1929 an den Rand der Zahlungsfähigkeit.
Auch die Kassen der Arbeitslosenversicherungsanstalt sind wegen der unerwartet hohen Zahl von Unterstützungsempfängern — mehr als zwei Millionen Arbeitslose bereits im Februar 1929 — leer. Wegen der finanziellen Engpässe verschärfen sich die Auseinandersetzungen in der Reichsregierung. Der Konflikt zwischen der SPD und der rechtsliberalen DVP über eine geringfügige Erhöhung der Arbeitslosenversicherungsbeiträge führt bereits 1930 zum Auseinanderbrechen der Großen Koalition, der letzten parlamentarischen Regierung der Republik von Weimar.
Die Rechtsparteien, die von Alfred Hugenberg geführten Deutschnationalen und Hitlers Nationalsozialisten, nutzen die Schwäche der Regierung zu einer gemeinsamen Kampagne gegen die »Versklavung des deutschen Volkes« durch den Youngplan. Der von der Rechten initiierte Volksentscheid findet zwar keine Mehrheit, die NDSAP ist aber durch das Zusammengehen mit Hugenberg »hoffähig«, d. h. wählbar geworden. In einigen Länderregierungen wie in Thüringen und Sachsen nehmen die Nationalsozialisten Schlüsselpositionen ein, im Stadtrat von Coburg verfügen sie zuerst über die absolute Mehrheit.
Während die Rechte einig ist, driftet die Linke auseinander. Als die Polizei der sozialdemokratisch regierten Reichshauptstadt Berlin im sozialdemokratisch geführten Preußen bei einer — verbotenen — Demonstration der KPD am 1. Mai (»Berliner Blutmai«) vom Schießbefehl so ausgiebig Gebrauch macht, daß mehr als 30 Menschen sterben, sieht die KPD ihre These bestätigt, die Sozialdemokratie sei der Hauptfeind in der Auseinandersetzung der Klassen. Bei vielen SPD-Anhängern verschwimmt der Unterschied zwischen Nationalsozialisten und Kommunisten.
Ein großer Verlust für die junge, von inneren Konflikten bedrohte deutsche Demokratie ist der Tod von Reichsaußenminister Gustav Stresemann, der am 3. Oktober 1929 im Alter von 51 Jahren einer langen Krankheit erliegt. Einen Monat vor seinem Tod wird der Abzug der letzten Besatzungssoldaten aus dem Rheinland auf der Haager Konferenz definitiv vereinbart. Obwohl Stresemann also sein Lebenswerk, die Aussöhnung mit den ehemaligen Kriegsgegnern und die Wiedereingliederung des Deutschen Reichs in die internationale Staatengemeinschaft, erfolgreich abgeschlossen hat, hinterläßt sein Tod eine Lücke. »Deutschland hat, nach Jahrzehnten, eine weit über den Durchschnitt reichende politische Begabung gehabt, und jetzt wird wieder eine große Pause sein«, kommentiert der Publizist Carl von Ossietzky in der von ihm herausgegebenen »Weltbühne«.
Da für das Deutsche Reich die Außenpolitik dank Stresemann an Brisanz verloren hat, werden die großen internationalen Ereignisse des Jahres 1929 von den Deutschen mit geringerer Aufmerksamkeit registriert, die Versöhnung des Vatikans mit dem faschistischen Italien ebenso wie die Ausweisung von Leo Trotzki aus der Sowjetunion, die Bürgerkriege im fernen China und in Afghanistan. Die Presse ist statt dessen beherrscht von Diskussionen über die Bucherfolge des Jahres, den Antikriegsroman »Im Westen nichts Neues« von Erich Maria Remarque und Vicky Baums »Menschen im Hotel«, über die Bauhaus-Architektur und die neuesten Inszenierungen von Max Reinhardt, Leopold Jessner und Gustaf Gründgens oder die Uraufführung der Oper »Neues vom Tage« von Paul Hindemith in Berlin. Die ersten deutschen Tonfilme werden ebenso ausführlich besprochen wie Revuen und Kabaretts, aber auch große Sportveranstaltungen. Die Kultur- und Unterhaltungsindustrie droht alle Krisenzeichen aus dem Bewußtsein der Menschen zu verdrängen; übrig bleibt, was das Schlagwort von den Goldenen Zwanzigern ausdrücken soll: Emanzipierte Frauen mit kurzem Rock und Bubikopf, Vergnügungssucht, Tanzfreude, Sportbegeisterung, aber auch eine rege, innovative Kunstszene.

Brigitte Beier

◁ *Menschenmassen vor der New Yorker Börse in der Wallstreet am 25. Oktober 1929, dem »Schwarzen Freitag« der Weltwirtschaft*

Januar 1929

Mo	Di	Mi	Do	Fr	Sa	So
	1	2	3	4	5	6
7	8	9	10	11	12	13
14	15	16	17	18	19	20
21	22	23	24	25	26	27
28	29	30	31			

1. Januar, Neujahr

Reichspräsident Paul von Hindenburg empfängt im Präsidentenpalais in Berlin das Diplomatische Korps, um Neujahrsglückwünsche der Botschafter entgegenzunehmen. →S. 13

Der »Völkische Beobachter«, das Parteiorgan der NSDAP, der bisher allein in München aufgelegt wurde, erscheint erstmals mit einer Berliner Ausgabe.

Richard Nicolas Graf Coudenhove-Kalergi, der Begründer und Leiter der Paneuropa-Bewegung, veröffentlicht in der »Vossischen Zeitung« einen Aufruf an die europäischen Staaten, sich dem Vorbild der panamerikanischen Konferenz (→ 6.1./S. 19) folgend zu einem Staatenbund zusammenzuschließen.

José María Moncada wird als neuer Präsident des mittelamerikanischen Staates Nicaragua vereidigt. Er wurde bei den Wahlen von den USA unterstützt. →S. 19

Seymour Parker Gilbert, der für die Überwachung der Zahlungsverpflichtungen des Deutschen Reichs zuständige US-amerikanische Reparationsagent, äußert sich in seinem Jahresbericht für 1928 zufrieden über die ökonomische Situation im Deutschen Reich. →S. 12

Die Turiner Automobilfirma Fiat benennt die NSU-Fahrradwerke AG in NSU-Automobil AG um und nimmt die Produktion des Wagens NSU-Fiat auf.

Im Deutschen Reich sind über eine Million (genau: 1,034 Millionen) Kraftfahrzeuge zugelassen.

Sämtliche Berliner städtischen Verkehrsmittel gehen in den Besitz der im Dezember 1928 gegründeten Berliner Verkehrs-Aktien-Gesellschaft (BVG) über.

2. Januar, Mittwoch

Der preußische Landtag in Berlin lehnt ein von den Kommunisten eingebrachtes Mißtrauensvotum gegen die preußische Staatsregierung unter Ministerpräsident Otto Braun (SPD) wegen des geplanten Konkordats mit der katholischen Kirche (→14.6./S. 101) mit 211 gegen 126 Stimmen bei 14 Stimmenthaltungen ab.

3. Januar, Donnerstag

Die litauische Regierung bekundet ihre grundsätzliche Zustimmung zur Unterzeichnung eines Kriegsächtungspaktes zwischen den baltischen Staaten und der UdSSR (Litwinow-Protokoll; →9.2./S. 34).

Der Streik in der norddeutschen Werftindustrie geht nach fast 14 Wochen mit der Verbindlichkeitserklärung des Schiedsspruchs durch Reichsarbeitsminister Rudolf Wissell (SPD) zu Ende. →S. 14

Die Krönung von Ahmed Zogu I., der sich am 1. September 1928 zum König von Albanien hat ausrufen lassen, scheitert daran, daß die albanische Krone sich in einem Wiener Museum befindet. →S. 21

Bei einer Sturmkatastrophe an der Nordwestküste von Japan kommen fast 100 Menschen ums Leben.

4. Januar, Freitag

Bolivien und Paraguay unterzeichnen in der US-Hauptstadt Washington ein Versöhnungsprotokoll, mit dem sie ihre Grenzstreitigkeiten beilegen.

In Bratislava (Preßburg) wird der Abgeordnete der Slowakischen Volkspartei, Bela Tuka, verhaftet. Er ist der Spionage für Ungarn verdächtig.

In Frankfurt am Main wird eine von der Frauenliga für Frieden und Freiheit einberufene Internationale Konferenz über die modernen Kriegsmethoden eröffnet. Bis zum 6. Januar debattieren die Delegierten über Möglichkeiten zum Schutz der Zivilbevölkerung im Kriegsfall.

In Berlin wird das Volksstück »Die Bergbahn« des österreichischen Dramatikers Ödön von Horvath uraufgeführt.

Die Inszenierungen der antiken Tragödien »Ödipus Rex« und »Ödipus auf Kolonos« von Sophokles durch den Intendanten des Staatlichen Schauspielhauses in Berlin, Leopold Jessner, werden große Erfolge bei Publikum und Kritik. Die Titelrolle spielt Fritz Kortner. →S. 21

Der deutsche Schwergewichtsboxer Max Schmeling gewinnt im Rahmen seiner USA-Tournee im Madison Square Garden in New York einem Kampf gegen Joe Sekyra (USA) nach Punkten.

5. Januar, Sonnabend

König Alexander I. Karadordević löst das Parlament des Königreichs der Serben, Kroaten und Slowenen (Jugoslawien) auf, setzt die Verfassung außer Kraft, hebt die bürgerlichen Freiheiten auf und erklärt sich zum Alleinherrscher. →S. 18

In Budapest wird ein Neutralitäts-, Freundschafts- und Schiedsvertrag zwischen Ungarn und der Türkei unterzeichnet. Die Vertragspartner verpflichten sich nicht nur, Streitigkeiten untereinander auf friedlichem Wege zu lösen, sondern auch, sich bei Konflikten mit anderen Staaten neutral zu verhalten.

In der Hansestadt Hamburg wird eine neue Elbbrücke eingeweiht.

Vom Vox-Haus in Berlin strahlt der Schotte John Logie Baird auf Einladung von Staatssekretär Hans Bredow erstmals Fernsehbilder aus. Das Experiment wird nach kurzer Zeit aufgegeben (→8.3./S. 53).

Bei der deutschen Erstaufführung des Stücks »Orpheus« von dem französischen Dramatiker Jean Cocteau in Berlin führt Gustaf Gründgens Regie. →S. 24

Der Schriftsteller Heinrich Hauser wird für seinen Roman »Brackwasser« mit dem Gerhart-Hauptmann-Preis ausgezeichnet.

In Johanngeorgenstadt (Sachsen) wird die mit 42 m höchste deutsche Skischanze eingeweiht. Sieger des Eröffnungsspringens ist Erich Recknagel. →S. 25

6. Januar, Sonntag

Heinrich Himmler wird zum Reichsführer SS (Schutzstaffel) ernannt. Er baut die Organisation unter seiner Leitung zu einer Elitetruppe für den NSDAP-Vorsitzenden Adolf Hitler aus. → S. 13

Bei den Landtagswahlen in Lippe erringen die Sozialdemokraten neun von 21 Sitzen. Je drei Sitze entfallen auf DNVP und DVP. Je ein Mandat erhalten KPD, DDP, Volkspartei und Wirtschaftspartei, zwei Mandate erringt die Christlichnationale Bauernpartei. Das Zentrum geht leer aus.

In Washington unterzeichnen Vertreter der USA sowie 20 lateinamerikanischer Staaten zwei multilaterale Schieds- und Schlichtungsverträge, mit denen sie sich auf die friedliche Beilegung von Streitigkeiten zwischen mehr als zwei Unterzeichnerstaaten verpflichten. →S. 19

7. Januar, Montag

Das Flugzeug »Question Mark«, das in der Luft aufgetankt werden kann, stellt einen Dauerflug-Weltrekord auf. →S. 21

Die Berliner Polizei löst die Vereine »Immertreu« und »Norden«, deren Mitglieder am Schlesischen Bahnhof ein Versammlungslokal der Hamburger Zimmerleute gestürmt hatten, auf. →S. 20

8. Januar, Dienstag

Der neue deutsche Botschafter in Moskau, Herbert von Dirksen, überreicht im Kreml sein Beglaubigungsschreiben. Er tritt die Nachfolge des am 8. September 1928 verstorbenen Botschafters Ulrich Graf von Brockdorff-Rantzau an.

Der experimentelle Film »Der Mann mit der Kamera« (Tschelowek s Kinoapparatom) des sowjetischen Regisseurs Dsiga Wertow wird in Kiew uraufgeführt. →S. 21

9. Januar, Mittwoch

Die Reichsregierung benennt den Präsidenten der Reichsbank, Hjalmar Schacht, und den Industriellen Albert Vögler als Sachverständige für den Ausschuß zur Neuregelung der Reparationsfrage in Paris (→11.2./S. 32). Als Ersatzmänner werden Karl Melchior und Ludwig Kastl bestellt.

10. Januar, Donnerstag

Der bayerische Ministerpräsident Heinrich Held (Bayerische Volkspartei) protestiert gegen den Jahresbericht des Reparationsagenten Seymour Parker Gilbert (→1.1./S. 12). Gilbert habe weder die Not der deutschen Landwirte noch die der Rentner erwähnt und so eine »groteske Verzeichnung« der Wirklichkeit vorgenommen.

In Ankara beschließt das türkische Parlament, europäische Maße und Gewichte einzuführen sowie den wöchentlichen Ruhetag vom traditionellen islamischen Feiertag, dem Freitag, auf den christlichen Sonntag zu verschieben. →S. 18

Karla Petersen, Leiterin einer Mädchenschule in Kiel, wird als erste Frau im Deutschen Reich in die Schulaufsichtsbehörde berufen und zur Schulrätin ernannt.

Der Historienfilm »Waterloo« von Karl Grune mit Otto Gebühr in der Hauptrolle wird in Berlin uraufgeführt. Die Kritiker reagieren negativ. →S. 21

Der 40jährige Norweger Oskar Mathisen verbessert in Davos seinen eigenen, immer noch gültigen Weltrekord aus dem Jahr 1909 im 1000-m-Eisschnellauf. Der neue Rekord wird offiziell nicht anerkannt, weil Mathisen Profi ist. →S. 25

11. Januar, Freitag

Der Redakteur der kommunistisch orientierten Kölner Zeitung »Sozialistische Republik«, Julius Klepper, wird wegen Beleidigung des preußischen Wohlfahrtsministers Heinrich Hirtsiefer (Zentrum) zu drei Monaten Gefängnis verurteilt.

Dem französischen Staatspräsidenten Raymond Poincaré wird von der Nationalversammlung in Paris mit 325 gegen 251 Stimmen das Vertrauen ausgesprochen. Poincaré hatte zuvor den Rücktritt erwogen, weil die Fraktionen einiger Regierungsparteien bei Parlamentsabstimmungen die nötige Koalitionsdisziplin hatten vermissen lassen.

Die kommunistische Parteiführung der Sowjetunion beschließt die Einführung des Siebenstundentags bis zum 1. Oktober 1933. →S. 15

Der Diskontsatz der Deutschen Reichsbank wird von 7 auf 6,5 % gesenkt.

12. Januar, Sonnabend

In der Berliner Philharmonie wird das Ballett mit Musik »Fünf Wünsche« des beliebten Operettenkomponisten Ralph Benatzky uraufgeführt.

13. Januar, Sonntag

Der afghanische König Aman Ullah verzichtet nach Aufständen zahlreicher Volksgruppen, die sein Europäisierungsprogramm ablehnen, zugunsten seines Bruders auf den Thron. Allerdings wird dieser nach wenigen Tagen aus dem Amt vertrieben. →S. 19

14. Januar, Montag

Die schwedische Prinzessin Martha, Tochter des Herzogs von Westgotland, verlobt sich mit dem norwegischen Kronprinzen Olaf (→21.3./S. 54).

15. Januar, Dienstag

In einer programmatischen außenpolitischen Rede in Warschau erklärt der polnische Außenminister August Zaleski, das Verhältnis seines Landes zum Deutschen Reich sei »ohne Haß, aber nicht ohne Mißtrauen«.

Das Tanger-Statut, das die Verwaltungsrichtlinien für die internationale Zone an der Straße von Gibraltar zwischen Frankreich, Spanien und Italien neu festlegt, tritt in Kraft.

Keine Hoffnung auf eine Verbesserung der politischen und wirtschaftlichen Lage im Deutschen Reich macht der in München erscheinende »Simplicissimus« seinen Lesern in der ersten Januar-Ausgabe 1929

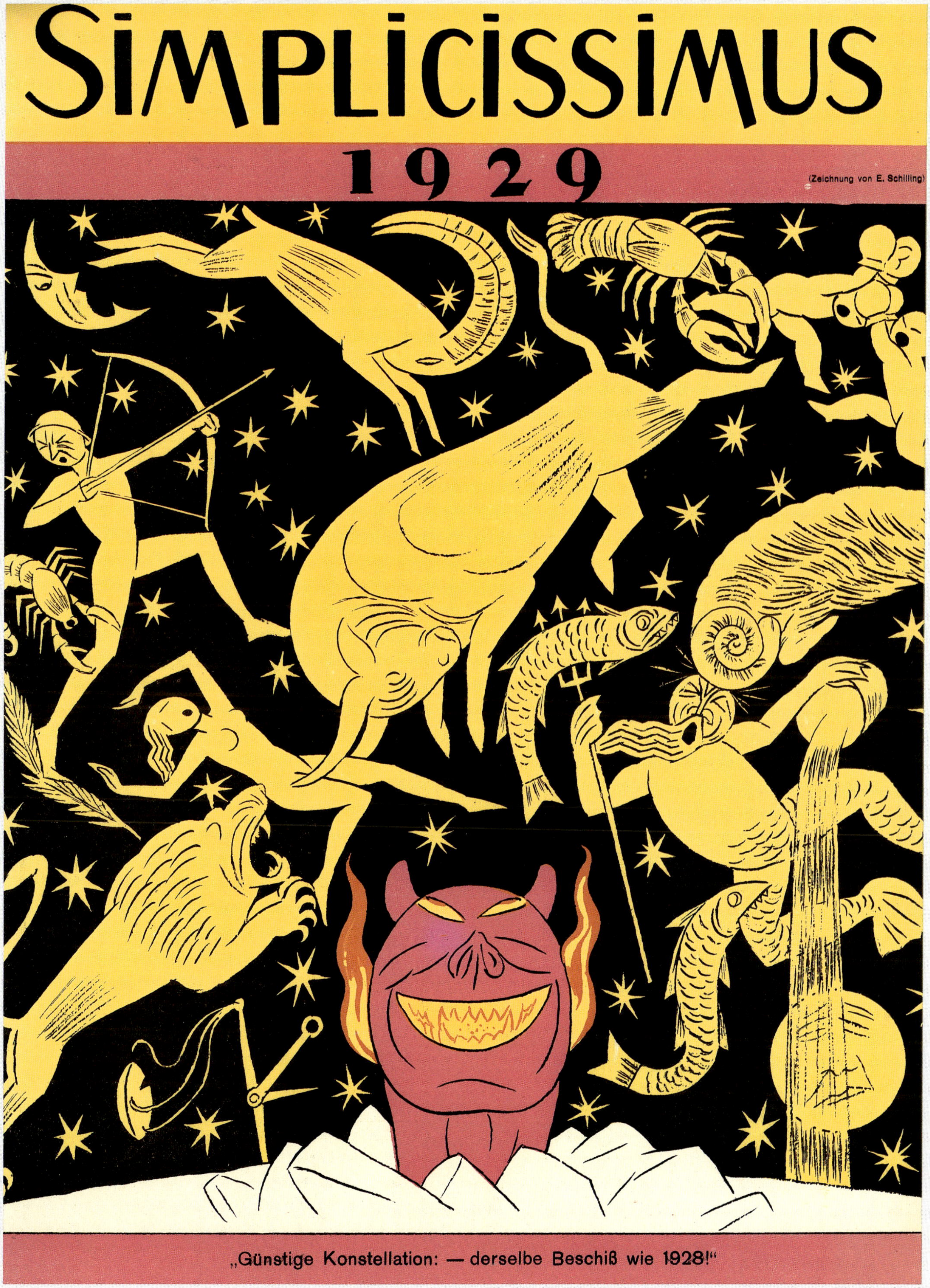

Die Arbeitslosenzahl im Deutschen Reich übersteigt die Zwei-Millionen-Grenze (2,029 Millionen; → 28.2./S. 33).

16. Januar, Mittwoch

Das Heimkehrerdrama »Karl und Anna« von Leonhard Frank nach seiner gleichnamigen Erzählung wird an mehreren deutschen Bühnen zugleich uraufgeführt. →S. 24

17. Januar, Donnerstag

US-Präsident Calvin Coolidge unterzeichnet die Ratifikationsurkunde für den Pakt der Ächtung des Angriffskriegs (Briand-Kellogg-Pakt; →24.7./S. 117).

Das Reichskabinett in Berlin verabschiedet den Reichshaushaltsplan für 1929 mit einem ordentlichen Etat von 9,9 Milliarden und einem außerordentlichen Etat von 150 Millionen Reichsmark.

Der Streifen »Ich küsse Ihre Hand, Madame« von Robert Land, ein Stummfilm mit einer kurzen Toneinlage, gesungen von dem Tenor Richard Tauber, wird in Berlin uraufgeführt. →S. 24

18. Januar, Freitag

Die bayerische Landesbauernkammer stellt der Reichsregierung auf einer Kundgebung in München ultimative Forderungen: Sollten bis zur Einbringung der Ernte 1929 nicht die Steuern für Landwirte gesenkt und weitere Subventionen in Aussicht gestellt worden sein, würden die Landwirte ihre Arbeit einstellen und die Städte nicht länger mit Nahrungsmitteln beliefern (→1.9./S. 150).

19. Januar, Sonnabend

Das Landgericht Prenzlau lehnt es ab, gegen den stellvertretenden Vorsitzenden des rechtsgerichteten paramilitärischen Kampfbundes Stahlhelm, Theodor Duesterberg, juristisch vorzugehen. Duesterberg hatte auf einer Stahlhelm-Kundgebung in Prenzlau u.a. wörtlich erklärt: »Wir wollen diesen Staat, der aus Verrat und Meuterei geboren ist, wiedererobern.«

Die Reparationskommission in Paris ernennt in Abstimmung mit der deutschen Regierung die US-amerikanischen Bankiers Owen D. Young und John Pierpont Morgan d.J. zu Mitgliedern des Sachverständigenausschusses. Die Vereinigten Staaten sind, da sie keine Reparationsforderungen an das Deutsche Reich stellen, nicht mit einer offiziellen Delegation vertreten (→11.2./S. 32).

Der Journalist Oskar Pöffel, der im Juni 1928 einen Kollegen während einer Gerichtsverhandlung niedergeschossen hatte, wird vom Wiener Schwurgericht wegen mangelnder Schuldfähigkeit freigesprochen. Das Urteil löst Diskussionen über Schwurgerichtsbarkeit aus. →S. 21

20. Januar, Sonntag

Der NSDAP-Vorsitzende Adolf Hitler stellt auf einer Führertagung in München den Grundsatz auf, daß Jugendorganisationen der Partei von Jugendlichen selbst geleitet werden sollten.

21. Januar, Montag

Der österreichische Bundeskanzler Ignaz Seipel stattet der bayerischen Staatsregierung in München einen eintägigen Besuch ab. Seipel dementiert Gerüchte, wonach er eine bayerisch-österreichische Föderation anstrebe.

In allen größeren Städten der Sowjetunion wird der fünfte Todestag von Revolutionsführer Wladimir I. Lenin mit Festaufmärschen und anderen Großveranstaltungen feierlich begangen.

Litauen ratifiziert den Briand-Kellogg-Pakt zur Ächtung eines Angriffskrieges (→24.7./S. 117).

Der deutsche Schwergewichtsboxer Max Schmeling besiegt im Rahmen einer USA-Tournee den Italo-Amerikaner Pietro Corri in Newark (New Jersey) nach 62 Sekunden durch K.o.

22. Januar, Dienstag

Das Reichsarbeitsgericht in Leipzig bestätigt die juristische Position der Unternehmerverbände im sog. Ruhreisenstreit, der im November 1928 zur Aussperrung von 230 000 Metallarbeitern im Revier geführt hatte. Nach Meinung des Gerichts war der vom Schlichter Wilhelm Joetten im Tarifkonflikt gefällte Schiedsspruch juristisch ungültig. →S. 15

Der Nationalrat, das österreichische Parlament, nimmt mit den Stimmen der oppositionellen Sozialisten und der an der Regierung beteiligten Großdeutschen einen Antrag auf Angleichung des österreichischen an das deutsche Eherecht an. Das Abstimmungsverhalten der Großdeutschen, die mit den Christlichsozialen eine Koalition bilden, gefährdet den Bestand der Regierung (→4.5./S. 85).

Zwischen Berlin und New York wird eine direkte Kabelverbindung zum Telefonieren eingerichtet.

Der 200. Geburtstag des deutschen Schriftstellers, Kritikers und Philosophen Gotthold Ephraim Lessing wird in zahlreichen Festveranstaltungen im Deutschen Reich begangen.

Der Konstrukteur Max Valier führt in Schleißheim bei München einen Bob vor, der mit acht beim Start gezündeten Raketen angetrieben wird.

23. Januar, Mittwoch

Die Reichstagsfraktion der Bayerischen Volkspartei spricht sich aus »sozialen Gründen« gegen die geplante Erhöhung der Biersteuer aus.

24. Januar, Donnerstag

Der Sozialdemokrat Heinrich Drake wird vom Lippeschen Landtag zum Ministerpräsidenten einer Koalition aus SPD, Deutscher Demokratischer Partei (DDP) und Volksrechtspartei gewählt.

Der konservative britische Premierminister Stanley Baldwin eröffnet mit einer Massenversammlung in Newcastle den Wahlkampf seiner Partei für die Parlamentswahlen (→8.6./S. 102).

25. Januar, Freitag

In Berlin finden vertrauliche Besprechungen zwischen Mitgliedern der Reichsregierung und Vertretern der Länder über die finanziellen Abfindungsansprüche der Länder gegenüber dem Reich statt (→31.1./S. 14).

Reichsaußenminister Gustav Stresemann (DVP) erstattet dem Auswärtigen Ausschuß des Reichstags Bericht über die Tagung des Völkerbundrats in Lugano im Dezember 1928. Am Rande der Konferenz war eine Neuregelung der deutschen Reparationszahlungen beschlossen worden (→11.2./S. 32).

Adam Stegerwald, Vorsitzender der christlichen Gewerkschaften, wird zum Fraktionsvorsitzenden des Zentrums im Deutschen Reichstag in Berlin gewählt.

In Moskau wird ein deutsch-sowjetisches Schlichtungsabkommen unterzeichnet, das die Einrichtung einer mindestens einmal jährlich tagenden Vermittlungskommission aus Vertretern beider Staaten vorsieht, die über Streitfragen zwischen beiden Staaten beraten soll.

Die Stadt Kaiserslautern streicht aus Ersparnisgründen den Posten des Theaterintendanten und verkürzt die jährliche Spielzeit auf acht Monate.

26. Januar, Sonnabend

Die Jahreshauptversammlung der Siemens und Halske AG findet in Berlin statt. Der Jahresumsatz für 1928 wird mit 750 Millionen Reichsmark beziffert.

Der Aufsatz »Zur einheitlichen Feldtheorie« von Albert Einstein, eine Erweiterung der Relativitätstheorie, wird veröffentlicht.

27. Januar, Sonntag

Der Freundschaftsvertrag zwischen Italien und dem Königreich der Serben, Kroaten und Slowenen (Jugoslawien), der 1924 mit fünfjähriger Dauer abgeschlossen worden ist, läuft aus, ohne daß es zwischen beiden Regierungen zu einer Vereinbarung über eine Verlängerung kommt. →S. 18

Die Tschechoslowakei ratifiziert den Briand-Kellogg-Pakt, mit dem der Angriffskrieg als Mittel der Politik geächtet wird (→24.7./S. 117).

Der ehemalige deutsche Kaiser Wilhelm II. feiert im niederländischen Exil in Doorn im Kreise der Hohenzollernfamilie seinen 70. Geburtstag. →S. 21

Reichsinnenminister Carl Severing (SPD) spricht auf einer Kundgebung des Reichsbanners, der sozialdemokratischen Schutzorganisation, in Hamburg zum Thema »Staat der Hohenzollern, Staat von Weimar«. Er bekennt sich in seiner Rede eindringlich zur republikanischen Staatsverfassung.

28. Januar, Montag

Das Königreich der Serben, Kroaten und Slowenen (Jugoslawien) ratifiziert durch König Alexander I. Karadordević den Briand-Kellogg-Pakt zur Ächtung des Angriffskriegs (→24.7./S. 117).

Auf dem Reichslandbundtag in Berlin bekräftigen die Landwirte ihre Forderungen nach Senkung der Steuern und nach weiteren finanziellen Hilfen von der Reichsregierung.

29. Januar, Dienstag

Der von der sowjetischen Parteiführung ausgewiesene Oppositionelle Leo Trotzki verläßt sein Heimatland in Richtung Türkei (→11.2./S. 34).

30. Januar, Mittwoch

Eine Militärrevolte gegen den spanischen Diktator Miguel Primo de Rivera y Orbaneja wird frühzeitig aufgedeckt und niedergeschlagen. →S. 19

In Paris wird ein Handels- und Schiffahrtsvertrag zwischen Frankreich und dem Königreich der Serben, Kroaten und Slowenen (Jugoslawien) unterzeichnet.

In Berlin wird ein spektakulärer Bankraub, der sich in einer Zweigstelle der Disconto-Gesellschaft am Wittenbergplatz ereignet hat, aufgedeckt. Die Täter sind durch einen eigenhändig gegrabenen Tunnel in den Tresorraum eingedrungen. →S. 20

Bei einem Zugunglück auf der Strecke Plattling - Regensburg werden vier Personen getötet und sieben verletzt.

Der Berliner Maler Max Slevogt wird zum Ehrenmitglied der Wiener Akademie der bildenden Künste ernannt.

31. Januar, Donnerstag

Vertreter der bayerischen Landesregierung erheben auf einer Pressekonferenz in München schwere Vorwürfe gegen Preußen wegen der Entschädigungsforderungen an das Reich. →S. 14

Reichskanzler Hermann Müller (SPD) unterrichtet Reichspräsident Paul von Hindenburg, daß es ihm nicht gelungen sei, die Regierungskoalition stärker in den Fraktionen der Regierungsparteien (SPD, DDP, Zentrum, BVP, DVP) zu verankern. Hindenburg betont, daß wegen der Reparationskonferenz (→11.2./S. 32) eine Regierungskrise unbedingt vermieden werden müsse (→ 6.2./S. 33; 13.4./S. 66).

Die Sowjetunion erläßt eine offizielle Einladung an Polen zur Unterzeichnung des Litwinow-Protokolls zur Ächtung des Krieges (→9.2./S. 34).

»Im Westen nichts Neues« von Erich Maria Remarque erscheint mehr als zwei Monate nach dem Vorabdruck in der »Vossischen Zeitung« im Ullstein-Propyläen-Verlag als Buch. Schon vor Erscheinen ist die Erstauflage infolge von Vorbestellungen restlos vergriffen. →S. 25

Das Wetter im Monat Januar

Station	Mittlere Lufttemperatur (°C)	Niederschlag (mm)	Sonnenscheindauer (Std.)
Aachen	-1,6 (1,8)	34 (72)	— (51)
Berlin	-4,4 (- 0,4)	34 (43)	— (56)
Bremen	-2,8 (0,6)	14 (57)	— (47)
München	-6,9 (- 2,1)	56 (55)	— (56)
Wien	-4,6 (- 0,9)	55 (40)	— (56)
Zürich	-4,5 (- 1,0)	35 (68)	44 (46)

( ) Langjähriger Mittelwert für diesen Monat
— Wert nicht ermittelt

Mit einem großen Bildbericht versucht die »Berliner Illustrirte Zeitung« vom 31. Januar 1929, ihren Lesern einen Überblick über die Revolution in Afghanistan zu verschaffen, die König Aman Ullah zur Flucht nach Europa zwingt

31. Januar 1929
Nummer 5
38. Jahrgang

Berliner
Illustrirte Zeitung

Preis des Heftes 20 Pfennig

Verlag Ullstein Berlin SW 68

Wie sieht es in Kabul aus? *4 Bilderseiten in dieser Nummer.*

Regimentsfahne der afghanischen Armee.

Deutsches Reich erfüllt Reparationsverpflichtungen

1. Januar. Reparationsagent Seymour Parker Gilbert äußert sich in seinem Bericht für das abgelaufene Jahr 1928, der in einer vorläufigen Ausgabe der Presse übergeben wird, zufrieden über die wirtschaftliche Situation des Deutschen Reichs; die Zahlung der Reparationen, d.h. der Verpflichtungen gegenüber den Siegermächten des Weltkriegs, sei durch die ökonomische Lage keinesfalls gefährdet.

Die Verpflichtungen des Deutschen Reichs sind mit dem Dawesplan von 1924 auf eine neue Grundlage gestellt worden, da die zuvor festgelegten Leistungen nicht aufzubringen waren. Da das laufende Planjahr (vom 1.9.1928 bis zum 31.8.1929) das erste Normaljahr des Dawesplans ist — es sind erstmals 2,5 Milliarden Goldmark an Sach- und Geldleistungen zu erbringen, zuvor waren die Raten geringer —, ist nach Ansicht von Gilbert nunmehr ein erster Überblick über die Ergebnisse des Plans möglich.

Der Reparationsagent bemängelt, daß die Haushaltsführung der Reichsregierung weiterhin von der Tendenz zu übermäßigen Ausgaben belastet sei. Zum einen schlage die im Dezember 1926 beschlossene drastische Erhöhung der Beamtengehälter nun voll auf den Reichsetat durch, zum anderen strapazierten die Anforderungen des Finanzausgleichs zwischen dem Reich auf der einen und den Ländern und Kommunen auf der anderen Seite den Staatshaushalt erheblich.

Bereits in der Vergangenheit hatte Gilbert stets kritisiert, daß ein zu hoher Anteil der Steuereinnahmen an Länder und Gemeinden gehe, die das Geld z.T. für unsinnige Renommierprojekte wie Stadion- und Messehallenbauten ausgäben. Im Urteil der ausländischen Presse trägt die föderative Zersplitterung des Deutschen Reichs wesentlich zu den immensen öffentlichen Ausgaben bei. Die Auslandsverschuldung des Deutschen Reichs — der Anteil der ausländischen Gläubiger beläuft sich auf 50 % — wird von Gilbert nicht als bedrohlich eingeschätzt. Dagegen verweisen inländische Wirtschaftsexperten auf die hohe Abhängigkeit des Reichs von der Wirtschaftsentwicklung in anderen Staaten, da viele Kredite kurzfristig gewährt worden seien und im Fall einer Depression ebenso kurzfristig an die Gläubiger zurückgezahlt werden müßten (→ 25.10./S. 166).

Während der Reparationsagent die ökonomische Situation im Reich als solide charakterisiert und feststellt, daß der deutsche Wiederaufbau nach dem Krieg nicht hinter den Leistungen anderer von Kriegsschäden betroffener Länder zurückbleibe, melden deutsche Fachleute Zweifel an der Stabilität der deutschen Konjunktur an und prognostizieren steigende Arbeitslosenzahlen (→ 15.2./S. 33).

Der 36jährige US-amerikanische Reparationsagent Seymour Parker Gilbert mit seiner Frau; der Jurist und Finanzpolitiker hat 1924 als Nachfolger von Owen D. Young das Amt übernommen, die Einhaltung der deutschen Zahlungsverpflichtungen gegenüber dem Ausland zu überwachen

Gilbert rügt in seinem Bericht lediglich, daß im Dawesplan eine endgültige, die Gesamthöhe der Verpflichtungen festlegende Regelung der deutschen Reparationen noch nicht erfolgt sei. Auf eine Neuregelung haben sich das Deutsche Reich und die Gläubigerstaaten Frankreich, Großbritannien, Belgien, Italien und Japan, die ihrerseits z.T. Kriegsschulden gegenüber den USA zu begleichen haben, auf einer Konferenz in Lugano im Dezember 1928 verständigt. Zwar geht z.B. Reichsaußenminister Gustav Stresemann davon aus, daß der neue Plan finanzielle Mehrbelastung für das Deutsche Reich bringt, er hofft jedoch im Gegenzug auf politische Verbesserungen, insbesondere eine vorzeitige Räumung des Rheinlands (→ 11.2./S. 32).

Mit spitzer Feder gegen Reparationen

Die Reparationszahlungen, die das Deutsche Reich für die Kriegsschäden des Weltkriegs an die alliierten Staaten zu leisten hat, sind ein Dauerthema in den satirischen Zeitschriften.

Der »Simplicissimus« nimmt in einer Karikatur mit der Unterschrift »Schwarzseher dulde ich nicht« (Abb. r.) die optimistische Einschätzung der deutschen Wirtschaftslage durch den US-Reparationsagenten Seymour Parker Gilbert aufs Korn (→ 1.1./S. 12).

Die Zeitschrift »Kladderadatsch« (Abb. l.) prophezeit dem deutschen Michel im Hinblick auf die langen Laufzeiten der Zahlungen: »An diesem verdammten Kuckucksei werden wohl noch meine Kinder und Kindeskinder zu brüten haben« (→ 11.2./S. 32).

Heinrich Himmler übernimmt die SS

6. Januar. Der knapp 30jährige Heinrich Himmler wird zum Reichsführer SS ernannt. Er baut die Schutzstaffel, eine Eliteeinheit der Sturmabteilung (SA) der Nationalsozialistischen Deutschen Arbeiterpartei (NDSAP), zu einer parteiinternen Polizeiorganisation aus. Die SS wurde am 9. November 1925, dem zweiten Jahrestag des mißglückten Hitler-Putsches in München, vom NSDAP-Vorsitzenden Adolf Hitler gegründet. Ihre Aufgabe ist es, »nationalsozialisti-

Der am 7. Oktober in München geborene Heinrich Himmler stammt aus bürgerlichem Milieu; er gehört der SS seit der Gründung im Jahr 1925 an und übernimmt nun die Leitung der Organisation

sche Versammlungen vor Sprengung und Auflösung zu bewahren«. Die Mitglieder tragen das braune Hemd der SA und zusätzlich als Zeichen für ihren »todbereiten Einsatz« einen schwarzen Binder, eine schwarze Mütze mit Totenkopf und eine schwarzumränderte Armbinde. Hitlers Ziel ist es, sich mit der SS eine vollkommen ergebene Truppe zu schaffen, die als »Saalschutz« zum Einsatz kommt.
Der nun zum Reichsführer SS ernannte Himmler beschloß 1922 sein Studium mit dem Diplom eines akademisch geprüften Landwirts. Noch im gleichen Jahr trat er in die Wehrorganisation Reichsflagge ein. Am Hitler-Putsch nahm Himmler als Fahnenträger teil.
Nach dem Verbot der NSDAP als Folge des Putsches nahm sich der mit völkischen Kreisen sympathisierende ehemalige Generalquartiermeister des kaiserlichen Heeres, Erich Ludendorff, des jungen Himmler an, der für den Hitler-Vertrauten Gregor Strasser propagandistisch tätig wurde. Im August 1925 trat Himmler der wiedergegründeten NSDAP bei und erhielt den Posten eines stellvertretenden Gauleiters von Niederbayern-Oberpfalz, 1926 auch von Oberbayern-Schwaben; danach stieg er zum stellvertretenden Propagandaleiter der NSDAP auf.

Wünsche nach Frieden und Verständigung

Die Neujahrsansprachen sind geprägt vom Wunsch nach dauerhaftem Frieden, der durch den Abschluß des Kriegsächtungspakts (Briand-Kellogg-Pakt) im August 1928 neue Nahrung erhalten hat. Fast zehn Jahre nach dem Ende des Weltkriegs scheint die internationale Lage beruhigt.

Reichskanzler Hermann Müller (SPD) spricht auf dem Neujahrsempfang des Reichspräsidenten Paul von Hindenburg in Berlin die Hoffnung auf eine Räumung der besetzten Gebiete des Rheinlands aus:

»Das vergangene Jahr hat die Hoffnungen und Wünsche auf außenpolitischem Gebiet, die jeder Deutsche hegt, nicht in Erfüllung gebracht. Das wird uns nicht abhalten, unablässig wie bisher an ihrer Verwirklichung zu arbeiten und auf ihre Erfüllung zu drängen, bis Rhein, Saar und Pfalz von fremden Truppen befreit sind. Hoffentlich wird uns hierin das neue Jahr endlich weiterbringen. Die bevorstehende Zusammenkunft der Sachverständigen wird, so hoffen wir, die für Reich und Volk so entscheidend wichtige Reparationsfrage in Fluß bringen ... Erst die Lösung dieser gewaltigen Aufgaben kann die noch aus dem Kriege zurückgebliebenen Spannungen beseitigen und eine neue Ära wirklich vertrauensvoller Beziehungen zwischen uns und allen unseren Nachbarn ermöglichen, ohne welche die Grundlagen eines wahrhaften Friedens nicht gelegt werden können. Seit der Staatsumwälzung ist ein Jahrzehnt verflossen, und wir können heute feststellen, daß sich unsere innere Lage gefestigt hat und daß es vorwärts geht. Manchmal will uns aber scheinen, als ob die Fortschritte, die wir gemacht haben, übertrieben werden und manche ausländischen Beobachter Deutschland in einem Zustand der Blüte sehen, der nicht den Tatsachen entspricht. Denn schwere Sorgen und Schwierigkeiten lasten auf uns, und wir haben oft in kurzer Zeit Aufgaben zu bewältigen, die in früheren Epochen ein Vielfaches der uns zur Verfügung stehenden Zeit erforderten. Ich brauche nur an das Problem Reich und Länder, an die schweren Wirtschaftskonflikte und an die Schwierigkeiten zu erinnern, die uns die finanziellen Lasten des verlorenen Krieges auferlegen. Wir hoffen, sie wie bisher Schritt für Schritt zu überwinden. Die vielfachen Leistungen, die deutscher Wagemut und Unternehmungsgeist gezeigt haben, haben uns in der Welt wieder Sympathien und Freunde verschafft. Die Überfliegung des Ozeans durch deutsche Flieger, die Fahrten des Zeppelin-Luftschiffes haben bewiesen, daß die Spannkraft deutschen Geistes und deutschen Willens die alte ist. Sie sind ein Beweis dafür, daß unsere Zuversicht nicht trügt, die an den Wiederaufstieg glaubt ...«

Der Doyen des Diplomatischen Corps, der päpstliche Nuntius Eugenio Pacelli, formuliert beim Neujahrsempfang des Reichspräsidenten die Erwartungen auf eine Fortsetzung des Friedensprozesses:

»Trotz unvermeidlicher Enttäuschungen, trotz schmerzlicher Hemmungen, trotz zeitweiliger Rückschläge schreitet die Menschheit auf dem majestätischen Wege des Friedens voran. In ihrem klarhellen und reinen Lichte gehen die Wissenschaften ihre Bahn der mühevollen Erforschung der Wahrheit. Da entfalten sich frei die schöpferischen Kräfte des Menschengeistes, knüpfen sich unter den Völkern die Bande der Eintracht enger, befestigt sich die gesellschaftliche Ordnung auf den Grundlagen des Rechtes und der Nächstenliebe, trachtet der Sinn der Menschen weniger nach irdischen Gütern als vielmehr nach sittlicher Größe und Veredelung. Deutschland selbst hat sich, indem es gleich im Anfang dem Pakt zum Verzicht auf den Krieg als ein Mittel der nationalen Politik beitrat, feierlich zum friedlichen Ausbau der Beziehungen zwischen den Staaten bekannt. Möge das heute beginnende Jahr die glückliche Lösung der wichtigen und heiklen Aufgaben bringen, von denen die Ruhe Europas abhängt. Möge es so einen Meilenstein bilden auf dem erfolgreichen Pfade zum ... Frieden.«

In seiner Erwiderung bekennt sich auch Reichspräsident Paul von Hindenburg zum Kriegsächtungspakt. Er hebt dabei besonders das Selbstbestimmungsrecht des deutschen Volkes hervor:

»Mit besonderer Bitterkeit empfindet es das gesamte deutsche Volk, gerade heute am Eintritt in das neue Jahr, daß einem großen Teil unseres Gebietes immer noch die Freiheit vorenthalten wird, auf die wir nach göttlichem und menschlichem Recht Anspruch haben und deren Wiedererlangung Deutschland längst erhoffte. Wir wollen trotz herber Enttäuschung hoffen, daß im neuen Jahre dem deutschen Volke die volle Selbstbestimmung zurückgegeben wird; denn nur zwischen freien Völkern können die hohen Gedanken der Verständigung, des Friedens und der Entwicklung der Menschheit voll zur Auswirkung gelangen. Für die Überwindung der Hemmnisse, die einer gesunden und natürlichen Entwicklung entgegenstehen, alle Kräfte einzusetzen, ist Deutschland stets bereit gewesen und wird es auch weiter sein. Zur Erreichung dieses für die Ruhe Europas entscheidenden Zieles gehört die freie und verständnisvolle Zusammenarbeit aller Nationen. In der ganzen Welt fordern die wohlverstandenen Interessen der Völker mehr denn je die friedliche und aufrichtige Zusammenarbeit aller Regierungen ... Dieses Ziel muß uns gemeinsam sein.
Für seine Verfolgung ist ... mit der von Deutschland aufrichtig begrüßten ... Unterzeichnung des Paktes über den Verzicht auf den Krieg eine neue Grundlage geschaffen worden ...«

Mit kleinen Barkassen setzen die Hamburger Werftarbeiter zu ihren Arbeitsstätten, den Docks im Hafengebiet, über

14wöchiger Streik der Werftarbeiter

3. Januar. Der sozialdemokratische Reichsarbeitsminister Rudolf Wissell erklärt den Schiedsspruch in der Werftindustrie für verbindlich; damit geht ein nahezu 14wöchiger Streik der Werftarbeiter zu Ende.

Nach dem Auslaufen des Tarifvertrags waren am 1. Oktober 1928 etwa 42 000 Werftarbeiter in den Ausstand getreten; von ihnen sind 26 000 gewerkschaftlich organisiert. Ihre Forderungen lauteten auf Einführung der 48-Stunden-Woche (bisher: 52-Stunden-Woche) sowie auf Erhöhung der Stundenlöhne um durchschnittlich 0,12 Reichsmark (RM). Facharbeiter sollten 1,20 RM erhalten, Angelernte 1,15 RM und Ungelernte 1,10 RM.

1928 beliefen sich die durchschnittlichen Stundenlöhne gelernter männlicher Arbeiter im Deutschen Reich auf 0,96 RM, ungelernte Arbeiter verdienten 0,75 RM; die Löhne der Werftarbeiter lagen also zuvor bereits über den Arbeitsentgelten in anderen Branchen.

Die Reichsregierung lehnte zunächst alle Vermittlungsversuche ab, da sich die Tarifparteien dafür ausgesprochen hatten, den Konflikt selbständig zu lösen. Die Werftindustriellen hatten ein großes Interesse an einer Beendigung des Streiks, da die Luxusdampfer »Europa« und »Bremen« in den Docks lagen und noch im Frühjahr des Jahres 1929 vom Stapel laufen sollten (→26.3./S. 55; 22.7./S. 114).

Da alle neutralen Vermittlungsvorschläge erfolglos blieben, wurde schließlich Ende Dezember 1928 doch ein Schiedsspruch gefällt. Er sah eine Verkürzung der Wochenarbeitszeit auf 50 Stunden bis zum 31. Oktober 1929, danach auf 49 Stunden vor. Für Arbeitsstunden, die über 48 Stunden wöchentlich hinaus geleistet werden, sollte ein Zuschlag von 25 % gezahlt werden. Außerdem sollten die Stundenlöhne um durchschnittlich vier Reichspfennig angehoben werden.

Die Streikenden lehnten den Schiedsspruch in einer Urabstimmung am 28. Dezember 1928 mit 90 % der Stimmen ab; auch die Unternehmer verweigerten ihre Zustimmung. Nach der Verbindlichkeitserklärung von Wissell tritt der Spruch dennoch in Kraft. Die Werftarbeiter nehmen am 8. Januar die Arbeit wieder auf.

Zwangsschlichtung als das letzte Mittel

Das Arbeitsrecht der Weimarer Republik ist in seinen Grundzügen in der am 23. Dezember 1918 erlassenen Tarifvertragsordnung festgesetzt worden. Diese sieht die Einsetzung von Schlichtungsausschüssen vor, falls sich Gewerkschaften und Unternehmerverbände nicht einigen können. Die Ausschüsse sind paritätisch besetzt, die Vorsitzenden bestellt die oberste Landesbehörde.

Am 30. Oktober 1923 wurden die bisherigen Bestimmungen durch die sog. Zwangsschlichtung ergänzt. Danach kann der Schiedsspruch des Schlichters, wenn er von den Tarifparteien nicht akzeptiert wird, vom Reichsarbeitsminister für verbindlich erklärt werden, sofern eine Fortführung des Arbeitskampfes die wirtschaftliche Ordnung gefährdet. Die Zwangsschlichtung wurde zunächst von Unternehmern und Gewerkschaften als Eingriff in die Tarifautonomie abgelehnt. Bei den Gewerkschaften hat sich jedoch inzwischen die Meinung durchgesetzt, daß die staatliche Schlichtung eine gewisse Schutzfunktion gegenüber den Arbeitern habe. Kommunistisch orientierte Gewerkschafter, die nach der Zwangsschlichtung zur Fortsetzung des Streiks auffordern, finden daher bei den Werftarbeitern wenig Resonanz.

Streit zwischen Bayern und Preußen

31. Januar. Auf einer Pressekonferenz in München greifen der bayerische Ministerpräsident Heinrich Held (Bayerische Volkspartei) und Mitglieder der Landesregierung die preußische Staatsregierung in äußerst scharfer Form an.

Die Kritik aus Bayern entzündet sich an Entschädigungsansprüchen, die das Land Preußen gegenüber der Reichsregierung für Verluste, die ihr infolge des Versailler Friedensvertrags entstanden sind, angemeldet hat.

Held erklärt wörtlich: »Unser Gegner ist Preußen. Preußen legt alles darauf an, um zwei Fliegen mit einem Schlage zu treffen: Einmal, sich selbst in der Finanzwirtschaft des Reichs breitzumachen und auf der anderen Seite zu erreichen, was man mit anderen Mitteln als mit einer solchen Aushöhlungspolitik nicht erreichen kann: Die Vernichtung der Länder.«

Die Vorwürfe aus München richten sich u.a. dagegen, daß Preußen nicht wie vereinbart auf die angespannte Finanzlage des Reichs Rücksicht genommen habe. Der Auseinandersetzung liegen alte Rivalitäten, die auch die geplante Reform der Beziehungen zwischen Reich und Ländern belasten, zugrunde (→5.7./S. 116).

Die Äußerungen der bayerischen Landesregierung, die trotz der mit den Journalisten vereinbarten Vertraulichkeit veröffentlicht werden, rufen heftigen Protest in Berlin hervor. Die Affäre wird schließlich nach einer genauen Aufrechnung der beiderseitigen Entschädigungsansprüche gegenüber der Reichsregierung durch eine Entschuldigung der bayerischen Gesandtschaft bei der preußischen Staatsregierung für die Form der Kritik beigelegt. Die Forderungen beziehen sich u.a. auf den Verlust von Landeseigentum, z.B. der zuvor in preußischem bzw. bayerischem Besitz befindlichen Saargruben, auf den Übergang der preußischen und der bayerischen Eisenbahn auf die Reichsbahn und der bayerischen Post auf die Reichspost.

Solche Ansprüche hatten Bayern und Preußen sowie eine Reihe anderer Staaten in einem vertraulichen Gespräch mit Reichskanzler Hermann Müller am 25. Januar noch einmal bekräftigt.

Gericht gibt Unternehmern im Ruhreisenstreit Recht

22. Januar. Das Reichsarbeitsgericht in Leipzig erklärt den Düsseldorfer Schiedsspruch im sog. Ruhreisenstreit sowie die Verbindlichkeitserklärung durch Reichsarbeitsminister Rudolf Wissell (SPD) für nichtig. Damit wird die Position des Arbeitgeberverbands Nordwest, der Spitzenorganisation der nordwestdeutschen Eisenindustrie, juristisch bestätigt.

Der Streit hatte am 24. September 1928 begonnen, als die Gewerkschaften den Lohntarifvertrag kündigten und Lohnerhöhungen forderten. Es kam selbst im Schlichtungsverfahren nicht zu einer Einigung der Tarifparteien, so daß der Schlichter Wilhelm Joetten im »Alleinentscheid« seinen Schiedsspruch fällte. Der Unternehmerverband erkannte den Spruch nicht an und sperrte am 1. November 230 000 Stahlarbeiter aus. Am 3. Dezember verkündete der mit der Sonderschlichtung beauftragte Reichsinnenminister Carl Severing (SPD) seinen Spruch, der den Unternehmern so stark entgegenkam, daß sie die Aussperrung aufhoben.

Das Reichsarbeitsgericht erklärt nun, daß der »Alleinentscheid« von Wilhelm Joetten — er hatte sich weder der Position der Gewerkschafts- noch der Unternehmensvertreter im Schlichtungsausschuß angeschlossen — unzulässig gewesen sei. Die »Nichtigkeitserklärung« ergibt sich jedoch nicht daraus, sondern aus der Tatsache, daß der Schiedsspruch in einen geltenden Tarifvertrag »eingebrochen« sei. Eine Schlichtung zur Abänderung eines bestehenden Tarifvertrags sei unstatthaft. Die Gewerkschaften hatten nur den Lohn-, nicht jedoch den Manteltarifvertrag gekündigt.

Ein Bild aus der Zeit des Arbeitskampfes im November 1928: Die ausgesperrten Metallarbeiter veranstalten in Essen eine Großkundgebung

Nur geringfügige Lohnerhöhungen

Die ursprünglichen Forderungen der Gewerkschaften beliefen sich auf allgemeine Lohnerhöhungen um 15 Reichspfennig pro Stunde; dem stellten die Unternehmer das Angebot entgegen, für schlechtbezahlte Zeitlöhner geringe Anhebungen vorzunehmen, den Tarifvertrag darüber hinaus jedoch ein weiteres Jahr beizubehalten. Der von Reichsinnenminister Carl Severing gefällte Schiedsspruch der Sonderschlichtung sieht eine gestaffelte Zulage für Zeitlöhner von 6 Reichspfennig (Rpf) bei niedrigeren, bis zu 1 Rpf bei höheren Löhnen vor. Eine allgemeine Zulage für Akkordarbeiter entfällt, es wird ihnen lediglich zugesichert, daß künftig mindestens 15 statt 10 % ihrer Arbeit im Akkord bezahlt würden. Der Spruch schränkt die Möglichkeiten der Schlichtung ein.

Siebenstundentag in der Sowjetunion beschlossen

11. Januar. Das Zentralkomitee (ZK) der Kommunistischen Partei der Sowjetunion (KPdSU) beschließt, bis zum 1. Oktober 1933 den Siebenstundentag in sämtlichen Betrieben der Industrie, des Verkehrs und der Kommunalwirtschaft einzuführen.

Bereits im Dezember 1927 hatte das ZK die Einführung des Siebenstundentags und der Sechstage-Arbeitswoche als Zielvorstellung formuliert. Seitdem sind bereits zahlreiche Fabriken zum verkürzten Arbeitstag übergegangen.

In neu zu gründenden Betrieben soll künftig von Anbeginn an der Siebenstundentag gelten, ältere Betriebe sollen bis zum Stichtag (1.10.1933) endgültig umgestellt sein (→27.8./S. 137).

Mit der Verkündung der kürzeren täglichen Arbeitszeit will die Parteileitung verdeutlichen, daß die Verbesserung der Lebensbedingungen der Arbeiterschaft stets Vorrang in ihren Entscheidungen genießt.

Zugleich wird im ZK diskutiert, mit welchen Mitteln die Industrialisierung des Landes erreicht werden könne. Hatten zunächst die Vorstellungen des Parteitheoretikers Nikolai I. Bucharin im Vordergrund gestanden, wonach die einzelnen Wirtschaftszweige in einer bestimmten Proportionalität zueinander gleichmäßig zu entwickeln seien, setzt sich nun beim Generalsekretär der KPdSU, Josef W. Stalin, immer stärker die Vorstellung einer forcierten Industrialisierung bei gleichzeitiger beschleunigter Kollektivierung der Landwirtschaft durch (→29.4./S. 64).

Stalin hält dabei an dem Gedanken fest, das Industrialisierungsprogramm durch Schaffung von Großbetrieben mit modernster Technologie zu finanzieren. Auf diese Weise sollen die Selbstkosten der Industrie gesenkt werden.

Angesichts der wachsenden ökonomischen Probleme spricht sich Stalin dagegen aus, die Planung der zukünftigen Wirtschaftsentwicklung daran auszurichten, welche ökonomischen Fortschritte in der Vergangenheit jeweils in einem bestimmten Zeitabschnitt erreicht werden konnten.

Sowjetische Bergarbeiter, die in der Nähe von Cheliabinsk arbeiten

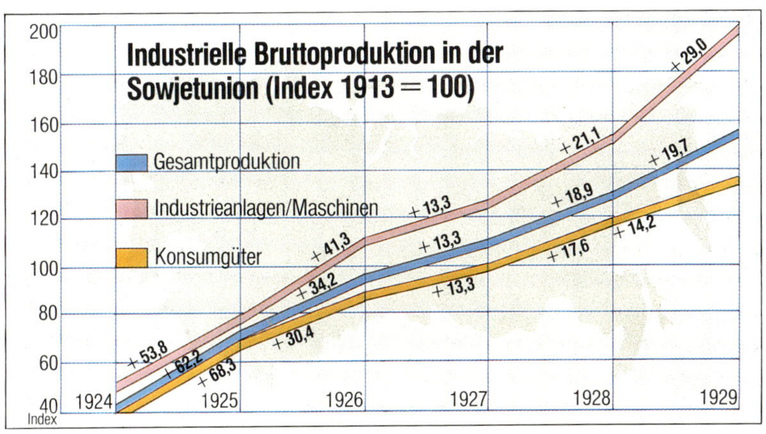

Arbeit und Soziales 1929:

Hohe Arbeitslosigkeit Monate vor dem Schwarzen Freitag

Die Arbeitsmarktsituation im Deutschen Reich ist 1929 durch eine hohe Arbeitslosenzahl gekennzeichnet, die allerdings weit vor dem Börsenkrach (→25.10./S. 166), bereits im Februar (→28.2./S. 33), mit 3,1 Millionen ihren höchsten Stand erreicht. Angesichts der angespannten wirtschaftlichen Situation geht die Zahl der Streiks gegenüber dem Vorjahr zurück. Bei teilweise erheblichen Unterschieden in den einzelnen Industriezweigen liegen die Tariflöhne um etwa 3,5 % höher als im Vorjahr. Weibliche Beschäftigte verdienen im Durchschnitt ein Viertel weniger als ihre männlichen Kollegen.

Die Zahl der gemeldeten Arbeitslosen (nach den Statistiken der Arbeitsämter) sinkt nach der Rekordzahl im Februar saisonbedingt und erreicht im Juli mit 1,4 Millionen den niedrigsten Stand des Jahres. Zum Jahresende sind allerdings wieder knapp 2,9 Millionen Menschen im Deutschen Reich offiziell arbeitslos.

Straßenbauarbeiter leisten harte und oftmals schlecht bezahlte Arbeit

Die Zahl der tatsächlich Arbeitsuchenden ist vermutlich höher, da ein großer Teil derjenigen, die keinen Anspruch auf Unterstützung haben, sich nicht beim Arbeitsamt meldet. Die Zahl der Hauptunterstützungsempfänger ist außerdem wesentlich niedriger als die der gemeldeten Arbeitsuchenden (2,5 Millionen Ende Februar 1929, 0,7 Millionen Ende Juli und 1,8 Millionen Ende Dezember); viele Arbeitslose sind also auf die Sozialhilfe angewiesen.

Eine zuverlässige Angabe der Arbeitslosenquote läßt sich nur für Gewerkschaftsmitglieder ermitteln. Bei ihnen liegt die Durchschnittsquote für 1929 bei 13,2 % im Vergleich zu 8,6 % 1928. Bei der Kurzarbeit ergibt sich eine Quote von 7,5 % gegenüber 5,7 % 1928.

Infolge der angespannten Arbeitsmarktlage ist die Bereitschaft, Lohnerhöhungen mit Streiks durchzusetzen, geringer als im Vorjahr. Die Streikmüdigkeit ist z.T. auch durch Mißerfolge, etwa im Arbeitskampf in der Eisen- und Stahlindustrie des Ruhrgebiets vom November/Dezember 1928 (→22.1./S. 15), zu erklären. Der Arbeitskampf in der Hamburger Werftindustrie endet dagegen mit einem Teilerfolg (→3.1./S. 14). Die Zahl der erfolgreichen Streiks — nach den Kriterien der Reichsstatistik — übertraf seit 1923 nur einmal die Zahl der erfolglosen Arbeitskämpfe: 1927 standen 246 mit vollem Erfolg für die Arbeitnehmer geführten Streiks 205 erfolglose und 308 z.T. erfolgreiche Arbeitsniederlegungen gegenüber.

1929 hingegen enden 143 Streiks ohne Erfolg, 161 führen zu Teilerfolgen und nur 127 bringen den Arbeitnehmern einen vollen Erfolg.

Arbeitskämpfe im Vergleich

	1928	1929
Streiks		
Anzahl	691	431
Betroffene Betriebe	5672	7879
Beschäftigte	505913	231981
Verlorene Arbeitstage	8519713	1852370
Aussperrungen		
Anzahl	72	19
Betroffene Betriebe	2410	928
Beschäftigte	492669	95165
Verlorene Arbeitstage	11768498	2637500

Bei gleichzeitig leichtem Anstieg der Tariflöhne bleibt der Unterschied in der Bezahlung gelernter und ungelernter Arbeitskräfte unverändert hoch: Während die Durchschnitts-Stundenlöhne für gelernte Arbeiter im Deutschen Reich von 108,2 Reichspfennig (Rpf) im Dezember 1928 auf 111,9

Das Plakat als Warnung — Abbildungen, mit denen für mehr Vorsicht im Alltag geworben wird

Täglich sterben im Deutschen Reich 64 Menschen bei Unfällen

Jährlich sterben im Deutschen Reich etwa 24 000 Menschen an Unfällen, d.h. pro Tag etwa 64 Personen. 15,5 statistische Unfallopfer kommen bei Stürzen ums Leben, zehn durch Ertrinken, elf werden im Straßenverkehr überfahren, 1,3 kommen an Maschinen in industriellen Betrieben zu Tode. Von den 64 Menschen, die im Durchschnitt täglich einem Unfall zum Opfer fallen, sind 13 Kinder. Der Verband der deutschen Berufsgenossenschaften, der allein 1927 Entschädigungsleistungen für 120 000 Unfälle im landwirtschaftlichen und gewerblichen Bereich aufbringen mußte, zieht die Konsequenz aus der schweren finanziellen Belastung und ruft unter dem von den US-Amerikanern übernommenen Schlagwort »safety first« eine Bewegung zur Unfallverhütung ins Leben.

Drastisch gestaltete Plakate sollen die Deutschen zur Vorsicht erziehen. Demselben Zweck dient auch die Reichsunfallverhütungswoche, die 1929 erstmals im Deutschen Reich veranstaltet wird.

Sozialhilfeempfängerinnen warten am Schalter der Fürsorgerin

Arbeitslose auf dem Flur des Arbeitsamtes

An die wartenden Frauen werden Nummern ausgegeben

Warteraum des Arbeitsamtes in einer Großstadt

Weniger Frauen als Männer arbeitslos

Die Illustrierten im Deutschen Reich berichten während des ganzen Jahres in großer Aufmachung über die Not, von der insbesondere arbeitslose Frauen betroffen sind. Tatsächlich ist jedoch nach den Statistiken die Arbeitslosigkeit bei Frauen geringer als bei Männern. Der im Jahresvergleich höchste Stand bei den weiblichen Arbeitslosen wird im Dezember mit 563 000 bei einer Gesamtarbeitslosenzahl von 2,894 Millionen erreicht. Während der Anteil der Frauen bei den Erwerbstätigen 35,3 % beträgt, liegt ihr Anteil bei den Arbeitslosen nur bei 19 %. Bei den Hauptunterstützungsempfängern beträgt der weibliche Anteil sogar nur 18,3 %.
Ein Vergleich der Arbeitslosenquoten unter Gewerkschaftsmitgliedern bestätigt das Bild, daß Frauen von Arbeitslosigkeit weniger stark betroffen sind: Bei den Männern liegt die Quote 1929 bei 13,2 %, bei den Frauen nur bei 11,2 %.

Rpf im Dezember 1929 ansteigen, erhöhen sich die Löhne ungelernter Arbeiter im gleichen Zeitraum von 81,1 auf 84,4 Rpf.
Auch zwischen den Branchen gibt es erhebliche Unterschiede. Am besten bezahlt die Bauindustrie mit durchschnittlich 140,9 Rpf für Maurer und Zimmerer und 116,1 Rpf für Bauhilfsarbeiter, wobei allerdings Einkommenseinbußen durch Kurzarbeit infolge schlechten Wetters in Kauf genommen werden müssen.
Erheblich über dem Gesamtdurchschnitt liegen die Stundenlöhne der Bergarbeiter (123,9 Rpf) und die Löhne im Holzgewerbe (122,3 Rpf für Facharbeiter, 105,3 Rpf für Hilfsarbeiter).
Schlecht bezahlt sind Arbeiten in der Papierindustrie (98,2 Rpf für Maschinenführer und Handwerker, 78,3 Rpf für Hofarbeiter), im Textilbereich und außerdem in den Kartonnagefabriken.
Die bei gleicher Tätigkeit ungleiche Entlohnung von Männern und Frauen ist Ende der 20er Jahre im Deutschen Reich eine Selbstverständlichkeit. Hinzu kommt, daß der Anteil der Ungelernten bei den Arbeiterinnen weit höher ist als bei den Arbeitern (52,3 % der Frauen in Industrie und Handwerk gegenüber 29 % der Männer).
Die Gewerkschaften fordern zwar die prinzipielle Gleichstellung beider Geschlechter am Arbeitsplatz, setzen sich jedoch in Tarifverhandlungen kaum für die Interessen ihrer weiblichen Mitglieder ein.
Über ein Drittel (35,3 %) aller Frauen im Deutschen Reich sind — so die Volkszählung von 1925 — erwerbstätig; 1907 waren es noch 29,6 %. Vor allem für jüngere Frauen ist eine mehrjährige Berufstätigkeit vor der Ehe oder vor der Geburt des ersten Kindes die Regel. Allerdings wird diese Zeit von vielen Frauen als Übergang angesehen; die traditionelle Rollenverteilung, wonach die Frau — ob erwerbstätig oder nicht — für die Hausarbeit zu sorgen hat, wird von beiden Geschlechtern nicht in Frage gestellt. Nach der Berufszählung von 1925 waren zwei Drittel der weiblichen Angestellten unter 25 Jahre alt, bei den Arbeiterinnen lag der Anteil etwas niedriger.
Der Anstieg der Erwerbsquote bei der weiblichen Bevölkerung hängt mit dem Anwachsen von Angestelltentätigkeiten im Büro, in der Verwaltung und bei den Dienstleistungen, mit dem Einsatz von Frauen am Fließband und mit dem Vordringen neuer Arbeitstechniken, die körperlich weniger anstrengend sind, zusammen.

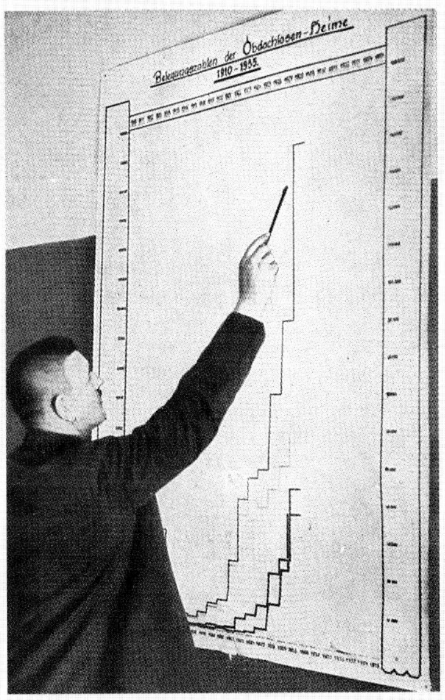

Eine traurige Statistik: Die Zahl der Wohnungslosen, die in Obdachlosenheimen untergebracht werden, steigt seit Jahren stetig an

Ein einziger Mensch kann mit diesen Anzeigetafeln und Apparaturen die Funktion eines Großkraftwerks in Berlin überwachen und steuern

Tariflöhne im Deutschen Reich
(in Rpf pro Stunde)

	Facharbeiter männl.	Facharbeiter weibl.	Hilfsarbeiter männl.	Hilfsarbeiter weibl.
Textilindustrie	78,8	57,8	66,1	46,6
Kartonnageindustrie	97,2	63,9	82,1	52,8

Putsch setzt Verfassung außer Kraft

5. Januar. König Alexander I. Karadordević, Monarch des Königreichs der Serben, Kroaten und Slowenen (Jugoslawien), setzt die Verfassung außer Kraft, löst die Skuptschina, das Parlament des Landes, auf und verkündet die Königsdiktatur.

Die Regierung ist künftig nur ihm verantwortlich, Gesetze werden bis zur Verkündung einer neuen Verfassung und bis zur Wahl einer neuen Skuptschina allein von ihm erlassen (→3.10./S. 172).

Weitere Schritte zur Einschränkung der demokratischen Rechte sind die Aufhebung der Pressefreiheit und das Verbot aller politischen Parteien mit regionalem, stammlichem und konfessionellem Charakter. Den Parteiführern werden bei politischer Betätigung rigorose Strafen angedroht, so daß die Opposition durch diese Maßnahmen praktisch ausgeschaltet wird.

Allerdings nimmt Alexander in die neue Regierung von General Petar Zivković, die sich am 1. April endgültig konstituiert, mehrere Vertreter der aufgelösten Parteien auf, darunter die beiden früheren Ministerpräsidenten Nikola Uzunović und Ante Korosek. Die Mitglieder der Kroatischen Bauernpartei bleiben dagegen unberücksichtigt. Der König rechtfertigt sein Verhalten mit dem Hinweis auf die fortbestehenden Spannungen in dem Vielvölkerstaat. Insbesondere die kroatische Bauernpartei hatte die Verfassung von 1921, die einen antiföderalistischen Einheitsstaat ohne kroatische Autonomie konstituierte, bekämpft und damit eine permanente Krise heraufbeschworen. Die Situation war im Juni 1928 eskaliert, als drei kroatische Abgeordnete im Parlament durch Revolverschüsse getötet und der Parteiführer Stjepan Radic so schwer verletzt wurde, daß er am 8. August 1928 an den Folgen des Attentats starb.

Alexander I. Karadordević
Alexander I. Karadordević, geboren am 17. Dezember 1888, Sohn von König Peter I. von Serbien, wurde 1909 Kronprinz. Er führte 1914 für seinen kranken Vater die Staatsgeschäfte und war 1915 am Rückzug der serbischen Truppen durch Albanien nach Korfu beteiligt. Weder als Regent noch als König (seit 1921) des 1918 gegründeten Königreichs der Serben, Kroaten und Slowenen gelang es ihm, die Gegensätze in dem Vielvölkerstaat zu überwinden.

Pakt Rom - Belgrad nicht verlängert

27. Januar. Der 1924 geschlossene fünfjährige Freundschaftsvertrag zwischen dem Königreich der Serben, Kroaten und Slowenen (Jugoslawien) sowie Italien läuft aus, ohne daß eine Verlängerung erfolgt.

Der Abschluß des Vertrags galt 1924 als Sensation, da Italien zu diesem Zeitpunkt bereits seine Einkreisungspolitik gegenüber dem Vielvölkerstaat verfolgte und das Königreich im Kampf um Einflußzonen auf dem Balkan zwischen Italien und Frankreich Paris zugerechnet wurde. Seit Vertragsabschluß hat sich die Stimmung zwischen Belgrad und Rom weiter verschlechtert, nicht zuletzt wegen der faktischen Annexion Albaniens durch Italien 1927.

Gerüchten zufolge hatte sich die Regierung des Königreichs der Serben, Kroaten und Slowenen dennoch um eine Verlängerung des Vertrags bemüht, ohne beim italienischen Ministerpräsidenten und Duce Benito Mussolini auf Gegenliebe gestoßen zu sein.

Europäische Maße und Gewichte in der Türkei eingeführt

10. Januar. Die türkische Nationalversammlung in Ankara beschließt die Einführung der europäischen Maße und Gewichte wie Meter und Kilogramm sowie die Verlegung des wöchentlichen Ruhetags von Freitag, dem islamischen Feiertag, auf den christlichen Sonntag.

Der türkische Staatspräsident Mustafa Kemal Pascha setzt mit diesem Beschluß seine Europäisierungspolitik fort. Folgende Schritte sind in den letzten Jahren bereits vollzogen worden:

▷ Ankara wird statt Konstantinopel (Istanbul) zur Hauptstadt ernannt, der neue Staat wird eine Republik nach europäischem Vorbild (1923)
▷ Das Kalifat wird abgeschafft; ein geistliches Oberhaupt neben dem Präsidenten als weltlichem Oberhaupt ist nicht mehr vorgesehen (1924)
▷ Die europäische Kleidung wird eingeführt, der Fez als traditionelle Kopfbedeckung für Männer wird abgeschafft (1925)
▷ Die christliche Jahreszählung und ein neues Zivilrecht, das sich an der Gesetzgebung europäischer Staaten orientiert, werden eingeführt (1926)
▷ Das lateinische Alphabet ersetzt die bisher gebräuchlichen arabischen Schriftzeichen; ferner werden europäische Ziffern eingeführt. Der Islam ist nicht länger Staatsreligion (1928)

Die Reformbestrebungen stoßen bei der islamischen Geistlichkeit und bei Teilen der Bevölkerung auf heftige Kritik, da sie die türkische Nation von den eigenen religiösen, sittlichen und literarischen Traditionen abschneiden.

Plakate in lateinisch geschriebenem Türkisch und in Arabisch

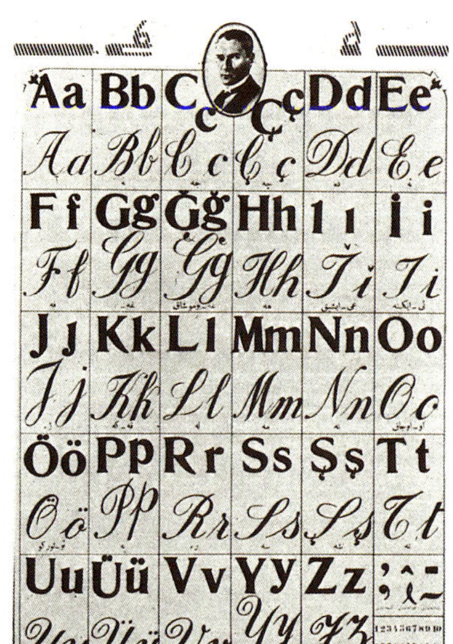

Buchstabentafel mit Bild von Kemal

Afghanischer König erklärt Abdankung

13. Januar. Der afghanische König Aman Ullah erklärt nach Aufständen verschiedener Volksgruppen seine Abdankung zugunsten seines Bruders Inajat Ullah.
Aman Ullah hatte mit einem großangelegten, gegen die islamische Geistlichkeit gerichteten Europäisierungsprogramm nach türkischem Muster (→10.1./S. 18) den Zorn weiter Bevölkerungskreise geweckt und sein Vorhaben daraufhin am 7. Januar offiziell zurückgezogen. Der neue Herrscher Inajat Ullah soll zwar über das Vertrauen der Geistlichkeit verfügen, er wird jedoch nach wenigen Tagen, als Rebellen von den Gebirgsstämmen der Khughianis und Schinwaris die Hauptstadt Kabul besetzen, ebenfalls vertrieben.
Der Führer der Aufständischen, Bacha Sakao, ruft sich am 17. Januar als Habib Ullah Ghasi zum König aus, woraufhin Aman Ullah am 28. Januar seine Abdankung zurückzieht. Am gleichen Tag läßt sich ein weiterer Rebell, Ali Achmed Khan, zum Herrscher ausrufen.
Tatsächlich beherrscht jedoch in den folgenden Monaten keine dieser Personen ganz Afghanistan. Die Kämpfe zwischen den verfeindeten politischen Gruppierungen gehen weiter, so daß die europäischen Gesandtschaften am 23. Februar wegen der verworrenen Lage das Land verlassen und in die Heimat zurückkehren (→23.5./S. 85).

Inajat Ullah Khan (mit weißem Turban), für einige Tage König von Afghanistan, besteigt ein britisches Flugzeug und verläßt das Land

Inajat Ullah Khan (r.), ein jüngerer Bruder von König Aman Ullah Khan, wird kurz nach der Thronbesteigung von Rebellen aus dem Amt gejagt

Militärputsch in Spanien erfolglos

30. Januar. Eine Militärrevolte gegen den spanischen Diktator Miguel Primo de Rivera y Orbaneja wird von regierungstreuen Truppen blutig niedergeschlagen.
Primo de Rivera hatte 1923 im Einvernehmen mit dem spanischen König Alfons XIII. gegen die parlamentarischen Institutionen geputscht und eine Militärregierung gebildet (seit 1925 als ziviles Kabinett unter seiner Leitung). Er

Miguel Primo de Rivera y Orbaneja, geboren am 8. Januar 1870 in Jerez de la Frontera, seit 1884 Berufssoldat, zeichnete sich auf Kuba, den Philippinen und in Marokko aus

ging in der Folgezeit mit Gewalt gegen kommunistische, anarchistische und regionalistische Bewegungen vor und errichtete — orientiert am Vorbild des faschistischen Italien — paritätisch mit Arbeitern und Unternehmern besetzte Arbeitsgerichte unter militärischem Vorsitz, die den Arbeitsfrieden sichern sollten.
Der Protest der Militärs, der sich immer wieder in Revolten entlädt, richtet sich allerdings nicht gegen diese Maßnahmen, sondern u.a. gegen den Abbau von Offiziersstellen.

Panamerikanischer Pakt abgeschlossen

6. Januar. Der US-amerikanische Außenminister Frank Billings Kellogg sowie Vertreter von 20 lateinamerikanischen Staaten unterzeichnen in der US-Hauptstadt Washington zwei multilaterale Schieds- und Schlichtungsverträge. Die Unterzeichnerstaaten verpflichten sich darin, Streitigkeiten untereinander auf friedlichem Wege auszutragen.
Bei Konflikten, an denen nicht mehrere, sondern lediglich zwei amerikanische Staaten beteiligt sind, soll diese Verpflichtung nicht zur Anwendung kommen. Politische Beobachter gehen davon aus, daß die Vereinigten Staaten sich damit ihr Interventionsrecht in Lateinamerika sichern wollen.

US-Außenminister Frank Billings Kellogg (an der Stirnseite des Tisches stehend) verliest vor den Diplomaten den Text des panamerikanischen Paktes

US-Einmischung in Politik Nicaraguas

1. Januar. José María Moncada, der 1928 die Wahlen in Nicaragua gewonnen hat, wird als neuer Präsident des mittelamerikanischen Staates vereidigt. Moncada hatte während des Wahlkampfs angekündigt, keine sozialistischen Experimente nach mexikanischem Muster durchzuführen und war daher von den Vereinigten Staaten unterstützt worden. Die USA, die Nicaragua traditionell als Teil ihres Einflußgebiets betrachten, hatten nach einem kurzfristigen Rückzug 1926 erneut Truppen in das Land entsandt. Die US-Regierung erklärt, daß mit der Präsidentschaft Moncadas die Voraussetzung für den Abzug ihrer Soldaten gegeben sei.

Durch einen Tunnel in den Tresorraum eingedrungen

Der Tresorraum der ausgeraubten Zweigstelle der Disconto-Gesellschaft in Berlin mit den geöffneten Kundensafes

30. Januar. Die Berliner Polizei deckt einen spektakulären Bankraub auf, der sich am 26. oder 27. Januar in einer Zweigstelle der Disconto-Gesellschaft am Wittenbergplatz ereignet hat.

Die Täter waren durch einen Tunnel, den sie vom Keller des Nachbarhauses unter der Straße hindurch gegraben hatten, in die Dispositenkasse des Bankhauses eingedrungen, hatten 179 der 200 Kundensafes geöffnet und Gold, Geld, Schmuck und Wertpapiere im Wert von etwa 2,5 Millionen Reichsmark (RM) erbeutet. Die Einbrecher ließen einige Aktienpakete, ausländische Geldscheine und Münzen, Silbergeschirr sowie die Originalpartitur der Oper »Tristan und Isolde« von Richard Wagner im Tresorraum zurück — entweder, weil ihnen die Verwertung zu risikoreich erschien war, oder weil sie den Wert des Dokuments verkannten.

Der Einbruch wird erst am 30. Januar entdeckt. Zwei Tage zuvor hatten Bankangestellte bemerkt, daß sich der Tresorraum mit dem Namen »Silberkammer« nicht öffnen ließ. Sie führten dies jedoch darauf zurück, daß durch die Erschütterungen der nahe vorbeiführenden U-Bahn-Linie die Tür abgesackt sei — tatsächlich hatten die Einbrecher das Tresorschloß von innen zerstört. An einen Diebstahl dachte noch niemand, da die Alarmanlage nicht angeschlagen hatte. Erst als es einem Fachmann nicht gelang, die Tür zu öffnen, wurde das Loch in der Tresorwand gefunden.

Als mutmaßliche Täter nimmt die Polizei die Brüder Franz und Erich Sass fest. Nur ihnen traut sie zu, über die nötige Logistik zur Vorbereitung des Einbruchs und auch über das nötige Geld (die »Kosten« für den Einbruch werden auf 30 000 RM geschätzt) zu verfügen.

Die Brüder werden durch Zeugenaussagen schwer belastet, außerdem werden Beutestücke aus dem Bankraub bei ihnen sichergestellt. Sie müssen trotzdem wieder auf freien Fuß gesetzt werden, da ihnen die Tat nicht zweifelsfrei nachgewiesen werden kann. Die beiden Gauner werden nach ihrer Entlassung aus Polizeigewahrsam im Gangstermilieu mit Beifall bedacht.

Organisiertes Verbrechen beunruhigt die Berliner Bürger

7. Januar. Das Berliner Polizeipräsidium erklärt die Vereine »Immertreu« und »Norden« für aufgelöst, da ihr Zweck den Strafgesetzen zuwiderlaufe.

Die beiden als Geselligkeitsvereine auftretenden Clubs setzen sich nach einhelligem Urteil der Presse und der Polizei aus Angehörigen der Berliner Unterwelt zusammen und sind des organisierten Verbrechens dringend verdächtig. Die Polizei geht davon aus, daß in der Reichshauptstadt etwa 20 solcher Verbrecherbanden existieren. Sie sollen Berufsverbrecher, wenn diese aus dem Gefängnis entlassen worden sind, bei sich aufnehmen.

»Immertreu«-Überfall (Zeichnung)

In der Nacht zum 31. Dezember 1928 hatten Angehörige von »Immertreu« einen Überfall auf einige hundert Hamburger Zimmerleute unternommen, die sich in ihrer traditionellen Kleidung — Samtjakkett, weite Hosen, Schlapphut — in ihrem Stammlokal in der Nähe des Schlesischen Bahnhofs versammelt hatten. Voraufgegangen war ein Zwist zwischen einem Hamburger Zimmermann und einem Angehörigen von »Immertreu«. Diesen geringfügigen Vorfall nutzten die »Immertreu«-Mitglieder, um sich an den Hamburger Zimmerleuten, die ihnen wegen ihres ehrenhaften Verhaltens schon lange mißliebig waren, zu rächen. Die »Immertreu«-Leute, die mit Frack, Zylinder und Abendmänteln bekleidet waren, weil sie von einer Beerdigung kamen, drangen in das Lokal ein, entfesselten eine Schlägerei und gaben einige Revolverschüsse ab. Die Bilanz der Auseinandersetzung: Ein Toter und sieben lebensgefährlich Verletzte auf Seiten der Hamburger Zimmerleute.

Einige »Immertreu«-Angehörige wurden festgenommen und wegen schweren Landfriedensbruchs angeklagt. Das Verbot des Vereins ist nicht zuletzt eine Konsequenz aus diesem Überfall.

Keine Strafe für Mord im Gericht

19. Januar. Das Wiener Schöffengericht spricht den Journalisten Oskar Pöffel frei, der am 19. Juni 1928 seinen Kollegen Bruno Wolf während einer Gerichtsverhandlung mit drei Revolverschüssen niedergestreckt hatte.
Die Geschworenen (Laien) bejahen zwar die Frage auf Mord einstimmig, sie erkennen jedoch mit neun zu drei Stimmen bei Pöffel zum Zeitpunkt der Tat auf Sinnesverwirrung. Der Hintergrund für die Auseinandersetzung zwischen den beiden Redakteuren lag in gegenseitigen Vorwürfen über unlautere Methoden, die sie angewandt haben sollen, um an skandalträchtige Nachrichten für die Zeitung zu gelangen. Während eines Beleidigungsprozesses, den Pöffel gegen Wolf angestrengt hatte, tötete er diesen mit drei Revolverschüssen. Durch den Freispruch wird die Diskussion über die Institution des Geschworenengerichts neu belebt. Kritiker verweisen darauf, daß Laienschöffen, da sie über das Strafmaß nicht zu befinden haben, häufig allzu »menschlich« urteilten.

Ex-Kaiser feiert den 70. im Exil

27. Januar. *Der ehemalige deutsche Kaiser und König von Preußen, Wilhelm II., der seit seiner Abdankung im November 1918 im niederländischen Doorn im Exil lebt, begeht in aller Stille im Kreise der Familie seinen 70. Geburtstag, ohne daß die Presse dem Ereignis große Aufmerksamkeit widmet (Abb.: Der greise Ex-Monarch füttert in Doorn Enten).*

150 Stunden in der Luft: Rekord

7. Januar. *Das Flugzeug »Question Mark« der US-Armee landet nach einem Non-Stop-Flug von 150 Stunden und 46 Minuten auf dem Flughafen von Los Angeles und erzielt damit einen Dauerflugweltrekord. Die Treibstoffversorgung erfolgte durch andere Flugzeuge in der Luft (Abb.: Die »Question Mark« wird von einem Doppeldecker aufgetankt).*

Albaniens Krone in Wiener Museum

3. Januar. Die Krönung des albanischen Königs Achmed Zogu I. scheitert daran, daß die albanische Krone nicht zur Verfügung steht. Sie befindet sich im Besitz eines Museums in Wien.
Nach einem Vertrag zwischen Österreich und dem Völkerbund ist es dem österreichischen Staat nicht erlaubt, Gegenstände aus den Museen ins Ausland zu verkaufen, weil diese einen Teil der Garantien für die Völkerbundsanleihe an Österreich darstellen.
Zogu I., der seit der Rückkehr aus dem Exil 1925 als Staatspräsident autoritär regiert, hatte sich am 1. September 1928 zum König ausrufen lassen, um seine Macht auszuweiten. Er verfügt seitdem über die Befugnis, eigenmächtig Verträge abzuschließen und gegen Gesetze sein Veto einzulegen. Seiner Absicht, Giovanna, die Tochter des italienischen Königspaars, zu heiraten, steht entgegen, daß er Moslem, sie aber Christin ist. Albanien ist seit 1927 italienisches Protektorat.

Jessners Ödipus mit Fritz Kortner

4. Januar. Am Schauspielhaus in Berlin haben die Dramen »König Ödipus« und »Ödipus auf Kolonos« von Sophokles (Regie: Leopold Jessner) Premiere. Sowohl die Inszenierungen als auch die Darstellung des Ödipus durch Fritz Kortner zeichnen sich durch Formstrenge aus. Zu Kortner heißt es im »8-Uhr-Abendblatt«: »Er hält seinem Regisseur die Treue, indem auch er seine Leistung auf eine referierende Sachlichkeit stellt, ... Affekte zunächst unterdrückt, um erst in den ganz großen Momenten ... seine Leidenschaft furios auszuschütten.«

Fritz Kortner, hier als junger König Ödipus, spielt seit 1919 an verschiedenen Berliner Bühnen. Der 36jährige gilt als Prototyp des expressionistischen Schauspielers

Held des Films ist das Kamera-Auge

8. Januar. In Kiew wird der Stummfilm »Der Mann mit der Kamera« (Tschelowek s kinoapparatom) uraufgeführt, mit dem der sowjetische Regisseur Dsiga Wertow seine Theorie vom »Kamera-Auge« beispielhaft in die Tat umsetzt.
Wertow, der seit der Oktoberrevolution 1917 Wochenschauen dreht, lehnt eine fiktive Filmhandlung ab (»Nieder mit den bürgerlichen Märchen-Szenarien! Es lebe das Leben wie es ist!«) und setzt statt dessen auf die agitatorische Wirkung formaler Mittel wie Großaufnahme, rhythmische Gliederung und Kolorierung einzelner Sequenzen.
In »Der Mann mit der Kamera« ist der Protagonist das »Filmauge« selbst. Der Zuschauer ist dabei, wie der Kameramann mit Autos herumrast, auf Schornsteine klettert und an der Außenseite eines fahrenden Zuges hängt. Die Szenenfolge ist unterbrochen von Sequenzen aus Laboratorium und Schneideraum. Der Zuschauer wird so an der Entstehung des Films beteiligt.

»Waterloo« von der Kritik verrissen

10. Januar. Nach der Festaufführung in München gelangt der Film »Waterloo« von Karl Grune in Berlin zur Uraufführung. Die Reaktion der Kritik auf den Historienschinken mit Otto Gebühr als General Gebhard Leberecht Blücher ist negativ: »Die Zuständigkeit des Kritikers hört bei einem solchen Fall eigentlich auf. Hier wird die Erfindung des Kinematographen in der talentlosesten Weise mißbraucht für geschäftliche Zwecke, die auch politische sein können, was ja mitunter dasselbe ist«, meint der Kritiker Heinz Pol.

Der Filmschauspieler Otto Gebühr, spezialisiert auf die Darstellung großer Gestalten der Geschichte, in der Rolle von General Leberecht Blücher

Architektur 1929:

Höhepunkt Neuen Bauens im Jahr der Wirtschaftskrise

Im Jahr der beginnenden Weltwirtschaftskrise finden die vom Bauhaus (als Hochschule für Gestaltung 1919 von Walter Gropius in Weimar gegründet) ausgegangenen zehnjährigen Bemühungen um eine neue Architektur ihren Höhepunkt.
Als Quintessenz des Neuen Bauens gilt Kritikern der deutsche Pavillon auf der Weltausstellung 1929 in Barcelona (→19.5./S. 89).
Das stilistische Gegenstück zu Ludwig Mies van der Rohes Barcelona-Pavillon ist die »Villa Savoie« von Le Corbusier in Poissy bei Paris. Beide Architekten folgen zwar den Grundsätzen der Bauhaus-Schule, die Architektur des Franzosen ist jedoch um vieles vitaler und opulenter.
Die »Villa Savoie« ist die Vergegenständlichung von Le Corbusiers theoretischen Prinzipien über die Funktion »Wohnen«: Wohnhäuser müssen auf Einzelstützen (»pilotis«) ruhen, das Flachdach muß als Garten und natürliches Solarium zu nutzen sein. Die Fenster müssen als horizontale Bänder in der frei gegliederten Fassade liegen. Le Corbusier selbst beschreibt die Villa so: »Sehr großzügig. Man zwingt dem Äußeren seinen Willen auf, im Inneren erfüllt man alle funktionalen Bedürfnisse (Belichtung, Belüftung, Benutzbarkeit).«
Solide Bauhaus-Architektur demonstriert der Finne Alvar Aalto mit dem von ihm entworfenen Lungensanatorium in Paimio/Finnland. Er weist den verschiedenen Funktionsgruppen des Sanatoriums gesonderte Gebäudeflügel zu. Die einzelnen, ganz in weiß gehaltenen Baukörper des Komplexes scheinen über Scharniere in Verbindung zu stehen. An den zentralen Eingangsbereich schließt sich nach Süden der Bettentrakt an. Nach Norden erstrecken sich die Gemeinschafts- und Behandlungseinrichtungen. Die separat angeordneten Schwestern- und Ärztehäuser geben der Anlage jenes lockere Flair, das sie schnell zu einem wegweisenden Beispiel funktioneller Architektur macht.
Walter Gropius selbst, der 1928 das Bauhaus in Dessau verlassen und sich als freier Architekt in Berlin niedergelassen hat, ist am Bau der Großsiedlung Siemensstadt in Charlottenburg und Spandau beteiligt. Die Anlage, die 1929 unter der Leitung von Hans Scharoun in Angriff genommen wird, zeichnet sich durch die konsequente Anwendung des schlichten Zeilenbaus aus. Die in der Regel fünfgeschossigen Mietshäuser sind glatt, meist weiß oder gelb verputzt. An dem Projekt sind neben Gropius auch Otto Bartning, Fred Forbat, Hugo Häring und Paul Rudolf Henning beteiligt.

Dachterasse der »Villa Savoie« von Le Corbusier (eigentl. Charles Edouard Jeanneret-Gris) mit Blick auf den Salon

Die Großsiedlung Siemensstadt in Berlin wird 1929 in Angriff genommen; hier der Bauteil von Walter Gropius, eine schlichte, verputzte Häuserzeile

Rationelles Wohnen auf engstem Raum

Zum Thema »Die Wohnung für das Existenzminimum« findet vom 24. bis zum 26. Oktober 1929 in Frankfurt am Main der zweite CIAM-Kongreß statt (congrès international de l'architecture moderne).
In Zusammenarbeit mit Soziologen und Hygienikern kommen die Teilnehmer zu dem Schluß, daß sich Wohnflächen ohne Qualitätsverluste beträchtlich reduzieren lassen, wenn gleichzeitig Belichtung und Belüftung deutlich verbessert würden. Entscheidend sei die Rationalisierung des Grundriß-Schemas einer Wohnung, d.h. kurze Wege, Nutzungsüberlagerungen sowie fest eingebaute Schrankwand-Elemente.

Der Architekt Ludwig Mies v.d. Rohe

Der Baumeister Alvar Aalto, Erbauer des Sanatoriums in Paimio

Walter Gropius, Begünder und bis 1928 Leiter der Bauhaus-Hochschule

Das Wolkenkratzer-Viertel in New York in der Nähe der Pennsylvania-Station, aufgenommen von einem Flugzeug; die Straßen werden zu Häuserschluchten

Wolkenkratzer als Spiegel der Zeit

Wolkenkratzer sind zu Symbolen der gesellschaftlichen Dynamik des 20. Jahrhunderts geworden. Sie entstehen immer dort, wo rasch wachsende Wirtschaftszentren zu urbanen Ballungsräumen werden. Sie verändern das Erscheinungsbild und das Selbstbewußtsein der Metropolen und ihrer Bewohner.

Die frühen Wolkenkratzer aus den 80er und 90er Jahren des 19. Jahrhunderts in Chicago und New York waren noch Produkte reiner Wirtschaftlichkeit. Fragen des Stils waren nebensächlich. Im Vordergrund standen allein die Rentabilität der Investition und das technisch Machbare. Dennoch überstanden die klare Strenge und Ausdruckskraft dieser Gebäude alle zwischenzeitlichen Moden.

Louis Henry Sullivan, der Begründer der Wolkenkratzer-Architektur in Chicago, gliederte seine Bauten nach dem Vorbild antiker Säulen. Die Sockelgeschosse bildeten die Basis, auf der die zahlreichen Bürogeschosse als »Säulenschaft« ruhten. Die Zone der Dachgeschosse bekrönte das Ganze wie ein Kapitell. Nach Sullivans Auffassung sollte der Wolkenkratzer »zeigen, was er ist«, nämlich eine griechische Säule.

Dieser romantischen Betrachtungsweise setzte das New Yorker »zoning law« von 1916 ein Ende. Weil die tiefen Straßenschluchten besser belichtet und belüftet werden sollten, mußten alle neuen Wolkenkratzer innerhalb bestimmter Höhenzonen zunehmend verjüngt werden.

Das Erreichen immer größerer Höhen war nur durch ständige Fortschritte im Stahlskelett- und Fassaden-Fertigteilbau möglich. Parallel dazu mußten der Brandschutz sowie die Aufzugstechnik weiterentwickelt werden.

Die Wolkenkratzer der Zwanziger Jahre werden dem Stil des Art deco unterworfen. Markantestes Beispiel ist das Chrysler-Building des Hochhaus-Architekten W. van Alen. Reiche Dekorationen und Ornamente, viel Chrom, Glas und Farbe zieren Portale, Foyers, Silhouetten und Bekrönungen. Die bunte Mixtur entspricht der Vorliebe der Zeit für Jazz und Ozeanriesen, Hektik und Vitalität.

»Tonfilm« mit Stimme von Richard Tauber

17. Januar. Im Tauentzien-Palast in Berlin wird der Film »Ich küsse Ihre Hand, Madame« uraufgeführt (Regie: Robert Land).

Die weibliche Hauptrolle spielt Marlene Dietrich, die weniger durch ihre Filme als vielmehr durch ihre Auftritte in Berliner Revuen bekannt ist. Ihr Partner in diesem Filmlustspiel ist Harry Liedtke, einer der großen deutschen Stummfilmstars, der in dem Robert-Land-Streifen in der Paraderolle eines Kellners zu sehen ist.

»Ich küsse Ihre Hand, Madame« ist ein reiner Stummfilm mit einer einzigen Toneinlage. Der Titelsong, komponiert von Ralph Erwin mit einem Text von Fritz Rotter, erklingt im Playback-Verfahren: Zu den Mundbewegungen von Harry Liedtke ist die Stimme des Tenors Richard Tauber zu hören.

Im Vorprogramm laufen die ersten deutschen Tonkurzfilme. Sie tragen die Titel »Ramona« und »Das letzte Lied«.

Auf dem Plakat wird H. Liedtke falsch auch als Sänger angekündigt

Szene mit Harry Liedtke, einem der Großen des deutschen Stummfilms, und Marlene Dietrich aus dem 1928 in Berlin und Paris gedrehten Spielfilm »Ich küsse Ihre Hand, Madame«; groß ist die Enttäuschung der Liedtke-Anhänger, als sich herausstellt, daß nicht Liedtke, sondern Richard Tauber das Titellied singt

»Orpheus«-Stoff in der Gegenwart

5. Januar. Der Regisseur Gustaf Gründgens erregt mit der deutschen Erstaufführung des Stücks »Orpheus« aus der Feder des französischen Dichters Jean Cocteau in Berlin Aufsehen. Cocteau hat den antiken Stoff um den Dichter Orpheus, der seine Frau Eurydike durch Gesang aus der Unterwelt zurückholt und erneut verliert, als er sie – entgegen dem im Hades geleisteten Gelübde – anschaut, in die Gegenwart übertragen. »Wie läßt man aus diesen klassisch verschimmelten Vorfällen ein Zeitdrama werden? Ganz einfach, indem man alle Personen in das Kostüm 1929 steckt«, meint spöttisch der Theaterkritiker Monty Jacobs.

Gustaf Gründgens, Jahrgang 1899, kam nach Lehrjahren in der Provinz 1923 als Schauspieler und Regisseur an die Kammerspiele nach Hamburg und wechselte 1928 nach Berlin

Erste Comics mit Tarzan und Buck Rogers

7. Januar. Die Comics, mit Texten kombinierte Bilderfortsetzungsgeschichten, die in US-amerikanischen Zeitungen und Groschenheften veröffentlicht werden, erhalten durch zwei Helden eines neuen Typus, »Tarzan« und »Buck Rogers«, eine größere Vielfalt.

Buck Rogers, so der Ausgangspunkt aller späteren Folgen, wacht nach einem Flugzeugunglück mit anschließender Gasvergiftung im Jahr 2419 aus tiefer Bewußtlosigkeit auf und sieht die Vereinigten Staaten von grausamen, schlitzäugigen Menschen erobert, gegen die er sich immer wieder von neuem und erfolgreich zur Wehr setzt. Der Schöpfer der Figur, Hugo Gernsback, bringt damit Elemente der Science-Fiction in die Gattung der Comics ein.

Tarzan dagegen stiftet im afrikanischen Urwald Frieden und Gerechtigkeit zwischen verfeindeten Eingeborenenstämmen und weißen Eindringlingen. Vorbild für den Comic-Helden ist die Titelfigur der Erzählung »Tarzan bei den Affen. Eine Dschungelromanze« von Edgar Rice Burroughs aus dem Jahr 1914.

Einen Schritt weiter in der Emanzipation der Comics von der humoresken Harmlosigkeit hin zu ernstzunehmender Unterhaltung geht der belgische Zeichner Herge (eigentl. Georges Remi) mit der am 10. Januar veröffentlichten Bildgeschichte »Tintin in der Sowjetunion« über die Abenteuer eines Reporters im Sozialismus. 1929 erblickt auch der Comic-Held Popeye das Licht der Welt.

»Popeye der Seemann«, Plakat zu einem Film mit der Comicfigur

»Tintin in der Sowjetunion« – der Comic wird gesellschaftskritisch

Franks »Karl und Anna« als Drama

16. Januar. In Frankfurt am Main, München, Bochum, Bremen, Magdeburg und Rostock wird das Drama um einen Kriegsheimkehrer, »Karl und Anna«, von Leonhardt Frank nach dessen gleichnamiger Erzählung uraufgeführt.

»Das Thema der Heimkehr: Karl, der als Richard zur Frau seines Freundes Richard kommt; Anna, die sich, ahnend und wissend, gehemmt und doch hemmungslos glücklich in den Betrug hineinwirft; Richard, der zurückkommt und beide ziehen läßt«, so umreißt Kritiker Herbert Jhering die Handlung des Stücks und zieht aus der Gegenüberstellung zur Erzählung das Fazit: »Das ... Thema, in der erzählenden Aufrollung mit ihren Leitmotiven, Nebenmotiven und ihrer behutsamen Durchdringung, mit ihrer Einfachheit, Ruhe und epischen Gelassenheit gegenwärtig, stark und wieder neu, wirkt im Drama konstruiert, unterstrichen, zugespitzt, naturalistisch, alt.«

1192 Berliner Illustrirte Zeitung Nr. 27

Der Kampf um Remarque

„Im Westen nichts Neues", das Kriegsbuch von Erich Maria Remarque, der größte Bucherfolg, der in Deutschland je erzielt wurde, hat einen Meinungskampf von selten erlebter Schärfe hervorgerufen. Es gibt wohl keine Zeitung, die nicht Stellung nahm. Eine ganze Reihe von Blättern schrieb mehrmals. Nicht immer war die Würdigung objektiv, je nach den politischen Bestrebungen des Blattes las man die verschiedensten Tendenzen aus dem Buch. Lesen Sie die folgenden Kritiken:

WAHR ODER NICHT?

Das Buch Remarques ist eine geschickte Federzeichnung aller Kehrseiten des Krieges . . .
Deutsche Zeitung, Berlin

. . . all diese Schilderungen sind so wahr und so erschütternd, daß alles noch einmal miterlebt wird . . .
Kölnische Zeitung

Denn was Remarque erlebte, das haben tausend und aber tausend erlebt, und gerade so . . .
Hamburger Fremdenblatt

. . . daß hier Maulwürfe am Werke sind, die in geschickt getarnter Weise das wahre Kriegserlebnis fälschen . . . Völkischer Beobachter, München

. . . die ehemaligen Frontsoldaten erkennen in diesem Buche die erste ganz unkonstruierte und unverbogene Darstellung des Krieges . . .
Schwäbische Tagwacht, Stuttgart

Dem Buch von Remarque die Wahrheit des Inhalts abzusprechen, ist eine äußerst kühne Anmaßung. Wer selbst im Kriege an der Front war und den ganzen Schlamassel durchgemacht hat, kann nur sagen, so war es tatsächlich. Jenaer Volksblatt.

PAZIFISTISCH?

. . . dennoch verbirgt sich unter der scheinbar referierenden Wiedergabe die Drachensaat des Pazifismus . . . Hamburger Nachrichten

Die Leute, die von dem Buch „Im Westen nichts Neues" eine pazifistische Wirkung erwarteten, haben sich getäuscht. Die Front lebt auf und nicht ein pazifistisches Gefühl. Der Jungdeutsche, Berlin

. . . Kein pazifistisches Buch! Es trägt nicht zur Verhinderung des Krieges bei: weil es zwar aufzeigt, was ist, nicht aber Stellung nimmt, nicht zur Abwehr aufruft, nicht den Weg zur Tat zeigt.
Die Friedenswarte.

Wer pazifistischer Wegweiser im üblen Sinne des Wortes werden möchte, der verbreite dies Buch . . .
Jenaische Zeitung

Die Stärke von „Im Westen nichts Neues" liegt in der Jugend der heimlichen Melodie dieses Werkes. Diese Melodie ist nicht pazifistisch.
Berliner Tageblatt

. . . einen äußerst geschickt verkleideten Versuch, den wehrhaften Geist des deutschen Volkes zu ertöten . .
Oesterreichische Wehrzeitung, Wien

. . . Bei Gott, ein pazifistischer Roman ließe sich raffinierter anlegen . . . Hochland, München

Das Buch fördert nicht so sehr den Abscheu vor dem Kriege, als es die latent gewordene Kriegslust weckt. Die Welt am Abend, Berlin

Erich Maria Remarque

1898 in Osnabrück geboren, zog von der Schulbank in den Krieg. Als er aus dem Felde zurückkam, wurde er zuerst Volksschullehrer in einem kleinen Heidedorf. Später ging er in kaufmännische, autotechnische und andere Berufe über, lebte dann auf Reisen und im Ausland und war schließlich in Berlin als Redakteur tätig.

WIE WAR WAHRES HELDENTUM?

Diesem Buch fehlt auf jeder Seite die große Konzeption vom Empfinden des vaterländischen Heroismus, vor dem jeder einzelne nichts war, die Gemeinschaft der Frontsoldaten aber zur gewaltigen Persönlichkeit emporwuchs. Hamburger Nachrichten

. . . Dieses im wahrsten Sinne heroische Buch gehört in jedes deutsche Haus!
Tremonia, Dortmund

Die Selbstverständlichkeit der Pflichterfüllung bis in den Tod tritt bei Erich Maria Remarque in den Vordergrund seiner Schilderung . . .
Der Jungdeutsche, Berlin

Das ist der Mut, der sich zur Feigheit bekennt . . .
Bergisch-Märkische Zeitung, Elberfeld

Frontgeist — hier haben wir ihn in seiner besten, natürlichen, menschlichsten Art, befreit von jeder Phrase . . . Der Altmärker, Stendal

. . . Es ist weder Anklage noch Tendenz, wenn der „Heldentod" eine Schilderung seiner Wahrheit erfährt, der Wahrheit von tausendmal Erlebtem.
Darmstädter Tagblatt

Sie haben alle dasselbe erlebt. So und nicht anders waren die Gespräche unter ihnen. So und nicht anders ihre kleinen und großen Sorgen, so und nicht anders ihre Kameradschaftlichkeit.
Essener Anzeiger

BELEIDIGEND UND TENDENZIÖS?

. . . eine grobe Beleidigung des deutschen Heeres und des deutschen Frontsoldaten . . .
Bundesblatt des Königin-Luise-Bundes

Kein Wort der Anklage, des Aufruhrs, der Hetze. Dies Buch ist kein Leitartikel, sondern ein Bericht . . .
Gießener Anzeiger

. . . wird das Buch vielfach mit der Bemerkung abgetan: „Tendenz, übelste Tendenz". Doch ist die „Tendenz", die aus dem Werke Remarques spricht, weiter nichts als die bitterste Wahrheit . . .
Danziger Zeitung

ANSTÖSSIG?

Wenn man es versucht, Herrn Remarque den Absatz seines Latrinenschmökers zu erschweren, dann wollen wir doch nicht darüber klagen . . .
Coburger Tageblatt

. . . er ist nicht zimperlich: auf die Tanten beiderlei Geschlechts, die von ihm damals erwarteten, daß er auch für die Welt ihrer Sofaschoner rücksichtslos sein Leben einsetzte, kann er keine Rücksicht nehmen, er muß, wenn er das Ganze geben will, auch von Dingen sprechen, von denen man nicht spricht. Seine Bekenntnisse werden Anstoß erregen, wie jede unumwickelte Wahrheit.
Württemberger Zeitung, Stuttgart

GEFAHR FÜR DIE JUGEND?

Ich stehe nicht an, zu behaupten, daß dieses Buch eine sittliche Gefahr bedeutet, besonders für unsere heranwachsende Jugend . . .
Steinfurter Anzeiger

Dieser Erich Maria Remarque hat ein Jugendbuch geschrieben, eines der wichtigsten vielleicht, die geschrieben wurden . . . Kölner Tageblatt

Zum Abschluß geben wir eine Stimme wieder, die Wesen und Wirkung des Buches besonders gut spiegelt:
Worin besteht die geheime Kraft seines Buches? Was macht es einzigartig? . . . daß Remarque nicht dem Leser eine fertige Gesinnung Seite für Seite einlöffelt, sondern es ihm überläßt, selbst aus dem Buche Schlüsse zu ziehen: das ist das Geheimnis seiner Wirkung. Remarque hat offenbar mit dem Buch nichts anderes zu tun gewünscht, als sich eine furchtbare Erinnerungslast vom Nacken zu wälzen . . . So gibt es bei ihm Dinge, die auf verschiedene Menschen ganz verschieden wirken . . . Aber so vieldeutig ist das Leben selbst ja auch. Und daß Remarque dieses Leben und dieses Erlebnis genau so gibt, wie er es sah und hatte, daß er einem nicht andauernd den Kopf mit privaten Meinungen verkeilt, sondern die Tatsachen durch sich wirken läßt, das ist der Reiz des Buches. Die Welt am Montag, Berlin

„Im Westen nichts Neues" wurde innerhalb von 12 Wochen von 500000 Menschen gekauft! 14 Nationen lassen es in ihre Sprache übersetzen. Bilden Sie sich bitte selbst ein Urteil und lesen Sie das Buch, das im Propyläen-Verlag erschien und für 4 Mark broschiert, für 6 Mark in Ganzleinen überall zu haben ist.

»Im Westen nichts Neues« von Remarque wird zu einem Bestseller

31. Januar. *Im Ullstein-PropyläenVerlag Berlin erscheint der Roman »Im Westen nichts Neues« von Erich Maria Remarque, der den Weltkrieg aus der Perspektive des einfachen Soldaten, der von der Schulbank eingezogen worden ist, schildert. Nach dem Vorabdruck in der »Vossischen Zeitung« (ab 10.11.1928) ist die Erstauflage des Buchs schon vor Erscheinen vergriffen; es entwickelt sich zum meistgelesenen Werk der ersten Jahrhunderthälfte. Andere Verlage, etwa S. Fischer, hatten das Manuskript abgelehnt (Abb.: Faksimile einer Seite der »Berliner Illustrierten« mit kontroversen Stellungnahmen zum Antikriegsroman von Remarque).*

Riesensprung von neuer Skischanze

5. Januar. In Johanngeorgenstadt (Sachsen) wird vor 12 000 Zuschauern die neue Skischanze feierlich eingeweiht. Mit einer Höhe von 42 m sowie einer 100 m langen und 4,5 m breiten Anlaufbahn ist sie die größte im Deutschen Reich.
Die auf fünf Anlauftürmen errichtete Schanze ist nach ihrem Stifter benannt, dem Johanngeorgenstädter Stadtrat Hans Heinz, der sie der Stadt als Ehrenmal für seinen im Weltkrieg gefallenen Bruder geschenkt hat. Sieger des Eröffnungsspringens ist Erich Recknagel (Oberschönau) mit einer Weite von 48 m und einer Note von 232,7 (Höchstnote: 240) vor dem Klingenthaler Walter Glaß (Note: 221,6).
Am 9. Januar kann der Thüringer Recknagel seine eigene Bestleistung außer Konkurrenz noch weit übertreffen: Auf der neuen Schanze gelingt ihm ein Sprung von 60 m, im zweiten Anlauf erreicht er sogar 62 m, wobei Recknagel jedoch beim Landen den Boden leicht mit der Hand berührt, so daß der Sprung nicht anerkannt wird.

Mathisen läuft wie in alten Zeiten

10. Januar. Der 40jährige norwegische Eisschnelläufer Oscar Mathisen läuft in Davos die 1000 m in 1:31,1 min und übertrifft damit seinen eigenen, bereits 1909 aufgestellten Weltrekord um sieben Zehntelsekunden. Da Mathisen seit langem Berufsläufer ist, wird der neue Weltrekord nicht anerkannt.
Sein Versuch, am selben Tag auch über 500 m eine neue Bestmarke zu setzen, scheitert hingegen. Fast vier Tage später allerdings gelingt dem Sportveteranen in Davos auch über diese Distanz ein Weltrekordlauf. Er legt die 500 m in 43,0 sec zurück und übertrifft damit die Weltbestleistung seines Landsmanns Roald Larsen aus dem Vorjahr um eine Zehntelsekunde.
Die Glanzzeit Mathisens lag vor dem Weltkrieg: 1909, 1912, 1913 und 1914 war er jeweils Weltmeister im Vierkampf. Er hielt zeitweilig die Eisschnellauf-Weltrekorde über alle Distanzen — 500 m, 1000 m, 1500 m, 5000 m, 10 000 m. In seiner Heimat zählt Mathisen zu den am meisten gefeierten Sportlern.

Februar 1929

Mo	Di	Mi	Do	Fr	Sa	So
				1	2	3
4	5	6	7	8	9	10
11	12	13	14	15	16	17
18	19	20	21	22	23	24
25	26	27	28			

1. Februar, Freitag

Das Gesetz zur Verbesserung der Situation der Wartestandbeamten wird vom Reichstag in Berlin in dritter Lesung abgelehnt, da die für eine Verfassungsänderung erforderliche Zweidrittelmehrheit nicht zustandekommt.

Als Nachfolger von Vicente Mejía Colindres wird Miguel Paz Baraona Präsident des mittelamerikanischen Staates Honduras, des instabilsten Landes in der Region.

Neuer Ministerpräsident der Tschechoslowakei ist Franz Udrzal, zuletzt Kriegsminister. Er folgt dem seit 1926 amtierenden Anton Svehla nach, der seit über einem Jahr krank ist. Udrzal gibt in seiner Regierungserklärung bekannt, er werde die Politik seines Vorgängers fortsetzen.

Zwischen Paris und Buenos Aires wird erstmals eine direkte Telefonverbindung hergestellt.

Der neue Tarifvertrag in der deutschen Kali-Industrie tritt in Kraft. Die tägliche Schichtzeit unter Tage wird auf acht Stunden reduziert; für die Über-Tage-Arbeiter dieses Industriezweigs ist eine Schicht höchstens neuneinhalb Stunden lang.

»Der Untergang des Abendlandes«, eine kulturgeschichtliche Betrachtung von Oswald Spengler, erscheint in Italien in der Übersetzung des italienischen Ministerpräsidenten und Duce Benito Mussolini.

2. Februar, Sonnabend

Reichsaußenminister Gustav Stresemann dementiert Behauptungen des französischen Ministerpräsidenten Raymond Poincaré über die Existenz eines deutschen Propagandafonds, der insbesondere gegen die Rheinlandbesetzung gerichtet sein soll (→30.11./S. 184).

Der Reichstag in Berlin behandelt in erster Lesung den Kriegsächtungspakt (→6.2./ S. 32).

Im Rahmen einer USA-Reise besiegt der deutsche Schwergewichts-Profiboxer Max Schmeling im Madison Square Garden in New York Johnny Risco vor 15 000 Zuschauern durch technischen k.o. in der neunten Runde.

3. Februar, Sonntag

Angehörige des rechtsgerichteten Verbandes Heimwehr stören in Gloggnitz (Niederösterreich) eine Veranstaltung der Sozialdemokraten. 36 Personen werden verletzt.

Die Weltmeisterschaften im Eiskunstlauf der Paare und der Damen gehen nach zweitägiger Dauer in Budapest zu Ende. Im Paarlauf gewinnen Lilly Scholz/Otto Kaiser aus Österreich, bei den Damen die Norwegerin Sonja Henie. → S. 36

Zum dritten Mal nach 1922 und 1925 wird das tschechoslowakische Team Europameister im Eishockey in Budapest.

Der belgische Boxer Pierre Charles besiegt in der Westfalenhalle in Dortmund Ludwig Haymann eindeutig nach Punkten und wird damit Europameister im Halbschwergewicht. Der Titel war seit dem Wechsel von Max Schmeling in die Schwergewichtsklasse frei.

4. Februar, Montag

Der britische Schatzkanzler Winston Churchill betont in einer Rede vor dem Unterhaus in London, die britische Regierung strebe eine baldige Regelung der Reparationsfrage und eine vorzeitige Räumung der besetzten Rheinlande an (→31.8./S. 134; 30.11./S. 184).

Die bayerische Gesandtschaft in Berlin spricht dem preußischen Ministerpräsidenten Otto Braun (SPD) ihr Bedauern über die Veröffentlichung der Äußerungen des bayerischen Ministerpräsidenten Heinrich Held zur Entschädigungsfrage aus (→31.1./S. 14).

Hans Knappertsbusch, bayerischer Generalmusikdirektor und Staatsoperndirektor, tritt von der künstlerischen Leitung der Musikalischen Akademie in München zurück.

5. Februar, Dienstag

Der sozialdemokratische Reichskanzler Hermann Müller berät mit Politikern des Zentrums und der Deutschen Volkspartei erfolglos Möglichkeiten zur Beilegung der Kabinettskrise (→6.2./S. 33).

In der indischen Stadt Bombay und Umgebung kommt es zu heftigen Übergriffen gegen Angehörige der Religionsgemeinschaft der Panthans. Gerüchten zufolge sollen die Panthans Kinder für Opferzwecke geraubt und entführt haben. 100 000 Arbeiter in Bombay legten daraufhin aus Protest die Arbeit nieder.

Der südirische Nationalistenführer Eamon de Valera wird bei der Einreise in die zu Großbritannien gehörende nordirische Provinz Ulster verhaftet und wie ein gewöhnlicher Verbrecher ins Gefängnis abgeführt. Er wollte auf einer Versammlung in Belfast sprechen. Das Vorgehen der Behörden beschwört einen inneririschen Konflikt herauf.

Ehrenfried Günther Freiherr von Hünefeld, der im April 1928 zusammen mit Hermann Köhl und James C. Fitzmaurice erstmals den Atlantik per Flugzeug in Ost-West-Richtung überquert hatte, stirbt im Alter von 36 Jahren in Berlin.

6. Februar, Mittwoch

Nachdem die Verhandlungen zwischen den Parteien der Großen Koalition zur Stärkung der Abstimmungsdisziplin im Deutschen Reichstag ergebnislos verlaufen sind, tritt der einzige Zentrumsminister der Reichsregierung, Theodor von Guérard, zurück. →S. 33

Mit 288 gegen 127 Stimmen ratifiziert der Reichstag in Berlin den Briand-Kellogg-Pakt zur Ächtung eines Angriffskrieges als Mittel der Politik. →S. 32

Reichstagspräsident Paul Löbe (SPD) erinnert vor den Abgeordneten des Reichstags in Berlin an die Eröffnung der Weimarer Nationalversammlung vor zehn Jahren.

Reichsinnenminister Carl Severing (SPD) erhebt beim Staatsgerichtshof in Leipzig Klage wegen der Verleihung von Ehrentiteln, die der Verfassung widerspreche. Am 9. Dezember 1929 entscheidet der Staatsgerichtshof, daß die Verleihung von Titeln zur Auszeichnung einzelner Beamter oder nichtbeamteter Personen (Ehrentitel) nicht mit der Weimarer Verfassung vereinbar sei.

Der ungarische Ministerpräsident István Graf Bethlen von Bethlen spricht sich während einer Anfrage im Budapester Abgeordnetenhaus für eine Revision des Friedensvertrags von Trianon (1920) aus.

König Alexander I. Karadordević, Herrscher über das Königreich der Serben, Kroaten und Slowenen (Jugoslawien), erläßt eine Amnestie für politische Gefangene (→5.1./S. 18).

7. Februar, Donnerstag

Der Handelsvertrag zwischen dem Deutschen Reich und Litauen wird vom Reichstag in Berlin in zweiter und dritter Lesung beraten und angenommen. Gegen die Stimmen der kommunistischen Fraktion billigt der Reichstag außerdem den Vertrag zur Beilegung der finanziellen Streitigkeiten mit Rumänien.

Ohne vorherige Debatte ratifiziert der Sejm, die zweite Kammer des polnischen Parlaments, den Briand-Kellogg-Pakt zur Ächtung des Krieges (→24.7./S. 117).

Die Reichsregierung, die nach dem Ausscheiden des Zentrums aus der Koalition nicht mehr über eine parlamentarische Mehrheit verfügt, beschließt, die Regierungsgeschäfte auf der Grundlage des bisherigen Programms vorerst fortzuführen (→ 6.2./S. 33).

8. Februar, Freitag

In Reaktion auf eine faschistische Großkundgebung in Tunis führen unbekannte Täter einen Bombenanschlag auf die Turiner Zeitung »Unione« durch, der allerdings nur Sachschäden verursacht.

Neun Nationalsozialisten werden in Kottbus wegen Schlägereien und Vergehens gegen das Waffengesetz sowie — in einem Fall — wegen Körperverletzung mit Todesfolge zu Gefängnisstrafen zwischen zwei Monaten und drei Jahren verurteilt.

9. Februar, Sonnabend

In Moskau wird das Litwinow-Protokoll, ein Nichtangriffs-Abkommen zwischen Estland, Lettland, Rumänien, der Sowjetunion und Polen, unterzeichnet. →S. 34

José de León Toral, der Mörder des designierten mexikanischen Präsidenten, General Alvaro Obregón, wird in der Hauptstadt Mexiko hingerichtet. →S. 37

Eine deutsch-österreichische Strafrechtskommission, die in Dresden zusammentritt, beschäftigt sich mit der Frage der Angleichung der Gesetzgebung in beiden Staaten.

Die spanische Regierung verbietet als Reaktion auf die Militärrevolte vom → 30. Januar (S. 19) die Verbreitung negativer politischer Prophezeiungen.

»Die Büchse der Pandora«, ein Film von G.W. Pabst nach einem Bühnenstück von Frank Wedekind, wird in Berlin uraufgeführt. Die Rolle der Lulu wird von der US-amerikanischen Schauspielerin Louise Brooks gespielt. →S. 36

10. Februar, Sonntag

Nach internen Auseinandersetzungen tritt Friedensnobelpreisträger Ludwig Quidde vom Vorsitz der Deutschen Friedensgesellschaft (DFG) zurück. Die DFG vollzieht einen Linksruck. →S. 33

In Mannheim besiegt die deutsche Fußball-Nationalmannschaft eine Auswahl der Schweiz 7:1.

11. Februar, Montag

Die Lateranverträge, mit denen der Vatikan seine jahrzehntelangen Streitigkeiten mit dem italienischen Staat beilegt, werden in Rom unterzeichnet. →S. 30

Die Sachverständigenkommission zur Neuregelung der Reparationszahlungen des Deutschen Reichs an die Siegermächte des Weltkriegs tritt unter dem Vorsitz des US-Amerikaners Owen D. Young erstmals in Paris zusammen. →S. 32

Leo Trotzki, der wegen fortgesetzter politischer Betätigung aus der Sowjetunion ausgewiesen wurde, trifft in Konstantinopel (Istanbul) ein. Trotzki war ein Jahr zuvor nach Kasachstan verbannt worden. →S. 34

Fürst Franz I. wird als Nachfolger von Johann II. Oberhaupt des Fürstentums Liechtenstein.

Der mexikanische Präsident Emilio Portes Gil entgeht dank der Geistesgegenwart des Lokomotivführers einem Eisenbahnattentat. Der Lokführer bringt den Zug unmittelbar nach der Explosion einer Höllenmaschine zum Stehen.

Neuer Bei von Tunis wird Ahmad II. Er ist als Oberhaupt des französischen Protektorats Nachfolger von Muhammad VI.

In den Hochburgen des Karnevals finden die Rosenmontagszüge statt. →S. 35

Bei einem durch Mißachten einer Signalanlage verursachten Zugunglück zwischen Wittenberg und Bitterfeld werden 17 Personen verletzt, der Zugführer kommt bei dem Unfall ums Leben.

Der deutsche Schauspieler Albert Steinrück, der sich vor allem durch Rollen in Dramen von August Strindberg und Frank Wedekind einen Namen gemacht hat, stirbt im Alter von 46 Jahren in Berlin. Am → 28. März (S. 58) findet im Staatlichen Schauspielhaus in Berlin eine Gedenkveranstaltung statt, an der zahlreiche seiner Schauspielerkollegen teilnehmen.

12. Februar, Dienstag

Der litauische Landtag ratifiziert den Briand-Kellogg-Pakt zur Ächtung des Angriffskrieges (→24.7./S. 117).

Die »Zeitbilder« aus Berlin dokumentieren auf dem Titel der Ausgabe vom 17. Februar 1929 die Unterzeichnung der Lateranverträge, durch die der Vatikan erstmals seit 1870 wieder den Status eines souveränen Staates erhält

Nummer 7
17. Februar 1929

Zeitbilder

Beilage zur Vossischen Zeitung

Die Wiedergeburt des Kirchenstaates.
Unterzeichnung des neuen Vertrages zwischen Italien und dem Papst durch Mussolini und Kardinal-Staatssekretär Gasparri im Lateran.

Reichsbankpräsident Hjalmar Schacht macht unter Hinweis auf die Wirtschaftslage den Standpunkt der deutschen Regierung deutlich, daß die Reparationszahlungen gesenkt werden müssen (→11.2./S. 32).

Der deutsche Mediziner Albert Freiherr von Schrenck-Notzing, bekannt durch Forschungen zur Hypnose und Parapsychologie, stirbt im Alter von 46 Jahren in München.

13. Februar, Mittwoch

US-Präsident Calvin Coolidge unterzeichnet in Washington eine Flottenbauvorlage, die den Bau von 15 Kreuzern und einem Flugzeugträger vorsieht. →S. 34

Das Zentralkomitee der Kommunistischen Partei der Sowjetunion beschließt ein Gesetz zur Herabsetzung der landwirtschaftlichen Steuern, um angesichts der Versorgungskrise in den Städten die Bauern zu höheren Getreidelieferungen anzuhalten (→ 10.11./S. 190).

Im Mejerchold-Theater in Moskau wird in der Inszenierung von Wsewolod Mejerchold das Stück »Die Wanze« von Wladimir W. Majakowski mit der Musik von Dmitri D. Schostakowitsch uraufgeführt.

14. Februar, Donnerstag

Westdeutsche und südwestdeutsche Stromkonzerne schließen sich zur Westdeutschen Elektrizitätswirtschaft AG zusammen. Das Grundkapital des Unternehmens mit Sitz in Frankfurt am Main beträgt eine Million Reichsmark.

Wegen einer zu erwartenden »Verletzung des öffentlichen Anstandes« erteilen die Münchner Behörden der US-amerikanischen Tänzerin Josephine Baker ein Auftrittsverbot.

Als »Massaker am Valentinstag« geht ein siebenfacher Mord an Mitgliedern einer Mafia-Gang in Chicago durch Angehörige einer rivalisierenden Bande in die Kriminalgeschichte ein. →S. 37

Der Film »Der lebende Leichnam« des sowjetischen Regisseurs Fedor Ozep mit dem ebenfalls als Regisseur bekannten Wsewolod I. Pudowkin in der Hauptrolle wird in Berlin uraufgeführt. →S. 36

15. Februar, Freitag

Erwin Bumke wird auf Vorschlag des Reichsrats, der Vertretung der deutschen Länder, zum Präsidenten des Reichsgerichts ernannt.

Der Storthing, das norwegische Parlament, stimmt dem Briand-Kellogg-Pakt zu (→24.7./S. 117).

16. Februar, Sonnabend

In Prag wird ein deutsch-tschechisches Hafenabkommen unterzeichnet, das die Verpachtung zollfreier Zonen im Hamburger und Stettiner Hafen an die Tschechoslowakei gemäß den Bestimmungen des Versailler Vertrags festlegt.

Der Kölner Oberbürgermeister Konrad Adenauer (Zentrum) sieht sich wegen eines Glückwunschtelegramms an den italienischen Ministerpräsidenten und Duce Benito Mussolini anläßlich der Unterzeichnung der Lateranverträge (→11.2./S. 30) heftigen Angriffen ausgesetzt. Dem Vatikan hat Adenauer kein Telegramm gesandt.

Der Stummfilm »Das brennende Herz« von Ludwig Berger wird im Ufa-Palast am Zoo in Berlin uraufgeführt.

Die Premiere des Dramas »Dietrich — der Morgen eines Volkes« von Wilhelm Schmidtbonn findet in Kassel statt.

17. Februar, Sonntag

Auf ihrer Jahrestagung in Leipzig wählt die Deutsche Liga für Menschenrechte u.a. Albert Einstein, Heinrich Mann, Ernst Toller und Arnold Zweig in ihren Beirat. Die Organisation, die sich u.a. um eine Verständigung mit Polen bemüht, setzt sich im Deutschen Reich vehement gegen »Justizunrecht«, insbesondere Urteile gegen Linkspublizisten, zur Wehr.

Bei einem schweren Gasunglück in Berlin werden sechs Personen verletzt. →S. 36

18. Februar, Montag

Der aus der Sowjetunion ausgewiesene Leo Trotzki richtet ein Asylgesuch an das Deutsche Reich, das abschlägig beschieden wird (→11.2./S. 34).

Der Hauptausschuß des preußischen Landtags in Berlin lehnt die von Sozialdemokraten und Kommunisten eingebrachten Anträge, die preußische Gesandtschaft in München zu schließen, ab.

19. Februar, Dienstag

Reichstagspräsident Paul Löbe (SPD) ersucht den Ältestenausschuß des Parlaments um schärfere Vollmachten zur Aufrechterhaltung der Ordnung bei Parlamentssitzungen. In der Vergangenheit hatte es wiederholt »lärmende Kundgebungen von Tribünenbesuchern« gegeben (→18.12./S. 203).

20. Februar, Mittwoch

Der preußische Ministerpräsident Otto Braun (SPD) schlägt dem deutschen Außenminister und Vorsitzenden der Deutschen Volkspartei (DVP), Gustav Stresemann, Verhandlungen über eine Aufnahme der DVP in die preußische Staatsregierung vor, der bislang SPD, Zentrum und Deutsche Demokratische Partei (DDP) angehören. Das Angebot an die in der Reichsregierung vertretene DVP soll die schwere Regierungskrise im Deutschen Reich positiv beeinflussen (→6.2./S. 33).

Carl Sonnenschein, der Begründer der katholisch-sozialen Studentenbewegung, stirbt im Alter von 53 Jahren in Berlin. An der Begräbnisfeier am 23. Februar nimmt u.a. der päpstliche Nuntius im Deutschen Reich, Eugenio Pacelli, teil.

Als Reaktion auf die Militärrevolte vom → 30. Januar (S. 19) in Spanien wird auf Vorschlag von Diktator Miguel Primo de Rivera y Orbaneja, durch königliches Dekret die vorübergehende Auflösung der Artilleriekorps verfügt.

21. Februar, Donnerstag

In der Carnegie Hall in New York wird die Oper »Feste Romane« von Ottorino Respighi unter der musikalischen Leitung von Arturo Toscanini uraufgeführt (→ S. 194).

22. Februar, Freitag

In der spanischen Stadt Segovia kommt es zu schweren Zwischenfällen, als die von Diktator Miguel Primo de Rivera y Orbaneja angeordnete Auflösung der Artilleriekorps vollzogen wird (→30.1./S. 19).

Ernst von Borsig überreicht der Reichsregierung im Auftrag der deutschen Lokomotivindustrie eine Denkschrift zur Lage der deutschen Eisenbahnwirtschaft, in der u.a. ein Reichsauftrag über 100 Lokomotiven gefordert wird.

23. Februar, Sonnabend

Wegen des Bürgerkriegs in Afghanistan verlassen die europäischen Gesandtschaften mit britischen Flugzeugen die Hauptstadt Kabul (→14.1./S. 19).

Der US-amerikanische Senat lehnt einen Antrag auf Rückzug aller US-Truppen aus Nicaragua ab (→1.1./S. 19).

Pressemeldungen zufolge soll es dem ungarischen Konstrukteur Dénes von Mihály gelungen sein, ein sog. Fern-Kino zu erfinden, das mittels eines Zusatzgeräts drahtlos über Rundfunkgeräte Fernsehbilder ausstrahlen könne.

24. Februar, Sonntag

In einem Interview mit der »Berliner Morgenpost« spricht sich Reichskanzler Hermann Müller (SPD) dafür aus, ähnlich wie im französischen Parlament auch im Reichstag ein System einzuführen, das es der Regierung erlaubt, jederzeit die Vertrauensfrage zu stellen: »Dieses System erhöht die Verantwortung des Parlaments.«

Die Aufmärsche der rechtsgerichteten Heimwehren und der sozialdemokratisch orientierten Republikanischen Schutzbünde in Wien verlaufen ohne größere Zwischenfälle.

Mit einer Plakataktion wird die Reichsunfallwoche in Berlin eröffnet (bis 3.3; →S.16).

Die Oper »Der Tenor« von Ernst von Dohnanyi wird in Nürnberg uraufgeführt. Das Libretto beruht auf dem Lustspiel »Bürger Schippel« von Carl Sternheim.

25. Februar, Montag

Die Pariser Tageszeitung »Quotidien« berichtet im Zusammenhang mit Aufständen im Kongogebiet, daß beim Bau einer Eisenbahn von Brazzaville nach Point Noir wegen mangelhafter Organisation 25000 Schwarze ums Leben gekommen seien.

In Berlin versammeln sich die Schauspieler zu einer Großkundgebung, um auf die soziale Not ihrer Berufsgruppe aufmerksam zu machen.

26. Februar, Dienstag

Reichspräsident Paul von Hindenburg bekräftigt seine Ehrenmitgliedschaft in der rechtsgerichteten paramilitärischen Organisation Stahlhelm, nachdem er die beiden Führer des Verbandes, Franz Seldte und Theodor Duesterberg, in Berlin empfangen hat. →S. 33

Reichsaußenminister Gustav Stresemann spricht vor dem Zentralvorstand seiner Partei, der rechtsliberalen Deutschen Volkspartei (DVP), von einer schweren Krise des Parlamentarismus im Deutschen Reich. Zugleich bekräftigt er seine Zustimmung zum Vorschlag des preußischen Ministerpräsidenten Otto Braun (SPD), die DVP in die preußische Staatsregierung aufzunehmen (→6.3./S. 33).

Zwei Angehörige der französischen Faschisten-Föderation, die am 24. Februar den Präsidenten der französischen radikalen Partei, Édouard Daladier, entführt hatten, werden in Straßburg verhaftet.

27. Februar, Mittwoch

Reichskanzler Hermann Müller (SPD) verhandelt in getrennten Gesprächen mit Gustav Stresemann (DVP), Ludwig Kaas und Adam Stegerwald (Zentrum) sowie Wilhelm Scholz (DDP) über Möglichkeiten zur Beilegung der Regierungskrise im Reich (→6.2./S. 33).

Die türkische Regierung tritt dem Litwinow-Protokoll bei (→9.2./S. 34).

Der Atlantikflieger Charles Lindbergh erlebt in Mexiko-Stadt nach einem Vergnügungsflug mit seiner Verlobten Anne Morrow eine Bruchlandung. →S. 37

Der deutsche Maler Hugo Freiherr von Habermann, ein Schüler Karl von Pilotys und Mitglied der Münchner Sezession, stirbt im Alter von 79 Jahren in München.

Der deutsche Profiboxer Max Schmeling, der von einer mehrwöchigen USA-Tournee zurückkehrt, wird bei seiner Ankunft in Cuxhaven begeistert empfangen.

28. Februar, Donnerstag

Der Zentrumsabgeordnete Clemens Lammers legt unter Hinweis auf die »Gesamtentwicklung des Parlamentarismus« sein Reichstagsmandat nieder.

Die Zahl der registrierten Arbeitslosen im Deutschen Reich ist auf 3,2 Millionen angestiegen. →S. 33

Der österreichische Kinderarzt Clemens Pirquet, Vorsitzender des Völkerbundkomitees für Säuglingsfürsorge, begeht im Alter von 55 Jahren in Wien Selbstmord.

Der Große Rat der italienischen Faschisten veröffentlicht in Rom eine Liste mit den Kandidaten für das Plebiszit am →24. März (S. 44).

Das Wetter im Monat Februar

Station	Mittlere Lufttemperatur (°C)	Niederschlag (mm)	Sonnenscheindauer (Std.)
Aachen	- 4,3 (2,1)	20 (59)	— (74)
Berlin	- 10,4 (0,4)	14 (40)	— (78)
Bremen	- 8,0 (0,9)	22 (48)	— (68)
München	- 11,2 (- 0,9)	56 (50)	— (72)
Wien	- 9,6 (0,6)	27 (41)	— (81)
Zürich	- 6,7 (0,2)	19 (61)	106 (79)

( ) Langjähriger Mittelwert für diesen Monat
— Wert nicht ermittelt

Die Kältewelle, die ganz Europa und Vorderasien heimsucht, wird zum Gegenstand einer Reportage der Pariser »l'Illustration«, die am 23. Februar 1929 ausführlich über den Simplon-Orient-Expreß, der 80 Kilometer vor Konstantinopel im Schnee steckengeblieben ist, berichtet

Avec ce numéro, LA PETITE ILLUSTRATION contenant
la dernière partie du roman, RETOUR DE FLAMME, par J.-H. Louwick.

87e ANNÉE — N° 4486

L'ILLUSTRATION

23 FÉVRIER 1929

LOUIS BASCHET, Secrétaire général. RENÉ BASCHET, Directeur. GASTON SORBETS, Rédacteur en chef.

LES MÉFAITS IMPRÉVUS DE L'HIVER. — Le Simplon-Orient-Express pris dans la neige glacée près de la gare de Tcherkes-Keuy, où il est resté bloqué plusieurs jours, à 80 kilomètres de Constantinople.

Phot. Boursky. — Voir l'article et les autres photographies pages 105 à 107.

Verträge der Faschisten mit der katholischen Kirche

11. Februar. Kardinal Pietro Gasparri als Bevollmächtigter des Heiligen Stuhls und der italienische Ministerpräsident und Duce Benito Mussolini als Bevollmächtigter von König Viktor Emanuel III. von Italien unterzeichnen in Rom die Lateranverträge, mit denen der Vatikanstaat geschaffen und die Beziehungen zwischen Italien und dem Heiligen Stuhl neu geordnet werden.

Die Aussöhnung mit dem Heiligen Stuhl sichert den Faschisten das Wohlwollen der katholischen Kirche und trägt wesentlich zur Festigung ihrer Herrschaft in Italien sowie zu ihrem internationalen Ansehen bei (→24.3./S. 44).

Zum Vertragswerk gehören der eigentliche Lateranvertrag, ein Finanzabkommen und ein Konkordat zwischen der katholischen Kirche und dem italienischen Staat.

Mit dem Lateranvertrag wird die Vatikanstadt als souveräner Staat neu gegründet. Oberhaupt dieses Staates, der eine Größe von 44 km² hat und die Peterskirche, den Petersplatz, den Vatikan und seine Gärten sowie Kunstsammlungen, Bibliotheken, Archive und Dienstleistungsgebäude umfaßt, ist der Papst. Der italienische Staat erkennt »die Souveränität des Heiligen Stuhles auf internationalem Gebiet als ... zu seinem Wesen gehörende Eigenschaft« an. Nach dem Völkerrecht ist die Souveränität nur gegeben, wenn ein weltlicher Herrschaftsbereich, d.h. ein Staatsgebiet, vorhanden ist — dies wird nun mit der Vatikanstadt geschaffen. Zu den Souveränitätsrechten, die der Apostolische Stuhl mit dem Lateranvertrag erhält, gehören das aktive und passive Gesandtschaftsrecht sowie die diplomatische Immunität.

Im Finanzabkommen wird dem Heiligen Stuhl eine einmalige Zahlung von 1,75 Milliarden Lire (385 Millionen Reichsmark) als Entschädigung für die Einziehung des Restkirchenstaates durch Italien im Jahr 1870 zugesichert.

Im Konkordat bestätigt der italienische Staat die katholische Religion als Staatsreligion mit folgenden Konsequenzen:

▷ Die geistliche Gewalt ist in ihrer Religionsausübung frei
▷ Ordinierte katholische Geistliche sind vom Kriegsdienst befreit
▷ Die kirchliche Ehe wird unter staatlichen Schutz gestellt
▷ Der Religionsunterricht an staatlichen Schulen erfolgt mit Schulbüchern, die von kirchlicher Seite genehmigt sind
▷ Exkommunizierten Geistlichen ist der Zugang zu allen öffentlichen Ämtern versperrt.

△ Vor der Unterzeichnung der Verträge zwischen dem italienischen Staat und dem Heiligen Stuhl im Konzilssaal des Laterans in Rom verliest der italienische Ministerpräsident und Duce Benito Mussolini (3. v. r.) die Einigungsklauseln; links von ihm Kardinalstaatssekretär Pietro Gasparri, Bevollmächtigter von Papst Pius XI.

◁ Ein historischer Augenblick: Mit der Unterzeichnung der Lateranverträge durch Kardinalstaatssekretär Pietro Gasparri (l. sitzend) und Benito Mussolini (r. sitzend) werden die seit Gründung des italienischen Staates 1861 bestehenden Spannungen zwischen Italien und dem Heiligen Stuhl beigelegt

Mit den Lateranverträgen ist die »römische Frage«, die sich im 19. Jahrhundert mit der Bewegung für einen italienischen Einheitsstaat herausgebildet hatte, gelöst. Das am 17. März 1861 proklamierte Königreich Italien hatte auf französischen Druck hin — die Italiener waren von Frankreich im Freiheitskampf gegen die Österreicher unterstützt worden — auf die Einverleibung des Kirchenstaates verzichten müssen. Erst der Abzug französischer Truppen aus Rom infolge des deutsch-französischen Krieges ermöglichte am 20. September 1870 die Einnahme Roms. Der Kirchenstaat wurde für aufgelöst, die Stadt Rom zur Hauptstadt von Italien erklärt.

Papst Pius IX. und seine Nachfolger lehnten das Garantiegesetz vom 13. Mai 1871 ab. Es garantierte dem Papst zwar die Vorrechte eines Souveräns, eine Jahresrente, die Freiheit der Konzilien und Konklaven sowie die Exterritorialität des Vatikans, erklärte die Museen, Bibliotheken und Kunstgegenstände von Vatikan und Lateran jedoch zum Nationaleigentum. Seither betrachteten sich die Päpste als »Gefangene im Vatikan« (→25.7./S. 121).

Eine alte Zeremonie mit neuer Bedeutung: Die Schweizer Garde hißt die Flagge des Papstes, nunmehr offizielle Fahne der souveränen Vatikanstadt

Nach der Vertragsunterzeichnung: Eine Menschenmenge versammelt sich auf dem Petersplatz in Rom, um den Segen von Papst Pius XI. entgegenzunehmen

Papst nicht länger Gefangener im Vatikan

11. Februar. Das Vertragswerk zwischen dem Heiligen Stuhl und Italien enthält im einzelnen die folgenden Bestimmungen (Auszug aus einer vom Vatikan autorisierten Übersetzung):

»Ausgehend davon,
daß der Heilige Stuhl und Italien es für richtig erachtet haben, jeden Grund des zwischen ihnen bestehenden Zwiespalts dadurch zu beseitigen, daß sie eine endgültige Regelung ihrer gegenseitigen Beziehungen vornehmen, die der Gerechtigkeit und Würde der beiden Hohen Vertragsparteien entspricht und dem Heiligen Stuhle eine dauernde tatsächliche und rechtliche Lage verbürgt, welche ihm Gewähr für die völlige Unabhängigkeit bei der Erfüllung seiner hohen Aufgabe in der Welt bietet, und die es so dem Heiligen Stuhle ermöglicht, seinerseits die im Jahre 1870 durch die Einverleibung Roms in das Königreich Italien unter der Dynastie des Hauses Savoyen entstandene 'Römische Frage' als endgültig und unwiderruflich beigelegt anzuerkennen;
daß ferner dem Heiligen Stuhle zur Sicherstellung völliger und sichtbarer Unabhängigkeit eine unstreitige Souveränität auch auf internationalem Gebiet verbürgt werden muß, und sich daraus die Notwendigkeit ergeben hat ... die Vatikanstadt zu schaffen und das volle Eigentum sowie die ausschließliche und unumschränkte souveräne Gewalt und Jurisdiktion des Heiligen Stuhles über sie anzuerkennen;
haben Seine Heiligkeit Papst Pius XI. und Seine Majestät Viktor Emanuel III., König von Italien, beschlossen, einen Vertrag einzugehen, und zu diesem Zweck zwei Bevöllmächtigte ernannt, und zwar seitens Seiner Heiligkeit Seine Eminenz den Hochwürdigsten Herrn Kardinal Pietro Gasparri, Ihren Staatssekretär, und seitens Seiner Majestät Seine Excellenz den Herrn Cavaliere Benito Mussolini, Premierminister und Chef der Regierung.
Diese sind nach Austausch ihrer beiderseitigen in guter und gehöriger Form befundenen Vollmachten in den folgenden Artikeln übereingekommen:
Art. 1. Italien erkennt an und bestätigt aufs neue den durch Art. 1 der Verfassung des Königreiches vom 4. März 1848 geheiligten Grundsatz, wonach die katholische, apostolische und römische Religion die einzige Staatsreligion ist.
Art. 2. Italien erkennt die Souveränität des Heiligen Stuhles auf internationalem Gebiet als eine gemäß seiner Überlieferung und den Erfordernissen seiner Aufgabe in der Welt zu seinem Wesen gehörende Eigenschaft an.
Art. 3. Italien erkennt das volle Eigentum sowie die ausschließliche, unumschränkte souveräne Gewalt und Jurisdiktion des Heiligen Stuhles über den Vatikan an,

Papst Pius XI. ist erstes Oberhaupt der souveränen Vatikanstadt

wie er gegenwärtig besteht, mit allem seinem Zubehör und seinen Dotationen. Hierdurch wird ... die Vatikanstadt geschaffen ...
Art. 4. Die ausschließliche Souveränität und Jurisdiktion des Heiligen Stuhles über die Vatikanstadt, die Italien anerkennt, bedingt, daß daselbst keine Einmischung der Italienischen Regierung stattfinden kann, und daß es in ihr keine andere Autorität gibt als die des Heiligen Stuhles.
Art. 5. Zur Ausführung der Bestimmungen des vorstehenden Artikels hat die Italienische Regierung zu veranlassen, daß das Gebiet der Vatikanstadt vor Inkrafttreten dieses Vertrages von jeder Beschränkung befreit und von etwaigen Insassen geräumt wird ...«

Reichstag billigt Kriegsächtungspakt

6. Februar. Der Reichstag in Berlin ratifiziert in dritter Lesung den Briand-Kellogg-Pakt zur Ächtung des Angriffskrieges, der am 25. August 1928 von 15 Nationen in Paris unterzeichnet worden ist.

Eine Ratifizierung des Kriegsächtungspakts ist nach der Weimarer Verfassung nicht notwendig, da lediglich Friedens- und Bündnisverträge sowie Abkommen, die Gegenstände der Reichsgesetzgebung betreffen, der Zustimmung des Parlaments bedürfen. Dennoch hatte sich die Reichsregierung entschlossen, den Pakt dem Reichstag in Gesetzesform vorzulegen, da sein Gewicht die Beteiligung des Parlaments nahelegt.

In der ersten Lesung am 2. Februar würdigte Reichsaußenminister Gustav Stresemann (DVP) den Abschluß des Vertrages unter Hinweis darauf, daß auch die USA, bislang weder Mitglied des Völkerbunds noch Vertragspartner bisheriger internationaler Garantiepakte, dem Vertragswerk beigetreten sind.

Der Pakt wird am 6. Februar in zweiter Lesung beraten und am selben Tag in dritter Lesung mit 288 gegen 127 Stimmen angenommen. Zugleich verabschiedet der Reichstag eine von der Reichsregierung eingebrachte Resolution, in der diese auf notwendige Ergänzungen — allgemeine Abrüstung, Entwicklung von Verfahren zur friedlichen Beilegung zwischenstaatlicher Gegensätze — verweist (→24.7./S. 117).

Sie leiteten den Kriegsächtungspakt in die Wege, der französische Außenminister A. Briand (l.) und sein US-amerikanischer Amtskollege F. B. Kellog

Krieg nicht mehr Mittel der Politik

Der Kriegsächtungspakt geht auf eine Initiative des französischen Außenministers Aristide Briand und seines US-amerikanischen Amtskollegen Frank Billings Kellogg zurück. Kellogg hatte Briands Vorschlag, einen zweiseitigen Friedensvertrag abzuschließen, abgelehnt und statt dessen einen internationalen Vertrag zur Ächtung des Krieges angeregt. Die Unterzeichnerstaaten erklären, »daß sie den Krieg als Mittel für die Lösung internationaler Streitfälle verurteilen und auf ihn als Werkzeug nationaler Politik in ihren gegenseitigen Beziehungen verzichten«. Zum ersten Mal wird damit der Krieg für illegal erklärt. Allerdings gilt dies nur für den Angriffskrieg, das Recht auf Selbstverteidigung bleibt ebenso unangetastet wie ein Sanktionskrieg.

Neuregelung der Reparationen in Angriff genommen

11. Februar. Unter dem Vorsitz des US-amerikanischen Großindustriellen und Bankiers Owen D. Young tritt die internationale Sachverständigenkommission in Paris zu ihrer ersten Sitzung zusammen, um über die Neuregelung der Reparationszahlungen des Deutschen Reichs zu beraten.

Zu den Mitgliedern der Kommission gehören Vertreter Frankreichs, Großbritanniens, Belgiens, Italiens und Japans sowie für das Deutsche Reich Reichsbankpräsident Hjalmar Schacht und der Industrielle Albert Vögler. Die US-Amerikaner nehmen an der Konferenz teil, obwohl sie keine Reparationsforderungen an das Deutsche Reich stellen; allerdings müssen die Gläubigermächte mit den deutschen Geldern ihrerseits ihre Kriegskredite an den Verbündeten USA zurückzahlen. Vertreten werden die US-Interessen in Paris außer von Young von dem Großbankier John Pierpont Morgan d.J.

Die Forderungen der Siegerstaaten des Weltkriegs an das Deutsche Reich gehen über die bislang völkerrechtlich übliche Erstattung der Kriegskosten hinaus. Im Versailler Friedensvertrag vom 28. Juni 1919 war die Höhe der deutschen Zahlungen wegen der ungeklärten ökonomischen Situation zwar noch nicht genau festgelegt worden, in Artikel 231 wurde jedoch die Alleinschuld des Deutschen Reichs am Weltkrieg festgeschrieben. Die Forderungen der Siegermächte nach Ersatz für zerstörtes Staatseigentum, Pensionen für Kriegsopfer u.ä. wurden unter Hinweis auf die deutsche Kriegsschuld politisch und moralisch legitimiert. Eine vorläufige Festlegung der deutschen Zahlungen erfolgte mit dem am 1. September 1924 in Kraft gesetzten Dawesplan. Er sah jährliche Zahlungen in Höhe von 2,5 Milliarden Goldmark vor. Eine Gesamtsumme wurde nicht festgelegt. Die deutsche Währung wurde mit einem Kredit von 800 Millionen Goldmark stabilisiert.

In der Folge des Plans erhielt das Deutsche Reich großzügige Auslandskredite (→7.6./S. 98).

Eröffnung der Konferenz unter O. D. Young (M.); die deutschen Vertreter (v. r.) L. Kastl, A. Vögler und H. Schacht

Regierungsstreit in der Großen Koalition

6. Februar. Die Reichsregierung, eine Koalition aus SPD, DDP, DVP, Zentrum und Bayerischer Volkspartei (BVP), verliert durch den Rücktritt des einzigen Zentrumsministers, Verkehrsminister Theodor von Guérard, ihre Mehrheit im Deutschen Reichstag.
Die fünf an der Regierung der Großen Koalition unter Reichskanzler Hermann Müller (SPD) beteiligten Parteien hatten sich bisher in ihrem Abstimmungsverhalten im Reichstag nicht immer an die Kabinettspolitik gehalten. Müller bemühte sich in Gesprächen mit den Koalitionsparteien am 24. und 30. Januar um eine Festigung der Kabinettsbindung, um sich eine parlamentarische Mehrheit für die anstehenden Steuererhöhungen zu sichern.
Die Gespräche verliefen ergebnislos. Das Zentrum erklärt, es sei zum Verbleib in der Regierung nur bereit, wenn es statt wie bisher mit einem künftig mit drei Ministern im Kabinett vertreten sei. Eines dieser Ressorts solle das Ministerium für die besetzten Gebiete (Rheinland) sein, das seit 1923 nicht mehr selbständig besetzt worden war.
Die DVP lehnt ein solches selbständiges »Rheinministerium« ab und fordert ihrerseits die Aufnahme in die preußische Landesregierung, bisher eine Koalition von SPD, DDP und Zentrum. Der preußische Ministerpräsident Otto Braun (SPD) ist dazu jedoch nicht ernsthaft bereit (→13.4./S. 66).

Reichskanzler Hermann Müller
Hermann Müller (Abb.), geboren am 18. Mai 1876 in Mannheim, war von 1920 bis 1928 Vorsitzender der Reichstagsfraktion und von 1919 bis 1927 einer der Parteivorsitzenden der SPD. Nach dem Wahlsieg der Sozialdemokraten im Mai 1928 übernahm er das Amt des Reichskanzlers in einer Regierung der Großen Koalition. Zu einer ersten ernsten Regierungskrise kam es, als Müller und die SPD-Reichsminister auf Druck ihrer Partei am 15. November 1928 im Reichstag gegen den Bau des Panzerkreuzers A stimmten, obwohl sie ihn in einem Kabinettsbeschluß am 10. August 1928 selbst angeregt hatten (→27.6./S. 101).

Theodor Duesterberg (M.) spricht vor Stahlhelm-Anhängern in Lüneburg

Hindenburg hält an Stahlhelm fest

26. Februar. Reichspräsident Paul von Hindenburg empfängt in Berlin die Stahlhelm-Führer Theodor Duesterberg und Franz Seldte. Hindenburg will sich über Vorwürfe, die u.a. der preußische Ministerpräsident Otto Braun gegen die rechtsradikale paramilitärische Vereinigung von Soldaten des Weltkriegs erhoben hatte, persönlich ein Bild machen.
Die Kritik hatte sich u.a. gegen eine Treueerklärung gerichtet, die der Stahlhelm am →27. Januar (S. 21), dem 70. Geburtstag von Wilhelm II., für den ehemaligen Monarchen abgegeben hatte und die im Widerspruch zum Verfassungseid der Weimarer Beamten stand.
Nach der Unterredung erklärt der Reichspräsident, er sehe keinen Anlaß, seine Ehrenmitgliedschaft in dem Verband aufzugeben. In der offiziellen Erklärung zur Unterredung heißt es: »Zwar stünden sie [die Stahlhelmer] in Opposition zum gegenwärtig in Deutschland herrschenden parlamentarischen System und seiner Handhabung, sie hätten aber stets betont, daß der Stahlhelm seine Ziele nur auf legalem Wege verfolge.« Die Unterscheidung zwischen dem Staat an sich, dem der Kampf des Verbandes nicht gelte, und der Staatsform der demokratischen Republik, die der Stahlhelm ablehnt, bezeichnet die »Frankfurter Zeitung« als »unwahrhaftig und unwürdig« (→8.10./S.170).

Nobelpreisträger Quidde: Rücktritt

10. Februar. Auf einer Generalversammlung der Deutschen Friedensgesellschaft (DFG) in Berlin tritt Ludwig Quidde, Friedensnobelpreisträger des Jahres 1927, vom Vorsitz der Organisation zurück. Sein Nachfolger wird General Karl Freiherr von Schönaich.

Der neue Vorsitzende der Deutschen Friedensgesellschaft, Freiherr von Schönaich, steht den Sozialdemokraten nahe und ist Mitglied in deren Organisation »Reichsbanner«

Der Rücktritt erfolgt, nachdem sich der Vorstand mit seiner Forderung, das Zwangsabonnement einer pazifistischen Zeitung (»Friedenswarte«, »Menschheit«, »Deutsche Zukunft« oder »Das andere Deutschland«) für Mitglieder der DFG abzuschaffen, nicht hatte durchsetzen können. Die DFG vollzieht mit der Neubesetzung des Vorstands einen Ruck nach links.

Drei Millionen arbeitslos

28. Februar. Die Zahl der Arbeitslosen im Deutschen Reich übersteigt erstmals seit der statistischen Erfassung die Drei-Millionen-Grenze. Die Reichsanstalt für Arbeitsvermittlung und Arbeitslosenversicherung gibt die Zahl der Ende Februar verfügbaren Arbeitssuchenden mit 3 115 868 an, darunter 489 321 Frauen. Die Arbeitslosenzahl liegt damit um etwa 1,19 Millionen oder 61,4 % über der Quote vom Vergleichsmonat des Vorjahres.
Da die Finanzeinlagen der Reichsanstalt für eine durchschnittliche Zahl von 800 000 Arbeitslosen ausgerichtet sind, ist eine Anleihe bei der Reichsregierung unvermeidlich (→24.4./S. 66; 3.10./S. 173).
Der Anstieg der Arbeitslosigkeit ist mit dem strengen Winter nur teilweise zu erklären; vielmehr deuten die Zahlen auf eine Abschwächung der Konjunktur hin.
Zwar ist das Volkseinkommen von 1925 bis 1928 kontinuierlich von 65,1 Milliarden Reichsmark (RM) auf 75,4 Milliarden RM gestiegen, und auch das Pro-Kopf-Einkommen hat sich in diesem Zeitraum von 1262 auf 1415 RM stetig erhöht. Die Investitionstätigkeit der Unternehmer ist jedoch seit 1928 in Reaktion auf die nachlassende Nachfrage und die größere Sparneigung der Bevölkerung zurückgegangen. Ökonomen verweisen darüber hinaus auf die Verwundbarkeit der mit ausländischen Krediten sanierten deutschen Wirtschaft (→25.10./S. 166).

Nazi-Parolen zur Arbeitslosigkeit

Litwinow-Protokoll ist unterzeichnet

9. Februar. In Moskau unterzeichnen Vertreter von Lettland, Estland, Polen, Rumänien und der Sowjetunion das Litwinow-Protokoll, mit dem sich diese Staaten verpflichten, das Briand-Kellogg-Abkommen zur Kriegsächtung auch dann einzuhalten, wenn es nicht von den erforderlichen 15 Staaten ratifiziert wird und also nicht in Kraft tritt (→24.7./S. 117).

Die Initiative zu dem Pakt geht von dem stellvertretenden sowjetischen Außenminister Maxim M. Litwinow aus und steht in Zusammenhang mit den Bemühungen der UdSSR, die Beziehungen zu den Nachbarstaaten zu verbessern. Als erster Schritt dazu galt 1926 der Abschluß eines Freundschaftsvertrags mit Litauen, der allerdings unter Ausnutzung von Streitigkeiten dieses baltischen Staates mit seinem Nachbarn Polen zustandekam.

Das ohnehin gespannte Verhältnis der Sowjetunion zu Polen, seinem stärksten Gegenspieler in der Region, wurde durch diesen Freundschaftsvertrag weiter belastet; die Situation verschärfte sich nach der Ermordung des sowjetischen Gesandten in Warschau im Jahr 1927 und nach Abschluß eines sowjetisch-rumänischen Militärbündnisses. Daß nun auch Warschau die Einladung nach Moskau angenommen hat, ist als besonderer Erfolg der sowjetischen Außenpolitik zu werten. In Litwinows Rede aus Anlaß der Unterzeichnung heißt es u.a.: »Jeder Teilnehmer des Protokolls übernimmt gegenüber der ganzen Welt, soweit dies von ihm abhängt, die Sorge für die Erhaltung des Friedens in einem bestimmten geographischen Gebiet, und je mehr Befürchtungen dieses Gebiet früher hervorrief, desto bedeutender ist unser heutiger Schritt.«

Am 27. Februar unterzeichnet auch die Türkei das Litwinow-Protokoll, am 3. und 5. April treten Litauen und Persien dem Abkommen bei.

Der stellvertretende sowjetische Volkskommissar des Äußeren, Maxim M. Litwinow (r. stehend) verliest den nach ihm benannten »Friedenspakt des Ostens«

Washington will 15 Kreuzer bauen

13. Februar. US-Präsident Calvin Coolidge unterzeichnet in Washington eine Flottenbauvorlage, die beide Häuser des Kongresses akzeptiert haben. Das Aufrüstungsprogramm sieht die Kiellegung von 15 Kreuzern und einem Flugzeugmutterschiff innerhalb der folgenden drei Jahre vor.

Die »Baufrist«-Klausel zielt darauf ab, vor einer geplanten internationalen Seeabrüstungskonferenz vollendete Tatsachen zu schaffen (→7.10./S. 172).

1922 hatten die Seemächte USA, Großbritannien, Japan, Italien und Frankreich im Washingtoner Flottenabkommen das Kräfteverhältnis bei Großkampfschiffen zwischen diesen Staaten auf 5:5:3:1,75:1,75 festgelegt. Außerdem hat man sich auf Obergrenzen für die Gesamttonnage bestimmter Typen geeinigt. Außer Großbritannien, das an einer Ausweitung seiner Seerüstung aus finanziellen Gründen nicht interessiert zu sein scheint, streben alle Unterzeichnerstaaten eine neue Konferenz an, um die Rüstungsgrenzen weiter zu fassen.

Trotzki trifft nach der Ausweisung in Konstantinopel ein

11. Februar. Der aus der Sowjetunion ausgewiesene Oppositionelle Leo Trotzki trifft in Konstantinopel (Istanbul) ein.

Trotzki war am 17. Januar 1928 nach Alma-Ata in Kasachstan verbannt worden. Dort erhielt er am 16. Dezember eine ultimative Aufforderung vom Generalsekretär der Kommunistischen Partei der Sowjetunion, Josef W. Stalin, sich jeglicher »konterrevolutionärer Tätigkeit« zu enthalten. Da Trotzki zum Verzicht auf politische Betätigung nicht bereit war, folgte die Ausweisung aus der Sowjetunion.

Trotzki zählt zu den führenden Persönlichkeiten der russischen Oktoberrevolution 1917. Als Volkskommissar für Verteidigung (1918-1922) war er anschließend maßgeblich am Aufbau der Roten Armee und am Sieg der Bolschewisten im Bürgerkrieg beteiligt. Nach schwerwiegenden Differenzen mit Stalin wurde Trotzki 1925 aus allen Regierungsämtern gedrängt, verlor 1926/27 auch seine Parteiämter und wurde schließlich aus der Partei ausgeschlossen. Die Auseinandersetzung zwischen den beiden Politikern war 1925 in voller Schärfe entbrannt, als Trotzki Stalins Bürokratismus und seine Doktrin von der Errichtung des »Sozialismus in einem Lande« öffentlich attackierte. Trotzki hielt daran fest, daß ein sozialistisches System in der UdSSR nur errichtet werden könne, wenn auch in anderen Staaten eine revolutionäre Umwälzung erfolgt sei.

Leo Trotzki (r.) nimmt 1922 als Oberbefehshaber der sowjetischen Roten Armee in Moskau eine Parade ab

Trotzki mit seiner Frau im Exil in Konstantinopel; europäische Staaten lehnen sein Asylgesuch ab

Auch die Türkei ist von der Kältewelle betroffen; die Hagia Sofia in Konstantinopel ist mit Schnee bedeckt

Ein völlig ungewohntes Bild im Februar 1929: Sonntagsausflügler können zu Fuß ohne Gefahr über das Eis zur Pfalz im Rhein bei Kaub gelangen; sie ist sonst nur mit Fähren zu erreichen

Kältewelle wie seit Jahrzehnten nicht mehr in Europa

Februar. Der Zustrom kalter Luftmassen aus der Sowjetunion und eine dichte Schneedecke führen in ganz Europa zu einer schweren, wochenlang anhaltenden Kältewelle.
Im Deutschen Reich werden im Riesengebirge an den Flußläufen teilweise Temperaturen von minus 40 °C gemessen; auch in Berlin sind Minusgrade von bis zu 20 °C tagsüber keine Seltenheit. Der Rhein ist über weite Strecken zugefroren. Das Eis ist bei Ludwigshafen, oberhalb des Binger Mäuseturms und bei Kaub so stark, daß Ausflügler es ohne Sorge betreten können.
Doch der kalte Winter bereitet auch Probleme. In der Reichshauptstadt werden wegen Kohlenmangels die Schulen und sämtliche öffentlichen Bäder für die Dauer von zwei Wochen geschlossen. Die tägliche Brennstoffeinsparung beträgt nach Angaben des Berliner Magistrats 10 000 Zentner. Auch in Stuttgart, Dortmund und Breslau erhalten die Schüler wegen der Kälte für einige Tage unterrichtsfrei.
Der Fährverkehr von den deutschen Ostseehäfen nach Skandinavien kommt teilweise zum Erliegen. Bis zu 25 Dampfer sind in der westlichen Ostsee vom Eis eingeschlossen. Auch in anderen europäischen Staaten herrschen bedrohliche Zustände. So besteht in Wien, wo die Temperaturen auf minus 30 °C fallen und sämtliche Quellzuflüsse eingefroren sind, akuter Wassermangel. In Polen, wo Temperaturen von minus 47 °C gemessen werden, muß der Eisenbahnverkehr vollständig eingestellt werden.
Frost herrscht auch in Südfrankreich – die Riviera liegt unter einer Schneedecke – und in Italien bis südlich von Palermo. Die türkische Stadt Konstantinopel (Istanbul) wird von einem schweren Schneesturm heimgesucht, der Verkehr bricht zusammen.

»Die Kunst wird dümmer«, so das Motto eines Wagens beim Münchener Fasching

Der Kölner Prinz Karneval im Pokal des mittelalterlichen Narren Till Eulenspiegel

Narren trotzen der klirrenden Kälte bei den Rosenmontagszügen

11. Februar. *Die Rosenmontagszüge in Köln, Mainz und Düsseldorf sowie die Faschingsveranstaltungen in München leiden unter der grimmigen Kälte. Nicht Hunderttausende, sondern nur einige Zehntausend säumen in Köln die Straßen, viele Touristen sind zu Hause geblieben. Der Kölner Oberbürgermeister Konrad Adenauer, auch 1929 wieder bei einigen Karnevalswagen Zielscheibe des Spotts, kann dem bunten Zug nicht wie in den Vorjahren vom Balkon des Rathauses aus zusehen, weil er mit einer Grippe im Bett liegt.*

Sechs Menschen bei Gasexplosion im Norden von Berlin verletzt

17. Februar. *In der Nacht zum 17. Februar ereignet sich im Norden von Berlin ein schweres Gasunglück: Einer der großen Gasometer der Berliner Städtischen Gaswerke fliegt mit einer gewaltigen Detonation in die Luft. Im weiten Umkreis zerspringen die Fensterscheiben, das brennende Gas ist bis zu 30 km weit sichtbar. Da die Straßen nahezu menschenleer sind, werden nur sechs Personen verletzt. Ein zweiter Gasometer kann vor der Explosion bewahrt werden (Abb.: Vorn Trümmer des detonierten Gasometers, hinten unbeschädigter Gasometer).*

16jährige Sonja Henie ist Weltmeisterin

2./3. Februar. In Budapest finden die Eiskunstlauf-Weltmeisterschaften für Paare und Damen statt.
Bei den Damen gewinnt erwartungsgemäß die noch nicht 17jährige Norwegerin Sonja Henie mit der Platzziffer 5 vor ihrer österreichischen Konkurrentin Fritzi Burger vom Wiener Eislaufverein, die von der Jury die Platzziffer 12 erhält. Sie verweist damit ihre Vereinskollegin Melitta Brunner knapp auf Rang drei (Platzziffer 13). Sonja Henie, die bereits 1927 die Weltmeisterschaft für sich entscheiden konnte und 1928 in Sankt Moritz olympisches Gold holte, zeigt in ihrer Kür alle Schwierigkeiten – Achsel-, Salchow- und Dreiersprünge, Pirouetten im Stand, in tiefer Kniebeuge, mit langsamer und schneller Drehung und mit Fußwechsel. Fritzi Burger beeindruckt mit einer neuartigen beidfüßigen Spitzenpirouette.
Bei den Paaren sind die Österreicher Lilly Scholz und Otto Kaiser (Wiener Eislaufverein) mit der Platzziffer 6 erfolgreich. Melitta Brunner, im Einzelwettbewerb Dritte, erreicht mit ihrem Partner Ludwig Wrede in der Paarlaufkonkurrenz den zweiten Platz (Platzziffer 13) vor dem ungarischen Paar Orgonista/Fzalay.

Sonja Henie wird zum zweiten Mal Weltmeisterin im Eiskunstlauf

Die Wiener Weltmeister im Paarlauf Lilly Scholz/Otto Kaiser

Sowjetischer Film begeistert Berlin

14. Februar. In Berlin wird der Film »Der lebende Leichnam« uraufgeführt, eine deutsch-sowjetische Gemeinschaftsproduktion, die auf dem gleichnamigen Schauspiel von Leo Tolstoi basiert.
Regisseur des Films ist Fedor Ozep, der sich mit seinen eindrucksvollen Bildern als gelehriger Schüler der großen Meister des sowjetischen Stummfilms, Sergei Eisenstein und Wsewolod I. Pudowkin, erweist. Der Regisseur Pudowkin spielt in dem Ozep-Film die männliche Hauptrolle, einen Einzelgänger, der durch einen vorgetäuschten Selbstmord seiner Frau die Ehe mit einem anderen Mann ermöglicht.
»Die Zusammenarbeit von Ozep und Pudowkin schafft Außerordentliches. Die Zigeunerbilder sind so eindringlich komponiert und ineinandergeschnitten, daß sie geradezu den Ton- und Geräuschfilm vorwegnehmen. Wie hier Bewegung akustisch wird ... wie Entfernungen und Näherungen, also räumliche Dispositionen, akustisch empfunden sind – das ist phänomenal«, meint der Kritiker Herbert Jhering und resümiert: »Dieser Film trägt Züge der Meisterschaft.«

Louise Brooks als Lulu in Pabst-Film

9. Februar. In Berlin wird der Film »Die Büchse der Pandora« von G. W. Pabst uraufgeführt. Das Werk gilt als Meisterstück des deutschen erotischen Films.
Pabst hat die Dramen »Der Erdgeist« (1896) und »Die Büchse der Pandora« (1902) von Frank Wedekind in dem Film zusammengefaßt. Im Mittelpunkt steht die Tänzerin Lulu, die alle Männer, denen sie begegnet, psychisch und körperlich vernichtet und schließlich selbst auf mysteriöse Weise dem Frauenmörder Jack the Ripper zum Opfer fällt. Der Film von Pabst erzeugt seine Wirkung durch expressive Großaufnahmen und Bilder von großer atmosphärischer Dichte. Daß der Regisseur die Amerikanerin Louise Brooks für die Rolle der Lulu ausgesucht hat, stößt bei der deutschen Kritik auf Unverständnis. Ihr feines, auf vordergründige Effekte verzichtendes Spiel wird als mangelndes Darstellungsvermögen verkannt.

Das Flugzeug mit dem beschädigten Fahrwerk beim Landeanflug

Kurz vor dem Aufsetzen auf der Landebahn von Mexiko-Stadt

Wie erwartet — die beschädigte Maschine überschlägt sich

Anschließend verschwindet der Flieger in einer Staubwolke

Das Flugzeug ist an der Spitze und am Propeller beschädigt

Nach der Bruchlandung — Lindbergh und seine Verlobte Anne Morrow

Bruchlandung: Atlantikflieger Charles Lindbergh entgeht nur ganz knapp dem Tod

27. Februar. *Der US-amerikanische Flieger Charles Lindbergh, der 1927 als erster im Alleinflug den Atlantik von New York nach Paris überquert hat, entgeht mit knapper Not einem Absturz. Bei der Rückkehr von einem Ausflug zu den Vulkanen Popocatépetl und Ixtaccihuatl, den er zusammen mit seiner Verlobten Anne Morrow von Mexiko-Stadt aus unternimmt, verliert er bei einer Zwischenlandung auf freiem Feld ein Rad. Bei der Landung in Mexiko-Stadt kommt es, wie Lindbergh voraussieht, aufgrund dieses Schadens zu einer Bruchlandung, die beide jedoch unbeschadet überstehen.*

Mafia-Mord in Chicago am Valentinstag

14. Februar. Zu einem raffinierten Mord unter verfeindeten Mafia-Banden kommt es am Valentinstag in Chicago: Sieben Mitglieder der Dion O'Banion-Gang, die sich auf Alkoholschmuggel spezialisiert hat, werden von fünf Männern, scheinbar drei Polizisten und zwei Zivilisten, in einer Garage gestellt und, als sie sich mit erhobenen Händen aufgestellt haben, mit Maschinenpistolen erschossen.

Tatsächlich sind die Mörder Mitglieder einer anderen Mafia-Gruppe. Die drei scheinbaren Polizisten führen nach dem Mord die beiden Zivilisten ab, damit Anwohner, die Schüsse gehört haben, keinen Verdacht schöpfen.

Chicago ist in den 20er Jahren ein Zentrum rivalisierender Mafiosi in den USA. Allein 1926 und 1927 sollen 500 Menschen bei Bandenkämpfen ums Leben gekommen sein. Al (eigentl. Alphonse) Capone, als gebürtiger Neapolitaner bei den sizilianischen Mafiosi anfangs ein Außenseiter, gilt als Sieger in dem Bandenkrieg, seitdem er Nachfolger des flüchtigen Bandenführers John Torrio geworden ist. Gerüchten zufolge soll er seine letzten Feinde, die Mafiosi Scalice und Alberto Anselmi, eigenhändig bei einem Festessen erschlagen haben.

Mafia-König Al Capone, geboren am 17. Januar 1899 in Neapel, ist in den Slums von New York aufgewachsen und 1920 nach Chicago gekommen; er war zunächst »einfaches Mitglied«, später der Chef der Mafia-Bande von John Torrio, deren Einnahmequellen u. a. Prostitution, Glücksspiel und verbotener Alkoholausschank sind

Obregón-Mörder wird hingerichtet

9. Februar. José de León Toral, der am 17. Juli 1928 den gewählten Präsidenten von Mexiko, General Alvaro Obregón, erschossen hat, wird in Mexiko-Stadt hingerichtet.

Der Attentäter hatte sich während eines Festbanketts in St. Angel in der Nähe der mexikanischen Hauptstadt dem Politiker unter einem Vorwand genähert, dann aber unvermutet fünf Revolverschüsse auf ihn abgegeben. Toral gab als Grund für seine Tat an, daß er mit der Kirchenpolitik der mexikanischen Regierung, die der designierte Präsident Obregón weiterführen wollte, nicht einverstanden sei. 1926 waren die Kirchengüter verstaatlicht und ausländische katholische Priester ausgewiesen worden.

Die Ermordung Obregóns löste in der mexikanischen Bevölkerung Bestürzung aus, da der Politiker nach den Revolutionsjahren von 1910 bis 1917 zu einer Stabilisierung des Landes beigetragen hatte.

Film 1929:

Klassenbewußtsein in den Stummfilmen

Im zweiten Jahr nach der Uraufführung des US-amerikanischen Films »The Jazz Singer« (1927), der — nicht ganz korrekt — als erster Tonfilm in die Geschichte der Kinematographie eingeht, kommen die ersten deutschen Erzeugnisse des neuen Genres in die Kinos. Abgesehen von »Melodie der Welt« (→12. 3./S. 59) handelt es sich überwiegend um anspruchslose Operettenfilme (→16./19.12./S. 209). Von hohem künstlerischem und politischem Niveau sind dagegen einige der deutschen Stummfilme, die 1929 erstmals gezeigt werden und deren Regisseure häufig den Linksparteien nahestehen.

Zu den »proletarischen« Filmen ersten Ranges gehört »Mutter Krausens Fahrt ins Glück«. Regisseur Piel Jutzi hat sich bei der Gestaltung des Films durch Zeichnungen von Heinrich Zille anregen lassen. Die Geschichte einer armen Zeitungsfrau, die in einer verzweifelten Situation — der Unterschlagung verdächtig — Selbstmord begeht, beeindruckt durch Genreszenen und durch die Gegenüberstellung der Resignation von Mutter Krause und dem Optimismus eines klassenbewußten Arbeiters.

Eine Vorstudie zu diesem Film ist »Hunger in Waldenburg« von Jutzi, der ebenfalls 1929 anläuft. Er schildert das Schicksal eines arbeitslosen Webers in Schlesien, der nur deshalb nicht zum Verbrecher wird, weil ihn die Solidarität seiner Genossen davor bewahrt.

Leo Mittlers »Jenseits der Straße« erzählt die Geschichte eines Bettlers, eines Arbeitslosen und eines Straßenmädchens, die sich gegenseitig eine Perlenkette wegzunehmen versuchen, von der sich schießlich herausstellt, daß sie nicht echt ist. Der Film ist eher eine sozialkritische Milieustudie als ein politisch engagierter Film.

Während Jutzi und Mittler mit der KPD sympathisieren, steht der Regisseur Werner Hochbaum der SPD nahe. Sein Film »Brüder« hat den Hamburger Hafenarbeiterstreik von 1896 zum Inhalt und gewinnt durch den Werftarbeiterstreik in Hamburg 1928/29 (→3.1./S. 14) unvermutet an Aktualität.

Alexandra Schmidt spielt die Titelrolle in dem proletarischen Stummfilm »Mutter Krausens Fahrt ins Glück«; das Werk von Piel Jutzi ist von großer agitatorischer Kraft

Louise Brooks als Lulu (mit Carl Goetz) in der Verfilmung des Wedekind-Dramas »Die Büchse der Pandora« (Regie: G. W. Pabst)

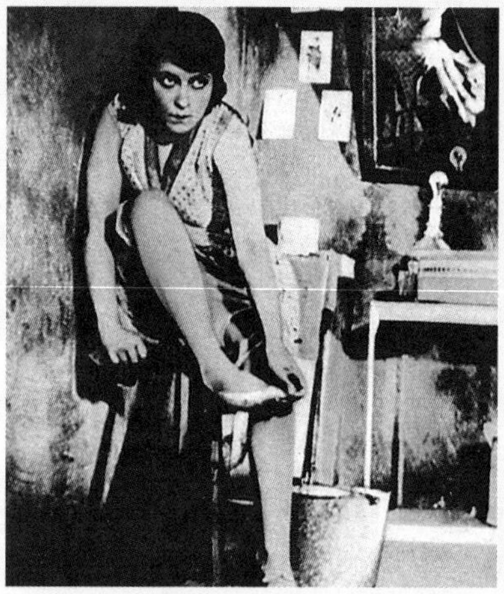

Lissi Arna in »Jenseits der Straße«, eine Produktion der deutsch-sowjetischen Filmgesellschaft »Prometheus«

Conrad Veidt und Erna Morena in dem Film »Das Tagebuch einer Verlorenen« von Meisterregisseur Pabst

Die aus Polen stammende, in Hollywood lebende Pola Negri in »Die Straße der verlorenen Seelen«

Fürsorgeerziehung im Film: Szene aus »Revolte im Erziehungsheim«, gedreht nach dem gleichnamigen Theaterstück von Peter Martin Lampel aus dem Jahr 1928

Eugen Klöpfer, Wladimir Sokoloff, Carmen Boni und Adele Sandrock (v. l. n. r.) agieren unter der Regie von Carl Grune in »Katharina Knie« nach Carl Zuckmayer

Szene aus »The Cocoanuts« mit den Marx-Brothers, die Verfilmung eines erfolgreichen Broadway-Stücks

Gloria Swanson, Symbol für Hollywood-Glamour, in dem Tonfilm »The Tresspasser« von Edmund Goulding

Der Film »Hallelujah« von King Vidor spielt unter schwarzen Arbeitern in den Südstaaten der USA

Stars am Filmhimmel

Die Stars am Filmhimmel sind auf einer Fotomontage der britischen Zeitschrift »Sketch« versammelt – je größer ihr Ruhm, desto größer auch ihr Foto (Abb. l.).
Eine Sternschnuppe verweist auf den großen Stummfilmkomiker Charlie Chaplin, von dem allerdings 1929 keine neue Produktion in die Kinos kommt. Seine Kollegen Stan Laurel und Oliver Hardy, dem deutschen Publikum bekannt als »Dick und Doof«, stolpern dagegen 1929 in der Slapstick-Filmkomödie »Big Business« als Vertreter für Weihnachtsbäume unablässig von einer unhaltbaren Situation in die andere.
Doch Hollywood bietet nicht nur Komik. Als Neuerung, die allerdings ohne Nachahmung bleibt, präsentiert »The Broadway Melody« ein Aromarama: Auf dem Höhepunkt des Films wird künstlicher Duft von Orangenblüten in den Zuschauerraum geleitet. Diesen Effekt erleben allerdings nur die Besucher eines Kinos am Broadway in New York (Abb. o.).
Der Tonfilm »Hallelujah« von King Vidor, ebenfalls von einer Hollywood-Gesellschaft produziert, fällt aus dem Rahmen, denn er wurde nicht im Studio, sondern vor Ort auf den Feldern gedreht.

März 1929

Mo	Di	Mi	Do	Fr	Sa	So
				1	2	3
4	5	6	7	8	9	10
11	12	13	14	15	16	17
18	19	20	21	22	23	24
25	26	27	28	29	30	31

1. März, Freitag

Generalmajor Kurt von Schleicher baut durch die Übernahme eines neugeschaffenen »Ministeramts« in der Reichswehr seine Position innerhalb der Armeeführung aus. →S. 47

Der Versuch, die Regierungskrise im Deutschen Reich durch eine Neuauflage der Großen Koalition beizulegen, scheitert am Widerstand der rechtsliberalen Deutschen Volkspartei (→13.4./S. 66).

Die Abgeordnetenkammer des französischen Parlaments in Paris billigt mit 570 gegen zwölf (kommunistische) Stimmen den Briand-Kellogg-Pakt zur Ächtung des Krieges (→24.7./S. 117).

Die südafrikanische Abgeordnetenkammer ratifiziert mit 62 gegen 51 Stimmen einen Handelsvertrag mit dem Deutschen Reich. Der südafrikanische Senat spricht sich wegen eines Formfehlers am 13. März in einer nicht rechtswirksamen Entschließung gegen den Vertrag aus.

Der Kunsthistoriker Wilhelm von Bode, der von 1905 bis 1920 Generaldirektor der Berliner Museen war, stirbt im Alter von 83 Jahren in Berlin.

2. März, Sonnabend

Reichskanzler Hermann Müller (SPD) teilt Reichspräsident Paul von Hindenburg das Scheitern seiner Gespräche zur Beilegung der Regierungskrise mit. Hindenburg billigt Müllers Vorschlag, die derzeitige Reichsregierung zunächst im Amt zu belassen (→13.4./S. 66).

Die hessische Landesregierung stellt klar, daß sie weder einen Anschluß an Preußen anstrebe noch einem neuzuschaffenden norddeutschen Zentralstaat angehören wolle.

Papst Pius XI. ernennt ein Interimskabinett zur Verwaltung der Vatikanstadt, das bis zur Ratifizierung der Lateranverträge (→11.2./S. 30) im Amt bleiben soll.

Die zweite Kammer des niederländischen Parlaments billigt den Briand-Kellogg-Kriegsächtungspakt (→24.7./S. 117).

In dem mittelamerikanischen Staat El Salvador wird der nach Unruhen verhängte Belagerungszustand aufgehoben.

Der neue britische Oberkommissar im Mandatsgebiet Irak, Sir Gilbert Clayton, tritt sein Amt an (→18.9./S. 152).

Nach Kämpfen zwischen Regierungstruppen und früheren Soldaten der Nordarmee wird über die chinesische Hauptstadt Peking das Standrecht verhängt.

Die eidgenössische Regierung verbietet die für Ostern angekündigten kommunistischen Großdemonstrationen gegen den Faschismus im Tessin. Die schweizerische Bundesbahn erhält Anweisung, die Teilnehmer nicht zu befördern.

3. März, Sonntag

In Mexiko putschen unter der Leitung von General Jesus M. Aguirre Teile des Militärs gegen Präsident Emilio Portes Gil, den sie der Korruption bezichtigen. Der Aufstand wird von regierungstreuen Truppen niedergeschlagen. →S. 52

Die Bevölkerung der Schweiz billigt in einer Volksabstimmung ein Getreidegesetz, das den Bund zur Abnahme von Inlandsgetreide zu einem Preis verpflichtet, der über dem Weltmarktpreis liegt.

Aus Anlaß des hundertsten Geburtstag des deutsch-amerikanischen Staatsmanns Carl Schurz würdigt der US-Botschafter in Berlin, Jacob Gould Schurman, im Plenarsaal des Reichstags in Berlin die Verdienste von Schurz.

Die Leipziger Frühjahrsmesse mit 9370 Ausstellern, darunter 1170 ausländischen Firmen, wird eröffnet (bis 14. 3.). Das Messegeschäft verläuft ruhig.

Der Zusammenschluß der Tobis und der Klangfilm-Gesellschaft zu einer Interessengemeinschaft soll die deutsche Tonfilmindustrie fördern.

4. März, Montag

In der US-Hauptstadt Washington wird der Republikaner Herbert Clark Hoover in sein Amt als US-Präsident eingeführt. Er war am 11. November 1928 mit großer Mehrheit gewählt worden. Vizepräsident wird Charles Curtis. →S. 52

Henry Lewis Stimson wird als Nachfolger von Frank Billings Kellogg neuer US-amerikanischer Außenminister.

5. März, Dienstag

Am Rande der Tagung des Völkerbundrats in Genf spricht sich der französische Außenminister Aristide Briand gegenüber seinem deutschen Amtskollegen Gustav Stresemann dafür aus, die Neuregelung der Reparationsfrage (→11.2./S. 32; 7.6./S. 98; 31.8./S. 134) zu einem baldigen Abschluß zu bringen, um dann zur »Gesamtliquidation« in den deutsch-französischen Beziehungen zu gelangen.

Der US-amerikanische Auto-Industrielle und Ingenieur David Dunbar Buick stirbt in Detroit (US-Bundesstaat Michigan) im Alter von 74 Jahren.

Von der deutschen Hochseeinsel Helgoland wird gemeldet, daß infolge des schweren Eisgangs der letzten Wochen 700 m^3 Felsgestein ins Meer gestürzt seien.

Das Stück »Giftgas über Berlin. Drei Akte einer Diktatur der Zukunft« von Peter Martin Lampel wird in einer geschlossenen Vorstellung im Theater am Schiffbauerdamm in Berlin uraufgeführt. →S. 59

In New York wird der Film »The Broadway Melody« uraufgeführt, bei dem erstmals Duftstoffe in Verbindung mit einem Film eingesetzt werden. Auf dem Höhepunkt der Handlung wird künstlicher Orangenduft in den Zuschauerraum geleitet.

6. März, Mittwoch

Reichsaußenminister Gustav Stresemann (DVP) greift in einer Rede vor dem Völkerbundrat in Genf die polnische Politik gegenüber der deutschen Minderheit in Oberschlesien heftig an. Er erklärt, das Interesse für die Minderheit in einem anderen Land habe mit einer Einmischung in die inneren Angelegenheiten dieses Landes nichts zu tun. →S. 48

Bei den Weltmeisterschaften im Eiskunstlauf der Herren in London gewinnt der Schwede Gillis Grafström, der bereits 1922 und 1924 den Weltmeistertitel errang und 1928 bei den Olympischen Winterspielen in Sankt Moritz die Goldmedaille holte.

7. März, Donnerstag

In Wöhrden im schleswig-holsteinischen Dithmarschen kommen zwei SA-Männer bei einem Handgemenge nach einer Veranstaltung der Nationalsozialisten ums Leben. Der NSDAP-Vorsitzende Adolf Hitler wohnt den Beerdigungen bei. →S. 46

Der spanische Diktator Miguel Primo de Rivera y Orbaneja, Marqués de Estella, kündigt in einem Gespräch mit der französischen Zeitung »Matin« seinen Rücktritt zum März 1931 an. Das Land werde dann wieder für ein demokratisches Regime »reif« sein.

Das am →5. März (S. 59) uraufgeführte Stück »Giftgas über Berlin« von Peter Martin Lampel wird wegen »Gefährdung der öffentlichen Ordnung und Sicherheit« verboten. Die Zensurmaßnahme löst scharfe Proteste aus.

8. März, Freitag

Vom Fernsehsender Berlin-Witzleben aus werden erste planmäßige Fernsehübertragungen durchgeführt. →S. 53

Elisabeth Bergner spielt die Titelrolle in dem Film »Fräulein Else«, der in Berlin uraufgeführt wird. Die Regie führt Paul Czinner. →S. 58

Das Stück »Die Ursache« von Leonhard Frank erlebt in München seine Premiere.

»Die Zirkusprinzessin« heißt ein Film von Victor Janson mit Harry Liedtke, Adele Sandrock und Marianne Winkelstein, der in Berlin uraufgeführt wird.

9. März, Sonnabend

Im Mittelpunkt des Dramas »Marius« von Marcel Pagnol, das in Paris uraufgeführt wird, stehen der Sohn eines Marseiller Kneipiers und seine Freundin.

Der US-Amerikaner Eric Krenz stellt in Palo Alto mit 49,90 m einen Weltrekord im Diskuswurf auf.

10. März, Sonntag

In Berlin wird unter dem Vorsitz des französischen Dichters Henri Barbusse ein internationaler antifaschistischer Kongreß veranstaltet.

Auf der Fünfjahresfeier des faschistischen Regimes in Rom spricht sich der italienische Ministerpräsident und Duce Benito Mussolini für das Privateigentum und die Privatinitiative und gegen den Liberalismus aus. Die italienische Außenpolitik charakterisiert er als »nicht aggressiv, aber jederzeit zur Verteidigung bereit«.

Der ägyptische Ministerrat beschließt den Beitritt zum Briand-Kellogg-Kriegsächtungspakt (→24.7./S. 117).

11. März, Montag

In Daytona Beach (Florida) stellt Major Henry O'Neal de Hane Segrave (Großbritannien) mit 372,456 km/h einen Automobil-Geschwindigkeitsrekord auf. →S. 54

12. März, Dienstag

In der linksgerichteten pazifistischen Zeitschrift »Weltbühne« erscheint unter dem Titel »Windiges aus der deutschen Luftfahrt« ein Artikel, in dem von illegalen Aufrüstungsanstrengungen der deutschen Reichswehr berichtet wird. Der Aufsatz bringt dem Verfasser Walter Kreiser und dem Herausgeber Carl von Ossietzky Gefängnisstrafen ein. →S. 47

Nach dem Tod von zwei SA-Männern in Wöhrden (Dithmarschen; →7.3./S. 46) beschließt der Hamburgische Senat, die Regierung der Hansestadt, ein Verbot aller Veranstaltungen, Versammlungen und Umzüge von Nationalsozialisten und Kommunisten auf hamburgischem Stadtgebiet.

Der belgische Senat genehmigt ohne Debatte einstimmig den Briand-Kellogg-Pakt zur Ächtung des Krieges (→24.7./S. 117).

Über das Vermögen der früheren Prinzessin von Preußen, Viktoria, einer Schwester von Ex-Kaiser Wilhelm II., wird das Konkursverfahren eröffnet. Viktoria, verwitwete Fürstin von Schaumburg-Lippe, hatte 1927 im Alter von 61 Jahren den 28jährigen russischen Emigranten Alexander Zubkoff geheiratet. Dieser brannte wenig später mit ihrem Geld durch.

»Melodie der Welt« heißt der erste abendfüllende deutsche Tonfilm (Regie: Walter Ruttmann). Er kommt in Berlin zur Uraufführung. →S. 59

Im Ufa-Palast am Zoo in Berlin wird der Stummfilm »Asphalt« von Joe May uraufgeführt. →S. 58

13. März, Mittwoch

Im Revisionsprozeß um einen Fememord innerhalb der rechtsextremen paramilitärischen Organisation Roßbach in Stettin werden die Urteile der ersten Instanz z. T. erheblich gemildert. →S. 46

In einem Brief an den Ehrenvorsitzenden der rechtsliberalen DVP, Geheimrat Wilhelm Kahl, äußert der Parteivorsitzende, Reichsaußenminister Gustav Stresemann, von seinem Urlaubsort San Remo aus Besorgnis über die Entwicklung der Partei nach rechts. →S. 48

Der schweizerische Ständerat genehmigt einstimmig den Briand-Kellogg-Pakt, mit dem ein Angriffskrieg geächtet wird (→24.7./S. 117).

Der in Berlin erscheinende »Kladderadatsch« karikiert am 10. März 1929 die Weigerung der deutschen Reichsregierung, dem aus der Sowjetunion ausgewiesenen Leo Trotzki Asyl zu gewähren

Der italienische General Umberto Nobile demissioniert nach Vorwürfen wegen seines Verhaltens beim Absturz des Luftschiffs »Italia« über dem Nordpolargebiet 1928 aus der Armee. →S. 55

Karl Nenner aus Garmisch-Partenkirchen gewinnt das Kandahar-Slalom-Skirennen in Sankt Anton (Tirol). Er siegt auch in der Kombination und erhält den Kandahar-Becher.

14. März, Donnerstag

Die Länder Hamburg und Preußen schließen einen Staatsvertrag, mit dem sie sich zum gemeinschaftlichen Ausbau des Hamburger Hafens verpflichten. →S. 53

Der Kunsthistoriker Max Friedländer übernimmt die Leitung des Kaiser-Friedrich-Museums in Berlin.

Der Brite David Zog siegt im Kandahar-Abfahrts-Skirennen in Sankt Anton (Tirol).

15. März, Freitag

In einer programmatischen Rede fordert der NSDAP-Vorsitzende Adolf Hitler die Nationalsozialisten zur Unterwanderung der Reichswehr auf. →S. 46

16. März, Sonnabend

Die beiden Kammern des schwedischen Reichstags ratifizieren den Briand-Kellogg-Pakt zur Ächtung eines Angriffskrieges (→ 24.7./S. 117).

17. März, Sonntag

Die Universität Madrid wird nach anhaltenden Studentenunruhen von der Regierung für die Dauer von eineinhalb Jahren geschlossen; das gesamte Personal einschließlich der Professorenschaft wird seiner Ämter enthoben. →S. 52

Vertreter Griechenlands und des Königsreichs der Serben, Kroaten und Slowenen (Jugoslawien) unterzeichnen in Genf ein Abkommen, mit dem Rechtsfragen der jugoslawischen Freizone im Hafen der griechischen Stadt Saloniki geregelt werden.

Der US-amerikanische Automobilkonzern General Motors erwirbt die Opelwerke in Rüsselsheim. →S. 49

In Moskau und anderen sowjetischen Großstädten wird aufgrund von Versorgungsengpässen eine Brotkarte eingeführt (→23.4./S. 64).

Der sechste internationale Automobilsalon öffnet in Genf seine Tore. Es sind 75 Hersteller vertreten, darunter 28 aus den USA und acht aus dem Deutschen Reich.

In einem Fußball-Länderspiel schlägt eine Auswahl der Niederlande die Schweiz in Amsterdam 3:2.

18. März, Montag

In einer Unterredung zwischen Reichspräsident Paul von Hindenburg und dem Vorsitzenden der DNVP-Fraktion im Reichstag, Kuno Graf von Westarp, wird die Möglichkeit eines Präsidialkabinetts ohne parlamentarische Zustimmung erwogen.

Bei einem Flugzeugabsturz auf dem Flugplatz Newark (New Jersey) in der Nähe von New York werden alle 13 Passagiere getötet, die beiden Piloten schwer verletzt.

In einem Artikel im »Berliner Tageblatt« spricht sich der Schriftsteller Heinrich Mann gegen jede Art von Zensur aus. Er reagiert damit auf das Verbot des Dramas »Giftgas über Berlin« von Peter Martin Lampel (→5.3./S. 59).

19. März, Dienstag

In einem Schreiben an den Reichstagspräsidenten Paul Löbe (SPD) äußert sich Reichsaußenminister Gustav Stresemann skeptisch zu der Äußerung seines französischen Amtskollegen Aristide Briand, daß eine baldige »Gesamtliquidation« der seit dem Weltkrieg bestehenden deutsch-französischen Probleme möglich sei.

20. März, Mittwoch

Die Reichsregierung fordert die Vertreter von Reichsbehörden auf, sich nicht an Veranstaltungen mit Flaggenschmuck zu beteiligen, bei denen nicht ordnungsgemäß in den Farben der Republik, Schwarz-Rot-Gold, geflaggt ist. →S. 47

Während einer Zusammenkunft zwischen Reichskanzler Hermann Müller, Reichsministern und Staatssekretären sowie Reichspräsident Paul von Hindenburg äußert sich dieser anerkennend über die geplante Ostpreußenhilfe (→16.5./S. 83).

Der französische Marschall Ferdinand Foch, der nach dem Ende des Weltkriegs die Waffenstillstandsverhandlungen mit der deutschen Delegation im Wald von Compiègne leitete, stirbt im Alter von 77 Jahren in Paris. →S. 52

Das Stück »Rivalen« von Max Anderson wird in einer freien Bearbeitung von Carl Zuckmayer und in der Inszenierung von Erwin Piscator in Berlin uraufgeführt. →S. 58

21. März, Donnerstag

In einem Runderlaß ruft der preußische Innenminister Albert Grzesinski alle paramilitärischen Verbände dazu auf, zur Befriedung des politischen Lebens beizutragen. Bei Zusammenstößen werde er rigoros durchgreifen. Das Demonstrationsverbot für Berlin bleibt bestehen (→1.5./S. 78)

Der Reichstag nimmt gegen die Stimmen der Nationalsozialisten, der Deutschnationalen und der Christlich-Nationalen Bauern- und Landvolkpartei das Genfer Protokoll über das Verbot eines Giftgaskrieges an (→5.4./S. 65).

Der norwegische Kronprinz Olaf und die schwedische Prinzessin Martha, eine Nichte von König Gustav V. von Schweden, werden in Oslo getraut. →S. 54

22. März, Freitag

Der Staatsgerichtshof in Leipzig erklärt die letzten Landtagswahlen in Sachsen vom 31. Oktober 1926 für ungültig, weil die Zahlung von 3000 Reichsmark für die Zulassung von bisher nicht im Landtag vertretenen Parteien nicht mit der Weimarer Verfassung vereinbar gewesen sei.

Der kanadische Frachter »I am alone« mit einer Ladung Schnaps an Bord wird vor der US-amerikanischen Küste von US-Küstenwachbooten versenkt. Der Zwischenfall, der im Zusammenhang steht mit der Prohibitionsgesetzgebung in den USA, führt zu einer Belastung der Beziehungen zwischen Kanada und den USA. →S. 55

Erstmals veranstaltet der Börsenverein des deutschen Buchhandels im Deutschen Reich einen »Tag des Buches«, um die Lesekultur zu fördern. →S. 59

23. März, Sonnabend

Der kroatische Zeitungsverleger Anton Schlegel fällt in Agram (Zagreb) einem Attentat zum Opfer. Die Täter werden in extrem nationalistischen Kreisen vermutet. Schlegel hatte in seinen Publikationen in Nationalitätenfragen stets eine gemäßigte Position gegenüber Österreich-Ungarn vertreten.

24. März, Sonntag

In Italien finden die ersten Wahlen nach der Einführung eines neuen Wahlgesetzes statt, das nur noch die Wahl einer faschistischen Einheitsliste ermöglicht. → S. 44

Bei einem Aufmarsch der rechtsgerichteten österreichischen Verbände der Heimwehr in Gratwein bei Graz kommt es zu einem Zusammenstoß mit sozialdemokratischen Arbeitern; 18 Personen werden verletzt.

25. März, Montag

Die sozialdemokratische Fraktion im Reichstag erklärt sich mit einer Erhöhung der Beiträge der Arbeitslosenversicherung für eine Übergangszeit einverstanden.

26. März, Dienstag

Nachdem die letzten Landtagswahlen in Sachsen vom 31. Oktober 1926 wegen verfassungswidriger Bestimmungen zur Eindämmung von Splitterparteien für ungültig erklärt worden sind, beraumt die sächsische Regierung Neuwahlen für den →12. Mai (S. 82) an.

Der Ozeanriese »Europa« brennt noch vor der Fertigstellung in der Werft Blohm & Voss im Hamburger Hafen vollständig aus. Es entsteht ein Sachschaden von 60 Millionen Reichsmark. →S. 55

Im Alter von 65 Jahren stirbt in Berlin der deutsche Architekt Bruno Möhring, der sich durch seine zahlreichen Entwürfe von Stahlbrücken und Bahnhöfen für die deutsche Reichshauptstadt einen Namen gemacht hat.

Der Maler Max Liebermann, Präsident der Preußischen Akademie der Künste, verleiht die Beethovenpreise 1929 an die Komponisten Paul Juon und Joseph Haas.

27. März, Mittwoch

Alfred Hugenberg, Vorsitzender der rechtsgerichteten Deutschnationalen Volkspartei (DNVP), appelliert an die Regierung der Vereinigten Staaten, die Reparationslasten für das Deutsche Reich zu senken und gemeinsam gegen den Kommunismus zu kämpfen. →S. 48

In Belgrad wird ein Freundschafts-, Schlichtungs- und Schiedsvertrag zwischen Griechenland und dem Königreich der Serben, Kroaten und Slowenen (Jugoslawien) unterzeichnet, in dem sich beide Staaten dazu verpflichten, Konflikte auf friedlichem Wege auszutragen.

28. März, Donnerstag

Der Konflikt zwischen Japan und der nationalchinesischen Regierung wegen eines militärischen Zwischenfalls in der Stadt Tsinan (Provinz Schantung) wird durch ein Abkommen, das in Nanking unterzeichnet wird, beigelegt. →S. 52

Vertreter des Deutschen Reichs und der Schweiz unterzeichnen in Bern einen Vertrag, in dem sie die Absicht bekunden, den Oberrhein zwischen Basel und dem Bodensee zu einer Großschiffahrtsstraße auszubauen. →S. 53

Das Luftschiff »Graf Zeppelin« kehrt von einem Orientflug nach Friedrichshafen am Bodensee zurück.

An einer Gedenkveranstaltung für den verstorbenen Schauspieler Albert Steinrück im staatlichen Schauspielhaus in Berlin, bei der einmalig »Der Marquis von Keith« von Frank Wedekind aufgeführt wird, nehmen nahezu alle führenden Berliner Schauspieler teil. →S. 58

29. März, Karfreitag

Die belgische Abgeordnetenkammer in Brüssel lehnt mit 77 gegen 63 Stimmen eine Vorlage ab, Frauen bei den bevorstehenden Provinzialräte-Wahlen das Wahlrecht einzuräumen.

30. März, Sonnabend

In einem Brief an den ehemaligen britischen Botschafter in Berlin, Edgar Vincent Lord d'Abernon, spricht sich Reichsaußenminister Gustav Stresemann für eine Koppelung der Reparationsneuregelung mit der Rheinlandräumung und der Rückgabe des Saargebiets ans Deutsche Reich aus (→31.8./S. 134; 30.11./S. 184).

Die Aufführung des Stücks »Pioniere in Ingolstadt« von Marieluise Fleißer im Theater am Schiffbauerdamm in Berlin führt zu einem Skandal. Das Stück wird abgesetzt und später in einer stark gekürzten Fassung gezeigt. →S. 59

31. März, Ostersonntag

In einer Rundfrage, die von der »Vossischen Zeitung« veröffentlicht wird, beklagt sich der Schriftsteller Lion Feuchtwanger darüber, daß Drehbuchautoren mit Eingriffen von Produzenten und Regisseuren zu rechnen hätten und ihre Arbeiten nicht als Kunstwerke anerkannt würden. →S. 58

Das Wetter im Monat März

Station	Mittlere Lufttemperatur (°C)	Niederschlag (mm)	Sonnenscheindauer (Std.)
Aachen	5,3 (5,5)	8 (49)	— (125)
Berlin	2,6 (3,9)	11 (31)	— (151)
Bremen	3,4 (4,0)	5 (42)	— (117)
München	1,8 (3,3)	10 (46)	— (142)
Wien	2,7 (4,9)	9 (42)	— (135)
Zürich	4,4 (4,2)	25 (69)	185 (149)

( ) Langjähriger Mittelwert für diesen Monat
— Wert nicht ermittelt

Am 15. März 1929 erscheint Heft 10 der in Paris herausgegebenen Zweitmonats-Zeitschrift »Art et Metiers graphiques«

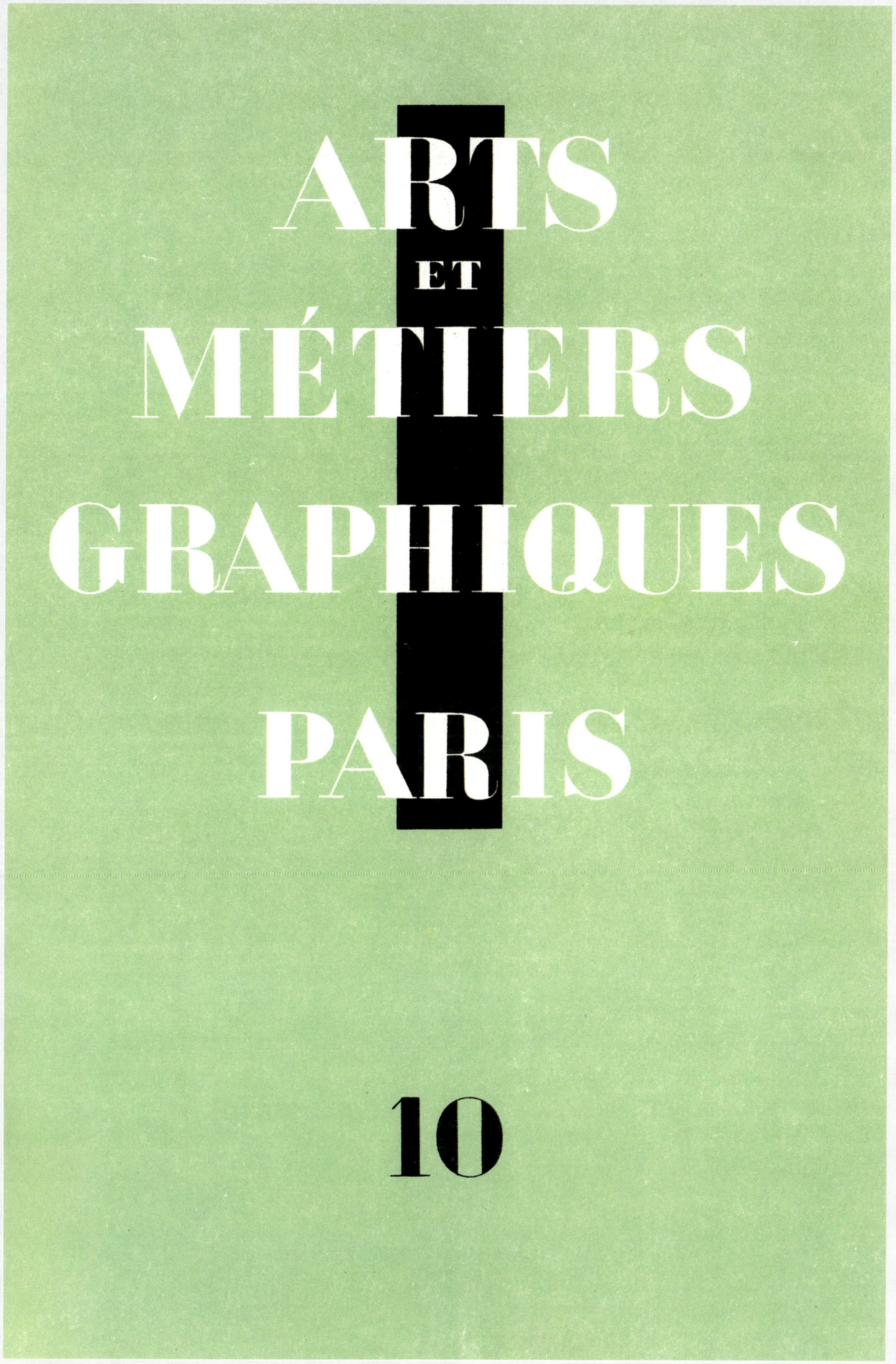

Faschistische Einheitsliste wird in Italien bestätigt

24. März. Nicht wie eine Abstimmung, sondern wie ein Volksfest zum Triumph des Faschismus gestaltet sich das Plebiszit in Italien, bei dem die Bevölkerung ihre Zustimmung bzw. ihre Ablehnung gegenüber einer vom Faschistischen Großrat aufgestellten Einheitsliste von 400 Abgeordneten bekunden soll. Diese Abgeordneten werden das neue italienische Parlament mit nur noch einer Kammer bilden.

Das Gesamtergebnis des Plebiszits wird vom italienischen Innenministerium bekanntgegeben: Von den 9 650 750 Stimmberechtigten (nur berufsständisch organisierte Personen können an der Wahl teilnehmen) gehen 8 650 740 an die Wahlurne; das entspricht einer Wahlbeteiligung von 89,63 %. Davon stimmen 8 506 576 Wähler mit »Ja« und 136 198 mit »Nein« (übrige Stimmen: ungültig).

Ausländische Beobachter heben hervor, daß es sich bei dem Plebiszit nicht um freie und geheime Wahlen handele, da die Stimmzettel für »Ja« und »Nein« farblich unterschieden seien und Personen, die der Wahl fernblieben, mit Repressionen zu rechnen hätten. Die politische Opposition agiert zudem nach dem Verbot sämtlicher politischer Parteien mit Ausnahme der Faschisten und nach der Verfolgung ihrer Anhänger seit 1928 vorwiegend vom Ausland aus.

In der Presse des Auslands findet insbesondere die Teilnahme hoher Geistlicher an der Abstimmung Erwähnung. Offensichtlich hat die Versöhnung des faschistischen Italien mit der katholischen Kirche in den Lateranverträgen (→11.2./S. 30) die kirchlichen Würdenträger bewogen, ihre Ablehnung des Systems aufzugeben. Aus Süditalien und Sizilien wird gemeldet, daß die Wählerschaft mancher Gemeinden unter Führung des Bischofs mit Musikkapellen zu den öffentlichen Wahllokalen gezogen sei.

Ob die Übereinstimmung zwischen dem italienischen Ministerpräsidenten und Duce Benito Mussolini und dem Vatikan sich positiv auf die Stimmung der katholischen Bevölkerung ausgewirkt und zu der hohen Wahlbeteiligung beigetragen hat, läßt sich aufgrund des undemokratischen Charakters des Plebiszits allerdings nicht zuverlässig einschätzen.

△ Ein typisches Bild für den 24. März, den »Si«-Sonntag, in Italien: Alle öffentlichen Gebäude sind mit dem Bildnis des Ministerpräsidenten und Duce Benito Mussolini geschmückt; großformatige Anschlagtafeln werben dafür, mit »Si«, d. h. mit »Ja« zu stimmen und damit der faschistischen Einheitsliste für das italienische Parlament die umfassende Zustimmung zu erteilen

◁ Zu den Vorbereitungen auf das Plebiszit gehören Massenveranstaltungen der Faschisten in allen größeren Städten; hier spricht der italienische Ministerpräsident und Duce Benito Mussolini (am Tisch stehend) vor 3000 Parteimitgliedern in der Königlichen Oper in Rom (10. 3.); in der ersten Reihe sitzen Generalität und Admiralität in voller Uniform, es folgen die Minister und Teilnehmer des Marsches auf Rom im Jahr 1922; Mussolini erklärt, er habe seit seiner Machtübernahme auf 60 000 öffentlichen Versammlungen gesprochen und 1 887 112 Bürgeranfragen beantwortet

Mussolini gibt in Rom seine Stimme ab; die Reaktion des Auslands auf das Ergebnis des Volksentscheids ist zwiespältig; zwar wird darauf verwiesen, daß die Abstimmung weder geheim noch frei sei, die Zeichen für eine breite Zustimmung zum faschistischen Regime sind jedoch kaum zu übersehen

Wahlversammlung der Faschisten in der Nacht vor dem Wahltag auf der ▷ Piazza Colonna in Rom; Mussolini hat seine politischen Gegner seit der Ermordung von Giacomo Matteotti 1924 systematisch ausgeschaltet und die führenden Vertreter der inzwischen verbotenen Parteien ins Ausland getrieben

Politische Gleichschaltung in Italien unter Mussolini

Das Plebiszit vom 24. März ist die erste Volksabstimmung nach einem neuen Wahlgesetz, das Abgeordnetenkammer und Senat des Parlaments in Rom im Frühjahr 1928 verabschiedet haben. In beiden Häusern verfügen die Faschisten über die Mehrheit. Das Wahlgesetz schafft die freie Wahl des Parlaments ab. Der Wähler hat nur die Möglichkeit, einer vom Großrat der Faschisten erstellten Einheitsliste zuzustimmen oder sie insgesamt abzulehnen.

Das neue Wahlgesetz besiegelt die Umwandlung Italiens in einen totalitären Einparteienstaat. Nach dem Marsch auf Rom im Oktober 1922, der zur Ernennung des Faschistenführers Benito Mussolini zum Ministerpräsidenten führte, bemühten sich die Faschisten, deren Programm auf Ressentiments gegenüber Marxismus und Liberalismus beruht, zunächst um eine Versöhnung mit den Machteliten in Armee, Industrie und Kirche sowie der Monarchie.

Nach der Ermordung des Sozialisten Giacomo Matteotti durch die Faschisten 1924 wurden nach und nach die individuellen Grundrechte und die Gewaltenteilung beseitigt, sämtliche Parteien mit Ausnahme der Faschisten verboten, Verwaltung und Justiz gleichgeschaltet und ein System kooperativer Kammern geschaffen, das eigenständige Gewerkschaften und das Streikrecht beseitigte.

Mussolini in typischer Pose mit einem seiner ältesten Mitkämpfer in der faschistischen Partei, Emilio de Bono (l., mit weißem Bart) und anderen Teilnehmern am Marsch auf Rom im Oktober 1922

Der frühere Herausgeber des »Corriere Italiano«, Filipelli (l.), wird nach seiner Verhaftung in Rom ins Untersuchungsgefängnis gebracht; auch die italienische Presse wird politisch gleichgeschaltet

Bei einem Attentatsversuch durch einen Revolverschuß wurde Benito Mussolini auf dem Platz des Kapitols in Rom am 7. April 1926 nur leicht verletzt und mußte für einige Zeit einen Nasenverband tragen

Eine Aufnahme aus dem Jahr 1928: Mussolini spricht vor der Abgeordnetenkammer in Rom; die Aufteilung des Parlaments in zwei Kammern wird durch das Ergebnis des Volksentscheids aufgehoben

Die Nazis schaffen sich ihre Märtyrer

7. März. Nach einer geschlossenen Mitgliederversammlung der Nationalsozialisten in Wöhrden im schleswig-holsteinischen Dithmarschen zieht eine SA-Einheit singend durch den Ort und provoziert ein Handgemenge, in deren Verlauf zwei SA-Männer getötet werden. Sieben Personen werden schwer, weitere 23 leicht verletzt.

Die Nationalsozialisten nutzen den Vorfall zu Propagandazwecken aus. Der NSDAP-Vorsitzende Adolf Hitler, der bei den Beisetzungen persönlich anwesend ist, bezeichnet die Verstorbenen am Grab als Märtyrer für das neue Vaterland.

Die Verschärfung der ökonomischen Situation in der Landwirtschaft hat seit 1926 zu einem Absinken der Preise für Agrarprodukte geführt. Die Bauern im Deutschen Reich klagen außerdem über zu hohe Steuern; insbesondere in den ländlichen Gebieten Schleswig-Holsteins kommt es zu Demonstrationen und Protestkundgebungen.

Auf das »Schleswig-Holsteinische Landvolk«, in dem sich seit dem 28. Januar 1928 der Widerstand der Bauern formiert, versuchen sowohl KPD als auch NSDAP Einfluß zu gewinnen, wobei die Rechtsextremisten größeren Widerhall finden.

Ein Polizeibericht meldet über die Beisetzung eines der getöteten SA-Männer am 13. März in Albersdorf nahe Wöhrden: »In Albersdorf trugen einfache und alte Bauernfrauen an ihren blauen Arbeitsschürzen das Hakenkreuzabzeichen. Bei der Unterhaltung mit solchen alten Müttern fühlte man sofort, daß sie von Zielen und Zwecken der nationalsozialistischen Partei gar keine Ahnung haben. Sie sind aber davon überzeugt, daß alle ehrlichen Leute in Deutschland heute ausgenutzt werden, daß die Regierung unfähig ist und daß von den Behörden viel zuviel Steuergeld verwirtschaftet wird. Ferner sind sie davon überzeugt, daß nur die Nationalsozialisten die Retter aus diesem angeblichen Elend sein können. Solche Meinungen hört man ... auch von Bauern und sonstigen neugewonnenen Mitgliedern der NSDAP« (→ 1.9./S. 150).

Foto aus der nationalsozialistischen Presse: Hitler am Grab in Wöhrden

Fememordprozeß mit mildem Urteil

13. März. Der Stettiner Fememordprozeß gegen Edmund Heines und seine Mittäter endet in der Revision mit geringeren Haftstrafen, als sie die erste Instanz verhängt hatte.

Heines wird wegen Totschlags zu fünf Jahren Gefängnis (statt 15 Jahren Zuchthaus), Karl Ottow wegen Totschlags zu zwei Jahren und sechs Monaten Gefängnis (statt vier Jahren Zuchthaus), Ewald Fräbel wegen Beihilfe zum Totschlag zu einem Jahr und sechs Monaten Gefängnis (statt drei Jahren Zuchthaus) verurteilt.

Die Verurteilten waren Mitglieder der rechtsradikalen, paramilitärischen Organisation Roßbach. Das Gericht erkennt sie für schuldig, im Juli 1920 einen »Verräter« ihres Verbandes erschlagen zu haben. Im Revisionsprozeß wird in der Urteilsbegründung u.a. zugunsten der Angeklagten angeführt, daß sie sich als Soldaten gefühlt hätten (auch wenn sie keine waren), und daß höhere Stellen für ihre Tat eine gewisse Mitverantwortung trügen.

Die Beziehungen zwischen der Organisation Roßbach und der Schwarzen Reichswehr kommen im Prozeß kaum zur Sprache. Die Schwarze Reichswehr war 1919 entgegen den Bestimmungen des Versailler Vertrags gegründet worden und übernahm in Zusammenarbeit mit der Reichswehr die Ausbildung von Wehrwilligen und die Bewachung von illegalen Waffenlagern.

Hitler fordert zur Unterwanderung der Reichswehr auf

15. März. Der NSDAP-Vorsitzende Adolf Hitler fordert in einer Rede, die in der Bayernausgabe des »Völkischen Beobachters« vom 17./18. März veröffentlicht wird, die Politisierung der Reichswehr im Sinne des Nationalsozialismus:

»Das erste ist, daß für uns Nationalsozialisten Reichswehr oder Miliz, Volksheer oder stehende Armee, Marine oder was immer nur Mittel zum Zwecke sind. Unser Prüfungsstandpunkt wird immer lauten: nützt das unserem Volke? Weil uns dieser Begriff höher steht als der Begriff Staat. Denn es kann sein, daß ein Staat faul und morsch ist, und es kann sein, daß ein Volk eine solche Staatsform beseitigen muß, weil sein Leben es erfordert. Der Staat dient nur dem Schutze, der Erhaltung des Volkstums ...

Wollen Sie die Armee auf das Niveau der Politiker herunterziehen oder wollen sie nicht das Niveau der heutigen Politik beseitigen, auf daß es wieder dorthin komme, wo die Armee steht? Wenn nämlich eine solche Organisation in keinem inneren sinngemäßen Zusammenhange mit ihrem wirklichen Zweck mehr steht, sondern als Organisation Selbstzweck geworden ist, sich als toter Mechanismus jeder Regierung zur Verfügung stellt, mag diese selbst aus einem Volke Riemen schneiden, sofern sie nur den Bestand dieses Mechanismus garantiert, dann haben wir vor uns eine Erscheinung, die wir begrifflich als 'Militarismus' bezeichnen dürfen. Eine äußerliche, innerlich vollkommen lebensfremde, tote Organisation als Machtinstrument in den Händen derer und aller, die bereit sind, dieses Instrument um seiner selbst willen zu erhalten ...

Zur Verteidigung der Nation wird eine ungeheure Einrichtung geschaffen. Dieses ganze sorgfältig aufgebaute Instrument geben sie dann in die Hände von Narren. Denn der Soldat selbst darf nicht mehr politisch sein. In dem Maße, als der politischen Führung das Verständnis für die militärische Führung fehlt, muß das Militär selbst zum Träger der politischen Gedanken werden. Wenn das ausbleibt, wird das Heer zu einem toten, das Volk belastenden Mechanismus. Es hat nur Sinn in seiner Verwurzelung mit einem Volkskörper und lebendigem Staatsgedanken ...

Man hat nie politisch gedacht, und in der Zeit, in der unser Volk eine ... Wehrmacht von 100 000 Mann erhielt, ging die politische Entwicklung katastrophal nach unten. Es gibt keine Armee, die Selbstzweck hätte, ihr Zweck ist Dienst an der Nation ...«

Schleicher rückt in Reichswehr auf

1. März. Generalmajor Kurt von Schleicher wird Chef eines neugeschaffenen »Ministeramtes« im Reichswehrministerium und faßt alle ministerunmittelbaren Abteilungen in diesem Amt zusammen. Schleicher sichert sich damit seine Position als engster Berater von Reichswehrminister Wilhelm

Generalmajor Kurt von Schleicher, bisher schon »Graue Eminenz« im Reichswehrministerium, wird nunmehr durch die Übernahme des »Ministeramtes« auch offiziell aufgewertet

Groener (parteilos) und erweitert die eigenen Möglichkeiten, selbständig Politik zu betreiben. Der Offizier, ein Vertrauter von Reichspräsident Paul von Hindenburg, befürwortet eine Abkehr vom Parlamentarismus zugunsten eines autoritär geführten Staates und wirkt auf einen Sturz von Reichskanzler Hermann Müller (SPD) hin.
Schleicher hatte bereits 1926 als Leiter der Wehrmachtsabteilung in die Regierungsbildung eingegriffen und dazu beigetragen, daß die DNVP an der Reichsregierung beteiligt wurde. Viele Beobachter sehen in ihm den eigentlichen militärpolitischen Leiter der Reichswehr.

Streit um Farben der Reichsflagge

20. März. Als Nachtrag zu dem seit der Gründung der Weimarer Republik ausgetragenen Flaggenstreit ist ein Erlaß zu werten, in dem es heißt: »Sie [die Reichsregierung] ordnet an, daß Vertreter von Reichsbehörden an Veranstaltungen, bei denen Flaggenschmuck verwendet wird, nur dann teilnehmen dürfen, wenn die Reichsfarben [Schwarz-Rot-Gold] an hervorragender Stelle gezeigt werden und ihnen ... ein angemessener ... Anteil an dem Flaggenschmuck eingeräumt wird.« Nationalkonservative Kreise wollen die republikanische Reichsflagge durch die Handelsflagge in den Farben des Kaiserreichs, Schwarz-Weiß-Rot, verdrängen.

Windiges aus der deutschen Luftfahrt

von Heinz Jäger

Deutscher Luftkrieg im Ausland

Unsre Tagespresse hat sich daran gewöhnt, von wenigen Ausnahmen abgesehen, über Luftfahrtfragen mit möglichst wenig Sachkenntnis zu berichten, um dafür mit um so stärkeren Tönen ihren Lesern ins Ohr zu brüllen, die deutsche Luftfahrt müsse eine Sache des ganzen Volkes sein und habe mit Politik überhaupt nichts zu tun; sie sei ein wertvolles Mittel zur Wiedergewinnung deutscher Weltgeltung; das deutsche Zivilflugwesen halte die Spitze unter allen andern. Das hört sich dann so an, als ob diese Himmelsstürmer einen trauten

So beginnt der Artikel in der »Weltbühne«, der zur Verurteilung von Walter Kreiser und Carl von Ossietzky führt

Bericht über »Windiges aus der Luftfahrt«

12. März. In der »Weltbühne« erscheint unter dem Pseudonym Heinz Jäger ein Artikel von Walter Kreiser, der sich unter der Überschrift »Windiges aus der deutschen Luftfahrt« u.a. mit der geheimen Aufrüstung beschäftigt: »Unter der Bezeichnung 'Severa' wurde vor einigen Jahren eine Seeversuchsanstalt gegründet, deren Zweck immer dunkel geblieben ist. Im Untertitel hieß dies Institut Tochtergesellschaft der Deutschen Lufthansa ... Nun pfeifen aber bereits die Spatzen von den Dächern, daß die Severa nichts anderes als eine getarnte Abteilung der Marineleitung ist. Man wußte von ihren Beziehungen zum Lohmann-Konzern; der Reichstag wurde aufmerksam und die Preußische Staatsregierung mißtrauisch. Herr Gröner [Reichswehrminister Wilhelm Groener] rechnete damit, daß dies unliebsame Thema im Reichstag zur Sprache kommen könnte. Er wollte dann vor die Volksboten hintreten und sagen: Seht, ich habe dies Geschäft aufgelöst. Also dachte Gröner und sprach zu dem damaligen Verkehrsminister [Theodor] v. Guérard: Wir wollen diese Severa auflösen und ... einfach unter dem Namen 'Deutsche Lufthansa, Abt. Küstenflug', weiterführen. Ein biederer Händedruck der beiden Minister, und die Sache war entschieden ...
Ähnliche Kapriolen wurden auch auf dem Flugplatz Johannisthal-Adlershof gemacht. Dort bestand als besondere Gruppe der Deutschen Versuchsanstalt für Luftfahrt eine sogenannte Abteilung M. Als ... der sozialistische Abgeordnete Krüger im Haushaltsausschuß ... um Auskunft bat, zu welchem Zweck die Abteilung M da sei, bekam er keine Antwort, denn sonst hätten die Behörden darauf aufmerksam machen müssen, daß M auch der Anfangsbuchstabe des Wortes Militär ist.«

»Weltbühne«-Herausgeber Ossietzky geht für Wahrheit ins Gefängnis
Carl von Ossietzky, der Herausgeber der linksgerichteten pazifistischen Zeitschrift »Weltbühne«, wird ebenso wie der Verfasser des Artikels »Windiges aus der deutschen Luftfahrt«, Walter Kreiser, am 23. November 1931 wegen angeblichen »Verrats militärischer Geheimnisse« vom Reichsgericht in Leipzig zu einem Jahr und sechs Monaten Haft verurteilt.
Tatsächlich sind die in dem Artikel aufgestellten Behauptungen über die geheime, den Bestimmungen des Versailler Friedensvertrags zuwiderlaufende Aufrüstung der deutschen Luftfahrt nicht nur wahr, sondern zum Zeitpunkt der Veröffentlichung in der »Weltbühne« auch bekannt. Die Aktivitäten der Marine in der Severa GmbH, die u.a. Lehrgänge für Seeoffiziere durchgeführt und Marineflugzeuge zur Serienreife entwickelt hat, sind im Zusammenhang mit dem Zusammenbruch der Filmgesellschaft Phoebus im Sommer 1927 aufgedeckt worden. Die Reichsregierung bemühte sich um Geheimhaltung, im Reichstagsprotokoll des Haushaltsausschusses vom 3. Februar 1929 wurde über die Vorgänge jedoch berichtet. Die Protokolle waren öffentlich zugänglich. Ossietzky tritt seine Haftstrafe an, wird aber auf Intervention von Freunden am 22. Dezember 1932 vorzeitig entlassen.
Die »Weltbühne« hat in der Vergangenheit mehrfach über verbotene Aufrüstungsbemühungen der Reichswehr berichtet, was von der Reichswehrführung und von den Regierungsparteien bestritten wurde

Stresemanns Mahnung an seine Partei

13. März. Reichsaußenminister Gustav Stresemann, zugleich Vorsitzender der rechtsliberalen Deutschen Volkspartei (DVP), erläutert in einem Brief von seinem Urlaubsort San Remo aus an den Ehrenvorsitzenden der DVP, Geheimrat Wilhelm Kahl, seine Vorstellungen von der Rolle der Partei innerhalb des parlamentarischen Systems.
Stresemann konstatiert ein tiefgreifendes Zerwürfnis zwischen ihm und der Mehrheit der Parteimitglieder. Während er eine weitere Beteiligung der DVP an der Regierung der Großen Koalition für begrüßenswert hält, vermutet er bei der Partei den Wunsch, in die Opposition zurückzukehren und sich nationalistisch-revanchistischen Vorstellungen hinzugeben.
Stresemann bemängelt ferner, daß sich die DVP zu einer reinen Wirtschaftspartei entwickelt habe, die es nicht wage, sich den Interessen der Industrie entgegenzustellen.
Der Parteivorsitzende spricht sich für eine Zusammenarbeit mit den Sozialdemokraten im Reich und in Preußen aus, weil er andernfalls entweder eine Verbindung der SPD mit der KPD oder einen Eintritt der scharf rechtsgerichteten antirepublikanischen Deutschnationalen Volkspartei (DNVP) in die Reichsregierung befürchtet (→13.4./S. 66).
Stresemann wörtlich:
»Manche Parteisekretäre empfinden es als angenehm, in der Opposition gegen den Staat zu stehen. Man kann sich dann wieder mit dem Stahlhelm verbrüdern, man kann wieder den nationalen Gedanken vor dem Volke leuchten lassen, man kann wieder drohende Reden halten, hinter denen zwar nichts steht, die aber dem Volke so lieblich eingehen. Verstärkt wird die Unzufriedenheit in der Partei dadurch, daß wir mit den Sozialdemokraten in einer Regierung zusammen sind ...
Es kommt hinzu, daß wir keine Partei der Weltanschauung mehr sind, sondern mehr und mehr zu einer reinen Industriepartei werden. Die alte Nationalliberale Partei wachte darüber, bei Kämpfen zwischen Arbeitgebern und Arbeitern objektiv zu sein ... Heute bringt die Fraktion überhaupt nicht mehr den Mut auf, in einen Gegensatz zu den großen Arbeitgeber- und Industrieverbänden zu treten. Man erträgt, daß 23 Mitglieder der Fraktion mittelbar oder unmittelbar zur Wirtschaft gehören ... Was uns von den Deutschnationalen trennt, ist bei vielen nur die stärkere Betonung der Wirtschaft gegenüber der deutschnationalen Fraktion ...«

Karriere bei den Liberalen
Gustav Stresemann, geboren am 10. Mai 1878 in Berlin, schloß sich 1903 der Nationalliberalen Partei an und war von 1907 bis 1912 sowie von 1914 bis 1918 Mitglied (seit 1917 Vorsitzender) der nationalliberalen Reichstagsfraktion. Am 15. Dezember 1918 gründete er mit politischen Freunden, darunter der Industrielle Hugo Stinnes, die Deutsche Volkspartei (DVP), eine gemäßigt monarchistische, später eher »vernunftrepublikanische« Partei, die über enge Verbindungen zur Schwerindustrie und zu Chemie- und Elektrokonzernen verfügt. Einige Industrielle brachen nach Bildung der Großen Koalition 1928 die Beziehungen zur DVP ab.

Alfred Hugenberg, Pressezar und einflußreicher Politiker der Rechten

Hugenberg warnt vor Kommunismus

27. März. Der Vorsitzende der rechtsextremistischen Deutschnationalen Volkspartei, Alfred Hugenberg, wendet sich mit einem Appell an die USA, dafür zu sorgen, daß die Reparationsforderungen (→11.2./S. 32) gesenkt und keine weiteren Kredite an das Deutsche Reich vergeben werden.
Während Hugenberg die Vereinigten Staaten dazu auffordert, zur wirtschaftlichen Gesundung des Deutschen Reichs beizutragen, beschwört er gleichzeitig das gemeinsame Interesse der USA und Westeuropas, eine Ausweitung des Kommunismus zu verhindern.
Wörtlich heißt es: »Nur eine gerechte Endlösung [der Reparationsfrage] gibt dem deutschen Volke die Möglichkeit, die Aufgaben zu erfüllen, die ihm seine geographische Lage zuweist: den Schutz der zivilisierten Welt vor dem Bolschewismus ... Unsere Sache ist die Sache aller derjenigen Elemente, die den Kampf gegen das Chaos wollen. Macht man uns durch eine unvernünftige Regelung der Tributlasten den Kampf unmöglich, dann bricht das Chaos über Deutschland und damit über Europa herein und bringt schließlich die ganze zivilisierte Welt in Gefahr. Denn der Bolschewismus und Sozialismus ist nicht eine Besonderheit Rußlands, sondern eine seelische Erkrankung der industriellen Menschheit, die unter Umständen auch über den Ozean springt wie die Grippe.«

Plädoyer für den Schutz von Minderheiten

6. März. Vor dem Hintergrund der Diskussion um die Rechte der deutschen Minderheit im polnischen Teil von Oberschlesien nimmt Reichsaußenminister Gustav Stresemann in einer Rede vor dem Völkerbundrat in Genf prinzipiell zur Minderheitenproblematik Stellung. Stresemann lehnt eine Angleichung fremder Volksgruppen an die einheimische Bevölkerung eines Staates ab. Er beruft sich dabei auf eine Erklärung des Völkerbundrats von 1925:

»In der Erklärung ... finden sich Äußerungen grundsätzlicher Art über den Zweck der Minderheitenschutzbestimmungen und über den Zweck der Garantien des Völkerbundes, die so gedeutet werden können, als ob es sich bei diesen Bestimmungen um eine Art Übergangsregime handelt, das schließlich dahin führen wird, daß die Minderheiten als solche verschwinden, das heißt, sie in der Majorität der Staatsbevölkerung aufgehen zu lassen. Wenn jene Äußerungen im Sinne einer Assimilationstheorie zu verstehen sein sollten, ... so muß ich dem zu meinem Teil auf das bestimmteste widersprechen. Eine solche Theorie steht im Gegensatz zu dem bei Begründung des ... Minderheitenschutzes in aller Klarheit festgestellten Gedanken, daß dieser Schutz ein dauernder und nicht nur ein Übergangsregime zum Zwecke der Erleichterung vorübergehender Schwierigkeiten sein sollte.
Es ist weder eine unmögliche, noch eine eines souveränen Staates unwürdige Aufgabe, die den durch die Minderheitenbestimmungen verpflichteten Ländern auferlegt worden ist. Es ist unbestreitbar, daß die Zugehörigkeit zur Minderheit und die sich daraus ergebende Sonderstellung nicht im Gegensatz zu der Erfüllung der allgemeinen staatsbürgerlichen Pflichten steht. Wird diese aber anerkannt, so ergibt sich daraus zugleich, daß das Interesse eines Landes für Minderheiten in einem anderen Lande ... nicht als eine unzulässige politische Einmischung in die inneren Angelegenheiten eines fremden Staates angesehen werden kann ... Der Friede wird um so sicherer begründet sein, je mehr der Ruf von in ihrem kulturellen Ausleben bedrohten Minderheiten immer weniger an das Ohr der Weltöffentlichkeit dringt ...«

Opelwerke an General Motors verkauft

17. März. Der US-amerikanische Automobilkonzern General Motors erwirbt die Aktienmehrheit an der deutschen Adam Opel AG. Pressemeldungen zufolge bleibt die Familie Opel jedoch Großaktionär in dem Unternehmen und wird weiterhin an der Leitung maßgeblich beteiligt sein. Wilhelm von Opel und sein Sohn Fritz werden im achtköpfigen Aufsichtsrat bleiben, dem künftig auch der Präsident der General Motors, Alfred P. Sloan jr., und weitere vier US-Amerikaner angehören werden.

Entwicklung von General Motors

Jahr	Anteil an US-Autoproduktion (in %)	Anteil des Auslandsabsatzes am Gesamtabsatz (in %)
1921	24,5	0,0
1922	17,3	4,8
1923	19,1	5,6
1924	15,7	9,0
1925	19,0	13,0
1926	27,4	9,6
1927	43,7	12,4
1928	39,4	15,5

Der Kaufpreis beträgt 120 Millionen Reichsmark, wobei im Dunkeln bleibt, wieviel davon für den Erwerb der Aktien bezahlt und wieviel als Kredit gewährt worden ist. Auch über die Höhe des Anteils wird Stillschweigen bewahrt.

General Motors und die Adam Opel AG geben bekannt, daß am Programm von Opel — es umfaßt Last- und Personenkraftwagen sowie Fahrräder — zunächst nichts geändert werden soll. Das Werk in Rüsselsheim wird weiterhin nur Opel-Automobile produzieren, während die US-amerikanischen General-Motors-Modelle für den europäischen Markt, vor allem Chevrolets, wie bisher im Werk in Berlin-Borsigwalde hergestellt werden.

Die Opelwerke haben seit 1924 durch die Einführung der Fließbandproduktion und durch die Konzentration auf Kleinwagen ihre Position auf dem europäischen Markt ausbauen können. Während andere europäische Unternehmen eine Vielzahl von Modellen in kleiner Stückzahl herstellten und entsprechend teuer verkauften, orientierte sich Opel am US-amerikanischen Vorbild der Massenfertigung und erreichte so 1928 einen Anteil von 45 % an der gesamten deutschen Kraftfahrzeugproduktion. 12 000 Menschen sind 1929 in den Opelwerken beschäftigt.

Das Engagement von General Motors im Deutschen Reich ist durch die Übersättigung des US-amerikanischen Marktes zu erklären. Mittlerweile besitzen 20 % der US-Bürger ein Automobil. Der Export in den Staaten gefertigter Kraftfahrzeuge nach Europa rentiert sich wegen hoher Transportkosten und wegen der Zölle nicht.

General-Motors-Generaldirektor A. P. Sloan jr. führte die Gespräche

Die Ford Motor Company, der große Konkurrent von General Motors in den USA, zog 1928 als erste US-Autofirma die Konsequenz aus dieser Entwicklung und gründete im November die Europäische Ford AG, die mit Werken in Großbritannien und Irland jährlich 200 000 Kraftfahrzeuge produzieren will.

General Motors geht noch einen Schritt weiter: Durch Beibehalten der Opel-Produktpalette will man sich ganz auf den europäischen Käufergeschmack einstellen. Die Europäische Ford AG erklärt nach Bekanntwerden des Coups, sie sehe künftig das Zentrum ihrer Aktivitäten auf dem alten Kontinent im Deutschen Reich und werde daher verstärkt an den deutschen Kapitalmarkt herantreten.

Die europäischen Automobilhersteller haben sich auf den Kampf der US-Giganten um den europäischen Markt auf ihre Weise vorbereitet: Im November 1928 übernahm der italienische Fiat-Konzern die vom Konkurs bedrohte Neckarsulmer Fahrzeugwerke AG (NSU); im gleichen Monat kauften die Bayerischen Motorenwerke (BMW) die Dixi-Werke in Eisenach auf.

»Amerika in Deutschland voran!« und »Am deutschen Wesen wird die Welt genesen« heißt es kommentierend in der Karikatur des »Simplicissimus«

Adam Opel, der Begründer des deutschen Automobilkonzerns

Vom Fahrrad zum 12-PS-Laubfrosch

Die Opelwerke in Rüsselsheim wurden 1862 von Adam Opel zunächst als Werkstatt für die Nähmaschinenfabrikation gegründet. 1886 nahm Opel an diesem Ort als erster deutscher Unternehmer die Herstellung von Fahrrädern auf.

Nach dem Tod des Firmengründers — er starb am 8. September 1895 in seinem Geburtsort Rüsselsheim — wurde 1898 mit der Produktion von Kraftfahrzeugen begonnen. Von den fünf Söhnen Adam Opels sind 1929 noch zwei am Leben — Wilhelm und Fritz von Opel. Sie haben das Werk als Familienunternehmen in der Vergangenheit erfolgreich geführt.

Fritz von Opel, ein Enkel des Firmengründers Adam Opel, macht den Abschluß mit General Motors von deutscher Seite perfekt; er bleibt wie sein Vater Wilhelm Mitglied des Aufsichtsrats

Zu den »Rennern« des Programms gehört der Kleinwagen »Laubfrosch«. Dieser grasgrüne Zweisitzer, der als erstes Automobil in Europa am Fließband hergestellt wird, verfügt über vier Zylinder und beachtliche zwölf PS.

Straßen und Verkehr 1929:

Über eine Million Kraftfahrzeuge erfordern Verkehrsregeln

Während Eisenbahn- und Luftverkehr im Deutschen Reich stagnieren, setzt sich das Kraftfahrzeug als Beförderungsmittel von Personen und Gütern immer mehr durch.
Erstmals überschreitet 1929 die Zahl der Kraftfahrzeuge die Millionengrenze. Nach der Zählung vom 1. Juli des Jahres gibt es 1 214 059 Kraftfahrzeuge im Deutschen Reich, 30,1 % mehr als im Vorjahr.
Die Zahl der Krafträder unter Einschluß der Kleinkrafträder liegt mit 608 342 wesentlich höher als die der Personenkraftwagen (433 205). Die Steigerungsrate gegenüber dem Vorjahr ist bei den Motorrädern mit 38 % ebenfalls höher als bei den Pkw (23 %). Nahezu jedes vierte Auto ist ein ausländisches Fabrikat.
Im gleichen Verhältnis hat die Verkehrsdichte auf den deutschen Straßen zugenommen. Der Automobilverkehr auf Landstraßen hat sich 1928/29 im Vergleich zu 1924/25 verdoppelt, wobei im allgemeinen die Hauptstraßen und speziell die Industrieregionen wie das rheinisch-westfälische Industriegebiet und Sachsen besonders belastet sind. Der Anteil des Verkehrs mit Pferd und Wagen hingegen ist z.B. auf den sächsischen Straßen von 1924/25 bis 1928/29 von 40,1 % auf 16,4 % des Gesamtverkehrs zurückgegangen.
Die größere Verkehrsdichte insbesondere in den Großstädten erzwingt die genaue Festlegung von Verkehrsregeln, die allerdings nicht reichseinheitlich, sondern kommunal erfolgt. Berlin erhält 1929 ein neues Verkehrsgesetz, das u.a. die Höchstgeschwindigkeit in der Stadt bei Kraftwagen unter 5,5 t Gesamtgewicht auf 40 km/h festsetzt. Schwerere Kraftfahrzeuge dürfen höchstens 30 km/h fahren; bei Wagen mit Anhängern beträgt die zulässige Höchstgeschwindigkeit 16 km/h. Weiterhin wird festgelegt, daß Ausfall- und Ringstraßen generell Vorfahrtsrecht erhalten sollen, ansonsten gilt weiterhin die Regel »Rechts vor Links«.
Sog. Straßen I. Ordnung sind zwischen 8 und 20 Uhr für den Verkehr mit Lastfahrzeugen, Handwagen und Handkarren gesperrt. Für alle übrigen Fahrzeuge gilt auf diesen Straßen zwischen 15 und 19 Uhr ein Halte-, zwischen 8 und 19 Uhr ein Parkverbot.
Das Augenmerk der Reichsbahn richtet sich bei leicht rückläufigen Beförderungszahlen (minus 1,5 % im Vergleich zum Vorjahr) auf die Verbesserung der Sicherheit.
Nach Berechnungen der Bahn passieren die Züge auf deutschen Strecken jährlich 1,1 milliardenmal ein Signal; in etwa 20 Fällen pro Jahr übersieht ein Lokomotivführer ein Haltezeichen. Wegen der schwerwiegenden Folgen wird mit verschiedenen Vorrichtungen experimentiert, die beim Überfahren eines Haltesignals dafür sorgen sollen, daß der Zug automatisch zum Stehen kommt.
Ein System von Siemens & Halske, das auf einigen Reichsbahn-Strecken schon in Betrieb ist, funktioniert mittels einer am Signal befestigten Kippschiene. Diese Schiene klappt bei »Halt« nach vorn, streift beim Vorbeifahren des Zuges einen seitlich an der Lokomotive angebrachten Hebel und löst damit die Bremse aus. Dieses Verfahren ist allerdings nur bei niedrigen Geschwindigkeiten einsetzbar und soll daher nur auf Stadt- und Vorortstrecken eingebaut werden. Ein anderes System arbeitet mit einem auf den Schienen angebrachten Magneten, der über einen elektromagnetischen Reflex die Bremse auslöst.

Kraftfahrzeuge in Großstädten

Stadt	Pkw*	Lkw	Krafträder**
Berlin	42 844	14 766	22 904
Hamburg	10 854	4777	5581
Köln	8291	3138	3998
München	9744	3589	8719
Leipzig	7387	2747	4420
Dresden	8449	3306	4613
Breslau	7493	2166	3903

*einschl. Kraftomnibusse
** ohne Kleinkrafträder

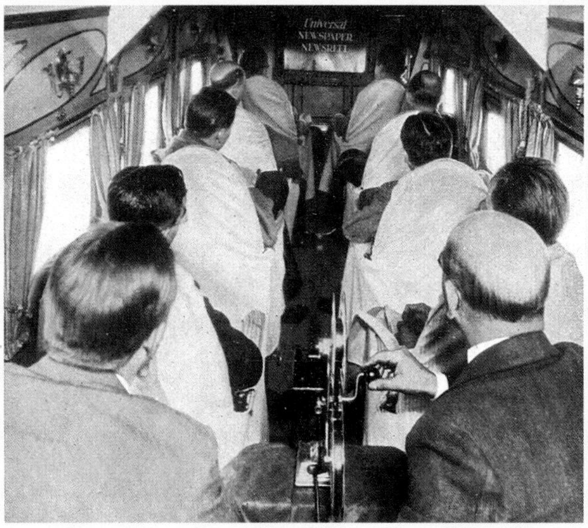

Neuheit bei der Lufthansa: Kinovorführung im Flugzeug

Repräsentativ: Wartesaal im Flughafen Tempelhof

Tempelhof bietet viel Service für Reisende

Als modernsten Flugbahnhof der Welt präsentiert die »Berliner Illustrirte Zeitung« ihren Lesern den Flughafen Berlin-Tempelhof. 50 Linienmaschinen landen und starten hier täglich; hinzu kommen Zeitungs- und Sportmaschinen. Etwa 250 bis 300 Passagiere werden täglich an den Schaltern des Flughafens abgefertigt.
Zum Service für die Flugreisenden gehören ein Friseursalon und ein Imbißstand in der Wartehalle. Für die Nachtflugpassagiere ist der Bau eines Hotels vorgesehen, und auf der Terrasse des Flughafen, die mehreren tausend Personen Platz bietet, soll ein Tanzparkett angelegt werden.

Eindrucksvoll in ihrer Großzügigkeit, Schlichtheit und Funktionalität ist die neugestaltete Eingangshalle im Flughafengebäude von Tempelhof

Der Pariser Verkehrspolizist ist am besten ausgestattet

Sein Kollege in Zürich begnügt sich mit Handzeichen

Der Polizist im englischen Brighton steht immerhin erhöht

Auch in der Fahrradstadt Den Haag gibt es Polizisten

Verkehrspolizisten — Dirigenten der Straße

Zu einer psychologischen Studie sieht sich eine französische Zeitschrift durch die Gegenüberstellung der Fotos von Verkehrspolizisten in vier europäischen Großstädten (Paris, Zürich, Brighton, und Den Haag) veranlaßt.
Sie vergleicht die Männer mit den weißen Handschuhen und gestreiften Manschetten mit den Dirigenten Arturo Toscanini und Bruno Walter. Wie jene mit ihren Armbewegungen ein ganzes Orchester führen, so gehorchen Autofahrer, Fußgänger und Radfahrer den Handzeichen der Polizisten.
Die Zeitschrift stellt fest, daß der französische Verkehrslenker im Vergleich zu seinen europäischen Kollegen nicht nur über die bessere — erhöhte — Position verfügt, sondern auch mit Handkellen und Lichtsignalen besser ausgestattet ist. Den Grund vermutet die Illustrierte darin, daß sich die Franzosen der Disziplinierung durch die Verkehrsregelung offenbar stärker widersetzen als die Verkehrsteilnehmer anderer Nationen.
In vielen europäischen Großstädten sind die menschlichen Verkehrslenker hingegen bereits durch moderne Ampelanlagen ersetzt worden, so in Berlin, wo seit 1926 Lichtsignale die Verkehrsregelung übernommen haben. Sie werden von einem Verkehrsturm am Potsdamer Platz allerdings mit der Hand zentral geschaltet.

Vom ADAC probeweise installiertes Signal an einem Bahnübergang

Ein Wolkenkratzer nur für das Automobil

In ihrer Ausgabe vom 9. März 1929 stellt die französische Zeitschrift »L'Illustration« ihren Lesern die »Kent Garage«, ein Parkhochhaus in einem Wolkenkratzer in der New Yorker Innenstadt vor.
Das Bauwerk enthält ein Kellergeschoß sowie 26 oberirdische Stockwerke. Die Autos werden mittels einer Plattform, die wie ein elektrischer Lift funktioniert, in die jeweils freie Etage und dort mit einer automatischen Vorrichtung, die ein Mann von einem Standort aus bedienen kann, an den jeweiligen Parkplatz transportiert.
Europäische Kritiker dieser Einrichtung — die »Kent Garage« ist nicht die einzige ihrer Art in den USA — verweisen darauf, daß bei einem Stromausfall die Autobesitzer eventuell stundenlang darauf warten müßten, ihre Fahrzeuge wieder benutzen zu können.
Tiefgaragen, wie sie z.B. in Paris geplant sind, scheinen hingegen billiger und flexibler zu sein. Der Fahrer kann seinen unterirdischen Parkplatz selbst ansteuern und ohne fremde Hilfe wieder verlassen. Parkhochhäuser, die nach einem ähnlichen Prinzip funktionieren, sind nicht bekannt.

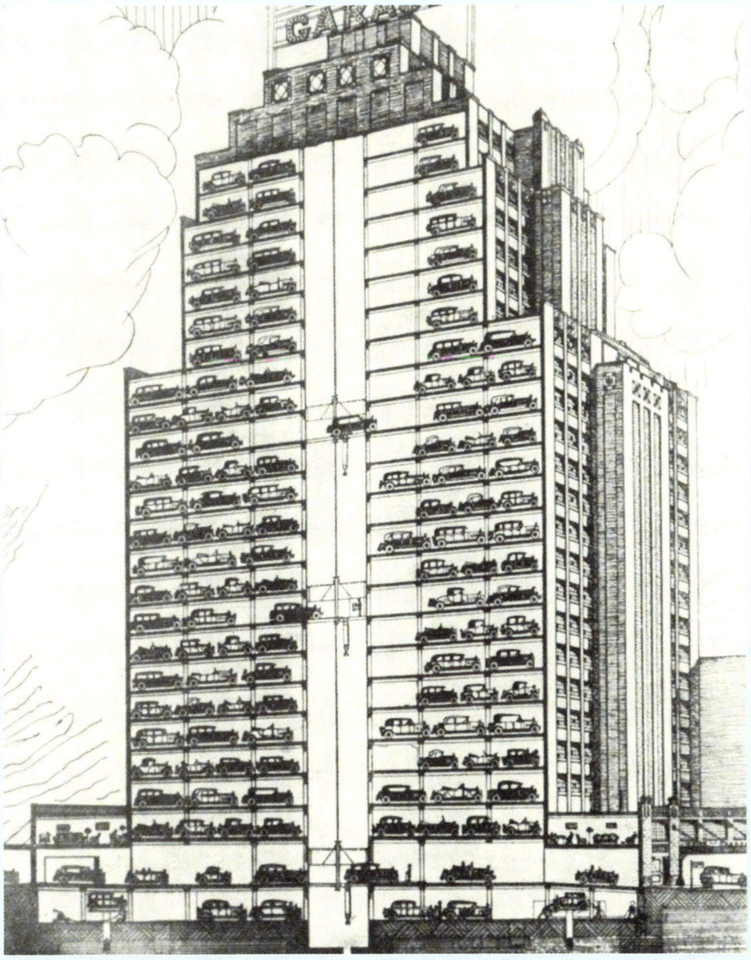

Schemazeichnung von der Funktionsweise des Wolkenkratzer-Parkhauses in New York, das die Fahrzeuge mit einem Lift an ihren Platz befördert

Hoover als Präsident der USA vereidigt

4. März. Der am 11. November 1928 zum Präsidenten der USA gewählte Herbert Clark Hoover wird in Washington feierlich in sein Amt eingeführt. Der republikanische Politiker tritt die Nachfolge seines Parteikollegen Calvin Coolidge an. Hoover hatte die Wahlen gegenüber seinem Konkurrenten von der demokratischen Partei, Alfred E. Smith, überlegen gewonnen. Zu seinem Erfolg hatte wesentlich beigetragen, daß die Wählerschaft ihn als bisherigen Handelsminister mit der positiven Wirtschaftsentwicklung in den USA verband. Entscheidend war ferner seine bedingungslos »trockene« Position in der Frage der Prohibition gewesen.

Herbert Clark Hoover (M.), der neue US-Präsident, hat die Wahl am 6. November 1928 mit 444 von 531 Wahlmännerstimmen klar für sich entschieden

Aufstandsversuch in Mexiko scheitert

3. März. In Mexiko versuchen Aufständische unter dem Kommando von General Jesus M. Aguirre, die Regierung zu stürzen. Aguirre wirft Präsident Emilio Portes Gil und dessen Vorgänger Plutarco Elías Calles Korruption und Mißwirtschaft vor. Als die Militärrevolte das ganze Land mit Ausnahme der Industriezentren erfaßt, ernennt Portes Gil Calles zum Kriegsminister und Oberbefehlshaber der Regierungstruppen. Nach heftigen Kämpfen gelingt es, den Aufstand Mitte April niederzuschlagen. General José Gonzalo Escobar, den die Aufständischen zum Präsidenten ausersehen hatten, flieht ins Ausland.

Eine Gruppe berittener Aufständischer wird in der Nähe der mexikanischen Stadt Monterey von Regierungssoldaten gefangengenommen und abgeführt

Universität Madrid schließt die Pforten

17. März. Wegen anhaltender Studentenunruhen schließt die spanische Regierung die Universität Madrid bis zum Beginn des Wintersemesters 1930. Die Rektoren und das gesamte übrige Personal der Universität werden ihrer Ämter enthoben und durch einen königlichen Kommissar ersetzt. Die Proteste der Studentenschaft, insbesondere der Organisation Federacion Universitaria Escolar, richten sich gegen die Diktatur von General Miguel Primo de Rivera y Orbaneja. Primo de Rivera hatte niemals Kontakt zu den Intellektuellen des Landes gefunden und macht opponierende Studenten und Professoren als Anarchisten verächtlich.

Verletzte Studenten in den Straßen von Madrid; nach schweren Auseinandersetzungen mit der Polizei wird die Universität vorübergehend geschlossen

Zwischenfall von Tsinan beigelegt

28. März. In Nanking unterzeichnen Vertreter der japanischen und der nationalchinesischen Regierung ein Abkommen zur Beilegung des Zwischenfalls in Tsinan (Provinz Schantung) im Mai 1928.

Die Japaner hatten damals erstmals militärisch in den chinesischen Bürgerkrieg eingegriffen, um den Vormarsch der von Chiang Kai-shek geführten Kuomintang-Truppen in der Provinz Schantung in Richtung Peking zu stoppen. Nach einem unerfüllbaren Ultimatum an die Chinesen hatten die Japaner Chiangs Soldaten trotz garantierten freien Abzugs angegriffen und nahezu vollständig aufgerieben. Seitdem sind die Beziehungen zwischen Japan und der Kuomintang-Regierung, die inzwischen international als chinesische Zentralregierung anerkannt ist, belastet.

In dem Abkommen verpflichtet sich Japan, innerhalb von zwei Monaten seine Truppen aus Schantung zurückzuziehen. Danach soll China den Schutz japanischer Bürger in der Provinz übernehmen.

Marschall Foch in Paris gestorben

20. März. Im Alter von 77 Jahren stirbt in Paris der französische Marschall Ferdinand Foch, der im April 1918 den Oberbefehl über alle alliierten Truppen in Frankreich erhalten hatte. Im Spätsommer 1918 leitete er die Offensive gegen die deutschen Truppen, die das Deutsche Reich veranlaßte, um einen Waffenstillstand zu ersuchen.

Die liberale »Frankfurter Zeitung« kommentiert den Tod des Offiziers: »Im Walde von Compiègne empfing er die deutsche Waffenstillstandsdelegation, die von seiner persönlichen Art der Verhandlungsführung keine angenehmeren Eindrücke empfangen konnte als von den Bedingungen, die er vorzubringen hatte. Foch wurde der Anwalt des rücksichtslosesten französischen Militarismus, der nach der militärischen Rheingrenze rief. Nach Friedensschluß blieb er noch immer der Vorsitzende der alliierten Militärkommission und der Berater der französischen Regierung. Wir haben die Härte seiner Forderungen immer zu fühlen gehabt.«

Das neue Funkhaus des Senders Witzleben (Zeichnung), entworfen von Hans Poelzig, soll bis 1930 fertiggestellt sein

Sender Witzleben: Erste Fernsehbilder

8. März. Der Hörfunksender Berlin-Witzleben strahlt zwischen 23.10 und 0.30 Uhr erstmals eine drahtlose Fernsehsendung — Bilder von Frauen in Badeanzügen — aus. Die Bildpunktsignale von 30 Zeilen werden im Fernsehlaboratorium des Reichspost-Zentralamtes in Berlin-Tempelhof empfangen. Erst am 26. März in einer Wiederholungssendung sind die übertragenen Bilder allerdings technisch einwandfrei. So sind z.B. bei der zweiten Sendung ein rauchender Mann und eine Frau mit einem Handspiegel deutlich zu erkennen.
Im Deutschen Reich gibt es zwei konkurrierende Systeme zur Übertragung bewegter Bilder: Das System Telehor, entwickelt von dem gebürtigen Ungarn Dénes von Mihály, und Telefunken von August Karolus. Die Verfahren, die beide erstmals auf der Berliner Funkausstellung im September 1928 vorgestellt worden sind, beruhen auf dem gleichen Prinzip: Ein stehendes Bild wird elektrisch aufgenommen, auf mechanischem Weg mittels einer sog. Nipkow-Scheibe in seine Lichtelemente zerlegt, diese wiederum werden in elektrische Energie verwandelt und über eine Drahtleitung dem Empfangsgerät zugeführt. Dort wiederholt sich der Prozeß in umgekehrter Richtung, so daß wieder ein Bild entsteht.
Schwachpunkt dieser Systeme ist die mechanische Bildzerlegung und -rekonstruktion, die der technischen Verbesserung des Bildes enge Grenzen setzt. Erst wenn es gelingt, diese Schritte auf vollelektronischem Wege durchzuführen, wird das Fernsehen nach dem Urteil der Fachleute aus dem Stadium, nur schemenhafte Bilder auf sehr kleinen Bildschirmen (4x4 bzw. 8x10 cm) übertragen zu können, endlich herauskommen.

Empfänger des schottischen TV-Pioniers John Logie Baird mit einer Szene aus dem Fernsehspiel »Box & Cox«; das Bild wird mit einer Lupe vergrößert

Eines der ersten deutschen Fernsehgeräte, hergestellt von Telefunken in Berlin; der Bildschirm ist relativ klein, der darunter angebrachte Lautsprecher erscheint dagegen fast überdimensioniert; das Karolus-Telefunken-System verfügte bei der ersten öffentlichen Vorführung in Berlin 1928 bereits über eine Bildgröße von 8x8 cm, die mittels eines Spiegelrads auf 75x75 cm projiziert werden konnte

Hafengesellschaft Berlin-Hamburg

14. März. Die Verhandlungen zwischen den Ländern Preußen und Hamburg über die Bildung einer Hafengemeinschaft in der Hansestadt führen zum Abschluß eines Staatsvertrags.
Es wird eine Gesellschaft mit einem Stammkapital von 70 Millionen Reichsmark (RM) gegründet. Beide Gesellschafter — die Länder Preußen und Hamburg — bringen je 35 Millionen RM als Stammeinlage ein. Im Falle Preußens besteht diese Einlage in den Grundstücken, Anlagen, Beteiligungen und Rechten des Landes im Hamburger Hafengebiet. Hamburg bringt durch seine entsprechenden Grundstücke und Anlagen nur etwa fünf Millionen RM ein und muß den Rest bar zahlen. Ziel der Hafengemeinschaft ist der rationelle Ausbau des Hafens, der bisher durch konkurrierende Interessen behindert worden war. Zunächst sollen sich die Arbeiten auf die Altona gegenüberliegende Elbinsel Waltershof sowie auf die Elbinseln Kattwyk, Hoheschaar und Neuhof konzentrieren.

Oberrhein wird Schiffahrtsstraße

28. März. In Bern wird ein deutsch-schweizerisches Abkommen über den Ausbau des Oberrheins unterzeichnet. Im ersten Teil des Vertrags kommen die beiden Staaten überein, mit der Regulierung des Rheins zwischen Straßburg, Kehl und Istein unterhalb von Basel unverzüglich zu beginnen. Der zweite Teil enthält eine Absichtserklärung, den Oberrhein von Basel bis zum Bodensee zu einem Großschiffahrtsweg auszubauen.
Die Initiative zu dem Abkommen war von der Schweiz ausgegangen. Die »Frankfurter Zeitung« kommentiert: »Deutschland konnte und durfte sich bei seiner traditionellen Fürsorge für den Rhein ... nicht entziehen, wenn es auch von einem in Basel endenden Ausbau der Schiffahrtstraße vielleicht vorübergehend eher Nachteile als Vorteile zu erwarten hat. Es erfüllt eine internationale Mission, indem es der Schweiz das Vordringen der Großschiffahrt bis Basel verwirklichen hilft, und hat mit dem Vertrage den Weg zum Bodensee geöffnet.«

Geschwindigkeitsweltrekord in Florida

11. März. Der britische Automobilsportler Major Henry O'Neal de Hane Segrave stellt in Daytona Beach im US-Bundesstaat Florida einen weiteren Geschwindigkeitsweltrekord auf.

Segrave erreicht mit seinem Irving-Napier eine Geschwindigkeit von 372,456 km/h und übertrifft damit die bisherige Weltbestleistung des US-Amerikaners Ronny Keech um mehr als 38 km/h.

Nach den offiziellen Bestimmungen wird der Rekord als Durchschnittsgeschwindigkeit aus zwei Fahrten in entgegengesetzter Richtung ermittelt, um so alle Einflüsse von Wind und Bodenunebenheiten auszuschalten. Der Strand von Daytona, der besonders hart und feinsandig ist, liefert ideale Bedingungen und ist daher seit 1906 immer wieder für Rekordversuche genutzt worden. Segrave hat hier bereits am 26. März 1926 und am 29. März 1927 — damals mit einem »Sunbeam« — Weltrekorde aufgestellt.

Seinen diesjährigen, den insgesamt dritten Geschwindigkeitsrekord erzielt er mit einem Irving-Napier, genannt »Golden Arrow« (Goldener Pfeil), dessen Zwölfzylinder-Napier-Lion-Motor bei 3300 Umdrehungen pro Minute 875 Pferdestärken entwickelt.

Segrave beschreibt in dem Buch »The Lure of Speed« (Rausch des Rasens), das vor seinem neuesten Rekord erschienen ist, worauf es bei den Rekordversuchen ankommt: Wichtig sei, anders als noch zu Beginn des Jahrhunderts, weniger die physische als die psychische Belastbarkeit des Fahrers. Die Leistungsfähigkeit des Wagens müsse zu 99,99 % ausgenutzt werden: »99,99 das ist Ruhm — 100 das ist Tod«.

Ein bizarres Gebilde ist der Rekordwagen des britischen Majors Henry O'Neal de Hane Segrave; der Irving-Napier trägt den Namen »Golden Arrow«

25 Jahre Jagd nach Kilometern

12. 1.1904	147,042 km/h
27. 1.1904	148,538 km/h
31. 3.1904	152,529 km/h
25. 5.1904	156,504 km/h
21. 7.1904	166,667 km/h
13.11.1904	168,222 km/h
25. 1.1905	168,413 km/h
25. 1.1905	176,621 km/h
30.12.1905	176,640 km/h
26. 1.1906	195,640 km/h
8.11.1909	202,691 km/h
16. 3.1910	211,977 km/h
23. 4.1911	227,510 km/h
27. 4.1920	251,099 km/h
17. 5.1922	215,244 km/h
6. 7.1924	230,629 km/h
12. 7.1924	234,974 km/h
25. 9.1924	235,215 km/h
21. 7.1924	242,795 km/h
16. 3.1926	245,145 km/h
27. 4.1926	272,454 km/h
28. 4.1926	275,222 km/h
4. 2.1927	281,434 km/h
29. 3.1927	327,959 km/h
19. 2.1928	333,061 km/h
22. 4.1928	334,010 km/h
11. 3.1929	372,456 km/h

Das Brautpaar posiert: Kronprinz Olaf (5. v. l.) und Brautjungfern

Skandinaviens Versöhnung durch Hochzeit

21. März. In der Erlöserkirche der norwegischen Hauptstadt Oslo werden Kronprinz Olaf von Norwegen und die schwedische Prinzessin Martha getraut. Das Fest besiegelt eine Wiederannäherung zwischen den beiden skandinavischen Staaten. Seit 1814 in Personalunion vereint, hatte sich Norwegen 1905 von Schweden gelöst und Prinz Carl von Dänemark als Håkon VII. zum norwegischen König gewählt. Der Bräutigam ist sein ältester Sohn, die Braut ist eine Nichte des schwedischen Königs Gustav V.

Martha von Schweden und Olaf von Norwegen in der Erlöserkirche in Oslo

»Europa« brennt vor Fertigstellung aus

26. März. Aus ungeklärter Ursache bricht auf dem Passagierschiff »Europa« im Hamburger Hafen vor der Fertigstellung ein Feuer aus. Obwohl sämtliche Hamburger Feuerwehren sich an den Löscharbeiten beteiligen, kann der Brand erst nach Stunden erstickt werden; der Dampfer des Norddeutschen Lloyd, der bei der Hamburger Traditionswerft Blohm & Voss gebaut wird, brennt vollständig aus und muß geflutet werden. Er wird am 10. April gehoben und erneut ausgebaut.
Der Sachschaden wird auf 60 Millionen Reichsmark geschätzt — Menschen werden nicht verletzt. Der Termin für die Jungfernfahrt des Schiffes, das am 15. April 1928 im Beisein von Reichspräsident Paul von Hindenburg vom Stapel gelaufen ist, muß vom 21. August 1929 auf das Frühjahr 1930 verschoben werden.
Mit einem neuartigen Wulstbug, der den Reibungswiderstand herabsetzt, einer Höchstleistung von 135 000 Wellen-PS und dem stromlinienförmigen Rumpf gilt die

Der brennende Ozeanriese »Europa« in der Werft von Blohm & Voss im Hamburger Hafen; die Jungfernfahrt muß um einige Monate verschoben werden

»Europa« als Anwärter für das Blaue Band, mit dem das schnellste Schiff der Welt ausgezeichnet wird. Der Ozeanriese, der die Fahrt von Hamburg nach New York in sechs Tagen zurücklegen soll, wird eine äußerst luxuriöse Ausstattung erhalten: Die erste Klasse bietet einen Wintergarten, einen Rauchsalon, einen Kunstsalon, Bibliothek und Schreibzimmer, einen Ballsaal, einen Schießstand, ein Sportdeck, Schwimmbad und Turnhalle. Der Passagierdampfer kann 1200 Fahrgäste und 900 Mann Besatzung transportieren, für deren komfortable Unterbringung ebenfalls gesorgt werden soll.

100. Geburtstag von Carl Schurz

3. März. Anläßlich des Geburtstags des deutsch-amerikanischen Politikers Carl Schurz, der sich am 2. März 1929 zum 100. Mal jährt, spricht der US-Botschafter in Berlin, Jacob Gould Schurman, auf einer Gedenkveranstaltung im Berliner Reichstag.
Als »die größte Gabe des deutschen Volkes an das amerikanische« bezeichnet Schurman den Politiker, der 1852 in die USA emigrierte, dort als enger politischer Freund von Abraham Lincoln gegen die Sklaverei kämpfte und maßgeblichen Anteil am Sieg der Nordstaaten im US-Bürgerkrieg hatte.
»Er war kein Leibeigener seiner Partei, dieser Mann, sondern ein moralischer Reformator, ja ein feuriger Prophet und Prediger politischer Gerechtigkeit. Er war weder Führer einer politischen Partei noch der Anhänger eines Führers«, fährt Schurman fort und gibt seiner Rede angesichts des Streits zwischen den Koalitionsparteien im Reich (→ 13.4./S. 66) einen aktuellen Bezug.

Enttäuschter Nobile verläßt die Armee

13. März. Der 44jährige italienische General Umberto Nobile, der für den Unfall mit dem Luftschiff »Italia« im Nordpolargebiet 1928 verantwortlich gemacht wird, demissioniert aus der Armee.
Nobile, der anfangs mit den Faschisten sympathisierte, hatte im Mai 1926 mit dem Norweger Roald Amundsen in einem von ihm konstruierten Luftschiff den Nordpol überflogen und war daraufhin zum General befördert worden.
Die Polarexpedition mit der »Italia« 1928 hingegen endete mit einem Fiasko. Nachdem das Luftschiff mit 16 Personen an Bord am 24. Mai den Nordpol planmäßig überflogen hatte, brach am folgenden Tag der Funkkontakt plötzlich ab. Die »Italia« geriet in eine arktische Nebelzone. Die Hülle des Luftschiffes vereiste zunehmend; wegen der Gewichtszunahme verlor es rasch an Höhe und Fahrt und stürzte schließlich auf das Packeis.
Beim Absturz und der anschließenden Explosion der Wasserstoffüllung des Luftschiffs starben sieben Besatzungsmitglieder.
Die Überlebenden, die in einem Zelt notdürftig Schutz fanden, mußten wochenlang auf Rettung warten. Drei von ihnen machten sich zu einem Fußmarsch nach Spitzbergen auf; einer blieb unterwegs erschöpft auf dem Eis liegen und starb an Unterkühlung.
Am 23. Juni landete der schwedische Flieger Einar Lundborg bei den Luftschiffbrüchigen und nahm als ersten Überlebenden Nobile an Bord. Erst knapp drei Wochen später wurden die übrigen fünf Besatzungsmitglieder der »Italia« von dem sowjetischen Eisbrecher »Krassin« geborgen.

General Umberto Nobile (l.) nach der glücklichen Rettung von 1928

Insgesamt 17 Menschen kamen bei der Tragödie im Eis und den Rettungsversuchen ums Leben. Ein prominentes Opfer ist Roald Amundsen, der am 18. Juni zu einem Rettungsflug gestartet war und seitdem verschollen ist.
Nobile wird vorgeworfen, daß er die voraussehbaren Gefahren nicht erkannt habe; er sei daher als Schuldiger für die Katastrophe anzusehen. Ferner lastet man ihm an, daß er sich aus Feigheit und Egoismus als erster habe ausfliegen lassen, statt — wie auch bei Schiffsunglücken üblich — bis zuletzt am Unfallort zu bleiben. Sein Hinweis, daß Lundborg darauf bestanden habe, ihn wegen seiner Verletzung als ersten auszufliegen, hilft ihm nicht gegen die öffentliche Verurteilung. Enttäuscht scheidet er aus der Armee aus und emigriert in die UdSSR.

Schnapsfrachter von USA versenkt

22. März. Der kanadische Schoner »I am alone«, der wegen seiner Alkohol-Schmuggelfahrten berüchtigt ist, wird vor der US-amerikanischen Küste von US-Küstenwachschiffen gestellt und, als er der Aufforderung beizudrehen nicht nachkommt, aus der Ein-Stunden-Zone heraus verfolgt und außerhalb der Hoheitsgewässer der Vereinigten Staaten versenkt.
Nach kanadischer Darstellung befand sich der Frachter mit 2800 Kisten Spirituosen an Bord auf dem Weg von Kanada nach Mexiko. Die US-amerikanischen Behörden gehen hingegen davon aus, daß die Ladung illegal — in den USA ist der Verkauf von Alkohol verboten — in einem US-amerikanischen Hafen umgeschlagen werden sollte.
Der Zwischenfall führt zu einer Verstimmung zwischen den USA und Kanada. Strittig ist vor allem die Frage, ob es den internationalen Gesetzen entspricht, wenn US-Polizeiboote Schiffe anderer Nationen bis ins offene Meer hinaus verfolgen und bei Gehorsamsverweigerung kurzerhand versenken.

Unterhaltung 1929:

Operetten und Revuen bieten Zerstreuung

Zerstreuung und Unterhaltung findet die neue Schicht der großstädtischen Angestellten außer bei Sport- und Tanzveranstaltungen, Kino und Kabarett in der Revue, die besonders in Paris und Berlin Ende der 20er Jahre in Blüte steht.

Die großen Häuser in der französischen Hauptstadt — Moulin Rouge, Folies Bergère und Casino de Paris — bieten in lockerer Nummernfolge beeindruckende Ausstattungsrevuen, während die Berliner Aufführungen, wie z.B. »Zwei Krawatten« mit Hans Albers (→5.9./ S. 160), ihre Couplets, Tanznummern und kabarettistischen Einlagen um ein Thema gruppieren.

Gegenüber dieser modernen Form der Unterhaltung kann sich die altmodische Operette durchaus behaupten. Am 10. Oktober 1929 wird »Das Land des Lächelns« von dem österreichischen Komponisten Fanz Lehár mit Richard Tauber und Wera Schwarz in den Hauptrollen in Berlin uraufgeführt. Die erste Fassung unter dem Titel »Die gelbe Jacke« hatte bereits 1923 in Wien Premiere. Auf Begeisterung bei Publikum und Kritik stößt insbesondere die effektvolle musikalische Umsetzung der fernöstlichen Stimmung der Operette, deren Handlung in Peking und Berlin angesiedelt ist, sowie die Leistung des Tenors Tauber.

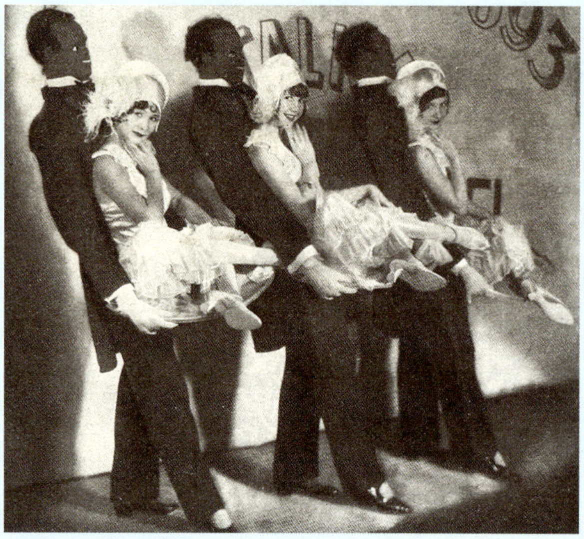

◁△ Tanznummer aus der Revue »Zwei Krawatten«, die am 5. September uraufgeführt wird; die Beine der Tänzerinnen und die obere Hälfte der Neger sind Attrappen

△ Im Pariser Revuetheater »Empire« feiert die Tanzgruppe von Norah Morris im Jahr 1929 Triumphe; die Nummern zeichnen sich durch großen Schwung und exakt abgestimmte Bewegungen aus; eine Tänzerin tritt im Kostüm des US-Stummfilmstars Harold Lloyd auf

◁ Die neueste Revue der »Folies Bergères« in Paris spielt in einem Schwimmbad-Restaurant, wie es tatsächlich an den Champs-Élysées in der französischen Hauptstadt existiert; der Ort bietet sich für Situationskomik an

Der populäre Schlagerkomponist Ralph Erwin setzt ganz auf die romantische Welle; von ihm stammen »Ich küsse Ihre Hand, Madame« und »Vier Worte möcht ich die jetzt sagen« — Lieder, die sich wohltuend von den kurzlebigen Nonsens-Schlagern absetzen und an Operettenmelodien erinnern

Die Liebe — ein Dauerthema für die Schlagerkomponisten; Franz Dölle schuf den sentimental-kitschigen Song »Wenn der weiße Flieder wieder blüht«

Der Erfolgreichste unter den Verfassern von Nonsens-Schlagern — von Kulturkritikern als »unterste Stufe« populärer Musik bezeichnet, vom Publikum jedoch begeistert angenommen — ist Anton Profes (»Was macht der Meier auf dem Himalaya«, »Heut ist Käte etepetete« u. a.)

Wera Schwarz und Kammersänger Richard Tauber in einer Szene der Operette »Das Land des Lächelns« von dem österreichischen Komponisten Franz Lehár, der 1927 mit »Der Zarewitsch« Erfolge gefeiert hatte

△ Das bestbezahlte Gesangsquartett der Welt, die »Revellers«, mit ihrem Begleiter und Musikarrangeur Frank Banka (2. v. l.); die Gruppe mit dem synkopisch-swingenden Sound gibt 1929 ein Gastspiel im Berliner Vergnügungsetablissement »Scala«

◁ Der Jongleur Enrico Rastelli ist auf allen deutschen Varietébühnen, sei es das Hansa-Theater in Hamburg, seien es »Scala« und »Wintergarten« in Berlin, zu Hause; hier posiert der bekannte Ballkünstler, der das Publikum mit seinen Fertigkeiten immer wieder zum Staunen bringt, für eine Zeitungsanzeige, in der Strümpfe aus Bemberg-Seide angepriesen werden; auch er trägt sie, so geht aus dem Text hervor, bei seinen Auftritten

Der äußerst vielseitige Schlagerkomponist Willy Meisel hatte mit dem schmissigen Tango »Ilona«, dem Nonsens-Schlager »Das macht die Amanda mit der Propaganda« und mit dem munteren Lied »Fräulein, Pardon, ich glaub', wir kennen uns schon« Erfolg

Der Grandseigneur des leichten Liedes, der Komponist Franz Lehár, schuf unvergeßliche Melodien mit zartem Schmelz, etwa »Gern hab' ich die Frauen geküßt«

Willy Rosen, hier an seinem Arbeitswerkzeug, dem Klavier, schrieb die Musik zu Schlagern, die in aller Munde waren, etwa »Das kannst du deiner Großmama erzählen«, »Eine schöne weiße Chrysantheme«, »Ich schick' dir ein paar Veilchen« oder das launige Lied »Frau Meier tanzt Tango«

Pallenberg, Massary, Durieux, Valentin, Krauss, Hansen, Tiedtke, George (v. l.)

Wallburg, Mendelssohn, Bergner, Jessner, Bard, Müthel, Christians, Schwannecke, Neher, Florath, Hesterberg (v. l.)

Gedenkveranstaltung für Albert Steinrück vereint alle bekannten Schauspieler Berlins

28. März. *Zum Gedenken an den Schauspieler Albert Steinrück, der am 11. Februar 1929 im Alter von 56 Jahren gestorben ist, wird im Staatlichen Schauspielhaus in Berlin in einer einmaligen Sondervorstellung das Drama »Der Marquis von Keith« von Frank Wedekind aufgeführt.*

Bis in die kleinste Nebenrolle ist das Stück mit den bekanntesten Schauspielern Berlins besetzt. Auf dem Theaterzettel finden sich die Namen von Fritz Kortner und Max Pallenberg, Werner Krauss und Heinrich George, Elisabeth Bergner und Fritzi Massary, Mady Christians und Tilla Durieux, Carola Neher und Trude Hesterberg. Regie führt der Intendant des Staatsschauspiels, Leopold Jessner. »Auf Albert Steinrücks Rollenliste stand alles, was einer derben, maskulinen Natur zugänglich ist. Aus dem klassischen Spielplan Jago, Macbeth, König Philipp, Wozzek, aus den Dramen der Modernen vor allem die Männer [Henrik] Ibsens, [August] Strindbergs, [Gerhart] Hauptmanns, [Frank] Wedekinds«, charakterisiert der Theaterkritiker Monty Jacobs das Repertoire des Verstorbenen. Über seine Person heißt es in der »Vossischen Zeitung«: »Albert Steinrück war ein Verschwender, ein großmütiger, der viele Gäste hatte; er liebte das Sich-Ausströmen in der Welt, in die Kunst, und zog sein Leben gewiß nicht zu Rat«

Elisabeth Bergner in »Fräulein Else«

8. März. Im Capitol in Berlin wird der Film »Fräulein Else« von Paul Czinner mit Elisabeth Bergner in der Titelrolle uraufgeführt. Er basiert auf der gleichnamigen Erzählung von Arthur Schnitzler um die

Die österreichische Schauspielerin Elisabeth Bergner, ein Star der Berliner Bühnen, war bereits mit den Filmen »Nju« (1924) und »Der Geiger von Florenz« (1926) erfolgreich

Tochter eines hochverschuldeten Vaters, die sich mit der Bitte um Hilfe an einen Freund der Familie wendet. Dieser gewährt ihr seine Hilfe unter der Bedingung, daß sie sich ihm eine Viertelstunde lang nackt zeigt. Else erfüllt die Forderung, nimmt jedoch zugleich eine Überdosis Schlaftabletten. Der Film bleibt nach Meinung der Kritik hinter der Vorlage zurück.

Joe May - Meister der Kameraführung

12. März. Die Uraufführung des Stummfilms »Asphalt« findet im Ufa-Palast am Zoo in Berlin statt. Der Film beeindruckt weniger durch seine kolportagehafte Handlung — es geht um einen Juwelen-

Betty Amann in einer Szene des Joe-May-Films »Asphalt«; die Diebin entdeckt in einem Spiegel den Polizisten, der sie verhaften will; die Kamera richtet sich in dieser Szene auf den Spiegel

diebstahl, die Liebe eines Polizisten zur Diebin, eine Schlägerei und einen Justizirrtum — als durch gute schauspielerische Leistungen (u.a. Gustav Fröhlich, Betty Amann, Hans Albers, Paul Hörbiger, Rosa Valetti) und die technische Meisterschaft, mit der Regisseur Joe May, etwa in den Straßenszenen, die Kameraführung dem menschlichen Auge anzugleichen versteht.

»Warum schreiben Sie keine Filme?«

31. März. Auf die Rundfrage der »Vossischen Zeitung«, »Warum schreiben Sie keine Filme?«, erwidert Lion Feuchtwanger: »Schreibe ich ein Buch, dann bin ich, um meine Vision an den Empfänger heran-

Lion Feuchtwanger, Verfasser sozialkritischer Bühnenstücke und historischer Romane, z. B. »Die häßliche Herzogin Margarete Maultasch« (1923) und »Jud Süß« (1925)

zutragen, nur auf mich selbst angewiesen. Schreibe ich ein Stück, dann brauche ich Regisseur, Schauspieler, 30 bis 40 Helfer, um an den Zuschauer heranzukommen, und von meiner Vision bleibt wenig. Schreibe ich einen Film, dann bleibt von meiner Vision ein Dreck, denn Unternehmer und Regisseur kommen mit ihrer ... Kenntnis der Millionenseele ...«

Regisseur Piscator inszeniert wieder

20. März. Im Theater in der Königgrätzer Straße in Berlin wird das Stück »Rivalen« der US-Dramatiker Maxwell Anderson und Laurence Stallings in einer Bearbeitung von Carl Zuckmayer uraufgeführt. Die

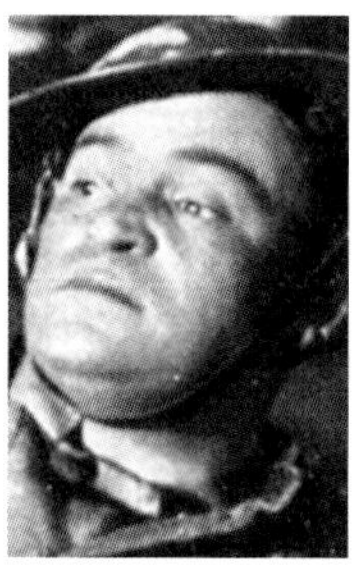

Fritz Kortner in einer Szene des Stücks »Rivalen«, inszeniert von Erwin Piscator; viele Kritiker lehnen das Drama als kriegsverherrlichend ab

Gastregie führt Erwin Piscator. Es ist seine erste Inszenierung seit dem Zusammenbruch seiner eigenen Bühne am 15. Juni 1928. In dem Stück begegnen sich zwei Männer, die auf Kuba und in China als Soldaten und in der Liebe Konkurrenten gewesen sind, während des Weltkriegs in Frankreich wieder und werden auf dem Weg zur Front von Rivalen zu Kameraden.

Melodie der Welt in Bild und Ton

12. März. In Berlin wird der erste abendfüllende deutsche Tonfilm, »Melodie der Welt«, uraufgeführt. Der Dokumentarfilm, von der Hamburg-Amerika-Linie finanziert, zeigt das Leben der Menschen in verschiedenen Erdteilen, die von der Schiffahrtsgesellschaft angelaufen werden, geordnet nach thematischen Schwerpunkten wie Religion, Sport, Verkehr usw.
Regisseur Walter Ruttmann, der 1927 durch den Film »Berlin — Symphonie einer Großstadt« bekannt geworden ist, hat auch sein neuestes Werk nach der Montagetechnik aufgebaut; die Struktur ergibt sich daher weniger aus der inhaltlichen Gliederung als durch geschickte Kontrastierung der Sequenzen. Die rhythmische Montage findet sich in der Musik von Wolfgang Zeller wieder, die von Geräuschen wie Schiffssirenen und rasselnden Ankerketten begleitet ist.
Im Programmheft heißt es zur kontrapunktischen Gestaltungsweise des Films: Man »hört eine Explosion, und sieht das entsetzte Gesicht einer Frau. Man sieht einen Boxkampf und hört die tobende Menge«. Allerdings hat Ruttmann nach dem Urteil der Kritik diese Methode in seinem Film zu wenig genutzt.

Plakat zu dem Walter-Ruttmann-Film »Melodie der Welt«; er ist von der Hamburger Schiffahrtsgesellschaft Hapag finanziert worden

»Giftgas«-Stück nur einmal gezeigt

5. März. Im Theater am Schiffbauerdamm in Berlin wird das Stück »Giftgas über Berlin« von Peter Martin Lampel durch die Gruppe junger Schauspieler uraufgeführt. Regie führt Bertolt Brecht. Das Drama kreist um zwei Themenschwerpunkte: Die Rolle der Reichswehr und des 1926 als Chef der Heeresleitung verabschiedeten Hans von Seeckt im republikanischen Staat von Weimar und um die Schrecken des Giftgaskrieges.
Auf Veranlassung der Reichswehr wird das Stück in einer einmaligen Aufführung für Militär, Polizei, Parlament, Presse und andere ausgesuchte Personen gezeigt und danach wegen »Gefährdung der öffentlichen Sicherheit und Ordnung« verboten. Nach diesem Akt konstituiert sich in Berlin ein »Kampfausschuß gegen Zensur«, dem neben anderen Prominenten aus der Kulturszene der Schriftsteller Heinrich Mann angehört.
»Der Name Zensur wird vermieden. Die Sache Zensur ist da. Man sollte sich nicht scheuen, die Dinge auszusprechen. Es handelt sich kaum noch um Kunst oder Nichtkunst, sondern um das freie Wort, um die freie Meinung, um die freie Kritik«, schreibt Herbert Jhering.

Börsenverein kreiert »Tag des Buches«

22. März. Am Todestag von Johann Wolfgang von Goethe wird erstmals im Deutschen Reich der »Tag des Buches« begangen. Nach dem Willen der Initiatoren vom Börsenverein des deutschen Buchhandels soll dieser Tag künftig alljährlich dem Buch gewidmet sein. Im »Börsenblatt für den deutschen Buchhandel« heißt es: »Spanien ist als erstes Land vorangegangen und feiert an jedem 7. Oktober, dem Geburtstag Cervantes', einen solchen Tag; Italien ist mit einer ähnlichen Veranstaltung gefolgt. Lag es da nicht nahe, auch in Deutschland dem Buche einen solchen Tag zu weihen ... Wir Buchhändler wissen am besten, wie not gerade in dieser Zeit unserem Volke ein solcher Tag ist.« Die Klagen über die Verdrängung des Buches durch neue Medien werden mit Spott quittiert. So schreibt Carl von Ossietzky in der »Weltbühne«: »Der Verlagsbuchhandel, der sich so willig dem sagenhaften Rhythmus der Zeit anvertraut, [ist] nach seiner ganzen Art sehr konservativ. Von welch unüberbietbarer komischer Kraft ist nicht dies sein Börsenblatt ...«

»Ach ja, für das Buch muß ich auch mal was tun; da werde ich gleich in die Leihbibliothek gehen, oder noch besser, zu meinem Freund, der hat ja so viele Bücher« — Unterschrift zu der Karikatur, die der »Kladderadatsch« zum Tag des Buches veröffentlicht; der Börsenverein will das Lesen und den Verkauf fördern

Fleißer-Stück wird Opfer der Zensur

30. März. Die Aufführung des Stücks »Pioniere in Ingolstadt« von Marieluise Fleißer im Theater am Schiffbauerdamm in Berlin löst den zweiten Bühnenskandal in der Reichshauptstadt im März aus.
Das Stück war bereits am 25. März 1928 in Dresden uraufgeführt worden; die Autorin nahm jedoch für die Berliner Aufführung in Zusammenarbeit mit dem Schriftsteller und Dramatiker Bertolt Brecht erhebliche Änderungen am Text vor, der die erotischen Beziehungen eines Pionierbataillons zu jungen Frauen aus Ingolstadt vor dem Weltkrieg zum Thema hat. Das Stück wird sofort nach der ersten Aufführung von der Polizei wegen der freizügigen sexuellen Szenen und seiner antimilitaristischen Tendenzen verboten. Ab Ostermontag wird eine »gereinigte«, stark gekürzte Fassung gezeigt.

April 1929

Mo	Di	Mi	Do	Fr	Sa	So
1	2	3	4	5	6	7
8	9	10	11	12	13	14
15	16	17	18	19	20	21
22	23	24	25	26	27	28
29	30					

1. April, Ostermontag

Der Freistaat Waldeck gibt seine Selbständigkeit auf und schließt sich dem Land Preußen an. →S. 66

Die Türkei tritt dem Litwinow-Protokoll vom →9. Februar (S. 34) bei und akzeptiert damit vor dessen Inkrafttreten den Briand-Kellogg-Pakt zur Ächtung des Krieges.

2. April, Dienstag

Die Länder Preußen, Bayern, Hessen, Baden und Oldenburg übergeben dem Reichstag in Berlin eine Denkschrift über die Situation in den westlichen Grenzgebieten. Sie drängen auf eine Räumung der noch von alliierten Truppen besetzten Rheinlandzonen (→31.8./S. 134; 30.11./S. 184).

Der seit dem 7. Juli 1928 vermißte dänische Reichstagsabgeordnete Nis Nissen wird in Hamburg aufgefunden. Der schwerkranke Parlamentarier, der zum größten Teil sein Gedächtnis verloren hat, wird in seine Heimat zurückgebracht.

Papst Pius XI. ordnet an, daß in der Kirche der heiligen Theresa in Lisieux täglich ein Gebet für Rußland gesprochen werden soll, »damit das moralische Elend in Osteuropa und in Nordasien gemildert werde«.

Der Tauentzien-Kinopalast in Berlin wird wegen Unrentabilität geschlossen.

3. April, Mittwoch

Der österreichische Bundeskanzler Ignaz Seipel (Christlichsoziale Partei) tritt nach koalitionsinternen Auseinandersetzungen überraschend mit seinem Kabinett zurück (→4.5./S. 85).

Persien (Iran) tritt dem Litwinow-Protokoll bei (→9.2./S. 34) und verpflichtet sich damit, den Bestimmungen des Briand-Kellogg-Kriegsächtungspaktes bereits vor dessen Inkrafttreten (→24.7./S. 117) Folge zu leisten.

»Die Schwärmer« heißt ein Drama von dem Österreicher Robert Musil, das in Berlin uraufgeführt wird. →S. 72

4. April, Donnerstag

Der Landtag von Schaumburg-Lippe beschließt die Wiederaufnahme der Verhandlungen mit Preußen über einen Anschluß des Freistaates.

Die Regierung von Mecklenburg-Schwerin leitet eine Unterstützungsaktion für die Domänenpächter ein. Betriebs- und Umschuldungskredite sollen den Pächtern bereits bei der Frühjahrsbestellung finanzielle Hilfe bringen.

Die Zentralstelle für die Gliederung des Deutschen Reichs, die 1920 ins Leben gerufen worden ist, wird aufgelöst.

Der italienische Ministerpräsident und Duce Benito Mussolini hat in Florenz eine Unterredung mit dem britischen Außenminister Joseph Austen Chamberlain. Die beiden Politiker stellen Übereinstimmung zwischen Großbritannien und Italien in wesentlichen Fragen der internationalen Politik fest.

Der Automobilpionier Carl Benz stirbt im Alter von 84 Jahren in Ladenburg bei Heidelberg. →S. 69

Die »Berliner Illustrirte« beginnt mit dem Vorabdruck des Romans »Menschen im Hotel« der österreichischen Unterhaltungsschriftstellerin Vicki Baum. →S. 71

Deutscher Box-Schwergewichtsmeister wird im Berliner Sportpalast Ludwig Haymann durch einen Sieg nach Punkten über Rudi Wagner.

5. April, Freitag

Das Genfer Protokoll zur Ächtung des Giftgaskrieges wird vom Deutschen Reich ratifiziert. →S. 65

Die Finanzsachverständigen der Regierungsfraktion im Deutschen Reichstag einigen sich über Einsparungen in allen Ressorts und Verbrauchssteuererhöhungen, um das Defizit im Reichshaushalt 1929 auszugleichen.

Litauen tritt dem Litwinow-Protokoll bei (→9.2./S. 34).

Der Sportausschuß des Verbandes Deutscher Faustkämpfer suspendiert den Trainer des Profiboxers Max Schmeling, Arthur Bülow, von seinem Amt, nachdem es zu heftigen Auseinandersetzungen zwischen Schmeling und Bülow gekommen ist, weil dieser nicht die für Schmeling erforderliche Starterlaubnis in den USA besorgt hat.

6. April, Sonnabend

Das Drama »Die Trojaner« von Curt Corrinth wird in Berlin uraufgeführt.

Der zwölfjährige Geiger Yehudi Menuhin gastiert zum zweiten Mal in Berlin. Er tritt mit dem Philharmonischen Orchester unter der Leitung von Fritz Busch in der Philharmonie auf und erntet begeisterte Kritiken.

7. April, Sonntag

Der sozialdemokratische Verkehrsstadtrat im Berliner Senat, Ernst Reuter, legt ein Konzept zum Ausbau des U-Bahn-Netzes vor. →S. 69

Die österreichische Fußball-Nationalmannschaft schlägt die italienische Auswahl in Wien 3:0.

8. April, Montag

Reichskanzler Hermann Müller (SPD) führt mit Vertretern der Regierungsparteien in Berlin Gespräche über den Ausgleich des Reichshaushalts und die Umbildung des Kabinetts (→13.4./S. 66).

Heinrich Langkopp, ein ehemaliger ostafrikanischer Farmer, der 1928 mit einer Höllenmaschine ins Berliner Entschädigungsamt eingedrungen war, um seinen finanziellen Forderungen Nachdruck zu verleihen, wird von einem Berliner Gericht wegen Nötigung und unerlaubten Waffenbesitzes zu einer Gefängnisstrafe von fünf Monaten auf Bewährung und einer Geldstrafe von 50 Reichsmark verurteilt. →S. 67

Zu den Beratungen der Christlichsozialen Partei Österreichs in Wien über die Beilegung der Regierungskrise wird erstmals der Führer der rechtsgerichteten paramilitärischen Heimwehren, Richard Steidle, hinzugezogen (→ 4.5./S. 85).

Bei einem Anschlag auf das indische Parlament in Delhi, mit dem die Attentäter gegen die britische Kolonialpolitik protestieren wollen, entsteht Sachschaden und mehrere Personen werden verletzt. →S. 65

9. April, Dienstag

Die sozialdemokratische Reichstagsfraktion bekräftigt ihren Beschluß, auch dann gegen den geplanten Bau des Panzerkreuzers A zu stimmen, wenn die Vorlage vom sozialdemokratischen Reichskanzler Hermann Müller und den SPD-Ministern in der Reichsregierung gebilligt wird (→31.5./S. 84; 27.6./S. 101).

10. April, Mittwoch

Angesichts der schweren Kabinettskrise appelliert die Reichsregierung an die Abstimmungsdisziplin der Fraktionen der Regierungskoalition im Deutschen Reichstag (→13.4./S. 66).

Der Maler George Grosz und sein Verleger Wieland Herzfelde werden in Berlin in zweiter Instanz vom Vorwurf der Gotteslästerung freigesprochen, nachdem sie in erster Instanz zu einer Geldstrafe von jeweils 2000 Reichsmark verurteilt worden waren. →S. 67

Der Dramatiker Bertolt Brecht heiratet in Berlin die Schauspielerin Helene Weigel. →S. 72

11. April, Donnerstag

In Berlin-Neukölln kommt es zu einem spektakulären Kaufhausbrand, bei dem jedoch keine Menschen zu Schaden kommen. →S. 69

Das Deutsche Reich lehnt ein Einreisegesuch des sowjetischen Oppositionellen Leo Trotzki, der aus der Sowjetunion ausgewiesen worden ist, ab. Auch einen Kuraufenthalt im Reichsgebiet wird Trotzki verweigert (→ 11.2./S. 34).

Die US-amerikanische Schiffahrtslinie United Line gibt bekannt, daß an Bord ihrer zehn transatlantischen Ozeandampfer künftig außerhalb der US-Hoheitsgewässer Spirituosen an die Passagiere verkauft würden; nur so könne der ausländischen Konkurrenz begegnet werden. In den USA besteht Alkoholverbot.

12. April, Freitag

Der britische Vizekönig von Indien, Edward Wood Lord Irwin of Kirby Underdale, hebt das Recht des indischen Parlamentspräsidenten, Gesetzentwürfe von der Tagesordnung abzusetzen, auf. Am Vortag war eine Novelle zur inneren Sicherheit von der Tagesordnung gestrichen worden. Hintergrund der Kontroverse ist das Attentat vom →8. April (S. 65).

13. April, Sonnabend

Nach einer Kabinettsumbildung, mit der die Regierungskrise im Deutschen Reich beendet wird, gehören der Reichsregierung drei Zentrumsminister an: Joseph Wirth, Theodor von Guérard und Adam Stegerwald. →S. 66

Auf der Pariser Sachverständigenkonferenz zur endgültigen Regelung der Reparationsfrage legen die Alliierten ihre Vorschläge über die Zahlungen des Deutschen Reichs an die Siegermächte des Weltkriegs vor (→31.8./S. 134).

Die Oper »Maschinist Hopkins« von Max Brand hat in Duisburg Premiere. →S. 72

14. April, Sonntag

Mit der Begründung, daß die Mitführung von Hakenkreuzfahnen in ein Gotteshaus nicht statthaft sei, verweigert der Pfarrer der Bochumer Propsteikirche den Nationalsozialisten, die am Rande des Parteitags der NSDAP des Rheinlands und Westfalens an einem Gottesdienst teilnehmen wollten, den Zutritt.

Kazimierz Switalski, bisher Kultusminister, wird als Nachfolger von Kazimierz Bartel polnischer Ministerpräsident. Starker Mann im Hintergrund bleibt Kriegsminister Jósef Klemens Pilsudski.

Die Aufführung eines Stücks von Elenore Kalkowska über den Justizfall Jakubowski an der Berliner Volksbühne endet mit einem Skandal: Die Streichung der Schlußszene durch die Volksbühne führt zu lautstarken Protesten der Verfasserin, der Zuschauer und der Liga für Menschenrechte, der Elenore Kalkowska nahesteht.

Die Frankfurter Frühjahrsmesse, die vorerst letzte, wird eröffnet (bis 17.4.). In den folgenden Jahren finden in Frankfurt nur noch Spezialmessen statt.

In einem Fußball-Länderspiel in Bern unterliegt die Schweiz Ungarn 4:5.

Den ersten Großen Preis von Monaco gewinnt der britische Automobilrennfahrer William C.F. Grover-Williams auf Bugatti. →S. 73

15. April, Montag

Eine »Krise der Jugend« beschwört der preußische Kultusminister Carl Heinrich Becker während der Beratung des Etats seines Ministeriums im preußischen Landtag in Berlin. Er spricht sich dagegen aus, zu vielen jungen Menschen eine Hochschulbildung zu ermöglichen. →S. 70

Der konservative britische Politiker Winston Churchill hält seine Abschiedsrede als Schatzkanzler vor dem britischen Unterhaus in London. →S. 65

»Die Errichtung des Menschheitsfriedens nach dem Bauplan des gesunden Menschenverstandes« lautet der Titel einer Rede, die der britische Schriftsteller H.G. Wells im Berliner Reichstag hält. →S. 72

Mit einem illustrativen Holzschnitt weist die Leipziger »Illustrirte Zeitung« auf den beginnenden Frühling hin

16. April, Dienstag

Ein Gesetz, das finanzielle Hilfen für die ostpreußische Landwirtschaft vorsieht, wird vom Deutschen Reichstag in Berlin in dritter Lesung verabschiedet. Für das Gesetz stimmt eine breite Mehrheit von SPD bis DNVP (→16.5./S. 83).

Die thüringische Landesregierung tritt nach Auseinandersetzungen zwischen der Wirtschaftspartei und den anderen Regierungsparteien über Möglichkeiten zur Deckung des Fehlbetrags im Haushalt 1929 zurück. Sie bleibt jedoch bis zum 7. Mai geschäftsführend im Amt. Danach wird sie in gleicher Zusammensetzung erneut vereidigt, da die Differenzen beigelegt werden können.

Eine am 11. April ausgebrochene Regierungskrise in Mecklenburg-Schwerin über den Etat 1929 kann beigelegt werden.

17. April, Mittwoch

Der Vertreter des Deutschen Reichs bei den Sachverständigenverhandlungen über die Neuregelung der Reparationsfrage in Paris, Reichsbankpräsident Hjalmar Schacht, legt ein Referendum vor, in dem er eine Revision der deutsch-polnischen Grenze und eine Rückgabe der Kolonien als Vorbedingungen für die Reparationsregelung formuliert (→11.2./S. 32; 7.6./S. 98).

Auf dem Deutschen Industrie- und Handelstag in Berlin führt der Vorsitzende der Organisation, der Industrielle Franz von Mendelssohn, die hohe Arbeitslosigkeit im Deutschen Reich auf den Kapitalmangel zurück, der wiederum aus den hohen Reparationslasten resultiert. Der Wirtschaftsführer zeichnet ein düsteres Bild von der Lage der Weltwirtschaft.

18. April, Donnerstag

Die Pariser Sachverständigenkonferenz zur Reparationsfrage wird in Reaktion auf das Referendum von Reichsbankpräsident Hjalmar Schacht vom Vortag abgebrochen. Am 19. April einigen sich die Teilnehmer darauf, daß es sich nicht um einen Abbruch, sondern um eine Unterbrechung handeln soll (→7.6./S. 98).

Der konservative britische Premierminister Stanley Baldwin, 1. Earl Baldwin of Bewdley, kündigt in einer programmatischen Wahlkampfrede in London einen Steuernachlaß für die Eisenbahnen, eine Erleichterung der Auswanderung in die Dominions und Hilfsmaßnahmen für die Landwirtschaft an.

19. April, Freitag

Nachdem die Regierungsvorlage über die Beamtengehälter im finnischen Reichstag keine Mehrheit gefunden hat, wird das Parlament aufgelöst. Neuwahlen werden für den 1. Juli angesetzt.

In Berlin wird die Ausstellung »Gas und Wasser« eröffnet, die bis zum 21. Juli einen Überblick über die Nutzung dieser Energieformen gibt.

Unter dem Titel »Die Ohnmacht des Geistigen« erscheint ein Artikel von Friedrich Sternthal in der Zeitschrift »Literarische Welt«, die seit ihrem ersten Erscheinen im Oktober 1925 von dem Kritiker Willy Haas herausgegeben wird. →S. 70

20. April, Sonnabend

Der türkische Außenminister Tewfik Ruschdi Bey trifft in Berlin ein. Die deutsch-türkischen Verhandlungen über einen Freundschaftsvertrag werden während seines Aufenthalts im Deutschen Reich zum Abschluß gebracht.

Italien erhält ein neues Staatswappen mit dem faschistischen Rutenbündel. →S. 65

In seiner Thronrede zur Eröffnung des am →24. März (S. 44) in einer Scheinabstimmung gewählten neuen italienischen Parlaments betont der italienische König Viktor Emanuel III. in Rom den faschistischen Charakter der Regierung.

21. April, Sonntag

Das 100jährige Bestehen des Archäologischen Instituts des Deutschen Reiches wird festlich begangen.

Das justizkritische Stück »Staatsräson. Ein Denkmal für Sacco und Vanzetti«, das die Hinrichtung der beiden italo-amerikanischen Anarchisten Nicola Sacco und Bartolomeo Vanzetti 1927 in den USA zum Thema hat, wird in Berlin uraufgeführt. Verfasser des Dramas ist der anarchistische Schriftsteller Erich Mühsam. →S. 72

22. April, Montag

Die Tarifverhandlungen im Ruhrbergbau enden mit der Vereinbarung, die Löhne der Bergarbeiter um 3,2 bis 5,45 % zu erhöhen.

Während eines Orkans über Japan, von dem insbesondere die Nordwestküste betroffen ist, werden acht Menschen getötet und 26 verletzt, etwa 3000 Häuser werden beschädigt.

23. April, Dienstag

Nach einer Rede des 1928 aus der Haft entlassenen Kommunisten Max Hölz kommt es in der Städtischen Festhalle von Karlsruhe zu Tumulten, da sich 300 Nationalsozialisten in die Versammlung eingeschlichen haben. →S. 67

Geschäftsführender Fraktionsvorsitzender der Zentrumsfraktion im Deutschen Reichstag wird Ludwig Perlitius, da der bisherige Fraktionsvorsitzende Adam Stegerwald am →13. April (S. 66) als Reichsverkehrsminister in die Reichsregierung eingetreten ist.

Die am 19. April unterbrochenen Pariser Verhandlungen über die Neuregelung der Reparationsfrage werden wiederaufgenommen. Die deutschen Vertreter haben in der Zwischenzeit der Reichsregierung in Berlin Bericht erstattet (→7.6./S. 98).

Im Zentrum der Tagung des Zentralkomitees der Kommunistischen Partei der Sowjetunion in Moskau (seit 16.4.) steht die Diskussion um die Kollektivierung der Landwirtschaft. →S. 64

Der Theaterintendant Max Reinhardt eröffnet in Wien das Reinhardt-Seminar zur Ausbildung von Schauspielern.

24. April, Mittwoch

Ein Konsortium von deutschen Großbanken gewährt dem Deutschen Reich, das sich in akuten Finanznöten befindet, einen Dreimonatskredit in Höhe von 70 Millionen Reichsmark und ermöglicht so die Auszahlung der Beamtengehälter. →S. 66

25. April, Donnerstag

Ein Abkommen über den deutsch-französischen kleinen Grenzverkehr wird in Paris unterzeichnet. Der beiderseitigen Grenzbevölkerung wird die für ihr Wirtschaftsleben notwendige Bewegungsfreiheit zugesichert.

Der dänische Ministerpräsident Thomas Madsen-Mygdal tritt zurück, nachdem seine bürgerliche Regierung am Vortag bei den Wahlen ihre parlamentarische Mehrheit verloren hat.

Schah Resa Pahlawi von Persien (Iran) spricht am dritten Jahrestag seiner Krönung der Regierung des Nachbarstaates Irak und König Faisal I. von Irak die diplomatische Anerkennung aus.

Der Vatikan gibt seinen Beschluß bekannt, eigene Geldstücke zu prägen, und zwar Münzen zu 20 und zu 5 Lire. Die Eintrittspreise für die Museen und der Preis für Briefmarken des Vatikans werden nach dieser Münze berechnet. Die Angestellten des Vatikans erhalten, um das ständige Wechseln zu ersparen, ihr Gehalt weiterhin in italienischer Währung (→11.2./S. 30).

Der Diskontsatz der Reichsbank wird in Reaktion auf Devisenverluste von über einer Milliarde Reichsmark innerhalb weniger Tage von 6,5 auf 7,5 % heraufgesetzt; der Lombardsatz wird von 7,5 auf 8,5 % angehoben.

Der in Breslau tagende Vorstand des Reichsverbandes der Deutschen Industrie telegrafiert der deutschen Delegation bei der Sachverständigenkonferenz in Paris, daß die schwierige Wirtschaftslage des Deutschen Reiches bei der Reparationsfrage unbedingt zu berücksichtigen sei, und warnt vor zu hohen Lasten für das Deutsche Reich (→7.6./S. 98).

Bei einer Explosion in der Bleistiftfabrik Staedtler in Nürnberg kommen sieben Arbeiterinnen ums Leben.

26. April, Freitag

In Kairo unterzeichnen Vertreter des Deutschen Reichs und des Königreichs Saudi-Arabien einen Freundschaftsvertrag. Der saudische König Ibn Saud, Abd Al Asis, hatte Mitte April die jahrelangen Auseinandersetzungen mit rivalisierenden Stammesherren zu seinen Gunsten entschieden.

27. April, Sonnabend

Josef Bornstein, verantwortlicher Redakteur des »Tagebuchs«, wird in Berlin vom Vorwurf der Beleidigung freigesprochen. Reichsanwalt Wilhelm Jorns, der sich durch einen Artikel im »Tagebuch« beleidigt sah — ihm wurde darin vorgeworfen, er habe die Voruntersuchung gegen die Mörder von Rosa Luxemburg und Karl Liebknecht verschleppt — hatte Strafantrag gegen Bornstein gestellt. →S. 67

Die linksliberale Deutsche Demokratische Partei (DDP) erläutert auf einer Tagung in Leipzig ihre Vorstellungen zur Reichsreform. Sie strebt einen zentralisierten Einheitsstaat an (→5.7./S. 116).

Durch einen 2:0-Sieg über den FC Portsmouth gewinnt die Mannschaft von Bolton Wanderers im Londoner Wembley Stadion zum dritten Mal den britischen Fußballcup.

In Dresden wird das Drama »Jürg Jenatsch« von Heinrich Keminski nach der gleichnamigen Erzählung von Conrad Ferdinand Meyer uraufgeführt.

28. April, Sonntag

Der Berliner Polizeipräsident Karl Friedrich Zörgiebel (SPD) bekräftigt das Demonstrationsverbot für den 1. Mai. Die Situation in Berlin eskaliert. →S. 67

In Oppeln (Oberschlesien) kommt es zu Ausschreitungen von Nationalsozialisten gegen eine dort gastierende polnische Schauspielertruppe.

Die ungarischen Geldfälscher, die 1925 in großem Stil französische Francs gefälscht hatten, werden in Budapest zu zwei Jahren Haft und hohen Geldstrafen verurteilt. Die Verurteilten, die monarchistischen Kreisen nahestehen, wollten das Geld für politische Propaganda verwenden.

Die deutsche Fußball-Nationalmannschaft schlägt Italien in Turin 2:1 (1:1). Das Spiel wird im Rundfunk direkt übertragen. Reporter ist Paul Laven. →S. 73

29. April, Montag

In Brüssel wird die Oper »Der Spieler« des russischen Komponisten Sergei S. Prokofjew nach dem gleichnamigen Kurzroman von Fjodor M. Dostojewski uraufgeführt.

30. April, Dienstag

Die »Rote Fahne«, das Organ der KPD, ruft trotz Verbots (→28.4./S. 67) zur unbewaffneten Teilnahme an der Maidemonstration in Berlin auf (→1.5./S. 78).

Der Senat der Freien Stadt Danzig beschließt den Beitritt zum Litwinow-Protokoll, mit dem der Angriffskrieg geächtet wird (→9.2./S. 34).

Neuer dänischer Ministerpräsident wird der Sozialdemokrat Thorvald Stauning. Die beiden Linksparteien, der Sozialdemokratische Bund und die Demokraten, die bei den Parlamentswahlen am 24. April zusammen 77 von 149 Sitzen errungen haben, bilden eine Koalition.

»Die Umkehr«, ein Stück von Arnold Zweig, wird im Frankfurter Schauspielhaus uraufgeführt.

Das Wetter im Monat April

Station	Mittlere Lufttemperatur (°C)	Niederschlag (mm)	Sonnenscheindauer (Std.)
Aachen	5,6 (8,8)	73 (63)	— (178)
Berlin	4,8 (8,3)	22 (41)	— (193)
Bremen	5,0 (8,2)	44 (50)	— (185)
München	4,8 (8,0)	53 (59)	— (173)
Wien	6,4 (9,6)	40 (54)	— (173)
Zürich	6,2 (8,0)	118 (88)	136 (173)

( ) Langjähriger Mittelwert für diesen Monat
— Wert nicht ermittelt

Das Interesse der Schulkinder liegt zu Beginn der Osterferien auf der Ausgabe der Zeugnisse, wie auf der Titelseite der »Deutschen Illustrierten« vom 9. April 1929 deutlich zu sehen ist

Nr. 15
5. Jahrg.

Deutsche Illustrierte

10 Pfennig
Berlin, 9. April 1929

Zwei verschiedene Welten
Eine wahre Geschichte

... und was hat der Vati dazu gesagt?
Die Kleinen begutachten ihre Zeugnisse am Morgen des Schulanfanges.

Henschke

Stalin will sowjetische Landwirtschaft kollektivieren

23. April. Hauptthemen des erweiterten Plenums des Zentralkomitees (ZK) der Kommunistischen Partei der Sowjetunion (KPdSU) (16.-23.4.) und der XVI. Parteikonferenz der sowjetischen Kommunisten (23.-29.4.), die jeweils in Moskau tagen, sind die Kollektivierung der Landwirtschaft und der Kampf gegen die »Rechtsabweichler«. Ferner wird der erste Fünfjahresplan, der die wirtschaftliche Entwicklung für die Zeit vom 1. Oktober 1928 bis zum 30. September 1933 festlegt, verabschiedet (→20.8./S. 137).

Nach Versorgungsengpässen bei Getreide hatte KPdSU-Generalsekretär Josef W. Stalin bereits Ende Januar/Anfang Februar 1928 »außerordentliche Maßnahmen« für Sibirien angeordnet, um die Kornablieferung zu steigern. Sie beinhalteten u.a. die scharfe Bestrafung von Bauern, die ihre Überschüsse nicht freiwillig abgaben, höhere Steuern für reichere Landwirte und staatliche Eingriffe in die bislang relativ autonome Dorfgemeinschaft. Diese Maßnahmen wurden bald auf die gesamte Sowjetunion ausgedehnt, jedoch bereits im April 1928 wieder aufgehoben.

Nach neuerlichen Versorgungsschwierigkeiten wurden die »außerordentlichen Maßnahmen« wieder in Kraft gesetzt; sie zeitigten aber kaum Erfolge, da u.a. die reicheren Landwirte bereits weitgehend ruiniert waren. In der Folge kam es zu gewalttätigen Auseinandersetzungen zwischen den staatlichen Einheiten, die für die Getreidebeschaffung zuständig waren, und der Landbevölkerung. Außerdem verschärfte sich der Lebensmittelmangel in den Städten, so daß ab November 1928 Rationierungen eingeführt wurden.

Über die Möglichkeiten zur Beseitigung der Misere gab es eine großangelegte Debatte in der Parteiführung. (→10.11./S. 190).

Mit dem neuen Kurs einher geht die Distanzierung Stalins von seinen Gegnern in der kommunistischen Partei, u.a. von Nikolai I. Bucharin. Dieser widersetzt sich den Zwangskollektivierungsplänen Stalins und verliert im Verlauf des Jahres 1929 seine sämtlichen politischen Ämter (Bucharin ist u.a. Vorsitzender der Komintern und Mitglied des Politbüros der KPdSU).

Erntearbeiter auf dem Weg zur Arbeit auf einem Staatsgut (Kolchose) in der russischen Sowjetrepublik nahe Moskau

Die Kollektivierung der Landwirtschaft soll Technisierung und Rationalisierung beschleunigen; hier ein Zug von Motorpflügen auf einem Mustergut

Zersplitterung der Agrarwirtschaft

Generalsekretär Josef W. Stalin führt auf den Moskauer Tagungen zur Kollektivierung der Landwirtschaft u.a. aus:

»Was bedeutet ... die Tatsache, daß es vor der Revolution [im Oktober 1917] bei uns ungefähr 16 Millionen Bauernhöfe gab, während es jetzt nicht weniger als 25 Millionen sind? Wovon zeugt das, wenn nicht davon, daß die Bewirtschaftung des Bodens einen immer mehr zerstückelten, zersplitterten Charakter annimmt ... Daher der Mangel an landwirtschaftlichen Produkten für den Markt. Daher die Gefahr eines Bruchs zwischen Stadt und Land ... Und um diese Gefahr eines Bruchs zu beseitigen, muß ... man allmählich die zersplitterten individuellen Bauernwirtschaften ... zu Kollektivwirtschaften vereinigen ... Das bedeutet natürlich nicht, daß wir die individuelle Wirtschaft der armen und Mittelbauern vernachlässigen ...«

Genfer Giftgasprotokoll ist ratifiziert

5. April. Das Deutsche Reich ratifiziert das Genfer Protokoll von 1925, mit dem die Verwendung von Giftgasen und bakteriologischen Kampfmitteln in einem möglichen Krieg geächtet wird.

Das Ratifikationsgesetz war am 21. März 1929 vom Reichstag in dritter Lesung gegen die Stimmen von DNVP, NSDAP und Christlich-nationaler Bauern- und Landvolkpartei angenommen und anschließend vom Reichsrat, der Vertretung der Länder, gebilligt worden.

Die Anfangspassage des Genfer Giftgasprotokolls, dem seit der Erstunterzeichnung am 17. Juni 1925 fast alle europäischen und viele außereuropäische Staaten beigetreten sind, lautet:

»In Erwägung, daß die Verwendung von erstickenden, giftigen oder gleichartigen Gasen sowie aller ähnlichen Flüssigkeiten, Stoffe oder Verfahrensarten im Kriege mit Recht in der allgemeinen Meinung der zivilisierten Welt verurteilt worden ist,

In der Erwägung, daß das Verbot der Verwendung in den Verträgen ausgesprochen worden ist, an denen die meisten Mächte der Welt beteiligt sind,

In der Absicht, eine allgemeine Anerkennung dieses Verbots, das in gleicher Weise eine Auflage für das Gewissen wie für das Handeln der Völker bildet, als ein Bestandteil internationalen Rechts zu erreichen,

Erklären die unterzeichneten Bevollmächtigten im Namen ihrer Regierungen:

Die Hohen Vertragschließenden Parteien erkennen, soweit sie nicht schon Verträge geschlossen haben, die diese Verwendung untersagen, dieses Verbot an.«

In der österreichischen Presse wird enthüllt, daß die rechtsgerichteten Heimwehren (hier ihr »Generalstab«) z. T. mit echten Giftgasgranaten üben

Bombenattentat in Indiens Hauptstadt

8. April. Bei einem Bombenanschlag auf das Parlament der britischen Kronkolonie Indien in Delhi werden mehrere Personen während einer Panik verletzt.

Die Bombe, die im Sitzungssaal während einer Versammlung explodiert, zerstört die drei Regierungsbänke fast vollständig. Der britische Beauftragte für den Entwurf einer neuen indischen Verfassung, George Simon, der an der Sitzung teilnimmt, bleibt unverletzt.

Die Attentäter, zwei Inder, werden noch am Tatort festgenommen. Sie wollten mit dem Anschlag gegen die britische Kolonialpolitik, die den Indern nur eine begrenzte Autonomie zugesteht, protestieren.

Das Attentat hat ein politisches Nachspiel. Auf die Entscheidung des indischen Parlaments vom 11. April, die Beratung eines Gesetzes über die innere Sicherheit abzubrechen, reagiert der britische Vizekönig von Indien, Edward Wood Lord Irwin of Kirby Unterdale, mit einer Verordnung, die es dem Parlament in Delhi untersagt, Gesetzentwürfe von der Tagesordnung zu steichen.

Winston Churchills vorerst letzte Budgetrede vor dem Unterhaus

15. April. *Der britische Schatzkanzler Winston Churchill hält vor dem Unterhaus des britischen Parlaments in London seine vorerst letzte Budgetrede.*

Der konservative Politiker zieht eine positive Bilanz seiner Amtszeit seit 1924: Während die Lebenshaltungskosten in diesem Zeitraum um 18 % gesunken seien, entspreche das Lohnniveau fast dem des Jahres 1924. Ein Korrespondentenbericht der »Frankfurter Zeitung« beschreibt die Stimmung im Unterhaus: »Es ist das Geheimnis des englischen Parlamentarismus, daß es den Parlamentariern immer wieder gelingt, den Budgettag zu einem Ereignis ersten Ranges im politischen Leben zu machen ... Ein Winston Churchill als Schatzkanzler garantiert natürlich erst recht einen brillanten Verlauf ...«

Der britische Premierminister Stanley Baldwin hat Churchill für den Fall eines Wahlsiegs der Konservativen Partei (→8.6./S. 102) für das Außenministerium vorgesehen (Abb.: Churchill [M.] betritt das Unterhaus).

Rutenbündel nun im Staatswappen

20. April. Der italienische Staat erhält ein neues Wappen, eine Verbindung des bisherigen Staatswappens mit dem faschistischen Rutenbündel (fascio). Bislang waren das offizielle italienische Wappen und das faschistische Symbol an öffentlichen Gebäuden jeweils auf verschiedenen Schildern nebeneinander angebracht worden.

Das Rutenbündel wurde im antiken Rom als Zeichen der Amtsgewalt von Angehörigen des römischen Magistrats getragen. Es wurde mit der Französischen Revolution als Zeichen des Republikanismus wiederbelebt, später jedoch von den italienischen Faschisten usurpiert. Für sie verkörpert es Diktatur, Einheit, Kraft und Gerechtigkeit.

Seit 1926 offizielles Staatssymbol, wird es nun, am Vorabend des Geburtstags von Rom, mit dem bisherigen Staatswappen verschmolzen. Das neue italienische Wappen zeigt das Kreuz von Savoyen, flankiert von zwei Rutenbündeln und überdacht von der Königskrone.

Die Reichsregierung, neu im Kabinett sind Joseph Wirth (r. sitzend) und Adam Stegerwald (3.v.l. stehend)

Zentrum ist Sieger im Koalitionsstreit

13. April. Mit einer Kabinettsumbildung, die Reichspräsident Paul von Hindenburg auf Vorschlag von Reichskanzler Hermann Müller (SPD) vornimmt, ist die Regierungskrise im Deutschen Reich vorerst beigelegt (→6.2./S. 33).

Dem neuen Kabinett gehören nun statt einem drei Minister des Zentrums an – Theodor von Guérard, der vom Verkehrs- ins Justizressort wechselt, der bisherige Fraktionsvorsitzende Adam Stegerwald, der das Verkehrsministerium übernimmt, und der frühere Reichskanzler Joseph Wirth als Reichsminister für die besetzten Gebiete.

Das Zentrum hat sich mit seiner Forderung nach stärkerer Vertretung im Kabinett und nach einem selbständigen »Rheinministerium« durchsetzen können. Die Deutsche Volkspartei (DVP) ist mit ihrem Vorstoß auf Aufnahme in die preußische Landesregierung dagegen gescheitert, behält aber ihre zwei Ressorts in der Reichsregierung.

Das Kabinettsrevirement ist durch den Rücktritt des bisherigen Justizministers Erich Koch-Weser erleichtert worden. Der Vorsitzende der linksliberalen Deutschen Demokratischen Partei (DDP) vollzieht diesen Schritt, weil die Position seiner Partei in der preußischen Staatsregierung durch die Nichtaufnahme der DVP stark bleibt: Die DDP behält das Finanz- und Handelsministerium, und Kultusminister Carl Heinrich Becker der den Liberalen nahesteht, bleibt ebenfalls im Amt.

Die Reichsregierung verfügt mit dem erneuten Eintritt der Zentrumspartei in die Koalition wieder über eine parlamentarische Mehrheit. Gleichzeitig bedeutet die Stärkung des Zentrumsanteils im Kabinett jedoch einen Rechtsruck.

Der Rückkehr des Zentrums zur Regierungsverantwortung sind zähe Verhandlungen vorausgegangen. Reichskanzler Hermann Müller war nach dem Ausscheiden von Guérard nicht von sich aus zurückgetreten, weil er zur Regierung der Großen Koalition keine Alternative mit parlamentarischer Mehrheit sah. Ein Mißtrauensantrag des Zentrums war ebenfalls unterblieben. Eine neue Koalitionsvereinbarung kam aber erst auf einer Fraktionsführerkonferenz am 10. April zustande. Die Regierungsparteien einigten sich darauf, den Ausgleich des Reichshaushalts 1929/30 durch Ausgabenkürzungen und Erhöhung der Branntwein- und Vermögenssteuer herbeizuführen. Die SPD-Minister und Reichskanzler Müller verpflichteten sich im Gegenzug, nicht gegen die zweite Rate für den Bau des Panzerkreuzers A zu stimmen (→27.6./S. 101).

»Eine wacklige Kiste« – so kommentiert der »Kladderadatsch« mit dieser Karikatur die Beilegung der Regierungskrise; umstrittene Themen sind der innerhalb der SPD heftig umkämpfte Bau des Panzerkreuzers A und die wegen der Finanzierungslücke im Haushalt notwendige Steuererhöhung; das neue Schulgesetz allerdings wird zunächst nicht weiter verfolgt

Waldeck ist nicht länger Freistaat

1. April. Der Anschluß des Freistaates Waldeck an Preußen, der am 23. März 1928 mit einem Staatsvertrag besiegelt worden ist, wird in Arolsen feierlich vollzogen.

Der ganz von preußischem Gebiet umgebene Kleinstaat Waldeck hatte bis 1807 unter hessischer Lehnshoheit gestanden und war danach mit dem Beitritt zum zweiten Rheinbund souverän geworden. Das Land schloß sich ab 1866 teils vollständig, teils lediglich verwaltungstechnisch, Preußen an und wurde nach der Novemberrevolution 1918 wiederum Freistaat. Die nun vollzogene Vereinigung mit Preußen geschieht vor allem aus wirtschaftlichen Gründen, denn dem Zwergstaat fehlen die Mittel, sich selbständig zu verwalten. Waldeck wird dem Regierungsbezirk Kassel innerhalb der Provinz Hessen-Nassau angegliedert.

Der preußische Innenminister Albert Grzesinski (SPD) hebt bei der Feier in Arolsen hervor, daß der Anschluß von Waldeck vollkommen freiwillig erfolgt sei.

Millionenspritze für die Regierung

24. April. Die Verhandlungen zwischen der Reichsregierung und deutschen Großbanken werden erfolgreich abgeschlossen: Das Reich erhält einen Kredit in Höhe von 170 Millionen Reichsmark (RM) gegen Schatzanweisungen mit einer Laufzeit von drei Monaten. Erst der Kredit ermöglicht es der Reichsregierung, die fälligen Beamtengehälter auszuzahlen.

Das Reich befindet sich in akuten Finanznöten, da die Regierung im April der Reichsanstalt für Arbeitslosenversicherung ein Darlehen in Höhe von 70 Millionen RM gewähren muß. Die erst im Oktober 1927 ins Leben gerufene Reichsanstalt kann wegen der hohen Arbeitslosigkeit (→28.2./S. 33) ihre finanziellen Verpflichtungen aus den Einnahmen der Beitragszahler allein nicht mehr bestreiten.

Innerhalb der Reichsregierung wird die Diskussion um die Notwendigkeit einer Erhöhung der Beiträge zur Arbeitslosenversicherung durch die Kreditaufnahme neu belebt (→3.10./S. 173).

Hölz sorgt für Aufsehen

23. April. In der Städtischen Festhalle in Karlsruhe kommt es im Anschluß an eine Rede von Max Hölz zu Auseinandersetzungen zwischen seinen Anhängern und Nationalsozialisten. Zahlreiche Zuhörer werden verletzt.

Hölz war 1918 der USPD und 1919 der KPD beigetreten. Nach dem rechtsgerichteten Kapp-Putsch von 1920 gründete er im Vogtland eine sog. Rote Armee und beteiligte sich in führender Position am kommunistischen Aufstand in Sachsen. Nach Ausrufung einer sächsischen Räterepublik Anfang April 1920 wurde das Vogtland am 14. April von Reichswehr-Einheiten kampflos besetzt. Hölz, der sich zunächst in die Tschechoslowakei absetzen konnte, wurde später zu einer lebenslangen Freiheitsstrafe verurteilt, aufgrund des Engagements zahlreicher Intellektueller jedoch 1928 vorzeitig aus der Haft entlassen. Seitdem arbeitet er wieder für die Kommunistische Partei.

Max Hölz provoziert die Nationalsozialisten zu tätlichen Angriffen

In Karlsruhe wird Hölz bei der Schilderung seiner Gefängniszeit immer wieder von Nationalsozialisten — es befinden sich etwa 300 unter den Zuhörern — unterbrochen. Er verweigert deshalb am Schluß seiner Ausführungen die angekündigte Diskussion. Als sich der Tumult im Saal daraufhin steigert, springt Hölz mit seinen Anhängern von der Rednertribüne in den Zuschauerraum und greift in die Auseinandersetzungen ein.

»Max Hölz hat aus dem Zuchthaus heraus sich die Achtung auch seiner Gegner zu erwerben gewußt, weil der Eindruck entstand, seine Taten seien die Konsequenzen eines fanatischen, wenn auch irregeleiteten, Rechtsgefühls gewesen. Er ist in der Gefahr, diese Sympathien nach seiner Befreiung zu verlieren, weil er immer wieder beweist, daß der Glaube an das eigene Recht bei ihm niemals durch die Besinnung auf das Recht der anderen kontrolliert wird«, kommentiert die linksliberale »Vossische Zeitung« am 25. April den Vorfall.

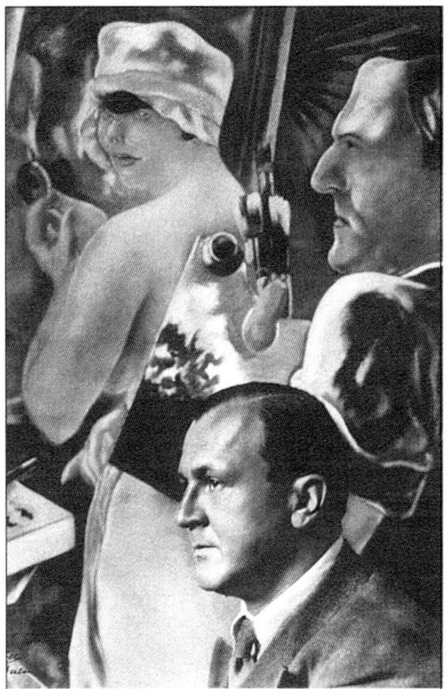

Grosz: Freispruch

10. April. *Der Maler George Grosz (Abb.) und sein Verleger Wieland Herzfelde vom Malik-Verlag werden in Berlin in zweiter Instanz vom Vorwurf der Gotteslästerung freigesprochen. In erster Instanz hatte das Urteil auf jeweils 2000 Reichsmark Geldstrafe gelautet.*

Die Anklage bezog sich auf drei Zeichnungen, die Grosz für eine Theaterinszenierung angefertigt und im Malik-Verlag veröffentlicht hatte. Die bekannteste von ihnen zeigt Christus am Kreuz mit einer Gasmaske und der Unterschrift »Maul halten und weiter dienen«.

Nebenkläger Jorns schwer belastet

27. April. Der verantwortliche Redakteur der Zeitschrift »Das Tagebuch«, Josef Bornstein, wird in Berlin vom Vorwurf der Beleidigung freigesprochen. Reichsanwalt Wilhelm Jorns hatte aufgrund eines Artikels von Berthold Jacob, der am 24. März 1928 unter dem Titel »Kollege Jorns« im »Tagebuch« erschienen war, Strafantrag gestellt.

In dem Aufsatz hatte Jacob schwere Vorwürfe gegen Jorns wegen dessen Verhalten als Nebenkläger beim Prozeß gegen die Mörder von Rosa Luxemburg und Karl Liebknecht erhoben. Indem das Gericht Bornstein freispricht, bestätigt es diese Vorwürfe: Jorns habe Spuren, die zur Aufklärung des Verbrechens hätten dienen können, nicht aufgenommen; Spuren, deren Wichtigkeit er erkannte, nicht verfolgt; Spuren verwischt, indem er das Gegenteil des Ermittelten ins Protokoll aufnahm; Zustände geduldet, die geeignet waren, den Sachverhalt zu verdunkeln und das Ergebnis zu gefährden. Das Fazit des Gerichts: Jorns habe auf diese Weise den Tätern bewußt Vorschub geleistet.

Luxemburg und Liebknecht waren am 15. Januar 1919 in Berlin verhaftet und ins Eden-Hotel gebracht worden. Wenig später wurden sie von dort einquartierten Angehörigen der Gardekavallerie-Schützendivision ermordet.

Mildes Urteil für Entschädigungstäter

8. April. Der ehemalige ostafrikanische Farmer Heinrich Langkoop wird wegen Nötigung und Bedrohung sowie verbotenen Waffenbesitzes von einem Berliner Gericht zu fünf Monaten Gefängnis auf Bewährung und 50 Reichsmark (RM) Geldstrafe verurteilt.

Langkoop war am 2. März 1928 mit einer Pistole und einer »Höllenmaschine« in das Reichsentschädigungsamt in Berlin eingedrungen, um seiner Forderung nach einer Entschädigung in Höhe von 112 000 RM für seine erzwungene Übersiedlung ins Deutsche Reich nach dem Verlust der deutschen Kolonien Nachdruck zu verleihen. Der Farmer hatte bis dahin eine Entschädigung von 9700 RM erhalten. Langkoop hatte den stellvertretenden Leiter des Amtes, Hugo von Bach, in seine Gewalt gebracht, konnte jedoch nach einigen Stunden entwaffnet und festgenommen werden. Das Gericht sieht den Straftatbestand der Erpressung nicht gegeben, weil Langkoop sich keinen rechtswidrigen Vermögensvorteil hatte verschaffen wollen.

Blick in den Gerichtssaal des Schöffengerichts von Berlin-Moabit während der Verhandlung gegen Heinrich Langkoop (M.); die Richter verhängen gegen den wegen Erpressung angeklagten Landwirt eine verhältnismäßig milde Bewährungsstrafe

Demoverbot bleibt aufrechterhalten

28. April. Der Berliner Polizeipräsident Karl Friedrich Zörgiebel (SPD) wendet sich mit einer Mahnung an die Arbeiter, den Aufrufen der KPD zur verbotenen Demonstration am →1. Mai (S. 78) nicht Folge zu leisten. Zörgiebel hatte am 13. Dezember 1928 ein Demonstrationsverbot für Berlin erlassen und dies mit Zusammenstößen zwischen der SA und dem kommunistischen Rotfrontkämpferbund begründet. Am 21. März dehnte der preußische Innenminister Albert Grzesinski (SPD) das Verbot auf ganz Preußen aus. Zwei Tage später veröffentlichte er eine Warnung, auf Gewaltanwendung zu verzichten. Die KPD rief angesichts dieses Ultimatums dazu auf, sich am 1. Mai über das Verbot hinwegzusetzen.

Essen und Trinken 1929:

Einbußen für Landwirte durch weltweite Überproduktion

In Berlin werden — nach britischem Vorbild — in einigen Lebensmittelgeschäften Postfilialen eingerichtet

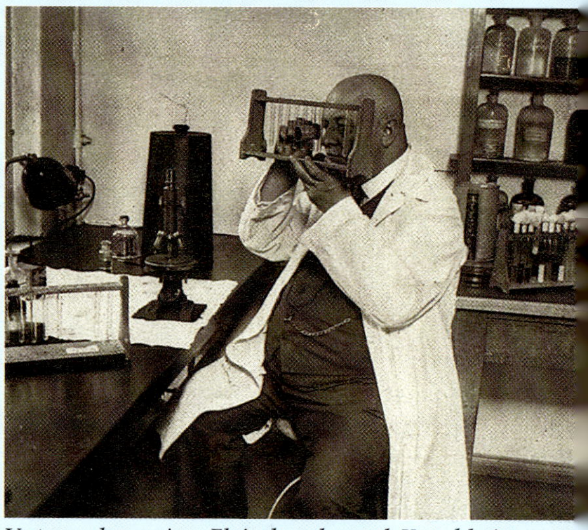

Untersuchung einer Fleischprobe nach Krankheitserregern im Laboratorium des Berliner Schlachthofes

Über zehn Jahre nach Kriegsende und sechs Jahre nach dem Inflations- und Krisenjahr 1923 sind die Versorgungsengpässe im Deutschen Reich endlich weitgehend überwunden.

Die landwirtschaftliche Produktion hat den Vorkriegsstand fast wieder erreicht, in einigen Bereichen sogar übertroffen. Schwierigkeiten gibt es lediglich bei einigen Grundnahrungsmitteln, etwa bei Kartoffeln (Ertrag 1913: 44 650 000 t, 1929: 40 077 000 t) oder bei Zucker (Ertrag 1913: 16 919 000 t, 1929: 11 091 000 t), der bereits kontingentiert ist. Trotz hoher Schutzzölle werden immer mehr Nahrungsmittel aus dem Ausland eingeführt.

Wegen der weltweiten Überproduktion wird die Situation für die deutsche Landwirtschaft zunehmend schwieriger. Folgende Faktoren ermöglichen die kontinuierliche Steigerung der Ernteerträge:

▷ In allen europäischen Ländern sind die kriegsbedingten Kapazitätseinschränkungen inzwischen überwunden

▷ Die stärkere Verwendung von Kunstdünger führt zu höheren Erträgen. Im Deutschen Reich ist z.B. der Verbrauch von Stickstoff als künstliches Düngemittel von 185 000 t im letzten Vorkriegsjahr 1913 auf 417 000 t im Erntejahr 1928/29 gestiegen

▷ Vor allem in den USA macht die Mechanisierung der Landwirtschaft große Fortschritte. Dies führt ebenfalls zu einer Ertragssteigerung und zu einem Rückgang der Nachfrage bei Futtermitteln, da in wachsendem Umfang Zugtiere durch Traktoren ersetzt werden.

Verschärft wird die Überproduktions-Krise durch neue Konkurrenten wie Argentinien (Getreide), Australien und Neuseeland (Lammfleisch), die ihre Produkte auf dem Weltmarkt billig anbieten. Mit den Weltmarktpreisen gehen auch die Preise, die im Deutschen Reich erzielt werden, zurück. Allerdings werden die Einbußen durch niedrigere Anschaffungskosten für Düngemittel und Maschinen sowie durch die Möglichkeit, bei steigenden Arbeitslosenzahlen Saisonarbeiter zu niedrigen Löhnen zu beschäftigen, teilweise ausgeglichen.

Agrarpreise im Deutschen Reich

(Index 1913 = 100)

Jahr	Pflanzliche Produkte	Schlachtvieh	Vieherzeugnisse
1924	115,1	102,1	155,3
1925	127,1	120,2	162,2
1926	130,5	120,9	145,7
1927	153,8	111,5	142,9
1928	142,2	111,3	144,0
1929	126,3	126,6	142,1

Stammtisch für Schwarze in einer Berliner Kneipe

Im China-Restaurant wird mit Stäbchen gegessen

Makkaroni, Früchte und Chianti — wie zu Hause

Berlin bietet internationale Genüsse für jeden Geschmack

»In der Großstadt Berlin kann jeder nach seinem Geschmack satt werden«. Mit diesen Worten beginnt eine Reportage der Zeitschrift »Die Woche« über ausländische Restaurants in der Reichshauptstadt. Die dort lebenden Italiener treffen sich bei Minestrone, Makkaroni und Chianti, die russischen Emigranten erinnern sich bei Wodka, Borschtsch, Boeuf Stroganoff und Tee aus dem Samowar an die alte Heimat, die Chinesen und Japaner essen wie zu Hause ihre Reisgerichte mit Stäbchen, und auch für die Schwarzen aus den USA und aus Afrika gibt es besondere Treffpunkte in Berlin, wo sie — völlig europäisiert, wie »Die Woche« feststellt — ihr Bier zu sich nehmen.

Die Deutschen haben den Reiz der exotischen Gerichte noch nicht entdeckt, sie bevorzugen nicht nur zu Hause die gutbürgerliche einheimische Küche. Nur gelegentlich verirrt sich ein Snob in ein ausländisches Restaurant.

Preisliste eines Lebensmittelgeschäfts; Südfrüchte sind relativ teuer

Pech für die Bauern - Glück für die Verbraucher

Von den niedrigen Weltmarktpreisen für Lebensmittel profitieren in erster Linie die Verbraucher. Die Preissteigerungsrate im Deutschen Reich ist in diesem Bereich niedriger als bei anderen Gütern des täglichen Bedarfs. Setzt man den Vorkriegsstand (1913) mit dem Index 100 an, so haben sich die Gesamtlebenshaltungskosten in den vergangenen 15 Jahren um insgesamt 51,7 Punkte erhöht. Bei Nahrungsmitteln liegt die Steigerungsrate, ebenfalls gemessen am Stand von 1913, bei 54,5 Punkten.

Preissteigerungsraten

	Gesamtlebenshaltung (1913 = 100)	Ernährung
1925	139,8	147,8
1926	141,2	144,4
1927	147,6	151,9
1928	151,7	152,3
1929	153,8	154,5

Bei Grundnahrungsmitteln sind die Preise sogar zurückgegangen. 1 kg Brot kostete in Berlin 1928 0,46 Reichsmark (RM), 1929 sind es nur noch 0,41 RM. 1 kg Weizenmehl ist 1929 in Berlin für 0,54 RM zu haben (1928: 0,56 RM).

Autopionier Carl Benz tot

4. April. Im Alter von 84 Jahren stirbt in Ladenburg der deutsche Ingenieur und Industrielle Carl Benz, einer der Pioniere des Automobils. Benz, am 25. November 1844 in Karlsruhe geboren, gründete nach Abbruch eines Maschinenbaustudiums 1883 in Mannheim eine Werkstatt zur Entwicklung von Gasmotoren, die Benz & Cie. 1884 konstruierte er einen dreirädrigen Motorwagen, für den er 1886 zahlreiche ausländische und deutsche Patente erhielt. Dieses Jahr gilt als das Geburtsjahr des Automobils.

Unabhängig von Benz hatten Gottlieb Daimler und Wilhelm Maybach bereits 1883 einen schnellaufenden Benzin-Verbrennungsmotor entwickelt, mit dem 1885 das weltweit erste Kraftfahrzeug, ein Zweirad, seine Probefahrt absolvierte.

Während Daimler und Maybach sich vor allem auf die Konstruktion eines vielfältig verwendbaren Motors konzentrierten, ging es Benz von Beginn an um die Konstruktion eines völlig neuen Verkehrsmittels. Bereits seine ersten Kraftfahrzeuge bestachen durch Funktionalität: Chassis, Lenkung, Motoraufhängung, Kraftübertragung und Federung waren den Aufgaben eines Transportmittels angepaßt.

Als Antrieb hatte Benz zunächst einen leichten Zweitaktmotor vorgesehen, weil er sich über das Patent für den Viertaktmotor von Nikolaus Otto aus dem Jahr 1876 nicht hinwegsetzen wollte. Erst als seinen Konkurrenten dies durch einen juristischen Trick gelang, schwenkte auch Benz auf den besseren Ottomotor um. Sein Dreirad von 1884 enthielt einen elektrisch gezündeten Einzylinder-Viertaktmotor.

Die Benz & Cie. fusionierte 1926 mit der Daimler-Motoren-Gesellschaft zur Daimler-Benz-AG.

Trauerzug für Benz mit einem der ersten von ihm konstruierten Autos

U-Bahn-Netz von Berlin ausgebaut

7. April. Der sozialdemokratische Berliner Verkehrsstadtrat Ernst Reuter legt den Stadtverordneten ein Konzept zum Ausbau des U-Bahn-Netzes der Stadt im Rahmen eines Verkehrsverbunds vor.

Der Reuter-Plan sieht ein dichtes Netz von U-Bahn-Linien, Straßenbahnen und Autobussen als Zubringer von den Randbezirken vor. In den Verbund der Berliner Verkehrsgesellschaft (BVG) soll auch die S-Bahn, die der Reichsbahn gehört, einbezogen werden: Geplant sind gemeinsame Bahnsteige und ein einheitlicher Tarif.

Reuter, der 1928 die BVG gegründet hat, sieht im Ausbau der öffentlichen Beförderung die einzige Chance, das Verkehrsaufkommen in der Innenstadt zu bewältigen und die Außenbezirke und in das Verkehrsnetz zubinden.

Feuer bei Karstadt in Berlin-Neukölln

11. April. Der Neubau des Warenhauses der Rudolf Karstadt AG im Berliner Stadtbezirk Neukölln fängt nach Schweißarbeiten im fünften Stock gegen 4 Uhr nachmittags Feuer. Weil der Umfang des Brandes zunächst nicht eingeschätzt werden kann, ordnet die Berliner Feuerwehr höchste Alarmstufe an; 14 Löschzüge rükken an. Sie haben das Feuer innerhalb kurzer Zeit unter Kontrolle.

Zehntausende versammeln sich in der Hasenheide und am Hermannplatz, um den Löscharbeiten zuzusehen. Personen kommen bei dem Feuer nicht ernsthaft zu Schaden; lediglich zwei Arbeiter werden infolge der Rauchentwicklung ohnmächtig. Auch der Sachschaden ist gering. »Kein großes Feuer, aber ein großes Schauspiel«, resümiert die »Vossische Zeitung«.

Becker will die Jugend früh an Ernst des Lebens gewöhnen

15. April. Der preußische Kultusminister Carl Heinrich Becker von den Sozialdemokraten fordert mit Nachdruck während der Beratung des Etats seines Ministeriums im preußischen Landtag in Berlin angesichts der geistigen Krise der Zeit eine bewußte Führung der Jugend und spricht sich gegen eine »Überakademisierung« aus:

»Gehen wir von der allgemein anerkannten Tatsache aus, daß wir uns mitten in einer schweren Kulturkrise befinden, die alle Gebiete unseres geistigen Lebens in Mitleidenschaft gezogen hat ...
Die neue Pädagogik soll nicht in das Kind hineinpauken, sondern seine geistigen Kräfte selbsttätig entwickeln. Die Gefahr der Übertreibung liegt hier furchtbar nahe. Der Pädagoge vergesse nie, daß Pädagogik Führung der Jugend heißt und nicht Geführtsein durch die Jugend. Wenn es wirklich wahr sein sollte, wie neulich ein Abiturient hoffentlich nur renommiert hat, daß er noch nichts von Goethe gelesen habe, so ist das allerdings ein Abdanken der alten Generation vor dem Aktualitätsinteresse der Jugend, das ich nur mißbilligen kann. Gewiß gehört auch die gute zeitgenössische Literatur in die Schule, aber ebenso gewiß auch die klassische. Was hilft alles Klagen über die Unbotmäßigkeit der Jugend, wenn die alte Generation sich die Führung entgleiten läßt. Das Leben ist so ernst, daß man die Jugend nicht früh genug daran gewöhnen kann.
Ich glaube auch nicht an die Überbürdung unserer heutigen Jugend, auch nicht an die Überbürdung in der höheren Schule. Jedenfalls ist die Schulverwaltung in bezug auf Entlastung, aufgabenfreie Tage und Spielnachmittage bis an die Grenze des Erträglichen gegangen. Wer die höhere Schule verläßt, soll das Bewußtsein haben, daß sie keine Spielerei gewesen ist, sondern ehrliche Arbeit ...
Steigende Anforderungen fast aller Berufsstände an die Schulvorbildung, Abwanderung einer großen Zahl von Volks- und Mittelschülern an die höheren Schulen, ein wahres Wettrennen um das Abitur, beängstigend steigende Zahl der Abiturienten von 10 000 auf 18 000 und demnächst auf 25 000, Überfüllung aller Universitäten und Hochschulen — jedenfalls Überproduktion von Abiturienten und Akademikern über die normale Aufnahmefähigkeit von Staat, Wirtschaft und Gesellschaft hinaus — der Andrang zu den höheren Ausbildungsstätten belastet die staatlichen und kommunalen Etats. Die Öffentlichkeit, die zahlen soll, wehrt sich mit Recht ...«

Ein liberaler Kulturpolitiker
Carl Heinrich Becker, geboren am 12. April 1876 in Amsterdam, Hochschullehrer für Orientalistik, ist seit 1916 im preußischen Kultusministerium — zunächst als Vortragender Rat — tätig. 1921 wurde er Staatssekretär, seit 1925 ist er Kultusminister. Zu den wichtigsten Entscheidungen seiner bisherigen Amtszeit gehören die Ablösung der Lehrerbildungsseminare durch Pädagogische Akademien, die Reform der Hochschulen und die Gründung der Preußischen Akademie für Dichtkunst 1926. Der liberale Becker wird von rechten Studentenverbänden bekämpft.

»Die Ohnmacht des Geistigen in Deutschland« beklagt

19. April. Die »Literarische Welt« veröffentlicht unter dem Titel »Die Ohnmacht des Geistigen in Deutschland« einen Artikel von Friedrich Sternthal, der eine sich durch die Jahrhunderte ziehende, tiefgehende Skepsis der Deutschen gegenüber allen Künstlern und geistig Arbeitenden behauptet:

»Das deutsche Volk in seiner Masse hat sich von jeher den reinen Verwaltungsmenschen und Geschäftspolitikern und den sturen Gewalthabern unterworfen. Alle, die in Deutschland wirklich geistig- schöpferisch arbeiten und nicht bloß mit scheinwissenschaftlichen Wahrheiten oder abgestorbener Kunst sich quälen, sind stets ohne Macht gewesen, mit einziger Ausnahme der Musiker, die aber — von Richard Wagner abgesehen — auf die Macht keinen Wert gelegt haben. Die Sucht, jede Mißachtung oder Vernachlässigung geistiger Dinge, ja: den Mangel geistiger oder künstlerischer Tradition zu bemänteln, ist in Deutschland zu einem System raffinierter Verlogenheit ausgebildet ...
Geistige Arbeit, künstlerisches Schaffen sind hierzulande ein Beruf unter vielen anderen. Die grauenvolle Spezialisierung und Mechanisierung ... verhindert jede bessere Einsicht; und die Manie, das zufällig Seiende zu rechtfertigen, dazu die Unterwerfung unter jede gerade vorhandene Gewalt, gelten als Tugend. Deshalb erkennt man hier den geistig Schaffenden nicht das Recht zu, sichtbarlich die Repräsentanz des Volkes zu sein. Und was der Deutsche nicht rechtfertigen kann, das bejaht er nicht ...
Macht steht jenseits von Recht und Gewalt. Die Gewalt schafft nur zunächst sinnlose Tatbestände. Recht ist lediglich ein Korrektiv der Macht. Die Macht aber ist ein Symbol; sie repräsentiert, ganz wörtlich: sie vergegenwärtigt etwas, sie stellt etwas dar. Dasselbe gilt vom Künstler, Dichter, Denker, dem geistig schöpferischen Menschen überhaupt. Zum Symbol hat der Deutsche keinen Zugang und keine Ahnung davon, daß nur das Gleichnishafte wirklich ist ...
Nie werden hier Frauen auf den Balkonen stehen und Blumen auf den Sarg des Dichters werfen. Nie werden hier Politiker einen Künstler, Dichter, Philosophen ernst nehmen, wenn er nicht zufällig Millionär ist. Was könnten den Politikern, den Militärs, den Geschäftsmännern, den Frauen Menschen bedeuten, deren Dasein Repräsentanz, deren Werk Symbol und deren Element die Phantasie ist?«

Kritiker der literarischen Welt
Herausgeber der renommierten Zeitschrift »Die literarische Welt« ist Willy Haas. Der am 7. Juni 1891 in Prag geborene Kritiker gehörte zum Kreis um die Schriftsteller Franz Kafka und Max Brod. 1923 veröffentlichte er unter dem Titel »Das Spiel mit dem Feuer« eine Sammlung von Essays. Im Oktober 1925 übernahm Haas die Leitung der von ihm und dem Verleger Ernst Rowohlt neugegründeten »Literarischen Welt«. Das bürgerlich-liberal ausgerichtete Blatt bietet allen Richtungen der vielfältigen Weimarer Kulturszene breiten Raum für literarische Diskussionen.

Nr. 13 Berliner Illustrirte Zeitung 519

Menschen im Hotel

Roman von

Vicki Baum

Als der Portier aus der Telephonzelle 7 herauskam, war er ein wenig weiß um die Nase herum; er suchte seine Mütze, die er im Telephonzimmer auf die Heizung gelegt hatte. „Was war's denn?" fragte der Telephonist an seinem Schaltbrett, Hörer vor den Ohren und rote und grüne Stöpsel in den Fingern.

„Ja — sie haben die Frau plötzlich in die Klinik gebracht. Ich weiß gar nicht, was das heißen soll. Sie meint, es geht los. Aber es ist ja noch gar nicht so weit, Herrgott nochmal!" sagte der Portier.

Der Telephonist hörte nur halb hin, denn er mußte eine Verbindung herstellen. „Na, nur mit Ruhe, Herr Senf," sagte er dazwischen. „Schließlich haben Sie morgen früh Ihren Jungen —"

„Also schönen Dank auch, daß Sie mich hier ans Telephon geholt haben. Ich kann doch da vorne in der Loge nicht meine Privatgeschichten rumposaunen. Dienst ist Dienst."

„Eben. Und wenn's Kind da ist, ruf ich's Ihnen durch," sagte der Telephonist zerstreut und schaltete weiter. Der Portier nahm seine Mütze und ging auf den Zehenspitzen davon. Das tat er, ohne es zu wissen, weil seine Frau nun dalag und ein Kind bekommen sollte. Als er den Gang überquerte, an dem die Schreib- und Lesezimmer still mit halb abgedrehten Lampen lagen, schnaufte er tief aus sich heraus und fuhr sich durch die Haare. Er spürte erstaunt, daß seine Hand davon feucht wurde, aber er nahm sich nicht die Zeit, die Hände zu waschen. Schließlich konnte man nicht verlangen, daß der Hotelbetrieb aussetzte, weil der Portier Senf ein Kind bekam. Vom Neubau her hopste die Musik aus dem Tea-room in Synkopen an den Wandspiegeln entlang. Der butterige Bratenduft der Diner-Zeit fächelte diskret daher, aber hinter den Türen des großen Speisesaales war es noch leer und still. Im kleinen, weißen Saal richtete der garde manger Mattoni sein kaltes Büfett. Der Portier, der wunderlich müde in den Knien einen Augenblick in der Tür stehen blieb, starrte benommen die bunten Glühlampen an, die hinter den Eisblöcken spielten. Im Korridor kniete ein Monteur auf dem Boden und reparierte etwas an den elektrischen Leitungen. Seit man die großen Scheinwerfer draußen an der Straßenfront hatte, war immer etwas mit der überlasteten Lichtanlage des Hotels los. Der Portier gab seinen wackligen Beinen ein kleines Kommando und strebte seinem Platz zu. Er hatte die Loge unter der Obhut des kleinen Volontärs Georgi zurückgelassen, Sohn des Besitzers eines großen Hotelkonzerns, der seinen Nachfolger im fremden Betrieb von der Pike auf dienen lassen wollte. Senf trabte etwas beengt quer durch die Halle, die voll und bewegt war. Hier traf die Jazzmusik des Tea-room mit dem Geigenschmachten des Wintergartens zusammen, dazwischen rieselte dünn der illuminierte Springbrunnen in ein unechtes venezianisches Becken, dazwischen klirrten Gläser auf Tischchen, knisterten Korbstühle, und als dünnstes Geräusch schmolz das zarte Sausen, mit dem Frauen in Pelzen und Seidenkleidern sich bewegen, in den Zusammenklang. Bei der Drehtür schraubte sich Märzkühle in kleinen Stößen herein, so oft der Page Gäste ein- und ausließ.

„Zimmer 216—224".
Zeichnung von Charles Girod.

„All right!" sagte der kleine Georgi, als Portier Senf mit einem Anschwung die Loge erreichte, wie einen Heimathafen. „Die Sieben-Uhr-Post. Achtundsechzig hat Krach gemacht, weil der Schofför nicht gleich zu finden war. Bißchen hysterische Dame, was?"

„Achtundsechzig — das ist die Grusinskaja," sagte der Portier, und dabei begann er schon mit der rechten Hand die Post zu sortieren. „Das ist die Tänzerin, das kennen wir schon. Seit achtzehn Jahren. Vor dem Auftreten kriegt sie jeden Abend ihre Nerven und macht Krach."

In der Halle erhob sich ein Herr aus seinem Klubstuhl, ein langer Herr, dessen Beine wie ohne Gelenke waren, und kam gesenkten Kopfes zur Portierloge. Er trödelte eine Weile in der Halle umher, bevor er sich dem Vestibül näherte, er gab sich eine betonte Haltung der Erwartungslosigkeit und Langweile, betrachtete die ausgelegten Magazine an dem kleinen Zeitungsstand, zündete eine Zigarette an, aber schließlich landete er doch beim Portier und fragte zerstreut: „Post für mich gekommen?"

Der Portier seinerseits fand sich auch zu einer kleinen Komödie bereit. Er schaute erst in das Fach Nr. 218, bevor er antwortete: „Diesmal leider nichts, Herr Doktor." Worauf sich der lange Herr langsam wieder in Bewegung setzte, auf Umwegen zu seinem Klubstuhl gelangte, in den er sich steifbeinig niederließ, um dann mit blindem Gesicht in die Halle zu starren. Dieses Gesicht übrigens bestand nur aus einer Hälfte, einem verfeinerten und zugespitzten Profil, das mit einem außerordentlich schöngebauten Ohr unter dünngrauem Schläfenhaar abschloß. Die andere Gesichtshälfte war nicht vorhanden. Es gab da nur einen schiefen, ineinandergeflickten und zusammengelappten Wirrwarr, in dem zwischen Nähten und Narben ein Glasauge blickte. Souvenir aus Flandern, pflegte Doktor Otternschlag dieses Gesicht zu nennen, wenn er mit sich sprach . . .

Als er eine Weile so gesessen hatte und die vergoldeten Gipskapitäle der Marmorsäulen betrachtet hatte, die er bis zum Ekel kannte, als er genügend

(Fortsetzung auf Seite 521.)

»Menschen im Hotel« begeistert die Leser

4. April. *»Wunschtraum der meisten Menschen ist es, aus dem eigenen Leben in das eines Reicheren, Höhergestellten zu fliehen. Diesen Wunschtraum bringt ... Vicki Baum in ihrem neuen Werk zu dichterischer Erfüllung. Hauptfigur ist der Buchhalter Kringelein, der in wenigen Wochen sterben muß und nun seine geringen Ersparnisse zusammengekratzt hat, um in diesen paar Wochen durch hemmungslosen Genuß das wirkliche Leben kennen zu lernen.« Mit diesem Anzeigentext wird auf den Roman »Menschen im Hotel« der österreichischen Schriftstellerin Vicki Baum hingewiesen, mit dessen Vorabdruck die »Berliner Illustrirte« beginnt (Abb.).*

Dieser »Kolportageroman mit Hintergründen« — so der Untertitel — kommt, wie der Erfolg beweist, den Bedürfnissen der Kleinbürger nach Teilhabe an der »großen Welt«, wie sie sich dem Klischee folgend in einem mondänen Großstadthotel trifft, weit entgegen.

Im Mittelpunkt der Handlung steht ein Hochstapler, Baron von Gaigern, der mit einer alternden russischen Ballerina anbändelt, weil er es auf ihren Schmuck abgesehen hat. Daß er sich unprogrammgemäß in die Tänzerin verliebt, führt zu Komplikationen. Um sich das Geld für eine Reise mit der Geliebten zu beschaffen, versucht er den Buchhalter Kringelein und schließlich Generaldirektor Preißing zu bestehlen. Letzteren findet er im Hotelzimmer mit dessen Sekretärin in einer eindeutigen Situation vor. Preißing schleudert ein Tintenfaß nach Gaigern, dieser wird unglücklich davon getroffen und stirbt. Die Sekretärin flieht in dieser Situation ins Zimmer von Kringelein. Sie bringt den Buchhalter, der eine bemerkenswerte Wandlung erlebt, schließlich dazu, sie nach Paris zu »entführen«. Die klischeehafte Figurenzeichnung und der auf einfache Effekte zielende Handlungsablauf, der die Kritiker zu dem Diktum »Trivialliteratur« veranlaßt, sorgt beim Leser des Vorabdrucks wie auch des wenig später erscheinenden Buchs offensichtlich dafür, daß der Wunschtraum, von dem die Anzeige spricht, in Erfüllung geht.

Der »Maschinist Hopkins«

13. April. *In Duisburg wird die Oper »Maschinist Hopkins« von Max Brand uraufgeführt. Das Werk, das in der Fabriksphäre einer »Weltstadt« spielt, ist eine Zeitoper, die Schlagworte der zwanziger Jahre wie Amerikanismus, Technikbegeisterung und Fortschrittsglauben positiv aufgreift. Schauplatz der Handlung ist eine Fabrik in einer US- amerikanischen Großstadt (Abb.: Szenenfoto aus dem ersten Akt).*

»Schwärmer« uraufgeführt

3. April. *Im Theater der Stadt Berlin wird das Schauspiel »Die Schwärmer« von Robert Musil (Abb.) uraufgeführt — sechs Jahre nachdem Alfred Döblin das Stück für den Kleistpreis vorgeschlagen hat. Der Autor, erbost über die rigorosen Kürzungen von Regisseur Jo Lhermann, versucht vergeblich noch vor der Premiere eine Aufführung des Dramas zu verhindern. Alfred Kerr charakterisiert das Stück als »individualistisch«.*

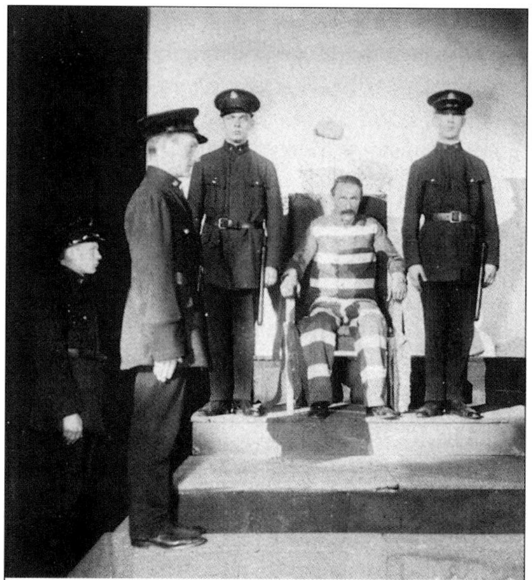

»Sacco und Vanzetti«

21. April. *Das November-Studio in Berlin bringt das Stück »Staatsräson. Ein Denkmal für Sacco und Vanzetti« von Erich Mühsam zur Uraufführung. Dem Stück liegt der Fall der italoamerikanischen Anarchisten Nicola Sacco und Bartolomeo Vanzetti zugrunde, die nach einem umstrittenen Prozeß wegen Mordes zum Tode verurteilt und 1927 in Boston hingerichtet worden sind (Abb.: Ernst Busch [M.] als Vanzetti).*

Dramatiker Brecht heiratet Helene Weigel

10. April. Der 31jährige Dramatiker Bertolt Brecht heiratet in Berlin die 29jährige Schauspielerin Helene Weigel.

Die erste Begegnung zwischen den beiden Künstlern hatte stattgefunden, als Brecht 1924 zusammen mit Carl Zuckmayer als Dramaturg an das von Max Reinhardt geleitete Deutsche Theater Berlin gekommen war, zu dessen Ensemble auch Helene Weigel gehörte. Brecht blieb bis 1926 am Deutschen Theater.

Seit dem großen Erfolg seiner »Dreigroschenoper« (Musik: Kurt Weill) im Berliner Theater am Schiffbauerdamm am 31. August 1928 steht ihm diese Bühne für seine Experimente zur Verfügung. Zu seinem Ensemble gehört neben Oskar Homolka, Peter Lorre, Ernst Busch, Lotte Lenya, Carola Neher und Alexander Granach auch Helene Weigel.

Es ist Brechts zweite Ehe. Vom 3. November 1922 bis zum 22. November 1927 war er mit der Sängerin Marianne Zoff verheiratet. Er hat mit ihr zwei Kinder: Hanne Marianne, geboren 1923, und Stefan, geboren 1924.

Brecht ist zum Zeitpunkt der Eheschließung mit Helene Weigel bereits ein anerkannter Schriftsteller und Dramatiker.

Der Durchbruch gelang ihm mit der Uraufführung des Stücks »Trommeln in der Nacht« in den Münchner Kammerspielen am 29. September 1922.

Im gleichen Jahr wurde er auf Vorschlag des Berliner Kritikers Herbert Jhering mit dem Kleistpreis ausgezeichnet.

Der junge Dramatiker Bertolt Brecht heiratet zum zweiten Mal

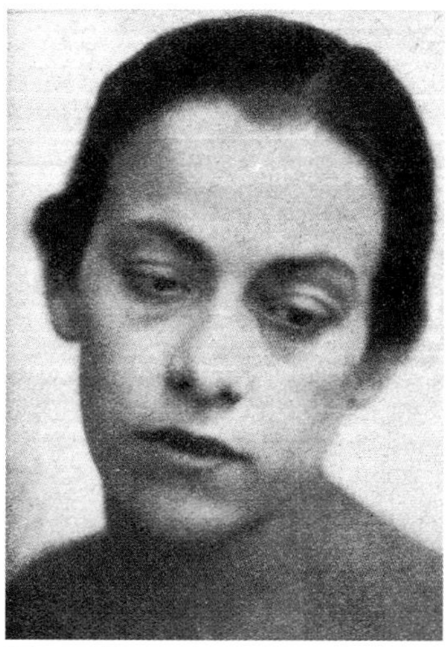

Die Berliner Schauspielerin Helene Weigel kennt Brecht seit 1924

H.G. Wells spricht über den Frieden

15. April. Der britische Schriftsteller H.G. Wells spricht auf Einladung des Komitees für internationale Aussprache im Berliner Reichstagsgebäude zum Thema »Die Errichtung des Menschheitsfriedens nach dem Bauplan des gesunden Menschenverstandes«.

Wells hegt gegenüber den derzeitigen Bemühungen um Sicherung des Weltfriedens — Schiedsverträge, pazifistische Literatur, Kriegsächtungspakt — tiefe Skepsis und sieht eine dauerhafte Möglichkeit zum Erhalt des Friedens nur in einer Revolutionierung des menschlichen Geistes. Ziel müsse eine Gemeinschaft kosmopolitischer Menschen sein, denen jeder Nationalismus fremd ist. In diesem Sinne müsse, so sein Vorschlag, u.a. auf die Lehrpläne in den Schulen Einfluß genommen werden:

»Man muß mir erst beweisen, daß es eine Utopie ist, den Schwierigkeiten ins Auge zu sehen, statt ihnen den Rücken zu kehren«, weist der Autor zahlreicher utopischer Romane eine mögliche Kritik, seine Vorstellungen seien phantastisch, zurück.

2:1-Erfolg über den Angstgegner Italien

28. April. Die deutsche Fußball-Nationalmannschaft gewinnt ein Länderspiel gegen Italien in Turin vor 33 000 Zuschauern 2:1 (1:1).
Der Sieg wird auch von deutschen Sportkommentatoren als »nicht ganz verdient« bezeichnet, da die italienische Auswahl in beiden Halbzeiten das Spielgeschehen bestimmt (Eckenverhältnis: 9:1 für Italien). Nur die Leistung der deutschen Abwehr, die mit dem Nürnberger Heinrich Stuhlfauth im Tor sowie den Verteidigern Heinrich Weber (Kassel) und Albert Beier (Hamburg) in derselben Formation antritt wie bei den Olympischen Spielen in Amsterdam 1928, verhindert einen Erfolg der Italiener.
Zunächst geht die italienische Mannschaft in der sechsten Minute 1:0 in Führung, den Ausgleich erzielt drei Minuten später der Nürnberger Josef Hornauer, das deutsche Siegtor fällt in der 78. Minute durch den Fürther Georg Frank.
Hunderttausende verfolgen im Deutschen Reich die Übertragung des Länderspiels an den Rundfunkgeräten. Das zeitgleich stattfindende DFB-Pokal-Endspiel zwischen Berlin und Norddeutschland in Berlin ist daher mit 20 000 Zuschauern verhältnismäßig schwach besucht. Es endet 4:1 für Berlin.

△ Torwart Stuhlfauth (1) faustet einen Ball ins Feld zurück; Beier (2) deckt die freie Torecke

◁ »Der Länderkampf Deutschland - Italien steht immer noch 1:1« — Reporter Laven in Aktion

Aus Turin meldet sich Paul Laven

In der Funkstunde am 10. Mai 1929 wird die Rundfunkübertragung des Fußball-Länderspiels zwischen Deutschland und Italien — es ist die erste Auslandsreportage von einem Fußballspiel überhaupt — vom 28. April beschrieben:

»Rauschen ... tausendfaches Stimmgewirr ... plötzlich hellklingend Worte, Worte wie der Refrain eines Kampfgesanges: Pöttinger paßt zu Albrecht, Albrecht läuft rasant die Außenlinie entlang, Albrecht gibt zu Hornauer, Hornauer schießt — Tooor!!! — Orkan im Lautsprecher, Begeisterung der Hörer. Der große Sieg Deutschlands über Italien, herübergesprochen vom Sportplatz Turin durch Dr. Paul Laven, war ein Sporthörspiel von ungewöhnlicher Kraft. Denn der Enthusiasmus, der den Sprecher in Turin packte, ließ ihn die Worte anpeitschen, daß sie daherbrausten durch Kabel und Äther und doch nichts an Kraft verloren. Ein Phantasie-Spiel für die Hörer, ein wunderbares, erregendes, gedankenschnelles Bilder-Schaffen, wenn die Stichworte des Ansagers fielen und die Bilder für den Hörer dirigierten.«

Williams gewinnt den Preis von Monaco

14. April. Sieger beim ersten Großen Preis von Monaco ist der britische Automobilrennsportler William C.F. Grover-Williams auf einem 2,3l-Bugatti. Er erreicht auf dem 318 km langen Rundkurs durch Monte Carlo durchschnittlich 80,784 km/h.
An dem Rennen nehmen acht weitere Bugatti, ein 7l-Mercedes, drei Alfa Romeo, zwei Maserati, zwei Licorne und ein Delage teil. Die Überlegenheit der Bugatti-Modelle zeigt sich daran, daß sich allein fünf Wagen dieses Typs unter den sechs Erstplazierten finden. Lediglich dem deutschen Fahrer Rudolf Caracciola auf Mercedes gelingt es, in die Domäne der Italiener einzubrechen. Er liefert sich von Anfang an ein heftiges Duell mit Williams, fällt nach Defekten an beiden Hinterrädern zunächst auf Rang vier zurück, kann wieder aufholen und geht schließlich als Dritter durchs Ziel.

Mitten durch die Stadt geht der Rundkurs beim Rennen um den Großen Preis von Monaco: Sandsäcke am Fahrbahnrand sollen Unfälle verhüten

Rauflustige Fans beim Cup-Finale

27. April. Vor 95 000 Zuschauern findet im Wembley Stadion in London das englische Pokal-Endspiel statt, der Höhepunkt der Fußballsaison in England. Sieger wird die Mannschaft von Bolton Wanderers mit einem 2:0 (0:0) über den FC Portsmouth.
Die Fans beider Mannschaften, Textil- und Eisenarbeiter aus Lancashire und Dockarbeiter aus Portsmouth, die mit zahlreichen Sonderzügen angereist sind, gelten als besonders rauflustig und werden daher im Stadion getrennt auf verschiedenen Tribünen untergebracht. Die Londoner Polizei bezeichnet den Tag als »den diffizilsten des Jahres«. Die Geschäfte in der City räumen alle Wertgegenstände aus den Schaufenstern, weil sie fürchten, daß die Scheiben der Begeisterung der Anhänger der Siegermannschaft nicht standhalten.

Mai 1929

Mo	Di	Mi	Do	Fr	Sa	So
		1	2	3	4	5
6	7	8	9	10	11	12
13	14	15	16	17	18	19
20	21	22	23	24	25	26
27	28	29	30	31		

1. Mai, Maifeiertag

Die Berliner Polizei geht gewaltsam gegen Demonstranten vor, die sich über das Demonstrationsverbot zum Tag der Arbeit hinweggesetzt haben. →S. 78

Aufmärsche und Tänze von Arbeitersportlern bestimmen das Bild der Maifeiern in der österreichischen Hauptstadt Wien. →S. 93

Bei einem Zusammenstoß zwischen dem österreichischen sozialdemokratischen Republikanischen Schutzbund und den rechtsgerichteten Heimwehren in Kapfenberg (Steiermark) werden 19 Personen verletzt.

Erstmals ermöglicht die Deutsche Lufthansa AG ihren Passagieren, einen Rückflugschein mit 10 % Ermäßigung zu benutzen.

Der schweizerische Maler und Grafiker Édouard Vallet stirbt 63jährig in Genf.

2. Mai, Donnerstag

Während einer Reichstagssitzung in Berlin beschuldigt der kommunistische Abgeordnete Wilhelm Pieck die Berliner Polizei und ihren Präsidenten Karl Zörgiebel des Arbeitermordes und ruft damit einen Tumult im Parlament hervor. Die KPD-Fraktion singt stehend die Internationale und verläßt anschließend den Plenarsaal (→1.5./S. 78).

Bei einem Tornado, der über den mittleren Westen der USA hinwegfegt, werden etwa 100 Menschen getötet.

3. Mai, Freitag

Aufgrund der Ereignisse vom →1. Mai (S. 78) in Berlin beschließt die preußische Regierung ein Verbot des kommunistisch orientierten Rotfrontkämpferbundes. →S. 81

Die Inszenierung des Stücks »König Johann« durch den Intendanten des Berliner Staatstheaters, Leopold Jessner, beeindruckt die Kritik durch ihre Schlichtheit. Die Titelrolle in dem Drama von William Shakespeare spielt Rudolf Forster.

4. Mai, Sonnabend

Einen Monat nach dem Rücktritt des österreichischen Bundeskanzlers Ignaz Seipel (Christlichsoziale Partei) bildet Ernst Streer Ritter von Streeruwitz eine neue Regierung, der die Christlichsozialen, die Großdeutschen und der Landbund angehören. →S. 85

Die deutsche Delegation auf der Pariser Sachverständigenkonferenz (→11.2./S. 32; 31.8./S. 134) billigt unter Vorbehalt die Vorschläge des US-amerikanischen Vorsitzenden Owen D. Young. Sie sehen Reparationszahlungen des Deutschen Reichs für die Dauer von 58 Jahren vor.

5. Mai, Sonntag

Nicht in Wien, sondern in Dresden findet die Uraufführung des Stücks »Die Unüberwindlichen« von Karl Kraus statt. Aufgrund einer einstweiligen Verfügung des österreichischen Millionärs Camillo Castiglioni, der sich in dem Schlüsselstück dargestellt sieht, wird der dritte Akt bei der Premiere nicht gespielt. →S. 93

Sieger des Automobil-Langstreckenrennens von Targa Florio ist der Franzose Albert Divo auf Bugatti mit einer Durchschnittsgeschwindigkeit von 74,366 km/h.

Die Schweiz unterliegt in einem Fußball-Länderspiel in Lausanne der Auswahl der Tschechoslowakei 1:4.

Ein Fußball-Länderspiel zwischen Österreich und Ungarn in Wien endet 2:2.

6. Mai, Montag

Der Berliner Polizeipräsident Karl Zörgiebel hebt den am 3. Mai über die Bezirke Neukölln und Wedding verhängten Ausnahmezustand auf. →S. 80

Zur Verbesserung der finanziellen Situation des Deutschen Reichs beschließt das Kabinett einen Gesetzentwurf über eine Inlandsanleihe in Höhe von 500 Millionen Reichsmark. Der Entwurf wird am 15. Mai vom Reichstag in dritter Lesung angenommen und am 16. Mai auch vom Reichsrat gebilligt.

Ein Attentat auf den litauischen Diktator Augustin Voldemaras in Kowno schlägt fehl. →S. 85

Nach längeren Verhandlungen wird ein britisch-ägyptisches Nilabkommen unterzeichnet, das Großbritannien den Aus- und Neubau einiger Staudämme am Nil überträgt.

7. Mai, Dienstag

Die Regierungskrise in Thüringen kann beigelegt werden. Der neuen Regierung gehören die bisherigen Koalitionsparteien, der Landbund, die DVP, die DDP und die Wirtschaftspartei an.

Der Landtag von Mecklenburg-Schwerin faßt den einstimmigen Beschluß, sich aufzulösen.

Das von der Kaiser-Wilhelm-Gesellschaft zur Förderung der Wissenschaften errichtete Harnack-Haus in Berlin wird seiner Bestimmung übergeben.

8. Mai, Mittwoch

Der KPD-Vorsitzende Ernst Thälmann bekräftigt bei den Bestattungsfeierlichkeiten in Berlin die Solidarität seiner Partei mit den Opfern der Ereignisse vom →1. Mai (S. 78). →S. 81

Zum Präsidenten des Obersten Zentralrats von China wird der Kuomintang-Führer Chiang Kai-shek gewählt (→28.5./S. 85).

Auf dem Jahresbankett des Vereins der Ausländischen Presse in Berlin bekräftigt Reichsaußenminister Gustav Stresemann die Position, wonach eine endgültige Reparationslösung mit der Räumung der noch besetzten Zonen des Rheinlands zu koppeln sei (→31.8./S. 134; 30.11./S. 184).

9. Mai, Christi Himmelfahrt

Bischara Bey al-Churi übernimmt als Nachfolger von Habib Pascha as-Sad das Amt des libanesischen Ministerpräsidenten. Der von Arabern bewohnte Libanon steht als Völkerbundsmandat unter französischer Verwaltung, hat jedoch eine eigene Regierung.

10. Mai, Freitag

Eine Konferenz der Innenminister der Länder in Berlin befaßt sich mit den Berliner Unruhen vom →1. Mai (S. 78). Das in Preußen bestehende Verbot des kommunistischen Rotfrontkämpferbundes (→3.5./S. 81) wird auf Vorschlag des sozialdemokratischen Reichsinnenministers Carl Severing bis zum 15. Mai auf das gesamte Reichsgebiet ausgedehnt.

Reichsaußenminister Gustav Stresemann konferiert in Berlin mit Maxim M. Litwinow, dem stellvertretenden sowjetischen Volkskommissar des Äußeren, über bilaterale Fragen.

Mit der Thronrede des britischen Königs Georg V. wird das Unterhaus in London aufgelöst. Neuwahlen sind für den 30. Mai angesetzt (→8.6./S. 102).

11. Mai, Sonnabend

Die litauische Polizei nimmt 60 Angehörige der sozialistischen Studentenorganisation Ausra fest, weil sie vermutet, daß die Attentäter, die am →6. Mai (S. 85) einen Anschlag auf den litauischen Diktator Augustin Voldemaras unternommen haben, aus dieser Organisation stammen. Ein Ausra-Angehöriger hat bereits vor der Polizei ein Geständnis abgelegt.

Ein 17jähriger Gymnasiast wird in Wien des Meuchelmordes an seinen Eltern für schuldig befunden und zu zehn Jahren Kerker – der höchsten nach dem Jugendgesetz zulässigen Strafe – verurteilt.

12. Mai, Sonntag

Bei den Landtagswahlen in Sachsen erhalten die Nationalsozialisten fünf von 96 Mandaten. Stärkste Fraktion bleibt die SPD, die ihre Mandatszahl von 31 auf 33 steigern kann. →S. 82

Aufmärsche der rechtsgerichteten Heimwehren und des sozialdemokratisch orientierten Republikanischen Schutzbundes in Wien verlaufen ohne die von den Behörden befürchteten Zwischenfälle.

Die Schweizer lehnen entsprechend der Empfehlung der Bundesversammlung zwei Volksinitiativen ab. Zum einen sollte den Kantonen und Gemeinden das Recht zum Verbot von Branntweinherstellung und -verkauf eingeräumt werden, zum anderen sollten die gesamten Einnahmen aus dem Benzinzoll den Kantonen für den Straßenbau zur Verfügung gestellt werden.

Der ungarische Boxer Hudra Wasser stirbt während eines Kampfes gegen Mirko Anderschitz in Wien an einer Herzlähmung. →S. 93

Ein in der Reichshauptstadt ausgetragenes Fußballspiel zwischen Mannschaften aus Berlin und Paris endet 5:0 für die Gastgeber.

13. Mai, Montag

Das italienische Protektorat Albanien und das Königreich der Serben, Kroaten und Slowenen (Jugoslawien) schließen einen Handelsvertrag auf der Grundlage der Meistbegünstigung sowie ein Rechtshilfeabkommen ab.

14. Mai, Dienstag

Journalisten und SPD-Funktionäre, die eine finanzielle Unterstützung der Nationalsozialisten durch die italienischen Faschisten im Reichstagswahlkampf 1928 behauptet hatten, werden in München zu Geldstrafen zwischen 800 und 1000 Reichsmark wegen übler Nachrede verurteilt. →S. 82

Die am →24. März (S. 44) gewählte faschistische italienische Abgeordnetenkammer billigt die Lateranverträge mit dem Vatikan (→11.2./S. 30).

In einem Brief an den Berliner Magistrat erklärt der Physiker Albert Einstein seinen Verzicht auf eine ihm zugedachte Ehrengabe der Stadt. Vorausgegangen war eine Reihe peinlicher Pannen. →S. 92

15. Mai, Mittwoch

Die I.G. Farbenindustrie gibt bekannt, daß sie ihren Aktionären wie im Vorjahr eine Dividende von 12 % zahlen wird.

Bei einer Explosionskatastrophe in einem Krankenhaus in Cleveland im US-Bundesstaat Ohio sterben 93 Menschen, 200 werden verletzt.

16. Mai, Donnerstag

Mit großer Mehrheit nimmt der Reichstag ein Gesetz zur finanziellen Unterstützung der ostpreußischen Landwirte an. →S. 83

In Ankara wird ein deutsch-türkischer Schiedsgerichtsvertrag unterzeichnet, mit dem sich beide Staaten verpflichten, bilaterale Konflikte auf friedlichem Wege zu lösen. Am 28. Mai folgen ein Konsularvertrag und ein Rechtshilfeabkommen.

Die ersten, später »Oscar« genannten »Academy Awards« werden in Hollywood verliehen. Als bester Schauspieler wird Emil Jannings, als beste Schauspielerin Janet Gaynor ausgezeichnet. Den Preis als bester Film erhält »Flügel« (Wings) von William A. Wellman. →S. 92

17. Mai, Freitag

Der Rotfrontkämpferbund legt beim Reichsgericht erfolglos Beschwerde gegen das Verbot der Organisation ein (→3.5./S. 81).

In der estländischen Hauptstadt Reval wird ein Handelsvertrag zwischen Estland und der Sowjetunion unterzeichnet.

Auf Beschluß des Roheisenverbandes werden die Preise für Roheisen im Deutschen Reich um vier Reichsmark pro Tonne angehoben. →S. 88

Die Büchergilde Gutenberg berichtet in der Mai-Ausgabe ihres literarischen Magazins »Büchergilde« über neue Werke des sozialkritischen US-amerikanischen Autors Upton Sinclair

Das Luftschiff LZ 127 »Graf Zeppelin« muß wegen eines Motorschadens einen Atlantikflug abbrechen und in der Nähe von Toulon (Frankreich) notlanden. →S. 88

18. Mai, Sonnabend

Veranstaltungsort des Europäischen Landstreicherkongresses, zu dem die deutsche Bruderschaft der Vagabunden geladen hat, ist Stuttgart. Es sprechen u. a. der Arbeiterschriftsteller Heinrich Liersch und der Kulturphilosoph Theodor Lessing. →S. 88

Der sozialdemokratische deutsche Politiker Adolf Braun stirbt im Alter von 67 Jahren in Berlin.

19. Mai, Pfingstsonntag

Die sozialdemokratische Kampforganisation Reichsbanner hält ihre Republikanertagung 1929 in Eisenach ab (bis 20.5.).

In Moskau wird der fünfte Rätekongreß der Sowjetunion eröffnet (bis 28.5.). Als erster Redner bekennt sich Alexei I. Rykow zur Fortsetzung der Friedenspolitik der UdSSR. Rykow hat als »Rechtsabweichler« erst kürzlich sein Amt als Vorsitzender des Rats der Volkskommissare für die russische Sowjetrepublik niederlegen müssen (→23.4./S. 64).

Der US-amerikanische Großindustrielle William Crapo Durant rät den deutschen Unternehmern in einem Zeitungsinterview, die Löhne der Arbeiter kräftig anzuheben und so die Kaufkraft zu steigern. →S. 88

Auf der Weltausstellung in Barcelona erregt der von dem Architekten Ludwig Mies van der Rohe gestaltete deutsche Pavillion Aufsehen. →S. 89

20. Mai, Pfingstmontag

Die Fédération Internationale de Football Association (FIFA) vergibt auf einem Kongreß in Barcelona die erste Fußball-Weltmeisterschaft, die 1930 ausgetragen werden soll, an den zweimaligen Olympiasieger Uruguay. Konkurrierende Länder hatten zuvor ihre Kandidatur zurückgezogen. →S. 93

Plutarco Elías Calles, der ehemalige Präsident von Mexiko, der nach dem Aufstandsversuch vom →3. März (S. 52) vorübergehend das Kriegsministerium übernommen hatte, legt dieses Amt nieder und erklärt seinen endgültigen Abschied von der aktiven Politik.

21. Mai, Dienstag

Die japanischen Besatzungstruppen räumen die chinesische Stadt Tsingtau und ziehen sich aus der Provinz Schantung zurück (→28.5./S. 85).

150 000 Rumänen begehen im Beisein von König Michael I. auf der Karlsburg das zehnjährige Bestehen ihres Staates.

Auf einer Tagung der Völkerbundligen in Madrid fordert die argentinische Delegation die Streichung der Monroedoktrin aus dem Völkerbundpakt. Die USA begründen mit der seit 1852 gebräuchlichen Bezeichnung für ihre außenpolitische Leitlinie, die ursprünglich auf eine politische Trennung von Alter und Neuer Welt zielte, zunehmend ihren Hegemonialanspruch über die lateinamerikanischen Staaten des Kontinents.

Die Friedenskonferenz deutscher und polnischer Katholiken, die in Berlin eröffnet wird (bis 24.5.), steht im Zeichen der Versöhnung.

22. Mai, Mittwoch

Im Mittelpunkt des Kongresses der Kleinen Entente (Königreich der Serben, Kroaten und Slowenen, Rumänien und Tschechoslowakei), der nach dreitägiger Dauer in Belgrad zu Ende geht, standen Probleme der nationalen Minderheiten und des Ausbaus der Wirtschaftsbeziehungen zwischen den Verbündeten.

Die alliierten Gläubiger des Deutschen Reichs legen auf der Pariser Sachverständigenkonferenz einen eigenen Vorschlag für die Modalitäten der deutschen Reparationszahlungen vor, der über den Plan des US-Amerikaners Owen D. Young vom 4. Mai hinausgeht. Es kommt daraufhin erneut zu Unstimmigkeiten zwischen den Konferenzteilnehmern (→ 11.2./S. 32; 7.6./S. 98).

Auf einer Veranstaltung während der Berliner Festwochen (19.5.-23.6.) dirigiert Arturo Toscanini im Rahmen eines Gastspiels der Mailänder Scala die Giuseppe-Verdi-Oper »Falstaff«. Toscaninis Auftritte in Berlin sind die letzten mit dem berühmten Opernensemble, dessen Leitung er 1921 übernommen hat. →S. 92

23. Mai, Donnerstag

Albert Vögler, neben Reichsbankpräsident Hjalmar Schacht der zweite deutsche Vertreter auf der Pariser Sachverständigenkonferenz zur Neuregelung der Reparationsfrage, tritt aus Protest gegen den alliierten Vorschlag vom Vortag von seinem Amt zurück. Am 24. Mai lehnt die deutsche Delegation den Vorschlag der Siegermächte offiziell ab (→ 11.2./S. 32; 7.6./S. 98).

Angehörige der schleswig-holsteinischen Bauernprotestbewegung unternehmen einen Dynamitanschlag auf das Landratsamt von Itzehoe (→1.9./S. 150).

Der afghanische König Aman Ullah Khan begibt sich nach einer Niederlage im Bürgerkrieg ins Exil nach Indien. →S. 85

Bei den Parlamentswahlen in Nordirland behaupten die Unionisten mit 34 von 48 Mandaten ihre führende Position.

Der chinesische General Feng Yu-hsiang wird vom Zentralexekutivausschuß der Kuomintang wegen Hochverrats seiner Ämter enthoben. Feng hatte gegen den Kuomintangführer Chiang Kai-shek gemeutert (→28.5./S. 85).

24. Mai, Freitag

Die deutsche Reichsregierung beschließt, das Gesetz zum Schutz der Republik um drei Jahre zu verlängern. Allerdings scheitert dieser Vorstoß schließlich, da ein entsprechender Gesetzentwurf nicht die erforderliche Reichstagsmehrheit erhält (→27.6./S. 101).

Bei der Beratung der Lateranverträge (→ 11.2./S. 30) im italienischen Senat in Rom kritisiert der Philosoph Benedetto Croce, daß der italienische Staat vom Grundsatz der Nichteinmischung in religiöse Dinge abgerückt sei und die Erziehung den Jesuiten ausgeliefert habe.

Ein sechsjähriges Kind, das im Streit einen Spielkameraden mit dem herumliegenden Revolver seines Vaters erschossen hat, wird vom Schwurgericht Painsville im US-Bundesstaat Kentucky wegen Totschlags zu 15 Jahren Gefängnis verurteilt.

25. Mai, Sonnabend

Die Reichskolonialtagung in Hannover bekräftigt den Anspruch des Deutschen Reichs auf eine »Rohstoffbasis in Übersee«.

Der Lohnkonflikt bei der Deutschen Reichsbahn wird durch einen Schiedsspruch beendet. →S. 88

26. Mai, Sonntag

Bei den Parlamentswahlen in Belgien können die Regierungsparteien (Katholiken und Liberale) ihre Position geringfügig ausbauen.

Mit der Annahme im römischen Senat (316 gegen 6 Stimmen) sind die Lateranverträge des italienischen Staates mit dem Vatikan ratifiziert (→11.2./S. 30).

Das Land Kärnten veranstaltet in Klagenfurt eine Anschlußkundgebung, zu der alle großen Parteien des Deutschen Reichs Vertreter entsandt haben.

Der deutsche Pilot Willi Neunhofer stellt in einer Junkers W 33 mit 12 739 Metern einen Höhenflugweltrekord auf.

Der Eindecker »Fort Worth« landet nach einem Dauerflug von 172,5 Stunden — mit Auftanken in der Luft — wohlbehalten in Fort Worth (Texas). Damit ist der Dauerflug-Weltrekord der »Question Mark« (→7.1./S. 21) gebrochen.

27. Mai, Montag

Die Übernahme von 40 % der Aktien der deutschen Ford Motor Company AG Berlin durch die I.G. Farbenindustrie wird in Berlin offiziell bekanntgegeben. →S. 89

28. Mai, Dienstag

Um die Bedeutung von Nanking als neue chinesische Hauptstadt zu betonen, läßt die Kuomintang-Regierung die Leiche des ersten Präsidenten der chinesischen Republik, Sun Yat-sen, von Peking nach Nanking überführen. →S. 85

Das US-Repräsentantenhaus in Washington verabschiedet gegen die Stimmen der Demokraten ein Zolltarifgesetz, das eine Reihe von Zollerhöhungen vorsieht. Die Demokraten wenden sich vor allem gegen eine Klausel, die den Präsidenten ermächtigt, die Zölle um bis zu 50 % heraufzusetzen.

In Berlin wird der Prozeß gegen den Schwerindustriellen Hugo Stinnes jr. eröffnet, der verdächtigt ist, das Deutsche Reich durch einen Kriegsanleihe-Betrug um zwei Millionen Reichsmark geschädigt zu haben (→27.7./S. 116).

Clärenore Stinnes, die Tochter von Hugo Stinnes, beendet eine zweijährige Autofahrt rund um die Welt. →S. 89

29. Mai, Mittwoch

Die alliierten Gläubiger des Deutschen Reichs ziehen auf der Pariser Sachverständigenkonferenz ihren Vorschlag vom 22. Mai zu den deutschen Reparationszahlungen offiziell zurück.

In Berlin wird der Grundstein für das Funkhaus gelegt.

30. Mai, Donnerstag

Der frühere langjährige Reichsarbeitsminister Heinrich Brauns (Zentrum) wird in Genf von der 12. Internationalen Arbeitskonferenz zum Präsidenten gewählt. Brauns spricht sich für die Schaffung eines kollektiven Arbeitsrechts aus, da im modernen Betrieb einheitliche Arbeitsbedingungen gegeben sein müßten.

Bei den britischen Unterhauswahlen erleiden die regierenden Konservativen eine schwere Niederlage (→8.6./S. 102).

Im diktatorisch regierten Venezuela übernimmt Juan Bautista Pérez als Nachfolger von Juan Vicente Gómez das Amt des Präsidenten.

Am Memorial Day spricht US-Präsident Herbert Clark Hoover auf dem Soldatenfriedhof Arlington in Washington. Er bekennt sich zu einem Abbau der Rüstungen als Mittel der Friedenssicherung.

Das sowjetische Innenministerium fordert die Exekutivkomitees der einzelnen Sowjetrepubliken auf, ein Verbot aller Glücksspiele zu erlassen, die nicht von der Regierung zugelassen sind.

Der US-Amerikaner Bryan Keech gewinnt auf Miller mit einer Durchschnittsgeschwindigkeit von 157,047 km/h das 500-Meilen-Rennen von Indianapolis.

31. Mai, Freitag

Auf dem SPD-Parteitag in Magdeburg (seit 26.5.) legt die Parteispitze ein Bekenntnis zum Parlamentarismus ab und erklärt sich bereit, zugunsten des Erhalts einer regierungsfähigen Mehrheit eigene Parteipositionen zurückzustellen. →S. 84

Die Reichsregierung in Berlin beauftragt das Reichsarbeitsministerium, ein Sofortprogramm zur Verbesserung der finanziellen Situation der Arbeitslosenversicherungsanstalt, die sich aus ihren Einnahmen nicht mehr finanzieren kann, ausarbeiten zu lassen (→3.10./S. 173).

Das Wetter im Monat Mai

Station	Mittlere Lufttemperatur (°C)	Niederschlag (mm)	Sonnenscheindauer (Std.)
Aachen	13,8 (12,8)	23 (67)	— (205)
Berlin	14,4 (13,7)	55 (46)	— (239)
Bremen	13,6 (12,8)	15 (56)	— (231)
München	13,1 (12,5)	47 (103)	— (217)
Wien	15,2 (14,6)	77 (71)	— (173)
Zürich	13,7 (12,5)	57 (107)	209 (207)

( ) Langjähriger Mittelwert für diesen Monat
— Wert nicht ermittelt

Ein Stimmungsbild zum Frühling zeigt die monatlich erscheinende US-amerikanische Zeitschrift »Ladies Home Journal« in ihrer Mai-Ausgabe

»Tag der Arbeit« in Berlin: Kundgebungen verboten –

1. Mai. In Berlin geht die Polizei anläßlich einer verbotenen Demonstration zum Tag der Arbeit brutal gegen Demonstranten und Bewohner einiger Arbeiterviertel vor. Es sterben nach offiziellen Angaben neun Menschen, darunter kein Polizist. 63 schwerverletzten Zivilisten (Demonstranten und Unbeteiligte) stehen 25 bis 30 Verletzte aus den Reihen der Polizei gegenüber. 860 Personen werden in Haft genommen. Die Auseinandersetzungen gehen in den folgenden Tagen weiter (→6.5./S. 80).

Die KPD hatte trotz des vom Berliner Polizeipräsidenten Karl Zörgiebel (SPD) verhängten Demonstrationsverbots, das vom preußischen Innenminister Albert Grzesinki (SPD) bestätigt worden war (→ 28.4./S. 67), an der Bereitschaft, am 1. Mai Aufmärsche durchzuführen, festgehalten. Die Situation eskalierte Ende April, als die preußischen Behörden ankündigten, sie würden mit äußerster Härte gegen Demonstranten vorgehen.

Dem Demonstrationsaufruf der KPD folgen nach Schätzung der Polizei etwa 8000 Personen. Sie versammeln sich in kleinen Gruppen überwiegend in den »roten« Arbeitervierteln Neukölln und Wedding. Die Polizei versucht, die Demonstranten mit Gummiknüppeln und sog. Spritzkommandos zu zerstreuen; bereits am Vormittag geben Beamte vereinzelt Warnschüsse ab.

Gegen Mittag werden am Hackeschen Markt und in der Hasenheide mehrere Personen durch gezielte Schüsse der Polizei verletzt, ein Demonstrant wird getötet.

Die Lage eskaliert bei Einbruch der Dunkelheit. In der Kösliner Straße in Wedding, wo Demonstranten eine Barrikade errichtet haben, um »Säuberungen« der Polizei zu begegnen, setzt die Polizei nun einen Panzerwagen mit Maschinengewehr ein; immer stärker macht sie von der Schußwaffe Gebrauch. Schließlich werden die Häuserfronten, insbesondere erleuchtete Fenster und solche mit roten Fahnen, unter Dauerbeschuß genommen. Andere Berliner Stadtteile bieten in dieser Nacht ein ähnliches Bild.

Mit Schlagstöcken bewaffnete Polizisten stürmen aus einem Polizeifahrzeug, um einen Demonstrationszug der KPD aufzulösen ▷

gezielte Schüsse auf Demonstranten und Unbeteiligte

Ruhe erst nach Tagen

6. Mai. Die Aufhebung des am 3. Mai über die Berliner Unruhebezirke Neukölln und Wedding verhängten »Verkehrs- und Lichtverbots« durch den Berliner Polizeipräsidenten Karl Zörgiebel (SPD) signalisiert, daß nach tagelangen Auseinandersetzungen zwischen Demonstranten und Polizei (→1.5./S. 78) Ruhe eingekehrt ist.

Am 2. und 3. Mai waren wiederum Wedding und Neukölln Schauplatz nächtlicher Zusammenstöße. Unter Sperrfeuer von Karabinern und Maschinengewehren räumten Polizisten in der Kösliner Straße drei provisorische Barrikaden. In der Hermannstraße in Neukölln ging die Polizei mit Panzerwagen, Maschinengewehren und Karabinern gegen ein provisorisches Hindernis vor. Die ganze Nacht hindurch wurde immer wieder geschossen; um 4.30 Uhr morgens sperrte die Polizei das ganze Viertel ab.

Am 3. Mai beschloß das Polizeipräsidium eine weitere Verschärfung des Polizeieinsatzes.

Ausnahmezustand in Berlin

Mit einem mittags bekanntgegebenen »Verkehrs- und Lichtverbot« verhängte Polizeipräsident Zörgiebel praktisch den Ausnahmezustand über Wedding und Neukölln: »Von 9 Uhr abends bis 4 Uhr früh ist jeder Verkehr ... verboten ... Jedes Herumstehen in den Hausfluren, Nischen und Toreinfahrten ist verboten. Straßenwärts gelegene Fenster müssen in der angegebenen Zeit geschlossen bleiben. Auch darf kein Licht in den straßenwärts gelegenen Zimmern brennen. Zuwiderhandelnde Wohnungsinhaber setzen sich der Gefahr aus, daß diese Fenster unter Feuer genommen werden ... Die Polizei wird besonders darauf achten, daß sich niemand länger auf der Straße aufhält, als erforderlich ist. Personen, die sich ohne Ziel auf der Straße bewegen, werden festgenommen. Zusammengehen von mehr als drei Personen ist nicht gestattet ... Alle Personen, welche diese Anordnungen nicht befolgen, setzen sich Lebensgefahr aus.«

In der Hermannstraße eröffnete ein »Säuberungskommando« der Polizei am 3. Mai um 12 Uhr mittags — nach eigenen Angaben in der Folge von Schüssen aus den Fenstern, nach übereinstimmenden Urteilen anwesender Journalisten ohne Grund — den Dauerbeschuß auf die Häuserfronten. Zu den Toten gehörten wieder Unbeteiligte: Drei Frauen außerhalb des abgesperrten Gebiets wurden auf einem Balkon von Polizeischüssen getroffen, ein Passant, der mit einem Beamten über die Fortsetzung seines Wegs diskutieren wollte, wurde ebenfalls erschossen.

In der Nacht errichteten Polizisten Stützpunkte in Toreinfahrten und Wohnungen mit Maschinengewehrstellungen auf Balkonen und Dächern. Das Geschehen wurde mit dort aufgestellten Scheinwerfern überwacht. Zu den Überreaktionen der Polizei gehörte u.a., daß die Beamten — das »Verkehrs- und Lichtverbot« überschreitend — auch beleuchtete Fenster in Hinterhöfen unter Feuer nahmen. Am Morgen des 4. Mai entspannte sich die Situation, und das Vorgehen der Polizei änderte sich. Zörgiebel gab am Mittag die Anweisung aus, nur noch auf »sichtbare Täter« und nicht mehr wahllos in Fenster zu schießen.

Die Bilanz des Vorgehens der Polizei: 33 Tote (davon kein einziger Polizist), 198 Verletzte und 1228 Festnahmen. Von den 47 verletzten Polizisten sind nur zehn so schwer verwundet, daß sie ins Krankenhaus eingeliefert werden müssen. Nur ein Polizist hat eine Schußverletzung, die er sich zudem nachweislich selbst beigebracht hat.

Die Zahlen belegen, daß die Behauptung der Polizei, ihr Schußwaffengebrauch sei eine Reaktion auf Schüsse gewesen, die auf sie abgegeben worden seien, wenig glaubwürdig ist. Die Version der Behörden wird auch dadurch widerlegt, daß sich in sämtlichen Todesopfern Polizeigeschosse finden und daß bei den großangelegten Wohnungsdurchsuchungen kaum Waffen gefunden werden. Die Taktik der Polizei bei den Maiereignissen wird von der rechtsgerichteten und der sozialdemokratischen Presse gutgeheißen, von bürgerlichen Organen wie der »Frankfurter Zeitung« verurteilt. Die Kritik richtet sich gegen die Behörden, die an dem Demonstrationsverbot festhielten und die Spannungen geschürt hätten.

Diese Anhäufung von Brettern, Balken und Baumaterialien wird von der Polizei als »Barrikade« gedeutet und zum Anlaß für scharfes Vorgehen genommen

Szene aus dem Berliner Arbeiterviertel Neukölln, einem der Zentren der Maiunruhen; berittene Polizei versucht, die Demonstration zu zerstreuen

Teilnehmer der verbotenen Demonstration zum 40. Jahrestag des Tags der Arbeit werden von der Polizei festgenommen; insgesamt etwa 860 Personen

Titelblatt der kommunistischen Zeitschrift »Der rote Stern« vom Juli 1929 mit einem Demonstrationsfoto zum Verbot des Rotfrontkämpferbundes

Der KPD-Vorsitzende Ernst Thälmann spricht auf dem Friedhof von Berlin-Friedrichsfelde anläßlich der Beisetzung von Opfern des Polizeieinsatzes

Thälmann solidarisiert sich mit den Opfern

8. Mai. Bei der Beerdigung von Opfern der Mai-Ereignisse in Berlin (→ 1.5./S. 78; 6.5./S. 80) spricht der KPD-Vorsitzende Ernst Thälmann. Er erklärt: »Die Kommunistische Partei solidarisiert sich völlig mit denjenigen, die auf den Barrikaden gestanden haben.«
Innerhalb der KPD hatte sich nach den Vorgängen vom 1. Mai die Meinung durchgesetzt, statt der Aufforderung zu weiteren Demonstrationen einen Aufruf zum Generalstreik zu veröffentlichen. Dieser Aufruf vom 2. Mai wurde außerhalb Berlins jedoch nur in Hamburg und im Ruhrgebiet in Ansätzen befolgt; in Berlin kam es zu Streiks lediglich in Branchen mit mehrheitlich kommunistischen Belegschaften, etwa in der Metallindustrie.
Insbesondere am 2. Mai waren es vielfach Jugendliche, die sich in Wedding und Neukölln Straßenschlachten mit der Polizei lieferten, während politisch bewußte, kommunistisch orientierte Arbeiter kaum aktiv in die Auseinandersetzungen eingriffen. Dennoch stellt sich die KPD voll hinter die Demonstranten, weil das Vorgehen der Behörden die Partei in ihrer Auffassung bestätigt, daß die SPD der Hauptfeind in der politischen Auseinandersetzung sei. Die von der KPD seit 1928 verfolgte »linke Generallinie« beschuldigt die SPD des »Sozialfaschismus« (→ 9.6./S. 100).

Verbot des kommunistischen Rotfrontkämpferbundes

3. Mai. Nach dem Verbot der kommunistischen Zeitung »Rote Fahne« am 2. Mai beschließen der preußische Innenminster Albert Grzesinski, der preußische Ministerpräsident Otto Braun und Reichsinnenminister Carl Severing (alle SPD) ein Verbot des kommunistisch orientierten Rotfrontkämpferbundes (RFB) für das Gebiet von Preußen.
Das Verbot wird am 6. Mai bekanntgegeben und tritt am gleichen Tag in Kraft. Bayern, Sachsen, Hamburg, Lippe-Detmold und Mecklenburg-Strelitz erlassen ebenfalls am 6. Mai ein Verbot.
Auf einer Länderministerkonferenz am 10. Mai beschließen auch die anderen Länder des Deutschen Reichs einen solchen Schritt. Die SPD-regierten Länder Hessen und Baden können sich allerdings erst nach massivem Druck dazu entschließen, da sie ein einseitiges Vorgehen gegen linke Organisationen ablehnen, da Rechtsverbände wie der paramilitärische Stahlhelm (→ 26.2./S. 33) ungeschoren bleiben.
Das Verbot des RFB wird mit dem Republikschutzgesetz, das nach dem Mord an Reichsaußenminister Walther Rathenau 1922 erlassen worden war und u.a. ein Verbot verfassungsfeindlicher Versammlungen und Vereinigungen beinhaltet (→ 27.6./S. 101), sowie mit einem »Gesetz zur Durchführung des Friedensvertrags« aus dem Jahr 1921 begründet. Letzteres verbietet bewaffnete militärische Aktionen.
Zweifelhaft bleibt das Vorgehen gegen den RFB, weil das Reichsgericht bereits 1928 einen Verbotsantrag des damaligen Reichsinnenministers Walter von Kundell (DNVP) zurückgewiesen hatte. Außerdem liegen keine Anzeichen dafür vor, daß der RFB in seiner Gesamtheit die Mai-Ausschreitungen in Berlin gesteuert hat.
Zwar hatte die Organisation in den Tagen davor zu einem »Kampfmai« aufgerufen, doch auch immer wieder zur Mäßigung geraten. Unter den 1228 Festgenommenen befinden sich zudem nur 89 Mitglieder des RFB.
Der RFB wurde im August 1924 als kommunistisches Pendant zum rechten Stahlhelm und zum sozialdemokratischen Reichsbanner Schwarz-Rot-Gold gegründet. Zum Zeitpunkt des Verbots hat er 150 000 Mitglieder, die ihre Arbeit nun im Untergrund fortsetzen.

Ein Bild aus der nationalsozialistischen Presse: Riesenkundgebung der NSDAP anläßlich des Wahlkampfes zur Landtagswahl in Sachsen in Leipzig

Schlüsselrolle für NSDAP in Sachsen

12. Mai. Bei den Landtagswahlen in Sachsen gibt es nur geringfügige Verschiebungen im Parteienspektrum; die Nationalsozialisten (NSDAP), die ihre Mandatszahl im 96köpfigen Landtag von zwei auf fünf erhöhen können, erhalten jedoch im neuen Länderparlament die möglicherweise entscheidende Rolle eines Züngleins an der Waage. Auf der Rechten wird die Deutschnationale Volkspartei (DNVP) auf Kosten der Partei des Landvolks, die erstmals in den Landtag einzieht, geschwächt. Die Parteien der bürgerlichen Mitte bleiben etwa gleichstark. Zwischen der SPD und den Altsozialisten, die 1926 wegen ihrer Zusammenarbeit mit den bürgerlichen Parteien (seit 1924) aus der SPD ausgeschlossen worden waren, gibt es eine Verschiebung zugunsten der Mutterpartei. Die Kommunisten büßen zwei von 14 Mandaten ein.

Der bisherige Ministerpräsident Max Heldt (Altsozialist) tritt aufgrund der Niederlage seiner Partei zurück. Sein Nachfolger Wilhelm Bünger von der rechtsliberalen Deutschen Volkspartei (DVP) ist auf die Unterstützung der Nationalsozialisten angewiesen, da die Regierungskoalition, deren Spektrum von den Deutschnationalen über das Landvolk und die bürgerlichen Parteien — DVP, Wirtschaftspartei, Volksrechtspartei und die linksliberale Deutsche Demokratische Partei (DDP) - bis zu den Altsozialisten reicht, mit 46 von 96 Sitzen nicht mehr über die Mehrheit im Landtag verfügt. Die NSDAP ist zu dieser Unterstützung nicht bereit.

Ergebnisse der Landtagswahl

Partei	Mandate 1929	1926
NSDAP	5	2
DNVP	8	14
Landvolk	5	0
DVP	13	12
Wirtschaftspartei	11	10
Volksrechtspartei	3	4
DDP	4	5
Altsozialisten	2	4
SPD	33	31
KPD	12	14

Der neue Ministerpräsident von Sachsen, Wilhelm Bünger (DVP)

Altsozialist Heldt tritt als sächsischer Ministerpräsident zurück

Keine Gelder aus Italien für Nazis

14. Mai. In München wird das Urteil in einem Prozeß gefällt, den der NSDAP-Vorsitzende Adolf Hitler gegen einen ehemaligen völkischen Reichstagsabgeordneten, zwei bayerische Journalisten und zwei sozialdemokratische Funktionäre wegen Beleidigung angestrengt hatte. Alle Angeklagten werden wegen übler Nachrede zu Geldstrafen zwischen 800 und 1000 Reichsmark oder ersatzweise zu acht bzw. zehn Tagen Gefängnis verurteilt.

Die Angeklagten hatten während des Reichstagswahlkampfes 1928, der für die Nationalsozialisten mit einer empfindlichen Niederlage endete, behauptet, Hitler sei »seelisch und materiell« von italienischen Faschisten abhängig und könne daher die Interessen des Deutschtums in Südtirol nicht glaubhaft vertreten. Das Gericht stellt nun fest, ein Nachweis für die Behauptung, daß die NSDAP vom italienischen Ministerpräsidenten und Duce Benito Mussolini und seiner faschistischen Bewegung finanziert worden sei, habe nicht erbracht werden können. Während des Prozesses hatten Zeugen lediglich Gerüchte über diese finanzielle Abhängigkeit wiedergeben können.

Ostpreußen ist durch den »polnischen Korridor« vom Reichsgebiet getrennt

Kundgebung von Landwirten in der ostpreußischen Hauptstadt Königsberg

Große Mehrheit für die Ostpreußenhilfe

16. Mai. Der Reichstag in Berlin verabschiedet mit einer breiten, von den rechtsextremistischen Parteien bis zur SPD reichenden Mehrheit das Gesetz über die wirtschaftliche Hilfe für Ostpreußen.

Das Gesetz sieht Hilfen für die ostpreußische Landwirtschaft in einer Gesamthöhe von 95 Millionen Reichsmark (RM) vor. Sie umfassen den Erlaß von Grundschuldzinsen, die Erleichterung der Lasten für Gemeinden, die Senkung der Frachtkosten und Schiffahrtsabgaben und die finanzielle Unterstützung von Kleinbahnen für den ländlichen Verkehr. Des weiteren werden Gelder für die Förderung der bäuerlichen Siedlung in Ostpreußen zur Verfügung gestellt. Außerdem ermächtigt das Gesetz die Reichsregierung, umfangreiche Kredite, insbesondere für die Umschuldung der Landwirte, zu gewähren.

Ziel dieser Maßnahmen ist es, die ostpreußische Landwirtschaft, die nicht nur unter dem Standortnachteil durch den »polnischen Korridor« leidet, sondern auch im Vergleich zu den übrigen Agrarregionen des Deutschen Reiches extrem hoch verschuldet ist, wettbewerbsfähig zu erhalten.

Die Anfänge der Ostpreußenhilfe gehen bis ins Jahr 1922 zurück, als die preußische Regierung ein Ostpreußenprogramm aufstellte, mit dem diese Provinz den übrigen Teilen des Deutschen Reichs gleichgestellt werden sollte. Besondere Förderung erfährt die Osthilfe neuerdings durch Reichspräsident Paul von Hindenburg, der aus einer preußischen Großgrundbesitzerfamilie stammt. Nach einer Intervention Hindenburgs hatte im Frühjahr 1928 die damalige Reichsregierung, eine Bürgerblock-Koalition unter Reichskanzler Wilhelm Marx (Zentrum), für die Unterstützung Ostpreußens 100 Millionen RM zur Verfügung gestellt.

Reichspräsident Paul von Hindenburg fördert die Ostpreußenhilfe

Die nun beschlossenen Maßnahmen gehen auf ein Gespräch von Reichskanzler Hermann Müller (SPD) mit den Vertretern der großen Agrarorganisationen zurück.

Während einige SPD-Abgeordnete bei der ersten Lesung im Reichstag am 3. Mai noch Bedenken gegen das Gesetz anmeldeten, weil nach ihrer Ansicht eine planmäßige Absatzförderung landwirtschaftlicher Produkte aus den Ostgebieten wirksamer sei als eine allgemeine Subventionierung, stellten sie diese Einwände schließlich zugunsten der Koalitionsdisziplin zurück.

Die von der KPD formulierten Gegenanträge, die Osthilfe auf bäuerliche Klein- und Mittelbetriebe sowie auf die Landarbeiterschaft zu beschränken, fanden keine Mehrheit im Reichstag. Die Vorschläge der Kommunisten werden mit dem Argument verworfen, daß im volkswirtschaftlichen und politischen Interesse ein Bankrott der Großbetriebe verhindert werden müsse.

Standortnachteil und Verschuldung

Durch die Gebietsabtretungen des Deutschen Reichs nach dem verlorenen Weltkrieg, die im Versailler Vertrag festgelegt sind, wurde Ostpreußen vom übrigen Reichsgebiet durch den »polnischen Korridor« getrennt. Das bisher zu Ostpreußen gehörende Memelland wurde an die Alliierten abgetreten und 1923 vom Staat Litauen besetzt. Der ostpreußische Kreis Soldau ging an Polen, Danzig wurde Freie Stadt.

Trotz der Bestrebungen der preußischen Staatsregierung, durch Ausbau der ostpreußischen Häfen und der Binnenwasserwege den Standortnachteil Ostpreußens auszugleichen, zeigte sich 1924 und 1925 die erste Krise in der ostpreußischen Agrarwirtschaft, von der auch andere östliche Provinzen Preußens erfaßt wurden. Die ostdeutschen Großbetriebe waren unverhältnismäßig hoch verschuldet, weil sie von den sinkenden Agrarpreisen überrascht worden waren und Rationalisierungsinvestitionen unterlassen hatten.

Die Spitze des Festzugs beim SPD-Parteitag mit den Parteiführern

SPD debattiert über Panzerkreuzer A

31. Mai. In Magdeburg geht nach sechstägiger Dauer der Parteitag der deutschen Sozialdemokraten zu Ende, auf dem u.a. über den Panzerkreuzerbau gestritten und eine Resolution zur SPD-Wehrpolitik verabschiedet wurde.

Das Stimmverhalten der sozialdemokratischen Fraktion und der SPD-Minister bei der Genehmigung der zweiten Rate für den Bau des Panzerschiffs A im Reichstag, die für den →27. Juni (S. 101) ansteht, war Gegenstand einer heftigen Kontroverse. Die Parteilinke forderte auf dem Parteitag von der gesamten Fraktion einschließlich der Minister und Reichskanzler Hermann Müller, sich zu verpflichten, gegen den Bau zu stimmen.

Die Regierungsmitglieder waren dazu nicht bereit. Müller verwies auf die Vereinbarung der Regierungsparteien (→13.4./S. 66), in der die Zustimmung der SPD-Kabinettsmitglieder zum Panzerschiffbau mit dem Fortbestand der Koalition gekoppelt worden war, und bewertete die weitere Beteiligung der SPD an der Regierung höher als die Entscheidung in dieser speziellen Frage. Müller konnte sich durchsetzen: Dem Vorschlag des Parteivorstands, die Anträge zu diesem Thema nicht zu beraten, stimmte der Parteitag mit 254 gegen 138 Stimmen zu.

Die Richtlinien der Partei zur Wehrpolitik, die am 28. Mai vom Parteitag beschlossen wurden, beinhalten bei einem prinzipiellen Bekenntnis zur weltweiten vollständigen Abrüstung die Anerkennung der Notwendigkeit der deutschen Reichswehr als Mittel zur Abwehr von möglichen militärischen Angriffen »imperialistischer und faschistischer Staaten«. Allerdings müsse die Armee sich »als dienendes Glied in die demokratische Republik« einordnen.

Fahnenträger beim Festzug zum Parteitag der SPD in Magdeburg; die Polizei schützt die Veranstaltung vor politisch motivierten Anschlägen

Breitscheid prophezeit schwere Krise des Parlamentarismus

Der Vorsitzende der sozialdemokratischen Fraktion im Deutschen Reichstag, Rudolf Breitscheid, mahnt vor dem Hintergrund der parteiinternen Auseinandersetzungen um den Bau des Panzerkreuzers A (→27.6./S. 101) die Genossen in Magdeburg, zu berücksichtigen, daß für den Fall eines Ausscheidens der SPD aus der Reichsregierung ein Kabinett mit parlamentarischer Mehrheit möglicherweise nicht zustandekommen und daraufhin die Regierung ohne Beteiligung des Reichstags vom Reichspräsidenten eingesetzt werden könnte:

»Wir wollen keine Krise ... Die Proletarier werden es verstehen, wenn wir über die von uns gezogenen Grenzen nicht hinausgehen, und die bürgerlichen Parteien werden es verstehen lernen müssen. Sie müssen erkennen, daß wir die stärkste Partei nicht nur in der Koalition und in der Regierung sind, sondern auch draußen im Lande. Es gibt eine Grenze für die Zugeständnisse, die wir an die Koalition und ungünstige wirtschaftliche Verhältnisse zu machen in der Lage sind ... Bedenken Sie doch eins! Wenn diese Regierung fällt, was kommt? - Auflösung! Schön! - Aber glauben Sie, daß die Demokratie auf Dauer bestehen kann, wenn man alle paar Jahre zur Auflösung schreitet? Was ist anders möglich? - Eine andere Regierung, eine parlamentarische Regierung! Gewiß, wenn wir das Kunststück fertigbringen, die Parteien von den Demokraten bis zu den Nationalsozialisten unter einen Hut zu bringen! Und was sonst? Dann wirklich eine Krise des Parlamentarismus, dann wirklich die Ausnutzung gewisser Verfassungsbestimmungen, die dem Sinn der Demokratie nicht entsprechen, die aber nun einmal nach ihrem Wortlaut in die Verfassung gekommen sind, und die Ausnutzung durch gewisse Desperados der Bestimmungen, die unter Umständen dem Reichspräsidenten ein Recht geben könnten, das im Grunde mit der Demokratie nicht in Einklang steht. Dann könnten wir eine Art Beamtenkabinett erhalten, das an sich vielleicht schon eine verschleierte Diktatur wäre.

Ich sage nicht, daß wir, um das abzuwehren, jedes Opfer zu bringen genötigt wären. Ich mahne euch nur, auch an diese Möglichkeit zu denken. Es kann sein, daß einmal der Moment kommt, wo wir sagen müssen, selbst auf diese Gefahr hin — wir können nicht weiter. Dann freilich müssen wir bereit sein, die Demokratie und den Parlamentarismus außerhalb des Parlaments zu verteidigen und zu vertreten.«

Reichskanzler Hermann Müller bei der Eröffnungsansprache in Magdeburg; auf dem Parteitag setzt sich der SPD-Fraktionsvorsitzende im Reichstag, Rudolf Breitscheid, mit der sozialdemokratischen Regierungsbeteiligung auseinander, rät aber ab, auf Einflußmöglichkeiten zu verzichten

Aman Ullah Khan geht nach Indien

23. Mai. Der afghanische König Aman Ullah Khan trifft zusammen mit seiner Frau Soraya und seinem Bruder Inajat Ullah Khan in der indischen Stadt Tschaman ein und ersucht um politisches Asyl.
Aman Ullah hatte am →14. Januar (S. 19) nach dem Scheitern seines Reformprogramms abgedankt, den

Habib Ullah Ghasi treibt mit militärischen Erfolgen den bisherigen afghanischen König Aman Ullah Khan und seine Angehörigen ins Exil

Thronverzicht jedoch zwei Wochen später wieder rückgängig gemacht. Nach anfänglichen militärischen Erfolgen fügten ihm die Truppen des ebenfalls zum König ausgerufenen Habib Ullah Ghasi empfindliche Niederlagen bei. Als Habib Ullah Mitte Mai die Stadt Herat besetzte, wurde Aman Ullah von den dringend benötigten sowjetischen Waffen- und Munitionslieferungen abgeschnitten. Moskau führt die Erfolge von Habib Ullah auf britische Unterstützung zurück - Afghanistan ist seit dem 19. Jahrhundert ein Zankapfel zwischen Großbritannien und Rußland (→17.10./S. 172).

Österreich nicht mehr von Seipel regiert

4. Mai. Der Vizepräsident der österreichischen Handelskammer, Ernst Streer Ritter von Streeruwitz (christlichsozial), bildet eine neue Regierung, der wie bisher — neben der Christlichsozialen Partei — die Großdeutsche Volkspartei und der Landbund angehören.
Der bisherige Bundeskanzler, der 52jährige christlichsoziale Politiker und Prälat Ignaz Seipel, war nach dreijähriger Amtszeit am 3. April 1929 unter Hinweis auf koalitionsinterne Spannungen zurückgetreten. Die Parteien der Koalition sollten sich ohne seine Führung über ihre künftige Politik einigen.
Der Schritt Seipels war überraschend erfolgt, zumal sich eine Einigung mit den oppositionellen Sozialdemokraten bei der Lockerung des Mieterschutzes abgezeichnet hatte. Spekulationen gehen dahin, daß Seipel, gesundheitlich angeschlagen, von der Welle von Kirchenaustritten, die von den Sozialdemokraten im Sommer 1928 angezettelt worden war, und von Widerständen in der eigenen Partei zermürbt gewesen sei.
Seipel, der sich in seinem Bemühen um ein Zurückdrängen der SPÖ auf die rechtsgerichteten Heimwehren stützte, wurde parteiintern auch für die Wahlniederlage von 1927, als die Christlichsozialen neun Mandate verloren, verantwortlich gemacht. Streeruwitz gilt als Übergangskandidat (→25.9./S. 152).

△ Das neue österreichische Kabinett: V.l. stehend Josef Mittelberger, Franz Slama, Hans Schürff, Emmerich Czermak, Florian Födermayer, Josef Resch; sitzend v.l. Bundeskanzler Ernst Streer Ritter von Streeruwitz, Bundespräsident Wilhelm Miklas, Karl Vaugoin

◁ Der christlichsoziale österreichische Bundeskanzler und Prälat Ignaz Seipel, hier bei einer Ansprache zum 750. Todestag der heiligen Hildegard, tritt wegen Spannungen in der Regierungskoalition zurück; sein Nachfolger Ernst Streer Ritter von Streeruwitz gilt als politisch profillos und als Übergangskandidat

Position der Kuomintang noch unsicher

28. Mai. Die chinesische Kuomintang-Regierung läßt die Leiche des 1925 verstorbenen ersten Präsidenten der chinesischen Republik und Begründers der Kuomintang-Partei, Sun Yat-sen, aus der alten Hauptstadt Peking nach Nanking überführen, um die Bedeutung dieser Stadt als neue Hauptstadt zu unterstreichen. Die Kuomintang-Regierung hat dort ihren Sitz.
Gemeinsam mit den chinesischen Kommunisten und sowjetischen Beratern hatte die Kuomintang zunächst für die Einigung des von rivalisierenden regionalen Militärmachthabern (»Kriegsherren«) beherrschten China gekämpft, sich jedoch 1927 von den bisherigen Bundesgenossen losgesagt. 1928 führte die von Chiang Kai-shek geführte Kuomintang-Armee von Nanking aus einen Feldzug nach Norden durch. Nach der Einnahme Pekings wurde Chiangs Nanking-Regierung von zahlreichen ausländischen Staaten als chinesische Zentralmacht anerkannt.
Tatsächlich ist die Position der Kuomintang jedoch noch nicht gefestigt, da einige der ehemaligen regionalen Kriegsherren, die sich formal Chiang Kai-shek unterstellt haben, nicht bereit sind, ihre bisherigen Privilegien aufzugeben. Zu diesen Rebellen gehört u.a. General Feng Yu-hsiang, der jahrelang den Nordwesten Chinas eigenmächtig beherrscht hat und über eine starke eigene Armee verfügt. Feng, der innerhalb der Nanking-Regierung selbst die Ämter des Vizepremiers und des Verteidigungsministers innehat, lehnte es am 19. Mai in einer öffentlichen Erklärung ab, seine Streitkräfte vorbehaltlos der Regierung zu unterstellen. Er begründete die Weigerung mit der Benachteiligung seiner Armee bei der Verteilung des Heeresbudgets. Außerdem seien viele Delegierte auf dem Kuomintang-Parteitag im März nicht von den Parteimitgliedern gewählt, sondern von der Parteispitze ernannt worden. Chiang konnte hingegen darauf verweisen, daß die von Feng kontrollierten Provinzen keinerlei Steuern an die Zentralregierung gezahlt haben. Der Ausschluß Fengs aus Partei und Regierung am 23. Mai löst einen Bürgerkrieg zwischen den Anhängern Chiangs und Fengs aus.

Revolverschüsse auf A. Voldemaras

6. Mai. Der Ministerpräsident des diktatorisch geführten Staates Litauen, Augustin Voldemaras, entgeht unverletzt einem Attentat. Als der Politiker mit seiner Gattin, einem Pflegesohn und zwei Adjutanten das Auto verläßt, um einem Konzert in der Kownoer Oper beizuwohnen, stürzen vier Männer auf die Gruppe zu und geben Revolverschüsse ab. Ein Adjutant wird getötet, der Pflegesohn verletzt.
Die Behörden vermuten die Attentäter in der sozialistischen Studentenorganisation Ausra und nehmen 60 ihrer Mitglieder fest. Die ausländische Presse geht davon aus, daß die Regierung das Attentat zum Vorwand nimmt, um oppositionelle Gruppen auszuschalten.

Bildungswesen 1929:

Sozialistische Reformer wollen Einheitsschule durchsetzen

In einem Bildungssystem, das Kindern aus der Arbeiterschicht den Besuch weiterführender Schulen weitgehend versperrt, kommt den Bemühungen sozialistisch und kommunistisch orientierter Schulreformer um eine Verbesserung der Ausbildung für Proletarierkinder große Bedeutung zu. Auch die Frauen gehören zu den Benachteiligten der Weimarer Bildungseinrichtungen; sie sind z.B. an den Universitäten unterproportional vertreten. Die in Verbindungen organisierten Studenten tendieren in der Regel nach rechts, völkische und nationalsozialistische Vorstellungen sind weit verbreitet.

Als Modell für eine sozialistische Schule wird die 1929 von dem sozialdemokratischen Schulreformer Kurt Löwenstein in Berlin-Neukölln aus verschiedenen Vorstufen entwickelte Karl-Marx-Schule angesehen. Sie vereinigt eine Volks- und eine Aufbauschule, auf der Schüler mit abgeschlossener Volksschulbildung das Abitur erreichen können, ferner eine »Deutsche Oberschule«, die deutschsprachigen Literaturunterricht und künstlerische Fertigkeiten in den Vordergrund stellt, sowie einen Arbeiter-Abiturientenkurs. Letztere Einrichtung ermöglicht es jungen Arbeitern, nach einer abgeschlossenen Berufsausbildung in dreijährigen halbtägigen Kursen die Hochschulreife zu erlangen. Die Karl-Marx-Schule kommt der von den Reformern angestrebten Einheitsschule, die die Barrieren des dreigliedrigen staatlichen Schulsystems überwinden soll, nahe.

Löwenstein ist im Rahmen der sozialistischen Reformpädagogik auch als Vorsitzender der 1924 als Reichsorganisation gegründeten »Kinderfreunde« bekanntgeworden. Die Ziele dieser SPD-nahen Bewegung, deren jugendliche Mitglieder »Falken« heißen, sind:

▷ Entwicklung eines kollektiven Selbstbewußtseins
▷ Entwicklung eines emotional gestützten Klassenbewußtseins
▷ Ausbildung einer aktiven Solidarität und eines demokratischen Bewußtseins.

Sozialistische »Kinderfreunde«

In der Schrift »Die Aufgaben der Kinderfreunde« (1929) erläutert der sozialdemokratische Berliner Schulreformer Kurt Löwenstein die Notwendigkeit einer sozialistischen Kindergruppenarbeit:

»Was das einzelne Kind und die einzelne Familie nicht kann, das kann die Erziehungsbewegung leisten. In der Kindergruppe sind die Arbeiterkinder als Gleichberechtigte beieinander. Alle kommen im wesentlichen aus ähnlichen wirtschaftlichen Verhältnissen und sind unter ähnliche Lebensbedingungen gestellt ... Wir gehen ... von der besonderen gesellschaftlichen Lage des Arbeiterkindes aus. Das Arbeiterkind lebt unter einer doppelten Unterdrückung. Es teilt die wirtschaftliche Not und das unsichere Dasein seiner Arbeitereltern, es erlebt darüber hinaus in der häuslichen Enge, in der Bedrücktheit der Eltern eine zweite Form der Unterdrückung. In den meisten Proletarierfamilien, selbst in solchen, in denen Mutter und Vater politisch organisiert sind und sich nicht nur als gute Sozialdemokraten fühlen, sondern auch mutige Kämpfer der Arbeiterbewegung sind, herrscht im häuslichen Kreise noch die alte Form obrigkeitlicher Gesinnung. So sehr die Eltern eine klassenlose Gesellschaft erstreben, so sehr sie die Bedrückung der Schwächeren hassen und dem Stärkeren nur vermehrte gesellschaftliche Verpflichtung auferlegen wollen, so wenig ist diese Gesinnung zumeist in ihr eigenes Heim eingedrungen.«

◁ Das von Regierungsbaurat Beckmann entworfene neue Schulgebäude des Kaiser-Wilhelm-Gymnasiums in Berlin-Neukölln hat eine großzügige Badeeinrichtung mit Brausebädern und Fußwannen, damit sich die Schüler nach dem Sportunterricht, dem von Pädagogen große Bedeutung zugemessen wird, erfrischen können

▽ Das neue Kaiser-Wilhelm-Gymnasium in Neukölln — die »Vossische Zeitung« nennt das 1929 fertiggestellte Gebäude in ihrer Wochenendbeilage »Berlins modernsten Schulbau« — ermöglicht den Schülern unkonventionellen englischen Sprachunterricht unter Zuhilfenahme eines Rundfunkgeräts

Blick in den Studiersaal einer deutschen Universität; Frauen sind an den Hochschulen nicht nur in traditionell als unweiblich geltenden naturwissenschaftlichen Fächern unterrepräsentiert

Das »schwarze Brett« in einer Universität mit Hinweisen auf Verdienstmöglichkeiten für mittellose Studenten

Billig und viel — diese Beschreibung trifft für das Mensaessen am ehesten zu; die Qualität läßt Wünsche offen

Die KPD kritisiert diese Vorstellungen als »idealistisch«. Der ebenfalls 1924 gegründete kommunistische Kinderverband, der Jung-Spartakus-Bund, setzt statt dessen auf die Ausbildung klassenkämpferischer Fähigkeiten.

Die sozialistischen Bildungsexperimente, insbesondere an den Schulen, sind nur einer verschwindend kleinen Minderheit zugänglich. Der überwiegenden Mehrheit der Arbeiterkinder bleibt der Weg zu einer besseren Ausbildung weiterhin verschlossen. Nur 13,6 % aller Schüler besuchen 1929 weiterführende Schulen. Der Anteil der Arbeiterkinder an diesen Schulen wird auf 4 % geschätzt. Doppelt benachteiligt sind die Mädchen aus Arbeiterfamilien, denn an den höheren Schulen sind etwa zwei Drittel aller Schüler Jungen. Der Anteil der Mädchen, die das Abitur erreicht hatten, belief sich bei der letzten schulstatistischen Erhebung (1926/27) auf 9,1 %. Der Anteil der Frauen an den 93 000 Studenten, die im Sommersemester 1929 an den Universitäten (ohne Technische Hochschulen) des Deutschen Reichs immatrikuliert sind, liegt mit 16 % ein wenig höher. Unter den 5599 Lehrkräften an deutschen Universitäten sind nur 47 Frauen.

Wegen ihrer reaktionären politischen Gesinnung haben die »Deutschen Studentenschaften« 1928 im Land Preußen ihre staatliche Anerkennung als Selbstverwaltungsorgan der Studierenden verloren. Auf ihrer Jahrestagung im Juli 1929 in Hannover gibt sich der Vorstand der Organisation daher gemäßigt. Die Studentenschaften der Universitäten Würzburg, Erlangen und Brünn sowie die Technische Hochschule München stellen hingegen auf der Tagung den Antrag, einen Numerus clausus für jüdische Studenten und Lehrende einzuführen. Die Erörterung dieses Antrags wird allerdings von dem Studenten-Plenum mit einer relativ knappen Mehrheit von 103 gegen 70 Stimmen abgelehnt.

Wander-Bibliothek ist lebhaft besucht

Einen besonderen Service für Bibliotheksbenutzer bietet die Stadt München seit Jahresbeginn 1929: Eine »Wander-Bücherei«, die in einem Straßenbahnwagen (Abb.) untergebracht ist. Sie versorgt die Bewohner der Außenbezirke mit Lesestoff. Der Wagen faßt 2400 Bände und besucht an sechs Tagen in der Woche jeweils vormittags und nachmittags einen anderen Bezirk. Der zu entleihende Bestand wird auf die Bevölkerungszusammensetzung des angefahrenen Gebiets abgestimmt. Die Wander- Bücherei wird von den Münchnern lebhaft genutzt. In den ersten neun Monaten ihres Bestehens schreiben sich 1800 Leser ein. Die Zahl der täglichen Entleihungen beläuft sich auf durchschnittlich 1900.

Roheisen 4 Mark pro Tonne teurer

17. Mai. Der Roheisenverband beschließt auf einer Mitgliederversammlung in Berlin, die Roheisenpreise um vier Reichsmark je Tonne anzuheben.

Der Verband begründet die Erhöhung damit, daß im Mai 1928 bei der allgemeinen Preiserhöhung — u.a. für Kohle und Walzeisen — die Roheisenpreise unverändert geblieben seien und das Preisniveau in den westeuropäischen Staaten erheblich über dem deutschen liege. Der Roheisenverband hatte 1927 zweimal eine Preissenkung vorgenommen, um sich gegen die ausländische Konkurrenz zu behaupten.

Kritiker des Beschlusses, der ohne Rücksprache mit dem Reichswirtschaftsministerium und der eisenverarbeitenden Industrie erfolgt, verweisen darauf, daß die Preiserhöhung lediglich wegen verbandsinterner Streitigkeiten nicht früher vorgenommen worden sei. Offensichtlich sei es den Roheisenproduzenten nun gelungen, eine »Einheitsfront« herzustellen.

Lohnkonflikt bei Reichsbahn gelöst

25. Mai. Der Lohnkonflikt bei der Reichsbahn, in dem sich die Tarifparteien nicht haben verständigen können, wird durch einen Schiedsspruch beendet. Er sieht eine durchschnittliche Erhöhung der Stundenlöhne für die Eisenbahner um drei Reichspfennig vor und wird die Reichsbahn mit 43,2 Millionen Reichsmark (RM) jährlich zusätzlich belasten.

Während die Mitglieder der Eisenbahnergewerkschaft in einer Urabstimmung diesen Schiedsspruch akzeptieren, lehnt die Reichsbahn ihn unter Hinweis auf die untragbare finanzielle Mehrbelastung ab.

Der Schiedsspruch wird dennoch am 7. Juni von Reichsarbeitsminister Rudolf Wissell (SPD) für verbindlich erklärt. Die Reichsregierung stellt der Reichsbahn in Aussicht, künftig über einen Teil ihrer Erträge aus der Verkehrssteuer frei zu verfügen. Bisher hat die Reichsbahn jährlich etwa 330 bis 340 Millionen RM an Einnahmen aus der Verkehrssteuer an die Reichsregierung abgeführt. Diese mußte davon etwa 290 Millionen RM an Reparationen bezahlen. Die Differenz beider Summen soll künftig der Reichsbahn zur Verfügung stehen. Andernfalls seien, so erklärt die Reichsbahndirektion, spürbare Tariferhöhungen für Bahnfahrten unumgänglich.

Ein Reichsbahnbeamter an einem automatischen Weichensteller

Rat aus den USA: Lohnerhöhungen

19. Mai. Der US-amerikanische Großindustrielle William Crapo Durant, der Begründer des Automobilkonzerns General Motors, äußert sich anläßlich eines Aufenthalts im Deutschen Reich positiv zur deutschen Wirtschaftsentwicklung und gibt den Rat, die Löhne der Arbeiter zu erhöhen, um so die Kaufkraft zu steigern.

In einem Zeitungsinterview führt Durant u.a. aus: »Die deutsche Industrie muß ... dazu übergehen, sich mit dem Gedanken vertraut zu machen, daß eine Besserung der Lage im hohen Maße davon abhängig ist, daß der Arbeiter seinen Anteil am Gewinn in der Form von höheren Löhnen erhält. Kein Land der Welt, in dem niedrige Löhne gezahlt werden, erfreut sich großen Wohlstandes. Hohe Löhne für den Arbeiter bedeuten gesteigerten Konsum ... Der Aufschwung unserer [der US-amerikanischen] Industrie datiert erst von dem Augenblick an, wo wir die breiten Massen des Volkes konsumfähig gemacht haben.«

»Graf Zeppelin« muß bei Toulon notlanden

17. Mai. *Das Luftschiff LZ 127 »Graf Zeppelin«, das am Vortag von seinem Heimathafen in Friedrichshafen am Bodensee zu einer Amerikafahrt gestartet ist, muß nach einem Kurbelwellenbruch am Steuerbordmotor nach wenigen Stunden über dem Atlantik umkehren.*

Pilot Hugo Eckener läßt das Luftschiff in der Nähe der französischen Stadt Toulon notlanden. Passagiere und Mannschaft überstehen den eintägigen Flug mit nur einem Motor wohlbehalten. Der erste Transatlantikflug von LZ 127 im Herbst 1928 war erfolgreich verlaufen (Abb.: Einer der schadhaften Maybach-Motoren wird ausgebaut; →4.9./S. 156).

Die Vagabunden treffen sich in Stuttgart

18. Mai. *In Stuttgart findet auf Einladung der deutschen Bruderschaft der Vagabunden der Europäische Landstreicherkongreß statt. Es sprechen u.a. der Arbeiterdichter Heinrich Lersch und der Kulturphilosoph Theodor Lessing; aber auch die Vagabunden selbst kommen mit ihren Erfahrungen zu Wort (Abb.: Ansprache eines Wanderbruders in Stuttgart). So setzt sich Willi Hammelrath mit der Warnung der Presse, daß Kinder nicht auf die Straße gehörten, auseinander: »Seht dort meinen kleinen Buben! Er ist sozusagen auf der Straße geboren. Ist er nicht gesund und stark ... Wir geben unserm Bub Kraft — was er damit tut, ist seine Entscheidung.«*

Blick auf die Weltausstellung im katalanischen Barcelona; die Exposition ist am Eröffnungstag gutbesucht

Barcelona-Pavillon von Mies van der Rohe

19. Mai. Attraktion der Internationalen Weltausstellung in Barcelona, die vom spanischen König Alfons XIII. feierlich eröffnet wird, ist der deutsche Pavillon nach Entwürfen des Architekten Ludwig Mies van der Rohe.
Der repräsentativen Zwecken dienende Flachdachbau beeindruckt durch die originellen Baustoffe — Stahl, grünliches Glas, gelbes Onyx — vor allem jedoch durch die Harmonie seiner einfachen und klaren Formen und Farben. Es handelt sich um eine offene Anlage mit freistehenden Wänden, der Konzeption des »fließenden Raums« folgend. Die Inneneinrichtung hat Mies van der Rohe bis ins letzte Detail selbst gestaltet. Durch eine Glasscheibe geht der Blick auf ein Wasserbecken mit der Plastik »Die Badende« des Bildhauers Georg Kolbe.
Auf dem 1,2 km² großen Ausstellungsgelände wurden 40 Paläste, Pavillons und andere Gebäude errichtet. Die Kosten der Ausstellung belaufen sich auf 180 Millionen Peseten (107 Millionen Reichsmark). Schwerpunkte der Schau sind Industrieprodukte aus aller Welt, ferner Kultur und Sport. Das größte Gebäude auf dem Gelände ist der Nationalpalast mit 32 000 m² Fläche.

Barcelona zeigt »Kunst in Spanien«

Ansichtskarte zur Weltausstellung

Bis ins kleinste Detail durchgestaltet ist die Halle im deutschen Pavillon, entworfen von dem Architekten Ludwig Mies van der Rohe

Ford Aktienpaket geht an I.G. Farben

27. Mai. Die I.G. Farbenindustrie und die Ford Motor Company AG Berlin geben offiziell bekannt, daß die I.G. Farbenindustrie 40 % des Aktienkapitals der deutschen Tochter des US-Automobilkonzerns Ford übernommen hat. Die Aktien sollten ursprünglich öffentlich zur Zeichnung aufgelegt werden. Der Vorstandsvorsitzende der I.G. Farben, Geheimrat Carl Bosch, übernimmt den Vorsitz im Aufsichtsrat der deutschen Ford-Werke.
Der Berliner Ford-Ableger wurde 1925 mit einem Kapital von fünf Millionen Reichsmark gegründet; 1929 soll ein zweites Werk im Deutschen Reich errichtet werden.
Wirtschaftskommentatoren gehen davon aus, daß die Reserven der US-Muttergesellschaft durch die 1926/27 vollzogene kostspielige Umstellung vom T-Modell auf andere Typen zusammengeschrumpft sind und der Konzern auf fremdes Kapital angewiesen ist, um im Konkurrenzkampf mit General Motors bestehen zu können (→17.3./S. 49).

Stinnes-Tochter umfährt die Welt

28. Mai. Die Tochter des 1924 verstorbenen Großindustriellen Hugo Stinnes, Clärenore Stinnes, trifft mit ihrem Adler-Standard 6 (40 PS, Höchstgeschwindigkeit 80 km/h) nach zweijähriger Fahrt in Berlin ein. Sie hat als erste Frau mit dem Auto die Welt umreist.
Die 28jährige war am 25. Mai 1927

Clärenore Stinnes, eine Tochter des Schwerindustriellen Hugo Stinnes, hat als erste Frau die Welt mit dem Auto umrundet; danach heiratet sie ihren Begleiter, den Schweden Söderström

in Begleitung zweier Werksmechaniker und des Schweden Carl Axel Söderström in Berlin gestartet. Ihre Reise, bei der sie 49 244 km zurücklegte, führte sie durch 23 Länder. Die deutsche Automobilindustrie unterstützte das werbewirksame Abenteuer mit einem Betrag von 100 000 Reichsmark.

Enganliegendes Jersey-Barrett mit blauem Filzstreifen; der Topfhut ist nicht länger en vogue

Die elegante Kappe mit einseitig herabgebogener Krempe schmiegt sich besonders im Nacken eng an

Originelle stirnfreie Kappe aus grünem Samt; Entwurf der Wiener Hutmacherin Johanna Löw

Mode 1929:

Betonung weiblicher Formen statt moderner Sachlichkeit

»Die modische Linie verlangt eine weibliche Wirkung, denn die Frau zeigt wieder Figur. Geradlinigkeit und Schlichtheit bleiben dem sportlichen Dreß vorbehalten. Das gerade Hängerkleid ist nicht mehr modern. Favorit ist das Prinzeßkleid, das sich um Taille und Hüften schmiegt. Die Mode konzentriert sich auf diagonale Ziernähte, eingesetzte Dreiecke und Godets um Taille und Hüften, die Bewegung in die Röcke bringen.« Mit diesen Worten charakterisiert die »Elegante Welt« in ihrer Ausgabe vom 4. März 1929 die Linie des Jahres 1929. Der Schnitt solcher Kleider wird als »Architektenarbeit« bezeichnet. Madeleine Vionet ist die anerkannte Meisterin des Schrägschnitts, bei dem der Stoff diagonal zum Fadenlauf verarbeitet wird. Sie schneidet das Modell auf einer Puppe in kleinerem Maßstab zu.

Badekostüm mit großflächiger, symmetrischer Anordnung der Farben; dazu trägt die modebewußte Sportlerin eine Gold-Pyjamajacke

Von Kopf bis Fuß auf den Badeurlaub vorbereitet: Trikotkostüm mit Frotteecape, dazu die passende Mütze und Schuhe aus Gummi

Die Taille rutscht etwas hinauf, mehr an die natürliche Stelle. Die sportliche Tageskleidung bleibt kniekurz, während sich der Saum beim Nachmittagskleid leicht verlängert. Die weibliche Linie zeigt sich besonders an der verspielteren Ausgestaltung der Kleider, zu der unterschiedliche Kragenformen, Plissé-Einsätze und Jabots gehören. Bei Tageskleidern steht Jersey (nach dem größten französischen Hersteller auch Rodierstoff genannt) als Material an erster Stelle, bei Nachmittagskleidern Samt und bei Kostümen Wollstoffe und Tweed. Kleine Muster wie Streublümchen, Schiffchen, Kreise und Tupfen behaupten sich.

»Trotz der noch bestehenden Differenzierung zwischen Tages- und Nachmittagskleid wird sich die Kleidung der Frau immer mehr auf Tages- und Abendkleider beschränken, denn für das Nachmittagskleid wird infolge der Bequemlichkeit und Inanspruchnahme der Frau kein Verlangen mehr vorhanden sein«, so die Modezeitschrift »Elegante Welt«.

Statt des Kleides setzt sich zunehmend das praktische Complet aus zwei, drei oder vier Teilen durch, das ein schnelles Variieren der Garderobe erlaubt. Es sind Kleider oder Röcke mit Blusen, die durch ein Bolero, ein Cardigan oder einen langen Kasack ergänzt werden. Beliebt sind dreiviertellange Mäntel. Für den Abend gibt es mit Jersey gefütterte Samtmäntel.

Die ganze Phantasie entlädt sich im Abendkleid, dessen Wirkung nicht mehr von üppigen Straß- und Paillettenstickereien, sondern von raffinierten Schnittdetails ausgeht. Es ist in jedem Fall bis zur Hüfte figurbetont, während die Silhouette des Rockes durch eingesetzte Godets, ein Volantgerinnsel oder angesetzte Orgelpfeifenfalten äußerst bewegt ist. Diese Bewegtheit wird einerseits durch das Material (Chiffon, Georgette, Seidenkrepp und Tüll), andererseits durch den stets unregelmäßigen Saum unterstrichen. Dieser ist entweder vorn und hinten waden- und seitlich bodenlang, oder nur vorn wadenlang und verlängert sich nach hinten zu einer Schleppe. Gefragt ist das große Rückendekolleté, das von einem breiten Kragen oder herabhängenden Flügeln umrahmt wird.

Die lieblichen Silhouetten werden durch seitlich gescheitelte, flach ondulierte Wellenfrisuren ergänzt während der strenge Bubikopf nicht mehr gefragt ist. Die Hüte verändern sich zu vollkommen randlosen, anliegenden Kappen sog. Toquebaretts. Sie sind asym-

metrisch geschnitten, d.h. sie verlängern sich auf der einen Seite zu einem langen Flügel, während sie das andere Ohr knapp bedecken. Als sportliche Kopfbedeckung wird die Baskenmütze entdeckt.
Um das Bein optisch zu verlängern, fällt die beliebte Ristspange weg. Stattdessen werden weitausgeschnittene Pumps verbindlich. Für die sportliche Dame gibt es neue Golf-, Tennis-, Reit- und Ski-Kollektionen. Zum Golf werden Jersey-Ensembles, zum Tennis weiße, ärmellose Kleider mit kniekurzen Faltenröcken getragen. Der korrekte Reitdress besteht nicht nur aus Jackett, Krawatte und Breeches, sondern nach wie vor auch aus dem Kostüm mit Reitrock für den Damensattel.
Die modische Herrenkleidung betont breite Schultern, eine hochliegende Taille und gleitende Hüften. Die Revers sind allgemein kurz und breit. Immer bewußter wird die Abkehr von allen unnützen Spielereien in Schnitt und Besatz. Der zweireihige Anzug wird dem Einreiher vorgezogen. Streif, auf blauem oder braunem Grund, gilt als modisch, während Karos in den Hintergrund treten. Auch bei der Krawatte sind sehr breite Streifen gefragt. Die Hosen sind mäßig weit und verlieren ihren Umschlag. Smoking und Frack bleiben für den Abend verbindlich. Die Mode macht den Mann 1929 endgültig zum »Gürteltier«, schreibt der »Modenspiegel« am 19. März 1929: »Des Mannes Liebe geht vielleicht durch den Magen, sein Gürtel aber nicht über ihn. Den klaffenden Zwiespalt zwischen der Weste und dem heruntergerutschten Gürtel kann er auch mit aller Güte nicht überbrücken. Da schimmert es weiß oder gestreift, je nach der Farbe des Oberhemdes.«
Neu als legerer Manteltyp ist der Polo-Coat. Er stellt ein Zwischending zwischen Paletot und Ulster dar. Er ist zweireihig, wobei auch das obere Knopfpaar geschlossen wird. Seine eingesetzten Ärmel sind mit einer Blende besetzt und die Kanten abgesteppt. Er wird stets durch einen weichen Hut ergänzt. Als Nachmittagsmantel wird weiterhin der Chesterfield empfohlen, der auch mit Melone getragen werden kann. Eine praktische Neuheit ist der Mantel mit ein- und ausknöpfbarem Futter.

Kleid in grün, Modefarbe der Saison, golddurchwirkt, mit passendem Stirnband

Mantel aus Bisamfell mit großzügiger Verbrämung aus Marderfell

Blaues Imprimékleid in modischer Prinzeßform, dazu weicher Exotenstrohhut

Schwarzes, sehr lang gehaltenes Tüllkleid mit origineller Straßstickerei

Kostüm aus Trikotstoff mit dreifarbigem Jumper

Schräggeschnittenes Frühjahrskleid mit Weste

Elegante Nachmittagskleider aus Moiré-Stoff

Schwarzes, lila geblümtes Moiré-Kleid mit Zipfelsaum

△ Die Farben Gold, Kirschrot und Schwarz sind in diesem eleganten Seidenpyjama, vorgeführt von Marion Mill, wirkungsvoll zusammengestellt

▷ Wäsche-Kombination aus Crèpe Satin mit breiter Spitzenpasse

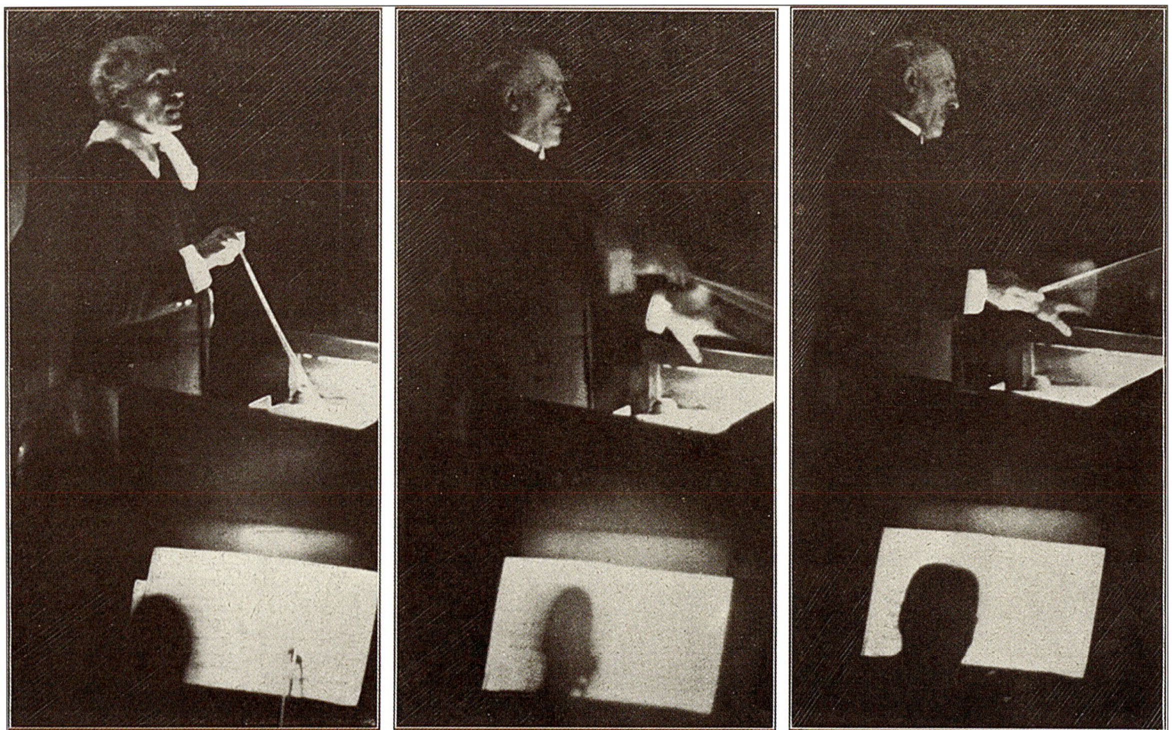

Toscanini trennt sich von Mailänder Scala und geht nach New York

22. Mai. *Im Rahmen der Berliner Festwochen dirigiert Arturo Toscanini die Oper »Falstaff« von Giuseppe Verdi. Es ist der letzte Auftritt des 62jährigen Dirigenten mit dem Opernensemble der Mailänder Scala, das er seit 1921 leitet. Toscanini will sich künftig auf seine Aufgabe als Chefdirigent des New York Philharmonic Orchestra, dessen Leitung er 1927 übernommen hat, konzentrieren. Der Rücktritt Toscaninis wird mit seinem Augenleiden begründet, das ihn zwingt, Opern aus dem Gedächtnis zu dirigieren. Zwar verfügt er über ein Repertoire von 32 Werken, die Einstudierung neuer Opern ist ihm jedoch wegen der Erkrankung nicht mehr möglich.*

Spekulationen gehen jedoch dahin, daß Toscanini Italien verläßt, weil er von den Eingriffen des faschistischen Staates in sein künstlerisches Schaffen zermürbt sei (Abb.: Toscanini beim Gastspiel von Mitgliedern der Mailänder Scala in Berlin).

Einstein verzichtet auf peinliche Gabe

14. Mai. In einem Schreiben an den Berliner Magistrat verzichtet der Physiker Albert Einstein auf ein Ehrengeschenk der Stadt.

Dem Entschluß sind eine Reihe von Pannen vorausgegangen. Zunächst hatte man dem Naturwissenschaftler ein Grundstück zugedacht, über das die Stadt — wie sich später herausstellte — nicht das Verfügungsrecht hatte. Das nächste für Einstein

Albert Einstein, der Begründer der Relativitätstheorie, die das moderne Weltbild revolutionierte, nimmt die Ehrengabe der Stadt Berlin nicht an

ausgewählte Grundstück war weder zu Wasser noch zu Lande erreichbar, der Blick auf den See war außerdem durch eine Scheune versperrt. Die Entscheidung über ein drittes Ersatzgrundstück in Kladow wurde auf Antrag der DNVP in der Stadtverordnetenversammlung immer wieder aufgeschoben. Einstein zieht mit seinem Verzicht aus alledem die Konsequenzen.

Erste »Oscars« an Emil Jannings und Janet Gaynor

16. Mai. Im Roosevelt Hotel in Hollywood bei Los Angeles werden erstmals die »Academy Awards« verliehen. Mit den später sog. Oscars werden Regisseure und Filmschauspieler von Filmen ausgezeichnet, die zwischen dem 1. August 1927 und dem 31. Juli 1928 in den Lichtspieltheatern von Los Angeles angelaufen sind.

Den Preis als bester Darsteller erhält der seit 1926 in Hollywood arbeitende Deutsche Emil Jannings für seine Rollen in »Sein letzter Befehl« (The last Command, Regie: Josef von Sternberg) und »Der Weg allen Fleisches« (The Way of all Flesh, Regie: Victor Fleming).

Als beste Darstellerin wird die US-Amerikanerin Janet Gaynor für ihre schauspielerische Leistung in den Filmen »Sonnenaufgang« (Sunrise, Regie: Friedrich Wilhelm Murnau), »Der siebte Himmel« (Seventh Heaven, Regie: Frank Borzage) und »Straßenengel« (Street Angel, Regie ebenfalls Borzage) ausgezeichnet. Die Jury erklärt »Flügel« (Wings) von William A. Wellman zum besten Film. Er schildert die Geschichte zweier Piloten im Weltkrieg und ist zum größten Teil in der Luft gedreht worden. Die meisten Auszeichnungen erhalten »Der siebte Himmel« (für das beste Drehbuch und die beste Regie) und »Sonnenaufgang« (für die beste Kameraführung und »den künstlerischen Wert der Produktion«). Die Preisverleihung nimmt im Rahmen eines opulenten Festbanketts der US-Schauspieler Douglas Fairbanks vor. Er ist Präsident der 1927 ins Leben gerufenen Academy of Motion Picture Arts und Sciences, die den Oscar gestiftet hat.

Emil Jannings mit seiner Frau Gussy Holl (M.); der Oscar-Preisträger kehrt 1929 aus Hollywood nach Berlin zurück

Boxprofi Wasser stirbt beim Kampf

12. Mai. Der erste Profiboxkampf, der seit fünf Jahren in Wien ausgetragen wird, endet tödlich: Der ungarische Boxer Hudra Wasser, der gegen den Österreicher Mirko Anderschitz angetreten ist, stirbt wenige Minuten nach Beginn des Kampfes an Herzlähmung.
Als Anderschitz nach wenigen vortastenden Bewegungen mit einem linken Haken und einer rechten Geraden in die Herzgegend in die Offensive geht, wird Wasser plötzlich blaß, schwankt und stürzt tot auf den Boden des Boxrings.
Nach dem tragischen Ausgang des Kampfes — ein Zusammenhang mit einer Schlageinwirkung ist nach dem Obduktionsbefund allerdings nicht ersichtlich — werden vorerst keine weiteren Berufsboxkämpfe in der österreichischen Hauptstadt ausgetragen werden.

Erste Fußball-WM 1930 in Uruguay

20. Mai. Die Fédération Internationale de Football Association (FIFA) beschließt auf ihrem Kongreß in Barcelona, die erste Fußball-Weltmeisterschaft 1930 in Montevideo, der Hauptstadt von Uruguay, auszutragen. Es soll keine Vorrunden in anderen Städten geben, sondern alle Spiele sollen — wie beim olympischen Fußballturnier — an einem Ort ausgetragen werden.
Die Entscheidung für Uruguay fällt, nachdem Spanien, Ungarn, die Niederlande, Schweden und Italien ihre Bewerbungen zugunsten des zweimaligen Olympiasiegers (1924 in Paris, 1928 in Amsterdam) zurückgezogen haben. Für den Gastgeber ist die Austragung mit erheblichen Kosten verbunden, denn — so die Entscheidung der FIFA — Uruguay hat die Steuern und Platzabgaben, die Garantie für Reisekosten und den Unterhalt zu tragen. Die Meldegebühr für die Teilnehmerländer beträgt 200 US-Dollar (800 Reichsmark).
Die FIFA faßt den Beschluß zur Durchführung einer Weltmeisterschaft genau einen Tag vor ihrem 25. Jubiläum: Am 21. Mai 1904 ist dieser »Völkerbund der Fußballer« in Paris gegründet worden. Er gilt als Vorbild für internationale Dachverbände in anderen Sportarten.

Österreichische Arbeitersportler mit roten Fahnen vor dem Rathaus

Rhythmischer Gemeinschaftstanz beim Arbeitersportfest in Wien

Aufmarsch der Arbeitersportlerinnen in der Innenstadt von Wien

Arbeitersportler am 1. Mai in Wien

1. Mai. *Während die verbotenen Demonstrationen zum Tag der Arbeit in Berlin von der Polizei gewaltsam unterbunden werden (→1.5./S. 78), verlaufen die Veranstaltungen zum Maifeiertag in anderen europäischen Ländern, wo es kaum Demonstrationsverbote gibt, friedlich.*
In der österreichischen Hauptstadt Wien wird der Tag der Arbeit von den Gewerkschaften wie ein Sportfest begangen. Massenaufmärsche und gemeinsame Tänze von Arbeitersportlern und -sportlerinnen bestimmen das Bild.
In der Arbeiterbewegung hat der Sport nicht nur in Österreich einen festen Platz. Im Deutschen Reich sind z.B. im Arbeiter-Turn- und Sportbund (ATSB), dem größten Verband, 6892 Arbeitersportvereine organisiert, denen 565 747 Mitglieder angehören (1919: 1198 Vereine mit 106 457 Mitgliedern).
Nach der Abgrenzung der KPD von der Sozialdemokratie (→10.6./S. 100) faßte der ATSB 1928 den Beschluß, keine Beziehungen zu kommunistischen Organisationen zu unterhalten.
Zu internationalen Begegnungen der Arbeitersportler kam es 1925 bei der ersten Arbeiterolympiade in Frankfurt am Main und 1928 bei der Spartakiade in Moskau.

Skandal um neues Stück von Karl Kraus

5. Mai. Das Drama »Die Unüberwindlichen« von Karl Kraus wird im Residenztheater Dresden uraufgeführt (Regie: Paul Verhoeven).
Der österreichische Schriftsteller und Publizist Karl Kraus gestaltet in dem Stück in leicht zu entschlüsselnder Form die Situation im Wien der Nachkriegszeit bis zum Jahr 1928. Im Mittelpunkt der Handlung stehen der Sensationsjournalist Imre Bekessy, der Kriegsgewinnler und Millionär Camillo Castiglioni und der Wiener Polizeipräsident Johannes Schober.
Die Darstellung von Schobers Verhalten bei einer Demonstration Wiener Arbeiter im Juli 1927, als 84 Demonstranten und Unbeteiligte sowie fünf Polizisten ums Leben gekommen waren, führte zu einem Aufführungsverbot für das Stück in Österreich, so daß die Premiere nun in Dresden stattfindet.
Castiglioni erwirkte kurz vor der Aufführung in Dresden per einstweiliger Verfügung ein Verbot des dritten Aktes, in dem er sich dargestellt sah. In der Premiere wird statt dessen eine Inhaltsangabe, die Verhoeven und Kraus verfaßt haben, verlesen. Die Uraufführung ist von Tumulten im Zuschauerraum begleitet: »Protest gegen die Verstümmelung. Zischen und Pfeifen wird im Orkan des Beifalls erstickt. Zwischenreden fallen. Das Publikum spielt mit. Stinkbomben machen den Aufenthalt unerträglich. Terror auf beiden Seiten« — so charakterisiert das »Hamburger Fremdenblatt« die Stimmung.
Die Reaktion der Kritik ist geteilt. Uneingeschränkt begeistert äußert sich Herbert Jhering: »Karl Kraus hat die unheimliche Gabe, Worte, die von den Urbildern seiner Figuren gesprochen wurden ... zu verwenden und ihnen dadurch, daß er sie verwendet, gleichnishafte, richtende, künstlerische Bedeutung zu geben. Die Personen richten sich durch ihren eigenen Mund ... Der unterirdische Kampf zwischen der Sprache als gegenstandsloser Phrase und der Sprache als Lüge und Wahrheit, zeichnet sich sinnfällig und schauerlich ab.«
Fritz Engel äußert sich anläßlich der Berliner Erstaufführung distanzierter: »Als Drama betrachtet, sind 'Die Unüberwindlichen' sicherlich kein Wert. Vier Szenen, lose und sprunghaft. Doch ohne Pedanterie: als Zeitsatire voll spitzer und bohrender Wucht.«

Juni 1929

Mo	Di	Mi	Do	Fr	Sa	So
					1	2
3	4	5	6	7	8	9
10	11	12	13	14	15	16
17	18	19	20	21	22	23
24	25	26	27	28	29	30

1. Juni, Sonnabend

Die Leiche des 1925 verstorbenen ersten Präsidenten der Republik China, Sun Yatsen, wird in einem Mausoleum bei Nanking feierlich beigesetzt (→28.5./S. 85).

In Dortmund wird eine Pädagogische Akademie gegründet. Ziel ist eine bessere Ausbildung der Volksschullehrer durch eine zweijährige Fachausbildung.

Eine Begegnung zwischen der deutschen und der schottischen Fußball-Nationalmannschaft vor knapp 40 000 Zuschauern in Berlin endet 1:1 (→23.6./S. 108).

2. Juni, Sonntag

In München endet der zweitägige 10. Reichsfrontsoldatentag des Stahlhelm. Die Führung der rechtsradikalen Organisation bekennt sich zur christlichen Weltanschauung und richtet Angriffe gegen den die »Volksseele zerstörenden Kulturbolschewismus«.

Ein Ausbruch des Vesuv am Golf von Neapel zerstört Teile eines Dorfes an der Ostseite des Vulkans. →S. 106

In Wien beginnen die Festwochen (bis 16.6.). Besonderen Erfolg hat die Inszenierung von Georg Büchners Schauspiel »Dantons Tod« durch Max Reinhardt im Arkadenhof des Rathauses.

3. Juni, Montag

Anläßlich seines 64. Geburtstags ernennt der britische König Georg V. fünf neue Peers. Der Schriftsteller John Galsworthy erhält für Verdienste um Drama und Literatur den Verdienstorden.

Im Vertrag von Lima gibt Chile auf Vermittlung der USA das Grenzgebiet von Tacna an Peru zurück. Ferner erhält Peru Freihafenrechte in Arica.

Im Gloria-Palast in Berlin läuft der Tonfilm »Der singende Narr« (The singing Fool) mit Al Jolson an. →S. 108

4. Juni, Dienstag

Bei der Eröffnung der Wanderausstellung der Deutschen Landwirtschaftsgesellschaft in München erklärt Landwirtschaftsminister Hermann Robert Dietrich (DDP), die Bauern könnten angesichts des Überangebots auf dem Weltgetreidemarkt nur sorgenvoll in die Zukunft schauen.

Nach der Wahlniederlage seiner Konservativen Partei erklärt der britische Premierminister Stanley Baldwin, 1. Earl Baldwin of Bewdley, seinen Rücktritt (→ 8.6./S. 102).

Im Zuge der Kämpfe gegen den im Januar offiziell abgedankten afghanischen König Aman Ullah und dessen General Nadir Khan besetzt Habib Ullah Ghasi die Stadt Kandahar (→14.1./S. 19; 23.5./S. 85).

5. Juni, Mittwoch

Vor dem Deutschen Reichstag stellt Reichswirtschaftsminister Julius Curtius (DVP) im Zusammenhang mit dem Youngplan (→7.6./S. 98) eine Reform der Arbeitslosenversicherung (→3.10./S. 173) und eine Erhöhung der Beiträge zur Entlastung der Reichsfinanzen in Aussicht.

In Bern billigen National- und Ständerat den Beitritt der Schweiz zum Briand-Kellogg-Pakt (→24.7./S. 117).

6. Juni, Donnerstag

Arbeitsminister Rudolf Wissell (SPD) erklärt den im Lohnkonflikt bei der Reichsbahn gefällten Schiedsspruch für verbindlich. Die Lohnerhöhungen bedeuten für die Bahn jährliche Mehrausgaben von 43,2 Millionen Reichsmark (→25.5./S. 88).

Die evangelischen Landeskirchen verlangen vom Preußischen Staatsministerium noch vor Unterzeichnung des Kirchenvertrages (→14.6./S. 101) den Abschluß »gleichzeitiger und gleichwertiger, dem Wesen der evangelischen Kirche entsprechender Verträge«.

In Bern wird eine von 248 297 Personen unterschriebene Petition für die Einführung des Frauenstimmrechts in der Schweiz an National- und Bundesrat übergeben. →S. 102

Der Schweizer Nationalrat weist eine Eingabe des sozialdemokratischen Abgeordneten Johannes Huber mit 103 gegen 50 Stimmen zurück. Huber hatte den Bundesrat verpflichten wollen, einen Bericht über die vorgesehenen Abrüstungsmaßnahmen vorzulegen.

Papst Pius XI. nimmt nach Austausch der Ratifikationsurkunden der Lateranverträge vom →11. Februar (S. 30) offiziell die Vatikanstadt in Besitz (→25.7./S. 121).

7. Juni, Freitag

In Paris wird der Youngplan unterzeichnet. Er sieht eine Neuregelung der durch das Deutsche Reich zu zahlenden Reparationen vor. →S. 98

In der bürgerlich-liberalen und sozialdemokratischen Presse wird der in Paris unterzeichnete Youngplan positiv aufgenommen. →S. 99

In Münster beginnt eine zweitägige Zusammenkunft des Bundes der Saarvereine. In einer öffentlichen Kundgebung vor dem Dom wird der Wunsch der Mehrheit der Saarländer nach einer Rückkehr ins Deutsche Reich bekräftigt.

In Bukarest beginnt der bis zum 10. Juni dauernde 14. Internationale Landwirtschaftskongreß.

In Stuttgart wird eine Ausstellung des Deutschen Werkbundes zum Thema »Film und Foto« eröffnet.

8. Juni, Sonnabend

In einer Antwort auf den Brief der evangelischen Landeskirchen vom 6. Juni erklärt das Preußische Staatsministerium, daß der preußische Kirchenvertrag (→ 14.6./S. 101) die Grundsätze der Gleichbehandlung beider Konfessionen nicht verletze.

Nach dem Wahlsieg der Labour Party bei den britischen Unterhauswahlen wird der Sozialist James Ramsey MacDonald Premierminister. →S. 102

Am Sitz des Internationalen Gerichtshofs in Den Haag wird ein Freundschafts- und Schiedsvertrag zwischen der Tschechoslowakei und Griechenland unterzeichnet.

In der Berliner Krolloper wird die Oper »Neues vom Tage« von dem Komponisten Paul Hindemith uraufgeführt (Libretto: Marcellus Schiffer). →S. 108

9. Juni, Sonntag

In Berlin-Wedding beginnt der 12. Parteitag der Kommunistischen Partei Deutschlands (bis 16.6.). →S. 100

Bei Zusatzwahlen in Waldeck-Pyrmont (Preußen) erhält die Mittelstandspartei bei einer Wahlbeteiligung von 25 % 4363 von 8515 abgegebenen Stimmen.

Bei den belgischen Provinzialwahlen verzeichnen die Katholische Partei und die Belgische Arbeiterpartei Verluste; Wahlgewinner sind die Liberale Partei und die Flämische Front.

Der Vertrag von Leopold Jessner als Generalintendant des Berliner Staatstheaters wird um fünf Jahre verlängert.

Im deutschen Rundfunk wird in den Morgenstunden erstmals ein Hamburger Hafenkonzert ausgestrahlt.

Alfredo Binda (Italien) siegt in einer Gesamtzeit von 107:18:24 h beim Giro d'Italia. Von 166 am 19. Mai gestarteten Fahrern erreichen nach 14 Etappen über 3318 km 99 das Ziel.

10. Juni, Montag

Vor den Delegierten des KPD-Parteitags in Berlin-Wedding brandmarkt der Vorsitzende Ernst Thälmann die »sozialfaschistische« Haltung der deutschen Sozialdemokratie. →S. 100

König Fuad I. von Ägypten beginnt seine Deutschlandreise mit einem Besuch bei Reichspräsident Paul von Hindenburg in Berlin. →S. 107

In Madrid unterzeichnen der ungarische Ministerpräsident István Graf Bethlen von Bethlen und der spanische Ministerpräsident und Diktator Miguel Primo de Rivera y Orbaneja, Marqués de Estella, einen Freundschaftspakt.

In Madrid beginnt die 55. Tagung des Völkerbundrates. Sie dauert bis zum 15. Juni und behandelt vor allem Probleme europäischer Minderheiten.

Im Berliner Deutschen Theater hat Erich Wolfgang Korngolds Neuinszenierung der Operette »Die Fledermaus« von Johann Strauß Premiere. In der Rolle des Prinzen Orlofsky wird der Schauspieler Oskar Karlweis umjubelt.

11. Juni, Dienstag

Der Lagting, die zweite Kammer des norwegischen Parlaments in Oslo, setzt sich über Proteste der Bevölkerung hinweg und bestätigt den Beschluß zur Umbenennung der Hafenstadt Drontheim in Nidaros. →S. 106

Die Außenminister der sog. Kleinen Entente (Tschechoslowakei, Jugoslawien und Rumänien) protestieren in Budapest offiziell gegen die verstärkte ungarische Propaganda für eine Revision des Friedensvertrags von 1919.

12. Juni, Mittwoch

Gegen die Stimmen von SPD und KPD billigt der Deutsche Reichstag Entschließungen gegen »Entartungen und Verwilderungen auf dem Gebiete der Literaturerzeugnisse und des Theaters« und für die Sicherung der politischen und religiösen Neutralität des Rundfunks.

Bei den Parlamentswahlen in Südafrika erringt die Nationalistische Partei von Premierminister James Barry Munnick Hertzog 78 der 148 Mandate. →S. 106

13. Juni, Donnerstag

Die bürgerlichen Parteien im Rheinland (Zentrum, DVP, DNVP, DDP und Wirtschaftspartei) lehnen gemeinsam den Versuch Frankreichs ab, im Rheinland ständige Kontrollkommissionen einzurichten.

Auf einer Zusammenkunft der liberalen Unterhausabgeordneten in London warnt Fraktionschef David Lloyd George die Labour-Regierung unter James Ramsey MacDonald vor einer Politik sozialistischer Veränderungen (→8.6./S. 102).

14. Juni, Freitag

Der preußische Ministerpräsident Otto Braun (SPD) und der in Berlin residierende päpstliche Nuntius Eugenio Pacelli unterzeichnen in der Reichshauptstadt den Kirchenvertrag zwischen Preußen und dem Heiligen Stuhl. → S. 101

Im Reichsverkehrsministerium werden Büsten von Hermann Köhl und Ehrenfried Günther Freiherr von Hünefeld feierlich entgegengenommen, die mit dem Iren James C. Fitzmaurice im April 1928 als erste den Atlantik in Ost-West-Richtung überflogen hatten.

»Der Kaiser von Amerika«, eine politische Komödie in drei Akten von George Bernard Shaw, wird im Warschauer Teatr Polski uraufgeführt. →S. 108

15. Juni, Sonnabend

Vorstand und Reichstagsfraktion der Deutschnationalen Volkspartei (DNVP) beschließen, im Parlament den Antrag einzubringen, die Verkündung des beabsichtigten Genehmigungsgesetzes für den Youngplan auf August zu verschieben, um ein Volksbegehren einbringen zu können (→9.7./S. 116).

US-Präsident Herbert Clark Hoover unterzeichnet die Farmer-Relief-Bill zur finanziellen Unterstützung aufgrund von Verschuldung und Absatzproblemen in Not geratener Landwirte. →S. 103

Mit einer Zeichnung zur beginnenden Badesaison stimmt »Die Woche« aus Berlin vom 22. Juni 1929 ihre Leser auf den Sommer ein

16. Juni, Sonntag

Reichsernährungsminister Hermann Robert Dietrich (DDP) eröffnet in Kiel eine Nordisch-Deutsche Woche. Im Mittelpunkt stehen die kulturellen Beziehungen zwischen dem Deutschen Reich und den skandinavischen Staaten.

Auf der Jahrestagung der litauischen Staatspartei »Bund der Litauischen Nationalisten« (Tautininkei) in Kowno bekräftigt Ministerpräsident Augustin Voldemaras die Forderung nach Rückgabe des polnischen Wilna an Litauen.

Die Briten Woolf Barnato und Henry Birkin gewinnen auf einem Bentley die 24 Stunden von Le Mans.

17. Juni, Montag

Die deutsche Reichsregierung beschließt eine Verschiebung der Reform der Arbeitslosenversicherung, nachdem die interfraktionellen Verhandlungen tiefgreifende Differenzen zwischen den Koalitionsparteien ergeben haben (→ 3.10./S. 173).

Der Völkerbund in Genf veröffentlicht einen Bericht über angebliche geheime Aufrüstung in Österreich. →S. 101

In Berlin beginnt der bis zum 23. Juni dauernde 11. Kongreß des Weltbundes für Frauenstimmrecht. →S. 102

18. Juni, Dienstag

Der Antrag der KPD-Fraktion auf Streichung der zweiten Rate für den Bau des Panzerzerkreuzers A wird vom Deutschen Reichstag in zweiter Lesung mit 224 gegen 153 Stimmen bei fünf Enthaltungen verworfen. Die SPD-Fraktion stimmt mit Ausnahme der SPD-Minister für den Antrag (→27.6./S. 101).

Der französische Ministerrat billigt einstimmig den Youngplan (→7.6./S. 98) und beschließt, im Einvernehmen mit den anderen beteiligten Regierungen die Ratifizierung voranzutreiben.

Das auf der Hamburger Werft Blohm & Voss für die Hamburg-Amerika Linie gebaute Motorschiff »Milwaukee« (16 699 Bruttoregistertonnen) geht in Hamburg zur Jungfernfahrt nach New York in See.

19. Juni, Mittwoch

Das ungarische Abgeordnetenhaus billigt einstimmig den Beitritt Ungarns zum Briand-Kellogg-Pakt (→24.7./S. 117).

In Paris beginnt der 4. Internationale Kongreß für wissenschaftliche Organisation der Arbeit (bis 25.6.).

Ein Anwalt aus Milwaukee fordert das Parlament des US-Bundesstaates Wisconsin auf, ein Gesetz zur Herstellung und Verbreitung von Spirituosen und Bier durch den Staat Wisconsin zu erlassen. →S. 103

20. Juni, Donnerstag

Der Reichsverband der Deutschen Industrie erklärt, daß die im Youngplan (→ 7.6./S. 98) vereinbarten Reparationszahlungen »über die Leistungsfähigkeit der deutschen Wirtschaft hinausgehen«.

Vor dem ungarischen Abgeordnetenhaus bekräftigt Ministerpräsident István Graf Bethlen von Bethlen den Wunsch Ungarns nach einer friedlichen Revision des Friedensvertrags von 1919.

21. Juni, Freitag

Die deutsche Reichsregierung akzeptiert den Youngplan als Grundlage für eine Konferenz der beteiligten Regierungen und spricht sich für eine Gesamtliquidation aller noch aus dem Weltkrieg herrührenden Fragen aus (→31.8./S. 134).

In der Schweiz werden durch Bundesbeschluß die Abteilung für Industrie und Gewerbe und das eidgenössische Arbeitsamt zum Bundesamt für Industrie, Gewerbe und Arbeit (BIGA) vereint.

Der Präsident von Mexiko, Emilio Portes Gil, gibt das Ende des Streits mit der katholischen Kirche bekannt. Anlaß war die 1926 von der Regierung verfügte staatliche Registrierung von Geistlichen.

Die chinesische Regierung in Nanking kündigt den japanisch-chinesischen Handelsvertrag von 1860.

Das neue Karstadt-Gebäude am Hermannplatz in Berlin, das größte Warenhaus im Deutschen Reich, wird eröffnet.

22. Juni, Sonnabend

Bei der Hauptversammlung der I.G. Farbenindustrie in Frankfurt am Main kündigt der Vorstandsvorsitzende Carl Bosch den Abschluß eines Vertrages mit der Standard Oil Company of New Jersey über technische und finanzielle Kooperation an.

23. Juni, Sonntag

Verlierer der Landtagswahlen in Mecklenburg-Schwerin sind die Einheitsliste nationaler Mecklenburger (23 statt 24 Mandate), SPD (20 statt 21) und DDP (1 statt 2). Mit 2 Sitzen ist die NSDAP erstmals im Landtag vertreten.

Bei der Stadtratswahl in Coburg bekommt die Nationalsozialistische Deutsche Arbeiterpartei 5146 Stimmen. Durch eine Listenverbindung mit den bürgerlichen Parteien erhält sie mit 13 von 25 Sitzen die absolute Mehrheit (→ 8.12./S. 201).

In Verdun wird ein Denkmal für die erfolgreiche Verteidigung der Stadt im Weltkrieg eingeweiht.

In der türkischen Hauptstadt Ankara wird ein türkisch-französisches Abkommen über Syrien unterzeichnet. Es sichert die türkische Grenze gegenüber dem unter französischem Völkerbundsmandat stehenden Syrien.

Die deutsche Fußball-Nationalelf besiegt in Köln Schweden 3:0 (1:0). →S. 108

24. Juni, Montag

Im Deutschen Reichstag verteidigt Reichsaußenminister Gustav Stresemann das deutsche Ja zum Youngplan unter Hinweis auf die gegenüber früheren Plänen erreichten Verbesserungen und die Aufhebung der internationalen Kontrolle (→ 7.6./S. 98).

Der Zentralverband des deutschen Bank- und Kreditgewerbes begrüßt in einer Erklärung zum Youngplan den Fortfall der ausländischen Kontrolle über die Deutsche Reichsbank und regt an, bei der Zahlung der Tilgungsbeträge stets auf die begrenzte Leistungsfähigkeit der deutschen Wirtschaft hinzuweisen (→7.6./S. 98).

Der Prozeß gegen den Elsässer Autonomisten Karl Roos (→25.6./S. 103) in Besançon endet mit einem Freispruch.

In Durban (Südafrika) richtet ein Hagelschauer schwere Schäden an. →S. 106

25. Juni, Dienstag

Der sächsische Landtag wählt Wilhelm Bünger (DVP) mit 44 von 84 abgegebenen Stimmen als Nachfolger von Max Heldt (SPD) zum Ministerpräsidenten. SPD und KPD — ihre zwölf Abgeordneten hatten weiße Stimmzettel abgegeben — fechten die Wahl an, die der Landtag mit 49 gegen 47 Stimmen bestätigt (→12.5./S. 82).

Zum Abschluß einer dreitägigen Generalsynode fordert die Evangelische Kirche der altpreußischen Union das Preußische Staatsministerium zum Abschluß eines Staatsvertrages auf, der u.a. eine paritätische Religionsausübung und die Selbständigkeit der Kirche garantiert.

Der Italiener Manfredi Conte di Gavina tritt als Nachfolger des Niederländers Joos Adrian van Hamel sein Amt als Hoher Kommissar des Völkerbunds in der Freien Stadt Danzig an.

Auf einer Veranstaltung der Großdeutschen Volkspartei in Linz erklärt der österreichische Innenminister Franz Slama, die Heimwehrbewegung sei heute eine Volksbewegung. Diese Auffassung wird insbesonders in der Linkspresse scharf kritisiert (→17.6./S. 101).

Die französische Regierung beschließt ein Amnestiegesetz für die aufgrund politischer Betätigung verfolgten Autonomisten aus Elsaß-Lothringen. →S. 103

Die Berliner »Vossische Zeitung« veröffentlicht einen Bericht über die Fünftagewoche bei den Ford Automobilwerken in Detroit. →S. 103

26. Juni, Mittwoch

Die deutsche Reichsregierung kündigt unter Hinweis auf die nicht mehr der wirtschaftlichen Situation entsprechenden Zollsätze zum 15. Februar 1930 den Handelsvertrag mit Schweden.

In der dänischen Hauptstadt Kopenhagen wird der Zweite Lutherische Weltkonvent eröffnet (bis 3.7.).

27. Juni, Donnerstag

Mit 240 gegen 171 Stimmen bei neun Enthaltungen lehnt der Deutsche Reichstag in dritter Lesung den Antrag der KPD auf Streichung der zweiten Rate für den Bau des Panzerkreuzers A ab. →S. 101

In einer Nachtsitzung des Deutschen Reichstags in Berlin findet die Verlängerung des Republikschutzgesetzes keine Mehrheit. →S. 101

Die französische Kammer in Paris beschließt mit 417 gegen 118 Stimmen, erneut mit der Regierung der Vereinigten Staaten über die Liquidierung der Kriegsschulden zu verhandeln.

Im Danziger Volkstag demonstrieren Vertreter aller deutschen Parteien gegen die Abtrennung der Freien Stadt Danzig vom Deutschen Reich.

In New York besiegt der Schwergewichts-Boxer Max Schmeling den Spanier Paolino Uzcudun über 15 Runden nach Punkten. →S. 109

28. Juni, Freitag

Mit 243 gegen 152 Stimmen bei einer Enthaltung billigt der Deutsche Reichstag den Haushalt für das Jahr 1929.

Anläßlich des zehnten Jahrestages der Unterzeichnung des Versailler Friedensvertrags erklären Reichspräsident Paul von Hindenburg und die Reichsregierung: »Der heutige Tag ist ein Tag der Trauer ... Zehn Jahre lastet der Vertrag auf allen Schichten des deutschen Volkes.« →S. 99

Die Parteien des unter Verwaltung des Völkerbunds stehenden Saargebiets führen in Saarbrücken eine Kundgebung unter der Losung: »Zurück zum Reich!« durch.

In dem ungarisch-tschechoslowakischen Grenzbahnhof Hidasmeti verhaften die ungarischen Behörden den tschechoslowakischen Bahnbeamten Vinzenz Pecha und den ungarischen Staatsbürger Johann Toth unter Spionageverdacht.

Die Deutsche Physikalische Gesellschaft vergibt in Berlin die ersten Max-Planck-Medaillen. Die Auszeichnungen gehen an Max Planck persönlich und Albert Einstein. →S. 109

29. Juni, Sonnabend

Der polnische Staatsgerichtshof spricht den früheren Finanzminister Gabriel Czechowicz von der Anklage frei, 1926 Staatsgelder ohne parlamentarische Billigung ausgegeben zu haben.

In Essen wird die Große Ruhrländische Gartenbauausstellung (Gruga) eröffnet. Sie dauert bis zum 13. Oktober. →S. 103

30. Juni, Sonntag

In der Reichshauptstadt Berlin demonstrieren mehrere Studenten gegen die Anerkennung der »Lüge von der deutschen Kriegsschuld« 1914.

Der britische Rennsportler William C.F. Grover-Williams gewinnt in Le Mans auf Bugatti den Großen Preis von Frankreich für Automobile.

Das Wetter im Monat Juni

Station	Mittlere Lufttemperatur (°C)	Niederschlag (mm)	Sonnenscheindauer (Std.)
Aachen	14,6 (15,9)	38 (77)	— (200)
Berlin	15,0 (16,5)	111 (62)	— (244)
Bremen	14,4 (16,0)	67 (59)	— (218)
München	15,5 (15,8)	86 (121)	— (201)
Wien	17,3 (17,6)	73 (68)	— (246)
Zürich	17,0 (15,5)	129 (138)	217 (220)

( ) Langjähriger Mittelwert für diesen Monat
— Wert nicht ermittelt

Die Österreich-Nummer der in München erscheinenden Zeitschrift »Jugend« vom 8. Juni 1929 zeigt ein Portrait der österreichischen Schönheitskönigin Liesl Goldarbeiter, die im Juli an den Wahlen zur »Miß Universum« in den Vereinigten Staaten teilnehmen wird

Unterzeichnung des Youngplans in Berlin, am Kopfende des Tisches Owen D. Young; r. unterzeichnet Ludwig Kastl von der deutschen Delegation den Vertrag

Youngplan legt deutsche Reparationszahlungen fest

7. Juni. Die Mitglieder des Sachverständigenausschusses zur Neuregelung der deutschen Reparationszahlungen (→11.2./S. 32) unterzeichnen in Paris den vom Vorsitzenden der Kommission, dem US-Amerikaner Owen D. Young, vorgelegten Bericht, der 58 jährliche Zahlungen des Deutschen Reichs an die Siegermächte des Weltkriegs in einer durchschnittlichen Höhe von zwei Milliarden Goldmark vorsieht.

Das Gutachten, das nunmehr den beteiligten Regierungen Großbritanniens, Belgiens, Frankreichs, Italiens, Japans, des Deutschen Reichs und der Reparationskommission zugeleitet wird, legt allerdings nur die Gesamthöhe der deutschen Reparationsverpflichtungen fest. Über den Anteil der einzelnen Gläubigernationen soll auf der Haager Konferenz (→31.8./S. 134) entschieden werden, ebenso über die vorzeitige Räumung der Rheinlande von alliierten Truppen.

Der Einigung in Paris sind zähe Verhandlungen vorausgegangen, die im April fast an den unüberbrückbar scheinenden Gegensätzen zwischen den deutschen Vertretern, Hjalmar Schacht und Albert Vögler, und den anderen Beteiligten zu scheitern drohten. Während das Deutsche Reich nach dem ersten Memorandum von Young zu Reparationen in einer Gesamthöhe von 137,3 Milliarden Goldmark, zahlbar in 59 Jahresraten, verpflichtet werden sollte, sah der deutsche Vorschlag 61,05 Milliarden Goldmark in 37 Jahresraten vor.

Dem Kompromißvorschlag stimmte die deutsche Delegation am 29. Mai nach einigem Zögern zu; Vögler war zuvor wegen der sich abzeichnenden Nachgiebigkeit seiner deutschen Kollegen aus der Kommission ausgeschieden und durch Ludwig Kastl ersetzt worden.

Der Transfer der fälligen Raten in ausländische Währung kann bei außergewöhnlichen Belastungen der deutschen Wirtschaft ausgesetzt werden. Unter besonders schwierigen Umständen ist der Aufschub eines Teilbetrags der jährlichen Zahlungen möglich.

Siegermächte verzichten auf Kontrolle über das Deutsche Reich

Mit dem Youngplan verzichten die Gläubigermächte des Deutschen Reichs und die USA auf die wirtschaftlichen und finanziellen Kontroll- und Eingriffsmöglichkeiten, die ihnen der Dawesplan 1924 zugebilligt hatte.

Dieser beinhaltete u.a. eine Beteiligung der Reparationskommission an der Deutschen Reichsbahn in Höhe von 50 % (die andere Hälfte blieb beim Reich). Im Generalrat der Reichsbank war ebenfalls die Hälfte der Sitze mit Ausländern besetzt. Seymour Parker Gilbert (USA) überwachte von Berlin aus als Reparationsagent die deutschen Zahlungen (→ 1.1./S. 12).

Nach Unterzeichnung des Dawesplans 1924; l. US-Botschafter Kellogg

Reparationen bis zum Jahr 1987

Die jährlichen Zahlungen des Deutschen Reichs sollen bis 1965/66 auf über 2,4 Mrd. Reichsmark ansteigen:

Zeitraum	(Zahlungen in Mrd. RM)
1.9.1929 - 31.3.1930	742,8
1.4.1930 - 31.3.1931	1707,9
1.4.1931 - 31.3.1932	1685,0
1.4.1932 - 31.3.1933	1738,2
1.4.1933 - 31.3.1934	1804,3
1.4.1934 - 31.3.1935	1866,9
1.4.1935 - 31.3.1936	1892,9
1.4.1936 - 31.3.1937	1939,7
1.4.1937 - 31.3.1938	1977,0
1.4.1938 - 31.3.1939	1995,3
1.4.1939 - 31.3.1940	2042,8
1.4.1940 - 31.3.1941	2155,5
1.4.1941 - 31.3.1942	2180,7
1.4.1942 - 31.3.1943	2198,0
1.4.1943 - 31.3.1944	2194,3
1.4.1944 - 31.3.1945	2207,5
1.4.1945 - 31.3.1946	2203,5
1.4.1946 - 31.3.1947	2199,5
1.4.1947 - 31.3.1948	2215,2
1.4.1948 - 31.3.1949	2210,0
1.4.1949 - 31.3.1950	2315,5
1.4.1950 - 31.3.1951	2357,9
1.4.1951 - 31.3.1952	2341,9
1.4.1952 - 31.3.1953	2344,9
1.4.1953 - 31.3.1954	2352,0
1.4.1954 - 31.3.1955	2363,3
1.4.1955 - 31.3.1956	2358,3
1.4.1956 - 31.3.1957	2352,9
1.4.1957 - 31.3.1958	2360,5
1.4.1958 - 31.3.1959	2392,5
1.4.1959 - 31.3.1960	2369,3
1.4.1960 - 31.3.1961	2379,2
1.4.1961 - 31.3.1962	2397,0
1.4.1962 - 31.3.1963	2388,9
1.4.1963 - 31.3.1964	2401,3
1.4.1964 - 31.3.1965	2400,8
1.4.1965 - 31.3.1966	2427,5
1.4.1966 - 31.3.1967	1607,6
1.4.1967 - 31.3.1968	1606,0
1.4.1968 - 31.3.1969	1616,7
1.4.1969 - 31.3.1970	1630,0
1.4.1970 - 31.3.1971	1643,7
1.4.1971 - 31.3.1972	1653,8
1.4.1972 - 31.3.1973	1662,2
1.4.1973 - 31.3.1974	1665,5
1.4.1974 - 31.3.1975	1668,3
1.4.1975 - 31.3.1976	1674,9
1.4.1976 - 31.3.1977	1685,2
1.4.1977 - 31.3.1978	1695,4
1.4.1978 - 31.3.1979	1700,3
1.4.1979 - 31.3.1980	1711,3
1.4.1980 - 31.3.1981	1687,6
1.4.1981 - 31.3.1982	1691,8
1.4.1982 - 31.3.1983	1703,2
1.4.1983 - 31.3.1984	1683,4
1.4.1984 - 31.3.1985	925,1
1.4.1985 - 31.3.1986	931,4
1.4.1986 - 31.3.1987	897,9

Linke und Rechte attackieren Youngplan

7. Juni. Der Abschluß der Sachverständigenkonferenz in Paris wird in der bürgerlich-liberalen und sozialdemokratischen Presse des Deutschen Reichs mit Genugtuung aufgenommen.

Die Hoffnungen der Reichsregierung richten sich nun auf die Räumung der Koblenzer und Mainzer Rheinlandzonen, die noch immer von alliierten Soldaten besetzt sind (→31.8./S. 134). Nur gering ist hingegen die Erwartung, daß mit der endgültigen Regelung der Reparationsverpflichtungen die Klausel des Versailler Vertrages, die der deutschen Aufrüstung enge Grenzen setzt, fallen könnte oder daß sich die Siegermächte zu einer Abrüstung ihrer Armeen auf den deutschen Stand bereitfinden könnten.

100 000 Stahlhelmer versammeln sich am 2. Juni auf den Isarwiesen; die Rechte – Stahlhelm, DNVP, NSDAP - mobilisiert gegen den Youngplan

Kommunistische Zeitungen sehen in dem Youngplan, der nach Auffassung der KPD von den Großindustriellen und Bankiers der beteiligten Nationen ausgehandelt worden ist – auch die deutsche Delegation stand in Kontakt mit der Schwerindustrie – ein »Ausbeutungs- und Unterdrückungsinstrument« des deutschen Proletariats. Die kommunistische Presse macht jedoch zugleich deutlich, daß ein Zusammengehen mit der äußersten Rechten, die sich unter revanchistischem Vorzeichen zum Kampf gegen den Plan rüstet (→9.7./S. 116), nicht in Frage kommt.

Versailler Friedensvertrag wurde vor zehn Jahren unterzeichnet

28. Juni. *»Der heutige Tag ist ein Tag der Trauer. Jahre sind verflossen, seit in Versailles deutsche Friedensunterhändler gezwungen waren, ihre Unterschrift unter eine Urkunde zu setzen, die für alle Freunde des Rechts und eines wahren Friedens eine bittere Enttäuschung bedeutete«. Mit diesen Worten beginnt die Kundgebung des Reichspräsidenten und der Reichsregierung aus Anlaß des zehnten Jahrestags der Unterzeichnung des Versailler Friedensvertrags. Er gilt über alle Parteigrenzen hinweg als Symbol der Schmach. Das Vertragswerk, ohne deutsche Beteiligung von den Siegermächten des Weltkriegs ausgehandelt, legte u.a. die Grenzen des Deutschen Reichs fest. Die Teile VIII und IX des Vertrages behandeln die deutschen Reparationen. Stein des Anstoßes auf deutscher Seite ist der Artikel 231 über die deutsche Alleinschuld am Weltkrieg, mit dem die Siegermächte die deutschen Wiedergutmachungszahlungen begründen (Abb.: Kundgebung zum Jahrestag in Köln).*

KPD-Attacken gegen Sozialdemokratie

9. Juni. In den Pharus-Sälen in Berlin-Wedding beginnt der 12. Parteitag der KPD. Er dauert bis zum 16. Juni und ist geprägt von der Auseinandersetzung mit den Sozialdemokraten, in denen die Führung der KPD trotz des erstarkenden Nationalsozialismus den innenpolitischen Hauptgegner sieht. Die Sozialdemokratie wird dabei von den Kommunisten in die Nähe des Faschismus gerückt (»Sozialfaschismus«).

Der KPD-Vorsitzende Ernst Thälmann spricht auf dem Parteitag in Berlin-Wedding; er hat die Partei auf einen scharfen Linkskurs gebracht

Der Begriff Sozialfaschismus wurde 1924 von Grigori J. Sinowjew als Kampfbegriff gegen die Sozialdemokratie entwickelt. Faschismus und Sozialdemokratie sind für ihn »Zwillingsbrüder«. Im gleichen Jahr erklärte KPdSU-Generalsekretär Josef W. Stalin: »Der Faschismus ist eine Kampforganisation der Bourgeoisie, die sich auf die aktive Unterstützung der Sozialdemokratie stützt. Die Sozialdemokratie ist objektiv der gemäßigte Flügel des Faschismus.« Durch den 12. Parteitag wird die Sozialfaschismus-These zur Leitlinie der KPD.

217 in Wedding anwesende, stimmberechtigte Delegierte repräsentieren die Partei, die Ende 1928 rund 130 000 Mitglieder zählte.

Der Parteitag bekräftigt den 1928 in Übereinstimmung mit der Kommunistischen Internationale in Moskau und der Führung der KPdSU eingeleiteten scharfen Linkskurs der Parteiführung um Ernst Thälmann, Hermann Remmele und Heinz Neumann.

Thälmann nimmt am 10. Juni in einer mehr als dreistündigen Rede zur Sozialfaschismus-These Stellung und bezeichnet den Kampf gegen die »sozialfaschistische Diktatur« als ebenso wichtig wie die Sicherung der materiellen Lebensinteressen der Arbeiterklasse und die Mithilfe der KPD bei der Verteidigung der UdSSR gegen jeden Angriff der kapitalistischen Staaten.

In einer vom Parteikongreß verabschiedeten Resolution heißt es dazu, »Kern der künftigen Politik der KPD sei der rücksichtslose, kühne Angriff auf den Reformismus, der Übergang von der agitatorischen Entlarvung der reformistischen Verräter und von der bloßen Sammlung und Vorbereitung der Arbeitermassen für den revolutionären Kampf zur selbständigen Leitung proletarischer Massenaktionen gegen den deutschen Imperialismus.«

Der Parteitag bekräftigt ferner seine Auffassung, daß im Deutschen Reich rasch eine Revolution heranreifen werde, in der die Diktatur des Proletariats erkämpft werden müsse.

Verstärkt will sich die KPD um die Mobilisierung derjenigen Arbeiter bemühen, die nicht gewerkschaftlich organisiert sind. Der Parteitag wendet sich gegen alle Bestrebungen zum Austritt von KPD-Mitgliedern aus den von der Sozialdemokratie beherrschten Organisationen des Allgemeinen Deutschen Gewerkschaftsbundes (ADGB) (›30.11./S. 186).

Parolen in dem Saal, in dem der Parteitag über die Zukunft der Partei nach dem Berliner Blutmai berät

Thälmann über Sozialfaschismus

10. Juni. Ernst Thälmann, der Vorsitzende der KPD, erklärt auf dem 12. Parteitag seiner Partei zum sog. Sozialfaschismus u.a.:

»... Wir sehen auch eine steigende faschistische Bewegung in Deutschland, eine stärkere Entwicklung des Werkfaschismus, der faschistischen Wehrorganisationen, das aktive Auftreten der Nationalsozialisten in allen Teilen Deutschlands ... Verschieden sind die Formen und Methoden, wie der Faschismus in verschiedenen Ländern zur Herrschaft zu gelangen sucht, aber überall tritt er nicht nur als stärkstes Mittel der Unterdrückung der Arbeiter, sondern als Wegbereiter für den Krieg gegen die Sowjetunion auf. Hier ist besonders wichtig, darauf hinzuweisen, daß, während der Faschismus in Italien und in anderen Ländern eine besonders gefährliche Form der faschistischen Bewegung ist, es die Form des Sozialfaschismus gibt. Gerade die Form des Sozialfaschismus, der sozialfaschistische Kurs der Sozialdemokratie ... spielt jetzt für unsere Kampfmethoden, für unsere gesamte Taktik eine außerordentlich große Rolle ... Die Sozialdemokratie ... ist der aktivste Vorkämpfer des deutschen Imperialismus, seiner Kriegspolitik gegen die Sowjetunion, seiner Unterdrückungspolitik der Arbeiterklasse ... Das hängt aufs engste zusammen mit zwei Tatsachen, die ich hier besonders hervorheben will. Erstens: die neue Arbeiteraristokratie in Deutschland ist entstanden auf der Grundlage der Monopolprofite der Trusts und der veränderten Arbeitsteilung in den rationalisierten Betrieben. Zweitens: das immer stärker werdende Verwachsen der Sozialdemokratie und der reformistischen Gewerkschaftsbürokratie mit dem Staatsapparat hat eine solche Arbeiteraristokratie besonders gestärkt, die in dem ganzen Rahmen der bürgerlichen Staatsordnung, als Angestellte und Beamte des Staates, ein wichtiges Mittel zur Niederhaltung der Arbeiterklasse ist ...«

Schutzgesetz wird nicht verlängert

27. Juni. Eine Verlängerung des Gesetzes zum Schutz der Republik von 1922 um 18 Monate scheitert im Deutschen Reichstag an der notwendigen Zwei-Drittel-Mehrheit. Den Ausschlag geben die Abgeordneten der Wirtschaftspartei.

Zwar gehört die Wirtschaftspartei der Großen Koalition nicht an, wollte aber der Verlängerung zustimmen. Ihr Nein ist eine Reaktion auf eine vom Reichstag gebilligte Resolution zum Heimstättengesetz, das die Wirtschaftspartei ablehnt.

Innenminister Carl Severing (SPD) scheitert mit dem Republikschutzgesetz im Deutschen Reichstag

Papst und Preußen schließen Vertrag

14. Juni. In Berlin unterzeichnen der preußische Ministerpräsident Otto Braun und der seit 1921 in der deutschen Reichshauptstadt residierende päpstliche Nuntius Eugenio Pacelli einen Vertrag zwischen Preußen und dem Heiligen Stuhl.

Er stellt die Freiheit des Bekenntnisses und die Ausübung des katholischen Glaubens in Preußen unter den Schutz des Staates und regelt die Kirchenorganisation z.T. neu. Zum Erzbistum Köln kommen die beiden Erzbistümer Paderborn und Breslau hinzu.

Der Kirchenvertrag sichert ferner den Fortbestand der Wahl von Bischöfen und Erzbischöfen durch das jeweilige Domkapitel. In Anerkennung der traditionellen Pflichten des Staates gegenüber den Kirchen erhalten die Diözesen eine jährliche Unterstützung in Höhe von 2,8 Millionen Reichsmark. Die Kirche verpflichtet sich im Gegenzug, bei der Einsetzung von Geistlichen in Kirchenämter die seit längerem geltenden Bestimmungen zu beachten: Besitz der deutschen Reichsangehörigkeit, ein zum Studium im Reichsgebiet berechtigendes Reifezeugnis und ein erfolgreich absolviertes, mindestens dreijähriges philosophisch-theologisches Studium. Preußen sichert zu, die katholisch-theologischen Fakultäten an den Universitäten Breslau, Bonn und Münster sowie an der Akademie Braunsberg zu erhalten.

Auf eine Regelung der Schulfrage, bei der die katholische Kirche ein Mitwirkungsrecht beansprucht, wird in dem Kirchenvertrag verzichtet. Preußen erklärt sich jedoch bereit, die Rechte der Kirche auf diesem Gebiet zu respektieren.

Kirche und Gewerkschaften sind Zielscheiben des Spotts auf der Karikatur des »Simplicissimus« anläßlich des Kirchenvertrags

Panzerkreuzer A entzweit die SPD

27. Juni. Der Deutsche Reichstag billigt in dritter Lesung den Reichswehretat. Der Antrag der KPD, die zweite Rate für den Bau des Panzerkreuzers A zu streichen, wird mit 240 gegen 171 Stimmen der KPD und der SPD bei neun Enthaltungen abgelehnt. Mit der Mehrheit der Abgeordneten gegen ihre eigene Fraktion stimmen auch Reichskanzler Hermann Müller (SPD) und die SPD-Minister Carl Severing, Rudolf Hilferding und Rudolf Wissell.

1927 hatte die Marineleitung als Ersatz für das Linienschiff »Preußen« (Baujahr 1903) den Bau des Panzerschiffes A als erstes einer Serie von sechs Schiffen vorgeschlagen. Die Gesamtbaukosten waren auf über 200 Millionen Reichsmark veranschlagt worden.

Die Entscheidung für den Bau des Panzerkreuzers A liegt letztlich bei der Reichsregierung. Obwohl sich die SPD mit der Losung »Kinderspeisung statt Panzerkreuzer« bei der Reichstagswahl 1928 als stärkste Partei durchgesetzt hat, sehen sich die SPD-Minister aus politischen Gründen gezwungen, den Bau zu unterstützen, um den Bestand der Großen Koalition nicht zu gefährden (→ 31.5./S. 84).

Aufregung um Bericht über Aufrüstung in Österreich

17. Juni. Für Aufsehen sorgt ein Bericht über angebliche geheime Aufrüstung in Österreich, der von Frankreichs Außenminister Aristide Briand am 23. Mai dem Völkerbund zugänglich gemacht wurde und nun veröffentlicht wird.

Der Bericht wirft Österreich vor, nicht vollständig abgerüstet zu haben. Dem Völkerbundrat wird empfohlen, die Rüstungsproduktion des Landes weiterhin zu kontrollieren, zumal die Industrie in sechs bis neun Monaten auf Kriegszwecke umgestellt werden könne. Ferner wird behauptet, daß es in Österreich geheime Militärverbände gebe, aus denen kurzfristig ein Heer von 200 000 bis 300 000 Mann gebildet werden könne.

Diese Angaben befanden sich bereits im Schlußbericht der Interalliierten Militärkontrolle für Österreich, die am 31. Januar 1928 ihre Arbeit eingestellt hatte. Das Material war Briand als dem Vorsitzenden einer mit Österreich befaßten interalliierten Botschafterkonferenz zur Verfügung gestellt worden.

In Wien löst der Bericht Unverständnis aus. Es wird darauf verwiesen, daß Österreich gemäß dem Frieden von Saint-Germain-en-Laye vom September 1919 lediglich ein 30 000köpfiges Söldnerheer unterhalten dürfe.

Allerdings bestehen in ganz Österreich seit 1919 paramilitärische Heimwehren, die — ursprünglich als überparteiliche Organisationen zum Schutz des Landes — seit 1920 immer stärker zu Kampfverbänden der bürgerlichen Parteien gegen die Sozialdemokratie wurden.

Die österreichischen Heimwehren werden im Ausland mit Sorge betrachtet

Frankreichs Außenminister Briand

Frau Pop, Delegierte aus Rumänien, in Landestracht

Teilnehmerinnen aus aller Welt versammeln sich in Berlin; l. die Abgesandte aus Japan, Frau Kitamura

Auch katholische Nonnen befinden sich unter den Zuhörerinnen beim Weltfrauenkongreß in Berlin

Die Schriftstellerin Vera Bajadjewa vertritt Bulgarien

Frauen aus 42 Ländern auf dem Jubiläumskongreß des Frauenweltbundes in Berlin

17. Juni. *Im Festsaal der Berliner Krolloper wird der 11. Kongreß des Weltbundes für Frauenstimmrecht und staatsbürgerliche Frauenarbeit eröffnet. Die von rund 3000 Frauen aus 42 Ländern besuchte Tagung, die bis zum 23. Juni dauert, ist zugleich eine Festveranstaltung zum 25jährigen Jubiläum der weltweit tätigen Organisation.*
Zu den wichtigsten Anliegen des Weltbundes gehört die Erringung des Frauenwahlrechts, das in Europa, z.B. in Frankreich und in der Schweiz, noch nicht durchgesetzt werden konnte. Weitere Themen der Beratungen in Berlin, die von kulturellen und sportlichen Veranstaltungen sowie öffentlichen Kundgebungen umrahmt werden, sind u.a. die vielfach unzureichenden Rechte verheirateter Frauen, die Stellung der Frau im Beruf und die Arbeit der Frauen in der internationalen Friedensbewegung. In der Presse heißt es zum Abschluß des Kongresses, wegen der Inhomogenität der Teilnehmerinnen — u.a. Vertreterinnen der katholischen Frauenbewegung, der Gewerkschaften und politischer Organisationen — sei die Tagung über wohlklingende, aber unverbindliche Resolutionen nicht hinausgekommen.

Erstmals Frau im britischen Kabinett

8. Juni. Nach dem Sieg der Labour Party bei den Unterhauswahlen am 30. Mai bildet James Ramsey MacDonald sein zweites Kabinett nach 1924. Mit Margaret Bondfield (Arbeitsministerium) ist erstmals eine Frau in Großbritannien in der Regierung vertreten.
Die führenden Posten im Kabinett werden von Gewerkschaftsfunktionären übernommen, zu denen auch Arbeitsministerin Bondfield zählt. Allerdings ist MacDonald im Unterhaus auf die Tolerierung durch die Liberalen angewiesen, denen als Gegenleistung eine Prüfung der Einführung des Verhältniswahlrechts in Aussicht gestellt wurde.
Den britischen Frauen ist erst durch einen Beschluß des Unterhauses vom 7. Mai 1928 das allgemeine Wahlrecht mit Vollendung des 21. Lebensjahres zuerkannt worden. Zuvor galt das Wahlrecht für Frauen ab 30 Jahren.

Margaret Bondfield, Arbeitsministerin in der neuen sozialistischen britischen Regierung, wird dem linken Flügel der Labour Party zugerechnet. Erst 1928 haben Frauen unter 30 das aktive und passive Wahlrecht erhalten

Schweizer Frauen fordern Wahlrecht

6. Juni. Im Anschluß an einen Demonstrationszug durch Bern, an dem sich mehrere hundert Personen beteiligen, wird im Bundeshaus eine von 248 297 Personen unterschriebene Petition für die Einführung des Frauenstimmrechts in der Schweiz übergeben.
Eine Frauendelegation wird vom Präsidenten des Nationalrats, Heinrich Walther (Katholisch-konservativ), und von Bundesrat Karl Scheurer (Freisinn) empfangen. Beide sichern eine wohlwollende Prüfung der Angelegenheit zu.
Die Bemühungen der eidgenössischen Frauen um Anerkennung ihrer staatsbürgerlichen Rechte reichen zurück bis in die Zeit vor dem Weltkrieg. Um den Frauen das Wahlrecht zu verschaffen, war bereits 1909 der Schweizerische Verband für das Frauenstimmrecht gegründet worden.

Gesetz über Hilfe für US-Landwirte

15. **Juni.** US-Präsident Herbert Clark Hoover unterzeichnet die Farmer-Relief-Bill, die der von Verschuldung und Absatzproblemen bedrohten Landwirtschaft finanzielle Hilfen gewähren soll. Zur Verwaltung der Hilfsgelder soll ein achtköpfiger Federal Farmer Board eingesetzt werden. Er soll über ähnliche Befugnisse verfügen wie der Federal Reserve Board im Bereich der Kreditinstitute und die Interstate Commerce Commission im Binnenhandel.

Die Mitglieder des Federal Farmer Board werden aufgrund von Vorschlägen der US-Farmerverbände direkt durch den Präsidenten der Vereinigten Staaten ausgewählt.

Die Sorgen der US-Landwirte

Seit dem Ende des Weltkriegs ist die Zahl der Farmen gesunken, die Produktivität der Landwirtschaft ist durch den Einsatz von Maschinen und Kunstdünger jedoch stark gestiegen. Der ständige Rückgang der Agrarpreise als Folge des Überangebots bedeutet für viele kleine Farmer den Ruin: Sie verdienen nicht genug, um ihre Schulden bezahlen zu können, und müssen ihre Farmen verkaufen.

Die nachlassende Kaufkraft auf dem Lande bedeutet jedoch gesamtwirtschaftlich zugleich einen Rückgang der Nachfrage nach Industriegütern. Hatte im Jahr 1909 die Land- und Forstwirtschaft noch einen Anteil von 33 % an der Gesamtwirtschaft, so sank dieser Anteil bis 1929 auf 20 %.

Der Verabschiedung des Gesetzes sind lange parlamentarische Auseinandersetzungen vorausgegangen. Umstritten war vor allem die Entschuldungsklausel, die der Regierung und dem Repräsentantenhaus nicht weit genug ging, vom Senat jedoch am 11. Juni endgültig beschlossen wurde.

Am 17. Juni bittet US-Präsident Hoover den Kongreß der USA, aus dem für die Agrarhilfen zur Verfügung stehenden Stabilisierungsfonds in Höhe von 500 Millionen US- Dollar (rund 2,1 Milliarden Reichsmark, RM) 150 Millionen US-Dollar (rund 630 Millionen RM) sofort bereitzustellen.

Mehr Ford-Autos in Fünftagewoche

25. Juni. Die »Vossische Zeitung« veröffentlicht einen Bericht ihres Korrespondenten Willy Heß über die Fünftagewoche bei den Ford Automobilwerken in Detroit.

Für Henry Ford, der bereits mit seinem in über 15 Millionen Exemplaren gebauten Modell T und der Einführung des Fließbandes die Autoherstellung revolutionierte, bedeutet die Einführung der Fünftagewoche die Chance, durch Heraufsetzung der Bandgeschwindigkeit die Produktivität zu erhöhen.

Ab 1. Juli 1929 soll die Tagesproduktion von 8000 auf 10 000 Autos steigen. Die Fünftagewoche hat zur Einstellung von 30 000 neuen Arbeitern geführt.

Amnestiegesetz für Elsaß-Lothringen

25. Juni. Frankreichs Regierung beschließt, ein dringliches Amnestiegesetz für elsaß-lothringische Autonomisten in der Kammer einzubringen. Anlaß ist der Freispruch für den Elsässer Karl Roos.

Das Geschworenengericht in Besançon hatte Roos am 24. Juni für unschuldig befunden, an einem Komplott gegen den französischen Staat beteiligt gewesen zu sein, und zugleich die Existenz eines solchen Komplotts unter Beteiligung von Ex-Elsässern aus dem Deutschen Reich verneint. Roos war im Mai 1928 in Colmar in Abwesenheit zu 15 Jahren Gefängnis verurteilt worden und hatte sich im November der französischen Polizei gestellt.

Staatsbier gegen Verbot von Alkohol

19. Juni. Auf Vorschlag eines Anwalts aus Milwaukee, dem Sitz vieler Bierbrauereien, muß sich das Parlament des US-Bundesstaates Wisconsin mit einer Initiative befassen, die darauf abzielt, die seit 1919 in den USA geltende Prohibition zu unterlaufen.

Es wird angeregt, der Staat Wisconsin solle die Herstellung von Bier und Spirituosen sowie den Verkauf an die Bürger selbst übernehmen. Der Anwalt verweist darauf, daß durch die Revision der US- Bundesverfassung nur einzelnen Bürgern Herstellung, Verkauf, Transport und Import alkoholischer Getränke verboten seien. Das Parlament lehnt den Vorschlag ab.

Die Gruga — eine Attraktion für Gäste aus dem In- und Ausland

29. Juni. *In Essen wird die Große Ruhrländische Gartenbauausstellung (Gruga) eröffnet. Auf einem zuvor brachliegenden Gelände von 30 ha wurde in zweijähriger Arbeit von etwa 800 Arbeitslosen ein Park geschaffen, der nach Ende der Ausstellung am 13. Oktober in den Besitz der Stadt übergehen wird. Rund 130 000 Sommerblumen, 70 000 Rosen und 12 000 Dahlien wurden gepflanzt. Ursprünglich sollte die Gruga schon Mitte Mai eröffnet werden, doch Setzlinge im Wert von über 100 000 Reichsmark waren dem Frost zum Opfer gefallen. Erst im April hatte man neu pflanzen können. Zu den Attraktionen der Ausstellung, die insgesamt etwa zwei Millionen Besucher aus dem In- und Ausland anzieht, zählen die große Dahlienarena, Mustergärten mit tragenden Orangenbäumen und die Grugabahn mit der Dampflokomotive. Unter den Prominenten, die sich in das Gästebuch der Gruga eintragen, finden sich neben dem Schirmherrn, Reichspräsident Paul von Hindenburg, der Dramatiker Gerhart Hauptmann und der Schauspieler Willy Fritsch (Abb.: Sonntagsausflügler in der Gruga).*

Ein zuverlässiger Tourenwagen ist dieses Fahrzeug mit geschlossenem Chassis, hergestellt von dem französischen Unternehmen Renault

Ebenfalls von einem französischen Produzenten, von Berliet, stammt diese räumige Sechszylinder mit der Typenbezeichnung 11 CV

Auto 1929:

Überproduktion bereitet der Kraftfahrzeugindustrie Sorgen

Das Autojahr 1929 ist geprägt von einer weiter ansteigenden Motorisierung und einer Fortdauer des Konzentrationsprozesses in der Autoindustrie. Zugleich machen sich in den Sommermonaten die ersten Zeichen einer Absatzkrise bemerkbar: Am 8. Juni verzichtet der Reichsverband der Deutschen Automobilindustrie wegen der schlechten Ertragslage auf die Durchführung einer Automobil- und Motorradausstellung, im Juli werden bei der Adam Opel AG in Rüsselsheim Arbeiter entlassen. Für den Rest der Belegschaft wird Kurzarbeit angeordnet. Im August müssen auch die Automobilhersteller in den Vereinigten Staaten ihre Produktion drosseln.

Am 1. Juni gibt es im Deutschen Reich 1 185 499 Kraftfahrzeuge, 49,6 % mehr als zum gleichen Zeitpunkt des Vorjahres. Der Bestand an Personenkraftwagen wächst im gleichen Zeitraum um 23,3 % auf 433 205. Allein in Berlin sind 42 844 PKW zugelassen, was einem Zuwachs gegenüber dem Vorjahr von 18,3 % entspricht.

Wegen des Verzichts auf eine Automobilausstellung werden andere Möglichkeiten zur Präsentation von Fahrzeugen gesucht: Auf der Weltausstellung in Barcelona (→ 19.5./S. 89) stellt sich die deutsche Automobilindustrie mit einer Gemeinschaftsausstellung vor, in Berlin-Grunewald wird auf einer Veranstaltung des Deutschen Auto-Clubs am 16. Juni ein Mercedes-Benz SSK als schönstes deutsches Automobil prämiert. Der 35 000 Reichsmark (RM) teure SSK zählt zu den Neuheiten des Jahres 1929. Der Sechs-Zylinder-Motor mit einem Hubraum von 7020 cm³ entwickelt eine Leistung von 170 PS (mit Kompressor 225 PS). Bei einer Spitzengeschwindigkeit von 165 km/h verbraucht der Zweisitzer 27 Liter auf 100 km.

Konstrukteur des Mercedes-Benz SSK ist Ferdinand Porsche, der zu Beginn des Jahres 1929 sein Amt als technischer Direktor bei Mercedes-Benz aufgibt und zu Steyr nach Österreich wechselt. Das erste von ihm für Steyr konstruierte Modell ist die Luxuslimousine Austria (acht Zylinder, 100 PS).

Insgesamt geht der Trend, nicht zuletzt wegen der seit 1927 gültigen Bemessung der Kraftfahrzeugsteuer nach Hubraum und nicht mehr nach Leistung, zu kleinerem Hubraum bei hoher PS-Leistung, wobei Drehzahlen von 3000 U/min erreicht werden.

Zwar ist einer der erfolgreichsten Kleinwagen, der seit 1925 gebaute Hanomag 2 (»Kommißbrot«), im Vorjahr vom Markt verschwunden, dennoch ist der Kleinwagenboom im Deutschen Reich ungebrochen. Der seit 1924 gebaute Opel 4 (»Laubfrosch«) erhält eine verbesserte Motorversion, mit der die Leistung um vier auf 20 PS gesteigert wird; BMW, die 1928 die Dixi Werke übernommen haben

Die deutsche Automobilfirma Adler hat sich auf Klein- und Mittelklassewagen spezialisiert; die Kapazitäten in den zehn Zweigstellen des Werks sind allerdings nicht ganz ausgelastet

Die britische Firma Wolseley Motors Ltd. mit Sitz in Birmingham, aus deren Produktion das Sportman' Coupé stammt, wirbt besonders mit der exzellenten Innenausstattung des Fahrzeugs

Die in Mitteldeutschland ansässige Autofirma Wanderer wirbt mit Zuverlässigkeit, dem leichten Lauf der Motoren und – wie viele in- und ausländische Konkurrenten – mit einer schönen Frau

Geschlossenes Modell von dem bereits 1903 in der Automobilstadt Detroit gegründeten US-amerikanischen Unternehmen Buick Motor Car Company

Von Chenard und Walcker stammt dieses stabil wirkende geschlossene Fahrzeug mit einer doppelten Stoßstange; Typenbezeichnung: 9 CV

bringen mit dem 3/15 eine verbesserte Version des in Lizenz der britischen Firma Austin gebauten Dixi heraus (15 PS, 749 cm³).
Im größten Automobilland USA, wo bereits jeder fünfte ein Auto fährt, liefern sich die Ford Motor Company und General Motors einen harten Konkurrenzkampf. 1929 bringt Chevrolet, ein Unternehmen von General-Motors, als Ersatz für den Typ 11 ein Sechszylindermodell heraus.
Weitere US-Neuheiten sind der Cadillac 341 B (5600 cm³, 95 PS, 145 km/h) und der Lincoln Town Sedan (6300 cm³, 90 PS, 110 km/h).
Eine Ausnahme von der im US-Automobilbau typischen Großserienproduktion von Standardtypen, bei denen von Jahr zu Jahr lediglich Änderungen in der Ausstattung sowie bei Details der Karosserie vorgenommen werden, bilden Nobelmarken wie Duesenberg, die in diesem Jahr mit einem neuen Modell (6,9 l, 265 PS) auf dem Markt vertreten sind. Ein Konkurrent um die Gunst des zahlungskräftigen Publikums, die britische Firma Rolls Royce, bringt den seit 1925 gebauten Phantom mit Detailverbesserungen als Phantom II heraus (sechs Zylinder, 7768 cm³, 120 PS).
Die verstärkte Präsenz von US-Firmen wie Chevrolet und Ford, die ihre Wagen aus Zollgründen in Zweigwerken in Berlin montieren, verschärft den Konkurrenzkampf unter den vielfach kapitalschwachen deutschen Unternehmen.
Sie sind gezwungen, sich auf Großserienfertigung umzustellen, was jedoch auch finanzielle Probleme mit sich bringt: Da wegen der begrenzten Kaufkraft der Masse der deutschen Autofahrer die Preise möglichst niedrig sein müssen, sind die Werke auf eine vollständige Ausnutzung ihrer Kapazität angewiesen.
Nur wenige Autofirmen wie Mercedes-Benz, die Bayerischen Motoren Werke (BMW) und die Adler Werke vorm. Heinrich Kleyer AG in Frankfurt am Main verfügen über kapitalkräftige Anteilseigner (Deutsche Bank und Dresdner Bank). Selbst bekannte Unternehmen wie Hanomag und Stoewer kämpfen mit finanziellen Schwierigkeiten. Immer lauter werden die Rufe nach erhöhten Schutzzöllen zur Drosselung von Importen, nachdem die verstärkten Anstrengungen zur Eroberung ausländischer Märkte bis dahin wenig erfolgreich waren.
Die Gesamtkapazität von fünf Autofirmen, die sich auf Klein- und Mittelklassewagen (1,7 bis 2,2 l Hubraum) spezialisiert haben (Opel, Brennabor, Adler, Dixi und Hanomag), liegt 1929 bei 287 000 Fahrzeugen.
Demgegenüber konnte die deutsche Automobilindustrie 1928 lediglich rund 76 000 Fahrzeuge absetzen. Die von ausländischen Firmen im Deutschen Reich errichteten Zweigwerke konnten etwa 26 000 Wagen verkaufen.
Verstärkt beteiligen sich ausländische Großkonzerne an alteingesessenen deutschen Autofirmen: Am 1. Januar erfolgt die Gründung der NSU-Fiat in Heilbronn, nachdem im November die italienischen Fiat Werke Mehrheitsaktionär bei den Neckarsulmer Fahrzeugwerken (NSU) geworden waren. Am →17. März (S. 49) wird die Adam Opel AG von General Motors übernommen. Damit gewinnt das Rüsselsheimer Unternehmen Anschluß an die modernste Technik des Großserien-Automobilbaus.

Ein idyllisches Bild von einem Camping-Ausflug

Frühstück mit Wohnwagen im Grünen

Unterwegs mit einem einachsigen Kleinwohnwagen

Lavastrom des Vesuv bedroht erneut Menschen der Umgegend

2. Juni. *Zum wiederholten Mal tritt der Vesuv in Tätigkeit. Die glühenden Lavamassen des Vulkans am Golf von Neapel zerstören Teile des Dorfes Terzigno an der Ostseite des Vesuv (Abb.). Der 1281 m hohe Doppelgipfel besteht aus dem Monte Somma und dem jüngeren Kegel des eigentlichen Vesuv, bei dessen Ausbruch am 24. August 79 die römischen Siedlungen Pompeji, Herculaneum und Stabiae vollkommen vernichtet wurden. Etwa 20 000 Menschen kamen bei dem Vulkanausbruch, einer der größten Naturkatastrophen der Antike, ums Leben. Mit der Freilegung von Pompeji begannen Archäologen im Jahr 1860. Die mit einer Kalksteinmauer umgebene Stadt gilt aufgrund der konservierenden Wirkung der Verschüttung als die besterhaltene des Altertums.*

Irreparable Schäden an einem Auto in der südafrikanischen Stadt Durban

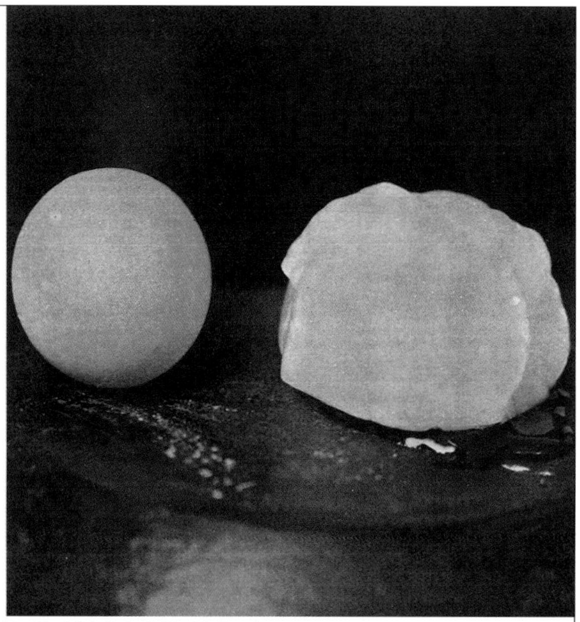

Zum Vergleich: Links ein Tennisball, rechts eines der Hagelkörner

Durban wird von Hagelkörnern in Tennisballgröße heimgesucht

24. Juni. *Durban in Südafrika ist Schauplatz einer ungewöhnlichen Naturkatastrophe, die Schäden in Höhe von rund 750 000 Pfund Sterling (rund 15,2 Millionen Reichsmark) verursacht: Ein über eine halbe Stunde andauernder Hagelschauer mit Körnern, größer als Tennisbälle, prasselt auf die Stadt herab. Wie Maschinengewehrkugeln durchlöchern die Körner mühelos Autodächer, zerstören Fensterscheiben und durchschlagen sogar die Dächer von Häusern; auch die Kunstgalerie wird beschädigt.*
Meteorologen berichten, es habe seit über 60 Jahren kein vergleichbares Unwetter gegeben.

Streit um Nidaros statt Drontheim

11. Juni. Der Lagting, die zweite Kammer des norwegischen Parlaments, bestätigt mit einer Mehrheit von zwei Stimmen den Beschluß zur Umbenennung von Drontheim in Nidaros zum 1. Januar 1930.
Der Beschluß des Lagting, dessen Mitglieder vom 150köpfigen norwegischen Gesamtparlament, dem Storting, aus den eigenen Reihen gewählt werden, löst in Drontheim Empörung aus. Ursache für den Namensstreit ist eine Sprachdebatte zwischen den Anhängern der Reichssprache Riksmål und denen des Landsmål, einer im 19. Jahrhundert neu belebten altnorwegischen Bauernsprache, die 1907 als zweite Schriftsprache offiziell anerkannt worden ist.
Nidaros war der Name Drontheims bei seiner Gründung durch König Olaf I. Tryggvesson (um 964-1000) im Jahr 997. Aus Protest gegen die geplante Umbenennung will die Stadt die für 1930 geplanten Feiern zur Erinnerung an den in Drontheim beigesetzten König Olaf II. Haraldsson, genannt der Heilige (um 995-1030), absagen.

Hertzog regiert in Südafrika weiter

12. Juni. Bei den Wahlen zum Unterhaus der Südafrikanischen Union erhält die Nationalistische Partei des seit 1924 amtierenden Premierministers James Barry Munnick Hertzog die absolute Mehrheit. Hertzog kann damit seine Politik der Benachteiligung der schwarzen Bevölkerungsmehrheit fortführen.
Hertzogs Partei gewinnt im Unterhaus, das um 13 auf 148 Sitze erweitert wurde, 78 Mandate. Die Südafrikanische Partei des früheren Premierministers Jan Christiaan Smuts erhält 61, die Arbeiterpartei acht Sitze; ein Sitz geht an einen Unabhängigen. Zuvor hatte Hertzog mit dem rechten Flügel der Arbeiterpartei koaliert.
Für Hertzog stimmt vor allem die weiße Burenbevölkerung im Binnenland, die sich als »Afrikaner« versteht und die Schwarzen als billige und politisch rechtlose Arbeiter auf den Farmen und in den Diamantenminen braucht. Die Wähler von Smuts leben an der traditionell probritisch eingestellten Küste.

Nach dem Urteil der Jury ist sie die schönste von den 44 Kandidatinnen, die sich um den Titel der Miss Universum bewerben: Liesl Goldarbeiter (oben 8.v.r.) erhält sechs der sieben Jurorenstimmen

Österreicherin Liesl Goldarbeiter wird in Texas zur schönsten Frau des Universums gekürt

Juni. Bei der dritten Wahl einer Miss Universum in der texanischen Stadt Galveston wählt die Jury aus der Schar von 44 Bewerberinnen die 20jährige Wienerin Liesl Goldarbeiter, die als Miss Austria zur Wahl angetreten war, zur bestaussehendsten Frau der Welt. Sie kann ihre schärfste Mitkonkurrentin um den Titel, Irene Ahlberg, die sich als Miss Greater New York zusammen mit Schönheitsköniginnen aus anderen US-amerikanischen Metropolen, US-Bundesstaaten und anderen Ländern in Galveston zur Wahl stellte, auf den zweiten Platz verweisen.

In Österreichs Hauptstadt Wien löst die Nachricht aus dem fernen Texas große Begeisterung aus. Tagelang können sich die Wiener Zeitungsleser an der Erfolgsstory »unserer Liesl« erfreuen. Die neue Miss Universum ist nämlich nicht nur schön, sondern auch klug: Die Tochter eines wenig vermögenden Wiener Kaufmanns hat die Reifeprüfung am Realgymnasium im III. Bezirk mit Erfolg absolviert und beeindruckt die Reporter in den Vereinigten Staaten vor allem durch ihre hervorragenden Sprachkenntnisse, die über einfaches Schulenglisch weit hinausgehen.

Die Karosse mit dem ägyptischen König Fuad I. (mit Fez) durchquert das Brandenburger Tor in Berlin

Ägypterkönig auf Deutschlandreise

10. Juni. Zum Auftakt seiner Reise durch das Deutsche Reich, die ihn bis zum 25. Juni durch verschiedene Städte führt, wird Ägyptens König Fuad I. von Reichspräsident Paul von Hindenburg empfangen.

Das deutsche Staatsoberhaupt betont in einer Tischrede die freundschaftliche Gesinnung des deutschen Volkes gegenüber Ägypten.

Zu den Stationen von Fuads Rundreise zählen neben Berlin u.a. die Hansestadt Hamburg und Wernigerode, wo er von Christian Ernst Fürst zu Wernigerode-Stolberg empfangen wird. Zuletzt hält sich der König in München auf, von wo aus er nach Prag weiterreist, dem nächsten Reiseziel.

Demokratie als wackliger Apfelkarren

14. Juni. Im Teatr Polski in Warschau hat die politische Komödie »Der Kaiser von Amerika« von George Bernard Shaw Premiere. Am Beispiel eines populären Monarchen der Zukunft zeigt Shaw die Probleme der Demokratie und entlarvt dabei zugleich die Phrasen der um ihre politische Macht ringenden Volksvertreter.
Die Demokratie erscheint Shaw als zweirädriger Apfelkarren, der — so lautet auch der Originaltitel, »The Apple Cart« — aus dem Gleichgewicht gerät, sobald die Äpfel zu rutschen anfangen.
Das Stück spielt in Großbritannien um das Jahr 2000: Der konstitutionelle Monarch König Magnus, eine von Shaw mit großer Sympathie für dessen politische und private Ambitionen gezeichnete Figur, versucht, seine politischen Rechte geltend zu machen. Dies ruft den Widerstand seiner Minister hervor, doch der König will eher auf seinen Thron als auf seinen Einfluß verzichten.
Magnus droht damit, zurückzutreten und sich bei der nächsten Wahl als Kandidat für das Unterhaus aufstellen zu lassen, um als Volksvertreter zu erreichen, was ihm als Monarch versagt werden soll.
Daraufhin verzichten die um ihre Posten bangenden Minister auf alle Versuche, die politischen Ambitionen des Königs einzuschränken, zumal die Vereinigten Staaten plötzlich Interesse zeigen, Mitglied des Commonwealth zu werden, und Magnus dann als Kaiser von Amerika akzeptieren würden.

Szenenfoto aus der deutschen Erstaufführung des Shaw-Dramas am 19. Oktober in Berlin; v.l. Helene Thiemig, Werner Krauss, Margo Lion

Die Hindemith-Oper wird an anderen deutschen Bühnen nachgespielt; hier ein Szenenfoto aus Darmstadt

Szene aus der Aufführung der Oper »Neues von Tage« am Hessischen Landestheater in Darmstadt

Gegenwarts-Oper von Paul Hindemith

8. Juni. In der Berliner Krolloper wird »Neues vom Tage« uraufgeführt, eine »Lustige Oper in drei Teilen und elf Bildern« von Paul Hindemith. Das Libretto stammt von Marcellus Schiffer, die Inszenierung besorgte Ernst Legal, die musikalische Leitung hat Otto Klemperer.
Die Oper spielt im Berlin der Gegenwart. Laura (in der Uraufführung gesungen von Grete Stückgold) und Eduard (Fritz Krenn) wollen sich scheiden lassen und nehmen sich als Vorbild das Ehepaar M. (Arthur Cavara und Sabine Kalter), die dank des vom Büro für Familienangelegenheiten als Scheidungsgrund vermittelten schönen Herrn Hermann (Erik Wirl) problemlos getrennt werden.
Bei Laura und Eduard gibt es jedoch Probleme: Aufgrund von Skandalen werden sie für die Öffentlichkeit interessant, erhalten Angebote von Theater, Film und Varieté. Sie würden nun gern zusammenbleiben, was aber nicht geht, weil sie ja als scheidungswillig bekannt sind.
Die Premiere findet ein zurückhaltendes Echo: Gelobt werden Hindemiths kompositorische Fähigkeiten, vor allem bei den Chorsätzen; das Werk selber gilt Kritikern wie Max Marschalk (»Vossische Zeitung«) als »Zerfallsprodukt«.

»Singender Narr« begeistert Berlin

3. Juni. Der Gloria-Palast zeigt in einer Sondervorstellung um 18.30 Uhr erstmals in Berlin den Tonfilm »Der singende Narr« (The singing Fool) mit Al Jolson.
In dem Film der Warner Brothers, der 1928 mit großem Erfolg in den USA angelaufen ist, spielt Jolson einen singenden Kellner, der alle Höhen und Tiefen des Lebens kennenlernt und schließlich am Tode seines Kinde fast zerbricht.
Jolson, als Asea Jolson 1883 in Petersburg (Leningrad) geboren, machte sich als Star in Music-Halls und Varietés einen Namen und wurde 1927 durch den Film »Der Jazzsänger« (The Jazz Singer), der die Ära des Tonfilms einleitete, international berühmt.
In den USA ist der Tonfilm bereits zu einem wichtigen Medium geworden, und die Zahl der Tonfilmkinos wächst ständig: Gab es im Juli 1928 erst 500, waren es am 1. Januar 1929 bereits 1300. Mitte 1929 sind es 5251. Außerhalb der USA gibt es zu dieser Zeit nur wenige hundert Kinos mit Tonfilmausstattung.

Sturm-As Hofmann besiegt Schweden

23. Juni. Vor 49 870 Zuschauern in Köln schlägt die deutsche Fußball-Nationalelf Schweden 3:0 (1:0). Alle drei Tore erzielt der Halblinke Richard Hofmann (Dresdner Sportclub), der noch das Pech hat, daß drei weitere Tore wegen angeblicher Regelwidrigkeiten nicht anerkannt werden.
Die Deutschen können an die guten Leistungen der vorangegangenen Länderspiele gegen die Schweiz (7:1 am 10.2.), Italien (2:1 am →28.4./S. 73) und Schottland am 1. Juni in Berlin anknüpfen.
Beim Spiel gegen Schottland feierte Hofmann, der zuletzt am 3. Juni 1928 gegen Uruguay eingesetzt worden war, sein Comeback in die Nationalmannschaft. Mit einem überragenden Heiner Stuhlfauth (1. FC Nürnberg) im Tor, der die deutsche Elf durch eine Kopfabwehr vor einem frühen Rückstand bewahrte, waren die Gastgeber in der 49. Minute durch Hans Ruch (Hertha BSC Berlin) in Führung gegangen, hatten jedoch in der 87. Minute das 1:1 hinnehmen müssen.

Die ersten Medaillen zu Ehren von Planck

28. Juni. *Am Tag des goldenen Doktorjubiläums des deutschen Physikers Max Planck werden in Berlin die ersten beiden Max-Planck-Medaillen vergeben. Die Empfänger sind Planck selbst und sein Kollege Albert Einstein.*

Die Medaille wird von der am 15. Januar 1845 als Physikalische Gesellschaft zu Berlin gegründeten Deutschen Physikalischen Gesellschaft (ab 1899) für Fortschritte auf dem Gebiet der theoretischen Physik vergeben.

Planck wie Einstein sind Nobelpreisträger für Physik: Planck erhielt diese Auszeichnung 1918, Einstein wurde der Preis 1921 zuerkannt. Beide wirken in Berlin: Der 71jährige Planck war zunächst von 1885 bis 1889 Professor für Physik in seiner Heimatstadt Kiel, kam dann nach Berlin und wurde 1912 einer der vier Sekretäre der Preußischen Akademie der Wissenschaften. Der 1879 in Ulm geborene Einstein war nach einer Tätigkeit beim Berner Patentamt (1902-1909) Professor für theoretische Physik in Zürich und Prag und wurde 1914 Direktor des Kaiser-Wilhelm-Instituts für Physik.

Planck, der sich bereits mit 27 Jahren zum außerordentlichen Professor habilitieren konnte, befaßt sich vor allem mit der Strahlentheorie und der Thermodynamik. Im Jahr 1900 formulierte er das nach ihm benannte Strahlungsgesetz über die Wärmestrahlung. Im Gegensatz zu den bisherigen physikalischen Aussagen über die Stetigkeit jeder Energieausstrahlung erklärt Planck, daß Licht, Wärme oder Elektrizität nicht kontinuierlich, sondern in bestimmten, von der Frequenz abhängigen Quanten oder Energieteilchen, auftreten.

Die so entdeckte Konstante h, fortan als »Plancksches Wirkungsquantum« bezeichnet, ist Teil des Strahlungsgesetzes und Proportionalitätsfaktor in der Beziehung zwischen der Frequenz einer elektromagnetischen Welle (v) und der Energie (W) der in ihr enthaltenen Energiequanten ($W = hv$). Auf dem »Planckschen Wirkungsquantum« beruht die 1905 von Einstein entwickelte Lichtquantentheorie (Abb.: Planck, l., überreicht Einstein die Planck-Medaille).

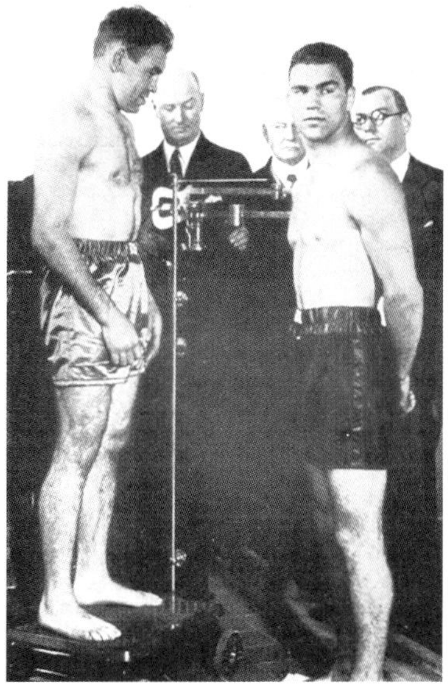

Uzcudun (l.) und Schmeling müssen vor ihrem Kampf auf die Waage

Schmeling schlägt Spaniens Boxidol

27. Juni. Vor rund 40 000 Zuschauern im New Yorker Yankee-Stadion, die über 360 000 US-Dollar (rund 1,5 Millionen Reichsmark, RM) an Einnahmen bringen, besiegt der 23jährige deutsche Berufsboxer Max Schmeling seinen um sieben Jahre älteren spanischen Gegner Paolino Uzcudun in einem Kampf über 15 Runden nach Punkten.

Damit erhält Schmeling nicht nur rund 74 000 US-Dollar (etwa 310 000 RM) an Siegerprämie, sondern auch die Anwartschaft auf einen Kampf um den Titel eines Weltmeisters im Schwergewicht, der nach dem Rücktritt von Gene Tunney seit 1928 vakant ist.

Schmeling — Uzcudun in Zahlen

	Schmeling	Uzcudun
Kampfgewicht	84,8 kg	87,8 kg
Größe	184 cm	179 cm
Handgelenk	24 cm	20 cm
Reichweite	189 cm	168,5 cm

Von den 15 Runden gehen neun an Schmeling, drei an den »Baskischen Holzfäller«, drei werden unentschieden gewertet. Nachdem der fast nur mit Aufwärtshaken angreifende Uzcudun den Kampf bis zur 10. Runde streckenweise offen gestalten kann, diktiert Schmeling im letzten Kampfdrittel eindeutig das Geschehen und bringt seinen Gegner an den Rand des k.o.

Schmeling hat in den USA seit 1928 in fünf Kämpfen fünfmal gesiegt.

Mo	Di	Mi	Do	Fr	Sa	So
1	2	3	4	5	6	7
8	9	10	11	12	13	14
15	16	17	18	19	20	21
22	23	24	25	26	27	28
29	30	31				

1. Juli, Montag

Für die Einwanderung in die Vereinigten Staaten gelten neue restriktive Bestimmungen. →S. 121

Der Liberale Juko Hamaguchi wird anstelle von Gi-ichi Baron Tanaka japanischer Regierungschef. Tanaka hatte wegen der japanischen Politik in der Mandschurei, die zu Konflikten mit der eigenen Armeespitze führte, seinen Rücktritt einreichen müssen. →S. 120

Bei der Wahl zum 200 Sitze umfassenden finnischen Reichstag (Eduskunta) wird der Landvolkbund bei einem Zugewinn von sieben Sitzen mit 59 Mandaten ebenso stark wie die Sozialdemokratische Partei, die einen Sitz verliert.

Der Senat der Freien Stadt Danzig weist eine polnische Protestnote gegen eine am 27. Juni abgehaltene Trauerkundgebung anläßlich der zehnjährigen Wiederkehr des Versailler Vertrags (→28.6./S. 99) als Einmischung in die inneren Angelegenheiten der Stadt zurück.

In den Vereinigten Staaten gibt es 5251 Tonfilmkinos, dies sind 25,5 % aller US-amerikanischen Lichtspieltheater.

2. Juli, Dienstag

In London wird das britische Unterhaus mit der königlichen Thronrede eröffnet. Darin wird u.a. eine Räumung der Rheinlande durch die Besatzungsmächte in Aussicht gestellt und eine Reform der Sozialgesetzgebung angekündigt.

3. Juli, Mittwoch

Die kommunistische Presse Sachsens veröffentlicht ein »vertrauliches« Bündnisangebot des Nationalsozialisten Helmuth von Mücke vom 29. Juni an KPD und SPD zur Unterstützung einer Linkskoalition im sächsischen Landtag. Die NSDAP hat seit der letzten Landtagswahl fünf Sitze im Landesparlament (→12.5./S. 82).

Das Landgericht von Lippe verurteilt Prinz Friedrich Wilhelm zur Lippe wegen Vergehens gegen das Republikschutzgesetz zu einer Strafe von 500 Reichsmark. Der Prinz hatte in einem Zeitungsartikel u.a. erklärt, um »Minister zu werden, muß man heute im Zuchthaus gesessen haben«.

Bei der Wahl zur 100 Sitze umfassenden niederländischen Kammer werden die Römisch-katholische Staatspartei mit 30 und die Sozialdemokratische Arbeiterpartei mit 24 Sitzen stärkste Fraktionen.

Die griechische Regierung protestiert bei Frankreich, Großbritannien und den USA gegen die im Youngplan (→7.6./S. 98; 31.8./S. 134) vorgesehene Herabsetzung des griechischen Anteils an den deutschen Reparationen.

Im Berliner Marmorhaus stellt der sowjetische Filmregisseur Dsiga Wertow seinen Dokumentarfilm »Der Mann mit der Kamera« (Tschelowek s kinoapparatum) vor (→8.1./S. 21).

4. Juli, Donnerstag

In Berlin demonstrieren auf dem Opernplatz völkische Studenten unter Rufen wie »Deutschland erwache« für »akademische Freiheit, gegen die Freiheitsberaubung der Hochschulen«.

Bei den Feiern am US-amerikanischen Unabhängigkeitstag kommen 159 Menschen ums Leben, davon 70 als Folge von Autounfällen.

5. Juli, Freitag

In Berlin beginnen die zweitägigen Beratungen der Unterausschüsse der Länderkonferenz über die Reichsreform. →S. 116

Der Hauptausschuß des preußischen Landtags billigt eine Resolution, in der das Staatsministerium zu Verhandlungen mit den evangelischen Kirchen aufgefordert wird, um eine Gleichbehandlung mit der katholischen Kirche sicherzustellen. Anlaß ist der preußische Kirchenvertrag (→14.6./S. 101).

6. Juli, Sonnabend

Der Reichsausschuß der deutschen Landwirtschaft lehnt den Youngplan ab. Die damit verbundenen Zahlungsverpflichtungen überstiegen, so heißt es, weit »die Leistungsfähigkeit der deutschen Wirtschaft« (→7.6./S. 98).

Der Vorstand des Internationalen Gewerkschaftsbundes (IGB) verabschiedet »Richtlinien für die Wirtschaftspolitik« und verlangt u.a. die Kontrolle der internationalen Trusts und Schutz vor Rationalisierung.

Im spanischen Parlament wird ein Entwurf über eine Verfassungsreform vorgelegt. Künftig soll nur die Hälfte der 412 Abgeordneten vom Volk gewählt werden, an die Stelle des Senats soll ein Reichsrat aus hohen Beamten und Angehörigen des Königshauses treten.

In Athen wird ein griechisch-rumänischer Freundschafts- und Schiedsgerichtsvertrag unterzeichnet.

In den Einzelfinals bei den Offenen Tennismeisterschaften von England in Wimbledon siegen Henri Cochet (Frankreich) und Helen Wills (USA). →S. 129

7. Juli, Sonntag

Bei einem Sportfest in Berlin stößt Emil Hirschfeld (Allenstein) die Kugel auf die bis dahin weltweit unerreichte Weite von 16,11 m. →S. 129

Die französische Kombination Benoist/Marinoni (Alfa Romeo) gewinnt das 24-Stunden-Rennen auf dem belgischen Kurs von Spa-Francorchamps.

8. Juli, Montag

Bei einem Kuraufenthalt in Bühler Höhe erklärt Reichsaußenminister Gustav Stresemann dem Journalisten Jules Sauerwein vom Pariser »Le Matin«, das Deutsche Reich habe ein berechtigtes Interesse an einer baldigen Räumung der Rheinlande (→31.8./S. 134) und der Rückgabe des Saargebiets (→21.11./S. 186).

In Düsseldorf lehnt der Verein zur Wahrung der wirtschaftlichen Interessen rheinischer und westfälischer Unternehmer (Langnam-Verein) den Youngplan ab, da er keine wirtschaftliche Lösung des Reparationsproblems darstelle (→7.6./S. 98).

In Großbritannien finden Dankgottesdienste für die Genesung des britischen Königs Georg VI. statt. →S. 124

General Arturo Ivens Ferraz wird als Nachfolger des am 5. Juli zurückgetretenen José Vicente Freitas Ministerpräsident von Portugal.

In Simmering heiraten die Schriftstellerin Alma Maria Mahler-Gropius und der Dichter Franz Werfel. →S. 124

9. Juli, Dienstag

Die rechtsgerichteten Politiker Alfred Hugenberg (DNVP), Theodor Duesterberg und Franz Seldte (beide Stahlhelm, Bund der Frontsoldaten), Heinrich Claß (Alldeutscher Verband) und Adolf Hitler (NSDAP) konstituieren sich als Reichsausschuß für das deutsche Volksbegehren gegen den Youngplan. →S. 116

Mit 243 gegen 172 Stimmen billigt der preußische Landtag den Kirchenvertrag mit dem Heiligen Stuhl (→14.6./S. 101).

Im sächsischen Landtag wird ein Mißtrauensantrag der KPD-Fraktion gegen die Regierung Wilhelm Bünger (DVP) mit 44 gegen 41 Stimmen bei sieben Enthaltungen und vier nicht abgegebenen Stimmen abgelehnt, da die verfassungsmäßige Mindestzahl von 49 Stimmen nicht erreicht wurde.

Der bisherige Ministerpräsident von Mecklenburg-Schwerin, Paul Schröder (SPD), erklärt nach der Wahlniederlage vom 23. Juni seinen Rücktritt.

Ein Bombenanschlag auf das Haus des Landrats in Niebüll richtet schweren Sachschaden an. Es ist bereits der siebte Anschlag dieser Art innerhalb weniger Monate; die Täter kommen aus dem rechtsgerichteten Schleswig-Holsteinischen Landvolk (→1.9./S. 150).

10. Juli, Mittwoch

In dritter Lesung billigt der preußische Landtag ein Gesetz über die kommunale Neugliederung des rheinisch-westfälischen Industriegebiets.

Der am 9. Juli neukonstituierte Landtag von Mecklenburg-Schwerin wählt den Gutsbesitzer Karl Eschenburg (DNVP) zum Ministerpräsidenten. Er stützt sich auf eine Koalition der nationalen Mecklenburger aus DNVP, DVP und Wirtschaftspartei.

Die chinesische Regierung setzt den sowjetischen Generaldirektor der chinesischen Ostbahn ab (→17.7./S. 120).

Der Führer der Estnischen Arbeitspartei, Otto Strandman, bildet in Riga als Regierungschef (Staatsältester) ein Kabinett unter Einschluß der Christlichen Volkspartei und der Partei der Kleinen Landwirte.

11. Juli, Donnerstag

Der preußische Landtag lehnt die Mißtrauensanträge der Rechtsparteien (DNVP, Wirtschaftspartei und NSDAP) sowie der KPD-Fraktion gegen die sozialdemokratische Regierung in namentlicher Abstimmung mit 214 gegen 187 Stimmen ab.

12. Juli, Freitag

Im Deutschen Reich wird die Invalidenrente zum 1. Oktober um 15 %, mindestens jedoch um zwölf Reichsmark (RM) angehoben. Die Waisenrenten steigen um mindestens sechs RM pro Jahr.

Der Landtag von Sachsen verabschiedet gegen die Stimmen der Linken den Landesetat, der bei Ausgaben von 434,93 Millionen Reichsmark (RM) einen Fehlbetrag von 27,96 Millionen RM aufweist.

In Altenrhein am Bodensee absolviert das von dem Ingenieur Claude Dornier entwickelte Flugboot Dornier Do X seinen ersten Probeflug, der erfolgreich verläuft (→22.7./S. 114).

Der Grazer Gynäkologe Hermann Knaus veröffentlicht seine Erkenntnisse über die fruchtbaren und unfruchtbaren Tage Frau. →S. 122

»Die literarische Welt« veröffentlicht die Ergebnisse einer »Rundfrage über proletarische Dichtung«. →S. 128

13. Juli, Sonnabend

Ein in Brüssel unterzeichnetes deutsch-belgisches Liquidationsabkommen regelt den Ausgleich der während der Besetzung Belgiens zwischen 1914 und 1918 entstandenen Kriegsschäden. Es ist das erste Liquidationsabkommen, das vom Deutschen Reich nach Unterzeichnung des Youngplans (→7.6./S. 98) mit einem ehemaligen Kriegsgegner abgeschlossen wird. →S. 116

14. Juli, Sonntag

Die »Frankfurter Zeitung« veröffentlicht ein Interview von Wolf von Dewall mit Reichsaußenminister Gustav Stresemann, der alle Versuche, durch eine Feststellungs- und Versöhnungskommission den Rheinlanden ein internationales Sonderstatut aufzuerlegen, entschieden ablehnt (→31.8./S. 134).

In Magdeburg wird der erste Abschnitt der Jugend- und Bundesschule des Reichsbanners Schwarz-Rot-Gold eingeweiht.

Ein Fünfsatz-Erfolg von Daniel Prenn über Henry Wilfred Austin entscheidet in Berlin die Davis-Pokal-Runde gegen England (3:2). Das deutsche Tennisteam ist damit Sieger der Europazone.

Beim Großen Preis für Automobile auf dem Nürburgring siegt der Franzose Louis Chiron (Bugatti) mit einer Durchschnittsgeschwindigkeit von 106,693 km/h. Vor 120 000 Zuschauern führt das Rennen in drei Wertungsklassen (bis 1500 cm³, bis 3000 cm³ und darüber) über 508,8 km.

Wie hier den »Kladderadatsch« vom 28. Juli 1929 bewegt alle Deutschen die Diskussion um den Youngplan, der Reparationszahlungen des Deutschen Reiches an die Siegermächte bis 1987 vorsieht

15. Juli, Montag

Der Dichter Hugo von Hofmannsthal erliegt 54jährig in Rodaun bei Wien vor Aufregung über den Freitod seines Sohnes Franz einem Herzanfall. →S. 125

16. Juli, Dienstag

Der Turbinendampfer »Bremen« des Norddeutschen Lloyd verläßt Bremerhaven zu seiner Jungfernreise nach New York (→22.7./S. 114).

17. Juli, Mittwoch

Die Regierung der Sowjetunion bricht die diplomatischen Beziehungen zu China ab. →S. 120

Großbritannien schlägt der UdSSR auf Vermittlung Norwegens die Wiederaufnahme der 1927 abgebrochenen diplomatischen Beziehungen vor (→3.10./S. 176).

Franz Schalk nimmt seinen Abschied als Direktor der Wiener Staatsoper. Sein Nachfolger wird Clemens Krauss. →S. 128

In Nürnberg beginnt das zweite Bundesfest des Arbeiter-Turn- und Sportbundes. An der bis zum 21. Juli dauernden Veranstaltung nehmen über 100 000 Menschen teil.

18. Juli, Donnerstag

Vor dem Bundeskanzleramt in Wien bedroht der 29jährige arbeitslose Schmiedegeselle Anton Leitner einen Wachtposten mit einer Pistole. Er gibt an, Bundespräsident Wilhelm Miklas erschlagen zu wollen, wird festgenommen und in eine psychiatrische Anstalt gebracht.

Die Komische Oper in Berlin wird versteigert. →S. 121

19. Juli, Freitag

Frankreich und die USA versuchen unter Hinweis auf die Mitgliedschaft im Briand-Kellogg-Pakt, China und die UdSSR zu einer Verständigung im Streit um die chinesische Ostbahn zu bewegen (→ 17.7./S. 120).

20. Juli, Sonnabend

In Frankfurt am Main findet als Auftaktveranstaltung zum zweiten Weltkongreß gegen den Imperialismus (bis 27.7.) eine Großkundgebung statt. →S. 117

Die französische Kammer billigt die umstrittenen Verträge zur Liquidierung der Kriegsschulden bei den USA (Mellon-Béranger-Abkommen) und Großbritannien (Churchill-Caillaux-Abkommen).

In Heidelberg beginnen unter Leitung von Gustav Hartung die vierten Festspiele. Sie dauern bis zum 15. August. →S. 125

21. Juli, Sonntag

Die griechisch-türkischen Verhandlungen über einen Austausch von Flüchtlingen werden abgebrochen. Die Türkei verweigert strikt eine Rückkehr der aus Istanbul geflohenen Griechen.

In einem Manifest an alle Regierungen der Welt rechtfertigt die chinesische Regierung ihr Vorgehen gegen die UdSSR (→17.7./S. 120) mit der Aufdeckung eines sowjetischen Komplotts.

In Berlin gewinnt das Team der USA das Interzonenfinale im Davis-Pokal gegen Deutschland 5:0.

Am Schlußtag der zweitägigen Deutschen Leichtathletik-Meisterschaften der Frauen in Frankfurt am Main stößt Grete Heublein (Elberfeld) die Kugel 12,85 m weit und verbessert den Weltrekord von Gustl Hermann vom Vorjahr um 59 cm.

22. Juli, Montag

Um 15.02 US-amerikanischer Sommerzeit erreicht der Turbinendampfer »Bremen« des Norddeutschen Lloyd New York und holt sich das »Blaue Band« für die schnellste Atlantiküberquerung. →S. 114

Das Plenum des Exekutivkomitees der Kommunistischen Internationale (Komintern) enthebt in Moskau Nikolai I. Bucharin wegen »Rechtsabweichungen« seines Postens im Präsidium (→23.4./S. 64).

Die Sowjetregierung lehnt das Angebot einer französischen Vermittlung im Konflikt mit China ab (→17.7./S. 120).

Am Schlußtag der am 20. Juli eröffneten Deutschen Leichtathletik-Meisterschaften in Breslau stellt die Sprintstaffel des SC Charlottenburg mit 40,8 sec den Weltrekord der deutschen Nationalstaffel vom 3. Juni 1928 über 4 x 100 m ein.

23. Juli, Dienstag

Das Gesetz zum Schutz der Republik (→ 27.6./S. 101) tritt ersatzlos außer Kraft.

Der Landtag von Thüringen billigt den Landeshaushalt, der bei Ausgaben von 167,82 Millionen Reichsmark (RM) einen Fehlbetrag von 8,19 Millionen RM aufweist.

Nach viertägiger Dauer endet in Hannover der zwölfte Deutsche Studententag. Auf der fast nur von rechtsgerichteten Delegierten besuchten Veranstaltung wird u.a. ein Aufruf zum Boykott der Verfassungsfeier (11.8.) angenommen (→S. 86).

Vor dem britischen Unterhaus in London gibt Premierminister James Ramsey MacDonald bekannt, daß die Bauarbeiten an den Kreuzern »Surrey« und »Northumberland« eingestellt und auch andere Flottenbaupläne reduziert werden sollen.

US-Präsident Herbert Clark Hoover gibt seinen Plan zur Einsetzung einer Kommission bekannt, die über einen Zeitraum von vier Jahren für eine Beschränkung der US-amerikanischen Rüstungsausgaben zu Land und zu Wasser sorgen soll.

24. Juli, Mittwoch

Mit der Hinterlegung der japanischen Ratifizierungsurkunde in Washington tritt der im August 1928 abgeschlossene Briand-Kellogg-Pakt zur Ächtung des Angriffskrieges in Kraft. →S. 117

Nach Differenzen mit der britischen Labour-Regierung tritt der britische Oberkommissar für Ägypten, George Ambrose Lord Lloyd of Dolobran, zurück.

Der belgische Ministerrat billigt den Youngplan (→7.6./S. 98).

Die Mongolische Volksrepublik verlängert ihr Militärabkommen mit der Sowjetunion von 1926 um drei Jahre.

25. Juli, Donnerstag

Papst Pius XI. hält seine erste Prozession auf dem Petersplatz ab. →S. 121

In Genf beginnt der dritte Weltkongreß der pädagogischen Vereinigungen. Unter den 600 Teilnehmern der bis zum 4. August dauernden Tagung sind erstmals Vertreter aus dem Deutschen Reich.

Im britischen Unterhaus lehnt der liberale Fraktionsführer David Lloyd George den Youngplan ab, weil die Herabsetzung der deutschen Reparationsleistungen Großbritannien unverhältnismäßig stark belasten würde.

In Baden-Baden beginnen die Tage der Deutschen Kammermusik. Sie dauern bis zum →28. Juli (→S. 127).

Der Franzose Louis Chiron (Bugatti) gewinnt auf dem Kurs Lasarte-San Sebastián den Großen Preis von Spanien für Automobile.

26. Juli, Freitag

In Kattowitz wird Otto Ulitz, der Geschäftsführer des Deutschen Volksbundes, wegen Beihilfe zur Desertion aus der polnischen Armee zu fünf Monaten Gefängnis verurteilt. →S. 116

Frankreichs Ministerpräsident Raymond Poincaré tritt zurück. →S. 120

In der UdSSR wird der Stummfilm »Arsenal« von Alexandr P. Dowschenko über die Kämpfe in der Ukraine während und nach der Oktoberrevolution uraufgeführt.

27. Juli, Sonnabend

Der Industrielle Hugo Stinnes jun. wird in Berlin vom Vorwurf des Betrugs mit Kriegsanleihen freigesprochen. →S. 116

In Genf unterzeichnen nach vierwöchigen Beratungen von Vertretern aus 36 Staaten 32 Länder das Genfer Abkommen zur Verbesserung des Loses der Verwundeten und Kranken im Felde und das Genfer Abkommen über die Behandlung von Kriegsgefangenen.

Das Reichsfinanzministerium gibt die Herausgabe von silbernen Drei- und Fünfmarkstücken bekannt. Sie zeigen auf der Vorderseite Reichspräsident Paul von Hindenburg und auf der Rückseite eine Schwurhand sowie die Aufschriften »1919 . 1929 11. August« und »Treu der Verfassung« (zehn Jahre Weimarer Verfassung).

In Baden-Baden wird das Radiolehrstück »Der Lindbergh-Flug« von Bertolt Brecht (Musik von Kurt Weill und Paul Hindemith) uraufgeführt (→28.7./S. 127).

28. Juli, Sonntag

In Genf tritt der 16. Zionistenkongreß zusammen. An der Tagung, die bis zum 11. August dauert, nehmen 300 Delegierte aus 40 Ländern teil (→23.8./S. 136).

In Baden-Baden wird Bertolt Brechts »Badener Lehrstück vom Einverständnis« mit der Musik von Paul Hindemith uraufgeführt. →S. 127

Vor 50 000 Zuschauern wird in Nürnberg die SpVgg. Fürth durch ein 3:2 (1:1) über Hertha BSC Berlin zum dritten Mal Deutscher Fußballmeister. →S. 129

In Paris verteidigt das französische Tennisteam mit 3:2 Punkten gegen die USA den Davis-Pokal. →S. 129

Die Tour de France endet mit dem Sieg des Belgiers Maurice Dewaele. Mehrere Fahrer wurden disqualifiziert. →S. 129

29. Juli, Montag

Nach dem Rücktritt von Raymond Poincaré am →26. Juli (S. 120) wird Aristide Briand (Republikanische Sozialistische Partei) französischer Ministerpräsident. Alle Minister des Kabinetts Poincaré bleiben im Amt, da der Versuch gescheitert ist, die Radikalsozialisten zur Mitarbeit in der Regierung zu bewegen.

Im tschechoslowakischen Preßburg beginnt der Hochverratsprozeß gegen Vojtech Tuka, ein führendes Mitglied der Slowakischen Volkspartei. Ihm wird vorgeworfen, durch einen im Jahr 1921 vorgelegten Autonomieentwurf für die Slowakei den Anschluß dieses Landesteils an Ungarn betrieben zu haben. Am 5. Oktober wird Tuka zu zehn Jahren Zuchthaus verurteilt.

Eine Gefängisrevolte in Auburn im US-Bundesstaat New York fordert sechs Tote und zahlreiche Verletzte. →S. 123

30. Juli, Dienstag

In Waldenburg in Schlesien werden 23 Bergleute bei einer Schlagwetterexplosion getötet. Weitere sieben können verletzt geborgen werden, zwei von ihnen sterben im Krankenhaus. →S. 123

31. Juli, Mittwoch

Zum Abschluß einer zweitägigen Zusammenkunft lehnt der Bundesausschuß des Allgemeinen Deutschen Gewerkschaftsbundes (ADGB) eine Staffelung der Unterstützungshöhe in der Arbeitslosenversicherung nach der Dauer der ununterbrochenen Beitragsleistung ab.

Vor der französischen Kammer gibt Ministerpräsident Aristide Briand (Republikanische Sozialistische Partei) seine Regierungserklärung ab. Bei der Abstimmung über die Vertrauensfrage erhält sein Kabinett 324 Ja- und 136 Nein-Stimmen bei 150 Enthaltungen.

Das Wetter im Monat Juli

Station	Mittlere Lufttemperatur (°C)	Niederschlag (mm)	Sonnenscheindauer (Std.)
Aachen	18,0 (17,5)	120 (75)	— (190)
Berlin	18,4 (18,3)	47 (70)	— (242)
Bremen	17,7 (17,4)	38 (92)	— (207)
München	18,2 (17,5)	186 (137)	— (226)
Wien	20,1 (19,5)	74 (84)	— (265)
Zürich	18,8 (17,2)	123 (139)	292 (238)

( ) Langjähriger Mittelwert für diesen Monat
— Wert nicht ermittelt

Als Zeichen für das Vordringen deutscher Technik sieht der nationalsozialistische »Illustrierte Beobachter« vom 27. Juli 1929 den Erfolg der »Bremen«, die bei ihrer Jungfernfahrt nach New York das »Blaue Band« gewinnt

Preis 20 Pfennig
Österreich: 40 Groschen
Tschechoslowakei: Kč 1.80
Danzig: 30 Pfennig

4. JAHRGANG / FOLGE 30 / SAMSTAG, 27. Juli 1929

IB Illustrierter Beobachter

VERLAG FRZ. EHER NACHF., G.M.B.H. MÜNCHEN 2 NO

Der Kampf um das „Blaue Band"

Unter dem Jubel einer riesigen Volksmenge ist das neue Schiff „Bremen" des Norddeutschen Lloyd nach seiner Jungfernreise in Neuyork eingelaufen, nachdem es den Weltschnelligkeitsrekord für Deutschland zurückgeholt hat.

Turbinendampfer »Bremen« schnellstes Schiff der Welt

22. Juli. Nach vier Tagen, 18 Stunden und 17 Minuten passiert der Turbinendampfer »Bremen« des Norddeutschen Lloyd auf seiner Jungfernfahrt von Cherbourg/Frankreich kommend um 15.02 Uhr US-amerikanischer Sommerzeit (20.02 MEZ) das Ambrose-Feuerschiff vor New York und holt sich das »Blaue Band« für die schnellste Ozeanüberquerung.

Unter dem ohrenbetäubenden Sirenengeheul der im Hafen liegenden Schiffe macht die »Bremen« an der Brooklyn Pier fest. Die US-Presse feiert die »Bremen«, die den Rekord der »Mauretania« von 1909 um acht Stunden und 17 Minuten unterbietet, als Zeichen der »Wiedergeburt Deutschlands«. Reichspräsident Paul von Hindenburg würdigt den Rekord als »besonderen Schritt vorwärts« zur »Wiedererlangung der Gleichberechtigung in Weltwirtschaft und Seeverkehr«.

Die »Bremen« (51 656 Bruttoregistertonnen) war am 16. August 1928 auf der Werft A.G. Weser in Bremen vom Stapel gelaufen, am 24. Juni 1929 fertiggestellt worden und hatte Bremerhaven am 16. Juli zur Jungfernfahrt verlassen. Das Schiff ist 286 m lang und 31,1 m breit, hat eine Besatzung von 990 Mann und kann 2200 Pasagiere befördern, davon 800 in der ersten Klasse.

Die Jungfernfahrt verkürzte auch den Briefverkehr nach Übersee: Rund 400 km vor dem US-amerikanischen Festland wurde das Schwimmerflugzeug D 1717, eine Heinkel He 12, mit Flugkapitän Jobst von Studnitz von Bord der »Bremen« katapultiert und landete 150 Minuten später in New York. Auf der Rückfahrt wird das Flugzeug am 1. August acht km vor Cherbourg gestartet und erreicht nach rund vier Stunden das etwa 800 km entfernte Bremerhaven.

Die erfolgreiche Ozeanüberquerung der »Bremen« gilt ebenso wie die ersten Probeflüge des Riesenflugbootes Dornier Do X am 12. Juli in Altenrhein am Bodensee als Triumph deutscher Technik.

Die auf der Rorschacher Flugzeugwerft der Dornier-Werke gebaute Do X, eine Konstruktion von Claude Dornier, wird von zwölf Motoren von je 520 PS angetrieben und hat eine Spannweite von 48 m. Die Do X soll im transatlantischen Passagierluftverkehr eingesetzt werden.

△ Die »Bremen« auf großer Fahrt (Gemälde); der Passagierdampfer, der eine Geschwindigkeit von 28,5 Knoten erreicht, besticht durch unaufdringliche Eleganz bei der Linienführung; mit dem Gewinn des Blauen Bandes knüpft es an die Erfolgsserie deutscher Schiffe um die Jahrhundertwende an; von 1897 bis 1906 lagen bei diesem Wettbewerb um die schnellste Atlantiküberquerung von Passagierschiffen stets deutsche Dampfer vorn; die ersten Wettfahrten wurden zu Beginn des 19. Jahrhundert noch mit Schaufelraddampfern durchgeführt

◁ »Steht mir ganz ausgezeichnet«, meint an Bord des Ozeanriesen »Bremen« die blonde Germania, die sich mit dem Blauen Band geschmückt hat (Karikatur aus der satirischen Zeitschrift »Kladderadatsch«). John Bull, eine von dem schottischen Schriftsteller John Arbuthnot zu Beginn des 18. Jahrhunderts geschaffene Figur, die das britische Hegemonialstreben zur See verkörpert, geht mit einem hölzernen Kahn in den Fluten unter, überrollt von der deutschen Technik

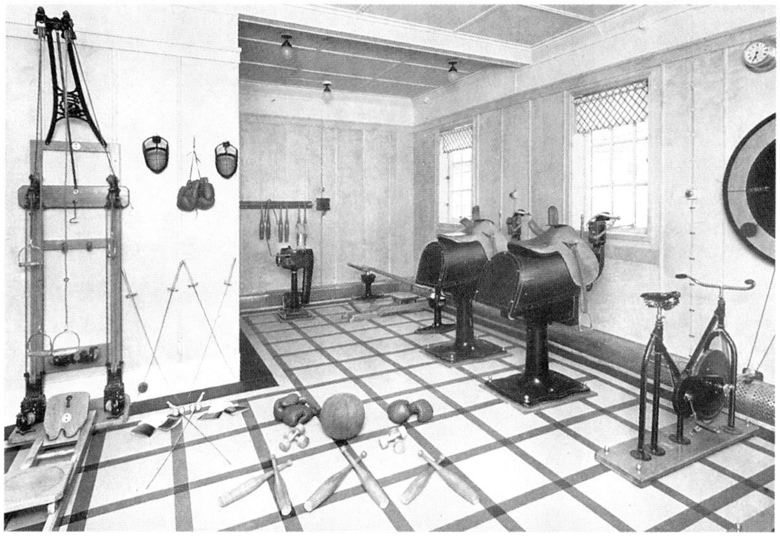

Mit modernsten Geräten ist der Saal für Sport und Turnen an Bord der »Bremen« ausgestattet, der gesundheitsbewußten Passagieren offensteht

Hier versammeln sich die kleinen Passagiere der »Bremen«, wenn die Sonne einmal nicht scheint: Das Kinderzimmer bietet eine Fülle von Spielzeug

Aus kurzer Entfernung aufgenommene Seitenansicht des Dornier-Flugbootes Do X, das in Altenrhein am Bodensee zum ersten Probeflug startet

Das Riesenflugboot Do X mit der gewaltigen Spannweite von 48 m und einer Tragfläche von 480 m², hier bei einem der ersten Probeflüge über dem Bodensee, bietet 100 Passagieren Platz; es wird von zwölf Motoren angetrieben, die sechs Tanks fassen jeweils 3000 l Benzin; Konstrukteur Claude Dornier hat bereits im Weltkrieg ein Flugboot mit 37 m Spannweite entworfen, von ihm stammen auch das zweimotorige Flugboot »Wal« (1922) und die viermotorige »Superwal«

Das Gericht befragt Hugo Stinnes jun. (M. stehend) zum Vorwurf illegaler Geschäfte mit Kriegsanleihen

Freispruch »zweiter Klasse« für Stinnes

27. Juli. In Berlin werden der Industrielle Hugo Stinnes jun. und drei Mitangeklagte vom Vorwurf des Betrugs mit Kriegsanleihen freigesprochen. Drei weitere Angeklagte erhalten Geld- und Haftstrafen.

Der im April begonnene Prozeß fand unter reger Anteilnahme der Öffentlichkeit statt. Es ging um die Schädigung des Deutschen Reichs durch Betrügereien im Zusammenhang mit der Aufwertung von Kriegsanleihen, mit denen der Weltkrieg z.T. finanziert worden war. Den sieben Angeklagten war vorgeworfen worden, große Mengen neuerworbener Kriegsanleihen zurückdatiert zu haben, um in den Genuß einer fünffachen Aufwertung zu kommen, die laut Gesetz nur sog. Altbesitzern zusteht, die ihre Anleihen vor dem 1. Juli 1920 erworben haben.

Das Gericht konnte nicht klären, ob sich Stinnes bewußt an dem versuchten Betrug beteiligt hatte, und spricht ihn mangels Beweisen frei.

Bayern-Veto — Aus für Reichsreform

5. Juli. Unter Vorsitz von Reichsinnenminister Carl Severing (SPD) kommen die Ausschüsse zur Neuordnung der Beziehungen zwischen den Ländern und dem Deutschen Reich in Berlin zusammen.

Ein von der Mehrheit der Ausschußmitglieder angenommener Entwurf zur Änderung der Verfassung geht von einer »differenzierenden Lösung« aus: Ganz Norddeutschland solle in »Länder neuer Art« gegliedert werden, in Süd- und Mitteldeutschland sollten Bayern, Sachsen, Württemberg und Baden als »Länder alter Art« erhalten bleiben. Gleichzeitig wird eine einheitliche Reichsverwaltung angestrebt, so daß die föderativen Elemente der Weimarer Verfassung zugunsten eines zentralisierten Einheitsstaats zurückgedrängt würden. Diese Vorschläge zur Reichsreform scheitern am Veto des bayerischen Ministerpräsidenten Heinrich Held (BVP) und des BVP-Ministers in der Reichsregierung, Georg Schätzel (Post). Bayern befürchtet einen Rückfall in den Zustand des Kaiserreichs, als preußische Landesregierung und Reichsregierung in Personalunion verbunden waren.

Volksdeutscher in Polen verurteilt

26. Juli. Ein Gericht in der polnischen Stadt Kattowitz verurteilt Otto Ulitz, den Geschäftsführer des Deutschen Volksbundes, zu fünf Monaten Gefängnis wegen »Beihilfe zur Entziehung vom Militärdienst«.

Die Untersuchungshaft wird auf die Strafe angerechnet und für den Antritt der Reststrafe ein Aufschub von zwei Jahren gewährt. Als strafmildernd gilt, daß Ulitz die Tat — er soll durch gefälschte Ausweise Militärpersonen die Desertion ermöglicht haben — für andere begangen habe. Ulitz hatte die vorgelegten Beweise als Fälschungen bezeichnet.

Zugleich ging es in dem Ulitz-Prozeß auch grundsätzlich um die Rolle der deutschen Volksgruppe im polnischen Teil Oberschlesiens. Dabei setzte sich Ulitz energisch gegen den Vorwurf zu Wehr, sich staatsfeindlich verhalten zu haben, und erklärte, er würde geheimpolizeilich überwacht.

Rechte rüstet zum Angriff

9. Juli. In Berlin konstituiert sich der »Reichsausschuß für das deutsche Volksbegehren gegen den Youngplan«, dem u.a. der Vorsitzende der scharf rechtsgerichteten DNVP, Alfred Hugenberg, die beiden Stahlhelm-Führer Franz Seldte und Theodor Duesterberg, der Vorsitzende des Alldeutschen Verbandes, Heinrich Claß, sowie der Vorsitzende der NSDAP, Adolf Hitler, angehören.

Owen D. Young, r., Schöpfer des Reparationsplans, mit John P. Morgan

Auf der Gründungsversammlung sind auch der ehemalige Reichsernährungsminister Martin Schiele für das Landvolk, Vertreter der Vaterländischen Verbände, Fritz Thyssen für die Schwerindustrie und der DVP-Politiker und Industrielle Albert Vögler, der sein Amt bei der Pariser Sachverständigenkonferenz niedergelegt hatte, anwesend.

Die Organisation will mit einem Volksbegehren (→29.10./S. 170) verhindern, daß die im Youngplan (→ 7.6./S. 98) festgelegten Reparationen Gesetz werden. Der »Reichsausschuß«, mit dem die Rechte erstmals eine Einheitsfront bildet, verdeutlicht, daß die Gegner der Republik zum Generalangriff auf das parlamentarische System von Weimar rüsten.

Kriegsschäden in Belgien abgelöst

13. Juli. In Brüssel wird ein deutsch- belgischer Vertrag zur Liquidation der während des Weltkriegs durch die Besetzung Belgiens entstandenen Schäden unterzeichnet. In Berlin wird am gleichen Tag die Freigabe des beschlagnahmten deutschen Eigentums in Belgien vereinbart.

Die belgische Forderung belief sich ursprünglich auf 925 Millionen Reichsmark (RM), wurde aber im Laufe der Verhandlungen auf 607 Millionen RM reduziert.

Die Zahlungen sollen durch die Bank für den internationalen Zahlungsausgleich (→13.11./S. 187) mitverwaltet werden und in der gleichen Form erfolgen wie die Jahresraten des Youngplans (→7.6./S. 98). Falls das Deutsche Reich von dem Recht Gebrauch macht, einen Zahlungsaufschub zu verlangen, kann die Zahlung der jährlichen Raten auch in Form von Sachlieferungen erfolgen.

Die »Arbeiter Illustrierte Zeitung« veröffentlicht Porträts von bekannten Persönlichkeiten, die der antiimperialistischen Bewegung nahestehen

Weltkongreß verurteilt Kolonialpolitik

20. Juli. Vor rund 2000 Zuhörern im Hippodrom in Frankfurt am Main eröffnet der Reichstagsabgeordnete Willi Münzenberg (KPD) den zweiten Antiimperialistischen Weltkongreß. Münzenberg ist nicht nur Organisator der bis zum 27. Juli dauernden Veranstaltung, sondern auch Sekretär der veranstaltenden Liga gegen den Imperialismus.

Nach der Wahl des Präsidiums mit Vertretern von 18 Nationen wird noch ein Ehrenpräsidium gewählt, bestehend aus Frau Sun Yat-sen und Albert Einstein sowie den Schriftstellern Upton Sinclair, Maxim Gorki und Henri Barbusse.

Zu Beginn seiner Beratungen beschäftigt sich der Kongreß mit dem Konflikt UdSSR-China (→17.7./S. 120) und billigt nach einem Einleitungsreferat des Briten James Maxton (Independent Labour Party) eine Resolution, in der »auf das entschiedenste gegen die imperialistischen Kriegsangriffe auf die Sowjetunion« protestiert wird.

Zu den Themen des Kongresses, dessen Teilnehmer vor allem das kommunistische und linkssozialistische Lager repräsentieren, zählt die Indien-Frage. Dazu erklärt der Vertreter der Kongreß-Partei, Shivaprasad Gupta, seine Partei fordere von Großbritannien kompromißlos die Unabhängigkeit und werde dafür unter Führung von Gandhi mit friedlichen Mitteln wie Boykott und Steuerstreik kämpfen.

Kommunistischer Agitator Münzenberg

Willi Münzenberg, der Leiter des Antiimperialistischen Kongresses, gilt als einer der führenden Organisatoren innerhalb der kommunistischen Bewegung.

Der am 14. August 1889 in Erfurt geborene Münzenberg ist von Beruf Schuhfabrikarbeiter. Er hielt sich von 1910 bis 1918 in der Schweiz auf und hatte in dieser Zeit Kontakt mit dem russischen Revolutionsführer Wladimir I. Lenin, der zeitweilig in Zürich im Exil lebte. 1919 schloß Münzenberg sich dem Spartakusbund und danach der neugegründeten Kommunistischen Partei Deutschlands an. Bis 1921 war er Sekretär der kommunistischen Jugendinternationale und begründete im gleichen Jahr – nach einem Aufruf von Lenin – die Internationale Arbeiterhilfe (IAH). Die IAH organisierte zunächst Hilfsaktionen für das von einer Hungersnot betroffene Sowjetrußland und unterstützte später Arbeiter in kapitalistischen Ländern bei Streiks.

Münzenberg baute ferner eine Reihe kommunistisch orientierter Verlage auf.

Antikriegspakt in Kraft getreten

24. Juli. Der Briand-Kellogg-Kriegsächtungspakt tritt mit der Ratifizierung durch Japan als letzter der 15 Signatarmächte in Kraft.

Der Pakt, der erstmals in der Geschichte den Angriffskrieg für völkerrechtswidrig erklärt, ist am 27. August 1928 in Paris von 15 Staaten unterzeichnet worden: USA, Frankreich, Belgien, Tschechoslowakei, Deutsches Reich, Italien, Polen, Japan sowie Großbritannien mit seinen Dominions Irland, Neufundland, Australien, Südafrikanische Union und Neuseeland.

In den Monaten nach der Unterzeichnung sind zahlreiche weitere Staaten, darunter die Sowjetunion, die nicht nach Paris eingeladen worden war, dem Pakt beigetreten.

Insgesamt haben weltweit 63 Staaten das Abkommen unterzeichnet. Hauptinitiatoren waren der französische Außenminister Aristide Briand und sein US-amerikanischer Amtskollege Kellogg.

Urlaub und Freizeit 1929:

Fernurlaub für viele zu teuer

Urlaubsreisen ins Ausland sind auch 1929 das Vorrecht einer zahlenmäßig kleinen Schicht von Begüterten. Die breite Masse der Arbeitnehmer im Deutschen Reich muß sich mit Ausflügen in die nähere Umgebung begnügen, wobei sich insbesondere die Gliederungen der Sozialdemokratischen Partei Deutschlands (SPD) und die ihr angehörenden Organisationen um die Schaffung von Freizeitmöglichkeiten vor allem für Jugendliche bemühen. In Hamburg besteht eine Ferienkolonie auf dem Köhlbrand, wo von Mai bis September täglich bis zu 2750 Schulkinder und 250 Kleinkinder betreut werden können. Die Eltern zahlen dafür wöchentlich 3,75 RM an Kostgeld. Ähnliche Einrichtungen existieren auch in anderen Großstädten.

Bei den Fernreisen macht das Meer dem Urlaub in den Bergen immer stärker Konkurrenz. Für zahlreiche Besserverdienende treten dabei zunehmend die italienischen Urlaubsmetropolen Rimini, Riccione, San Remo und der Gardasee an die Stelle der Bäder an der deutschen Nord- und Ostseeküste.

Treffpunkte der internationalen Prominenz sind vor allem die französischen Badeorte Antibes, St. Tropez sowie Deauville und Biarritz, wo auch ein Besuch im Spielkasino lockt. Willkommen sind die Freunde des Roulette auch wieder im mondänen Schweizer Kurort Montreux am Genfer See, wo das Spielverbot im Kursaal durch einen Volksentscheid aufgehoben wird.

Auch neue Ziele werden 1929 für den Tourismus entdeckt: Die Türkei tritt wieder als Reiseland hervor, und die Sowjetunion öffnet sich dem Fremdenverkehr. Trotz beschränkter Unterbringungsmöglichkeiten werden dort 15 000 Touristen erwartet, zehnmal soviel wie 1928. Hauptziele sind Leningrad und Moskau.

Steigender Beliebtheit erfreuen sich Gesellschafts- und Studienreisen in kleinen Gruppen mit zehn bis 35 Teilnehmern in Begleitung geschulter Reiseleiter. Fahrt, Hotel und Verpflegung sind im Reisepreis eingeschlossen; der Urlauber braucht sich um organisatorische Fragen nicht mehr zu kümmern.

Das Ullstein Reisebüro bietet z.B. eine 15tägige Schweizreise für 427 Reichsmark (RM) und eine ebensolange Donaureise für 381 RM an. Besonders rührig auf diesem Gebiet ist auch Scherls Reisebüro in Berlin, das neben attraktiven Seereisen — z.B. eine zehntägige Reise nach London und Schottland für 150 RM — auch individuelle Pauschalreisen für Alleinfahrer offeriert, wobei der Tourist für seine Fahrten im In- und Ausland Gutscheine erwerben kann, die ihm die Gewißheit bieten, ohne Schwierigkeiten einen Platz in Flugzeug, Bahn oder Bus sowie ein Zimmer in einem Hotel zu erhalten.

Für die Masse der Arbeitnehmer sind solche Reisen allerdings unerschwinglich: Im Reichsdurchschnitt kommt ein Industriearbeiter 1929 auf einen Brutto-Wochenlohn von 28,40 RM und ein Angestellter auf ein Brutto-Monatsgehalt von 207 RM. Eine 1929 veröffentlichte Untersuchung für Hamburg ergibt, daß von den durchschnittlichen Einnahmen einer Arbeiterfamilie, in der mehrere Generationen mitarbeiten, in Höhe von 3767,91 RM nur 41,68 RM für Vergnügungen und gesellige Anlässe und 43,28 RM für Erholung ausgegeben werden.

Am Inn: Zwei Flußwanderer bauen ihr Faltboot auf, das sie zusammengelegt von der nahegelegenen Bahnstation herbeigeschleppt haben

Werbung von Scherls Reisebüro, spezialisiert auf Pauschalreisen mit individuell zusammengestellten Programmen

△ So ist das Baden in der französischen Hauptstadt Paris Mode: Aufnahme aus dem gutbesuchten Freibad »Molitor«; auf der Galerie, ausgestattet mit Liegestuhl und Sonnenschirm, läßt sich ein heißer Sommertag auch ohne Urlaubsreise in der Stadt angenehm verbringen

▷ Tragbare Badekabinen sind in der Sommersaison 1929 der letzte Schrei an den Stränden der britischen Inseln; in den farbenfrohen Gebilden kann man sich nach dem Bad bequem und vor unerwünschten Blicken vollständig verborgen umziehen; sie bieten ferner etwas Windschutz

▷ Zu den beliebtesten Reisezielen für einen Urlaub mit der ganzen Familie gehören, obwohl allmählich auch die Mittelmeerstrände von den Deutschen entdeckt werden, weiterhin die Nord- und Ostseebäder — hier kann man zusammen baden, in der Sonne liegen und Sport treiben

◁ Liegewiese des Kinder-Erholungsheims Marienruhe bei Bad Kissingen; neben den von den Linksparteien angebotenen Aufenthalten in Ferienkolonien gibt es die Möglichkeit für bedürftige und gesundheitlich angeschlagene Kinder und Heranwachsende zu einer Erholungskur

In Moskau und Leningrad kommt es anläßlich des Streits um die Mandschubahn zu antichinesischen Demonstrationen

Konflikt zwischen der UdSSR und China

17. Juli. Als China auf ein Ultimatum der Sowjetregierung vom 14. Juli wegen der Vorfälle an der chinesischen Ostbahn nicht reagiert, bricht die UdSSR die diplomatischen Beziehungen ab und stellt den Bahnverkehr nach China ein.

Aufgrund eines 1896 geschlossenen Vertrages zwischen der chinesischen Regierung und russischen Banken war die Ostchinabahn bis 1903 durch die Mandschurei über Harbin nach Wladiwostok bzw. über Harbin-Tschangtschun nach Dairen und Port Arthur gebaut worden. Im Mai 1924 hatten beide Staaten diplomatische Beziehungen aufgenommen und vereinbart, die Bahn gemeinsam zu verwalten.

Wegen der Ausübung dieser Rechte durch die Sowjetunion gab es jedoch schon seit längerem Streit. Schlichtungsverhandlungen in der Stadt Mukden zwischen Mai und August 1926 blieben ohne Erfolg.

Der Konflikt entzündete sich erneut an der Besetzung der Telegrafenstation der Ostbahn in Harbin durch die Chinesen und der Absetzung des sowjetischen Generaldirektors der Bahn am 10. Juli.

Daraufhin verlangte die UdSSR am 14. Juli die Freilassung der verhafteten Sowjetbürger, darunter der Generalkonsul in Harbin, sowie die Einberufung einer Konferenz. Die chinesische Regierung in Nanking reagierte mit dem Vorwurf, die Sowjets hätten in China einen kommunistischen Putsch geplant.

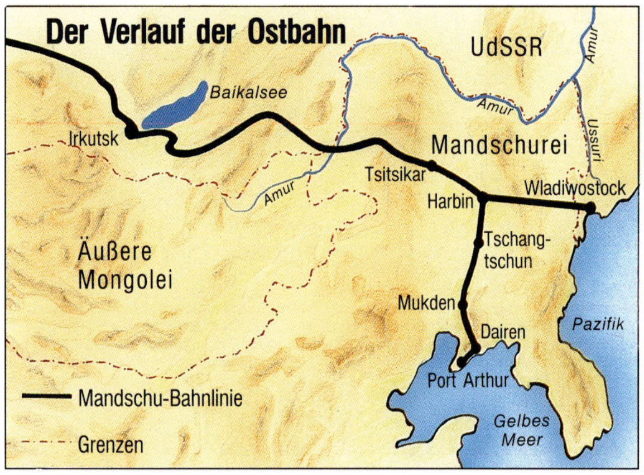

Die Mandschu-Eisenbahn verläuft von Irkutsk in der Sowjetunion über die mandschurischen Städte Tsitsikar und Harbin bis zur sowjetischen Stadt Wladiwostok am Pazifik; die andere Linie verbindet Harbin mit Port Arthur

Der sowjetische Generaldirektor der Ostbahn, Emschanow (vorn M. stehend) berichtet nach seiner Rückkehr nach Moskau von den Geschehnissen in China

Politmord stürzt Japans Regierung

1. Juli. Gi-ichi Baron Tanaka, Japans Regierungschef und Außenminister, tritt zurück. Grund ist ein Konflikt mit der Armee wegen des Anschlags japanischer Offiziere am 4. Juni 1928 auf den mandschurischen Feldherrn Tschang Tso-lin.

Der neue japanische Ministerpräsident Juko Hamaguchi ist Vorsitzender der liberalen Oppositionspartei Minseito; von ihm wird eine gemäßigtere Außenpolitik erwartet

Tanaka hatte vergeblich die Bestrafung der Schuldigen verlangt. Sein Nachfolger wird Juko Hamaguchi, der Führer der liberalen Opposition (Minseito). Tanakas reaktionäre Politik hatte die Armee ermutigt, notfalls gewaltsam die Kontrolle über die Mandschurei gegen die Ansprüche der chinesischen Kuomintang-Regierung zu verteidigen.

Raymond Poincaré zurückgetreten

26. Juli. Frankreichs Ministerpräsident Raymond Poincaré tritt zurück. Offiziell wird die Demission des 68jährigen Politikers mit einer Operation begründet, die den Regierungschef für drei Monate von seinen Amtsgeschäften fernhalten wird. Nachfolger wird am 29. Juli Außenminister Aristide Briand.

Raymond Poincaré war 1912/13 französischer Ministerpräsident, von 1913 bis 1920 Staatspräsident, dann wieder Ministerpräsident von 1922 bis 1924 und ab 1926; er muß wegen einer schweren Krankheit demissionieren

Poincaré, der dreimal Ministerpräsident und einmal Staatspräsident war, betrieb nach dem Ende des Weltkriegs die kompromißlose Durchsetzung der Versailler Friedensregelungen und lehnte im Gegensatz zu Briand jedes Einlenken in der Reparationsfrage ab.

Außerhalb des Vatikans, aber innerhalb der Grenzen der Vatikanstadt: Papst Pius XI. (auf der Sänfte) bei seiner Prozession auf dem Petersplatz

Pius XI. auf dem Petersplatz

25. Juli. Erstmals seit 1870, als sich das Oberhaupt der katholischen Kirche nach der Besetzung des Rest-Kirchenstaates durch Italien ganz aus der Öffentlichkeit zurückzog, hält ein Papst eine Prozession im Freien ab — eine Folge der Verträge (→11.2./S. 30), mit denen die Vatikanstadt als Herrschaftsgebiet der Päpste geschaffen wurde.

Der »Ullstein-Nachrichtendienst« beschreibt, wie Papst Pius XI. das heilige Sakrament über den Petersplatz trägt: »Als der Papst den Vatikan verließ, war es so spät, daß bereits die Dunkelheit einzusetzen begann. Allmählich wurde aber das Bild des Petersplatzes immer märchenhafter durch die vielen Kerzen, die jetzt in den Händen der Prozessionsteilnehmer sichtbar wurden. Allmählich wurden auch die Lichter vor den Portalen angezündet, die mit den üblichen Windfackeln versehen waren. Der große Altar in der Mitte der Front der Petersbasilika war von oben von unsichtbaren elektrischen Birnen beleuchtet.

Als der Papst nach einer halben Stunde, denn solange hatte sein Umzug gedauert, vor dem Altar das Allerheiligste in die Höhe hob und dabei den Segen urbi et orbi aussprach, sank die Menge der Gläubigen noch einmal in die Knie, um gleich darauf ihrem Beifall durch lautes Händeklatschen ... Ausdruck zu verleihen.«

Komische Oper versteigert

18. Juli. Die Komische Oper in Berlin kommt unter den Hammer: Für 1,2 Millionen Reichsmark (RM) — der Schätzwert betrug über zwei Millionen RM — fällt das Gebäude bei der Versteigerung an die Berliner Terrain- und Bau AG.

Die Komische Oper hatte um die Jahrhundertwende einen guten Ruf als Opernbühne, zeigte dann Schauspiele und war in den letzten Jahren Veranstaltungsort für mittelmäßige Revuen, die kaum noch Zuschauer anlockten, bis Mitte Juni der letzte Vorhang fiel.

Das Angebot an anspruchsloser Unterhaltung in der Reichshauptstadt ist groß: Neben den weithin bekannten Varieté-Theatern wie dem Wintergarten, dem Plaza und der Scala bieten zahlreiche weitere Bühnen leichte musikalische Kost. Dazu gehören das Metropol-Theater, wo im Juli Walter Kirchoff in Jacques Offenbachs Operette »Blaubart« gefeiert wird, und das Theater des Westens.

Ferner bemühen sich in der Reichshauptstadt, die München längst den Rang als Kulturmetropole des Deutschen Reiches abgelaufen hat, zahllose Lustspielbühnen um die Gunst des vergnügungssüchtigen Publikums. Zur großen Konkurrenz für die Bühnen wird allerdings das Kino, vor allem durch das Aufkommen des Tonfilms.

Die Komische Oper kommt wegen Geldproblemen unter den Hammer

Immigration neu geregelt

1. Juli. Durch Inkrafttreten neuer US-Einwanderungsbestimmungen werden die Quoten der Zuwanderer aus den skandinavischen Staaten, aus Irland und aus dem Deutschen Reich weiter gesenkt.

1921, als 850 000 Immigranten in die USA kamen, war die jährliche Einwanderung pro Staat auf 3 % der bereits 1910 in den USA ansässigen Fremdstämmigen aus dem jeweiligen Land begrenzt worden.

Zu diesem Zeitpunkt kamen 60,3 % der Neubürger aus Europa, davon 32,5 % aus den »klassischen« Einwandererländern Mittel- und Nordeuropas (10,8 % Deutsche und Österreicher, 8 % Briten, 5,4 % Iren) und der Rest aus Süd- und Osteuropa. 36,9 % kamen aus Nord- und Südamerika, die übrigen aus den anderen Kontinenten.

Im Jahr 1924, als 707 000 Menschen in die USA drängten, wurde die jährliche Einwanderung gegenüber 1921 um die Hälfte reduziert. Die neue Jahresquote, die bis 1927 Gültigkeit hatte, belief sich auf 2 % der Angehörigen eines Landes, die sich 1890 in den USA befanden.

Seither orientierten sich die Quoten an der nationalen Zusammensetzung der Einwohnerschaft der USA 1920, wobei minderjährige Kinder und Ehefrauen im Rahmen der Familienzusammenführung nicht unter die Quotenregelung fielen.

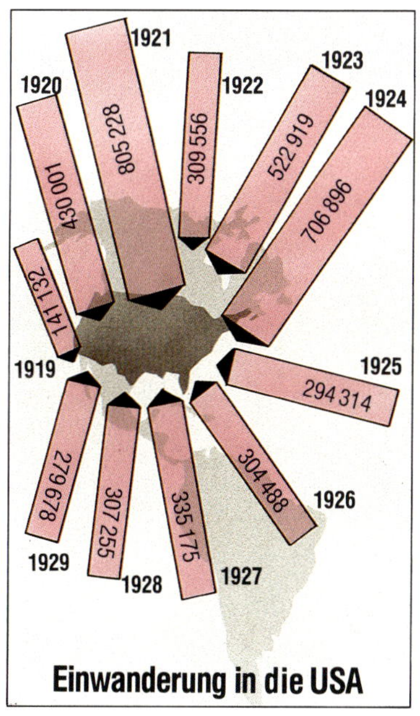

Knaus erforscht natürliche Empfängnisverhütung

Der japanische Gynäkologe Kiusako Ogino (l.) und sein österreichischer Kollege Hermann Knaus, die Begründer einer neuartigen Verhütungsmethode

12. Juli. Der Grazer Gynäkologe Hermann Knaus veröffentlicht in der »Münchner Medizinischen Wochenschrift« (76/1157; 1929) seine Erkenntnisse über die fruchtbaren und unfruchtbaren Tage der Frau. Zu den gleichen Ergebnissen kommt der Japaner Kiusako Ogino. Die nach beiden Medizinern benannte Methode zur Ermittlung der empfängnisfreien Tage der Frau basiert auf der Tatsache, daß normalerweise pro Zyklus eine Eizelle heranreift, die nicht länger als 24 bis 36 Stunden befruchtungsfähig ist. Spermatozoen leben nur vier bis fünf Tage, im Extremfall sechs Tage. Ein Geschlechtsverkehr kann demnach während jedes Zyklus an sechs bis sieben Tagen zu einer Befruchtung führen: Fünf bis sechs Tage vor dem Eisprung und einen halben Tag nach dem Eisprung. Allerdings findet die Ovulation (Eireifung) bei keiner Frau am selben Tag eines Zyklus statt, da sie u.a. von physischen und psychischen Faktoren abhängig ist und deshalb verfrüht oder verspätet eintreten kann.
Zur Feststellung der Tage, an denen sexuelle Enthaltsamkeit anzuraten ist, empfiehlt Knaus der Frau, zumindest ein Jahr lang gewissenhaft einen Menstruationskalender zu führen und dabei die Dauer des Zyklus und den Tag seines Beginns (erster Tag der Blutung) zu notieren.
Anschließend muß aus diesem individuellen Kalender der kürzeste und der längste Menstruationszyklus, also der kürzeste und längste Abschnitt zwischen zwei Regeln, herausgesucht werden.
Vom kürzesten Zyklus ist nun, um sicher zu gehen, die Zahl 18 abzuziehen. Dieses Ergebnis entspricht dem Datum des Anfangs der Risikoperiode (z.B. 25 Tage minus 18 Tage = 7, d.h. der siebte Tag nach dem Beginn jeder Menstruationsblutung ist der erste unsichere Tag).
Von der Anzahl der Tage des längsten Zyklus ist die Zahl elf abzuziehen. Das Ergebnis entspricht nun jenem Tag, an dem die Risikoperiode zu Ende geht (z.B. Zyklusdauer 30 Tage minus elf Tage = 19, d.h. am 19. Tag endet die Risikoperiode). In diesem Beispiel sollte also zwischen dem siebten und 19. Tag nach Beginn der Menstruation kein Geschlechtsverkehr stattfinden, sofern nicht ein anderes Verhütungsmittel eingesetzt wird.
Allerdings verlangt die Knaus-Ogino-Methode neben einer einigermaßen zuverlässigen Zyklusdauer, die um nicht mehr als zehn Tage schwanken sollte, eine lange Vorbereitungszeit und viel Selbstdisziplin. In der Praxis zeigt sich, daß die Methode eine Versagerquote von bis zu 25 % hat, deren Ursache zunächst unbekannt bleibt. Die Knaus-Ogino-Methode zählt zu den natürlichen Maßnahmen der Empfängnisverhütung.

Die Ermittlung der Vaterschaft
Verweigert ein Mann die Anerkennung der Vaterschaft, so kann diese mit unterschiedlichen Methoden vom Gericht festgestellt werden. Beim Blutgruppengutachten werden die Blutfaktoren des Kindes mit dem seiner Eltern verglichen und die Wahrscheinlichkeit der Abstammung anhand der Vererblichkeit der Blutmerkmale festgestellt. Ergänzend können durch ein erbbiologisches Gutachten bestimmte Ähnlichkeitsmerkmale zwischen Vater und Kind ermittelt und Angaben der Mutter über Geschlechtsverkehr und Monatszyklus herangezogen werden.

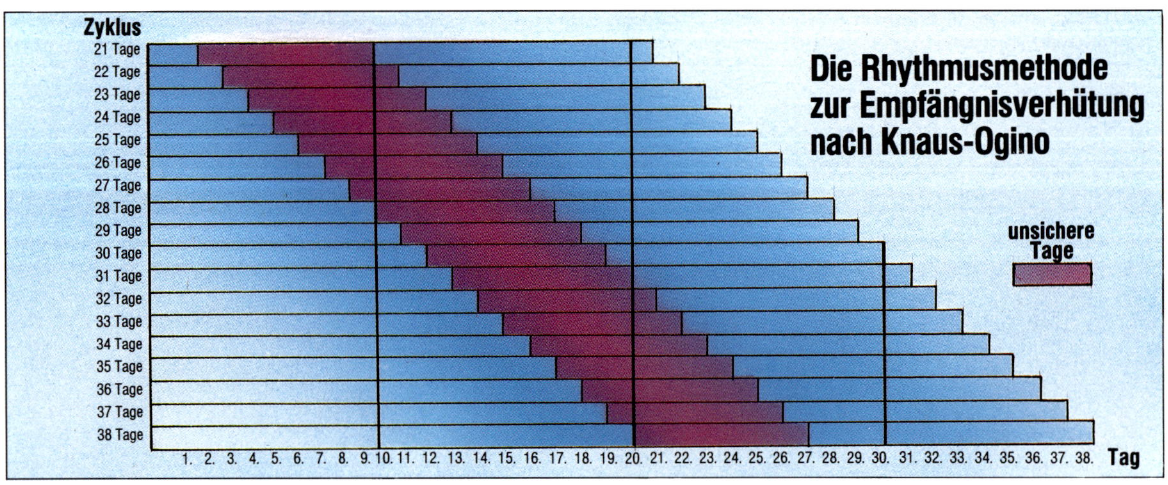

Der Schutz vor der Schwangerschaft

Neben der völligen sexuellen Enthaltsamkeit und dem — allerdings sehr unsicheren — Unterbrechungsbeischlaf (Coitus interruptus) wurden verschiedene Methoden entwickelt, um eine ungewollte Schwangerschaft zu verhüten.
Eine Abtreibung ist nach § 218 des Strafgesetzbuches verboten, was von den Parteien der politischen Linken schon seit Jahren bekämpft wird.
1882 wurde das Diaphragma erfunden, eine halbkugelförmige Kappe, die aus Gummi gefertigt wird. Sie ist in die Vagina so einzuführen, daß der Gebärmutterhals vollständig gegen den Eintritt von Spermatozoen geschützt wird.
Sehr viel länger in Gebrauch sind Verhütungsmittel zum Einführen in die Scheide, die in Eigenfertigung aus Zutaten wie Reisschleim mit Kochsalz und einer ausgepreßten halben Zitrone gefertigt werden können, jedoch nur einen sehr begrenzten Schutz bieten.
Gleichfalls seit längerem bekannt ist die prinzipielle Möglichkeit einer Schwangerschaftsverhütung durch das Einlegen von Gegenständen in die Gebärmutterhöhle.
Seit 1921 weiß die ärztliche Wissenschaft auch um die schwangerschaftsverhütende Wirkung von eingepflanzten Schwangerschaftsgelbkörpern. Allerdings ist dieser erfolgversprechende Weg einer hormonellen Schwangerschaftsverhütung noch nicht praktisch erprobt worden.
Kondome gehören zu den wirkungsvollsten und ältesten Verhütungsmitteln. Schon im 18. Jahrhundert wurden sie allgemein als Schutz gegen Empfängnis und Geschlechtskrankheiten verwendet.
Der englische Name Condom soll auf einen im 17. Jahrhundert tätigen Arzt namens Coton oder Conton zurückgehen, der für das erigierte männliche Glied einen Überzug empfahl.

Sechs Tote bei Gefängnisrevolte in USA

29. Juli. Je zwei tote Strafgefangene, Polizisten und Feuerwehrmänner und zahlreiche Verletzte sowie zwölf entflohene Sträflinge und mehrere niedergebrannte Gebäude sind das Ergebnis einer Revolte von 1700 Zuchthäuslern in Auburn (US-Bundesstaat New York).
Den Hofgang am Sonntagnachmittag hatten einige Gefangene genutzt, um die Aufsicht führenden Wärter zu überfallen, sich in den Besitz der Schlüssel für die Waffenkammer zu bringen und die Telefonzentrale zu zerstören.
Ehe die Gefängnisleitung das Ausmaß des Aufruhrs überblickte, setzten die Meuterer zum Sturm auf das Haupttor an, um sich den Weg in die Freiheit zu erkämpfen.
Der Fluchtversuch brach jedoch im Feuer des Wachpersonals, das durch 150 Mann Nationalgarde und 75 Staatspolizisten verstärkt wurde, zusammen. Daraufhin versuchte ein Teil der Sträflinge, über die Mauer zu entkommen, während der Rest die Belagerer unter Beschuß nahm. Erst am nächsten Morgen ergeben sich die letzten 40 Gefangenen, die sich in den Werkstätten verschanzt hatten.

Ein Bild der Zerstörung bietet das Gelände des Zuchthauses in Auburn im US-Bundesstaat New York nach der Revolte von ungefähr 1700 Gefangenen

Schlagende Wetter im Elendsrevier

30. Juli. Eine Schlagwetterexplosion in 450 m Tiefe tötet auf der Glückhilf-Friedenshoffnungshütte in Waldenburg/Schlesien 23 Bergleute und verletzt weitere sieben, die im Krankenhaus sterben.
Waldenburg gehört zu den ärmsten Gebieten des Deutschen Reiches. Ein Drittel aller Familien haust in Einzimmerwohnungen, die Kindersterblichkeit ist weitaus höher als im übrigen Deutschland.
Die hier geförderte Kohle enthält 70 % Kohlenstaub, der die Hauptgefahrenquelle für Explosionen bildet. Wegen der ungünstigen Beschaffenheit des Gebirges wird im Waldenburger Revier dreimal soviel Holz zum Grubenausbau verbraucht wie in Oberschlesien. Aufgrund der hohen Produktionskosten sind die Löhne sehr niedrig: Bei neunstündiger Schicht unter Tage kommt ein Hauer im Durchschnitt auf 5,10 Reichsmark (RM), was nach allen Abzügen rund 100 RM im Monat ausmacht. Da Waldenburg in einer wenig fruchtbaren Gegend liegt und fast alle Lebensmittel von weither kommen, gehört der Ort auch zu den teuersten.

Zahl der Häftlinge in den USA steigt

Die Häftlingsrevolte in Auburn macht die Öffentlichkeit erneut auf die Situation der Gefängnisse in den USA aufmerksam. Das Zuchthaus von Auburn gehört zu den ältesten Strafanstalten im Staat New York und ist mit besonders vielen Schwerverbrechern belegt, darunter zahlreiche Lebenslängliche. In ihren niedrigen und unzureichend belüfteten Zellen litten die Gefangenen seit Wochen unter der großen Hitze.
Zum Jahresbeginn hatte US-Präsident Herbert Clark Hoover Reformen im Gefängnissystem angekündigt. Er bezifferte die Zahl der Häftlinge mit 124 743, darunter 11 335 in Bundesgefängnissen.
Als vorbildliche Strafanstalt gilt Sing Sing in Ossining/New York, das der britische Kriminalautor Edgar Wallace bei einem USA-Besuch wegen seiner vergleichsweise komfortablen Zellen und der Freizeiteinrichtungen lobt.

Jede Zelle in Sing Sing ist mit Radio ausgestattet

Im Todeshaus von Sing Sing steht der elektrische Stuhl

Die Gefängnisbibliothek in Sing Sing ist gut bestückt

Georg V. ist auf dem Wege der Besserung

8. Juli. Überall in Großbritannien finden Dankgottesdienste für die Genesung von König Georg V. statt. Die Erkrankung des Monarchen hatte die Öffentlichkeit seit November 1928 in steter Sorge gehalten.
An der Feier in der Londoner Westminster Abbey nehmen neben dem König, der Königin Mary und den Prinzen auch Premierminister James Ramsey MacDonald und das Diplomatische Korps teil.
Mitte November war der damals 63jährige Monarch von einer Lungen- und Rippenfellentzündung befallen worden. Sie hatte ihn derart geschwächt, daß er nicht einmal eine Unterschrift zu leisten vermochte. Daraufhin war am 4. Dezember eine Kronkommission zur Ausübung der königlichen Amtsgeschäfte eingesetzt worden, der neben der Königin und Angehörigen des Königshauses auch der Erzbischof von Canterbury und der damalige Premierminister Stanley Baldwin, 1. Earl Baldwin of Bewdley, angehörten.
Durch einen operativen Eingriff hatte sich das Befinden des Königs bis Mitte Dezember verbessert. Allerdings hat Georg V. die Folgen der Erkrankung immer noch nicht überwunden: Ein Bulletin vom 9. Juli meldet eine neue leichte Entzündung der rechten Brustseite.

Noch angeschlagen: König Georg V. von Großbritannien und Königin Mary beim ersten Spaziergang des Monarchen nach seiner schweren Krankheit

Heirat von Werfel und Alma Mahler

8. Juli. Im Gemeindeamt auf dem Simmering geben sich die 49jährige Schriftstellerin Alma Mahler-Gropius und der elf Jahre jüngere Dichter Franz Werfel das Jawort.

Alma Mahler-Werfel, Muse für Schriftsteller, Musiker, Architekten und bildende Künstler nicht nur in der österreichischen Hauptstadt

Damit wird eine schon zehnjährige Verbindung legalisiert. Für die Tochter des Wiener Malers Emil Schindler ist es nach der Ehe mit dem 1911 verstorbenen, um 19 Jahre älteren Komponisten Gustav Mahler und der 1918 beendeten Verbindung mit dem Architekten Walter Gropius die dritte Heirat.
Beliebtes Gesprächsthema in den Wiener Salons waren nach dem Tod Mahlers die Affären seiner Witwe mit den Komponisten Franz Schreker und Hans Pfitzner sowie dem Maler Oskar Kokoschka — er malte sie 1914 als »Die Windsbraut«. Für viele Künstler wurde sie zu einer »schöpferischen Hebamme«.

Ex-Erzherzog als Statist beim Film

Juli. Die »Berliner Illustrirte Zeitung« veröffentlicht einen Bildbericht über das Schicksal der Angehörigen des ehemaligen österreichischen Herrscherhauses, die sich mit unterschiedlichem Erfolg im Geschäftsleben versuchen. Erzherzog Leopold Salvator, nunmehr Leopold Habsburg-Lothringen, lebt seit einem Mißerfolg im Hopfenhandel in den USA, wo er — zunächst als Komparse in Hollywood — den Einstieg in die Filmwelt betreibt. Auch der frühere Erzherzog Leopold Ferdinand, nunmehr Leopold Wölfling, hatte geschäftlich wenig Erfolg und lebt in Mauer bei Wien. Rudolf Windisch-Graetz, Urenkel von Kaiser und König Franz Joseph I., ist Automonteur und Motorradrennfahrer.

Otto von Habsburg-Lothringen (früher: Erzherzog Otto), der älteste Sohn des letzten, 1918 abgedankten Kaisers von Österreich und Königs von Ungarn, Karl I. (IV.)

Der ehemalige Erzherzog Leopold Salvator, nunmehr Leopold Habsburg-Lothringen, ist als Mitinhaber einer Hopfengroßhandlung gescheitert und lebt nun in den USA

Ernst Windisch-Graetz, ein Urenkel von Kaiser Franz Joseph I., lebt mit seiner Frau, einer Engländerin, in Nußdorf bei Wien und betreibt Malereistudien

Herzschlag nach Freitod des Sohnes

15. Juli. In Rodaun bei Wien erliegt der österreichische Dichter Hugo von Hofmannsthal vor Aufregung über den Selbstmord seines Sohnes Franz einem Herzschlag. Hofmannsthal hatte am Vortag nach Erhalt der Nachricht einen Nervenzusammenbruch erlitten. Beim Ankleiden zum Leichenbegängnis folgt der Herzanfall.

Der Dichter und Dramatiker Hugo von Hofmannsthal arbeitete eng mit dem Komponisten Richard Strauss und dem Regisseur Max Reinhardt zusammen und war 1917 Mitbegründer der Salzburger Festspiele

Zur Beisetzung des Dichters kommen u.a. der Komponist Richard Strauss, für den Hofmannsthal das Libretto zur Oper »Der Rosenkavalier« (1911) verfaßt hatte, und der Regisseur Max Reinhardt. Hofmannsthals Bühnenwerke wie »Elektra« (Drama, 1904), das Mysterienspiel »Jedermann« (1911) und das Lustpiel »Der Schwierige« (1921) zählen zu den bedeutendsten Werken des österreichischen Symbolismus und Impressionismus.

Festspielauftakt mit Thomas Mann

20. Juli. Mit einem Festakt in der Stadthalle beginnen die vierten Heidelberger Festspiele, die unter der Leitung von Gustav Hartung bis zum 15. August dauern. Die mit dem Auftrag zur Schaffung neuer Bühnenwerke verbundenen Festspielpreise von je 10 000 Reichsmark gehen an Carl Zuckmayer, René Schickele und Max Mell.
Als Festredner spricht der Schriftsteller Thomas Mann über das »Theater«, wechselt jedoch nach einigen Bemerkungen über die ungebrochene Bedeutung der Sprechbühnen das Thema und äußert sich zur Lage der Kultur. Mann spricht von denen, die »zuviel Angst« hätten, Angst vor Schlagworten wie Materialismus, Kino, Sport und Radio, und wendet sich gegen Kulturpessimismus und den »Minderwertigkeits-Pathos« vieler Gebildeter.

Tägliche Gesangsstunde im Atelier der First-National-Gesellschaft in Hollywood für angehende »Tonfilmgirls«

Tonfilm lockt Revuegirls nach Hollywood

Der Erfolg des Tonfilms in Hollywood, wo für die Spielzeit 1929/30 von den 25 bedeutendsten Filmfirmen insgesamt 504 Sprechfilme, davon 360 in Ton- und Stummfilmversionen, ankündigt werden, schafft in der US-amerikanischen Filmmetropole neue Arbeitsplätze: Zahllose Revuegirls strömen vom New Yorker Broadway nach Kalifornien, um beim Film den großen Durchbruch zu schaffen.
Alle großen Filmgesellschaften brauchen nun ihre eigenen Revuetruppen, um die Filme produzieren zu können, die beim Publikum ankommen: Große Ausstattungsrevuen um die Lebens- und Liebesgeschichte eines Chorgirls vor und hinter den Kulissen. Ein Prototyp der neuen Erfolgswelle ist Harry Beaumonts »Broadway- Melodie« (The Broadway-Melody) mit den 100 »Zanfield-Beauties«.
Der Erfolg fällt den Schönen jedoch nicht in den Schoß: Die Arbeit in den Studios beginnt um 9 Uhr, die Mädchen müssen nicht nur hübsch und jung sein, sondern auch erstklassig tanzen und möglichst singen können.

Sonnabend mittag stehen die Mädchen Schlange am Kassenschalter, um den Lohn für die Arbeit der vergangenen Woche entgegenzunehmen; sie erhalten doppelt so viel Geld wie in New York

Ehemalige Revue-, nunmehr Tonfilmgirls als Probengäste im Parkett des Theaters einer Filmgesellschaft in Hollywood; viele müssen Gesangsunterricht nehmen, weil es bei der Vertonung auch auf die Stimme ankommt

Kunst 1929:

Kühne Vision und Neue Sachlichkeit

Zu den international prägenden Kunstrichtungen gegen Ende der zwanziger Jahre zählen der Surrealismus und die Neue Sachlichkeit, ein 1925 von Gustav Friedrich Hartlaub, dem Direktor der Mannheimer Kunsthalle, entwickelter Begriff. Er steht für eine Richtung in der Malerei, die sich in Abwendung von dem als allzu emotional empfundenen Expressionismus um eine Auseinandersetzung mit der Realität unter Einhaltung einer strengen Formsprache bemüht.
Auch der Surrealismus versteht sich als eine Auseinandersetzung mit verschiedenen Ebenen der Realität. Allerdings geht es den Surrealisten um eine Darstellung des Unbewußten und des Überwirklichen; die dargestellten Gegenstände werden verfremdet und zu neuen Sinngehalten kombiniert.
Zentrum des Surrealismus ist Paris; hier wirken die Theoretiker und Literaten André Breton und Paul Éluard mit bildenden Künstlern wie dem Deutschen Max Ernst und dem Spanier Salvador Dalí, der in der Galerie Goemann vom 20. November bis 5. Dezember seine erste Ausstellung in Paris hat. Der Katalog stammt von Breton. Dalí vollendet 1929 sein Gemälde »Das Rätsel der Begierde«.
Die Neue Sachlichkeit vereint ganz unterschiedliche Richtungen, denen gemeinsam ist, daß meist Menschen dargestellt werden: Neben Romantikern wie Georg Schrimpf stehen politisch engagierte Künstler wie George Grosz, Christian Schad und Otto Dix — er beginnt 1929 sein Kriegs-Tryptichon — mit ihrer scharfen Gesellschaftskritik sowie Maler wie Alexander Kanoldt, dessen Landschaften und Stilleben strengen Formprinzipien unterworfen sind. In eine ähnliche Richtung wie die europäischen Vertreter der Neuen Sachlichkeit geht in den USA der Maler Edward Hopper mit nüchtern-realistischen Alltagsansichten.
Das Bauhaus in Dessau hat seinen Platz als Experimentierfeld für moderne Malerei im Zusammenwirken mit Architektur und Design verloren. Als letzter Maler geht im Oktober 1929 Oskar Schlemmer.

*△ »L'énigme du désir — Ma mère,
mère, ma mère« (Das Rätsel der Beg
de — Meine Mutter, meine Mutter,
ne Mutter), Gemälde des spanisc
Surrealisten Salador Dalí, 1929, Züri
Sammlung Oskar R. Schlag; das »
mère, ma mère, ma mère« entstamm
nem Gedicht von Tristan Tzara aus d
Jahr 1917, das den Titel »La grande c
plainte de mon obscurité« (Die gr
Klage über meine Dunkelheit) trägt;
lí gestaltet unter Einbeziehung der
kenntnisse der jungen Wissenschaft
Psychoanalyse eine phantastis
Welt, die sich aus Träumen und Vi
nen speist; Dalí, der in dem Gem
ein Schlüsselwerk sieht, bezeichnet
ne Methode als »paranoisch-kritisc*

*◁ »Draußen ...«, Gemälde von
französischen Künstler Yves Tan
der ebenfalls dem engeren surreal
schen Zirkel zugerechnet wird; s
Werke zeichnen sich durch weite
chen und einen unendlichen Him
aus; die Landschaften auf seinen
mälden sind von teils organisch,
geometrisch exakt geformten Trau
bilden bevölkert; Tanguy kam durc
Freundschaft mit dem Dichter Jac
Prévert und durch die Faszination
ein Bild von Giorgio de Chirico au
ausübte, 1923 zur Malerei*

Francis Picabia, »Ganga«, 1929, Öl auf Leinwand (Privatbesitz), in dem sich Anregungen und Einflüsse von Michelangelo und Raffael finden

Max Beckmann, »Liegender Akt«, Ölgemälde von 1929, das die typischen intensiven, von schwarzen Konturen eingefaßten Farbflächen aufweist

Skandal um Brecht-Stück

28. Juli. Die Uraufführung von Bertolt Brechts »Badener Lehrstück vom Einverständnis« bei den Musikfestspielen Baden-Baden wird ein Skandal. Das Publikum reagiert mit Pfeifen und Trampeln auf die ungewohnte Mischung aus Sprechtheater, Filmeinlagen und Musik.

Für den Kritiker vom Ullstein-Pressedienst wie für zahlreiche Kollegen ist die Reaktion des Publikums eine »unbegreifliche Geschmacksverirrung«. Das Stück mit der Musik von Paul Hindemith für zwei Männerstimmen (in der Premiere Josef Witt und Oskar Kalman), Sprecher, gemischten Chor, Orchester, Blasorchester, Tänzerin (Valeska Gert), Clowns (Theo Lingen, Karl Paulsen, Benno Carlé) und Volksmenge ist eine Parabel auf den vergeblichen Ruf nach Hilfe in einer Notsituation und den Nutzen der Technik.

Ein abgestürzter Flieger, der sich als der im Mai 1927 beim Versuch der Atlantiküberquerung verschollene Charles Nungesser ausgibt, und drei Monteure bitten um Hilfe, die es aber – so zeigt Brecht an mehreren Beispielen – nicht geben kann, solange noch Gewalt existiert.

Der Flieger stirbt allein und vergessen, weil er nur »für das Fliegen geflogen« ist; die drei sterbenden Monteure geben ihr Einverständnis, nicht nur das Naturgesetz der Schwerkraft, sondern auch das »Grundgesetz der Erde« aufzuheben: Die Teilung in zwei »Menschenklassen«, in »Ausbeutung und Unkenntnis«.

In Baden-Baden führt Brecht noch ein zweites experimentelles Stück auf: Das Radiolehrstück »Der Lindbergh-Flug« mit der Musik von Kurt Weill und Paul Hindemith, das bei der Kritik auf freundliches Interesse stößt, ist der Versuch, den Rundfunk als neues didaktisches Medium zu erproben.

Plakat mit Texten aus dem Radio-Lehrstück »Der Lindbergh-Flug« von Bertolt Brecht / Kurt Weill; es stellt in Selbstgesprächen und fiktiven Radiodurchsagen den ersten Atlantikflug von Charles A. Lindbergh im Jahr 1927 dar

Clemens Krauss folgt Franz Schalk nach

17. Juli. Der Dirigent Franz Schalk verläßt nach elfjähriger Tätigkeit die Direktion der Wiener Staatsoper. Seine Nachfolge tritt Clemens Krauss an, der seit 1922 an der Staatsoper als Dirigent tätig ist.

Schalk verabschiedet sich mit einem »Gruß an alle verehrten Mitglieder des Operntheaters« von seiner langjährigen Wirkungsstätte. In seinem Abschiedsbrief wird deutlich, daß nicht sein Alter — Schalk ist 66jährig —, sondern interne Streitigkeiten mit der Verwaltung des Opernhauses den Ausschlag für sein Ausscheiden gegeben haben. Damit bestätigen sich die seit längerem in der Donaumetropole kursierenden Gerüchte.

Schalk erklärt zu seinem Ausscheiden: »Es war einzig und allein die felsenfeste Überzeugung von der absoluten Unteilbarkeit der künstlerischen Herrschaft in diesem Hause, die mich bewog, auf meiner Demission zu beharren und von einem Amte zurückzutreten, dessen Weiterführung — zum wenigsten für mich — völlig aussichtslos geworden ist.«

Schalk war zunächst Dirigent an verschiedenen Opernhäusern im damaligen Österreich-Ungarn und gab zwischen 1898 und 1911 mehrere erfolgreiche Gastspiele am Royal Opera House Covent Garden in London und an der Metropolitan Opera in New York. 1900 wurde er als Erster Kapellmeister an die Wiener Hofoper berufen und übernahm 1918 die Leitung der Wiener Staatsoper, die er zwischen 1919 und 1924 gemeinsam mit dem Komponisten Richard Strauss innehatte.

Daneben leitete Schalk die Konzerte der Gesellschaft der Musikfreunde (1904-1921) und die Dirigentenklasse an der Musikakademie in Wien (1909-1919).

Unter seiner Leitung wurden in Wien zahlreiche zeitgenössische Opern uraufgeführt. Auf symphonischem Gebiet war Schalk vor allem dem Werk Anton Bruckners verbunden. Als Dirigent wahrte Schalk den Weltruf des Orchesters der Staatsoper, wenn auch eine kontinuierliche Arbeit unter den häufigen Gastspielverpflichtungen einzelner Orchestermitglieder litt.

Sein Nachfolger Clemens Krauss war 1902 Sängerknabe der Wiener Hofburgkapelle und nach seiner musikalischen Ausbildung Chordirektor, Kapellmeister und Opernleiter an verschiedenen deutschsprachigen Bühnen. 1923 erhielt er den Professorentitel und wurde 1924 zum Opernintendanten in Frankfurt am Main berufen.

Franz Schalk hatte 1918 die Leitung der Wiener Staatsoper übernommen

Schalks Nachfolger Clemens Krauss war zuletzt in Frankfurt tätig

Neues Museum für die moderne Kunst

Juli. Die Leitung der Universität des Staates New York billigt eine Charta zur Gründung und Unterhaltung eines Museums der modernen Kunst in New York. Die Initiative ging von drei Sammlern aus: Abby Aldrich Rockefeller, der Frau des Industriellen John D. Rockefeller jr., Lillie P. Bliss und Frau Cornelius J. Sullivan. Zum Leiter des Unternehmens wird der erst 27jährige Alfred Hamilton Barr jr. berufen. Geplant ist die Sammlung von wichtigen Anregern der Kunst der Moderne und der einflußreichsten zeitgenössischen Maler. Eine entsprechende Präsentation soll es jedem Besucher ermöglichen, moderne Kunst zu verstehen. Eine erste Ausstellung ist für den 7. November im Heckscher Building in New York vorgesehen. Die Sammlung umfaßt Klassiker der Moderne: 35 Werke von Paul Cézanne (1839-1906), 28 Gemälde von Vincent van Gogh (1853-1890), 21 Bilder von Paul Gauguin (1848-1903) und 17 von Georges Seurat (1859-1891). Zwar sind diese Künstler schon seit mehr als 20 Jahren tot, doch fehlen sie bis dahin in den Beständen der Museen in Manhattan. Trotz der Armory Show von 1913, einer damals aufsehenerregenden Ausstellung zeitgenössischer Maler aus Europa und den USA, hat sich die Moderne noch nicht durchsetzen können.

Verlangt die Arbeiterklasse eine »Proletarische Dichtung«?

12. Juli. In einer Sondernummer »Arbeiterdichtung« veröffentlicht die Zeitschrift »Literarische Welt« Antworten auf eine Umfrage über die Möglichkeiten einer »Proletarischen Dichtung«, um damit der »ernsten freien Auseinandersetzung« mit »diesen höchst wichtigen Zeittendenzen« zu dienen.

Der Lyriker, Erzähler und Dramatiker Paul Zech verneint in seinem Beitrag zunächst, daß es in der bisherigen deutschen Literatur proletarische Dichter gegeben habe, und befaßt sich kritisch mit einer um Anteilnahme bemühten Milieu- und Gesinnungsdichtung.

Zech sieht die Voraussetzung für einen kommenden »proletarischen Kunstwillen« in der Herausbildung einer »proletarischen Ethik« und im Aufgehen des Dichters in der »All-Gemeinschaft«: Allein »aus dem aktiven kollektivistischen Da-Seins-Gefühl und Bewußtsein also wird der proletarische Dichter die künstlerische Kraft zu ziehen vermögen, die ihn zu einem schöpferischen Gestalter des proletarisch-revolutionären Weltgefühls emporträgt«.

Der Maurersohn und Lyriker Max Barthel, bis 1923 Mitglied der KPD, stellt zunächst dem bürgerlichen Dichter, der die heutige Gesellschaft verteidigt, den proletarischen Dichter gegenüber, der die bestehende Gesellschaft attakkiert. Um den Kampf der Arbeiter wirkungsvoll begleiten zu können, müsse der Arbeiterdichter fest auf dem Boden seiner Klasse stehen: »Und wenn er auch manchmal Liebeslieder singt oder Landschaften preist, so singt und preist er nicht für sich allein, er singt und preist auch für seine Brüder.«

Pointierter als Zech und Barthel stellt Rudolf Braune, seit 1928 Redakteur der Düsseldorfer KPD-Zeitschrift »Freiheit«, die Frage nach einer »Proletarischen Dichtung« in den Zusammenhang der Lebensumstände der Arbeiter. Braune erklärt, der deutsche Arbeiter wolle gar keine »kommende Kultur«, sondern eine Wohnung, anständige Arbeit, gerechten Lohn und kürzere Arbeitszeit. Er brauche keine Intellektuellen, keine »Schönredner, die ihm in leuchtenden Farben das Land Utopia hinmalen«. Die sog. »Arbeiterdichter« seien glücklicherweise bei den Arbeitern weitgehend unbekannt. Auch an neueren Autoren, die sich als »proletarisch-revolutionäre Schriftsteller« verstehen, übt Braune Kritik: »Inhalt mit umgedrehten Vorzeichen genügt nicht. Eine klare runde Form, die der Vorstellungskraft und dem Klassengefühl des Arbeiters entgegenkommt, eine solche Form, die sich bewußt vom traditionellen Stil der Literaturpapas entfernt, haben wir im Roman in Deutschland noch nicht gefunden«, ist die Meinung von Rudolf Braune.

Belgischer Sieg bei der Tour de France

28. Juli. Der Belgier Maurice Dewaele gewinnt die Tour de France überlegen mit rund 32 Minuten Vorsprung vor seinem Landsmann Joseph Demuysère.

Der als Favorit gehandelte 30jährige Luxemburger Nicolas Frantz, Sieger der Tour de France von 1927 und1928, wird diesmal überraschend nur Fünfter

Der 33jährige, 1927 Zweiter und 1928 Dritter, sichert sich mit nur einem Etappensieg (20. Tageswertung) den Erfolg erst im letzten Viertel des Rennens. Nur Platz fünf belegt mit fast einer Stunde Rückstand der Favorit Nicolas Frantz (Luxemburg), Tour-Sieger 1927/28.

Frankreich erneut Davis-Cup-Sieger

28. Juli. Mit einem 3:2 gegen die USA wird das französische Tennisteam in Paris zum dritten Mal in Folge Davis-Cup-Sieger (erstmals 1927 in Philadelphia).

Der »fliegende Baske« Jean Borotra, hier ohne die für ihn typische Baskenmütze, unterliegt im Daviscup-Finalturnier gegen die USA im Einzel gegen Bill Tilden 6:4, 1:6, 4:6, 5:7

Henri Cochet und Jean Borotra gewinnen ihre Einzel gegen Bill Tilden bzw. George Lott, verlieren aber das Doppel gegen die Wimbledon-Sieger Wilmers Allison/John van Ryn. Den entscheidenden dritten Punkt holt Cochet durch ein 6:1, 3:6, 6:0, 6:3 gegen Lott.

Fürth Deutscher Meister

28. Juli. Vor 50 000 Zuschauern im Nürnberger Stadion wird die SpVgg. Fürth durch ein 3:2 (1:1) über Hertha BSC Berlin zum dritten Mal Deutscher Fußballmeister.
In einem oft überhart geführten Spiel, bei dem die Fürther Anhänger mit Rufen wie »Hi-ha-ho — Hertha geht k.o.« ihre Mannschaft anfeuern, geht Fürth in der 15. Minute durch Karl Auer in Führung. Berlins Nationalstürmer Hans Sobek kann vor der Pause ausgleichen. Kurz nach Beginn der zweiten Halbzeit scheidet Hertha-Verteidiger G. Schulz nach einem Foul von Ludwig Leinberger aus. Gegen die dezimierte Hertha erzielt Georg Frank das 2:1, Sobek kann erneut ausgleichen, doch in der 87. Minute schießt Karl Rupprecht das 3:2 für die Spielvereinigung.

Die Entscheidung fällt erst drei Minuten vor Schluß; der Fürther Rupprecht schießt, unhaltbar für Hertha-Torwart Gehlhaar, das Tor zum 3:2

Versöhnliche Geste nach einem harten Match: Die unterlegene Helen Jacobs (r.) reicht Wimbledon-Siegerin Helen Wills (beide USA) einen Becher Wasser

Zwei Titel für Helen Wills

6. Juli. Auf dem regennassen Centre Court in Wimbledon schlägt der Franzose Henri Cochet im Herren- Endspiel der Offenen Englischen Tennismeisterschaften seinen Landsmann, den »fliegenden Basken« Jean Borotra, 6:4, 6:3, 6:4. Zum sechsten Mal hintereinander kommt damit der Sieger im Herren-Einzel aus Frankreich. Mit Ausnahme des Doppel-Spezialisten Jaques »Toto« Brugnon (Gewinner in dieser Disziplin in den Jahren 1926 und 1928) hat sich seit 1924 jeder der »Vier Musketiere« des französischen Tennis in die Siegerliste des Einzel eintragen können: Borotra 1924 und 1926, René Lacoste 1925 und 1928 und Cochet 1927 und 1929.
Noch erfolgreicher als die Franzosen ist jedoch Helen Wills aus den USA: »Miss Pokerface«, die während des Spiels kaum eine Gefühlsregung zeigt, gewinnt mit 6:1 und 6:2 über Helen Jacobs (USA) zum dritten Mal nacheinander das Damen-Einzel und holt sich an der Seite von Frank Hunter (USA) auch den Titel im Mixed.
Das Damen-Doppel gewinnt wie im Vorjahr, diesmal allerdings an der Seite von Peggy Mitchel, Maud Watson (beide Großbritannien), Gewinner im Herren-Doppel: Wilmer Allison und John van Ryn (USA).

Hirschfeld stößt 16,11 m

7. Juli. Star des Jubiläumssportfestes des S.V. Osram vor 3000 Zuschauern in Berlin ist der Kugelstoß-Weltrekordler Emil Hirschfeld (Allenstein): Er gewinnt den offiziellen Wettbewerb mit 15,41 m, geht dann — schon im Trainingsanzug — noch einmal für die Fotografen in den Wurfring und stößt die Kugel auf die bis dahin noch nie zuvor in der Welt von einem Kugelstoßer erreichte Weite von 16,11 m.
Am 26. August 1928 hatte Hirschfeld in Bochum die Kugel 16,04 m weit gestoßen und damit die einen Monat zuvor bei den Olympischen Sommerspielen in Amsterdam von John Kuck (USA) aufgestellte Weltbestmarke um 17 cm überboten. In Amsterdam war Hirschfeld hinter Kuck und Herman Brix (USA) mit 15,72 m Dritter geworden.

Nachmessen der Kampfrichter nach Hirschfelds (M.) Rekordstoß

August 1929

Mo	Di	Mi	Do	Fr	Sa	So
			1	2	3	4
5	6	7	8	9	10	11
12	13	14	15	16	17	18
19	20	21	22	23	24	25
26	27	28	29	30	31	

1. August, Donnerstag

In Nürnberg veranstaltet die Nationalsozialistische Deutsche Arbeiterpartei (NSDAP) ihren 4. Reichsparteitag. Er endet am →4. August (S. 138).

In Berlin finden Anti-Kriegs-Kundgebungen der Kommunistischen Partei Deutschlands (KPD) statt.

In Neumünster kommt es bei einer Kundgebung des Schleswig-Holsteinischen Landvolks zu gewalttätigen Auseinandersetzungen (→10.8./S. 138).

Das preußische Landesgesetz über die kommunale Neugliederung im rheinisch-westfälischen Industriegebiet tritt in Kraft. Es bringt territoriale Erweiterungen für die Städte Bochum, Dortmund, Essen, Groß-Duisburg und Groß-Oberhausen sowie für den Kreis Dinslaken und schafft einen neuen Ennepe-Ruhr-Kreis.

Die sowjetische Regierung in Moskau lehnt eine von China vorgeschlagene Konferenz zur Schlichtung des bilateralen Konflikts um die Zuständigkeiten bei der Verwaltung der chinesischen Ostbahn ab (→17.7./S. 120).

Die britisch-sowjetischen Verhandlungen über eine Wiederaufnahme der 1926 nach einer Spionageaffäre abgebrochenen diplomatischen Beziehungen werden zunächst unterbrochen (→3.10./S. 176).

In Moskau wird der »Rote Tag« der kommunistischen Weltbewegung festlich begangen. In öffentlichen Resolutionen wird die Bereitschaft zur Verteidigung der Sowjetunion gegenüber Angriffen von außen betont.

Italiens Ministerpräsident und Duce Benito Mussolini gibt in Rom eine positive Stellungnahme zum Youngplan (→7.6./S. 98) ab. Er könne den wirtschaftlichen und politischen Wiederaufbau Europas erleichtern.

Der Bund proletarisch-revolutionärer Schriftsteller Deutschlands (BPRS) bringt in Berlin die Zeitschrift »Die Linkskurve« heraus. →S. 142

2. August, Freitag

Die Regierung der Tschechoslowakei wird offiziell dazu eingeladen, an der Haager Reparationskonferenz teilzunehmen (→ 31.8./S. 134).

Der US-Konzern General Electric erwirbt größere Aktienanteile bei der Allgemeinen Elektricitäts-Gesellschaft (AEG). →S. 139

3. August, Sonnabend

Der Verband der nationalen Minderheiten in Deutschland fordert in einer Fünf-Punkte-Erklärung u.a. eine Anerkennung der einzelnen Kulturgruppen, die Schaffung eines europäischen Kulturbundes und die Entpolitisierung der Minderheitenfragen (→27.8./S. 137).

In Mekka wird ein Freundschaftsvertrag zwischen der Türkei und den Araberstaaten Hedschas und Nedschd unterzeichnet. Die Türkei erkennt endgültig deren Unabhängigkeit an.

4. August, Sonntag

In Nürnberg endet der 4. Reichsparteitag der Nationalsozialistischen Deutschen Arbeiterpartei (NSDAP) mit einer Demonstration, an der nach Angaben der Parteileitung angeblich 60 000 SA-Männer teilnehmen. →S. 138

An der sowjetisch-chinesischen Grenze werden die am 1. August abgebrochenen sowjetisch-chinesischen Verhandlungen über die Beilegung des Konflikts erneut aufgenommen (→17.7./S. 120).

5. August, Montag

Der päpstliche Nuntius Eugenio Pacelli weist im Auftrag von Papst Pius XI. in einem Brief an den preußischen Ministerpräsidenten Otto Braun (SPD) darauf hin, daß der Verzicht der Einbeziehung der Schulfrage in den am →14. Juni (S. 101) abgeschlossenen Kirchenvertrag keinen Verzicht der Kirche auf den Einfluß im Schulbereich bedeute.

In Den Haag finden am Vortag der Haager Konferenz inoffizielle Vorbesprechungen der sechs Hauptkonferenzmitglieder statt (→31.8./S. 134).

6. August, Dienstag

In Den Haag wird die Haager Konferenz über die Abwicklung des Youngplans eröffnet (→31.8./S. 134).

In seiner Antwort auf den Brief des päpstlichen Nuntius Eugenio Pacelli vom Vortag erklärt der preußische Ministerpräsident Otto Braun, die Nichteinbeziehung der Schulfrage in den Kirchenvertrag (→ 14.6./S. 101) erkläre sich aus innenpolitischen Schwierigkeiten. Die Regierung werde die kirchlichen Rechte in diesem Bereich nicht beeinträchtigen.

In der Zeitschrift »Weltbühne« schreibt Herausgeber Carl von Ossietzky zum Verfassungstag am →11. August (S. 138): »Die Geschichte der neuen Verfassung ist nicht eine Geschichte ihrer Erfüllung, sondern ihrer Verletzung. Deutschland fehlt immer noch jeder Respekt vor dem Verfassungsbuchstaben...«

Auf Vorschlag des sowjetischen Arbeiters Pavel N. Slobodtschikov wird in der ganzen Sowjetunion eine Feierschicht (Tag der Industrialisierung) eingeführt, deren Ertrag dem Industrialisierungsfonds gutgeschrieben wird.

Das britische Außenministerium veröffentlicht den Entwurf eines Vertrages mit Ägypten, das zwar 1922 formal die Unabhängigkeit erlangt hat, aber noch unter britischer Militärverwaltung steht. Die Besetzung soll beendet und zwischen beiden Ländern ein Militärbündnis geschlossen werden. Die in Ägypten lebenden Ausländer sollen ägyptischer Gerichtsbarkeit unterstellt werden.

7. August, Mittwoch

Niederländischer Regierungschef für den am 2. Juli zurückgetretenen Dirk Jan Geer wird Charles Joseph Maria de Beerenbrouck. Seine Römisch-Katholische Staatspartei bildet mit der protestantischen Christlich-Historischen und der Anti-Revolutionären Partei eine »außerparlamentarische« informelle Regierungskoalition.

In Nanking endet die dritte nationale Heeres-Abbau-Konferenz. Es wird beschlossen, die Stärke des regulären chinesischen Heeres von zwei Millionen auf 800 000 Mann zu verringern, um den durch die Rüstungsausgaben angespannten Staatshaushalt zu entlasten.

8. August, Donnerstag

In London wird offiziell bekanntgegeben, daß als Nachfolger für den am 24. Juli als britischer Oberkommissar für Ägypten zurückgetretenen George Ambrose Lord Lloyd of Dolobran der bisherige britische Gesandte in Athen, Sir Percy Loraine, ernannt worden ist.

9. August, Freitag

In einer Antwort auf die chinesische Note vom 9. April über die Aufhebung der besonderen Gerichtsbarkeit für US-Bürger erklärt die US-Regierung in Washington, an den ihnen gewährten besonderen Rechten festhalten zu wollen, solange es nicht eine unparteiische chinesische Justiz gebe.

In einer Note an Griechenland lehnt die türkische Regierung den griechischen Vorschlag ab, die Frage des geplanten Austausches der Flüchtlinge dem Internationalen Schiedsgerichtshof in Den Haag vorzulegen.

Auf dem 16. Zionistenkongreß in Zürich wird die Erweiterung der bisher rein zionistischen Jewish Agency durch Nichtzionisten beschlossen (→23.8./S. 136).

Im Alter von 71 Jahren stirbt in Berlin der populäre Zeichner und Fotograf Heinrich Zille. →S. 142

Im Zusammenhang mit dem Weltreklamekongreß in Berlin (→11.8./S. 145) würdigt in der Zeitschrift »Die Literarische Welt« der renommierte Buch- und Filmkritiker Wolf Zucker die Reklame als einen Ausdruck moderner Kultur und erklärt: »Ein gut geschriebener Werbeprospekt ist wertvoller als ein durchschnittliches Feuilleton.«

Die New Yorker Federal Reserve Bank erhöht den Diskontsatz von 5 auf 6%, was Panikverkäufe und Kursverluste an der Börse zur Folge hat. Der Börsenkrach ist auch in Europa spürbar. →S. 139

10. August, Sonnabend

Der Schleswig-Holsteinische Bauernbund verhängt einen Boykott über die Stadt Neumünster. Andere Bauernverbände schließen sich an. →S. 138

In den Ausstellungshallen am Kaiserdamm in Berlin beginnt eine bis zum 8. September dauernde großangelegte Reklameausstellung (→11.8./S. 145).

11. August, Sonntag

Der Jahrestag der Verkündung der Reichsverfassung von 1919 wird im Deutschen Reich begangen. →S. 138

Der rechtsextreme Reichsausschuß für das deutsche Volksbegehren gegen den Youngplan (→9.7./S. 116) gibt den Entwurf eines Gesetzes gegen die Versklavung des deutschen Volkes bekannt, mit dem die Regierung zur Ablehnung des Youngplans und zum Widerruf der »Kriegsschuldlüge« gezwungen werden soll (→ 29.10./S. 170).

In Zürich endet der am 28. Juli eröffnete 16. Zionistenkongreß (→23.8./S. 136).

In Berlin beginnt ein internationaler Reklamekongreß. An der Veranstaltung, deren offizielle Sitzungen im »Wintergarten« stattfinden und die bis zum 18. August dauert, nehmen über 5000 Delegierte teil. →S. 145

Die »Vossische Zeitung« veröffentlicht einen Artikel von Arthur Koestler über die Flucht der drei italienischen Antifaschisten Francesco Nitti, Carlo Roselli und Emilio Lussu von der Deportierteninsel Lipari im Mittelmeer, wo 1200 Menschen gefangengehalten werden.

Der mit 500 Reichsmark dotierte Georg-Büchner-Preis wird in Darmstadt an den Schriftsteller Carl Zuckmayer und den Bildhauer Adam Anthes verliehen.

12. August, Montag

Die sowjetischen Truppen im Fernen Osten werden wegen des Konflikts mit China (→17.7./S. 120) mobilisiert. Unter dem Kommando von General Wassili K. Bljucher wird eine Sonderarmee des Fernen Ostens gebildet.

Nach den Vereinigten Staaten (9.8.) lehnen auch Großbritannien, Frankreich und die Niederlande in Noten an die chinesische Regierung in Nanking eine sofortige Aufhebung der Exterritorialität ihrer Niederlassungen in China ab.

Bei den Internationalen Tennismeisterschaften von Deutschland in Hamburg siegen in den Einzelendspielen Christian Boussus (Frankreich) und Paula von Reznicek (Deutsches Reich).

13. August, Dienstag

In Berlin tauschen der päpstliche Nuntius Eugenio Pacelli und der preußische Ministerpräsident Otto Braun (SPD) die Ratifikationsurkunden des Kirchenvertrages aus (→14.6./S. 101).

Die sowjetische Delegation verläßt Mandschuli, den Ort der Verhandlungen mit den Chinesen über eine Beilegung des Streits um die chinesische Ostbahn. Nach dem Scheitern der Verhandlungen droht ein offener Konflikt (→17.7./S. 120).

14. August, Mittwoch

Reichsaußenminister Gustav Stresemann erklärt zu dem Volksbegehren gegen den Youngplan, den Initiatoren gehe es nicht um diesen Plan oder um die »Kriegsschuldlüge«, sondern um den Kampf gegen den Staat (→29.10./S. 170).

Das Titelblatt der ersten Ausgabe der »Linkskurve«, die von namhaften sozialistischen Schriftstellern herausgegeben wird und am 1. August 1929 erstmals erscheint

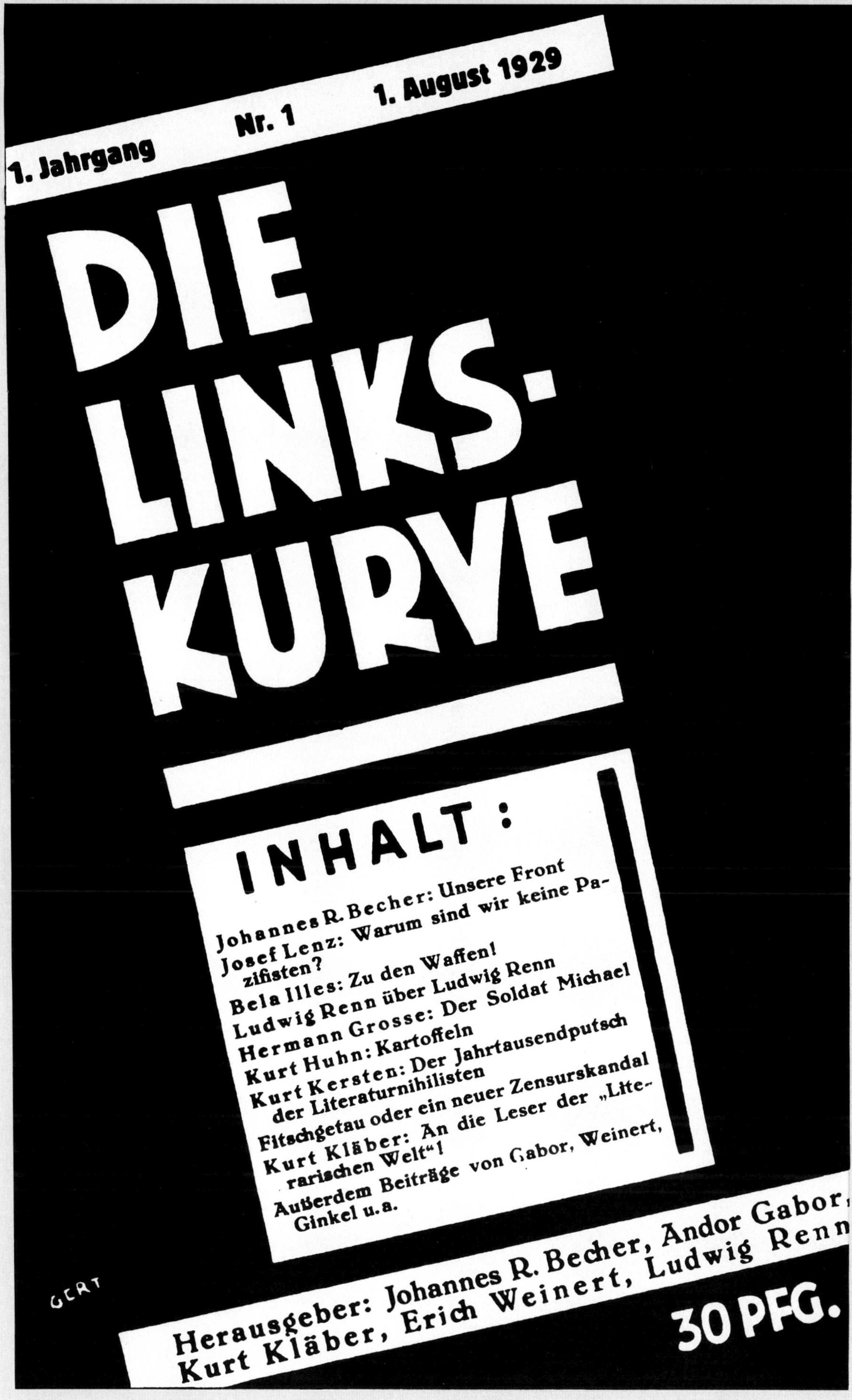

1. Jahrgang Nr. 1 1. August 1929

DIE LINKS-KURVE

INHALT:

Johannes R. Becher: Unsere Front
Josef Lenz: Warum sind wir keine Pazifisten?
Bela Illes: Zu den Waffen!
Ludwig Renn über Ludwig Renn
Hermann Grosse: Der Soldat Michael
Kurt Huhn: Kartoffeln
Kurt Kersten: Der Jahrtausendputsch der Literaturnihilisten
Fitschgetau oder ein neuer Zensurskandal
Kurt Kläber: An die Leser der „Literarischen Welt"!
Außerdem Beiträge von Gabor, Weinert, Ginkel u. a.

GERT

Herausgeber: Johannes R. Becher, Andor Gabor, Kurt Kläber, Erich Weinert, Ludwig Renn

30 PFG.

15. August, Donnerstag

In Friedrichshafen startet LZ 127 »Graf Zeppelin« unter Führung von Hugo Eckener zu einem Weltflug (→4.9./S. 156).

In Jerusalem kommt es an der Klagemauer zu Zusammenstößen zwischen Arabern und Juden (→23.8./S. 136).

Die sowjetische »Iswestija« berichtet über die ersten Gefechte an der sowjetisch-chinesischen Grenze (→17.7./S. 120).

US-Präsident Herbert Hoover erörtert mit Außenminister Henry L. Stimson und der Führung der Marine die britisch-amerikanische Initiative für die internationale Abrüstung zur See (→7.10./S. 172).

16. August, Freitag

Für den aufgrund des Ergebnisses der Reichstagswahlen vom 1. Juli zurückgetretenen Oskar Mantere wird Kyosti Kallio finnischer Regierungschef.

Die chinesische Regierung in Nanking dementiert Spannungen mit dem Militärbefehlshaber in Mukden, Tschang Hsü-liang. China bleibe gegenüber der sowjetischen Herausforderung fest.

17. August, Sonnabend

Der deutsche Automobilrennfahrer Rudolf Caracciola (Mercedes) gewinnt die Tourist Trophy über 660 km auf dem Kurs von Belfast in Nordirland. →S. 143

18. August, Sonntag

In St. Lorenzen bei Graz kommt es zu Kämpfen zwischen Heimwehr und Republikanischem Schutzbund. →S. 137

Der internationale Gerichtshof in Den Haag gibt mit neun gegen drei Stimmen der Schweiz im Streit mit Frankreich um die Zollfreizonen gegenüber Genf Recht und entscheidet, daß der Art. 435 des Versailler Vertrags, wonach die Freizonen »den heutigen Verhältnissen nicht mehr entsprechen«, die Schweizer Ansprüche nicht aufhebt.

19. August, Montag

Die deutsche Reichsregierung verabschiedet den Gesetzentwurf über die Reform der Arbeitslosenversicherung. Er enthält u.a. eine Beitragserhöhung um 0,5 % und Bestimmungen gegen den Mißbrauch der Unterstützungszahlungen (→ 3.10./S. 173).

Die deutsche Presse der Kreise Eupen, Malmedy und St. Vith (Belgien) fordert eine Wiederholung der 1920 abgehaltenen Volksabstimmung über den Verbleib beim Deutschen Reich. →S. 137

In Wien verlangt eine sozialdemokratische Vertrauensmännerversammlung energische Maßnahmen gegen die rechten Heimwehrverbände (→18.8./S. 137).

Die Versicherungsgesellschaft Allianz übernimmt die vor dem Bankrott stehende Frankfurter Allgemeine Versicherungs-AG. →S. 139

In Venedig stirbt 67jährig der russische Choreograph Sergei Diaghilew. →S. 142

20. August, Dienstag

Der Zentralrat der Gewerkschaften der UdSSR ruft alle Gewerkschaftsorganisationen auf, in den Organen der Arbeiter- und Bauern-Inspektionen den Staatsapparat von »schädlichen« Spezialisten im ingenieurwissenschaftlichen Bereich zu reinigen. →S. 137

21. August, Mittwoch

Das Finanzkomitee des US-Senats billigt eine Zollvorlage, die eine Erhöhung der Zölle bei vielen landwirtschaftlichen Erzeugnissen sowie bei Produkten der Schwerindustrie vorsieht.

22. August, Donnerstag

Der österreichische Ministerrat läßt ein Bataillon des Bundesheeres aus Graz nach Bruck an der Mur in der Steiermark verlegen (→18.8./S. 137).

Antonio da Costa wird neuer Gesandter Portugals in Berlin.

Tschang Hsü-liang, der chinesische Befehlshaber in der Mandschurei, ordnet wegen der sich häufenden Gefechte mit sowjetischen Truppen die Generalmobilmachung an (→17.7./S. 120; 22.12./S. 204).

Beim Europäischen Wettbewerb für Sportflugzeuge siegt der Deutsche Fritz Morzik auf einer BFW M 23b. →S. 143

23. August, Freitag

Der Reichsstädtebund billigt in Kiel mit 298 gegen 285 Stimmen einen SPD-Antrag zur Reform der Arbeitslosenversicherung. Darin wird die Notwendigkeit einer Neuordnung anerkannt, eine zu weitgehende Einschränkung der Leistungen aber abgelehnt (→3.10./S. 173).

In Jerusalem stürmen bewaffnete arabische Freischärler das jüdische Stadtviertel. Die britische Mandatsmacht verhängt den Ausnahmezustand. →S. 136

In der »Literarischen Welt« begründet Heinrich Mann den Erfolg der Detektiv-Romane mit dem weitverbreiteten »Bedürfnis nach dem Außerordentlichen«.

24. August, Sonnabend

Beim Absturz einer Fokker D 757 im Linienverkehr zwischen Frankfurt am Main und Erfurt kommen bei Fulda vier Menschen ums Leben.

25. August, Sonntag

Im »Neuen Wiener Tagblatt« setzt sich der österreichische Vizekanzler Vinzenz Schumy (Landbund) mit der Politik der rechtsgerichteten Heimwehren auseinander und erklärt, die Abschaffung des Parteiwesens würde nicht mehr Demokratie, sondern Diktatur bedeuten.

In Leipzig wird die Herbstmesse mit technischer Messe und Baumesse eröffnet. Sie dauert bis zum 31. August.

Der Schwede Erik Wennström läuft mit 14,4 sec in Stockholm einen Weltrekord über 110 m Hürden.

26. August, Montag

Die britische Mandatsregierung von Palästina teilt mit, daß seit dem 23. August in Jerusalem 14 Juden, zehn Moslems und drei Christen getötet und zahlreiche weitere verletzt worden seien (→ 23.8./S. 136).

Die Schweiz und Belgien unterzeichnen einen Handelsvertrag.

Der Sprinter Helmut Körnig läuft in Bochum in 21,0 sec einen inoffiziellen Weltrekord über 200 m (Kurve).

27. August, Dienstag

China ersucht die deutsche Reichsregierung als sein Interessenvertreter um die Herbeiführung von neuen Verhandlungen mit der Sowjetunion (→22.12./S. 204).

Durch Dekret des Rates der Volkskommissare wird in der Sowjetunion zum 1. Oktober die fünftägige ununterbrochene Arbeitswoche eingeführt. →S. 137

Das britische Kolonialamt in London teilt mit, daß nach einem massiven Militäreinsatz in Palästina die Ruhe wiederhergestellt sei (→23.8./S. 136).

Der Vertreter des Syrien-Palästina-Kongresses in Genf macht in einem Brief an den Völkerbund den Zionismus, Großbritannien und den Völkerbund für die Unruhen verantwortlich (→23.8./S. 136).

In Genf endet der zweitägige 5. Minoritätenkongreß. →S. 137

In Washington werden Schiedsverträge zwischen den USA und Ägypten sowie Estland unterzeichnet.

Beim Entgleisen des D-Zugs Paris-Warschau in der Nähe von Düren kommen 14 Menschen ums Leben.

28. August, Mittwoch

Der über 100 000 Mitglieder zählende christlichsoziale Niederösterreichische Bauernbund tritt geschlossen in die rechtsgerichteten Heimwehren ein. Die Presse wertet diesen Schritt als taktisches Manöver des christlichsozialen Bundeskanzlers Ernst Streer Ritter von Streeruwitz, der auf diese Weise die radikalen Elemente zügeln will (→18.8./S. 137).

29. August, Donnerstag

Das Luftschiff LZ 127 »Graf Zeppelin« landet in Lakehurst. Seit dem Abflug von Lakehurst am 7. August hat das Luftschiff 21 Tage, sieben Stunden und 12 Minuten gebraucht, um zum Ausgangspunkt zurückzukommen (→4.9./S. 156).

Die in Genf tagende Interparlamentarische Union veranstaltet eine öffentliche Kundgebung für die Abrüstung.

Im Berliner Künstlertheater hat das Antikriegsstück »Die andere Seite« (Journey's End) von Robert Cedric Sheriff Premiere. →S. 142

30. August, Freitag

Im Beisein des päpstlichen Nuntius Eugenio Pacelli, der den Abschluß des preußischen Kirchenvertrages (→14.6./S. 101) würdigt, beginnt in Freiburg der Deutsche Katholikentag (bis →1.9./S. 151).

Vor dem Haus des stellvertretenden Regierungspräsidenten in Schleswig wird eine Bombe gefunden. Die Täter werden im radikalen Schleswig-Holsteinischen Landvolk vermutet (→1.9./S. 150).

In Berlin wird die 6. Große Deutsche Rundfunkausstellung eröffnet. Sie endet am 8. September. →S. 143

Auf der Haager Konferenz wird das Abkommen über die Räumung des Rheinlandes durch die Entente-Truppen unterzeichnet, die bis Ende Juni 1930 abgeschlossen sein soll (→31.8./S. 134).

In Genf beginnt die 56. Tagung des Völkerbundrates. Sie dauert bis zum 6. September und dient der Vorbereitung der am 2. September beginnenden 10. Völkerbundsversammlung.

In einem Schreiben an Chaim Weizmann, den Präsidenten der Jewish Agency, versichert der frühere britische Außenminister Arthur J. Balfour, daß die sog. Balfour-Deklaration von 1917, das Versprechen einer nationalen Heimstätte für die Juden inPalästina, nicht zurückgezogen werde (→23.8./S. 136).

Der stellvertretende sowjetische Außenkommissar, Maxim M. Litwinow, überreicht dem deutschen Botschafter Herbert von Dirksen, der die chinesischen Interessen in Moskau wahrnimmt, einen Vorschlag zur friedlichen Lösung des Konflikts mit China über die Mandschubahn auf der Grundlage bestehender Vereinbarungen (→22.12./S. 204).

In der »Literarischen Welt« fordert der Schriftsteller Arno Schirokauer eine stärkere Berücksichtigung der Literatur im Rundfunkprogramm.

31. August, Sonnabend

Zum Beginn einer zweitägigen Tagung des Alldeutschen Verbandes (AV) in Würzburg erklärt der AV-Vorsitzende Heinrich Claß, der Youngplan stelle eine »Politik von Räubern« dar, und Reichsaußenminister Gustav Stresemann solle »vor einen politischen Staatsgerichtshof gestellt werden«.

In Berlin, Magdeburg und Goslar findet die zweite Tagung des Auslandsdeutschtums in der Heimat statt (bis 5.9.).

In Den Haag wird das Protokoll über die grundsätzliche Annahme des Youngplans unterzeichnet. →S. 134

Am Theater am Schiffbauerdamm in Berlin wird das Musical »Happy End« von Elisabeth Hauptmann, Bertolt Brecht und Kurt Weill uraufgeführt. →S. 142

Das Wetter im Monat August

Station	Mittlere Lufttemperatur (°C)	Niederschlag (mm)	Sonnenscheindauer (Std.)
Aachen	17,3 (17,2)	47 (82)	— (188)
Berlin	18,0 (17,2)	13 (68)	— (212)
Bremen	17,5 (17,1)	33 (79)	— (182)
München	17,0 (16,6)	138 (96)	— (211)
Wien	19,5 (18,6)	30 (68)	— (242)
Zürich	17,4 (16,6)	88 (132)	214 (219)

( ) Langjähriger Mittelwert für diesen Monat
— Wert nicht ermittelt

Mit einem Nachruf auf dem Titel der Ausgabe vom 18. August 1929 ehren die »Zeitbilder« den Berliner Maler und Zeichner Heinrich Zille, der am 9. August gestorben ist

Nummer 33
18. August 1929

Zeitbilder

Beilage zur Vossischen Zeitung

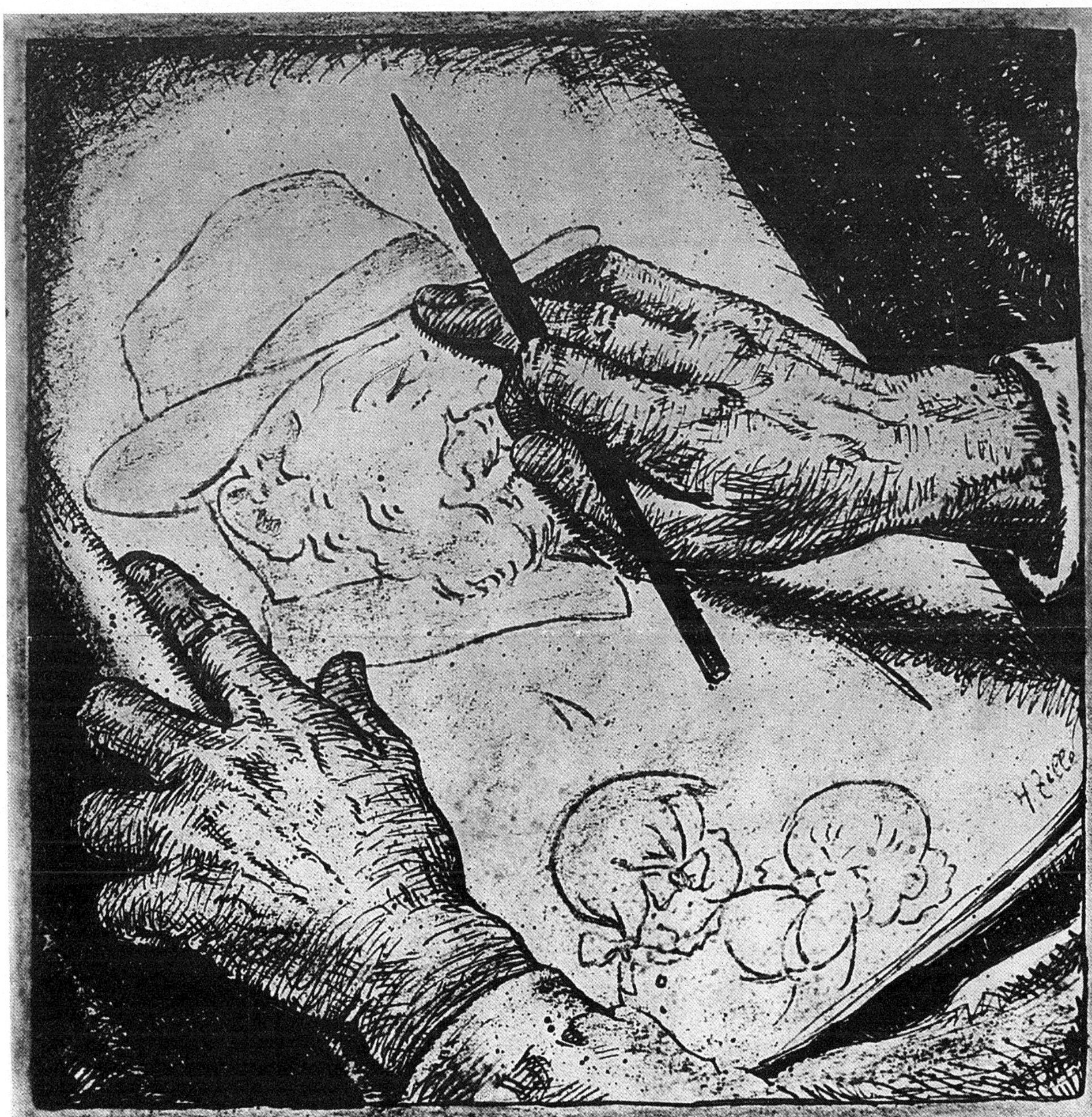

Zum Andenken an Heinrich Zille:
Zille zeichnet sein Selbstbildnis. Radierung von Bruno Zwiener.

Mehr Respekt vor der „Akademie" konnte niemand haben als der alte Zille. Viele Köpfe wurden geschüttelt, als Zille in die Akademie kam, aber er selbst hat dazu am heftigsten den Kopf geschüttelt. Er konnte sich das wirklich nicht vorstellen, daß er Akademiker sein sollte. Und manches Mal vergaß er es auch, nicht aus Vergeßlichkeit, sondern rein aus Bescheidenheit. Er kam sich den berühmten Mitgliedern der Akademie nicht ebenbürtig vor. Das ist ja auch leicht zu begreifen. Er war Lithograph gewesen und hatte es zum Zeichner für Blätter gebracht, die ihn so schlecht bezahlten, daß er kaum zu denken wagte, seine Zeichnungen könnten mehr wert sein, nämlich in Geld. Er hat immer viel Sinn für Geld gehabt, viel Achtung vor dem Geld, wie alle armen Leute — jeder schätzt ja am höchsten, was er nicht zu erreichen vermag. Als Zille in den letzten Jahren zu guten Honoraren kam, stieg er ganz beträchtlich in seiner eigenen Achtung, das machte ihn ganz froh. Aber wenn er unterschätzt wurde, fühlte er sich sofort wieder ganz klein. In Zürich waren Zeichnungen von ihm ausgestellt, da kam es heraus, daß er doch noch nicht genug berühmt war: Denn die Schweizer Behörden hielten ihn einfach für einen Pornographen, der Züricher Kunsthändler, wegen Ausstellung unzüchtiger Bilder angeklagt, wendete sich an Zille, er solle sich doch Zeugnisse dafür verschaffen, daß er ein ernster Künstler sei. In seiner Not bat Zille ein berühmtes Mitglied der Akademie um ein Zeugnis, er hätte ihn Kollege nennen können, aber das fiel ihm nicht ein, sondern er schrieb: „Hochgeehrter Herr Professor, Sie werden sich meiner noch erinnern, ich bin ein Freund des verstorbenen Bildhauers Gaul" — das war immerhin ein Wink, denn Gaul verdankte er eigentlich die Aufnahme in die Akademie. Aber man soll solche Bescheidenheit nicht mißdeuten. Wie viel innere Sicherheit, die wahrhaftiger Künstlerstolz ist, gehört dazu, allzeit „in seinem Milljö" zu bleiben.

Eröffnungssitzung in Den Haag: Die Diplomaten aus Großbritannien, Frankreich, dem Deutschen Reich, Belgien, Italien, Japan, den britischen Dominions und sec

Das besetzte Rheinland soll vorzeitig geräumt werden

31. August. Die (Erste) Haager Konferenz geht mit einer Einigung über die vorzeitige Räumung des Rheinlands und über die Verteilung der deutschen Zahlungen unter den Gläubigermächten zu Ende.

Die sechs am Youngplan (→7.6./ S. 98) beteiligten Hauptmächte Großbritannien, Frankreich, Deutsches Reich, Belgien, Italien und Japan hatten sich am 6. August in Den Haag mit Vertretern der britischen Dominions sowie sechs kleinerer europäischer Staaten versammelt und sich darüber verständigt, wie die deutschen Zahlungen unter ihnen aufgeteilt werden sollen.

Weiterer Tagesordnungspunkt war die Räumung der von alliierten Truppen besetzten deutschen Gebiete im Rheinland. Die Vorgeschichte: Gemäß den Bestimmungen des Versailler Vertrags hatten britische, französische und belgische Truppen 1920 die linksrheinischen deutschen Gebiete sowie die Brückenköpfe Köln, Koblenz, Mainz und Kehl auf dem rechten Rheinufer besetzt, um mit diesem Pfand die Erfüllung der Friedensvertragsbedingungen zu sichern. Die erste (Kölner) Zone sollte 1925, die zweite (Koblenzer) 1930 und die dritte (Mainzer) 1935 geräumt werden. Tatsächlich zogen die Besatzer 1926 aus der Kölner Zone ab.

Nach deutschem Standpunkt stellt die Besetzung eine Sicherheitsgarantie dar. Reichsaußenminister Gustav Stresemann sieht nach dem Abschluß des Kriegsächtungspakts (→24.7./S. 117) keine Notwendigkeit für die weitere Besetzung mehr. Die Gläubigermächte betrachten die besetzten Gebiete jedoch als Faustpfand für die Reparationen und sind erst jetzt, nach Regelung dieser Frage, zum Abzug bereit.

Mit dem Haager Protokoll wird der Räumungsbeginn für die zweite Zone auf den September, das Räumungsende auf den Dezember 1929 festgelegt. Die Räumung der Mainzer Zone soll sofort nach der Ratifizierung des Youngplans in Angriff genommen werden und innerhalb von acht Monaten, spätestens jedoch bis Juni 1930, abgeschlossen sein (→30.11./S. 184).

Leiter der französischen Delegation in Den Haag ist Ministerpräsident und Außenminister Aristide Briand (r.)

Die deutsche Delegation beim Mokka in ihrem Haager Hotel, v.l. Schubert, Breitscheid, Stresemann, Graf Zech

eineren europäischen Staaten haben sich versammelt, um über die Reparationsfrage zu beraten; auf dem leeren Stuhl nimmt der griechische Vertreter Platz

Stresemann wendet sich an Briand

19. August. Die dramatischen Bemühungen von Reichsaußenminister Gustav Stresemann, eine möglichst sofortige Räumung des Rheinlands von ausländischen Truppen zu erreichen, zeigt sein Brief an den französischen Ministerpräsidenten Aristide Briand, den er in Reaktion auf dessen Angebot, daß sich der Abzug der französischen Soldaten über ein Jahr hinziehen werde, schreibt. Tatsächlich erreicht die deutsche Delegation auf der Haager Konferenz, daß sich die ausländischen Besatzungsmächte zu einem Abzug innerhalb von acht Monaten verpflichten. Stresemann schreibt u.a.:

»Für die deutsche Öffentlichkeit ist die Regelung der finanziellen Fragen mit derjenigen der politischen Fragen, abgesehen von unserer Ihnen bekannten Rechtsauffassung, eng verbunden. Der von der Opposition ausgenutzten populären Strömung, die sich gegen die in der Tat in der Geschichte wohl noch nie erreichten Leistungen eines Volkes nach einem verlorenen Kriege wendet, steht als politisches Aktivum im wesentlichen die Befreiung des Rheinlandes von der Okkupation gegenüber. Hier kämpft das Gefühl an gegenüber denjenigen Momenten, die davon sprechen, daß Deutschland sich bereit erkläre, für zwei Generationen, für Söhne und Enkel, Leistungen in unerhörtem Ausmaß zu übernehmen. Aber auch dieses Moment bricht zusammen, wenn ich vor die deutsche Öffentlichkeit hintreten und ihr sagen soll, daß ... mehr als ein Jahr vergehen soll, ehe das letzte Stück deutschen Bodens von fremden Truppen verlassen wird. Der Eindruck einer solchen Erklärung würde für die deutsche Öffentlichkeit einfach niederschmetternd sein.

Die Ausführungen, die Sie wiederholt gemacht haben über die Generalliquidation des Krieges, sind als Bekenntnis dazu aufgenommen worden, daß die zwischen Frankreich und Deutschland bestehenden Differenzen ihr Ende finden und daß eine neue Ära des gegenseitigen Vertrauens ihren Anfang nehmen solle. Niemand mutet der französischen Besetzungsarmee zu, Hals über Kopf das Rheinland zu verlassen. Niemand mutet ihr irgend etwas zu, was gegen ihr Prestige geht. Aber niemand in Deutschland wird begreifen, daß mehr als ein Jahr erforderlich ist, um die Armee in ihre Heimat zurückzuführen.

Ich habe nie in der Vertretung meiner Politik irgendwie das deutsche Prestige in den Vordergrund gestellt. Durch ein Übertreiben des Prestigegedankens ist viel Unglück in die Welt gekommen ...

Nicht weil irgendein Druck der öffentlichen Meinung bis zur Stunde auf mir lastet, nicht weil irgendeine Differenz zwischen meinen Ministerkollegen und mir steht, sondern einfach weil mein Gewissen mich treibt, fühle ich mich veranlaßt, Ihnen, verehrter Herr Ministerpräsident, zu sagen, daß ich mit einem Vorschlag dieser Art, wie Sie ihn mir heute für die Beendigung der Räumung zum Ausdruck gebracht haben, oder einem auch nur annähernd ähnlichen Vorschlag als Außenminister nicht vor mein Kabinett treten kann und daß ich bei dem Festhalten an einem solchen Termin auch nicht in der Lage sein würde, meine Unterschrift unter den Youngplan zu setzen, der für mich eine Einheit zwischen den wirtschaftlichen und politischen Fragen in sich birgt. Ich, der ich nicht Finanzminister bin, der die Ziffern studiert, sondern Außenminister, der unsere ganzen Verhandlungen unter dem Gesichtspunkt eines großen europäischen Ereignisses, als den Endpunkt einer seit Jahren von Ihnen und mir verfolgten Politik einer deutsch-französischen Verständigung angesehen hat — ich fühle mich nicht imstande, diese Politik persönlich weiterzuführen, wenn ich in einer Frage, in der, wie ich weiß, Ihre Auffassung seit Jahren ebenso wie die meinige dahin gerichtet war, der Besetzung deutschen Landes ein Ende zu bereiten, einen in der Zeit so offenbaren Mißerfolg erziele.«

»Kladderadatsch« vom 8. September

Stresemann Spielball bei Haager Konferenz

»Wasserball - Entspannung nach des Haages Lasten« - so ist diese Karikatur im »Kladderadatsch« unterschrieben, die Reichsaußenminister Gustav Stresemann als Spielball zwischen den anderen Mächten darstellt. Obwohl Stresemann selbst die Vereinbarung über die Rheinlandräumung als großen Erfolg ansieht und die politische Rechte stets die Besetzung für ihre Propaganda gegen den »Erfüllungspolitiker« Stresemann mißbraucht hatte, rüsten sich rechtsgerichtete Kreise im Deutschen Reich bereits zum Kampf (→29.10./S. 170).

Araber gegen jüdische Einwanderung nach Palästina

23. August. In Jerusalem stürmen Hunderte bewaffneter arabischer Freischärler das jüdische Viertel. Die britische Mandatsmacht verhängt den Ausnahmezustand und beordert Kriegsschiffe und zusätzliche Truppen nach Palästina.
Am 26. August teilen die Briten mit, daß in Jerusalem 14 Juden, zehn Moslems und drei Christen und in Hebron 45 Juden und acht Araber getötet worden sind.
Anlaß für die Zuspitzung der Lage sind die Beschlüsse des 16. Zionistischen Weltkongresses in Zürich, die auf eine Erhöhung der Zahl der jüdischen Einwanderer abzielen.

Erweiterung der Jewish Agency
Auf dem 16. Zionistenkongreß in Zürich (23.7.-11.8.) wird am 9. August mit 231 gegen 30 Stimmen bei 46 Enthaltungen die Erweiterung der bisher rein zionistischen Jewish Agency durch Nichtzionisten beschlossen. Vorsitzender der Exekutive wird Chaim Weizmann, Präsident der Administrative Felix M. Warburg (New York).

Seit der Jahrhundertwende sind rund 1000 km² Boden in Palästina durch die zionistische Bewegung erworben worden und etwa 100 000 Juden dorthin ausgewandert.
Ihnen stehen rund 75 000 Christen und 675 000 Araber gegenüber. Das am 24. Juli 1922 vom Völkerbund verabschiedete Mandat für Palästina verpflichtet Großbritannien, die 1917 vom damaligen britischen Außenminister Arthur J. Balfour versprochene Schaffung einer nationalen Heimstätte für die Juden zu fördern, zugleich aber nichts zu tun, was die »bürgerlichen und religiösen Rechte bestehender nichtjüdischer Gemeinschaften in Palästina beeinträchtigen könnte«.
Diese Aufgabenstellung erschwert das Mandat der Briten: Nach Ansicht der Zionisten hat Großbritannien die Balfour-Deklaration bisher nicht ausreichend erfüllt und sogar die jüdische Einwanderung massiv behindert, während die Araber, so zuletzt am 27. August durch den Vertreter des Syrien-Palästina-Kongresses in Genf in einem Brief an den Völkerbund, einen Verzicht auf die Schaffung einer jüdischen Heimstätte verlangen.

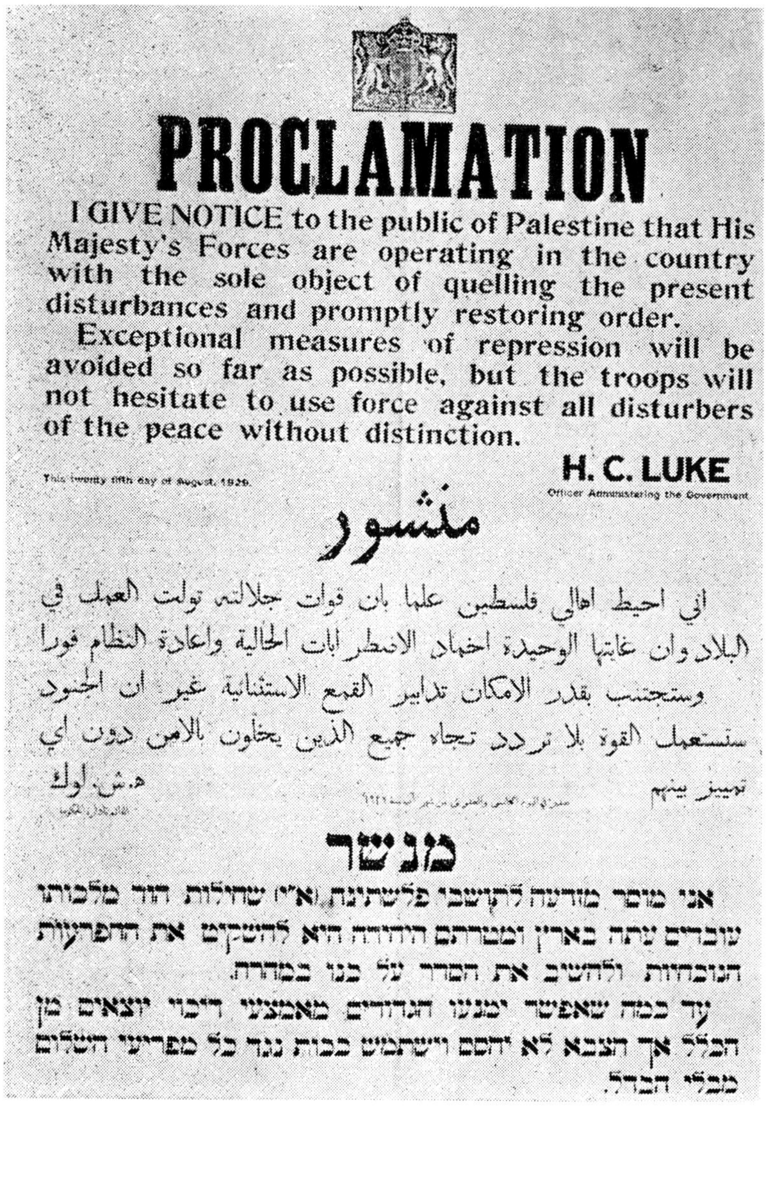

PROCLAMATION

I GIVE NOTICE to the public of Palestine that His Majesty's Forces are operating in the country with the sole object of quelling the present disturbances and promptly restoring order.
Exceptional measures of repression will be avoided so far as possible, but the troops will not hesitate to use force against all disturbers of the peace without distinction.

H. C. LUKE
Officer Administering the Government

This twenty fifth day of August, 1929.

منشور

اني احيط اهالي فلسطين علما بان قوات جلالته تولت العمل في البلاد وان غايتها الوحيدة اخماد الاضطرابات الحالية واعادة النظام فورا وستجتنب بقدر الامكان تدابير القمع الاستثنائية غير ان الجنود ستستعمل القوة بلا تردد تجاه جميع الذين يخلون بالامن دون اي تمييز بينهم

ه.ش. لوك

מנשר

אני מוסר מודעה לתושבי פלשתינה (א"י) שחילות הוד מלכותו עוברים עתה בארץ ומטרתם היחידה היא להשקיט את ההפרעות הנוכחות ולהשיב את הסדר על כנו במהרה.
עד כמה שאפשר ימנעו הגדודים מאמצעי דכוי יוצאים מן הכלל אך הצבא לא יהסס וישתמש בכחו נגד כל מפריעי השלום מבלי הבדל.

◁△ *Auf der Versammlung arabischer Moslems in Jerusalem wird diskutiert, wie jüdischen Versuchen zur Änderung des Status quo an der Klagemauer begegnet werden kann; die Auseinandersetzungen zwischen Juden und Moslems greifen von Jerusalem auf Tel Aviv über; sechs Moslems werden von der Polizei mit Schüssen getötet, als sie aus einem Begräbniszug ausbrechen und sich in Richtung Innenstadt bewegen*

△ *Demonstration jüdischer Schüler in Tel Aviv; der ehemalige Vorort der Stadt Jaffa hat sich zum Zentrum für jüdische Bewohner in Palästina entwickelt; obwohl 200 britische Soldaten in dem Ort stationiert sind, kommt es wiederholt zu gewaltsamen Zusammenstößen zwischen den beiden Bevölkerungsgruppen; am 25. August wird über Tel Aviv der Ausnahmezustand verhängt*

◁ *Proklamation des britischen Hochkommissars in Palästina in drei Sprachen: »Ich teile der Öffentlichkeit mit, daß die Streitkräfte Ihrer Majestät im Land mit der einzigen Absicht operieren, die gegenwärtigen Störungen zu beseitigen und rasch die Ordnung wiederherzustellen; außergewöhnliche Unterdrückungsmaßnahmen werden soweit möglich vermieden, allerdings werden die Truppen nicht zögern, ohne Unterschied Gewalt gegen alle Friedensstörer anzuwenden«*

Fünftagewoche für Arbeiter in UdSSR

27. August. Per Dekret führt der Rat der Volkskommissare, die sowjetische Regierung, die fünftägige ununterbrochene Arbeitswoche ein.
Diese Maßnahme steht im Gegensatz zu Bestrebungen um Verkürzung der Arbeitszeit, die z.B. in der Einführung des Siebenstunden-Arbeitstags am →2. Januar (S. 15) ihren Niederschlag gefunden haben.
Der Beschluß resultiert aus den schwerwiegenden ökonomischen Problemen, die bereits zu Versorgungsengpässen geführt haben (→ 29.4./S. 64). Der Lebensstandard der städtischen Bevölkerung in der Sowjetunion ist nicht im erwünschten Maße gestiegen.
Der Generalsekretär der KPdSU, Josef W. Stalin, sieht die Lösung des Problems in einer forcierten Industrialisierung und in der Intensivierung der Produktion.

Gegen Techniker und Ingenieure

20. August. In einem Zirkular fordert der Zentralrat der kommunistisch orientierten Gewerkschaften der UdSSR die einzelnen Gewerkschaftsorganisationen dazu auf, bei der »Säuberung« des Staatsapparats von »Schädlingen« und »Saboteuren« Vorsicht walten zu lassen. So heißt es, daß »allgemeine Formulierungen wie 'fremdes Element', 'Sohn eines Popen'« die Beschlüsse einer Säuberungskommission hinfällig machten.
Die von der Parteileitung unterstützte Säuberungsbewegung richtet sich gegen in der Regel nichtkommunistische Techniker und Ingenieure, auf deren Mitwirkung beim Aufbau der Sowjetunion nicht verzichtet werden kann, die jedoch häufig als Sündenböcke bei ökonomischen Mißerfolgen herhalten müssen. Zugleich dient die »Säuberung« dazu, den Aufstieg von Arbeitern in die freiwerdenden Leitungsfunktionen unter der Kontrolle der Partei zu vollziehen.

Frauenarbeit in der Sowjetunion: Weichenstellerin in Leningrad

Minderheiten für Europa-Initiative

27. August. Der zweitägige 5. Minoritätenkongreß endet in Genf. Er appelliert an die Staaten Europas, die kulturellen und staatsbürgerlichen Rechte der Minderheiten zu achten und eine dem Internationalen Arbeitsamt vergleichbare Institution zu schaffen.
Im Deutschen Reich hat am 3. August der Verband der nationalen Minderheiten in einer Fünf-Punkte-Erklärung u.a. die Anerkennung der einzelnen Kulturgruppen, die Schaffung eines europäischen Kulturbundes neben dem Völkerbund und die Entpolitisierung der Minderheitenfragen gefordert. Er vertritt die Polen in Oberschlesien und im Ruhrgebiet, die rund 60 000 Wenden in der Lausitz sowie die etwa 10 000 Dänen in Nordschleswig, die Litauer in Tilsit und die nationalen Friesen in Nordfriesland.

Radikalisierung der Politik in Österreich

18. August. In St. Lorenzen bei Graz werden bei Kämpfen zwischen der Heimwehr und dem Republikanischen Schutzbund drei Menschen getötet und über 200 verletzt. Der Vorfall verschärft die innenpolitische Lage in Österreich und führt zu neuen Diskussionen über die Rolle der paramilitärischen Heimwehr, die immer mehr in faschistisches Fahrwasser gerät (→ 17.6./S. 101).
Anlaß für die bewaffneten Auseinandersetzungen war eine vom sozialdemokratischen Schutzbund angemeldete Kundgebung zum zehnten Jahrestag der Gründung der Ortsgruppe St. Lorenzen.
Da der dafür zunächst vorgesehene Kirchplatz als Versammlungsort von den Behörden verweigert worden war, verlegte der Schutzbund die Feier auf einen Festplatz vor der Stadt. Als die Schutzbündler dort eintrafen, sahen sie sich 1200 Heimwehrleuten gegenüber, die im Laufe des Tages noch 800 Mann Verstärkung erhielten. Daraufhin zogen die Schutzbündler zum Kirchplatz, gefolgt von den Heimwehrleuten, die nun vom Bürgermeister von St. Lorenzen verlangten, die Kundgebung aufzulösen.
Für die nachfolgende Schießerei gibt man sich gegenseitig die Schuld.
Am 19. August wird bei Auseinandersetzungen zwischen sozialdemokratischen Arbeitern und Heimwehr in Vösendorf bei Wien der 27jährige Franz Janisch getötet. Er war Mitglied der Nationalsozialistischen Deutschen Arbeiterpartei und gilt als erster »Blutzeuge« der NSDAP in Österreich. Am gleichen Tag verlangt in Wien eine sozialdemokratische Versammlung von Vertrauensmännern energische Maßnahmen gegen die Heimwehr.
Der österreichische Ministerrat reagiert am 22. August mit der Verlegung eines Bataillons des Bundesheeres aus Graz nach Bruck an der Mur. Am 28. August tritt der über 100 000 Mitglieder zählende christlichsoziale Niederösterreichische Bauernbund geschlossen in die Heimwehren ein. Die Presse wertet diesen Schritt als taktisches Manöver des christlichsozialen Bundeskanzlers Ernst Streer Ritter von Streeruwitz, um die Radikalen zu zügeln (→25.9./S. 152).

Die Führer der scharf rechtsgerichteten paramilitärischen Heimwehr-Bewegung in Österreich, Baron Prasukh (l.), Bundesrat Richard Steidle

Eupen-Malmedy will neues Votum

19. August. Angesichts der Gesamtbereinigung der deutschen Reparationsleistungen auf der Haager Konferenz (→31.8./S. 134) propagiert die deutsche Presse in den belgischen Kreisen Eupen, Malmedy und St. Vith eine Wiederholung der Volksabstimmung über den Verbleib beim Deutschen Reich.
Am 24. Juli 1920 hatten in den seit 1815 zu Preußen gehörenden Kreisen von den 33 726 Stimmberechtigten in offener Abstimmung nur 270 für das Deutsche Reich votiert. Vorangegangen waren massive Einschüchterungsmaßnahmen der belgischen Regierung. Die deutschen Proteste gegen die Wahlmanipulationen waren vom Völkerbund zurückgewiesen und das Gebiet Belgien einverleibt worden.
Die Tageszeitungen »Arbeit« (sozialdemokratisch), »Eupener Nachrichten«, »Eupener Zeitung«, »Der Landbote« sowie die »St. Vither Volkszeitung« (katholisch) rufen das Volk und die Regierung Belgiens auf, ein neues Referendum anzusetzen. Nachdem die Frage der deutschen Kriegsentschädigungen an Belgien gelöst sei (→13.7./S. 116), dürfe »in Zukunft auf das friedliche und einträchtige Zusammenleben der beiden Nachbarstaaten kein Schatten« mehr fallen.

Deutsche Republik feiert ihren Festtag

11. August. *Im Deutschen Reich wird der zehnte Jahrestag der Verabschiedung der Reichsverfassung mit zahlreichen offiziellen Veranstaltungen begangen.*
Höhepunkt des Verfassungstages in Berlin sind der Aufmarsch von rund 140 000 Angehörigen des sozialdemokratischen Reichsbanners, ein großes Festspiel im Deutschen Stadion und die Feier der Reichsregierung im Reichstag. Dabei erklärt Innenminister Carl Severing (SPD) u.a., die Verfassung »hat die Reichseinheit erhalten und ... die Demokratie von Weimar hat die Arbeiterschaft zum Staat geführt, hat der Arbeiterschaft das Gefühl beigebracht, daß dieser Staat ihr Staat ist.« Der Verfassungstag klingt aus mit drei Abendfeiern in den drei Berliner Opernhäusern (Abb.: Angehörige des Reichsbanners Schwarz-Rot-Gold mit gesenkten Fahnen an dem Ehrenmal für die Toten des Weltkrieges am Pariser Platz).

Tote und Verletzte bei NSDAP-Parteitag

4. August. Am Schlußtag des 4. Reichsparteitags der Nationalsozialistischen Deutschen Arbeiterpartei (NSDAP) in Nürnberg führt ein Aufmarsch vor Parteiführer Adolf Hitler zu einer schweren Straßenschlacht in der Innenstadt. An dem Propagandamarsch nehmen nach NSDAP-Angaben über 60 000, nach Polizeiangaben 24 000 Angehörige der Sturmabteilung (SA) teil.
Im Mittelpunkt des Kongresses stand u.a. ein Referat von Konstantin Hierl über die »Grundlagen einer deutschen Wehrpolitik«, in der die Kriegführung als Politik unter Anwendung militärischer Machtmittel definiert wird.
Es wurde ferner die Gründung einer Nationalsozialistischen Betriebszellen-Organisation (NSBO) beschlossen, der alle Parteimitglieder in den Betrieben beitreten müssen.
Der Parteitag endet mit einem Referat vom Parteiideologen Alfred Rosenberg über »Das Wesensgefüge des Nationalsozialismus« und mit einem Schlußwort Hitlers.
Schon vor Ende des Parteitages hatte es in Nürnberg bewaffnete Auseinandersetzungen gegeben: Am Abend des 3. August waren drei Reichsbannerleute von mehreren Nationalsozialisten angegriffen worden, weil an einem ihrer Fahrräder ein schwarz-rot-goldener Wimpel hing. Im Laufe der Auseinandersetzung wurden die Kaufmannsfrau Katharine Grünewald durch Schüsse getötet, und der Reichsbannermann Fritz Maußner wurde lebensgefährlich verletzt.
Bei den Unruhen am Abend des 4. August werden in der Nürnberger Innenstadt mehrere jüdische Geschäfte demoliert und zahlreiche Passanten verletzt. Die Ausschreitungen können nur durch massiven Polizeieinsatz beendet werden.

Der NSDAP-Vorsitzende Adolf Hitler (M.) weiht während des 4. Reichsparteitags der Nationalsozialisten in Nürnberg die neuen Flaggen der Sturmabteilung (SA) (Titelfoto der in München im Verlag Franz Eher Nachfolger erscheinenden nationalsozialistischen Zeitschrift »Illustrierter Beobachter« vom 10. August 1929)

Bauernboykott über Neumünster

10. August. Wegen der Auflösung eines Bauernumzuges am 1. August erklärt der Schleswig-Holsteinische Landbund, die Stadt Neumünster solange boykottieren und dort keine Veranstaltungen abhalten zu wollen, bis die Stadt den Bauern »volle Genugtuung« leiste.
Anlaß für die Demonstration am 1. August war die Freilassung des wegen Steuerstreiks zu drei Monaten Gefängnis verurteilten Bauernführers Wilhelm Hamkens. Dieser hatte seine Anhänger zu dem Marsch durch Neumünster aufgefordert. Die Demonstration von rund 1500 Bauern wurde von der Polizei aufgehalten, nachdem trotz wiederholter Aufforderungen die an der Spitze des Zuges an einer Sense mitgeführte schwarze Fahne nicht eingeholt worden war (→1.9./S. 150).
Nachdem bei dem Versuch, die Fahne zu beschlagnahmen, der Polizeileiter entwaffnet und zwei Polizisten und mehrere Bauern verletzt worden waren, zogen die Bauern in ein Lagerhaus. Hier wurde ein Teil der inzwischen bewaffneten Bauern von der Polizei festgenommen.

General Electric kauft sich bei AEG ein

2. August. Der Aufsichtsrat der Allgemeinen Elektricitäts-Gesellschaft (AEG) billigt die Übernahme eines Teils der AEG-Aktien durch den US-amerikanischen Konzern General Electric und den Plan einer weltweiten Zusammenarbeit mit dem Konkurrenten aus den USA.

General Electric erwirbt nominal für 30 Millionen Reichsmark (RM) Stammaktien der AEG zum Kurs von 200 %. Ein Teil der dafür nötigen Aktien soll durch eine Erhöhung des Aktienkapitals von bisher 186,25 Millionen RM auf bis zu 210 Millionen RM sowie durch eine Umwandlung von AEG-Vorzugsaktien in Stammaktien im Verhältnis von 2:1 aufgebracht werden. Den bisherigen Vorzugsaktionären wird angeboten, daß sie darüber hinaus eine Barzahlung von 20 % auf den Nennbetrag der Vorzugsaktien erhalten. Für je nominal 600 RM Vorzugsaktien werden 300 RM Stammaktien sowie 120 RM in bar gezahlt. Die Liquidität der AEG wird sich durch dieses Manöver um rund 70 Millionen RM erhöhen. Sie sollen nach Aussage der Unternehmensführung für die Ausweitung der Auslandsmärkte verwendet werden. Allerdings ist die Kooperation mit General Electric einseitig: Fünf Vertreter der US-Firma treten in den AEG-Aufsichtsrat ein, während eine AEG-Beteiligung an der Führung von General Electric nicht vorgesehen ist.

»Deutsche Ware ist das Wahre«; »Kladderadatsch« zum AEG-Coup

Durch die Übernahme der Anteile in Höhe von 30 Millionen RM vermehrt sich der General-Electric-Anteil am AEG-Aktienkapital, der bislang bei mindestens 15 % lag, auf etwa ein Drittel.

General Electric beschäftigt 75 000 Mitarbeiter und zählt dank der Kooperation mit dem Bankhaus John Pierpoint Morgan & Co. zu den finanzstärksten Unternehmen der USA. Durch die Radio Corporation of America, deren Präsident Owen D. Young in den Aufsichtsrat der AEG einziehen soll, und die Schallplattengesellschaft Victor Talking Machine Co. kontrolliert General Electric auch einen großen Teil des US-Medienmarktes.

Die Gründung eines nationalen deutschen Elektrokonzerns, die zuletzt 1925 von der AEG angeregt worden war, war beim Siemens-Konzern, auf keine Gegenliebe gestoßen.

Finanzskandal bei der »Frankfurter«

19. August. Die Allianz-Versicherung übernimmt die Frankfurter Allgemeine Versicherungs-AG. Das bis dahin zweitgrößte deutsche Assekuranzunternehmen war durch waghalsige Transaktionen in schwere Turbulenzen geraten.

Am 16. August war bekannt geworden, daß die Frankfurter Industrie-Kredit AG, ein Tochterunternehmen der »Frankfurter«, durch Bürgschaften für die Absatzfinanzierung von Autos nicht auszugleichende Millionenverluste erlitten hatte. Um nachteilige Folgen für die Versicherten zu verhindern, erklärte sich am 17. August die Allianz zur Übernahme der Schadensregulierung der »Frankfurter« bereit.

Allerdings blieb das Bürgschaftsgeschäft außen vor, das ein Volumen von rund 50 Millionen Reichsmark (RM), davon 40 Millionen RM im Ausland, erreicht hatte. Um den Schaden zu begrenzen und das Vertrauen des Auslands in die deutsche Wirtschaft nicht zu erschüttern, wurde von zahlreichen Banken ein Garantie-Konsortium gebildet, das die Forderungen befriedigt.

Ein »Schwarzer Freitag«

9. August. Auf die Nachricht von der Diskontsatzerhöhung der Federal Reserve Bank von New York von 5 auf 6 % reagiert die New Yorker Börse mit Kurseinbußen bis zu 26 US-Dollar (rund 110 Reichsmark) je Aktie. Die Nachricht wirkt sich auch auf die europäischen Wertpapierbörsen negativ aus. Die »Vossische Zeitung« stellt ihren Bericht unter die Überschrift »Schwarzer Freitag in New York« und kommentiert, es handele sich um eine Maßnahme »gegen die Börsenspekulation«. Der New Yorker Aktienindex (1926 = 100) ist von August 1928 bis August 1929 von 153 auf 210 gestiegen (→ 25.10./S. 166).

Blick aus dem Torbogen des United States Customs Building auf die neue Finanzstadt von New York, Zentrum des internationalen Börsengeschehens

Schwieriger Transport des Wagens auf einem Maultierpfad

Hindernisrennen für ein Automobil

10. August. Über eine abenteuerliche Autoüberführung berichtet die britische »Illustrated London News«. Für die »Fahrt« von Addis Abeba, der Hauptstadt von Abessinien (Äthiopien), ins 370 km entfernte Jimma werden 14 Tage benötigt, da statt einer — nicht vorhandenen — Straße der Maultierpfad benutzt werden muß.

Die Überquerung der Flüsse geschieht mit Hilfe von Baumstämmen, und an beiden Ufern muß zuvor eine Schneise geschlagen werden, damit das Auto passieren kann. Bei einem besonders breiten, aber flachen Fluß wird der Vergaser mit einem speziellen Trichter versehen, damit kein Wasser in den Motor eindringt; so kann das Auto den Fluß mit eigener Kraft durchfahren. Stolzer Besitzer des funkelnagelneuen Fahrzeugs vom Typ Vauxhall Bedford ist der Sultan von Jimma.

Da es in dem Gebiet keine einzige Straße gibt, macht er sich gleich daran, Wege für sein Gefährt anlegen zu lassen. Innerhalb von zehn Tagen nach Ankunft des Autos soll er bereits Straßen in einer Länge von fast 50 km gebaut haben.

Benzin, Öl und anderes für das Automobil nötige Material muß allerdings vorerst noch über den Maultierpfad herangeschafft werden.

Theater 1929:

Modern im Stoff und in der Darstellung

Als Gegenpol zur Serie der aktuellen Dramen des Jahres 1929 – »Staatsräson. Ein Denkmal für Sacco und Vanzetti« (→21.4./S. 72), »Happy End« (→31.8./S. 142), »Cyankali« (→6.9./S. 160), »Die andere Seite« (→29.8./S. 142) u.a. – erfolgen die großen Klassikerinszenierungen, die der Intendant des Staatstheaters Berlin, Leopold Jessner, vornimmt, nach Sophokles' »Ödipus« (→4.1./S. 21) am 3. Mai William Shakespeares »König Johann« und am 2. November dann Friedrich von Schillers Drama »Don Carlos«.

Diese Inszenierungen von Jessner verzichten auf vordergründige Aktualisierung, wie sie z.B. Erwin Piscator 1926 mit Schillers »Räubern« und Jessner selbst im gleichen Jahr mit Shakespeares »Hamlet« versucht hatten. Sie erhalten ihre Modernität durch die sachliche, auf jeden Gefühlsüberschwang und auf expressives Pathos verzichtende Darstellung. Statt Emotionen auszulösen, will dieses Theater, ähnlich dem von Bertolt Brecht, Erkenntnisse vermitteln.

Die Reaktion der Kritik auf Jessners Arbeiten ist geteilt. Der Intendant wird seit einiger Zeit wegen seiner Spielplangestaltung und wegen einiger mißglückter Inszenierungen u.a. von Herbert Jhering heftig attackiert, kann aber im Juli eine Verlängerung seines Vertrags erreichen. Zu seinen Verteidigern gehört Alfred Kerr, der bekannte Kritiker des »Berliner Abendblatts«, der zum »Don Carlos« bündig anmerkt: »Auffassungen; dramatische Zurechtrenkungen: ein Spielordner tut sein Möglichstes. Jessner hat es wundervoll hier getan.« Unter den weiteren aktuellen Dramen des Jahres ragt »Die Affäre Dreyfus« von Hans José Rehfisch hervor, die am 25. November in Berlin uraufgeführt wird. Wegen der in der Weimarer Republik heftig geführten Auseinandersetzungen um Antisemitismus, Kastenmoral und politische Justiz ist das Stück um den 1894 zu Unrecht verurteilten, 1906 rehabilitierten französischen jüdischen General Alfred Dreyfus auf die Gegenwart übertragbar.

Szene aus der Uraufführung des Dramas »Die Ursache« von Leonhard Frank am Deutschen Schauspielhaus in Hamburg am 6. März mit Hans Otto (im Gitter) als Mörder; das Justizstück hat gleichzeitig in München und in Wien Premiere

Rudolf Forster in der Titelrolle und Alexander Cranach als Faulcombridge in der Jessner-Inszenierung des Shakespeare-Dramas »König Johann« in Berlin

Fritz Kortner als König Philipp in der Neuinszenierung des »Don Carlos« von Schiller durch Leopold Jessner am Staatsschauspiel Berlin

Erwin Klietsch und Josephine Klee in dem Drama »Michael Kohlhaas« von Arnolt Bronnen nach der gleichnamigen Novelle

Szenenbild aus der Uraufführung des Dramas »Die Affäre Dreyfus« von Hans José Rehrisch an der Berliner Volksbühne; Regie: Heinz Kenter; Rehfisch verbirgt sich als Autor des Stücks hinter dem Pseudonym René Kestner

Das Antikriegsstück »Die andere Seite« von Robert Cedric Sheriff in der deutschen Erstaufführung im Künstlertheater in Berlin am 29. August; v.l. Brausewetter, Otto, Wiemann, Kayßler, Möbis (Regie: Hilpert)

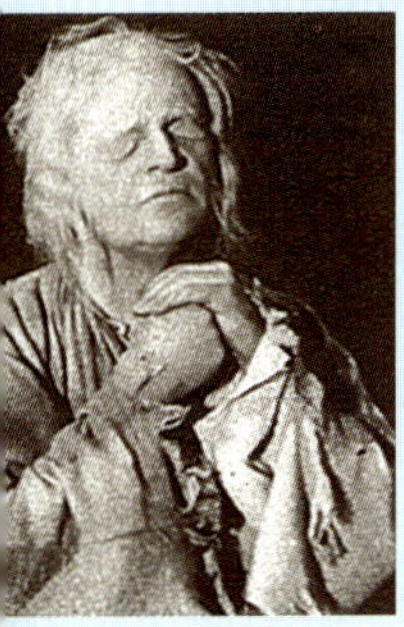

Fritz Kortner als geblendeter Ödipus in Jessners Sophokles-Inszenierung

Werner Krauss in »Die lustigen Weiber von Windsor« von Shakespeare am Deutschen Theater

Max Pallenberg in »Bourgeois bleibt Bourgeois« von Walter Hasenclever/Ernst Toller nach Molière

Heinrich George in dem Heimkehrerdrama »Karl und Anna« nach der Erzählung von Leonhard Frank

Waldau als Fedja in dem 1911 uraufgeführten Drama »Der lebende Leichnam« nach Leo N. Tolstoi

Rudolf Ritter in der Titelrolle des 1902 erstaufgeführten Dramas »Der arme Heinrich« von Gerhart Hauptmann

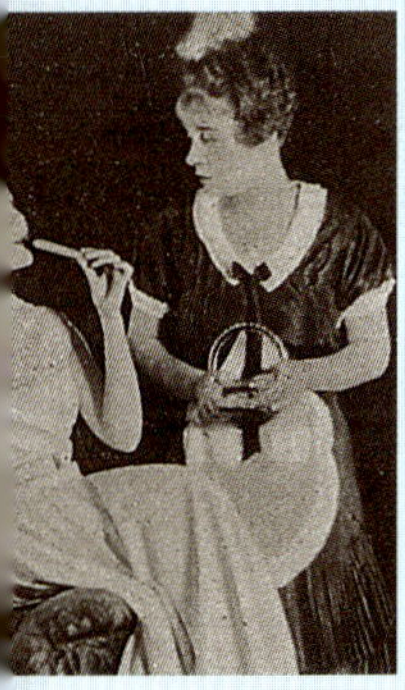

Erika v. Thellmann (l.) und Käthe Haack in »Die Frau des Andern«

Heinrich George (l.) und Lucie Mannheim in dem Lustspiel »Naß oder trocken« von Frank Green

Veit Harlan und Renate Müller in »Störungen« von Hans Meisel am Staatsschauspiel Berlin

Rudolf Forster und Elisabeth Bergner in »Seltsames Zwischenspiel« von dem Dramatiker Eugene O'Neill

Hans Peppler als Polizeipräsident Wacker in Karl Kraus' »Die Unüberwindlichen« (Volksbühne, Berlin)

Grete Mosheim und Harald Paulsen in der Komödie »Der Unwiderstehliche« von Geraldy-Spitzer

Ernst Deutsch als Hannibal in »Hannibal ante portas« von Robert Sherwood

Eugen Klöpfer als Danton in dem Revolutionsdrama »Dantons Tod« von Georg Büchner

Paul Hartmann in einer Max-Reinhardt-Inszenierung von »Kabale und Liebe« von Schiller

Helene Thimig als Luise Millerin in dem Trauerspiel »Kabale und Liebe« von Friedrich von Schiller

Lothar Müthel als Marquis Posa in der »Don Carlos«-Inszenierung von Leopold Jessner in Berlin

Raoul Aslan vom Wiener Burgtheater als Petruchio in »Der Widerspenstigen Zähmung« von Shakespeare

Für renommierte Schauspieler sind Auftritte in klassischen und modernen Theaterinszenierungen nach wie vor interessanter als lukrative Filmangebote

Caspar Neher — Star bei Bühnenbildnern

Profilierte bildende Künstler sind an den deutschen Theatern als Bühnengestalter tätig. Zu den Stars gehört Caspar Neher, der u.a. mit Bertolt Brecht (»Dreigroschenoper«, 1928) und Leopold Jessner zusammenarbeitet. Zu Nehers Bühnenbild zu »König Johann« in der Jessner-Inszenierung von 1929 schreibt Herbert Jhering: »Er riß die Bühne weit auf. Nur Hintergrund, eine Art riesiges Pergament, nur Gerüste, nur Spielfläche. Einprägsam und großartig.« Auch Oskar Schlemmer und László Moholy-Nagy sind als Bühnenbildner hervorgetreten.

Entwurf zu »Hoffmanns Erzählungen« (Moholy-Nagy)

Entwurf eines Hintergrundvorhangs (Giorgio de Chirico)

Diskussionsorgan für linke Literatur

1. August. In Berlin kommt die erste Nummer der Zeitschrift »Die Linkskurve« heraus. Sie ist das Organ des Bundes proletarisch-revolutionärer Schriftsteller (BPRS); zum Herausgeberkreis zählt der Dichter Johannes R. Becher.

Die erste Ausgabe befaßt sich u.a. mit der in der Zeitschrift »Die Literarische Welt« veröffentlichten Umfrage über proletarische Dichtung (→12.7./S. 128), zu der Kurt Kläber kritisch Stellung bezieht.

Der BPRS wurde am 19. Oktober 1928 als Zusammenschluß der in der Arbeitsgemeinschaft kommunistischer Schriftsteller im SDS (Schutzverband Deutscher Schriftsteller) und der in der Proletarischen Feuilleton-Korrespondenz tätigen Autoren gegründet.

Er bildet zugleich die deutsche Sektion der Internationalen Vereinigung revolutionärer Schriftsteller (IVRS) und will in Theorie und Praxis eine spezifisch proletarisch-revolutionäre Literatur fördern.

Berlin trauert um »Pinsel-Heinrich«

9. August. Nach zwei Schlaganfällen stirbt 71jährig der Zeichner und Fotograf Heinrich Zille, genannt »Pinsel-Heinrich« oder »Vater Zille«, in seiner Wohnung im Berliner Bezirk Charlottenburg.

Die Nachricht löst überall große Betroffenheit aus. In der »Vossischen Zeitung« schreibt Max Osborn: »Man wird es nicht recht begreifen, daß Vater Zille uns genommen sein soll. Er gehörte zu der Stadt Berlin wie ihre Häuser und ihre Volksmasse.«

An der Beisetzung auf dem Friedhof Stahnsdorf nehmen Hunderte von Menschen teil. Unter den Trauergästen sind auch Berlins Oberbürgermeister Gustav Böß, Reichstagspräsident Paul Löbe und die Malerin Käthe Kollwitz.

Zilles bevorzugte Themen waren treffsicher eingefangene Szenen aus dem Berliner »Milljöh«; seine oft sozialkritischen Bilder wurden innerhalb kurzer Zeit zu Sinnbildern für den »typischen Berliner«.

»Die andere Seite« in Berlin ein Erfolg

29. August. Am Deutschen Künstlertheater in Berlin, das unter Leitung von Robert Klein mit dieser Premiere eröffnet wird, kommt das Antikriegs-Drama »Die andere Seite« (Journey's End) des britischen Versicherungsagenten Robert Cedric Sheriff nach Erfolgen in London, New York und Paris erstmals auf eine deutsche Bühne.

Unter der Regie von Heinz Hilpert spielen u.a. Friedrich Kayßler, Mathias Wiemann, Erhard Siedel, Ludwig Stössl und Hans Joachim Möbis. Bei Publikum und Kritik findet »Die andere Seite« über das Schicksal von britischen Soldaten im März 1918 in den zwei Tagen vor der letzten deutschen Großoffensive ein überschwengliches Echo.

Herbert Jhering schreibt im »Berliner Börsen-Courier«: »Sheriff bleibt ganz im Persönlichen. Das ist die — einmalige — Stärke seines Schauspiels.« Gute Kritiken erhalten auch die Schauspieler, gelobt wird vor allem Mathias Wiemann.

Kein »Happy End« für Bertolt Brecht

31. August. Zu einem Mißerfolg wird die Uraufführung des Musicals »Happy End« von Elisabeth Hauptmann, Bertolt Brecht und Kurt Weill: Die Presse ist vernichtend, und das Stück wird nach wenigen Aufführungen abgesetzt.

Bei der Premiere im Theater am Schiffbauerdamm spielen u.a. Carola Neher, Helene Weigel, Oskar Homolka, Peter Lorre, Theo Lingen und Kurt Gerron. Das Chicagoer Gangsterspektakel mit dem Heilsarmee-Leutnant Halleluja-Lilian kann nicht an den Erfolg der »Dreigroschenoper« ein Jahr zuvor anknüpfen. Einzig aufregend ist der Eintritt der Gangster in die Heilsarmee und die Erkenntnis: »Was ist ein Dietrich gegen eine Aktie, was ist ein Einbruch in eine Bank gegen die Gründung einer Bank.« Der Mißerfolg war schon vorherzusehen: Weil Brecht sich inhaltlich nicht durchsetzen konnte, firmiert er als »Dorothy Lane« und bekennt sich lediglich zu den Songtexten.

Sergei Diaghilew — Begründer des neuen russischen Balletts

19. August. Im Alter von 67 Jahren stirbt in Venedig Sergei Diaghilew. Mit seinen Ballets Russes (ab 1920 Ballets Russes de Monte Carlo) wurde er in Zusammenarbeit mit nahmhaften Tänzern und Choreographen zum Begründer des modernen russischen Tanztheaters.

Der aus dem Gouvernement Nowgorod gebürtige Diaghilew kam 1909 erstmals in den Westen und gastierte 1912 in Berlin. Bewundert wurde neben der Choreographie von Michail Fokin ein junger Tänzer, Waslaw Nijinski, der durch Diaghilew bekannt wurde.

Diaghilew trennte sich jedoch 1913 von Nijinski, dessen Nachfolger wurde Leonid Massine, der bis 1925 bei Diaghilew blieb, ihm folgte der 1924 aus der UdSSR ausgewanderte George Balanchine.

Ab 1920 lebten Diaghilew und die Mitglieder seiner Truppe vorwiegend in Monte Carlo, von wo aus ausgedehnte Tourneereisen unternommen wurden, darunter 1924 auch in das Deutsche Reich. In seinem Streben nach künstlerischer Vollkommenheit galt Diaghilew als Ballettleiter von eiserner Strenge und strikter Disziplin.

v.l. Tamara Kaarsawina, Sergei Diaghilew, Waslaw Nijinski nach einer »Petruschka«-Reprise

Anna Pawlowa, bis 1911 bei Diaghilew, als »Sterbender Schwan«, Gemälde von Ernst Oppler

Felia Dubrowska vom Ballets Russes de Monte Carlo in »Der verlorene Sohn« von S. Prokofjew

Caracciola-Erfolg bei Tourist Trophy

17. August. Der deutsche Automobilrennfahrer Rudolf Caracciola (Mercedes) gewinnt die Tourist Trophy über 660 km auf einer 22 km langen Rundstrecke bei Belfast in 5:37:40 h bei einer Durchschnittsgeschwindigkeit von 117,222 km/h. Rund eine halbe Million Menschen säumen die Strecke, als das Feld der 64 Fahrer ins Rennen geht. Gleich zu Beginn beweist der 28jährige Caracciola seine Stärke und fährt mit 125,23 km/h die schnellste Runde. Der schwere Wagen hat auf der rutschigen Strecke kaum Vorteile gegenüber den mit Rundenvorgaben gestarteten geringer motorisierten Autos. So führen nach 20 von 30 Runden immer noch zwei 750 ccm-Austin, die im Endklassement die Plätze Drei und Vier belegen. Zweiter wird der Italiener Giuseppe Campari auf Alfa Romeo (1487 ccm, zwei Runden Vorgabe). Der britische Favorit und Vorjahressieger Kaye Don (Lea-Francis) muß mit Motorschaden aufgeben.

Deutscher Sieg bei Europarundflug

22. August. In Paris wird das mit Spannung erwartete Ergebnis des Europäischen Wettbewerbes für Sportflugzeuge bekanntgegeben. Es siegt der Deutsche Fritz Morzik auf einer der Deutschen Verkehrsfliegerschule gehörenden BFW M 23b der Bayerischen Flugzeugwerke mit einem 13/70 PS Motor. Die Siegesprämie beträgt 100 000 Franc (rund 16 400 Reichsmark).
55 Maschinen waren am 3. August in Paris an den Start gegangen, davon kamen 24 aus dem Deutschen Reich. Überschattet wurde der Rundflug durch den Tod des 25jährigen Hermann Hoffmann am 5. August bei einem Kunstflug.
Neben der Flugleistung auf dem durch zahlreiche europäische Länder führenden Kurs wurden die Flugzeuge auch mehreren technischen Leistungsprüfungen unterworfen, bei denen acht Teilnehmer ausschieden. Bewertet wurden u.a. die Stabilität, Sicherheit der Konstruktion, die Unterbringungsmöglichkeiten von Fallschirmen und Brandverhütungseinrichtungen, das Anlassen des Motors und der Brennstoffverbrauch.

Berliner Rundfunkschau zeigt den Bildfunk

30. August. In Berlin wird die 6. Große Deutsche Funkausstellung eröffnet. Die Rundfunkschau dauert bis zum 8. September.
In seiner Eröffnungsansprache weist Reichspostminister Georg Schätzel auf die Bedeutung des am 26. August probeweise in Betrieb genommenen deutschen Weltrundfunk-Kurzwellensenders für die Verbindung mit den im Ausland lebenden Deutschen hin. Als wichtige Aufgabe für das nächste Jahr nennt Schätzel die nachdrückliche Bekämpfung der Störungen des Rundfunkempfangs und würdigt die von der elektrotechnischen Industrie erreichten Fortschritte auf dem Gebiet des Fernsehens.
Für die Funkausstellung 1929 sind neben der alten Funkhalle zwei neue Ausstellungsgebäude erbaut worden. Besonderes Aufsehen erregen die dort in der Praxis vorgestellten Bildfunkgeräte: Ein Apparat des Briten John Logie Baird, ein Gerät System Mihaly, ein Karolus-Telefunken-Gerät des deutschen Erfinders August Karolus und ein Empfänger des Reichspostzentralamtes (→8.3./S. 53).
Allerdings sind die technischen Möglichkeiten noch sehr begrenzt: Bei der Probevorführung sind von den mit einer Kamera aufgenommenen Personen nur Kopf, Hals, Schultern und ein Teil der Brust zu sehen, wegen der geringen Größe des Bildschirms können nur zwei bis drei Personen das übertragene Fernsehbild gleichzeitig verfolgen.
Jedoch bietet die Anbringung einer Vergrößerungslinse vor dem Bildschirm die Möglichkeit, das Fernsehbild zu vergrößern.
Bei der technischen Verbesserung des Rundfunkempfangs sieht sich die Industrie vor der Aufgabe, sowohl den Wunsch nach einer möglichst hohen Klangqualität zu verwirklichen, als auch dem Rundfunkbenutzer die Möglichkeit einer exakten Abstimmung zu geben, um auch eng benachbarte Sender noch voneinander trennen zu können.
Der batterielose Rundfunkempfänger hat sich durchgesetzt, wobei der Vier- oder Fünf-Röhren-Empfänger das Standardgerät ist.

Reporter Balduin Naumann und der Direktor der österreichischen Radiogesellschaft RAVAG, Erich Kunsti, bei einer »Zeppelin«-Reportage

Burghard von Reznicek, einer der profiliertesten deutschen Sportreporter der zwanziger Jahre, bei der Moderation einer Rundfunkreportage; der Rundfunk-Sportjournalist ist in einer Zeit wachsender Sport- und Technikbegeisterung ein Idol für viele Zuhörer

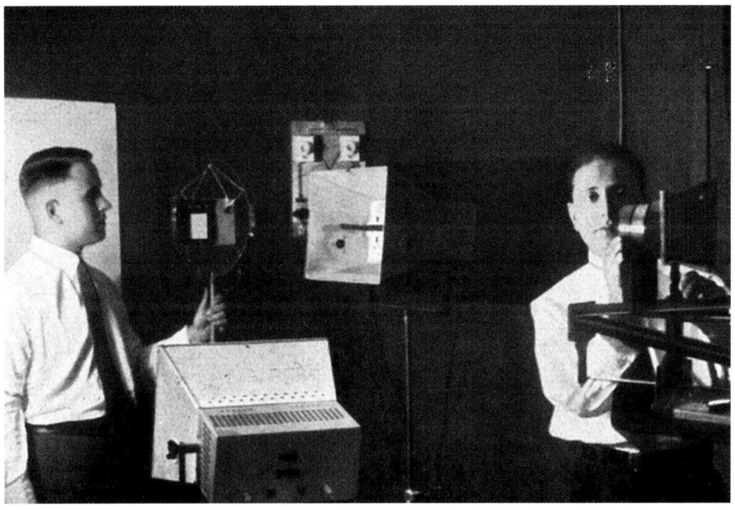

Szene in einem Bildfunk-Senderaum: Der Sprecher spricht ins Mikrophon, zugleich wird sein Foto mit der Kamera aufgenommen und ausgestrahlt

Werbung 1929:

Werbung ein Teil der Kultur der Großstadt

Herausragendes Werbeereignis ist der Internationale Reklamekongreß (11.-15.8.) in Berlin. Das Interesse, das diesem Welt-Werbe-Treffen entgegenbracht wird, zeigt, daß Reklame als Teil der modernen Kultur akzeptiert wird.
Auch viele Intellektuelle haben ihre Vorurteile aufgegeben. So erklärt der Kritiker Wolf Zucker am 9. August in der »Literarischen Welt«: »Ein gut geschriebener Werbeprospekt ist wertvoller als ein durchschnittliches Feuilleton«. Im »Berliner Tageblatt« schreibt tags darauf Alfred Döblin: »Darum sage ich: es wird keiner die Großstadt und ihr Leben schildern, der nicht die Reklame aufnimmt in seine Schilderung.«
Einer der einfachsten und besten Slogans kommt in diesem Jahr aus Irland: Am 2. Februar wirbt die Guinness-Brauerei erstmals mit dem lapidaren Hinweis »Guinness Is Good For You«.
Wie das Gesicht der Werbung selbst, so ist auch die Strategie der Werbefachleute bei der Planung ihrer Kampagnen im Wandel begriffen. Strittig ist vor allem die Frage, ob gerade in Zeiten der Rezession verstärkt geworben werden soll, um den Trend umzukehren, oder ob man lieber auf den Aufschwung warten soll, um die beginnende Konjunktur zu stützen.
Die Fachzeitschrift »Reklame« veröffentlicht im Mai eine Umfrage, wonach 38 % der befragten Firmen ihren Reklameetat für 1929 um bis zu 50 % erhöht haben; 15 % der Firmen geben weniger für die Werbung aus und 47 % lassen das Werbebudget unverändert.
Ein aufblühender Zweig der Werbung in den USA ist die Branchengemeinschaftswerbung: Die Kampagne »Say it with Flowers« brachte der Blumenindustrie in sieben Jahren 400 % mehr Umsatz.
Aus einer in den USA entstandenen Untersuchung geht hervor, daß im Verhältnis zum Umsatz das meiste Werbegeld von Versand- und Warenhäusern sowie Fruchtsaftherstellern (jeweils 10 %) ausgegeben wird, es folgen Produzenten von Kühlschränken (7,5 %), Zündkerzen (7 %) und Zigaretten (5,2 %).

△◁ Die elegante Frau ist eine beliebte Werbeträgerin für verschiedene Produkte; dennoch ist die Anzeige ungewöhnlich in einer Zeit, wo die in der Öffentlichkeit rauchende Frau noch eine Seltenheit ist; die britische Zigarettenmarke »Craven A« wird als leichte, den Hals nicht reizende Filterzigarette angepriesen; die Gestaltung der Anzeige ist allerdings eher konventionell

△ »Guinness Is Good For You« — die Anzeige mit der einprägsamen Titelzeile betont die angeblich gesundheitsfördernde Wirkung des berühmten irischen Biers; es soll muskelbildend sein, als Nervennahrung dienen und das Blut anreichern; Ärzte empfehlen es, so der Reklametext, zur Stärkung nach einer Grippe oder anderen schwächenden Krankheiten sowie als natürliche Hilfe bei Schlaflosigkeit

◁ Beispiel für die gelungene Einführung eines Markenzeichens: Der schottische Whisky »Johnny Walker« ist im Bewußtsein der Betrachter bereits so eng mit der bekannten Silhouette verbunden, daß der Name des Produkts nicht genannt zu werden braucht; Werbefachleute auf den britischen Inseln setzen auf die schlagkräftige Wirkung einfacher Formeln und Symbole

Zahnhygiene-Reklame mit traditionellen Gestaltungsmethoden

Zielscheibe für Kulturkritiker: Reklametafeln, die in den Vereinigten Staaten die Landschaft verschandeln

Für »4711« Kölnisch Wasser wird in britischen Zeitungen geworben

Namentlich gekennzeichnete Anzeige im Art deco-Stil für Kosmetik

Titelblatt der »Illustrierten Zeitung« vom 8. August 1929 mit Impressionen aus dem graphischen Großbetrieb J. J. Weber, Leipzig-Berlin

Berlin im Zeichen des Reklamekongresses

11. August. In Berlin beginnt der 25. Internationale Reklamekongreß. Im Rahmen des bis zum 15. August dauernden und von über 5000 Delegierten besuchten Weltkongresses finden auch die 25-Jahr-Feier der International Advertising Union, der Kontinentale Reklamekongreß, die Hauptversammlung des deutschen Reklameverbandes und die Jubiläumstage des Deutschen Werbeklubs statt.

Am 10. August hat bereits eine Werbeschau in den Ausstellungshallen am Kaiserdamm begonnen. Sie dauert bis zum 8. September und bietet auf einer Fläche von 200 000 m² ein fast lückenloses Bild des Werbewesens vom Zugabeartikel bis zum Inserat, Plakat und Film in Geschichte und Gegenwart. Besondere Attraktion ist eine Schau mit Tieren als Reklamehelfer.

McCann, Verbandspräsident

W. Crawford, Agenturinhaber

September 1929

Mo	Di	Mi	Do	Fr	Sa	So
						1
2	3	4	5	6	7	8
9	10	11	12	13	14	15
16	17	18	19	20	21	22
23	24	25	26	27	28	29
30						

1. September, Sonntag

Bei einem Bombenanschlag auf das Reichstagsgebäude in Berlin entsteht nur geringer Sachschaden, Menschen werden nicht verletzt. →S. 150

Der Deutsche Katholikentag, der unter dem Motto »Rettung der christlichen Familie« stand, geht nach dreitägiger Dauer in Freiburg im Breisgau zu Ende. →S. 151

Am Hermannsdenkmal im Teutoburger Wald veranstaltet der Reichsausschuß für das Volksbegehren gegen den Youngplan (→9.7./S. 116; 29.10./S. 170) eine Großkundgebung.

Der erste Jahrestag der Ausrufung der Monarchie in Albanien und der Thronbesteigung von Achmed Bey Zogu, der zuvor Staats- und Ministerpräsident war, wird im Land allerorts festlich begangen.

Erstmals setzt der ADAC in seinem Straßenhilfsdienst einen Wagen ein, der den Transport Schwerverletzter auf einer Trage ermöglicht.

2. September, Montag

In Genf wird die zehnte Bundesversammlung des Völkerbunds eröffnet. Die Generaldebatte über allgemein interessierende Fragen sowie zum Thema Friedenssicherung und Abrüstung dauert bis zum 11. September. Die Versammlung endet am 25. September mit der Annahme des Budgets für 1930.

3. September, Dienstag

Reichskanzler Hermann Müller läßt der deutschen Delegation bei der Haager Konferenz (→31.8./S. 134) auf einer Kabinettssitzung in Berlin seinen Dank für ihre Arbeit aussprechen.

Der Film »Ich lebe für Dich« wird im Ufa-Pavillon am Nollendorfplatz in Berlin uraufgeführt. Regisseur Wilhelm Dieterle spielt die männliche Hauptrolle.

4. September, Mittwoch

Hugo Eckener kehrt mit dem Luftschiff LZ 127 von einem Weltflug nach Friedrichshafen zurück. →S. 156

5. September, Donnerstag

Der französische Ministerpräsident Aristide Briand spricht sich in einer Rede vor der Völkerbundversammlung in Genf für ein einiges Europa nach einem föderativen Modell aus. →S. 151

Reichswirtschaftsminister Julius Curtius (DVP) würdigt in einer Rundfunkansprache das Ergebnis der Haager Konferenz (→31.8./S. 134).

Hans Albers brilliert in der Rolle als Kellner in der Revue »Zwei Krawatten« (Text: Georg Kaiser, Musik: Michael Spoliansky), die am Berliner Theater uraufgeführt wird. →S. 160

Die Operette »Marietta« von Oscar Straus wird im Berliner Metropoltheater uraufgeführt.

Der deutsche Bühnenbildner und Filmregisseur Paul Leni stirbt im Alter von 44 Jahren in Hollywood. Er ist vor allem durch »Das Wachsfigurenkabinett« (1924) bekanntgeworden.

Die Bauhauskünstler Wassily Kandinsky und Oskar Schlemmer werden bei einer Ausstellung des Künstlerbundes in Köln mit Staatsmedaillen ausgezeichnet.

6. September, Freitag

Auf das Regierungsgebäude in Lüneburg wird ein Bombenattentat verübt, bei dem Sachschaden entsteht. Die Täter werden in den Reihen des »Landvolks« vermutet (→1.9./S. 150).

Der moslemische Vollzugsausschuß in Jerusalem, der die in Palästina lebenden Araber vertritt, protestiert scharf gegen das Verhalten der britischen Mandatsverwaltung. Sie bevorzuge bei den Auseinandersetzungen zwischen Juden und Arabern eindeutig die jüdische Bevölkerung (→23.8./S. 136).

Die Gruppe Junger Schauspieler bringt am Lessing-Theater in Berlin das Stück »Cyankali« von Friedrich Wolf zur Uraufführung, das sich gegen den Abtreibungsparagraphen 218 des Strafgesetzbuches richtet. →S. 160

Der kommunistische Regisseur Erwin Piscator, der 1928 mit seiner Bühne am Nollendorfplatz Pleite gegangen ist, startet am gleichen Ort einen neuen Versuch. Gezeigt wird als Uraufführung das Drama »Der Kaufmann von Berlin« von Walter Mehring. →S. 161

7. September, Sonnabend

Der Reichsausschuß der Wirtschaftspartei erklärt, er nehme so lange eine ablehnende Haltung zum Youngplan ein (→ 7.6./S. 98), bis eine Wiederbesetzung des Rheinlands nach Art. 429 und 430 des Versailler Vertrags ausgeschlossen und die Rückgabe des Saargebiets an das Deutsche Reich erreicht sei (→21.11./S. 186).

Die sowjetischen Gewerkschaften nehmen in einer Resolution positiv zur beschleunigten Industrialisierung des Landes Stellung und sprechen sich für scharfe Kontrollen von nichtkommunistischen Ingenieuren aus (→20.8./S. 137).

Der Generalsekretär des Völkerbundes, Sir Eric Drummond, legt den Grundstein für den Völkerbundpalast, der auf einen Entwurf der Architekten Henri Paul Nenot (Frankreich) und Julien Flegenheimer (Schweiz) zurückgeht. →S. 151

8. September, Sonntag

Box-Europameister im Schwergewicht bleibt Pierre Charles (Belgien). Er schlägt Herausforderer Franz Diener (Deutschland) im Titelkampf in Berlin durch k. o. in der zehnten Runde. →S. 161

9. September, Montag

Der deutsche Außenminister Gustav Stresemann bekennt sich in einer Rede vor der Völkerbundversammlung in Genf zur Idee eines einigen Europa. Er hält es vor allem aus wirtschaftlichen Gründen für wünschenswert, daß die europäischen Staaten enger zusammenarbeiten. →S. 151

Die Zuschauer können bei der Premiere des Alfred-Hitchcock-Films »Erpressung« (Blackmail) darüber entscheiden, ob er künftig in »stummer« oder »tönender« Fassung gezeigt wird. Die Mehrheit des Publikums entscheidet sich für die Stummfilmversion. →S. 160

10. September, Dienstag

In verschiedenen schleswig-holsteinischen Städten und in Berlin werden Angehörige und Sympathisanten der Bauernbewegung »Landvolk« festgenommen, die dringend verdächtig sind, die Bombenanschläge auf kommunale Behörden und auf das Reichstagsgebäude in Berlin verübt zu haben (→1.9./S. 150).

11. September, Mittwoch

Der deutsche Außenminister Gustav Stresemann erklärt zum Ergebnis der Haager Konferenz (→31.8./S. 134) in einem Presseinterview: »Deutschlands Belastung ist durch den Youngplan vermindert worden ... Wir sind wieder Herr im eigenen Haus.«

Der Deutsche Genossenschaftstag geht in Stuttgart zu Ende. Der Kongreß hat vier Tage gedauert.

12. September, Donnerstag

Im Rahmen einer Kabinettsumbildung verzichtet der italienische Ministerpräsident und Duce Benito Mussolini auf sechs der sieben Ministerämter, die er bisher neben seinem Amt als Regierungschef innegehabt hat. Mussolini bleibt Innenminister (→14.9./S. 152).

Der australische Ministerpräsident Stanley Melbourne Bruce teilt dem Parlament die Auflösungsorder des britischen Generalgouverneurs John Lawrence Baird Baron Stonehaven mit. Neuwahlen werden für den 12. Oktober angesetzt.

Die DKW-Motorenwerke in Zschopau geben bekannt, daß sie eine Viertelmillion Motoren produziert haben. Zur Feier des Jubiläums wird ein »Volksrad« (Motorrad) für 485 Reichsmark angeboten.

Der lettische Dichter Janis Rainis, einer der bedeutendsten Schriftsteller seines Sprachkreises, stirbt einen Tag nach seinem 64. Geburtstag in Riga.

13. September, Freitag

Der Budapester Militärgerichtshof spricht das Urteil in einem Spionageprozeß. Der tschechische Staatsbürger Vinzenz Pecha und der Ungar Johann Toth werden der Spionage für schuldig befunden und zu fünf bzw. drei Jahren schweren Kerkers verurteilt. Die Verhaftung der beiden Spione im tschechisch-ungarischen gemeinsame Grenzbahnhof Hidasnemeti am 28. Jun hatte in Prag Verstimmung ausgelöst.

Der spanische Diktator Miguel Primo de Ri vera y Orbaneja bekundet in einem Aufru an das Volk anläßlich des spanischen Natio nalfeiertags vage Rücktrittsabsichten.

Der US-amerikanische Botschafter in Lon don, Charles G. Dawes, übermittelt der bri tischen Regierung die Antwort au Washington auf die Einladung zu einer in ternationalen Seeabrüstungskonferenz Der britische und der US-amerikanisch Standpunkt sollen sich nach Pressemel dungen in dieser Frage angeglichen habe (→7.10./S. 172).

Der sowjetische stellvertretende Volks kommissar für Auswärtiges, Maxim M. Lit winow, erklärt sich zur Fortsetzung de unterbrochenen Verhandlungen mit de britischen Regierung bereit, in denen es un die Wiederaufnahme der diplomatische Beziehungen geht (→3.10./S. 176).

Luis Trenker spielt die Hauptrolle in den Film »Ruf des Nordens«, der im Berline Universum-Filmtheater uraufgeführt wird

14. September, Sonnabend

Die britischen Besatzungstruppen begin nen mit der Räumung der Koblenzer Rhein landzone (→31.8./S. 134; 30.11./S. 184).

In einer Rede vor dem Rat der faschistische Partei kündigt der italienische Ministerprä sident und Duce Benito Mussolini an, er ha be die Absicht, die Parteiorganisatione zugunsten der staatlichen Institutionen zu rückzudrängen. →S. 152

Das britische Kolonialministerium setzt in Zusammenhang mit den blutigen Ausein andersetzungen zwischen Juden und Ara bern im Mandatsgebiet Palästina ein Kommission zur Untersuchung der Vorfäl le ein (→ 23.8./S. 136).

Die Vollversammlung des Völkerbunds i Genf billigt einstimmig die Aufnahme de Vereinigten Staaten in den Internationale Gerichtshof (→9.12./S. 205).

15. September, Sonntag

Auf einer Tagung in Dortmund spricht sic die christlich-nationale Landvolkpartei ge gen eine Beteiligung am Volksbegehren ge gen den Youngplan (→29.10./S. 170) aus.

Die südafrikanische Regierung beschließt einen akkreditierten Vertreter zum Völker bund nach Genf zu entsenden, der die süd afrikanischen Interessen wahren soll.

Der Monarch des Königreichs der Serben Kroaten und Slowenen (später: Jugosla wien), Alexander I. Karadordević, unter zeichnet in Belgrad ein Gesetz, das es den Staat erlaubt, das Vermögen von Persone einzuziehen, die wegen Hochverrats verur teilt sind.

Die »Vossische Zeitung« veröffentlicht ei nen Aufsatz des US-amerikanischen Wirt schaftswissenschaftlers Richard Weiden hammer, in dem neuartige Formen de Handels in den USA — Kettenläden, Selbst bedienungsgeschäfte — vorgestellt wer den. →S. 153

Die »Illustrated London News« geht in ihrer Ausgabe vom 7. September 1929 ausführlich auf die Konferenz in Den Haag ein, auf der die Räumung des Rheinlands in mehreren Stufen beschlossen wurde

THE ILLUSTRATED LONDON NEWS

REGISTERED AS A NEWSPAPER FOR TRANSMISSION IN THE UNITED KINGDOM AND TO CANADA AND NEWFOUNDLAND BY MAGAZINE POST.

SATURDAY, SEPTEMBER 7, 1929.

CLOSING SCENES AT THE HAGUE CONFERENCE: MR. ARTHUR HENDERSON (STANDING, RIGHT) READING THE PROTOCOL EMBODYING THE AGREEMENT FOR THE EVACUATION OF THE RHINELAND.

The final scene of the Hague Conference, which had reached agreement both on the political and financial questions, took place at the Binnenhof on August 30, when a protocol embodying the agreement as to the evacuation of the Rhineland was signed by the representatives of Great Britain, France, Belgium, and Germany. Our upper photograph shows Mr. Arthur Henderson, the British Foreign Secretary (standing, on the right, and reading the protocol). On the extreme left is Herr Stresemann, the German Foreign Minister (leaning forward with his elbows on the table and clasped hands). In the centre is M. Jaspar, the

[Continued opposite.

THE SIGNING OF THE PROTOCOL: HERR STRESEMANN (ON LEFT), THE GERMAN FOREIGN MINISTER, AFFIXING HIS SIGNATURE.

Continued.]

Belgian Premier, with M. Briand seated next to him (to the right in the picture), and Sir Maurice Hankey standing beside him to the left. In the lower photograph Herr Stresemann is seen signing the protocol. M. Jaspar is seated on the right, with Mr. Henderson standing behind him. After the signing ceremony Mr. Henderson presented the gold fountain-pen used for the purpose to M. Jaspar "as a token of our admiration of the way in which he has conducted the business of the Conference." Afterwards Mr. Henderson and M. Briand left the Hague for Geneva to attend the meeting of the League of Nations.

In einem programmatischen Aufsatz, den die »Vossische Zeitung« veröffentlicht, beschreibt der sowjetische Stummfilmregisseur Sergei M. Eisenstein die Aufgabe des zukünftigen Films als Vermittlung zwischen der »Sprache der Logik« und der »Sprache der Bilder«. →S. 161

Den Großen Preis von Italien, ein Automobilrennen über eine Distanz von 99 km in Monza, gewinnt der Italiener Achille Varzi auf Alfa Romeo mit einer Durchschnittsgeschwindigkeit von 187,736 km/h vor seinem Landsmann Tazio Nuvolari auf Talbot. Der Deutsche August Momberger auf Mercedes wird Dritter.

16. September, Montag

In einer Kampfabstimmung billigt der Reichsrat, die Vertretung der Länder, mit nur einer Stimme Mehrheit den von der Reichsregierung und der preußischen Staatsregierung ausgehandelten Kompromiß zur Reform der Arbeitslosenversicherung (→3.10./S. 173).

Die katholische Bauernschaft Oberbayerns erteilt auf ihrer traditionellen Herbstparade in Tuntenhausen dem Youngplan-Volksbegehren der Rechten eine Absage (→29.10./S. 170).

17. September, Dienstag

In Hamburg findet die Jahrestagung der Hauptgemeinschaft des Deutschen Einzelhandels statt (→15.9./S. 153).

In Berlin wird der sozialkritische Film »Blutschande« von James Bauer uraufgeführt. →S. 160

18. September, Mittwoch

Die sozialistische britische Regierung in London erklärt ihre Bereitschaft, bis zum Jahr 1932 ihr Völkerbundmandat über den Irak niederzulegen.

19. September, Donnerstag

Das Kabinett des litauischen Ministerpräsidenten Augustin Voldemaras muß auf Wunsch des diktatorisch regierenden Staatspräsidenten Antanas Smetona zurücktreten. Voldemaras' Nachfolger wird am 23. September Josef Tubelis. Voldemaras lehnt es ab, in der neuen Regierung den Posten des Außenministers zu übernehmen.

20. September, Freitag

Die sozialdemokratische Reichstagsfraktion nimmt in einer Resolution zur Reform der Arbeitslosenversicherung Stellung. Die SPD-Fraktion befürwortet eine befristete Anhebung der Beiträge und die Beseitigung nachweisbarer Mißstände (→ 3.10./S. 173).

Carl Duisberg, der Direktor der I.G. Farbenindustrie, spricht sich auf der Tagung des Reichsverbands der Deutschen Industrie in Düsseldorf (bis 21.9.) für eine stärkere Eigenkapitalbildung im Deutschen Reich aus. →S. 153

21. September, Sonnabend

Die österreichische Regierung in Wien erörtert Pläne für eine Änderung der Verfassung, um die Rechte des Bundespräsidenten gegenüber dem Nationalrat, dem österreichischen Parlament in Wien, zu stärken (→7.12./S. 204).

Das geschäftsführende Präsidialmitglied des Reichsverbands der Deutschen Industrie, Ludwig Kastl, unterstützt in einer Rede vor der Mitgliederversammlung der Organisation in Düsseldorf (seit 20.9.) die Vorstellung von Reichsaußenminister Gustav Stresemann, daß eine europäische Einigung aus wirtschaftlichen Gründen dringend geboten sei (→5./9.9./S. 151).

In der chinesischen Provinz Hupeh greift General Tschang Fat-kwei Truppen der Zentralregierung in Nanking an.

22. September, Sonntag

An einem Manöver des rechtsgerichteten paramilitärischen Verbandes Stahlhelm im rheinischen Langenberg nimmt auch Prinz August Wilhelm von Preußen teil. Es kommt wiederholt zu Schmähungen der Reichsflagge und zu Haßgesängen auf die Weimarer Demokratie (→8.10./S. 170).

Die Komposition »Marianische Antiplonen« von Wolfgang Fortner wird im Rahmen des Niederrheinischen Musikfests in Düsseldorf uraufgeführt.

23. September, Montag

In Berlin wird die Interparlamentarische Handelskonferenz eröffnet. Bis zum 26. September beraten die Delegierten u.a. über die negativen Auswirkungen der Rationalisierung.

In Berlin werden die Vereinigten Kugellager Fabriken AG gegründet.

Der Film »Die stärkere Nacht« mit Fritz Kortner wird in Berlin uraufgeführt.

Die Zeitschrift »Neue Rundschau« beginnt mit dem Abdruck des Romans »Narziß und Goldmund« von Hermann Hesse.

24. September, Dienstag

In Spanien werden die polizeilichen Bestimmungen verschärft, die Frauen vor Zudringlichkeiten auf der Straße schützen sollen. Künftig kann eine Frau, die sich auf der Straße von einem Mann belästigt fühlt, die sofortige Festnahme des Zudringlings verlangen. →S. 156

Der Österreichisch-deutsche Volksbund in Wien fordert in einem Schreiben an die vier im Nationalrat, dem österreichischen Parlament, vertretenen Parteien, in Österreich lebenden Frauen und Männern deutscher Staatsangehörigkeit das Recht zur Teilnahme an österreichischen Wahlen zu erteilen.

Der 21jährige Italo-Amerikaner Christopher Battalino wird durch einen Punktsieg über den bisherigen Titelträger André Routis in New York Weltmeister der Profiboxer im Federgewicht.

25. September, Mittwoch

Das erste größere Kontingent aus dem Rheinland abgezogener britscher Truppen, etwa 500 Mann mit Offizieren, landet in Dover (→30.11./S. 184).

Der österreichische Bundeskanzler Ernst Streer Ritter von Streeruwitz gibt nach kaum halbjähriger Amtszeit auf. Sein Nachfolger wird der Wiener Polizeipräsident Johannes Schober. →S. 152

Der tschechische Präsident Tomáš Garrigue Masaryk löst nach einer Regierungskrise das Parlament auf und setzt Neuwahlen für den 27. Oktober an.

Die »Vossische Zeitung« beginnt mit dem Vorabdruck des Romans »Bruder und Schwester« von Leonhard Frank.

26. September, Donnerstag

Die drei Brüder Max, Leo und Willy Sklarek werden in Berlin wegen des Verdachts auf betrügerische Kreditgeschäfte festgenommen. Ihnen wird ferner Bestechung von Berliner Beamten und Politikern vorgeworfen. →S. 156

Das Komitee für die Vorbereitung der deutsch-französischen Saarverhandlungen trifft in Paris zu seiner ersten Sitzung zusammen, um die Prozedur seines weiteren Vorgehens festzulegen. Das Saargebiet steht unter Verwaltung des Völkerbunds. Das Deutsche Reich strebt eine Vorverlegung des ursprünglich auf 1935 festgesetzten Termins für eine Volksabstimmung über den weiteren Verbleib an.

Der Nationalrat, das österreichische Parlament, wählt mit 84 gegen 69 (sozialdemokratische) Stimmen den bisherigen Wiener Polizeipräsidenten Johannes Schober zum Bundeskanzler und bestätigt die von ihm vorgeschlagene Regierungsmannschaft (→ 25.9./S. 152).

Die Fusion der Deutschen Bank und der Disconto-Gesellschaft ist der bislang größte Bankenzusammenschluß in der deutschen Geschichte. →S. 153

27. September, Freitag

Der »Gauleiter« der NSDAP für Berlin-Brandenburg, Joseph Goebbels, kündigt in einer Rede im Berliner Sportpalast an, das Volksbegehren gegen den Youngplan sei nur der Anfang einer »Volksrevolution« (→29.10./S. 170).

»Tadellose Männer aus allen Schichten der Bevölkerung gehören der Heimwehr an in der Erkenntnis, daß viele öffentliche Einrichtungen dringend abänderungsbedürftig sind« — so die Einschätzung des österreichischen Bundeskanzlers Johannes Schober in seiner Regierungserklärung (→18.8./S. 137).

Mit drei französischen Kurzopern, »Spanische Stunde« von Maurice Ravel, »Der arme Matrose« von Darius Milhaud und »Angélique« von Jacques Ibert, gibt Gustaf Gründgens in Berlin sein Debüt als Opernregisseur. Die Kritik äußert sich anerkennend. →S. 161

28. September, Sonnabend

Der wegen eines Fememords innerhalb rechtsgerichteter Verbände angeklagte ehemalige Oberleutnant Richard Eckermann wird in Schwerin der fahrlässigen Tötung für schuldig befunden, aufgrund eines Amnestiegesetzes von 1928 jedoch außer Verfolgung gesetzt.

Der Reichsausschuß für das Volksbegehre gegen den Youngplan, der vom DNVP Vorsitzenden Alfred Hugenberg geleite wird, reicht beim Reichsinnenministeriu den Zulassungsantrag für das Volksbegeh ren ein (→29.10./S. 170).

Der griechische Ministerpräsident Elefthe rios Wenizelos trifft zu einem Besuch i Berlin ein.

Das sowjetische Volkskommissariat de Äußeren unterrichtet das deutsche Aus wärtige Amt, das die chinesische Regierun vertritt, von der Erschießung dreier sowje tischer Eisenbahnbeamter am 23. Septem ber in der chinesischen Stadt Tsitsika (→22.12./S. 204).

Das Stück »Präsidentenwahl« von Max Hal be wird am Münchner Residenztheater ur aufgeführt.

29. September, Sonntag

Der ökumenische Patriarch von Konstanti nopel, Basil III. Georgiades, stirbt im Alte von 93 Jahren. Seine Leiche wird bis zu Beerdigung im vollen Ornat sitzend ausge stellt. →S. 157

Die Aufmärsche der rechtsgerichteten pa ramilitärischen Heimwehren in der Umge bung von Wien verlaufen ohne di befürchteten größeren Zwischenfälle.

Der österreichische Wissenschaftler Ri chard Zsigmondy, Träger des Chemieno belpreises 1925, stirbt im Alter von 6 Jahren in Göttingen.

30. September, Montag

Trotz verfassungsrechtlicher Bedenker läßt Reichsinnenminister Carl Severin (SPD) das von der Rechten beantragt Volksbegehren gegen den Youngplan zu Die Einschreibefrist wird auf den 16. bi →29. Oktober (S. 170) festgesetzt.

Der Reichstag nimmt die Debatte über di anstehende Reform der Arbeitslosenversi cherung auf, die wegen des Defizits der Ver sicherungsanstalt notwendig geworden is (→3.10./S. 173).

Der Reichsausschuß der rechtsliberaler Deutschen Volkspartei (DVP) spricht sicl gegen das Volksbegehren gegen den Young plan (→29.10./S. 170) aus.

Die Mitgliederzahl des faschistischer Großrats in Italien wird, wie der italieni sche Ministerpräsident und Duce Benitc Mussolini am →14. September (S. 152) an gekündigt hat, von 50 auf 20 herabgesetzt.

In der Nähe von Frankfurt am Main führ Fritz von Opel einen Flugversuch mit einen raketenangetriebenen Flugzeug durch →S. 161

Das Wetter im Monat September

Station	Mittlere Lufttemperatur (°C)	Niederschlag (mm)	Sonnenscheindauer (Std.)
Aachen	17,5 (14,5)	24 (68)	— (160)
Berlin	15,6 (13,8)	18 (46)	— (194)
Bremen	16,3 (14,0)	28 (60)	— (164)
München	14,9 (13,4)	33 (84)	— (176)
Wien	16,6 (15,0)	15 (56)	— (184)
Zürich	17,1 (13,5)	64 (101)	239 (166)

( ) Langjähriger Mittelwert für diesen Monat
— Wert nicht ermittelt

Am 8. September 1929 geht die seit August andauernde Reklameschau in Berlin zu Ende, die in Zusammenhang mit dem 25. Internationalen Reklamekongreß in den Ausstellungshallen am Kaiserdamm durchgeführt wurde

Bombe im Reichstag — »Landvolk« auch in Berlin aktiv

1. September. Auf das Reichstagsgebäude in Berlin wird ein Bombenanschlag verübt. Obwohl nur geringer Sachschaden entsteht, setzen die preußischen Behörden eine Belohnung von 10 000 Reichsmark für Hinweise aus, die zur Ergreifung der Täter führen.

Ein in der Nähe des Reichstags an einem Straßenbahnmast befestigter Zettel mit einem Hakenkreuz und der Aufschrift »Groß-Deutschland erwache« sowie die Konstruktion der Höllenmaschine deuten darauf hin, daß ein Zusammenhang mit Anschlägen in Norddeutschland besteht, deren Täter in den Reihen des »Landvolks« vermutet werden.

Diese bäuerliche Protestbewegung gegen die — ihrer Ansicht nach — zu hohe Zins- und Steuerbelastung hatte sich Anfang 1928 mit Großdemonstrationen in schleswig-holsteinischen Städten konstituiert. Zu ihrem Programm gehört das Verweigern von Steuerzahlung und die Verhinderung von Zwangsvollstreckungen. Wiederholt kam es zu Zusammenstößen mit der Polizei.

Ein radikaler Flügel des »Landvolks« wird für die Serie von Anschlägen auf Stadtratsämter und andere kommunale Einrichtungen verantwortlich gemacht. Er soll mit rechtsgerichteten Freikorps-Leuten zusammenarbeiten.

Einen raschen Erfolg hat der Aufruf des preußischen Innenministeriums an die Polizei, sich der tatkräftigen Mithilfe der Bevölkerung zu bedienen — es wird eine weitere Belohnung von 15 000 Reichsmark für Hinweise ausgesetzt, mit denen der Zusammenhang zwischen den Berliner Bombenlegern und den anderen Attentätern erwiesen werden kann. Am 10. September werden in einigen norddeutschen Städten Funktionäre der Landvolk-Bewegung und in Berlin weitere Personen festgenommen, die der Taten dringend verdächtig sind.

Nach dem Bombenanschlag auf den Berliner Reichstag wird das Gebäude Tag und Nacht von Polizisten bewacht; die Höllenmaschine explodierte in einem 16 m langen und einen Meter breiten Lichtschacht neben dem Portal V am Reichstagsufer; sie wurde von den Tätern vermutlich mit einer Schnur herabgelassen; die Explosion zerstörte die Fenster des Kellers; drei Fensterscheiben im Erdgeschoß und eine weitere im ersten Stockwerk wurden vom Explosionsdruck ins Innere des Gebäudes geschleudert; Menschen wurden nicht verletzt; Teile der Bombe, darunter die Reste einer Weckuhr und Bruchstücke von Taschenlampen-Batterien, wurden von der Polizei über die ganze Straße verstreut gefunden; das Uhrwerk des kleinen Weckers verband die Drähte, die zu den Batterien hinführten, miteinander und löste so die Explosion des Sprengstoffs am 1. September um 4.30 Uhr morgens aus

Prozeß in Itzehoe gegen 37 Landwirte, die sich am 19. November 1928 in Beidenfleth demonstrativ gegen eine Viehpfändung zur Wehr gesetzt hatten

S O S

Schleswig-Holsteins Kämpfer ringen um Heimat und Scholle

An ihre Seite, wer ehrlich u. treu!

Was wollen wir erringen?

Für ehrliche Arbeit — ehrlichen Lohn!

Arbeit wird Dummheit, wenn der Fleißige den Faulen durchfüttern muß. Arbeit wird Unsinn, wenn die Steuerschraube den Arbeitsamen bestraft. Arbeit wird Qual, wenn das Telefongespräch des Börsenschiebers ihm den Jahreslohn des Arbeiters einbringt.

Erhaltung des letzten deutschen Eigenbesitzes

Dunkle Mächte arbeiten seit langem daran, den freien Deutschen durch Wegnahme seiner von Ahnenreihen erarbeiteten Substanz zu versklaven. Krieg und Inflation waren der Anfang, Dawesgutachten, Steuern ohne Ende und Wucherzinsen sind die Fortsetzung — und das Ende bringt Paris.

Durch Beseitigung der Kriegsschuldlüge soll das Volk moralisch frei werden, durch Brechung des jüdischen Einflusses in Literatur und Kunst muß es sittlich gesunden und Mut und Ehre wiedererlangen.

Wiedergewinnung von deutscher Kultur und Ehre

Was wollen wir vernichten?

Das jüdisch-parlamentarische System mitsamt seinen Parteien, Bonzen und Cliquen.

30 Parteien — Schwatzbuden — Mehrheitsbeschlüsse, die keine sind — Kuhhandel der Parteien — traurige Errungenschaften! Innerhalb dieses Systems kann daher keine Partei uns retten. Nicht hinein in das System, um es umzubiegen — sondern heraus aus dem System, sonst werden wir umgebogen, wie bisher fast alle aufrechten Männer und Parteien, die glaubten, mitarbeiten zu müssen. Nehmen wir diesem System die Lebensmöglichkeit durch Versagen jeder positiven Mitarbeit, — es fällt von selbst!

Wir kämpfen seit langem. Je stärker der Druck des Systems, desto fester unser Kampfeswille. — Deutsche Brüder aus allen Gauen, tretet an zum Kampf, Schulter an Schulter wollen wir Volk und Vaterland vor dem Untergang retten!

Die schleswig-holsteinischen Kämpfer

Das Plakat der »Schleswig-holsteinischen Kämpfer« enthält Kritik an den hohen Steuern und den »Wucherzinsen« und wiederholt im übrigen Klischees der völkischen Rechten; Hinweise auf »jüdische Einflüsse« in Literatur und Kunst fehlen ebensowenig wie die Bezeichnung des Parlaments als »Schwatzbude«, die Forderung nach Beseitigung der »Kriegsschuldlüge« und der »Vernichtung« des parlamentarischen Systems und die Ablehnung von Dawes- und Youngplan

Chronologie der Attentate und Anschläge, die der Landvolk-Bewegung zur Last gelegt werden

26/27.11.1928: Attentat auf das Haus des Amts- und Gemeindevorstehers in Hollenstädt

28.11.1928: Dynamitattentat auf das Auto des Amtsvorstehers in Lunden, Kreis Norderdithmarschen

28.11.1928: Bombenfund in Beidenfleth vor dem Haus des Amtsvorstehers

5./6.4.1929: Handgranatenanschlag in Wesselburen

22./23.5.1929: Explosion im Landratsamt in Itzehoe

29./30.5.1929: Pulverexplosion in der Garage des Schulrats von Hohenwestedt

9.6.1929: Attentat auf das Wohnhaus des Landrats in Niebüll

1.8.1929: Attentat in Lüneburg auf die Villa eines Rechtsanwalts

29.8.1929: Bombenanschlag auf das Wohnhaus des Regierungsvizepräsidenten in Schleswig

1.9.1929: Bombenattentat auf das Reichstagsgebäude in Berlin

6.9.1929: Bombenattentat auf das Regierungsgebäude in Lüneburg.

Reichsaußenminister Gustav Stresemann plädiert vor der Vollversammlung des Völkerbunds für ein einiges Europa

Vision von einer europäischen Einigung

5./9. September. Auf der Völkerbundversammlung in Genf bekennen sich der französische Ministerpräsident Aristide Briand und der deutsche Außenminister Gustav Stresemann zur Einigung Europas, die ihnen vor allem aus wirtschaftlichen Gründen geboten scheint.
Briand führt am 5. September u. a. aus: »Ich bin der Auffassung, daß zwischen Völkern, deren geographische Lage so ist, wie die der Völker Europas, eine Art föderatives Band bestehen muß; diese Völker müssen jederzeit die Möglichkeit haben, miteinander in Verbindung zu treten, über ihre Interessen zu beraten, gemeinsame Entschließungen zu fassen ...«, und Stresemann fragt am 9. September: »Ist es nicht grotesk, daß Sie ... die Entfernung von Süddeutschland nach Tokio um 20 Tage verkürzt haben, sich aber in Europa selbst stundenlang mit der Lokomotive irgendwo aufhalten lassen müssen, weil eine neue Grenze kommt, eine neue Zollrevision stattfindet, als wenn das Ganze ein Kleinkrämergeschäft wäre, das wir in Europa innerhalb der gesamten Weltwirtschaft noch führen dürfen?«

Aristide Briand, Verfechter der europäischen Einigung (Gemälde)

Völkerbund erhält ein neues Gebäude

7. September. Am Rande der Völkerbundversammlung in Genf legt Generalsekretär Sir Eric Drummond den Grundstein für das neue Versammlungsgebäude, den Völkerbundpalast.
Der Entwurf stammt von dem französischen Architekten Henri Paul Nenot und seinem schweizerischen Kollegen Julien Flegenheimer. Die beiden Baumeister hatten mit dem Plan zu einem im Renaissancestil gehaltenen Monumentalgebäude im Dezember 1927 einen internationalen Architektenwettbewerb gewonnen, den sie in Zusammenarbeit mit anderen Preisträgern noch einmal abänderten.

Feierliche Grundsteinlegung für den neuen Völkerbundpalast in Genf; mit einem silbernen Hammer werden die ersten Schläge ausgeführt

Katholikentag zur Frage der Familie

1. September. Nach dreitägiger Dauer geht in Freiburg im Breisgau der Deutsche Katholikentag zu Ende, der unter dem zentralen Thema »Rettung der christlichen Familie« gestanden hat.
Der Präsident des Kirchentags, der ehemalige Reichskanzler Wilhelm Marx von der katholischen Zentrumspartei, hebt in seiner Eröffnungsrede das goldene Priesterjubiläum von Papst Pius XI., den Abschluß der Lateranverträge zwischen dem Vatikan und Italien (→ 11.2./S. 30) und den preußischen Kirchenvertrag (→14.6./S. 101) als einschneidende Ereignisse des Jahres 1929 heraus.
Die christliche Familie sieht er vor allem durch die Bemühungen um Erleichterung der Ehescheidung und durch die Versuche zur Ausweitung der weltlichen Schule ohne Religionsunterricht bedroht. Die von Marx als Reichskanzler geführte Koalitionsregierung aus Zentrum, DVP, DNVP und BVP war im Februar 1928 am Streit über eine Aufwertung der Konfessionsschulen zerbrochen. Auf dem Katholikentag führt Wilhelm Marx zu diesem Punkt aus: »Die Staatsregierung wird auf Granit beißen, die versuchen sollte, ein Staatsmonopol über die Einrichtung des Schulwesens sich anzueignen.«
Auf der Schlußsitzung würdigt der päpstliche Nuntius Eugenio Pacelli vor 70 000 Zuhörern die Wiederaufbauleistung der Deutschen nach dem Krieg.

Freiburger Kinder begrüßen den päpstlichen Nuntius Eugenio Pacelli

Polizeipräsident Schober wird Kanzler

25. September. Der österreichische Bundeskanzler Ernst Streer Ritter von Streeruwitz (christlichsozial), der erst am →4. Mai (S. 85) sein Amt angetreten hat, gibt seinen Rücktritt bekannt. Der neue Bundeskanzler heißt Johannes Schober.

Während der Regierungszeit von Streeruwitz' hatten sich die innerösterreichischen Konflikte verschärft, und die rechtsgerichteten Heimwehren hatten ihren Einfluß verstärken können. Sie standen, ebenso wie Ex-Bundeskanzler Ignaz Seipel, in Gegnerschaft zum Regierungschef.

Streeruwitz' Nachfolger Schober, der bereits 1921/22 als Parteiloser österreichischer Bundeskanzler und Außenminister war sowie von 1918 bis 1921 und 1922 das Amt des Wiener Polizeipräsidenten innehatte, gilt seit dem Polizeieinsatz gegen demonstrierende Arbeiter im Juli 1927 als Scharfmacher und Mann der Rechten. Damals kamen bei Auseinandersetzungen 84 Demonstranten und Unbeteiligte sowie fünf Polizisten ums Leben.

Wegen seines politischen Profils kann Schober mit Sympathien bei den Heimwehren rechnen. In seinem neuen Kabinett sind nur drei Ministerposten mit Angehörigen der Regierungsparteien besetzt, die anderen Regierungsmitglieder sind »Fachleute«, die das persönliche Vertrauen von Schober genießen (→ 7.12./S. 204).

△ Eine der ersten Amtshandlungen der neuen österreichischen Regierung (v.l.): Vizekanzler und Heeresminister Karl Vaugoin (Christlichsoziale Partei), Bundeskanzler Johannes Schober (parteilos) und Bundespräsident Wilhelm Miklas (Christlichsoziale Partei) begeben sich zur feierlichen Vereidigung des österreichischen Bundesheeres in Wien

◁ Dem Rücktritt von Streeruwitz (Abb.) ist ein Koalitionsstreit vorausgegangen; Vizekanzler Vinzenz Schumy war von seiner Partei, dem Landbund, wegen der laschen Haltung gegenüber der Linken zum Rücktritt gedrängt worden; im neuen Kabinett ist Schumy Innenminister

London verzichtet auf Irak-Mandat

18. September. Die britische Regierung erklärt sich in einer in London veröffentlichten Note dazu bereit, das Völkerbundmandat über den Irak 1932 niederzulegen.

Im einzelnen kündigt London an, daß es die Zulassung des Irak zum Völkerbund, mit der eine Auflösung des Mandats einhergeht, für das Jahr 1932 unterstützen und schon bei der nächsten Sitzung den Völkerbundrat davon unterrichten werde. Bisher war diese Unterstützung nur vage versprochen worden.

Das von Arabern bewohnte Gebiet des Irak war nach dem Zerfall des Osmanischen Reiches im Weltkrieg 1920 als Völkerbundmandat den Briten unterstellt worden. Es ist — wie Irak, Palästina/Transjordanien, Syrien und Libanon — ein sog. A-Mandat, d. h. die staatliche Unabhängigkeit ist fest in Aussicht gestellt, und der Irak besitzt eine — allerdings von Großbritannien beaufsichtigte — Selbstverwaltung.

Geschürt durch die Enttäuschung, daß es dem jungen arabischen Nationalismus nach Kriegsende nicht gelungen war, einen gesamtarabischen Staat zu schaffen oder auch nur für einzelne von Arabern bewohnte Gebiete die Unabhängigkeit zu erreichen, kam es seit 1920 immer wieder zu Unruhen.

Die Lage beruhigte sich mit der Einsetzung von König Faisal I. am 23. August 1921 allmählich.

Mussolini: Faschisten sollen sich dem Staat unterordnen

14. September. Zwei Tage nach einer Kabinettsumbildung kündigt der italienische Ministerpräsident und Duce Benito Mussolini in einer Rede vor dem faschistischen Parteirat in Rom eine weitere Normalisierung seines Regimes an.

Diese soll durch eine strikte Unterordnung der faschistischen Organisationen unter die staatlichen Institutionen erreicht werden. Gemäß der 1925 ausgegebenen Formel »Alles im Staat, nichts außerhalb des Staates, nichts gegen den Staat«, mit der sich Mussolini nicht nur gegen Kritiker, sondern auch an die eigene Partei wandte, strebt er die Umwandlung des Faschismus von der »Bewegung« zur staatstragenden Kraft an. Künftig sollen alle Provinzsekretäre der Partei von ihm persönlich ernannt werden; jegliche Willkür der Parteiorgane, jegliche Gesetzesübertretung soll ein Ende haben. Die faschistische »Miliz der nationalen Sicherheit«, die Polizei, der Staatsrat und der Oberste Rechnungshof sollen dem Ministerpräsidenten unterstellt werden. Da die Faschisten einen starken Staat gewünscht hätten, müßten sie sich ihm nicht nur fügen, sondern ihn »anbeten«.

Mussolini legt sechs Ministerämter nieder, bleibt jedoch Innenminister

Mussolini kündigt ferner eine Reform des Großen Faschistenrats, des Führungsgremiums seiner Partei, an. Die Mitgliederzahl soll von 50 auf 20 herabgesetzt werden, da andernfalls die Geheimhaltung der Beschlüsse nicht zu gewährleisten sei. Diese Reform wird am 30. September vollzogen.

Zum Verhältnis von Kirche und Staat nach Abschluß der Lateranverträge (→11.2./S. 30) führt der Ministerpräsident u. a. aus: »Es ist fast banal zu erklären, daß der Kampf zwischen Kirche und Staat dem Staat schadet, aber auch der Kirche nichts nützt. Solch ein Kampf kann manchmal unvermeidlich sein, nie aber ein Programm oder Ideal, besonders nicht in einem Staat wie dem unsrigen, der auf anderen Gebieten seine Einheit und Kraft zeigen kann.«

Um sich auf seine Aufgaben als Regierungschef und Innenminister zu konzentrieren, hatte Mussolini am 12. September sechs der sieben Ressortministerien, die er bis dahin selbst verwaltet hatte, an seine Unterstaatssekretäre abgegeben.

Größte Fusion der Bankengeschichte

26. September. Die Aufsichtsräte der Deutschen Bank und der Disconto-Gesellschaft beschließen die Fusion der beiden Kreditinstitute. Es ist dies der bislang größte Zusammenschluß in der deutschen Bankengeschichte.

Dem neuen Bankentrust, der den Namen »Deutsche Bank und Disconto-Gesellschaft« trägt, gehören ferner der A. Schaafhausensche Bankverein, die Norddeutsche Bank, die Rheinische Kreditbank, die Süddeutsche Discontogesellschaft sowie einige Privatbanken in Kassel, Krefeld und Stuttgart an. Das Eigenkapital beläuft sich auf 439 Millionen Reichsmark.

Ziel der Fusion ist es, durch »Ersparnisse an Betriebskosten sachlicher und personeller Art« die Erträge zu verbessern. Es ist mit Entlassungen zu rechnen.

Ein Vergleich zwischen dem neuen Kreditinstitut und der Danat-Bank, die 1922 durch den Zusammenschluß der Darmstädter Bank für Handel und Industrie sowie der Nationalbank für Deutschland entstanden ist, verdeutlicht, wo die Rationalisierung ansetzen könnte: Die Danat beschäftigt bei einer Bilanzsumme von 2,3 Milliarden Reichsmark in 110 Filialen 7300 Mitarbeiter, Deutsche Bank und Disconto-Gesellschaft haben bei einer Bilanzsumme von 5 Milliarden Reichsmark zusammen 300 Filialen mit 20 000 Beschäftigten.

◁ Max von Schinkel, der Präsident der Disconto-Gesellschaft, erläutert auf der gemeinsamen Generalversammlung mit der Deutschen Bank am 29. Oktober, auf der die am 26. September von den Aufsichtsräten beschlossene Fusion der beiden Kreditinstitute abgesegnet wird, die Motive für den Zusammenschluß

▽ Das Direktorium der Deutschen Bank stellt sich nach der entscheidenden Generalversammlung, auf der die Fusion mit der Disconto-Gesellschaft beschlossen wird, der Presse; vorn sitzend v.l. der Aufsichtsratsvorsitzende, Geheimrat Steinthal, und der Vorstandsvorsitzende, Direktor Oskar Wassermann

USA als Vorbild für deutschen Einzelhandel

15. September. Im Vorfeld der Jahrestagung der Hauptgemeinschaft des Deutschen Einzelhandels, die am 17. September in Hamburg stattfindet, veröffentlicht die »Vossische Zeitung« einen Artikel des US-Ökonomen Richard Weidenhammer, in dem dieser neue Handelsformen in den USA vorstellt:

»Die starke Konzentrationsbewegung in den Vereinigten Staaten ... hat in der Industrie sowie im Bank- und Verkehrswesen lediglich Zusammenballungen, aber keine grundsätzlichen Formwandlungen geschaffen. Im Handel dagegen entstehen neben reinen Zusammenschlüssen neue Wirtschaftsgebilde, von denen die Einheitspreisketten und die Selbstbedienungsläden die bekanntesten sind.

Neben dem allgemeinen Wunsch, die rationalisierte Massenproduktion durch rationalisierten Absatz zu unterstützen, hat diese Bewegung noch ihre spezifischen Ursachen. Die Ausbreitung des Markenartikels und der Markenreklame (siehe Ford, Zeiss, Steinway, Wrighley-Kaugummi, Manhattan-Hemd, Dr. West-Zahnbürste usw.) beschränkt das Tätigkeitsfeld des Groß- und Kleinhändlers. Aus dem Händler, dessen Wagemut einst auf der Suche nach indischen Spezereien den neuen Kontinent entdeckte, wird der Verteiler von fertiggepackten Waren mit festem, überall gleichem Preis ... Unter den neuen Wirtschaftsformen im Einzelhandel kommt der Selbstbedienungsmethode vielleicht die größte Bedeutung zu. Sie hat sich besonders im Lebensmittelhandel durchgesetzt. Etwa 85 bis 90 % der amerikanischen Bevölkerung müssen trotz oder eben gerade wegen des Besitzes eines Autos, Eigenheims, Radios und elektrischer Gefriermaschine wenigstens am Essen sparen. Diesem Wunsch kam der Selbstbedienungsladen entgegen, der wohl das Minimum an Vertriebsunkosten, das erreicht werden kann, aufweist. Die Selbstbedienungsläden haben ... den Vorteil, daß sie dem Wunsch vieler Kunden, ungestört herumstöbern und vergleichen zu können, entgegenkommen ...«

Carl Duisberg (r.), Aufsichtsratsvorsitzender der I.G. Farben

Duisberg warnt die Unternehmer

20. September. Der Generaldirektor der I.G. Farben, Carl Duisberg, fordert in einem Geleitwort zur Tagung des Reichsverbandes der Deutschen Industrie in Düsseldorf (20./21.9.) eine stärkere Eigenkapitalbildung im Deutschen Reich und spricht sich gegen dirigistische Eingriffe des Staates aus.

Duisberg erklärt, er halte ausländisches Kapital weiterhin für notwendig, sehe es jedoch als langfristige Zukunftsperspektive an, daß die deutsche Wirtschaft auf eigene Füße gestellt werden müsse. Er wendet sich mit einem Appell an die Unternehmer, ihr Eigeninteresse dem Gemeinwohl unterzuordnen:

»Es geht ... nicht länger an, daß weite Kreise unseres Volkes von den wirtschaftlichen Notwendigkeiten überzeugt sind, ohne sachlich daran zu denken, ihr Handeln und ihre Forderungen danach einzustellen. Wir müssen aber dazu kommen, daß jeder einzelne seine Privatinteressen den Interessen des großen Ganzen unterordnet ... Das hat sich gerade in jüngster Zeit vielfältig gezeigt, daß die Wirtschaft den wertvollen Motor des privaten Unternehmungsgeistes, der Initiative, der Entschlußkraft und Verantwortung der Unternehmer und leitenden Direktoren nicht entbehren kann. Keinesfalls kann ein ... Beamtenapparat auf die Dauer diese Aufgaben richtig erfüllen.«

Gesundheit 1929:

§ 218 und Tbc-Diät diskutiert

Wichtige Themen der medizinischen und gesundheitspolitischen Diskussion des Jahres 1929 sind im Deutschen Reich die Reform des Abtreibungsparagraphen 218 und neue Methoden zur Behandlung der Tuberkulose. Hinzu kommen einige kleinere Neuerungen in der Medizintechnik.

Im Zuge der Ausarbeitung einer Reform des Strafrechts billigt der zuständige Reichstagsausschuß mit einer knappen Mehrheit von 14 zu 12 Stimmen einen Entwurf, der die Abtreibung weiterhin unter Strafe stellt und lediglich bei medizinischer Indikation Straffreiheit gewährt. Auch der Versuch zur Abtreibung soll strafbar bleiben; allerdings soll ein einschränkender Satz in das Gesetz eingehen, der lautet: »In besonders leichten Fällen kann das Gericht von Strafe absehen.« Außerdem ist für Frauen, die eine Abtreibung an sich selbst vorgenommen haben oder an sich haben vornehmen lassen (nicht jedoch für Ärzte, die den Eingriff vornehmen), eine Verjährungsfrist von einem Jahr vorgesehen.

Auf einer Tagung der Internationalen Gesellschaft für Sexualforschung in Berlin hatte der Wissenschaftler Julius Wolf noch vor dem Votum des Strafrechtsausschusses einen Entwurf für einen Volksentscheid zur Liberalisierung der Abtreibung vorgestellt. Er sah u. a. vor, in den drei ersten Monaten der Schwangerschaft eine Abtreibung in folgenden Fällen zu erlauben:

▷ Die Gebärfähigkeit der Frau ist aus gesundheitlichen Gründen eingeschränkt

▷ Es ist »eugenisch unerwünschter« Nachwuchs zu erwarten

▷ Die Frau befindet sich in wirtschaftlicher Bedrängnis

▷ Die Frau hat bereits mindestens vier lebende Kinder.

Die Zahl der Abtreibungen im Deutschen Reich wird auf fast eine Million jährlich geschätzt. Nahezu alle Frauen, die wegen des Abtreibungsparagraphen 218 verurteilt werden, kommen aus ärmeren Schichten. Reichere Frauen können die Abtreibung entweder verheimlichen oder lassen sie im Ausland vornehmen. Die Methode der Berechnung der empfängnisfreien Tage der Frau, die 1929 der Wissenschaft bekannt wird (→12.7./S. 122), wird praktisch noch nicht angewandt. Sie könnte das Abtreibungsproblem durch eine wirksame Empfängnisverhütung entschärfen.

In der Tuberkulosebehandlung erhält die Diät, die der Bielefelder Arzt Max Gerson entwickelt hat, durch den bekannten Chirurgen Ferdinand Sauerbruch Publizität und wissenschaftliche Aufwertung. Sauerbruch betont in einem Vortrag in Berlin, daß er mit seinen Mitarbeitern die von Gerson ausgearbeitete Diät fünf Jahre lang intensiv erprobt habe und zu der Überzeugung gelangt sei, daß sie insbesondere bei Knochen- und Gelenktuberkulose, beim Lupus (Hauttuberkulose), aber auch bei der Lungentuberkulose überraschende Erfolge gezeitigt hätte.

Der von Gerson entwickelte Ernährungsplan sieht viel Rohkost und Gemüse, Eiweiß und Fett, aber wenig Kohlehydrate und den fast vollständigen Verzicht auf gebratenes und gekochtes Fleisch vor. Besonders wichtig ist die Vermeidung von Kochsalz, das in der Gersonschen Diät durch eine Mischung von 13 anderen Salzen, »Mineralogen« genannt, ersetzt wird. Die Patienten sollen täglich etwa 3000 Kalorien zu sich nehmen.

Gerson hatte durch Zufall herausgefunden, daß diese Ernährung, die er zuvor vor allem bei Migräne angewandt hatte, auch bei Tuberkulose wirksam ist. Eine wissenschaftliche Erklärung für dieses Phänomen gibt es bislang nicht.

Neben den Meilensteinen in der Medizintechnik — eiserne Lunge (→S. 174), Elektroenzephalogramm (→ S. 174) und Herzkatheter (→5.11./S. 191) wirken einige kleinere Erfindungen fast wie Spielereien — etwa das Einlegen eines mit Zinnphosphatsilikat imprägnierten Fadens in den Tupfer, um ihn beim Vergessen in der Bauchhöhle nach der Operation auf dem Röntgenbild sichtbar werden zu lassen, oder erste Experimente, die Blase nicht nur — wie seit Jahrzehnten bekannt — zu »spiegeln«, sondern ihre Funktion zu filmen.

Training von Turnlehrerinnen im Schnee im Berliner Grunewald; die Ärzte empfehlen Skigymnastik, um Unfällen beim Wintersport vorzubeugen

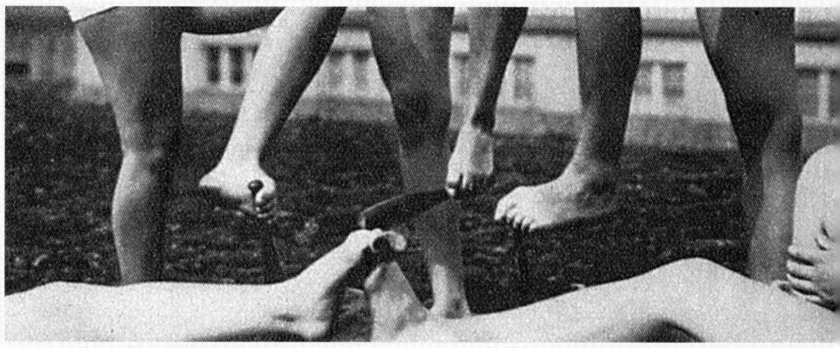

Die Fußgreifübung mit Keulen dient der Kräftigung der Fußmuskulatur

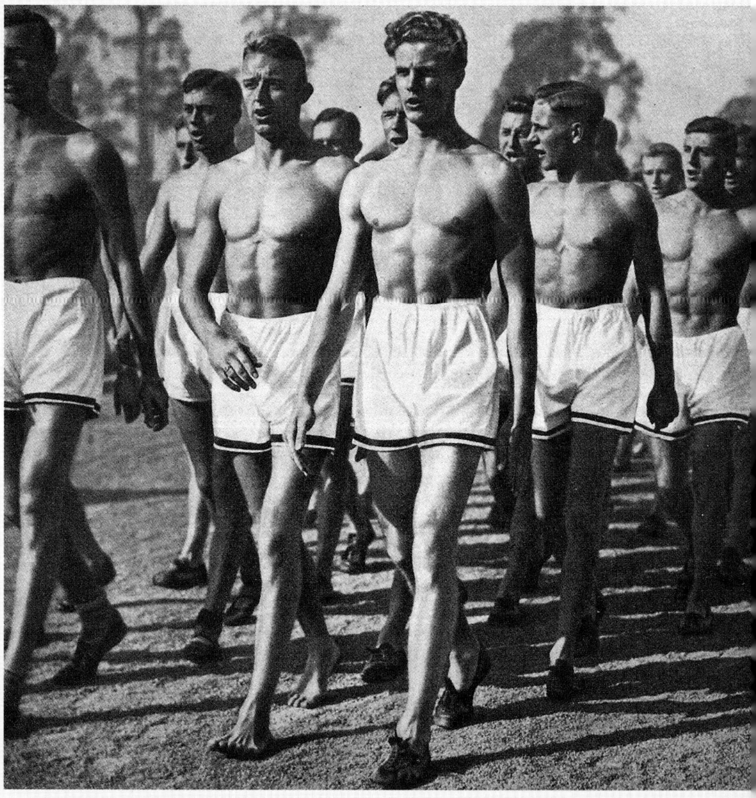

Studenten an der Deutschen Hochschule für Leibesübungen in Berlin; der Zusammenhang von Sport und Gesundheit ist inzwischen längst erkannt

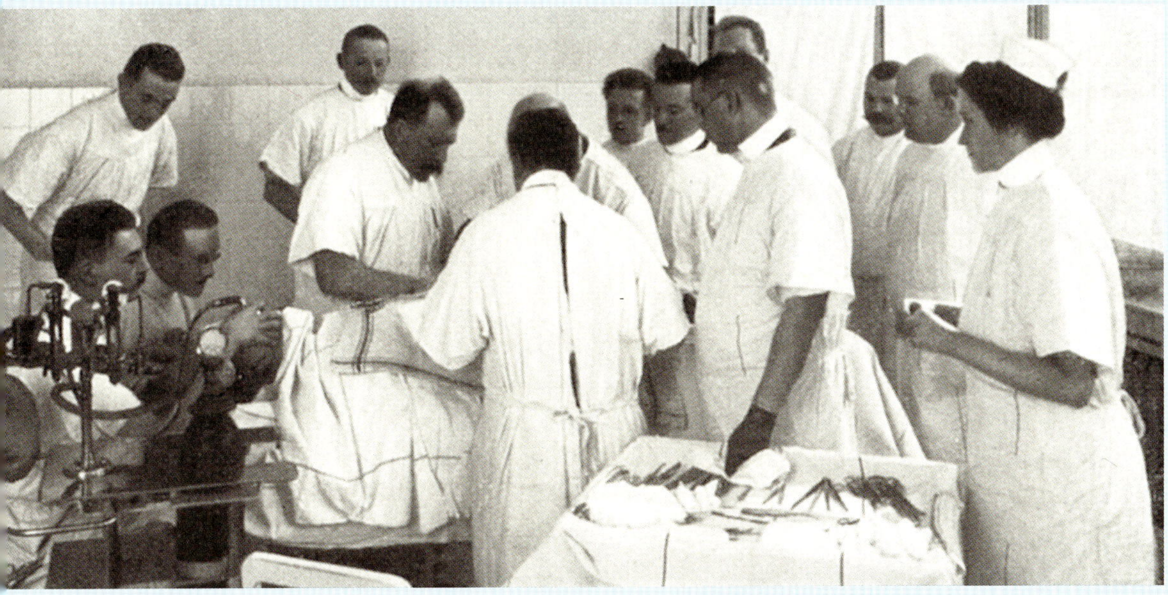

Fortschritte bei der Schmerzbetäubung

Die »Leipziger Illustrierte« berichtet über die Fortschritte, die die Medizin bei der Schmerzbetäubung, insbesondere bei Operationen, gemacht hat. Waren unsere Vorfahren auf Alkohol, Kräuter und Drogen angewiesen, die wenig wirksam waren, so haben Arzt und Patient derzeit die Wahl zwischen Äther, Chloroform, Chloräthyl, Lachgas und anderen Mitteln. Die Narkotisierung im Operationssaal ist zur Selbstverständlichkeit geworden. Zur Illustration zeigt die Zeitschrift eine Darmoperation (l.), die in der Berliner Charité vorgenommen worden ist. Es sind mehrere Anästhesisten anwesend.

Bedürftige Berliner Kinder werden kostenlos mit künstlichem Sonnenlicht behandelt

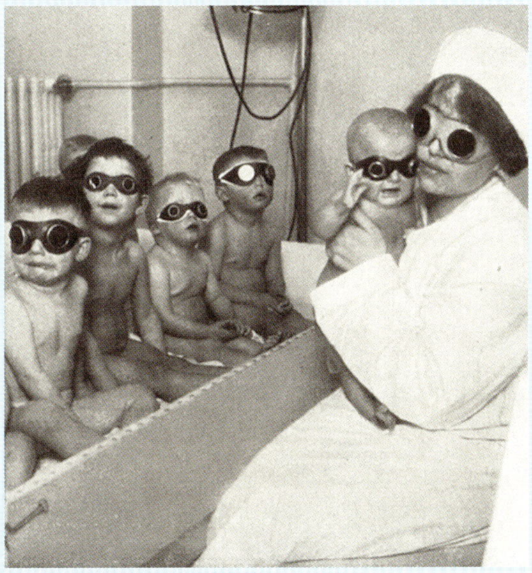

Bestrahlung schwächlicher einjähriger Kinder mit Höhensonne in einem Kinderheim

Die Treppe als Heilmittel – Kriechturnen als Therapie für Kinder mit Rückgratverkrümmung

Sauerstofftank für Asthmatiker in dem Sanatorium in Cunningham (USA)

Südfassade des Medical Center in New York, entworfen von Gamble Rogers; nach Ansicht vieler Experten das schönste Krankenhaus überhaupt

USA — ein Vorbild im Gesundheitsbereich

Die deutsche Presse berichtet über neuartige Methoden zur Behandlung von Lungenkrankheiten, die in den Vereinigten Staaten erprobt werden. In einigen Krankenhäusern wie etwa in Cunningham sind spezielle Sauerstofftanks eingerichtet; einige Tage Aufenthalt in diesen Tanks sollen Asthmatiker, aber auch an Nervenentzündung Leidende heilen. In den USA geht der Trend bei der Behandlung Schwerkranker zur Zentralisierung. Ein typisches Beispiel ist das riesige Gebäude des Medical Center in New York, ein Komplex mehrgeschossiger Gebäude.

Der Berliner Senat kommt ins Gerede

26. September. Max, Leo und Willy Sklarek werden in Berlin wegen des Verdachts des Betrugs festgenommen. Die Brüder, Betreiber einer Bekleidungsfirma, sind die Hauptlieferanten für die Berliner Krankenhäuser, ferner für die Polizei und die Feuerwehr der Stadt.
Ihnen wird vorgeworfen, die städtischen Behörden durch Kreditbetrug um zehn Millionen Reichsmark geschädigt zu haben. An Beamte und Kommunalpolitiker sollen sie ihre Ware z. T. so günstig abgegeben haben, daß dies einer Bestechung gleichgekommen sei. Der Berliner Oberbürgermeister Gustav Böß (DDP) tritt wegen der Sklarek-Affäre zurück (→7. 11. /S. 186).

Leo Sklarek

Willy Sklarek

Karikatur auf dem »Kladderadatsch«-Titel zur Affäre um die Brüder Sklarek

Spanische Frauen besser geschützt

24. September. Der spanische Diktator Miguel Primo de Rivera y Orbaneja ordnet eine Verschärfung der polizeilichen Bestimmungen an, die Frauen vor Belästigung auf offener Straße schützen sollen. Frauen können künftig, sobald sie sich zudringlichen Angriffen ausgesetzt sehen, die sofortige Verhaftung des Belästigers veranlassen.
Die entsprechende Verordnung ist die Folge eines Zwischenfalls, der sich vor einiger Zeit in Madrid ereignet hat. Eine verheiratete Kolumbianerin wurde auf der Straße von einem Fremden angesprochen und berührt. Ihr Mann, der nachträglich dazukam, gab dem zudringlichen Mann eine Ohrfeige; dieser zog ein Messer und verletzte die Frau mit einem Stich in den Leib. Der Messerstecher wurde zu 13 Jahren Haft verurteilt.
Die schärferen Bestimmungen sollen auch dazu dienen, daß der Ruf von Spanien als Fremdenverkehrsland gewahrt bleibt. In den iberischen Staaten, aber auch in Südamerika, sind Frauen traditionell starken Belästigungen auf der Straße ausgesetzt.

»Graf Zeppelin« kehrt von Fahrt um die Welt zurück

4. September. Das Luftschiff LZ 127 »Graf Zeppelin« kehrt unter Führung von Hugo Eckener von seiner Fahrt um die Welt nach Friedrichshafen am Bodensee zurück.
An der Reise nahmen Regierungsvertreter aus der UdSSR, einige Passagiere (die Fahrkarte kostete 40 000 Reichsmark) und Journalisten wie Karl von Wiegen und Lady Grace Haye von der US-Presse sowie Max Geisenhainer und Rolf Brand teil. Nach dem Start in Lakehurst am 7. August erreichte LZ 127 am 19. August den Flughafen Kasumi-ga-ura bei Tokio und startete nach Behebung einer leichten Havarie am 23. August nach Los Angeles, wo es am 26. August eintraf. Am 29. August machte LZ 127 in Lakehurst fest und hatte seit dem Start am 7. August 21 Tage, sieben Stunden und 12 Minuten gebraucht, um zum Ausgangsort zurückzukehren.

Großer Empfang für den Luftschiff-Piloten in Japan — vorn v. l. Hugo Eckener, der japanische Premierminister Juko Hamaguchi und Postminister Matajiro Koicumi; Tokio ist die erste Station der Weltreise mit dem Zeppelin

Das Luftschiff LZ 127 »Graf Zeppelin« wird auf dem Flughafen von Los Angeles mit Gasflaschen »aufgetankt«; der Pilot Hugo Eckener benötigt für seine Weltfahrt Lakehurst — Tokio — Los Angeles — Lakehurst gut drei Wochen

Patriarch Basil III. stirbt 93jährig

29. September. Im Alter von 93 Jahren stirbt in Konstantinopel der Ökumenische Patriarch Basil III. Georgiades. Bis zur Beisetzung in Baloukli am Goldenen Horn am 2. Oktober wird die Leiche in vollem Ornat und mit Tiara sitzend ausgestellt, damit die Gläubigen mit dem vorgeschriebenen Handkuß von ihrem geistlichen Oberhaupt Abschied nehmen können. Das Gewand des Patriarchen ist mit haselnußgroßen Rubinen, Smaragden und Perlen geschmückt. Der Wert der Juwelen wird auf etwa drei Millionen Reichsmark geschätzt.

Die Leiche des ökumenischen Patriarchen Basil III. Georgiades; sein Nachfolger wird als Photios II. der orthodoxe Bischof Photios Maniatis

30 Jahre Kerker für abtrünnigen Rossi

27. September. Der italienische Politiker Cesare Rossi wird vom Sondergericht für den Schutz des Staates in Rom zu 30 Jahren Zuchthaus verurteilt.

Rossi, damals Mitglied einer faschistischen Miliz, war von dem italienischen Ministerpräsidenten und Duce Benito Mussolini auf dem Höhepunkt der Matteotti-Krise 1925 fallengelassen worden. Er floh danach ins Ausland, wurde jedoch von faschistischen Milizen aufgegriffen und zurücktransportiert.

Die Ermordung des sozialistischen Oppositionspolitikers Giacomo Matteotti hatte 1924 eine schwere Krise des faschistischen Regimes ausgelöst. Rossi stand im Verdacht, an dem Mord beteiligt gewesen zu sein. Verurteilt wird er nun wegen seiner Behauptung, Mussolini persönlich trage eine Mitschuld an dem Tod Matteottis.

Rossi erklärt nach der Urteilsverkündung, er stehe weiterhin zu den geäußerten Überzeugungen.

Armbänder, Broschen und Anhänger im Art-deco-Stil, entworfen von französischen Goldschmieden

Art deco - Signatur der »Goldenen Zwanziger«

Bei Möbeln, Stoffen, Lampen, Geschirr, Besteck, aber auch beim Schmuck, setzt sich die Richtung des Art deco immer mehr durch. Dieser dekorative Stil zeichnet sich durch ornamentale Formen, spitze und gebogene Linien sowie grelle Farben aus und steht im deutlichen Gegensatz zur sachlich-kühlen, funktionellen Bauhaus-Linie. Der Name ist von einer Ausstellung abgeleitet, die 1925 in Paris stattfand; sie trug den Titel »Exposition Internationale des Arts Décoratifs et Industriels Modernes« (Internationale Ausstellung der dekorativen und industriellen modernen Künste). Kritiker lehnen die neue Richtung als mondänen Kitsch ab.

Art-deco-Künstler wenden sich auch der Graphik, der Typographie und Buchgestaltung zu; ornamental-dekorativ gestaltete Ziffern von Bifur

Lackierter dreiteiliger Wandschirm und Tisch von Léon Jallot

Literatur 1929:

Weltkriegserlebnis im Buch verarbeitet

Der Weltkrieg, dessen Ende gerade zehn Jahre zurückliegt, und die gegenwärtige Situation in der jungen Demokratie stehen im Vordergrund der deutschsprachigen Literatur des Jahres 1929.

Neben dem Bestseller des Jahres, »Im Westen nichts Neues« von Erich Maria Remarque (→31.1./S. 25) ragt »Des Kaisers Kuli« von Theodor Plivier heraus, ein Roman, der die Meuterei der deutschen Hochseeflotte im Weltkrieg aus einer sozialistischen Perspektive beschreibt.

Der politischen Rechten ist dagegen Ernst Jünger, der Verfasser der Prosaskizzen »Das abenteuerliche Herz«, zuzuordnen. Anders als »In Stahlgewittern« (1920) und »Der Kampf als inneres Erlebnis« (1922), in denen es um die Fronterfahrung ging, spielt das Werk in der Nachkriegszeit, ist aber weiterhin von der im Krieg erworbenen »heroischen« Haltung bestimmt.

Seine Erlebnisse als Freiwilliger während des Weltkriegs in Italien verarbeitet der US-amerikanische Schriftsteller Ernest Hemingway in dem autobiographisch gefärbten Roman »In einem anderen Land«.

Direkt in das tagespolitische Geschehen greift Kurt Tucholsky mit dem Buch »Deutschland, Deutschland über alles« ein, das er zusammen mit dem Künstler John Heartfield, der Fotomontagen beigesteuert hat, herausgibt. Die satirischen Texte prangern Untertanengeist und Militarismus der Deutschen an, erheben Anklage gegen eine Justiz, die die politische Rechte schont und die Linke in Landesverratsprozessen verurteilt, wenden sich gegen Nationalismus und Revanchismus.

Im Gegensatz dazu steht die Erzählung »Narziß und Goldmund« von Hermann Hesse, die in einem Vorabdruck in der Literaturzeitschrift »Neue Rundschau« erscheint (Buchausgabe 1930). Hesse will anhand der Freundschaft zwischen dem asketischen Mönch Narziß und dem künstlerisch begabten Goldmund die — zeitlosen — Gegensätze zwischen väterlichem Logos und mütterlichem Gefühl und Schöpfertum aufzeigen.

Von Hermann Hesse erscheint als Vorabdruck »Narziß und Goldmund«

Der irische Dramatiker George Bernard Shaw beim morgendlichen Lauf

John Galsworthy, Autor des großangelegten Romanzyklus »Forsyte Saga«

Der französische Romancier André Gide (mit Brille); sein Werk ist von Friedrich Nietzsche und Goethe beeinflußt

Die Romane von François Mauriac (mit weißem Hut) spielen in der Welt des katholischen Großbürgertums

Der Dramatiker Ernst Toller, wegen Beteiligung an der Münchner Räterepublik 1919 jahrelang inhaftiert

Anna Seghers, Kleistpreisträgerin 1928 für ihre Erzählung »Aufstand der Fischer von Santa Barbara«

Johannes R. Becher, Verfasser expressionistischer Gedichte, bekennt sich zur Kommunistischen Partei

◁ *Sonderfenster einer Leipziger Buchhandlung zu Kurt Tucholsky; von seinem satirischen Buch »Deutschland, Deutschland über alles!«, zu dem John Heartfield Fotomontagen beigesteuert hat, sind innerhalb von 25 Tagen 20 000 Exemplare verkauft worden. »Es ist weder Literatur noch Bilderbuch. Beinahe eine neue Gattung. Es atmet und lebt und überzeugt uns«, kommentiert die »Literarische Welt«*

Die aus Lübeck stammenden ▷ *Schriftsteller Heinrich und Thomas Mann (Abb.) treffen zu einem gemeinsamen Besuch Berlins ein; die Brüder, die sich während und kurz nach dem Weltkrieg wegen persönlicher und politischer Differenzen zerstritten hatten, sind versöhnt, da auch der zuvor konservativ-nationalistische Thomas Mann sich inzwischen zur republikanisch-demokratischen Staatsform bekennt*

Die Romane von Sinclair Lewis spielen im US-Kleinbürgertum

Der Engländer John Boynton Priestley, Autor humorvoller Literatur

Ernest Hemingway (USA) veröffentlicht 1929 »In einem anderen Land«

Vom 22jährigen Klaus Mann erscheint 1929 der Roman »Alexander«

Der Engländer H. G. Wells hat eine Reihe von Science-fiction-Romanen verfaßt, z.B. »Die ersten Menschen im Mond« (1901)

Treffen zweier Dichterfürsten unterschiedlichen Temperaments: Der Österreicher Franz Werfel (l.) und der Deutsche Gerhart Hauptmann in Portofino

Die französische Schriftstellerin Colette ist durch ihre geistreich-charmanten Romane, u.a. »Mitsou« und »Chérie«, weltberühmt geworden

»Cyankali« — Stück gegen Paragraph 218

6. September. Am Lessing-Theater Berlin wird von der Gruppe Junger Schauspieler das Stück »Cyankali« von Friedrich Wolf uraufgeführt; Regisseur ist Hans Hinrich.

Der Verfasser ist Arzt, trat zugleich aber seit 1919 als Dramatiker hervor. Er hat ein Agitationsstück für die Abschaffung des § 218 geschrieben, der Abtreibung unter Strafe stellt. Er schildert, wie das Abtreibungsverbot besonders Arbeiterfrauen trifft, die sich an Kurpfuscher wenden müssen und so ihre Gesundheit ruinieren.

Während die linke und liberale Presse positiv auf das Stück reagiert, veröffentlichen rechte Zeitungen perfide Angriffe. So schreibt Franz Servaes im »Berliner Lokal-Anzeiger«: »Vor allem die These: daß die berühmten 'reichen Leute' tun können, was sie wollen; daß aber die 'Armen' festgenommen werden, ins Zuchthaus wandern müssen und verbluten dürfen, ist dermaßen parteienmäßig verbohrt, daß sie außerhalb der Debatte stehen sollte. Sie erregt aber nicht bloß den johlenden Beifall versammelter Proletariervertreter, sondern auch das besondere Entzücken monokelgeschmückter Kommunistinnen im Parkett, die wild in die gepflegten Patschhändchen schlagen.«

Das Stück wird zum erfolgreichsten der Saison 1929/30.

Szenenbild aus der Uraufführung des Schauspiels »Cyankali« von Friedrich Wolf im Berliner Lessingtheater mit Renée Stobrawa (M.)

Justizkritischer Film »Blutschande«

17. September. Im Atrium-Lichtspielhaus in Berlin wird der Film »Blutschande« von James Bauer mit Olga Tschechowa und Walter Rilla uraufgeführt.

Das Werk beansprucht, ein justizkritischer Aufklärungsfilm zu sein. Die Handlung: Ein noch junger Gärtnereibesitzer verliert seine Frau, die eine Tochter mit in die Ehe gebracht hat. Der Witwer und seine Stieftochter verlieben sich ineinander. Als sie das Aufgebot bestellen wollen, werden sie wegen »Blutschande« ins Gefängnis gebracht. Nach § 173 des Strafgesetzbuchs ist auch der Geschlechtsverkehr mit einer Stieftochter strafbar.

Nach der Freilassung und nach der Geburt zweier gemeinsamer Kinder versuchen die beiden noch einmal, vom Staat die Heiratserlaubnis zu erlangen, und wieder wird der Mann inhaftiert. Die Kritik meint, die Handlung des Films sei wenig fesselnd und zu langatmig.

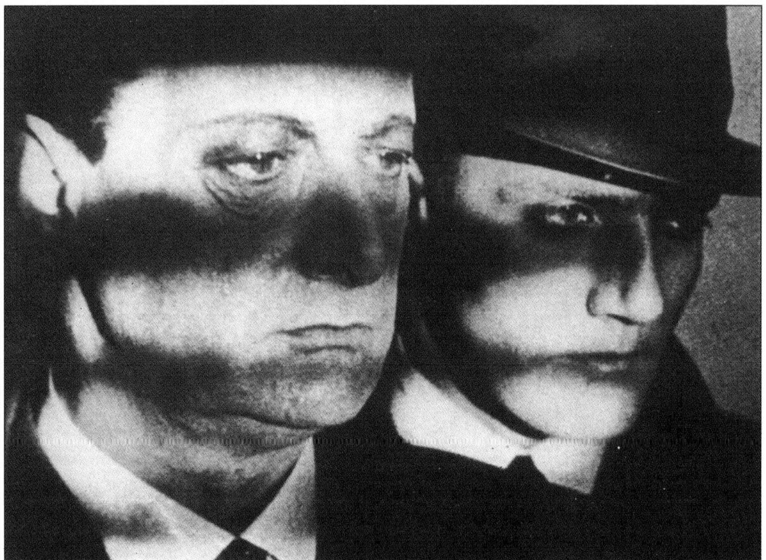

Hitchcock-Film stumm und tönend gezeigt

9. September. *Der Film »Erpressung« (Blackmail) des britischen Regisseurs Alfred Hitchcock mit Anny Ondra, John Longden, Donald Calthrop und Cyril Richard wird in Berlin in einer »stummen« und in einer »tönenden« Fassung gezeigt (Abb.: Szenenfoto).*

Anschließend können die Premierenzuschauer darüber abstimmen, welche Fassung ihnen besser gefallen hat. Die Mehrheit entscheidet sich für die Stummfilmversion, die daraufhin in den folgenden Tagen auf dem Spielplan steht. Hitchcock hatte »Blackmail« zunächst als Stummfilm geplant, infolge der wachsenden Popularität des Tonfilms die letzte Rolle jedoch »tönend« gedreht und einige Passagen nachsynchronisiert. Eine Szene wurde außerdem mit Ton neu gedreht. Hitchcock setzt den Ton geschickt als dramaturgisches Mittel ein; so werden zum Beispiel zwei Szenen durch einen Schrei verbunden.

Hans Albers - »Übermann in Kellnergestalt«

5. September. *»Die zwei Krawatten« heißt die Revue mit Hans Albers und Marlene Dietrich, die am Berliner Theater in der Reichshauptstadt uraufgeführt wird. Der Text stammt von Georg Kaiser, die Musik von Michael Spoliansky (Abb.: Albers und Dietrich in einer Revueszene).*

Die Handlung: Der Kellner Jean, gespielt von Hans Albers, tauscht mit einem Gast, einem US-amerikanischen Millionär, der sich vor der Polizei unkenntlich machen muß, die Krawatte. Unter dessen Namen fährt er nach New York, erlebt dort einige mondäne Abenteuer, u. a. mit einer Chicagoer Dollarprinzessin, gespielt von Marlene Dietrich, kehrt aber schließlich nach Berlin zurück und bindet sich wieder seine bescheidene Kellnerkrawatte um. »Hans Albers kann so hoch springen, wie er die Weiber nimmt, ein Übermann in Kellnergestalt«, schreibt der Kritiker Arthur Eloesser in der Berliner »Vossischen Zeitung«.

Erwin Piscator hat wieder eine Bühne

6. September. Der linksgerichtete Regisseur Erwin Piscator, der 1928 mit dem Theater am Nollendorfplatz in Konkurs gegangen war, startet dort einen neuen Versuch. Die Uraufführung des Dramas »Der Kaufmann von Berlin« von Walter Mehring bleibt die einzige Inszenierung auf seiner zweiten Bühne.
Das Stück schildert die Schiebereien eines Ostjuden und eines nichtjüdischen Rechtsanwalts, die von der Inflation profitieren. Das Stück bringt Piscator den Vorwurf des Antisemitismus von einigen liberalen Zeitungen und die Beschimpfung als »Judenknecht« von der Rechtspresse ein. Der Kritiker der »Frankfurter Zeitung«, Bernhard Diebold, meint dagegen: »Mehring … erspart keiner Rasse die Satire: Semiten und Antisemiten dürfen sich gleichermaßen bedanken … In dieser fast tendenzlosen Souveränität über den Rassen liegt die große Bedeutung von Mehrings Drama.«

Charles bleibt Titelträger

8. September. Der belgische Box-Europameister im Schwergewicht, Pierre Charles, verteidigt seinen Titel gegen den Herausforderer, den ehemaligen deutschen Meister Franz Diener, durch K.o. in der zehnten Runde. Der Kampf findet im Berliner Poststadion statt.

Pierre Charles trägt nach seinem Sieg Franz Diener in die Ringecke

»Kopf und Kraft gegen wilde Wut«, so charakterisiert der renommierte deutsche Sportjournalist Willy Meisl die Begegnung. Während Charles kalt und überlegen die Angriffe seines Gegners abprallen läßt und nur gelegentlich gezielte und harte Gegenschläge setzt, schlägt Diener rasch und ungenau, trifft nur beiläufig und stets mit der Innenseite der Faust. Nach eher ausgeglichenen ersten Runden hat der Titelträger von der sechsten Runde an das Heft fest in der Hand; dreimal geht Diener zu Boden, kann sich aber noch rechtzeitig wieder aufraffen, beim vierten Mal wird er vom Kampfrichter ausgezählt.
Der 28jährige Diener hatte 1926 gegen Paul Samson Körner und 1927 gegen Rudi Wagner die Kämpfe um die Deutsche Meisterschaft für sich entscheiden können, den Titel jedoch 1928 an Max Schmeling abgeben müssen. Seit einiger Zeit wird er von seinem ehemaligen Gegner Samson Körner trainiert.

Gustaf Gründgens' Opernregiedebüt

27. September. Gustaf Gründgens, bisher als Schauspieler und Regisseur auf der Sprechbühne hervorgetreten, gibt in Berlin sein Debüt als Opernregisseur. Er inszeniert die drei Einakter »Spanische Stunde« von Maurice Ravel, »Der arme Franzose« von Darius Milhaud auf einen Text von Jean Cocteau und »Angélique« von Jacques Ibert. Die Kritik bespricht Gründgens' Leistung ebenso positiv wie die musikalische Umsetzung durch den Dirigenten Alexander von Zemlinsky.

Gustaf Gründgens, am 22. Dezember 1899 in Düsseldorf geboren, arbeitete bislang als Schauspieler und Regisseur in Hamburg und Berlin

Eisenstein und der Film der Zukunft

15. September. Die »Vossische Zeitung« veröffentlicht einen Artikel des sowjetischen Filmregisseurs Sergei M. Eisenstein, in dem der Schöpfer von »Panzerkreuzer Potemkin« und »Oktober« zum »Film der Zukunft« Stellung nimmt. Es heißt, er wolle das »Kapital« von Karl Marx verfilmen.
Eisensteins Aufsatz ist von der dialektischen Methode bestimmt. Er stellt die Überwindung des Gegensatzes zwischen Erkenntnis und Neuschöpfung in den Vordergrund. Die Antithese zwischen der »Sprache der Logik« und der »Sprache der Bilder« müsse gesprengt werden. Dafür ist nach Eisensteins Ansicht der Film, der sich auf seine intellektuellen Möglichkeiten besinnt, geeignet: »Nur der intellektuale Film wird imstande sein, den Zwiespalt zwischen der »Sprache der Logik« und der »Sprache der Bilder« zu überwinden … Der intellektuale Kinematograph wird nicht der Kinematograph der Episoden und Episödchen sein … Das intellektuale Kino … wird der unmittelbare Ausdruck ganzer ideologischer Systeme und Systeme von Begriffen sein«, meint Eisenstein.

Nach zwei mißlungenen Versuchen hebt Fritz von Opels Raketenflugzeug endlich vom Frankfurter Flughafen ab

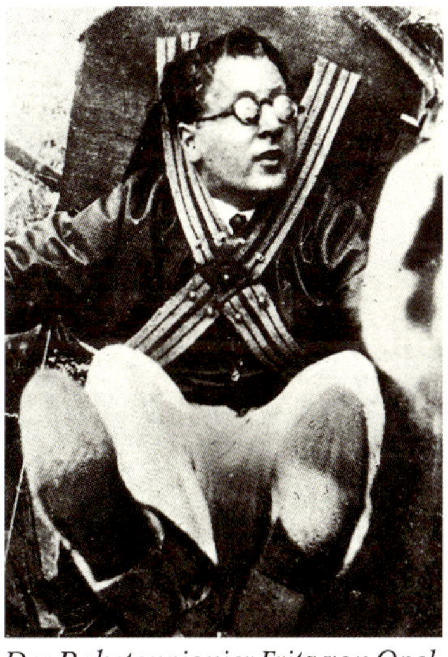

Der Raketenpionier Fritz von Opel

Opel experimentiert mit Raketenflugzeug

30. September. Fritz von Opel, der bereits 1928 mit einem raketenangetriebenen Auto hervorgetreten ist, unternimmt vom Flughafen in Frankfurt am Main aus ein Flugexperiment mit einem Raketenflugzeug.
Für den Versuch ist auf dem Rollfeld eine Schienenbahn gelegt worden, auf der sich ein Startwagen, ausgestattet mit zwei Raketen, bewegt. Auf dem Startwagen befindet sich das Flugzeug mit einer ganzen Batterie von Raketen am Heck. Zwei Versuche, mittels des raketengetriebenen Startwagens das Flugzeug in die Luft zu schnellen, mißlingen, doch beim dritten Anlauf klappt es: Die Maschine hebt ab, während des Flugs werden die Raketen nach und nach gezündet. Mit diesem Antrieb kann das Flugzeug in etwa 50 m Höhe etwa zehn Kilometer weit fliegen. Bei der Landung wird die Maschine mit Landeraketen nach wenigen Metern Auslauf zum Stehen gebracht; sie kommt bei dem Manöver leicht zu Schaden.
Die Aussichten, daß raketengetriebene Flugzeuge auch einmal im Linienflug eingesetzt werden könnten, werden von Experten gering eingeschätzt.

Oktober 1929

Mo	Di	Mi	Do	Fr	Sa	So
	1	2	3	4	5	6
7	8	9	10	11	12	13
14	15	16	17	18	19	20
21	22	23	24	25	26	27
28	29	30	31			

1. Oktober, Dienstag

In der Sowjetunion tritt das am →27. August (S. 137) beschlossene Gesetz in Kraft, mit dem die fünftägige ununterbrochene Arbeitswoche eingeführt wird

Zu Beginn des zweiten Jahres des ersten sowjetischen Fünfjahresplans äußern sich Regierungskreise in Moskau zuversichtlich über die Aussichten der beschleunigten Industrialisierung.

Das Reichsgericht in Berlin feiert sein 50jähriges Bestehen.

In dem Schauspiel »Stempelbrüder« von Richard Duschinsky, das am Renaissancetheater in Berlin uraufgeführt wird, spielt Heinrich George die Hauptrolle.

2. Oktober, Mittwoch

Das Volksbegehren auf vorzeitige Auflösung des Landtags in Lippe-Detmold scheitert knapp. Es wurde von den bürgerlichen Parteien im Landtag mit Ausnahme der in der Regierung vertretenen Parteien DDP und Volksrechtspartei unterstützt.

3. Oktober, Donnerstag

Der deutsche Außenminister und Vorsitzende der Deutschen Volkspartei, Gustav Stresemann, stirbt in Berlin im Alter von 51 Jahren an den Folgen eines in der Nacht erlittenen Schlaganfalls. →S. 168

Bei der Abstimmung über ein Gesetzespaket zur Reform der Arbeitslosenversicherung, mit dem die Deckungslücke der Reichsanstalt für Arbeitsvermittlung und Arbeitslosenversicherung geschlossen werden soll, enthält sich die rechtsliberale Deutsche Volkspartei (DVP), obwohl in der Regierungsverantwortung stehend, der Stimme. →S. 173

Das Königreich der Serben, Kroaten und Slowenen erhält einen neuen Namen. Per Dekret ordnet König Alexander I. an, daß der Staat künftig »Jugoslawien« heißen soll. Mit der Umbenennung geht eine Verwaltungsreform einher. →S. 172

Großbritannien und die Sowjetunion beschließen, die 1927 wegen einer Spionageaffäre abgebrochenen diplomatischen Beziehungen wiederaufzunehmen, obwohl es noch nicht zu einer Einigung über die umstrittene Propagandaklausel gekommen ist. →S. 176

4. Oktober, Freitag

Reichswirtschaftsminister Julius Curtius (DVP) wird als Nachfolger des am →3. Oktober (S. 168) gestorbenen Gustav Stresemann mit der einstweiligen Wahrnehmung der Geschäfte des Reichsaußenministers beauftragt. Am 11. Oktober gibt Curtius das Wirtschaftsressort ab und wird offiziell zum Außenminister ernannt.

Der britische Premierminister James Ramsey MacDonald führt bis zum 14. Oktober in Washington Vorgespräche mit US-amerikanischen Politikern über die anstehende Flottenkonferenz (→7.10./S. 172).

Die britischen Rheinlandsoldaten beginnen mit der Räumung der Stadt Wiesbaden (→31.8./S. 134; 30.11./S. 184).

Das Washingtoner Abkommen über den Achtstundentag wird vom Deutschen Reich ratifiziert.

Der neue Königsberger Hauptbahnhof mit 13 Gleisen in einer 180 m langen Halle wird in Betrieb genommen.

»Die Frau im Mond« heißt der Science-Fiction-Stummfilm von Regisseur Fritz Lang, der in Berlin uraufgeführt wird. →S. 179

5. Oktober, Sonnabend

Arnolt Bronnens Dramatisierung der Erzählung »Michael Kohlhaas« von Heinrich von Kleist wird am Stadttheater Frankfurt an der Oder uraufgeführt.

Nach »Cyankali« wird in Leipzig ein weiteres Stück zum Thema Abtreibung, »§ 218 — Gequälte Menschen« von Carl Crede, uraufgeführt (→6.9./S. 160).

6. Oktober, Sonntag

Nach dreitägiger Dauer geht in Mannheim der Parteitag der linksliberalen Deutschen Demokratischen Partei (DDP) zu Ende. In die aus Parteivorsitz und Vorsitz des Parteivorstandes neugeschaffene Führungsposition wird der bisherige Parteivorsitzende Erich Koch-Weser gewählt. Anton Erkelenz, bisher Vorsitzender des Parteivorstands, scheidet wegen einer Erkrankung aus dem Führungsgemium aus.

Der Winterfahrplan der Reichsbahn tritt in Kraft, ohne daß die erwarteten Tariferhöhungen vorgenommen worden sind (→ 25.5./S. 88).

Die tschechoslowakische Nationalelf gewinnt ein Fußball-Länderspiel gegen die Schweiz vor heimischem Publikum in der Hauptstadt Prag 5:0.

7. Oktober, Montag

Die Londoner Regierung richtet eine Einladung zu einer Seeabrüstungskonferenz an die anderen Haupt-Seemächte USA, Japan, Frankreich und Italien. →S. 172

Die Uraufführung des Schauspiels »Ächtung des Krieges« von Georg Kaiser, das den Kriegsächtungspakt von 1928 (→ 24.7./S. 117) zum Thema hat, findet im Deutschen Künstlerhaus in Berlin statt.

8. Oktober, Dienstag

Das preußische Innenministerium ordnet ein Verbot des rechtsgerichteten Wehrverbandes Stahlhelm in der Rheinprovinz und in der Provinz Westfalen mit der Begründung an, der Verband bilde seine Mitglieder militärisch aus. →S. 170

Die Sozialdemokratische Partei Österreichs (SPÖ) fordert in einer gegen die Heimwehren gerichteten Entschließung auf ihrem Parteitag in Wien die »innere Abrüstung« in Österreich.

»Deutschland hat, nach Jahrzehnten, eine weit über den Durchschnitt reichende politische Begabung gehabt, und jetzt wird wieder große Pause sein«, heißt es in der »Weltbühne« in Carl von Ossietzkys Nachruf auf den am →3. Oktober (S. 168) verstorbenen Gustav Stresemann.

»Frühlingsrauschen« ist der Titel des Films von und mit Wilhelm Dieterle, der in Berlin uraufgeführt wird.

9. Oktober, Mittwoch

Der Ullstein-Nachrichtendienst veröffentlicht einen aufsehenerregenden Bericht, wonach es einem Münchner Untersuchungshäftling gelungen sein soll, aus Blei Gold zu gewinnen. →S. 173

10. Oktober, Donnerstag

In einer Rundfunkrede macht Reichsinnenminister Carl Severing (SPD) deutlich, daß er das Volksbegehren gegen den Youngplan ablehnt (→29.10./S. 170).

Der Reichsrat, die Vertretung der Länder, billigt das am →3. Oktober (S. 173) vom Reichstag verabschiedete Reformpaket zur Arbeitslosenversicherung.

In einer Rede vor Mitgliedern der Paneuropa-Union in Berlin spricht sich der frühere französische Ministerpräsident Édouard Marie Herriot für eine europäische Einigung aus. Er weist den Einwand, ein europäischer Staatenbund wende sich gegen die USA, zurück.

Die US-amerikanische Regierung nimmt die Einladung Großbritanniens vom →7. Oktober (S. 172) zu einer Seeabrüstungskonferenz an.

Durch eine Notfusion mit der Österreichischen Creditanstalt für Handel und Gewerbe kann die Allgemeine Österreichische Bodencreditanstalt vor dem Bankrott gerettet werden. →S. 171

In Berlin wird die Operette »Land des Lächelns« des österreichischen Komponisten Franz Lehár uraufgeführt; in den Hauptrollen singen und spielen Richard Tauber und Wera Schwarz (→S. 56).

11. Oktober, Freitag

Der neue Ministerpräsident des französischen Völkerbundmandats Libanon heißt Émile Eddé. Er folgt dem am 9. Oktober zurückgetretenen Bischara Bey al Churi nach.

In der »Frankfurter Zeitung« erscheint die letzte Folge des Romans »Berlin Alexanderplatz« von Alfred Döblin. →S. 179

12. Oktober, Sonnabend

Aus den Wahlen zum Bundesparlament von Australien, als Dominion Mitglied des britischen Commonwealth, geht die bisher in der Opposition stehende Arbeiterpartei als Sieger hervor.

In Düsseldorf wird eine neue Rheinbrücke, die nach Neuss führt, feierlich eingeweiht (→13.10./S. 173).

13. Oktober, Sonntag

Die neue Rheinbrücke, die Köln mit dem Vorort Mülheim verbindet, wird feierlich dem Verkehr übergeben. Es ist die längste Hängebrücke in Europa. →S. 173

Reichsjustizminister Theodor von Guérard (Zentrum) spricht in einer Radiosendung zum Thema »Rheinland und Volksbegehren« (→29.10./S. 170).

14. Oktober, Montag

Die deutsche Meisterschaft im 50-km-Gehen gewinnt der Erfurter Karl Hähnel in einer Zeit von 4:54:26,5 h. Im Mannschaftswettbewerb ist der SW Erfurt siegreich.

15. Oktober, Dienstag

Die beiden katholischen Parteien im Reichstag, das Zentrum und die Bayerische Volkspartei, lehnen in einer gemeinsamen Erklärung das Volksbegehren gegen den Youngplan ab (→29.10./S. 170).

In einem Aufruf gegen das Volksbegehren zum Youngplan (→29.10./S. 170), den u.a. die Wissenschaftler Albert Einstein, Adolf von Harnack und Friedrich Meinecke unterzeichnet haben, heißt es, die Bevölkerung habe zwischen Vernunft und Unsinn zu wählen.

Die faschistische italienische Regierung in Rom nimmt die Einladung Großbritanniens zu einer Seeabrüstungskonferenz an (→ 7.10./S. 172).

Der Film »Tagebuch einer Verlorenen« von Georg Wilhelm Pabst mit Louise Brooks wird in Berlin uraufgeführt.

16. Oktober, Mittwoch

Reichspräsident Paul von Hindenburg weist in einem Schreiben an Reichskanzler Hermann Müller die Vereinnahmung seiner Person von Gegnern und Befürwortern des Volksbegehrens gegen den Youngplan (→29.10./S. 170) zurück.

Die französische Regierung beschließt, der britischen Einladung zu einer Flottenkonferenz nachzukommen. Am gleichen Tag nimmt auch die Regierung von Japan die Einladung an (→7.10./S. 172).

Die Eröffnungsvorstellung des politisch-satirischen Kabaretts »Katakombe« mit Werner Finck als Conferencier findet im Keller des Vereinslokals Berliner Künstler statt. →S. 179

17. Oktober, Donnerstag

Der Reichsausschuß für das Volksbegehren gegen den Youngplan zieht nach der Intervention von Reichspräsident Paul von Hindenburg vom Vortag einen Propagandafilm zurück, in dessen Mittelpunkt das Staatsoberhaupt steht.

Der Vorsitzende der katholischen Zentrumspartei, Ludwig Kaas, spricht sich auf einer Veranstaltung in Dortmund gegen das Volksbegehren zum Youngplan (→29.10. S. 170) aus und fordert die Parteien der Regierungskoalition auf, in der durch die Angriffe der Rechten hervorgerufenen Krisensituation eng zusammenzustehen.

Die Literatur- und Kunstzeitschrift »Die Böttcherstraße« widmet ihre Oktober-Ausgabe der angelsächsischen Kultur

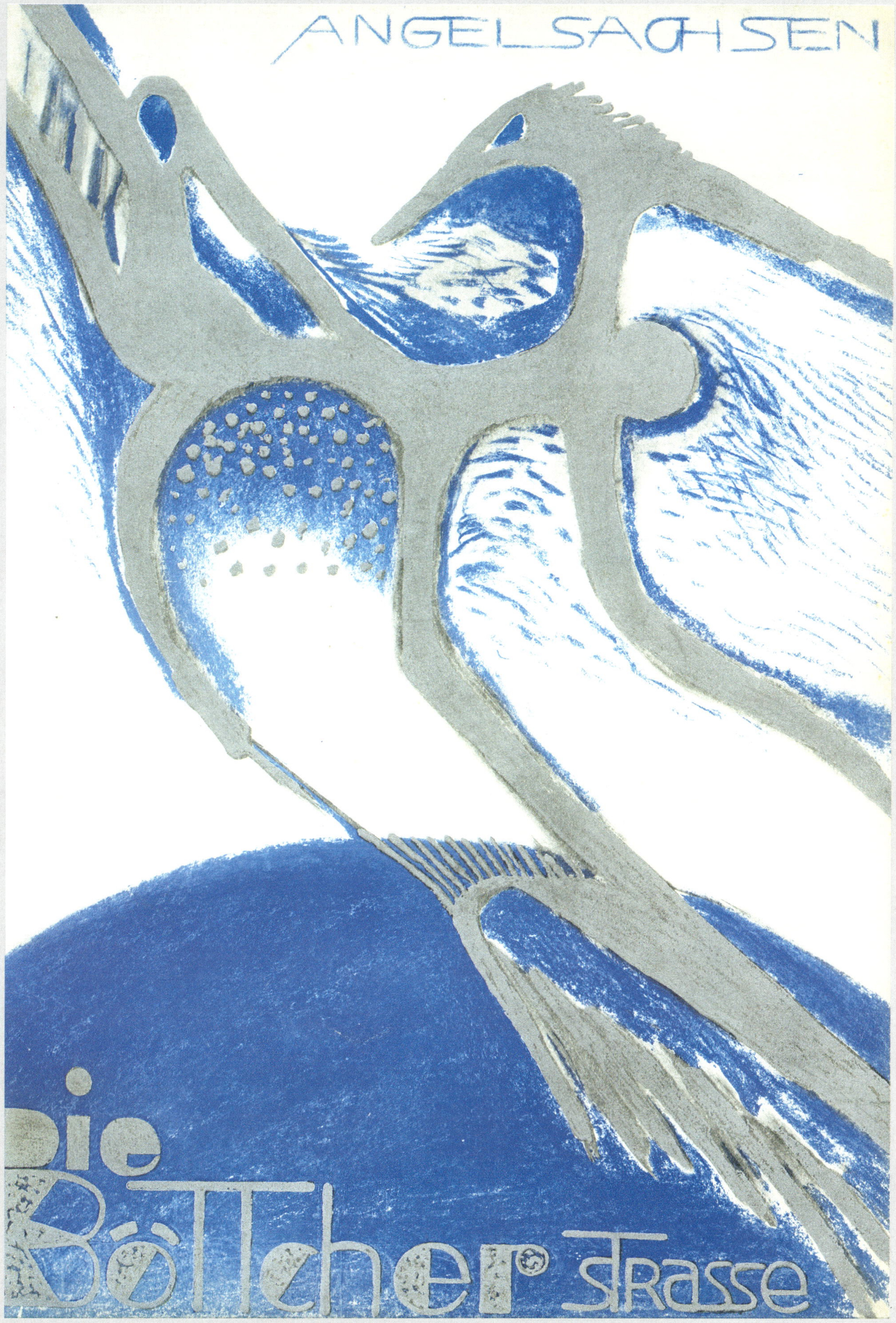

Nadir Khan läßt sich zum König von Afghanistan ausrufen. Er hat zwei Tage zuvor mit seinen Truppen die Hauptstadt Kabul besetzt. →S. 172

18. Oktober, Freitag

Reichsernährungsminister Hermann Robert Dietrich (DDP) nimmt in einer Rundfunkansprache gegen das Volksbegehren gegen den Youngplan Stellung (→29.10./S. 170).

Die Reichsregierung beschließt einen Gesetzentwurf für ein neues Gesetz zum Schutz der Republik (→27.6./S. 101).

Die Operetten- und Revuesängerin Fritzi Massary glänzt in ihrer ersten Sprechrolle als »Erste Mrs. Selby« in dem gleichnamigen Stück von John Ervine im Theater in der Königgrätzer Straße in Berlin. →S. 177

19. Oktober, Sonnabend

Bei der Durchsuchung von Versammlungsorten der Nationalsozialisten in Frankfurt am Main beschlagnahmt die Polizei eine Vielzahl von Waffen. →S. 170

Die österreichische Regierung bringt einen Gesetzentwurf zur Änderung der Verfassung in den Nationalrat, das österreichische Parlament, ein, mit dem die Position des Bundespräsidenten gestärkt werden soll (→7.12./S. 204).

Das Deutsche Reich erhöht seinen Aktienanteil bei der Emelka-Filmgesellschaft von 10 auf 61 %. Die Reichsregierung erklärt, sie wolle mit dem Schritt den Einfluß des rechtsgerichteten Ufa-Filmkonzerns begrenzen, der bei Wochenschauen fast ein Monopol innehat. →S. 171

Zum 50. Jahrestag der Erfindung der elektrischen Glühbirne gratuliert der Physiker Albert Einstein dem Erfinder Thomas Alva Edison über Radio. →S. 177

Das Stück »Der Kaiser von Amerika« von George Bernard Shaw wird am Deutschen Theater in Berlin in einer stark revidierten Fassung in deutscher Erstaufführung gezeigt. Regisseur ist Max Reinhardt (→ 14.6./S. 108).

20. Oktober, Sonntag

»Ein Gesellschaftsspiel in drei Akten« nennt der Dramatiker Georg Kaiser sein Stück »Hellseherei«, das in Stuttgart uraufgeführt wird.

Ein Fußball-Länderspiel zwischen dem Deutschen Reich und Finnland in Altona bei Hamburg endet 4:0 für die Gastgeber.

21. Oktober, Montag

In Lettland findet ein eintägiger Generalstreik statt, zu dem die lettischen Sozialdemokraten aus Protest gegen ein Krankenkassenreformgesetz aufgerufen hatten. Der regierende Bauernbund hatte das Gesetz per Ukas erlassen, so daß das Parlament nur nachträglich zustimmen konnte.

Der tschechoslowakische Außenminister Eduard Beneš nimmt in einer Rede in Mährisch-Ostrau zur Frage der deutschen Minderheit wie folgt Stellung: »Wir wollen den Deutschen unbedingte Gleichheit und Gerechtigkeit zuteil werden lassen; freilich müssen sie sich vollständig mit unserem Staat identifizieren und sich von dem Glauben freimachen, daß sie durch fremde Einflüsse Erfolge erzielen können.«

Das Flugschiff »Do X« startet in Friedrichshafen am Bodensee zu einem 40minütigen Rekordflug mit 158 Passagieren und elf Besatzungsmitgliedern, der bisher größten Zahl von Menschen an Bord eines Flugzeugs, und landet anschließend auf dem Wasser. Selbst die größten Luftschiffe können nur höchstens 80 Personen befördern (→22.7./S. 114).

22. Oktober, Dienstag

Der französische Ministerpräsident Aristide Briand erhält bei einer Vertrauensfrage, die er mit einer Abstimmung über zweitrangige Probleme verknüpft, in der Pariser Abgeordnetenkammer nicht die erforderliche Mehrheit und tritt zurück. →S. 172

Wegen Spionage, Sabotage und Landesverrat werden in Moskau fünf sowjetische Generäle hingerichtet.

In Australien wird eine neue Bundesregierung gebildet. Premierminister wird James Henry Scullin, dessen Arbeiterpartei die Wahlen vom 12. Oktober gewonnen hat.

23. Oktober, Mittwoch

Das thüringische Kabinett, geleitet von Arnold Paulssen (DDP), demissioniert nach einem Konflikt mit dem rechten Flügel der Regierungsparteien (DDP, DVP, Landbund, Wirtschaftspartei).

In Beisein von Reichsinnenminister Carl Severing (SPD) wird das von Berlin nach Dortmund verlegte Institut für Arbeitsphysiologie der Kaiser-Wilhelm-Gesellschaft zur Förderung der Wissenschaften feierlich eröffnet.

Ein Mißtrauensantrag der rechtsgerichteten DNVP gegen die preußische Staatsregierung wegen des Stahlhelm-Verbots im Rheinland und in Westfalen (→8.10./S. 170) wird im preußischen Landtag mit 218 gegen 147 Stimmen abgelehnt.

24. Oktober, Donnerstag

Der italienische Kronprinz Umberto, Sohn von König Viktor Emanuel III. von Italien, entgeht in Brüssel knapp einem Revolverattentat – gerade an dem Tag, als er seine Verlobung mit der belgischen Prinzessin Marie-José offiziell bekanntgeben wollte. →S. 176

Der polnische Außenminister August Zaleski trifft zur Unterzeichnung eines polnisch-rumänischen Schiedsvertrags, in dem sich beide Seiten auf eine Prozedur zur Beilegung bilateraler Streitigkeiten verpflichten, in Bukarest ein.

Die chinesische Kuomintang-Regierung in Nanking erklärt alle Vorrechte der ausländischen Mächte in China zum 1. Januar 1930 für aufgehoben.

Bei einer Explosion im Filmzentrum von Hollywood entsteht ein Sachschaden in Höhe von 50 Millionen US-Dollar (200 Millionen Reichsmark).

Mit dem Kleistpreis für das Jahr 1929 werden Eduard Reinacher für die dramatische Ballade »Bauernzorn« und Alfred Brust für den Roman »Die verlorene Erde« ausgezeichnet.

25. Oktober, Freitag

Die Stadtverwaltung von Mainz nimmt gegen zwei Stimmen eine Erklärung an, in der die Bevölkerung aufgefordert wird, das Volksbegehren gegen den Youngplan nicht zu unterstützen. Es wäre unverantwortlich, heißt es in der Resolution, durch eine Ablehnung des Plans die Besetzung der Mainzer Rheinlandzone zu verlängern (→29.10./S. 170; 30.11./S. 184).

Der Börsenkrach in New York leitet die Weltwirtschaftskrise ein. →S. 166

26. Oktober, Sonnabend

Adolf Hitler (NSDAP) und der DNVP-Vorsitzende Alfred Hugenberg treten gemeinsam auf einer Großveranstaltung gegen den Youngplan im Münchner Zirkus Krone auf (→29.10./S. 170).

Gegen eine Millionenanleihe an die Reichsregierung erhält der schwedische »Zündholzkönig« Ivar Kreuger das Monopol für den Verkauf von Zündwaren im Deutschen Reich. Ein entsprechender Vertrag wird im Reichsfinanzministerium in Berlin unterzeichnet. →S. 171

In Köln erfolgt die Grundsteinlegung für das neue Universitätsgebäude im Beisein von Oberbürgermeister Konrad Adenauer und anderen Persönlichkeiten des öffentlichen Lebens. →S. 171

Arno Holz, einer der Hauptvertreter der naturalistischen Dichtung in Deutschland, stirbt im Alter von 66 Jahren in Berlin.

27. Oktober, Sonntag

Bei den Landtagswahlen in Baden gewinnt die NSDAP erstmals sechs Mandate. Die weiteren Ergebnisse: SPD 18, KPD 5, DDP 6, Zentrum 34, DVP 7, Christliche Volkspartei Baden 3, Wirtschaftspartei 3, Christlich-Sozialer Volksdienst 3, DNVP 3 Mandate.

Bei einer Großkundgebung versammeln sich etwa 12 000 Angehörige der rechtsgerichteten österreichischen Heimwehren auf dem Heldenplatz in Wien, darunter auch 2000 Jäger der Privatarmee von Fürst Ernst Rüdiger von Starhemberg.

Die österreichische Fußball-Nationalmannschaft gewinnt ein Länderspiel gegen die Schweiz in Bern 3:1.

28. Oktober, Montag

Reichsinnenminister Carl Severing (SPD) lehnt den Antrag des Reichsausschusses auf Verlängerung der Einschreibungsfrist für das Volksbegehren gegen den Youngplan ab (→29.10./S. 170).

Der deutsche Politiker Bernhard Heinrich Martin von Bülow, der von 1900 bis 1909 das Amt des Reichskanzlers innehatte, stirbt im Alter von 80 Jahren in Rom.

Chinas Präsident Chiang Kai-shek übernimmt wieder den Oberbefehl über die Regierungsstreitkräfte im Bürgerkrieg mit dem aufständischen »Kriegsherrn« Feng Yu-hsiang.

Der Sprechfilm »Atlantic« von dem deutschen Regisseur Ewald André Dupont, der in einer deutschen und in einer englischen Version gedreht worden ist, wird in Berlin uraufgeführt. →S. 178

29. Oktober, Dienstag

Die Einschreibungsfrist für das Volksbegehren gegen den Youngplan, das auf eine Initiative der Rechtsparteien und -verbände zurückgeht, läuft ab. Die notwendige Stimmenzahl zur Einleitung eines Volksentscheids ist erreicht. →S. 170

Nach dem Rücktritt von Ministerpräsident Arnold Paulssen am 23. Oktober wird das thüringische Parlament vorzeitig aufgelöst. Neuwahlen werden für den →8. Dezember (S. 201) ausgeschrieben.

Der am 25. Oktober mit der Regierungsbildung beauftragte Vorsitzende der französischen Radikalsozialisten, Édouard Daladier, gibt diesen Auftrag zurück, da es ihm nicht gelungen ist, eine regierungsfähige Mehrheit zusammenzubekommen (→22.10./S. 172).

Wegen des Verfalls der Kaffeepreise wird die Kaffeebörse in Rio de Janeiro geschlossen.

Die Fusion der Deutschen Bank und der Disconto-Gesellschaft wird auf einer gemeinsamen Generalversammlung offiziell vollzogen (→26.9./S. 153).

30. Oktober, Mittwoch

Im Freistaat Danzig kommt es zu Zusammenstößen zwischen demonstrierenden Erwerbslosen und der Polizei.

Im Theater am Schiffbauerdamm in Berlin wird das Stück »Pennäler« von Peter Martin Lampel uraufgeführt.

31. Oktober, Donnerstag

In einem Liquidationsabkommen verzichten das Deutsche Reich und Polen auf Entschädigungsansprüche. →S. 173

Die Eröffnung der neuen Sitzungsperiode des Sejm, des polnischen Parlaments, scheitert am unzulässigen Aufenthalt von etwa 100 Offizieren im Parlamentsgebäude in Warschau. →S. 172

Der britische Vizekönig in Indien, Edward Wood, 1. Baron Irwin of Kirby Underdale, erklärt in einer Botschaft, daß es Ziel der eingeleiteten Verfassungsreform sei, Indien den Status eines Dominion im Commonwealth zu verschaffen.

Das Wetter im Monat Oktober

Station	Mittlere Lufttemperatur (°C)	Niederschlag (mm)	Sonnenscheindauer (Std.)
Aachen	10,1 (10,0)	160 (64)	— (123)
Berlin	10,1 (8,8)	110 (58)	— (123)
Bremen	10,4 (9,4)	84 (47)	— (104)
München	9,1 (7,9)	49 (62)	— (130)
Wien	11,2 (9,6)	41 (57)	— (118)
Zürich	10,3 (8,4)	112 (80)	93 (108)

() Langjähriger Mittelwert für diesen Monat
— Wert nicht ermittelt

Der Grafiker Frank McIntosh gestaltete das Titelblatt des Oktoberheftes der US-amerikanischen Zeitschrift »Asia«

Krach der Newyorker Börse

Panik in London — Kursstürze

Die Reaktion auf die übertriebene Spekulation

Schlagzeilen aus der deutschen Presse zum dramatischen Verfall der Aktienkurse an der New Yorker Börse, der eine langanhaltende Hausse beendet

»Schwarzer Freitag« — Beginn der Weltwirtschaftskrise

Blick in die New Yorker Börse; die Stimmung unter den Aktienmaklern ist von Hektik und Nervosität geprägt

25. Oktober. Nervös und aufgeregt reagieren die europäischen und fernöstlichen Aktienmärkte auf den rapiden Kursverfall an der New Yorker Börse vom Vortag. Der Börsenkrach geht als »Schwarzer Freitag« in die Geschichte ein. Er markiert den Beginn der jahrelangen weltweiten Rezession mit Massenarbeitslosigkeit und Produktionsrückgang, die als Weltwirtschaftskrise bekannt ist.

Tatsächlich verläuft das Geschäft in New York am 25. Oktober nach den beiden hektischen Vortagen eher ruhig. Am 23. Oktober wurde in New York die Rekordzahl von 6,5 Millionen Aktien verkauft, und am 24. Oktober kam es zu Panikverkäufen, zu Gerüchten, die Börse werde geschlossen und mehrere bekannte Financiers hätten sich aus dem Fenster gestürzt. 12,9 Millionen Aktien wurden umgesetzt. Die Papiere der großen US-amerikanischen Gesellschaften verloren bis zu 40 % ihres Werts (Transcontinental Oil und Montgomory Ward). Die Verluste der jeweils am meisten gehandelten Aktien sind:

▷ General Motors 12 %
▷ Radio Corporation 36 %
▷ United States Steel 6 %
▷ United Corporation 30 %

Vor Börsenschluß gab es leichte Kurserholungen. Die Stützungskäufe — u.a. kauften die wichtigsten Banken und Finanzinstitute in einer gemeinsamen Aktion am Nachmittag für 240 Millionen US-Dollar (960 Millionen Reichsmark) Wertpapiere — führen jedoch nicht zu einer langfristigen Beruhigung. Bereits am späten Nachmittag des 28. Oktobers entsteht eine neue Panik. Neun Millionen Aktien werden verkauft; am 29. sind es 16,5 Millionen. Die Kurse sind in einer Woche um durchschnittlich 40 % gefallen.

Dem Börsenkrach ist eine langanhaltende Hausse vorausgegangen, wie sich am Dow-Jones-Index zeigen läßt, der die 30 wichtigsten Industrieaktien und weitere Werte umfaßt und als zuverlässiges Börsenbarometer gilt. Nach dem Tiefststand von 191 zu Beginn des Jahres 1928 erreichte er im Dezember 1928 einen ersten Höhepunkt mit 300 und stieg nach zwei scharfen Einbrüchen in jenem Dezember und im März 1929 im September 1929 auf 381. Auch nach dem Börsenkrach liegt der Aktienkurs auch Ende Oktober weiterhin über dem Stand zu Jahresbeginn 1928.

Als Erklärung für den Crash wird daher zunächst auf die ungesunde Spekulation hingewiesen. Wegen der Kreditfinanzierung von Aktien habe sich die Panik beschleunigt.

Die Ursachen für den Kursverfall und die danach einsetzende Rezession liegen jedoch tiefer. Als wichtigste Faktoren sind zu nennen: Das Ungleichgewicht der Weltwirtschaft und des Weltwährungssystems in der Folge des Weltkriegs; die Absatzkrise in der US-Landwirtschaft, die durch die gestiegene Produktivität dank technischer Neuerungen und durch die starke Konkurrenz auf dem Weltmarkt verursacht ist (→15.6./S. 103); zudem eine Überinvestitions- und Unterkonsumtionskrise in den USA, die dort im Sommer 1929 zum Konjunkturknick geführt hat.

Die Löhne sind in den USA, wo die Gewerkschaften traditionell eine schwache Position haben, hinter den Unternehmergewinnen weit zurückgeblieben. Zwar investierten die Unternehmen ihre Gewinne, aber es fehlte an Kaufkraft bei den potentiellen Kunden. Mit der Spekulation an der Börse ließ sich deshalb mehr Geld als mit der Produktion verdienen.

Vor dem Gebäude der New Yorker ▷ Börse (r. mit vorspringender Fassade) in der Wall Street versammelt sich eine aufgeregte Menschenmenge

Kaum Reaktionen in Europa

Die Reaktionen in Europa auf den Kursverfall an der New Yorker Börse sind zunächst gedämpft (→ 30.11./S. 187). Zwar geben auch an den europäischen Aktienmärkten die Kurse leicht nach, doch erreicht der Wertverfall bei weitem nicht das Ausmaß wie in New York.

Die Tragweite der Ereignisse vom 25. Oktober ist den Zeitgenossen noch nicht klar. Wirtschaftskommentatoren verweisen darauf, daß im Gegensatz zur Hausse in New York, die auf eine hohe Liquidität zurückzuführen sei, das Börsengeschäft in Europa seit langem infolge Kapitalmangels schlecht laufe.

Die europäischen Ökonomen registrieren daneben allerdings auch deutliche Zeichen, die auf eine bevorstehende wirtschaftliche Krise hindeuten und die vor allem in der Alten Welt zu finden sind: Der Notverkauf der Österreichischen Bodencreditanstalt (→10.10./S. 171), der durch Übernahme verhinderte Zusammenbruch der Frankfurter Versicherungs AG (→19.8./S. 139) und der Bankrott der Londoner Firmengruppe Clarence Hatry am 20. September sind beispielhaft.

Die Beschreibung der Krise bleibt vielfach an der Oberfläche, so etwa in einem Leitartikel in der »Vossischen Zeitung« vom 27. Oktober, der die Insolvenzen vor allem aus persönlichem Fehlverhalten der Unternehmer erklärt: »Wo man hinsieht, überall das gleiche Bild, nicht das eigene Geschäft hat die Firmen zu Fall gebracht, sondern kaufmännisch unverantwortliche Sondertransaktionen. Es gibt eben noch immer weite Kreise, die es bisher nicht über sich bringen können, zu soliden Grundsätzen zurückzukehren. Jahrelang wurden sie von den wahrhaft aufbauenden Kräften, die an eine solche Morschheit nicht glauben wollten oder konnten, unfreiwillig im Interesse der Gesamtheit durchgehalten ... Wie weit die Unmoral in geschäftlichen Dingen überhaupt vorgedrungen ist, haben mit größter Deutlichkeit solche Vorkommnisse wie die Sklarek-Affäre ... gezeigt« (→26.9./S. 156).

Daß die sich häufenden Konkurse im Deutschen Reich und die öffentliche Finanzkrise (→22.12./S. 200) vor allem darauf zurückzuführen sind, daß die Kredite aus den USA ausbleiben (das Geld floß statt dessen in die Spekulation mit US-Aktien), sehen die Wirtschaftsfachleute kaum (→S. 202).

Neueste Nachrichten von der Börse

Vor einer Bank in New York stehen Kunden Schlange, die fürchten müssen, ihre Ersparnisse durch den Zusammenbruch der Börse verloren zu haben

Politische Unsicherheit nach dem Tod Stresemanns

3. Oktober. Reichsaußenminister Gustav Stresemann stirbt 51jährig frühmorgens in Berlin an den Folgen eines Schlaganfalls, den er in der Nacht erlitten hat.

Stresemann war seit langem schwer krank: Er litt seit seiner Jugend an einer Überfunktion der Schilddrüse, später kamen Nierenentzündungen, Arterienverkalkung und häufige Herzanfälle hinzu. Trotz seiner schwer angeschlagenen Gesundheit versuchte er am Tag vor seinem Tod, die Reichstagsfraktion seiner Partei, der Deutschen Volkspartei (DVP), in einer langen, dramatischen Sitzung zum Einlenken bei der Arbeitslosenversicherungsreform (→3.10./S. 173) zu bewegen.

Nicht nur im Deutschen Reich, sondern auch im Ausland verbindet sich die Trauer über das Ableben des international bekanntesten deutschen Politikers mit der Sorge um den weiteren Kurs des Deutschen Reichs. Im nachhinein erscheint der Tod Stresemanns als Wendepunkt von der relativen Stabilität zur Endkrise der Weimarer Republik.

Stresemann, am 10. Mai 1878 als Sohn eines Bierhändlers geboren, studierte Nationalökonomie und wurde 1902 Syndikus des Verbandes sächsischer Industrieller (bis 1918). Außerdem war er führend im Bund der Industriellen tätig.

1903 schloß sich Stresemann der Nationalliberalen Partei an und zog 1907 erstmals für sie in den Reichstag ein. Er verlor sein Mandat 1912, kehrte jedoch 1914 bei einer Nachwahl in den Reichstag zurück (bis 1918). Im Weltkrieg gehörte Stresemann zu den entschiedenen Befürwortern einer Annexionspolitik und eines »Siegfriedens«. Sein Ziel war die Angliederung französischer, belgischer und russischer Gebiete an das Deutsche Reich.

Nach dem Ende des Kriegs im November 1918 wandelte sich Stresemann, der eigentlich Monarchist war, mehr und mehr zum »Vernunftrepublikaner«: Aus realpolitischen Erwägungen trat er für die parlamentarische Demokratie der Weimarer Republik ein. Da die im November 1918 gegründete, eher linksliberale Deutsche Demokratische Partei (DDP) ihm wegen seiner expansionistischen Haltung im Weltkrieg die Mitgliedschaft verweigerte, gründete Stresemann eine eigene Partei, die DVP, deren Anhänger und Mitglieder eher dem rechten Spektrum zuzuordnen sind und die von Banken und der Großindustrie finanziell unterstützt wird. Stresemann, der bis zu seinem Tod DVP-Vorsitzender blieb, vertrat vielfach liberalere Anschauungen als die Mehrheit seiner Partei.

Stresemann gehörte der Weimarer Nationalversammlung (1919) und seit 1920 dem Reichstag an. In diesem Jahr erhielt er auch den DVP-Fraktionsvorsitz. Im Krisenjahr 1923 übernahm er erstmals Regierungsverantwortung: Er wurde Reichskanzler der ersten großen Koalition aus DDP, DVP, Zentrum und SPD und übernahm zugleich das Außenministerium, das er seither bei wechselnder Regierungszusammensetzung innegehabt hat.

In die Zeit seiner Kanzlerschaft (bis November 1923) fällt der Aufruf an die deutsche Bevölkerung, den passiven Widerstand gegen die Ruhrbesetzung (im Januar 1923 waren belgische und französische Truppen ins Ruhrgebiet einmarschiert, weil das Deutsche Reich seine Reparationsverpflichtungen nicht erfüllt hatte) aufzugeben — ein Schritt, zu dem er sich gezwungen sah, weil die Reichsregierung zur finanziellen Unterstützung des Widerstands nicht in der Lage war. Die Währungsreform 1923, mit der die Inflation beendet werden konnte, trägt Stresemanns Handschrift.

Gustav Stresemann (hinten sitzend) mit seiner Frau Käte, geborene Kleefeld, bei der Feier seiner Silberhochzeit 1928 in Wiesbaden

Reichsaußenminister Stresemann (M.) mit seinen britischen und französischen Amtskollegen 1928 in Lugano; l. Chamberlain, r. Briand

Eine Außenpolitik der Verständigung

Mit dem Namen Gustav Stresemann verbinden sich vor allem die außenpolitischen Leistungen des deutschen Reichskanzlers und Außenministers seit 1923. Stresemann lehnte den Versailler Vertrag, der dem Deutschen Reich Gebietsabtretungen und Reparationszahlungen auferlegte sowie die deutsche Souveränität einschränkte, inhaltlich ab. Er sah jedoch als Realpolitiker die einzige Chance für das Deutsche Reich darin, ihn zunächst zu akzeptieren, um über eine Politik der Völkerverständigung eine Änderung zu erreichen. Revanchistische und nationalistische Töne standen nicht in Einklang mit dieser Politik.

Ein erster großer Erfolg für Stresemann war der Locarno-Vertrag vom Oktober 1925. Mit ihm verzichtete das Deutsche Reich endgültig auf Elsaß-Lothringen und erkannte die deutsche Westgrenze an. Dem Deutschen Reich wurde die baldige Räumung der Kölner Besatzungszone (im Februar 1926 erfolgt) in Aussicht gestellt. Der Eintritt des Deutschen Reichs in den Völkerbund im September 1926 bedeutete zugleich die internationale Anerkennung des Weimarer Staates als gleichberechtigte Nation. Stresemann erhielt 1926 gemeinsam mit Frankreichs Außenminister Aristide Briand den Friedensnobelpreis.

Als Gegengewicht zur Verständigungspolitik gegenüber dem Westen bemühte sich Stresemann um freundschaftliche Beziehungen zum Osten, hielt dabei aber am Ziel einer Revision der deutschen Ostgrenze fest. Dem Rapallo-Vertrag von 1922, mit dem die Wiederaufnahme diplomatischer Beziehungen mit der Sowjetunion vereinbart wurde, folgte im April 1926 der Berliner Vertrag, ein Freundschafts- und Neutralitätsvertrag mit der UdSSR. Die Beziehungen zu Polen blieben belastet.

Die Leiche des verstorbenen Gustav Stresemann wird vor der Beerdigung im Wintergarten des Auswärtigen Amtes in Berlin aufgebahrt

Feierliches Staatsbegräbnis für Gustav Stresemann in Berlin am 6. Oktober: Nach der Trauerfeier formiert sich vor dem Reichstagsgebäude der Trauerzug

Reichspräsident Paul von Hindenburg (l.) verabschiedet sich nach der Trauerfeier vor dem Auswärtigen Amt von den Angehörigen des diplomatischen Korps in der Reichshauptstadt

Der Vizepräsident des Reichstags, Siegfried Freiherr von Kardorff (r.), hält vor dem Reichstag die Gedenkrede

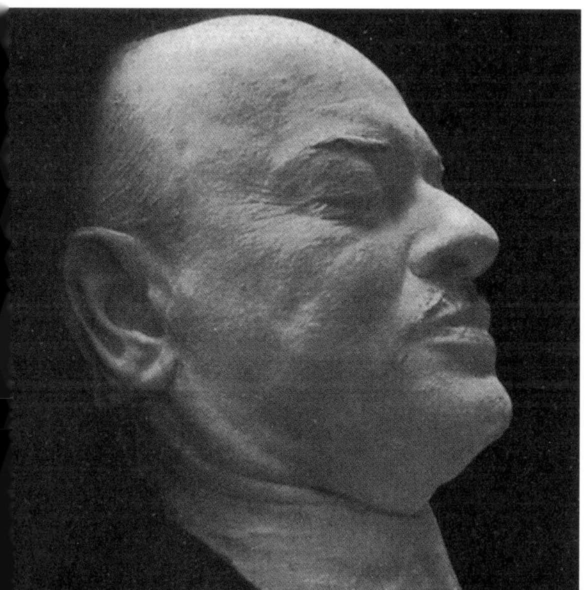

Stresemanns Totenmaske; das Gesicht des Politikers war von der langen schweren Krankheit gezeichnet

Käte Stresemann, die Witwe des Verstorbenen, nimmt mit ihren beiden Söhnen (links und rechts von ihr) am Grab auf dem Luisenstädter Friedhof Abschied von ihrem Mann

10,02 % für Volksbegehren der Rechten

29. Oktober. Die Einschreibungsfrist für das Volksbegehren über das »Gesetz gegen die Versklavung des deutschen Volks« (Anti-Youngplan-Gesetz), die am 16. Oktober begonnen hat, ist abgelaufen. Das für ein Volksbegehren erforderliche Zehntel aller Eintragungsberechtigten ist mit 10,02 % knapp erreicht. Da das Gesetz verfassungsändernden Charakter hat und der Zustimmung der Mehrheit der Stimmberechtigten bedarf, steht nunmehr ein Volksentscheid darüber an (→ 30.11./S. 185; 22.12./S. 201).

Das vom Reichsausschuß gegen den Youngplan (→ 9.7./S. 116), dem u.a. die großen Rechtsparteien DNVP und NSDAP angehören, am 28. September eingebrachte Volksbegehren richtet sich nicht allein gegen die Reparationsverpflichtungen (→ 7.6./S. 98). Der Gesetzesvorschlag soll die Reichsregierung u.a. auch dazu verpflichten, auf die Streichung der Kriegsschuld-Artikel im Versailler Friedensvertrag hinzuwirken sowie die unverzügliche und bedingungslose Räumung der besetzten Gebiete auch ohne Anerkennung der Haager Beschlüsse (→ 31.8./S. 134) zu erreichen. Für den Fall, daß Mitglieder der Reichsregierung Lasten oder Verpflichtungen wie die des Haager Abkommens gegenüber auswärtigen Mächten akzeptieren, sollen sie wegen Landesverrats mit Zuchthaus bestraft werden.

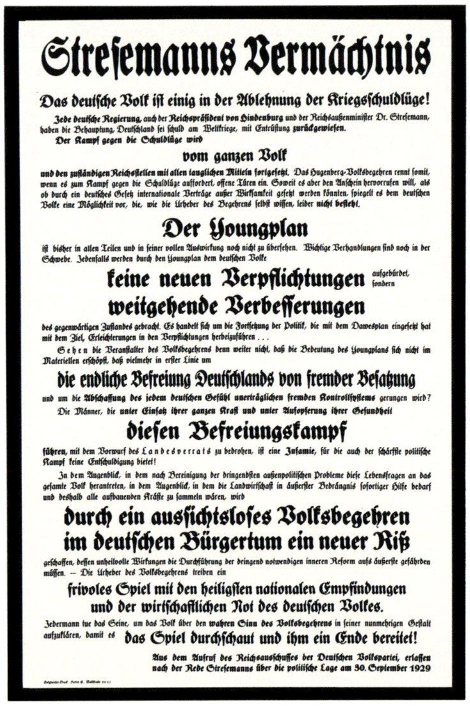

Stresemanns Vermächtnis

Das deutsche Volk ist einig in der Ablehnung der Kriegsschuldlüge!

Jede deutsche Regierung, auch der Reichspräsident von Hindenburg und der Reichsaußenminister Dr. Stresemann, haben die Behauptung, Deutschland sei schuld am Weltkriege, mit Entrüstung zurückgewiesen.

Der Kampf gegen die Schuldlüge wird

vom ganzen Volk

und den zuständigen Reichsstellen mit allen tauglichen Mitteln fortgesetzt. Das Hugenberg-Volksbegehren rennt somit, wenn es zum Kampf gegen die Schuldlüge auffordert, offene Türen ein. Soweit es aber den Anschein hervorrufen will, als ob durch ein deutsches Gesetz internationale Verträge außer Wirksamkeit gesetzt werden könnten, spiegelt es dem deutschen Volke eine Möglichkeit vor, die, wie die Urheber des Begehrens selbst wissen, leider nicht besteht.

Der Youngplan

ist bisher in allen Teilen und in seiner vollen Auswirkung noch nicht zu übersehen. Wichtige Verhandlungen sind noch in der Schwebe. Jedenfalls werden durch den Youngplan dem deutschen Volke

keine neuen Verpflichtungen aufgebürdet, sondern

weitgehende Verbesserungen

des gegenwärtigen Zustandes gebracht. Es handelt sich um die Fortsetzung der Politik, die mit dem Dawesplan eingesetzt hat mit dem Ziel, Erleichterungen in den Verpflichtungen herbeizuführen ...

Sehen die Veranstalter des Volksbegehrens denn weiter nicht, daß die Bedeutung des Youngplans sich nicht im Materiellen erschöpft, daß vielmehr in erster Linie um

die endliche Befreiung Deutschlands von fremder Besatzung

und um die Abschaffung des jedem deutschen Gefühl unerträglichen fremden Kontrollsystems gerungen wird?

Die Männer, die unter Einsatz ihrer ganzen Kraft und unter Aufopferung ihrer Gesundheit

diesen Befreiungskampf

führen, mit dem Vorwurf des Landesverrats zu bedrohen, ist eine Infamie, für die auch der schärfste politische Kampf keine Entschuldigung bietet!

In dem Augenblick, in dem nach Bereinigung der dringendsten außenpolitischen Probleme diese Lebensfragen an das gesamte Volk herantreten, in dem Augenblick, in dem die Landwirtschaft in äußerster Bedrängnis sofortiger Hilfe bedarf und deshalb alle aufbauenden Kräfte zu sammeln wären, wird

durch ein aussichtsloses Volksbegehren im deutschen Bürgertum ein neuer Riß

geschaffen, dessen unheilvolle Wirkungen die Durchführung der dringend notwendigen inneren Reform aufs äußerste gefährden müssen. – Die Urheber des Volksbegehrens treiben ein

frivoles Spiel mit den heiligsten nationalen Empfindungen und der wirtschaftlichen Not des deutschen Volkes.

Jedermann tue das Seine, um das Volk über den wahren Sinn des Volksbegehrens in seiner nunmehrigen Gestalt aufzuklären, damit es das Spiel durchschaut und ihm ein Ende bereitet!

Aus dem Aufruf des Reichsausschusses der Deutschen Volkspartei, erlassen nach der Rede Stresemanns über die politische Lage am 30. September 1929

◁ Die Deutsche Volkspartei, deren Vorsitzender Gustav Stresemann war, fordert in einem Aufruf, nicht für das von den beiden Rechtsparteien DNVP und NSDAP eingebrachte Volksbegehren zu stimmen; der Text, der sich auf eine der letzten Reden Stresemanns stützt, verweist insbesondere darauf, daß die Befreiung des Rheinlands durch den Youngplan erreicht worden sei

▽ Hochbetrieb in den Geschäftsräumen der rechtsgerichteten Deutschnationalen Volkspartei (DNVP), einer der Initiatoren des Volksbegehrens gegen die Reparationsverpflichtungen des Youngplans; im Versandraum wird Propagandamaterial verpackt

Waffenfunde bei NSDAP in Frankfurt

19. Oktober. Die Polizei von Frankfurt am Main beschlagnahmt bei der Durchsuchung von nationalsozialistischen Versammlungen ein ganzes Arsenal von Waffen und nimmt 67 Personen fest.

In der Stadt war es in letzter Zeit wiederholt zu Verletzungen von Personen bei nächtlichen Überfällen mit Messerstichen und schweren Schlaggegenständen gekommen, deren Urheber in den Reihen der NSDAP vermutet wurden. Die Polizei findet nun bei ihrer Durchsuchung eine Schußwaffe mit Munition, zwei Totschläger, einen Schlagring mit Zacken, ein feststehendes Messer in Dolchform, in Leder gewickelte Fahrradschlüssel, mit Blei gefüllte Gummischläuche, Knüppel aus Blei und Stahl, Schlagringe und Stockdegen.

Auch in der Reichshauptstadt Berlin häufen sich die Gewalttätigkeiten der Nationalsozialisten. Am Potsdamer Platz werden am 20. Oktober etwa 100 Personen festgenommen, die nach einer Kundgebung gegen den Youngplan (→ 29.10./S. 170) randalierend durch die Straßen gezogen sind und versucht haben, eine zum Schutz der Bannmeile um den Reichstag gebildete Polizeikette zu durchbrechen. Die liberale Presse fordert scharfe Maßnahmen gegen den Mißbrauch der Versammlungsfreiheit durch die Nationalsozialisten.

Paramilitärischer Stahlhelm in Rheinprovinz verboten

8. Oktober. Der preußische Innenminister Albert Grzesinski verfügt die Auflösung des Soldatenbundes Stahlhelm einschließlich sämtlicher Hilfs- und Unterorganisationen für die Rheinprovinz und die Provinz Westfalen.

Das Verbot erfolgt mit Zustimmung der Reichsregierung und unter Hinweis auf ein Gesetz von 1921 zur Ausführung der militärischen Bestimmungen des Versailler Friedensvertrags, das bewaffnete militärische Organisationen verbietet.

Die Beobachtungen über die Anlage und Durchführung eines Stahlhelm-Manövers am 21. und 22. September im rheinischen Langenberg ließen – so heißt es in der Begründung – keine Zweifel, daß die Mitglieder der Organisation dazu ausgebildet würden, eine Truppe zu schaffen, die in der Lage sei, nach militärischen Gesichtspunkten kämpfend anzutreten.

Parallele zwischen Stahlhelm-Verbot und Besatzern in einer Karikatur

An der Stahlhelm-Übung hatten etwa 3000 Mann teilgenommen, die in ihrem Manöver die Einnahme und Verteidigung des Senders Langenberg erprobten. Der Bundesführer des Stahlhelm, Franz Seldte, leitete das Kriegsspiel; u.a. war auch Prinz August Wilhelm von Preußen anwesend. Schmähungen der schwarz-rot-goldenen republikanischen Reichsflagge und Haßgesänge auf die junge Demokratie von Weimar bestimmten das anschließende feierliche Treffen.

Der Stahlhelm ist mit reichsweit etwa einer halben Million Mitgliedern neben den Gewerkschaften die größte außerparteiliche Organisation im Deutschen Reich. 1918 als politischer Wehrverband der Rechten gegründet, ist der Stahlhelm ein Zusammenschluß ehemaliger Soldaten und Offiziere, die häufig von sozialem Abstieg bedroht sind. Seit 1923 können auch »national gesinnte Männer«, die nicht am Weltkrieg teilgenommen haben, Mitglied werden. Seit 1928 ruft die Organisation, deren Programm von einem militanten Nationalismus, Antikatholizismus und Antisemitismus bestimmt ist, offen zum Sturz des Weimarer Systems auf. Ein reichsweites Vorgehen gegen den Stahlhelm wird durch die Ehrenmitgliedschaft von Reichspräsident Paul von Hindenburg erschwert (→ 26.2./S. 33).

Zündholzmonopol für 500 Millionen RM

26. Oktober. Im Reichsfinanzministerium in Berlin wird ein Vertrag zwischen dem Deutschen Reich und dem schwedischen Zündwarenkonzern Svenska Tändsticks AB (STAB) unterzeichnet.

Das Deutsche Reich erhält von der STAB eine Anleihe von 125 Millionen US-Dollar (rd. 500 Millionen Reichsmark) mit einer Laufzeit von 50 Jahren zu einem Zinsfuß von 6%. Als Gegenleistung gewährt das Deutsche Reich dem schwedischen Trust das Monopol für Zündwaren im deutschen Reichsgebiet.

Der künftige Monopolist ist bereits der größte Zündholzproduzent im Deutschen Reich. Da der ausländische Konkurrent technisch und vor allem finanziell überlegen war, sahen sich 1926 viele der deutschen Zündholzproduzenten gezwungen, ihren Betrieb aufzugeben oder ihn an den schwedischen Konzern zu verkaufen. Die Reichsregierung reagierte mit der Schaffung eines Zündholzsyndikats, in dem die STAB — obwohl sie 65 % der Produktion lieferte — nur 50 % der Stimmen innehatte.

Mit der nun gefundenen Regelung erhält die STAB lediglich das Reichsmonopol auf den Verkauf von Zündwaren. Die Fabriken bleiben Privateigentum der bisherigen Besitzer. Sie sind lediglich gezwungen, sämtliche Erzeugnisse an das Monopol zu verkaufen.

Die zu günstigen Bedingungen gewährte Anleihe soll der Reichsregierung in der schweren Finanzkrise (→22.12./S. 200), die u.a. durch den Geldmangel bei der Arbeitslosenversicherung hervorgerufen worden ist (→ 3.10./S. 173), die nötige Bewegungsfreiheit verschaffen. Deutsche Banken sind an dem Geschäft zunächst nicht beteiligt.

»Zündhölzer gefällig?« fragt der deutsche Michel den Monopolisten, der ihm Kredit gewährt (»Kladderadatsch«)

Der »Kladderadatsch« sieht Finanzminister Rudolf Hilferding (SPD) als Odysseus auf einem Meer des Irrtums

Das Imperium des Schweden Kreuger

Die 1917 geschaffene Svenska Tändsticks AB (STAB) ist eine Gründung des schwedischen Industriellen Ivar Kreuger, der bereits 1908 zusammen mit Paul Toll die AB Kreuger & Toll ins Leben gerufen hatte. Nach dem Weltkrieg erwarb die STAB mit ihren zahlreichen

Der schwedische Industrielle Ivar Kreuger, geboren am 2. März 1880 in Kalmar, beherrscht rund drei Viertel des Weltmarktes für Zündwaren

Tochtergesellschaften in verschiedenen Staaten Monopole für Zündwaren. Für die Beherrschung von drei Vierteln des Weltmarkts durch Erwerb dieser Monopole gab der schwedische Konzern insgesamt über 290 Millionen US-Dollar (rd. 11,6 Milliarden Reichsmark) aus. Allerdings ist die Eigenkapitalbasis der STAB relativ gering, so daß seit 1925 finanzielle Engpässe durch gewagte, auch nicht ganz legale Finanzspekulationen überwunden werden müssen.

Einfluß der Ufa soll begrenzt werden

19. Oktober. Das Deutsche Reich erwirbt die Aktienmehrheit des zweitgrößten deutschen Filmkonzerns, der Münchner Emelka-Filmgesellschaft. Es erhöht seinen Aktienanteil von 10 % auf 61 %.

Ziel der Reichsregierung ist es, der Konzentration im Filmgeschäft entgegenzuwirken und den Einfluß des größten deutschen Filmkonzerns, der Universum Film AG (Ufa), die sich in den Händen des rechtsgerichteten Politikers und Medienzaren Alfred Hugenberg (DNVP) befindet, zu begrenzen.

Die Emelka-Wochenschau ist die einzige größere deutsche Wochenschau, die noch nicht vom Ufa-Konzern produziert wird. Ihre Unabhängigkeit bleibt erhalten.

Wiener Bank gerettet

10. Oktober. Durch eine Notübernahme durch die Österreichische Creditanstalt für Handel und Gewerbe kann eines der ältesten und renommiertesten österreichischen Kreditinstitute, die 1863 gegründete Allgemeine Österreichische Bodencreditanstalt, vor dem Zusammenbruch bewahrt werden.

Die Fusionsverhandlungen wurden unter dem Vorsitz des österreichischen Bundeskanzlers Johannes Schober zügig geführt, da bei einem längeren Zögern mit einer Panik an den Börsen, aber auch mit einer weiteren Verschärfung des innenpolitischen, durch staatsfeindliche Propaganda der Heimwehren geprägten Klimas zu erwarten war. Die Aktien werden im Verhältnis 4:1 getauscht.

Louis Rothschild, Chef der Creditanstalt für Handel und Gewerbe

Köln erhält neuen Universitätsbau

26. Oktober. In Beisein des Kölner Oberbürgermeisters Konrad Adenauer, des preußischen Ministerpräsidenten Otto Braun und des preußischen Kultusministers Carl Heinrich Becker wird in Köln der Grundstein für das neue Universitätsgebäude gelegt.

Die neue Kölner Universität ist 1919 aus der Handelshochschule hervorgegangen; mit Hinweis darauf betont Becker, daß es Aufgabe dieses Bildungsinstituts sein müsse, zwischen »Wissenschaft und pulsierendem Geschäftsleben« zu vermitteln.

Die Gründung der alten Kölner Universität 1388 war die erste im deutschen Sprachraum, die auf Initiative des Rats der Stadt erfolgte. 1798 wurde sie aufgelöst.

Hoffnung auf Ende des Bürgerkriegs

17. Oktober. Nadir Khan, der am 15. Oktober mit seinen Truppen die Hauptstadt Kabul besetzt hat, wird zum König von Afghanistan proklamiert. Sein Rivale Habib Ullah Gha-

Nadir Khan, nach der Einnahme der Hauptstadt Kabul Herrscher von Afghanistan, ruft die Bürgerkriegsparteien dazu auf, die Waffen niederzulegen und ihn als König anzuerkennen

si, gegen den er nach der Ausreise von Aman Ullah Khan (→ 14.1./S. 19; 23.5./S. 85) allein kämpfte, wird am 1. November hingerichtet.
Mit der Inthronisation von Nadir Khan kehrt Ruhe in dem vom Bürgerkrieg geschüttelten Land ein. Der neue Herrscher erklärt: »Ich bin weder ein Russenfreund noch ein Engländerfreund«; seine Regierung wolle in erster Linie den Vorschriften des Islam genügen.

Balkanstaat heißt nun Jugoslawien

3. Oktober. Der diktatorisch regierende Monarch Alexander I. Karadordević benennt das Königreich der Serben, Kroaten und Slowenen in »Jugoslawien« um. Seine Absicht

Alexander I. Karadordević, Sohn des serbischen Königs Peter I., wurde am 17. Dezember 1888 in Cetinje geboren; seit 1921 herrscht er als König über den Vielvölkerstaat auf dem Balkan

ist es, die Gegensätze zwischen den Volksgruppen zugunsten eines einheitlichen Nationalgefühls als »Südslawen« aufzuheben. Zugleich werden größere Verwaltungseinheiten eingeführt, die Banate, die statt der historischen Namen nun Benennungen nach Flüssen tragen.
Die nach dem Putsch vom →5. Januar (S. 18) gegründete kroatische Untergrundorganisation Ustascha setzt sich militant zur Wehr.

Präsident Briand muß zurücktreten

22. Oktober. Der gerade drei Monate amtierende französische Ministerpräsident Aristide Briand (→ 26.7./S. 120) tritt zurück. Er verknüpft eine Abstimmung über

Der zur rechten Mitte zählende André Tardieu wird französischer Ministerpräsident; er behält den Posten des Innenministers, den er bereits im Kabinett Briand innehatte

zweitrangige Probleme in der Abgeordnetenkammer, der zweiten Kammer des französischen Parlaments, mit der Vertrauensfrage und erhält nicht die Mehrheit.
Sein Nachfolger wird am 2. November André Tardieu, dessen neues Kabinett sich vor allem auf die Rechte stützt. Zuvor sind zwei Versuche zur Neubildung der Regierung unter Einschluß der Radikalsozialisten gescheitert.

100 Offiziere in Polens Parlament

31. Oktober. Am Tag der Eröffnung des Sejm, des polnischen Parlaments, erscheint eine Gruppe von etwa 100 Offizieren, Anhänger von Kriegsminister Józef Klemens Pil-

Pilsudski, dem »Helden von der Weichsel«, ist es 1920 im Krieg gegen Sowjetrußland gelungen, die Ostgrenze von Polen um 250 km nach Osten zu verschieben; seit seinem Putsch von 1926 gilt er als starker Mann im Hintergrund

sudski, im Parlamentsgebäude und ist selbst nach Aufforderung des Sejmpräsidiums nicht bereit, es zu verlassen. Pilsudski, der sich selbst im Parlament aufhält, kommt der Bitte des Präsidiums nicht nach, seine Anhänger zum Abzug aufzufordern. Das Parlamentspräsidium erklärt daraufhin, es sei nicht geneigt, »unter Säbeln und Revolvern« die Sejmeröffnung zu vollziehen, und löst die Versammlung auf.

Internationale Konferenz über Seeabrüstung geplant

7. Oktober. Die britische Regierung richtet an die USA, Frankreich, Japan und Italien eine Einladung zu einer Seeabrüstungskonferenz. Die Note wird von allen Regierungen positiv beantwortet.
Bereits 1922 hatten sich diese fünf Haupt-Seemächte im Washingtoner Flottenabkommen auf eine Begrenzung der Großkampfschiffe und Flugzeugträger im Verhältnis 5 (USA) : 5 (Großbritannien) : 3 (Japan) : 1,67 (Frankreich) : 1,67 (Italien) geeinigt. Eine neuerliche Konferenz wird von den beteiligten Staaten aus unterschiedlichen Gründen gewünscht:

▷ Washington und Tokio sehen angesichts der Spannungen im pazifischen Raum die engen Rüstungsgrenzen als lästig an
▷ London ist dagegen aus finanziellen Gründen an einer Ausweitung der Seerüstung nicht interessiert
▷ Alle Mächte wollen das Gewichtsverhältnis ihrer Flotten grundsätzlich neu festlegen.

Britisches Schlachtschiff »Nelson« vor Gibraltar

Das U-Boot »Pandora« wird zu Wasser gelassen

An Bord des US-Flugzeugträgers »Saratoga«

Die gerade fertiggestellte Düsseldorfer Rheinbrücke, die der Bauingenieur Wilhelm Kreis entworfen hat

In zwei Tagen zwei Brücken eröffnet

13. Oktober. Im Beisein des Kölner Oberbürgermeisters Konrad Adenauer (Zentrum) wird die neue Rheinbrücke, die von Köln in den Vorort Mülheim führt, feierlich eingeweiht. Zehntausende säumen bei dem Festakt das Rheinufer, 2000 geladene Gäste haben sich auf der Brücke — der längsten Hängebrücke Europas — eingefunden.
Einen Tag zuvor ist wenige Kilometer entfernt eine weitere Rheinbrücke ihrer Bestimmung übergeben worden. Sie verbindet Düsseldorf mit Neuss. Insgesamt gibt es inzwischen 32 Brücken, die sich über den Rhein spannen. Drei weitere sind südlich von Mainz in Bau.

Die festlich buntgeschmückte Köln-Mülheimer Brücke

In der Haftanstalt Gold produziert?

9. Oktober. Der »Ullstein-Nachrichtendienst« berichtet von einem Experiment im Münchner Untersuchungsgefängnis, bei dem es dem Häftling Franz Tausend unter Kontrolle von vier Beamten gelungen sein soll, aus Blei und anderen Substanzen Gold zu erzeugen. Tausend sitzt wegen Betrugsverdachts ein. Einige seiner Geldgeber hatten ihn angezeigt, weil er — entgegen seinen Versprechungen — nur geringe Goldmengen erzeugen konnte. Auch General Erich Ludendorff interessierte sich für Tausends Versuche: Sie sollten das Reparationsproblem für das Deutsche Reich lösen.

General Erich Ludendorff übernahm 1916 als Generalquartiermeister neben Generalfeldmarschall Paul von Hindenburg die Verantwortung für alle militärischen Operationen der deutschen Truppen im Weltkrieg

Ansprüche gegen Polen aufgegeben

31. Oktober. Das Deutsche Reich und Polen schließen ein Liquidationsabkommen, mit dem beide Seiten auf gegenseitige Entschädigungsansprüche verzichten.
Der polnische Staat darf nach dem Versailler Vertrag auf seinem Staatsgebiet gelegenes deutsches Privateigentum liquidieren, den Erlös muß er jedoch an die Eigentümer auszahlen. Dies ist bisher nicht geschehen, und das Deutsche Reich hat deshalb 1925 ein Schiedsgerichtsverfahren eingeleitet, um seine Forderungen in Höhe von insgesamt 600 Millionen Reichsmark durchzusetzen. Polen machte seinerseits Ansprüche geltend, die nach bisheriger deutscher Auffassung jedoch keine Rechtsgrundlage haben.
Mit dem Liquidationsabkommen gibt das Deutsche Reich seine Rechtsposition auf, um das Verhältnis zu Polen auf eine geordnete Grundlage zu stellen. Polen leistet ebenfalls Verzicht auf seine Forderungen und verpflichtet sich, kein weiteres deutsches Privateigentum einzuziehen.

Streit um die Arbeitslosenversicherung

3. Oktober. Der Reichstag in Berlin nimmt in dritter Lesung ein Gesetzespaket zur Reform der Arbeitslosenversicherung an. Gegen den Entwurf stimmen DNVP, NSDAP, KPD und Wirtschaftspartei; die DVP enthält sich der Stimme.
Das Gesetz zur Einführung der Arbeitslosenversicherung brachte 1927 den Pflichtversicherten einen Rechtsanspruch auf Arbeitslosenunterstützung: Die Beiträge dürfen 3 % des Arbeitsentgelts nicht überschreiten; sie sind zu gleichen Anteilen vom Versicherten und vom Arbeitgeber zu zahlen. Nach zwölfmonatiger Anwartschaft besteht Anspruch auf Unterstützung für längstens 26 Wochen.
Die Eigenmittel der Reichsanstalt reichen zur Unterstützung von 800 000 Arbeitslosen, in Krisenzeiten können mit Hilfe einer Rücklage weitere 600 000 Erwerbslose versorgt werden. Da jedoch die Arbeitslosenzahlen wesentlich höher liegen (→28.2./S. 33), mußte die Reichsregierung zur Deckung der Finanzierungslücke zinslose Reichsdarlehen sowie Reichszuschüsse gewähren (→24.4./S. 66). Derzeit beläuft sich der Kredit auf rd. 250 Millionen Reichsmark.
Eine Einigung über die Reform der Arbeitslosenversicherung war innerhalb der Regierung der großen Koalition nur schwer zu erreichen. Die SPD lehnte eine weitergehende Leistungseinschränkung ab; die der Schwerindustrie nahestehende DVP sprach sich gegen eine Erhöhung der Beitragssätze aus, weil ihrer Ansicht nach eine stärkere Belastung der Unternehmer die Wirtschaftskrise verschärfen würde. Schließlich verständigten sich die Parteien auf einen Kompromiß, der Leistungseinschränkungen in geringem Umfang vorsieht und die Erhöhung der Beiträge auf die Finanzreform (→22.12./S. 200) verschiebt. Zwar wollte die DVP diesem Kompromiß nicht in allen Teilen zustimmen, Reichsaußenminister Gustav Stresemann konnte die Fraktion jedoch zur Stimmenthaltung bewegen (→3.10./S. 168).

Wissenschaft und Technik 1929:

Revolutionen in der Medizin — Erleichterungen bei Hausarbeit

Während Großbauwerke, wie z.B. das Badenwerk, eine Groß-Wasserkraftanlage mit Staumauer in der Schwarzenbach-Talsperre, von Technikbegeisterten bestaunt werden, vollziehen sich die bedeutenden technischen Revolutionen, insbesondere im Bereich der Medizin, in aller Stille. Neuerungen, die den Alltag, speziell den der Hausfrau, erleichtern, sind fast zu Selbstverständlichkeiten geworden.

Die Kohlehydrierung ist in den zwanziger Jahren ein wichtiges Forschungsgebiet der deutschen Chemieindustrie. Ein großtechnisches Verfahren zur Verflüssigung von Kohle soll hochwertiges und preisgünstiges Benzin liefern sowie das Deutsche Reich von Ölimporten unabhängiger machen. Die Aktiengesellschaft für Steinkohlenverflüssigung und Steinkohlenverwertung hat 1927 mit dem Bau eines Werks in Meiderich begonnen, das 1929 den Betrieb aufnimmt. Das Werk arbeitet nach einem 1913 von dem deutschen Physiker Friedrich Bergius entwickelten Verfahren. Es verflüssigt Kohle im Gemisch mit Steinkohlenteerpech unter einem Druck von 200 Atmosphären und bei Temperaturen von 400 bis 500° Celsius zu Kohleöl, Ausgangsstoff für hochoktaniges Benzin.

Zu den bedeutendsten Erfindungen der Medizintechnik des Jahres 1929 gehören neben dem Herzkatheter, den der deutsche Arzt Werner Forßmann in einer wissenschaftlichen Arbeit der Öffentlichkeit vorstellt (→ 5.11./S. 191), die eiserne Lunge und die Elektroenzephalographie.

Philip Dinker, ein US-amerikanischer Ingenieur, ist der Erfinder der eisernen Lunge, eines Geräts, das die nicht arbeitende Lunge von völlig gelähmten Patienten beatmet. Der Patient wird dazu bis zum Hals in eine Metallkammer eingeschlossen, in der Über- und Unterdruck im natürlichen Atemrhythmus abwechseln und so die Lunge zusammenpressen bzw. dehnen.

Die Elektroenzephalographie, die der deutsche Psychiater Hans Berger entwickelt, ermöglicht die Aufzeichnung von Gehirnströmen mittels eines Oszillographen: Elektroden leiten die Ströme von der Kopfhaut ab und zeichnen sie als Kurven auf. Das so gewonnene Elektroenzephalogramm (EEG) ist ein wichtiges Mittel zur Diagnose von Gehirnerkrankungen wie Epilepsie oder Tumoren, gibt aber auch genaue Aufschlüsse darüber, wie sich die Gehirnströme bei geistiger Anstrengung gegenüber dem Ruhezustand bei gesunden Menschen verändern.

Zu den technischen Neuerungen im Haushalt gehören die elektrische Geschirrspülmaschine, die von der deutschen Firma Miele europaweit zum ersten Mal angeboten wird. Sie funktioniert nach einem genial einfachen Prinzip: Ein Schaufelrad gießt Wasser über das schmutzige Geschirr. Nach Beendigung des Reinigungsvorgangs wird es per Knopfdruck aus der Maschine abgepumpt.

Elektrische Staubsauger, die es bereits seit 1901 gibt, bieten der Hausfrau mit Zusatzdüsen und -bürsten immer mehr Komfort. Auch elektrische Küchenmixer sind in modernen Haushalten bereits vereinzelt zu finden.

Der weiteren Verbreitung der technischen Haushaltshilfen steht entgegen, daß diejenigen Haushalte, die sich die Segnungen der Technik leisten können, auch über genügend Geld verfügen, um sich die Hausarbeit von Küchenpersonal abnehmen zu lassen.

Staumauer der Schwarzenbach-Talsperre, Teil eines der größten Wasserkraft-Elektrizitätswerke im Deutschen Reich

Utopische Ideen in der militärischen Technik: Vernichtung feindlicher Bombergeschwader durch ultraviolette Strahlen vom Boden aus (Zeichnung)

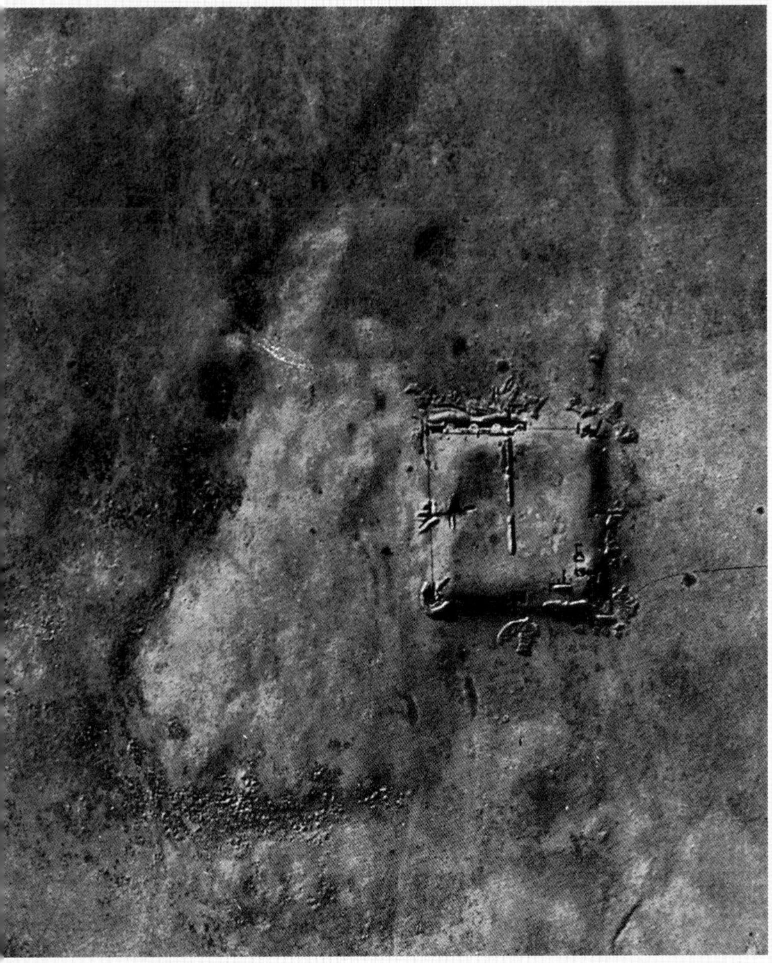

Das byzantinische Kastell von Tell Brak, umgeben von einer starken Befestigungsmauer, aufgenommen aus der Luft von Pater Poidebard

Archäologische Forschung mit Luftfotografie

Die wissenschaftliche Fotografie aus der Luft ist ein wichtiges Hilfsmittel u.a. für die Archäologie geworden, da sie Strukturen, die vom Boden aus kaum zu erkennen sind, sichtbar machen kann.

Die französische Zeitschrift »L'Illustration« berichtet ihren Lesern von einer Reihe von Expeditionen, die der Amateurwissenschaftler Pater Poidebard seit 1925 in das französische Mandatsgebiet Syrien unternommen hat. Mit Unterstützung der französischen Armee, die ihre Militärflugzeuge für die Aufnahmen aus der Luft zur Verfügung stellte, machte Pater Poidebard eine Reihe interessanter archäologischer Entdeckungen.

Zwischen Euphrat und Tigris sind nahezu alle baulichen Reste der antiken assyrischen und römischen Kultur verschwunden: Erosion und die Invasionen der Perser und Araber, schließlich der Wüstenwind, der alles mit Sand bedeckte, haben dazu geführt, daß Ruinen ohne wissenschaftliche Hilfsmittel nicht sichtbar sind.

Mit Hilfe der Luftfotografie gelang es Pater Poidebard, u.a. den Beginn der »Via Diocletiana«, einer römischen Straße, die in die Oasenstadt Palmyra (später: Colonia) in Zentralsyrien führte, im Vulkangebiet östlich vom heutigen Damaskus zu entdecken. Die Anlage der byzantinischen Stadt Thannourin konnte rekonstruiert werden, und Pater Poidebard fotografierte außerdem ein 120 km langes Stück der römisch-byzantinischen Grenze zwischen Thannourin und Dara mit allen Verteidigungsanlagen.

Die Methode der Luftfotografie zu archäologischen Zwecken ist bereits im Jahr 1916 von einer Gruppe französischer Wissenschaftler bei Saloniki in Griechenland angewandt worden, die sich auf der Suche nach Spuren der Ureinwohner von Makedonien befanden.

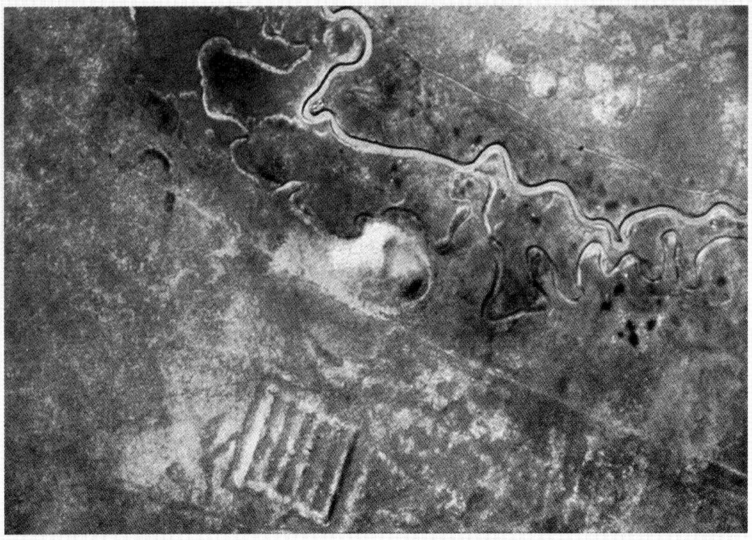

Auf der Luftfotografie sind die Umrisse eines Soldatenlagers sowie der alte und der neue Verlauf des Flusses Djaghdiagh deutlich zu erkennen

Die Spuren der alten byzantinischen Stadt Thannourin mit Umrissen von Wachtürmen sind am oberen Rand der Fotografie auszumachen

Die Ruinen von Tell Brak im französischen Mandatsgebiet Syrien werden nach der Entdeckung aus der Luft von Archäologen behutsam freigelegt

Einigung zwischen Moskau und London

3. Oktober. Die Regierungen von Großbritannien und der Sowjetunion vereinbaren die Wiederaufnahme der 1927 nach einer Spionageaffäre abgebrochenen diplomatischen Beziehungen. Die beiden Staaten kommen überein, sich erst nach der Ernennung der Botschafter auf eine Klausel zu verständigen, die Propaganda gegeneinander untersagt.

London hatte den Bruch mit Moskau am 27. Mai 1927 unter dem Vorwand vollzogen, daß von der Sowjetunion aus ein Umsturz in Großbritannien geplant worden sei. Bei einer großangelegten Untersuchung des Arcos-Hauses, dem Sitz einer sowjetischen Handelsfirma sowie der offiziellen sowjetischen Handelsdelegation in London, wurde am 12./13. Mai 1927 Material über die agitatorischen Aktivitäten der Sowjetunion in Großbritannien und China sichergestellt; ein Dokument, mit dem Militärspionage der Sowjetunion bewiesen werden sollte, wurde jedoch nicht gefunden.

In der konservativen britischen Presse wird der Aufschub in der Frage der Propagandaklausel als Aufgabe britischer Positionen gewertet. So schreibt der »Daily Telegraph«: »In der Tat ist abgesehen von der völligen und beschämenden Unterwerfung in einigen wesentlichen Punkten nichts geregelt worden, und es ist sehr wohl möglich, daß nie etwas geregelt werden wird ... Sich dem Diktat Moskaus von Anfang an gebeugt zu haben, wäre äußerst unwürdig gewesen ...; dies jedoch getan zu haben nach längerem Widerstand, ist monströs.«

Der sowjetische Botschafter in Paris, Dowgalewski (M.), trifft zu Verhandlungen über die Wiederaufnahme der Beziehungen in London ein

Prinzessin Marie-José und der italienische Kronprinz Umberto

Revolverattentat am Verlobungstag

24. Oktober. An dem Tag, an dem er seine Verlobung mit der belgischen Prinzessin Marie-José offiziell bekanntgeben wollte, wird auf den 25jährigen italienischen Kronprinzen Umberto ein Attentat verübt, bei dem er jedoch unverletzt bleibt.

Als Umberto, der Sohn des seit 1900 regierenden italienischen Königs Viktor Emanuel III., am Grab des unbekannten Soldaten in Brüssel einen Kranz niederlegen will, drängt sich ein junger Italiener aus der Menge der Zuschauer vor und gibt aus kurzer Entfernung einen Revolverschuß auf den Kronprinzen ab. Die Kugel verfehlt ihr Ziel, und bevor der Mann ein zweites Mal schießen kann, wird er von einem Zuschauer zu Boden geschlagen. Die Polizei kann nur mit Mühe verhindern, daß der Attentäter von der Menge gelyncht wird.

Der Festgenommene sagt aus, daß er Kassierer des Pariser Matteotti-Clubs sei, was darauf schließen läßt, daß er den Anschlag aus Rache für die Ermordung des italienischen Oppositionspolitikers Giacomo Matteotti im Jahr 1924 unternommen hat. Die Auftraggeber des Mordes sind allerdings weniger im Königshaus als im faschistischen Lager zu suchen (→27.9./S. 157).

Mussolini forciert Ausgrabung in Rom

Die britische Zeitschrift »London News« berichtet über die Ausgrabungen in Rom, die von Ministerpräsident und Duce Benito Mussolini, der sich in der Tradition des antiken römischen Imperiums sieht, forciert worden sind.

Die archäologischen Arbeiten konzentrieren sich auf ein Gebiet hinter dem Trajansforum, wo ein überdachter Basar, der an orientalische Vorbilder erinnert, freigelegt worden ist (Abb.). Bisher sind etwa 150 Ladengeschäfte ausgegraben worden. Sie sind vermutlich zu Beginn des 2. Jahrhunderts n. Chr. zerstört worden, um Raum für die von Kaiser Trajan in Auftrag gegebenen Großbauten zu schaffen. Weitere Ausgrabungen sind auf dem Trajansforum am Nero-Turm vorgenommen worden, ein Turm, von dem aus der Legende nach der römische Kaiser Nero den Brand der Stadt beobachtet haben soll. Der Bau stammt tatsächlich aber aus dem 12. Jahrhundert.

Das Trajansforum selbst wurde 107 bis 113 n. Chr. erbaut.

Gratulation zum 50. der Glühbirne

19. Oktober. Der 82jährige US-amerikanische Erfinder Thomas Alva Edison erhält einen ungewöhnlichen Glückwunsch. Albert Einstein, der Begründer der Relativitätstheorie, gratuliert ihm in einer Rundfunkansprache zum 50. Jahrestag der Erfindung der Glühbirne. In einer Zeit, wo Transatlantikflüge, Bildtelegrafie und Radioübertragungen nichts Besonderes mehr sind, kann die Welt es kaum glauben, daß die Erfindung eines so simplen Gegenstands wie der Glühbirne gerade ein halbes Jahrhundert zurückliegt. Am 19. Oktober 1879 ist es Edison erstmals gelungen, elektrisches Glühlicht zu erzeugen.

Massary erstmals im Sprechtheater

18. Oktober. Im Theater in der Königgrätzer Straße in Berlin hat das Stück »Die erste Mrs. Selby« des Londoner Kritikers St. John Ervine Premiere, eine belanglose Salonkomödie, die durch die Schauspielkunst von Fritzi Massary zum Ereignis wird.

Die Massary ist bereits seit der Vorkriegszeit durch ihre Auftritte in Operetten und Revuen Publikumsliebling der Berliner. Nun ist sie in dem Konversationsstück in ihrer ersten Sprechrolle zu sehen. Sie spielt eine alternde Frau, deren geschiedener Mann (Alfred Abel) zu ihr zurückfindet. In weiteren Rollen treten Maria Paudler als zweite Mrs. Selby, ferner Paul Hörbiger und Peter Wolff auf.

Der Kritiker Herbert Jhering beschreibt ihr Spiel: »Fritzi Massary ist in den Einleitungsszenen fast übervorsichtig. Sparsam, um nicht zu pointieren. Zaghaft, um nicht in alte Wirkungen zu verfallen. Etwas nervös in den Bewegungen, etwas unruhig beim Lächeln und beim Spiel der Augen. Man erlebt den geheimen Kampf mit dem Publikum, die Entstehung großer Schauspielkunst. Die Zuschauer reagieren, Fritzi Massary gewinnt an Boden. Sie spricht — und der Fluß des Dialogs wird ruhig. Was zuerst noch als Zurückhaltung erschien, wird jetzt künstlerischer Takt ... Eine Wohltat für gemarterte Ohren. Alle Konversationsschauspieler sollten sich die Massary anhören.«

Das elektrische Bad in einem Schönheitssalon soll der allgemeinen Entspannung dienen

Gepflegtsein — unerläßlich fürs Fortkommen

»Dreierlei haben die Frauen heute begriffen: Daß ein gepflegtes Allerweltsgesicht heute mehr Chancen im täglichen Fortkommen hat als eine ungepflegte und vernachlässigte Schönheit; daß es nur eine verschwindend kleine Anzahl wirklich häßlicher Frauen gibt, so daß gepflegt aussehen fast gleichbedeutend ist mit hübsch aussehen. Und daß die Summen, die dem Schönheitssalon geopfert werden, ein gut verzinstes Kapital sind.« So beginnt eine Reportage der »Berliner Illustrirten« über Schönheitssalons, die nicht nur in Paris, sondern auch in den deutschen Großstädten immer mehr Anhängerinnen finden.

Bestrahlung mit künstlichem Sonnenlicht soll den Teint verbessern, Massage soll die Beine schlank machen, ein elektrisches Bad dient der allgemeinen Entspannung. Hinzu kommen Maniküre und Pediküre, Gesichtsbehandlung, Korrektur der Augenbrauen, Färben der Wimpern und dekorative Kosmetik.

Bisher stehen Schönheitssalons nur Frauen offen, die sich eine kostspielige Behandlung leisten können. Aber es gibt schon eine Bewegung, die Krankenkassen dazu zu bringen, die Kosten für die Teilhabe an den Errungenschaften der kosmetischen Wissenschaften ganz oder zumindest teilweise zu übernehmen.

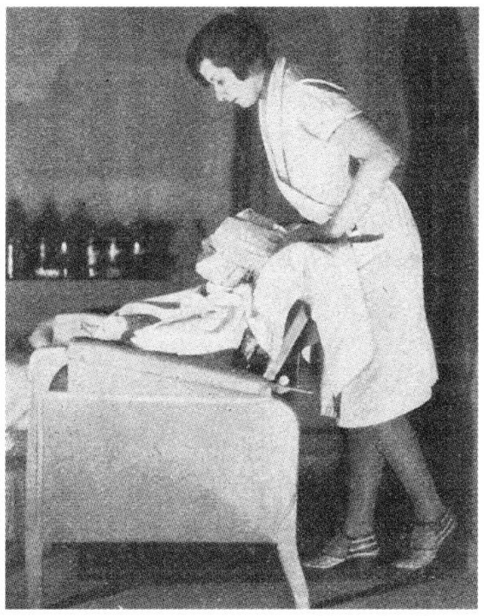

Wer schön sein will, muß Opfer bringen: Gesichtsbehandlung

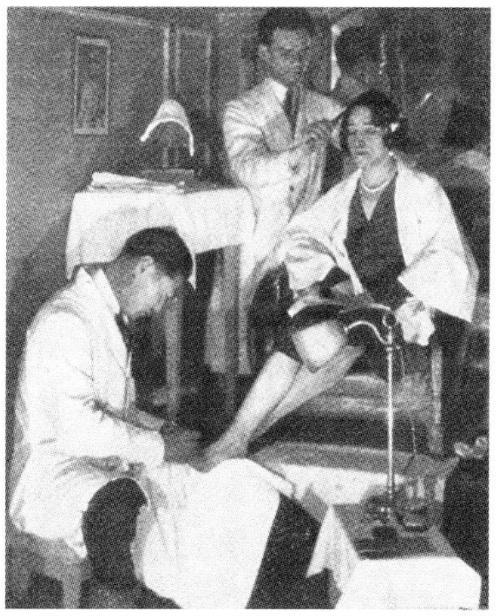

Ein Chinese als Fußpfleger in einem Pariser Schönheitssalon

Künstlicher Sonnenschein wird in den Salons zur Pflege strapazierter Haut und zur Stärkung der allgemeinen Abwehrkräfte verwendet

Untergang der Titanic in Film »Atlantic«

28. Oktober. In Berlin findet die Welturaufführung des Films »Atlantic« statt, der als erster vollständiger »Sprechfilm« angekündigt wird. Der deutsche Regisseur E(wald) A(ndré) Dupont, der 1925 mit dem Stummfilm »Varieté« einen großen Erfolg hatte, hat den Film in einem britischen Studio in einer deutschen und einer englischen Fassung gedreht. Alle tragenden Rollen sind daher doppelt besetzt. In der deutschen Version spielen u.a. Fritz Kortner und Lucie Mannheim.

Der Film basiert auf dem Stück »The Berg« von Ernest Raymond und lehnt sich an den Untergang des Luxusdampfers »Titanic« im Jahr 1912 an: Während auf dem Dampfer »Atlantic« gefeiert wird, stößt das Schiff auf einen Eisberg und gerät in Seenot. Hilfe ist erst in drei Tagen zu erwarten. Bei Bekanntwerden der Katastrophe bricht an Bord eine Panik aus. Herzzerreißende Szenen spielen sich ab, als Männer von ihren Frauen und Kindern (für sie allein ist in den Rettungsbooten Platz) getrennt werden. Über 1000 Passagiere und Besatzungsmitglieder finden zusammen mit dem sich aufopfernden Kapitän den Tod. Unmittelbar vor dem Untergang stimmen sie gemeinsam ein Kirchenlied an.

In nur wenigen Szenen gelingt es dem Regisseur, über die Abfilmung theaterhafter Szenen hinauszukommen und die filmischen Mittel in Zusammenhang mit dem Ton zu nutzen, etwa, wenn ein schwerkranker Dichter in Großaufnahme gezeigt wird, wie er flüsternd vom Leben Abschied nimmt, oder in der Schlußsequenz, wo der Rhythmus des Gesangs zum heller und dunkler werdenden Bild kontrastiert.

Aufnahme einer Gefängnisszene für einen Film der Hollywoodgesellschaft Metro-Goldwyn-Mayer; der Kameramann sitzt im schalldichten Glaskasten

Sprechfilm-Aufnahme im Freien mit komplizierter Apparatur

Szene aus der englischen Fassung des Films »Atlantic«, v.l. die Schauspieler Dyall, Clark-Smith, Barry, Haye

Die gleiche Szene mit deutscher Filmbesetzung, v.l. Kortner, Schroth, Elfriede Borodin, Julia Serda

Tonfilmversuche in den Frühzeiten

Erste Versuche, den Film mit Ton zu unterlegen, hat es bereits in der Anfangszeit des neuen Mediums gegeben. Thomas Alva Edison experimentierte ab 1889 mit dem Kinematophone; es war allerdings anfangs lediglich als Fortentwicklung des Grammophons gedacht. Eine Tonuntermalung von Filmen auf der Grundlage des Grammophons versuchte auch Oskar Eduard Meßter ab 1906. Diese ersten Experimente scheiterten jedoch sämtlich an zu geringer Lautstärke und der mangelhaften Synchronisation von Bild und Ton.

1922 führten die deutschen Ingenieure Josef Engl, Hans Vogt und Josef Massolle den ersten Film mit Tonspur, »Brandstifter«, in Berlin auf. Sie benutzten dabei das von ihnen erfundene Lichttonverfahren, das auf der Möglichkeit beruht, Schallwellen zu fotografieren. Neben die Lichtspur kann so parallel auf die gleiche Filmrolle eine Tonspur kopiert werden. Im Inflationsjahr 1923 waren die drei deutschen Ingenieure gezwungen, das Patent für ihre Erfindung in die USA zu verkaufen.

Der Film, der als erster Tonfilm in die Geschichte der Kinematographie eingeht — tatsächlich ist es der erste kommerziell erfolgreiche Film des neuen Genres — ist »The Jazz Singer« (Der Jazzsänger). Er ist nach einem anderen Verfahren hergestellt: Der Ton wird von großen Schallplatten erzeugt und mittels einer mechanischen Verbindung zum ablaufenden Film mit dem Bild synchronisiert. Der Streifen von Alan Crosland mit Al Jolson, der am 23. Oktober 1927 in New York uraufgeführt wird, ist nicht in voller Länge vertont, sondern enthält lediglich zwei kurze Dialogzeilen sowie einige eingestreute Gesangsnummern.

Seither nehmen einige Filme für sich in Anspruch, der jeweils erste — sei es »abendfüllende« (→12.3./S. 59), sei es »künstlerisch wertvolle« — Tonfilm zu sein.

Drei der Goldsucher auf dem Mond warten vor der Rakete ungeduldig auf die Rückkehr ihrer Genossen

Szene mit Gerda Maurus, Gustav von Wangenheim, Klaus Pohl, Willy Fritsch und Fritz Rasp (v.l.)

Utopischer Film »Die Frau im Mond« — künstlerisch mißlungen, aber technisch überzeugend

4. Oktober. *In Berlin wird der Science-Fiction-Film »Die Frau im Mond« von Fritz Lang uraufgeführt. Das Drehbuch hat die Frau des Regisseurs, Thea von Harbou, nach ihrem gleichnamigen Roman verfaßt. Lang schildert, wie sich fünf Personen mit einer Rakete auf den Mond schießen lassen, weil es dort in einer unterirdischen Höhle Gold geben soll. Einer der Passagiere verunglückt bei der Goldsuche tödlich, ein anderer will allein mit dem gefundenen Edelmetall zur Erde zurückkehren, kommt dann aber bei einer Schießerei vor der Rakete ums Leben. Weil dabei auch ein Sauerstofftank getroffen wird, muß einer der Überlebenden auf dem Erdtrabanten zurückbleiben. Nach Abflug der Rakete stellt sich heraus, daß zwei Passagiere, ein Liebespaar, auf dem Mond zurückgeblieben sind.*

Anders als Fritz Langs erster Science-Fiction-Film, »Metropolis« (1927), ist »Die Frau im Mond künstlerisch wenig überzeugend. Der Film beeindruckt jedoch durch die realistische Darstellung der Raumfahrttechnik. Zwei Pioniere des Raketenbaus, Hermann Oberth und Willy Ley, haben den Regisseur bei den Dreharbeiten in technischen Fragen beraten.

Hektik der Großstadt in Döblin-Roman

11. Oktober. Die »Frankfurter Zeitung« veröffentlicht die 28. und letzte Folge des Romans »Berlin Alexanderplatz« von Alfred Döblin. Zeitgleich mit dem Zeitungsabdruck in Fortsetzungen erscheint die Buchausgabe im S. Fischer Verlag in Berlin.

Alfred Döblin, Verfasser des Romans »Berlin Alexanderplatz«

Im Mittelpunkt der Romanhandlung steht der ehemalige Transportarbeiter Franz Biberkopf. Nach der Entlassung aus dem Gefängnis in Tegel, wo er wegen Totschlags einsaß, beschließt er, ein guter Mensch zu werden. Er beobachtet als Straßenhändler und Zeitungsverkäufer

Umschlag des Döblin-Buchs, das im S. Fischer Verlag erscheint

den Menschentrubel am Berliner Alexanderplatz; die Abende verbringt er in Bierlokalen.

Durch die Bekanntschaft mit Reinhold gerät er wieder auf die schiefe Bahn, läßt sich in Verbrechen hineinziehen und endet schließlich als Zuhälter. Als Reinhold seine Geliebte erwürgt, wird Biberkopf als Tatverdächtiger verhaftet und ins Irrenhaus eingeliefert. Zwar wird seine Schuldlosigkeit im Prozeß erwiesen, doch Biberkopf ist so schwach, daß er kaum nach Hause findet. Er nimmt eine Stelle als Hilfsportier in einer Fabrik an.

Als eigentlicher Widersacher Biberkopfs erscheint in dem Roman die Großstadt Berlin, die ihm als undurchschaubares Häuser- und Menschengewirr erscheint. Seine Erkenntnis nach der Entlassung aus der Haft: Statt auf moralische Grundsätze kommt es auf das »Erkennen und Verstehen« an.

Der Roman beeindruckt durch die expressive Sprachgestaltung. Innere Monologe, Assoziationen, Reklametexte, Berliner Jargon, Zeitungsdeutsch und Statistiken geben die Hektik der Großstadt wieder.

Werner Finck und die »Katakombe«

16. Oktober. Im Keller des Vereinslokals der Berliner Künstler findet die Eröffnungsvorstellung des Kabaretts »Die Katakombe« mit Werner Finck statt. Die Mitwirkenden sind Hans Deppe, Käte Kühl, Dolly Haas und Ernst Busch.

Der Berliner Kritiker Herbert Jhering faßt seinen Eindruck in einem Artikel im »Berliner Börsen-Courier« mit folgenden lobenden Worten zusammen: »Die wahre Prominenz ist bescheiden. In Berlin regiert die plakatierte Prominenz. Aber überall schießen die anonymen Gruppen hervor. In der Bellevuestraße gibt es jetzt ein Kabarett 'Die Katakombe', naiv, spielfreudig, jung und frech. Hier kann man sogar nach Chaplin noch lachen. Unauffällige Dreistigkeit, Niveau und Mut. Mit dem geistig beweglichen Conferencier Werner Finck, mit der kleinen, hinreißend drolligen, witzig scharfen, genial karikaturistischen Dolly Haas, mit Hans Deppe. Ihn als Kardinal Mazarin in einer Revueparodie statt Musketier Muketier sagen zu hören, lohnt einen ganzen Abend.«

November 1929

Mo	Di	Mi	Do	Fr	Sa	So
				1	2	3
4	5	6	7	8	9	10
11	12	13	14	15	16	17
18	19	20	21	22	23	24
25	26	27	28	29	30	

1. November, Freitag

Der Jungdeutsche Orden, ein konservativer Verband, fordert die »wahrhaft nationalen und staatsbejahenden Kräfte« zur Neuformierung auf. Die Organisation strebt ein Zusammengehen mit der liberalen Deutschen Demokratischen Partei (DDP) an. →S. 186

Der Berliner Oberbürgermeister Gustav Böß (DDP), der am Tag zuvor von einer Reise in die USA zurückgekehrt ist, beantragt gegen sich selbst ein Disziplinarverfahren, um alle Vorwürfe im Zusammenhang mit der Sklarek-Affäre (→26.9./S. 156; 7.11./ S. 186) restlos aufklären zu lassen.

Drei Ulmer Offiziere suchen Kontakt mit den Nationalsozialisten und führen in der Münchner NSDAP-Parteizentrale Gespräche über eine Unterwanderung der Reichswehr. →S. 186

2. November, Sonnabend

André Tardieu wird als Nachfolger von Aristide Briand, der am →22. Oktober (S. 172) zurückgetreten ist, französischer Ministerpräsident. Die Radikalsozialisten gehören der neuen Regierung nicht mehr an.

Als Reaktion auf den Aktiensturz an der New Yorker Börse (→25.10./S. 166) setzt die Deutsche Reichsbank den Diskontsatz von 7,5 auf 7 % herab.

3. November, Sonntag

Der Deutsche Industrie- und Handelstag und der Reichsverband der Deutschen Industrie übergeben gemeinsame Leitsätze zur Reform der Haushaltsgesetzgebung der Öffentlichkeit. Als Maßnahme zur Verhinderung von Finanzkrisen (→22.12./S. 200) schlagen sie vor, daß der Reichstag nicht ohne Zustimmung der Reichsregierung Etaterhöhungen im laufenden Haushaltsjahr beschließen kann.

4. November, Montag

Reichspräsident Paul von Hindenburg äußert sich in einem Brief an einige hohe Offiziere der Reichswehr neutral und abwartend zum Anti-Youngplan-Gesetzentwurf der Rechtsparteien im Reichstag. →S. 185

Bei den Wahlen zu beiden Kammern des tschechoslowakischen Parlaments (erster Wahlgang am 27.10.) erzielen die Linksparteien Gewinne.

Der spanische Diktator Miguel Primo de Rivera y Orbaneja distanziert sich nach Freisprüchen für aufständische Offiziere von seinen in den Monaten zuvor vage geäußerten Rücktrittsabsichten.

Das Stück »Seltsames Zwischenspiel« des US-amerikanischen Dramatikers Eugene O'Neill wird in Berlin in deutscher Erstaufführung gezeigt. Die Regie führt Heinz Hilpert, die weibliche Hauptrolle spielt Elisabeth Bergner. →S. 193

In der Reichshauptstadt Berlin wird der Film »Der Günstling von Schönbrunn« des Regisseurs Erich Waschneck uraufgeführt. Er ist als Stummfilm gedreht und nachträglich in einigen Dialogszenen mit Ton unterlegt worden.

74jährig stirbt der deutsche Völkerkundler Karl von den Steinen, der von 1879 bis 1881 eine Forschungsreise rund um die Erde unternahm, in Kronberg im Taunus.

5. November, Dienstag

Aus Protest gegen eine anstehende Liberalisierung des Ehescheidungsrechts verlassen die Abgeordneten der katholischen Zentrumspartei eine Sitzung des Rechtsausschusses des Reichstags in Berlin.

Der polnische Staatspräsident Ignacy Moscicki ordnet in Reaktion auf die Besetzung des Sejm durch Offiziere (→31.10./S. 172) die Vertagung der Parlamentseröffnung auf den 5. Dezember an.

In der Fachzeitschrift »Klinische Wochenschau« erscheint unter dem Titel »Die Sondierung des rechten Herzens« ein Artikel, in dem der Chirurg Werner Forßmann über Selbstversuche mit einem Herzkatheter berichtet. →S. 191

6. November, Mittwoch

Max, Prinz von Baden, der letzte Reichskanzler des deutschen Kaiserreichs (3.10. bis 9.11.1918) stirbt im Alter von 62 Jahren in Konstanz. →S. 187

Zum neuen italienischen Botschafter in Berlin wird Luca Orsini Baroni, der bisher sein Land in der Türkei vertrat, ernannt.

Ein Großflugzeug der Firma Junkers, die G 38 mit 44 m Spannweite, startet in Dessau zu einem erfolgreichen Probeflug. Es ist weltweit die größte Landmaschine.

Beim Absturz eines Verkehrsflugzeugs der Deutschen Lufthansa, das sich auf dem Weg von Croydon (Großbritannien) nach Berlin befand, in der Nähe des Ortes Marden in der Grafschaft Kent kommen sechs Menschen ums Leben. Die Maschine, eine Junkers G 24, hatte im Nebel die Baumkronen gestreift.

7. November, Donnerstag

Der Berliner Oberbürgermeister Gustav Böß (DDP) zieht die Konsequenz aus den Korruptionsvorwürfen in Zusammenhang mit der Sklarek-Affäre und tritt von seinem Amt zurück. →S. 186

Der Generalsekretär der sowjetischen Kommunistischen Partei, Josef W. Stalin, erklärt vor der internationalen Presse in Moskau anläßlich des 12. Jahrestags der Oktoberrevolution: »Wir wollen ein Land von Metall, ein Land der Automobile, ein Land der Traktoren sein.«

8. November, Freitag

Eine Runde aus Regierungsmitgliedern, Mitgliedern des Rechtsausschusses des Reichstags und Vertretern der Regierungsparteien, die unter Vorsitz von Reichskanzler Hermann Müller (SPD) in Berlin zusammenkommt, beschließt, die Reform des Ehescheidungsrechts zu verschieben. Die beiden katholischen Regierungsparteien, Zentrum und Bayerische Volkspartei, hatten Bedenken gegen eine Erleichterung der Scheidung geäußert.

Der deutsche Physiker Albert Einstein wird mit der Ehrendoktorwürde der Pariser Sorbonne ausgezeichnet.

»Amphitryon 38«, ein Drama von Jean Giraudoux, wird in der Regie von Louis Jovet in Paris uraufgeführt. →S. 193

Unter dem Verdacht, an einem Fememord beteiligt gewesen zu sein, wird in Berlin der Dramatiker Peter Martin Lampel (→5.3./ S. 59) verhaftet.

9. November, Sonnabend

Das Reichskabinett in Berlin beschließt einen Gesetzentwurf über das Zündholzmonopol für den Konzern des schwedischen Großindustriellen Ivar Kreuger (→26.10./S. 171).

Auf dem Lord-Mayor-Bankett in der Londoner Guildhall teilt der neue Bürgermeister (Lord Mayor) von London, Sir William Waterlow, mit, daß er die Absicht habe, den britischen Premierminister James Ramsey MacDonald und Schatzkanzler Philip Snowden zu Ehrenbürgern der Stadt London zu ernennen.

Der sowjetische Schriftsteller Sergei M. Tretjakow ist der Verfasser des Dramas »Brülle China«, das in Frankfurt am Main in deutscher Erstaufführung gezeigt wird. →S. 193

10. November, Sonntag

Bei den Bürgerschaftswahlen in Lübeck erhalten die Nationalsozialisten sechs Mandate und ziehen damit erstmals in die Stadtvertretung ein. Die SPD wird mit 34 Mandaten stärkste Fraktion vor dem Hanseatischen Volksbund (29 Sitze).

Das Plenum des Zentralkomitees der Kommunistischen Partei der Sowjetunion brandmarkt auf einer Tagung in Moskau (bis 17.11.) Mißstände in der Agrarpolitik. →S. 190

Im Studio des Berliner Staatstheaters wird das Stück »Ein Held unserer Tage« von F. J. Vantoch (Pseudonym) uraufgeführt. →S. 193

11. November, Montag

Julius Curtius (DVP) wird als Nachfolger des am →3. Oktober (S. 168) verstorbenen Gustav Stresemann Reichsaußenminister. Das bisher von ihm verwaltete Reichwirtschaftsministerium übernimmt sein Parteikollege Paul Moldenhauer, der dem rechten Flügel der DVP zugeordnet wird. →S. 186

Der »Gauleiter« der NSDAP für Berlin-Brandenburg, Joseph Goebbels, erklärt in einem Presseartikel zum Wahlkampf für die preußischen Kommunalwahlen am 17. November: »Wir denken nicht eine Minute daran, irgendwie in der verschuldetsten Stadt Deutschlands [gemeint ist Berlin] etwa mitverantwortlich zu sein oder gar positive Aufbauarbeit zu leisten.«

In einer aufsehenerregenden Rede vor dem Verband der Kriegsteilnehmer in Washington fordert US-Präsident Herbert Clark Hoover, Lebensmittelschiffe in künftigen Kriegen wie bisher schon Hospitalschiffe als unverletzlich anzusehen. →S. 190

Bei einer Unterredung in Paris teilt der ehemalige französische Ministerpräsident Aristide Briand dem deutschen Botschafter in Paris, Leopold von Hoesch, offiziell mit, daß Frankreich auch nach dem Regierungswechsel (→22.10./S. 172) an der Absicht festhalte, bis zum 30. Juni 1930 sämtliche französischen Soldaten aus dem besetzten Rheinland abzuziehen (→ 31.8./S. 134; 30.11./S. 184).

In einer Rede zum Jahrestag des Kriegsendes (11.11.1918) würdigt der Präsident der französischen Abgeordnetenkammer, Ferdinand Buisson, die in letzter Zeit in Deutschland erschienenen Antikriegsromane. Er nennt in diesem Zusammenhang u.a. »Im Westen nichts Neues« von Erich Maria Remarque (→31.1./S. 25).

Der britische Schatzkanzler, Lord Philip Snowden, teilt der deutschen Botschaft in London offiziell mit, daß mit einer Rückgabe des während des Weltkriegs in Großbritannien beschlagnahmten deutschen Privateigentums nicht zu rechnen sei.

Max Reinhardt inszeniert in Berlin das Drama »Vom Teufel geholt« von Knut Hamsun. →S. 193

12. November, Dienstag

In Österreich wird der Staatsfeiertag zum Gedenken an die Gründung der Republik Deutsch-Österreich (1918) festlich begangen. Die Wiener Arbeiterschaft veranstaltet eine von den Sozialdemokraten organisierte Großkundgebung, bei der ein Arbeiter von Heimwehrmännern bei einer Auseinandersetzung erschossen wird. In Graz und Innsbruck finden Aufmärsche der rechtsgerichteten Heimwehren statt.

Das Nobelpreiskomitee in Stockholm gibt seine Entscheidung bekannt, daß der deutsche Schriftsteller Thomas Mann für seinen ersten Roman, »Buddenbrooks«, den Literaturnobelpreis 1929 erhalten wird (→10.12./S. 208).

13. November, Mittwoch

Der österreichische Bundeskanzler Johannes Schober erklärt in Gesprächen mit der sozialdemokratischen Opposition im Nationalrat, Wien solle bei der Verfassungsreform nicht den Status eines Bundeslandes verlieren (→7.12./S. 204).

In der Universität der irischen Hauptstadt Dublin kommt es zu Tumulten, als Offiziere im Universitätsgebäude Studenten für das Offizierskorps der freiwilligen Reserven anwerben wollen.

Zum britischen Botschafter in Moskau wird Sir Esmond Ovey, der seit 25 Jahren im diplomatischen Dienst ist und ursprünglich Botschafter in Rio de Janeiro werden sollte, ernannt. Die Wiederaufnahme der diplomatischen Beziehungen war am →3. Oktober (S. 176) vereinbart worden.

Nur vereinzelt befassen sich deutsche Zeitschriften, wie hier die »Illustrierte Republikanische Zeitung« in ihrer Ausgabe vom 8. November 1929, mit dem Börsenkrach in New York; die Bedeutung für die Weltwirtschaft wird noch nicht erkannt

Panik an der Weltbörse

Das Kapitalzentrum der Welt, die New Yorker Börse in der Wallstreet, wird seit Tagen von einem Wirbelwind durchschüttelt, der die Hochburg der amerikanischen Finanzkönige in ihren Grundfesten erzittern läßt. Schon längere Zeit vorher hatten sich an verschiedenen europäischen Börsen gewisse Wetterecken herausgebildet, die dem internationalen Finanzkapital als Warnungszeichen hätten dienen können. Was aber bedeutete die Flaute in Wien, was wollten die Zuckungen der schwerkranken deutschen Börsen besagen, so lange die goldene Sonne des mühelosen Profits ihre heißen Strahlen von der Wallstreet in die Welt sandte?

Sieben fette Jahre hat die amerikanische Wirtschaft seit dem großen Aufstieg von 1922 hinter sich. Die im Kriege aufgeschichteten Goldmilliarden, die Zins- und Tributzahlungen, die alljährlich aus der ganzen Welt nach dem gelobten Lande des Dollars zurückströmten, durchliefen im rasenden Tempo auch die kleinsten Wirtschaftskanäle des Landes, ließen neue Industrien wie Pilze aus dem Boden schießen und alte Industrien weit über die Grenzen des Landes hinauswachsen. Wie gebannt schaute die ganze Welt auf das amerikanische Wirtschaftswunder.

Es ist natürlich, daß im Zeitalter des Finanzkapitalismus die amerikanischen Börsen aus dieser Entwicklung den größten Profit zogen. Hier sammelten sich in ungeheuren Staubecken die Dollarmillionen an, die auf Verwertung in Industrie, Handel und Verkehr warteten. Der ungeheure Kapitalhunger der sich sprunghaft ausdehnenden Industrien der Landes ließ eine Kapitalerhöhung der anderen folgen. Die enormen Dividenden, welche die amerikanische Industrie durchweg ihren Aktionären gewährte, war ein immer neuer Anreiz auch für die breiten Massen des amerikanischen Volkes, sich an Spekulationsgeschäfte heranzumachen. Seit drei Jahren hat die staunende Welt eine ununterbrochene Börsenhausse in Amerika mitangesehen, die bei der berufsmäßigen Spekulation zu wahren Orgien führte. Wohl ertönten in den letzten zwei Jahren wiederholt schrille Warnungssignale, auch sogenannte „schwarze Börsentage" blieben durch plötzliche Kreditdrosselungen der amerikanischen Bundesbanken nicht aus. Zumeist aber fiel die Spekulation trotz dieser unangenehmen Ueberraschungen auf ihre vier Füße, und ungehört verhallten alle Warnungen der verantwortlichen Bankpolitiker in den Vereinigten Staaten.

Blick in die große Börsenhalle der Pariser Börse in den Vormittagsstunden. Im Vordergrund der Ring der Makler. *Phot. A B C*

Genährt wurde diese ungesunde Haussestimmung in New York durch den ständigen Zustrom ausländischen Kapitals. Stets und ständig wird der internationale Kapitalstrom immer dort hinfließen, wo ihm der größte Profit winkt. Diesen größten Profit aber bot seit Monaten die Börse von New York. Bis auf 20 Prozent kletterten die Zinssätze für das sogenannte „tägliche Geld", das der Börsenspekulation kurzfristig als Kredit gegeben wurde. Es ist bekannt, daß nicht zum geringsten Teile die Lethargie an den deutschen Börsen und die vielbejammerte Kapitalknappheit in Deutschland damit zusammenhängt, daß ganz enorme Summen deutschen Kapitals bei den New Yorker Haussespekulationen mitwirkten.

Am 24. Oktober brach das Unwetter über Wallstreet herein. Die bis zum Aeußersten gespannte Sehne des Kreditbogens war gerissen. Ueberraschende Kreditkündigungen einiger Großbanken und die daraus notwendig gewordenen Zwangsverkäufe der Berufsspekulation führten zu den ersten schweren Kurseinbrüchen. Am Mittag des 24. Oktober glich die New Yorker Börse einem Tollhaus. Die ersten wilden Gerüchte über Zahlungseinstellungen bekannter Bankfirmen hatten sich wie ein Lauffeuer in der Stadt verbreitet, und sofort einsetzende Massenverkäufe führten schon am ersten Tage eine Katastrophe herbei.

Greifen mächtige Finanziers und kapitalstarke Banken nicht sofort in die Speichen des abwärtsrasenden Kurswagens, so verbreitet sich die Panikstimmung, von der zunächst nur die berufsmäßige Spekulation ergriffen war, wie ein reißender Strom durch das ganze Land. Die Großbanken nehmen sofort rigoroseste Kreditdrosselungen vor, die wiederum umgehend die Zwangsverkäufe von Aktien unheimlich steigern und den Kurs weiterhin schwer drücken. Die ersten Zusammenbrüche schwächerer Bank- und Maklerfirmen reißen bereits am zweiten und dritten

Wallstreet New Yorks Börsenstraße. Die New Yorker Börse hat in der letzten Woche die schwärzesten Tage seit Jahrzehnten erlebt. Eine aufgeregte Menge füllt die Wallstreet. *Phot. Keystone*

Der Film »Giftgas« nach dem Drama »Giftgas über Berlin« von Peter Martin Lampel (→5.3./S. 59) wird in Berlin uraufgeführt.

14. November, Donnerstag

Der schweizerische Politiker Karl Scheurer, Bundespräsident des Jahres 1923, stirbt im Alter von 57 Jahren in Bern.

In Wien findet unter großem Andrang von Aktionären und Zuhörern die letzte Generalversammlung der Österreichischen Bodencreditanstalt statt, in der über die Fusion mit der Österreichischen Creditanstalt für Handel und Gewerbe Bericht erstattet wird (→10.10./S. 171).

15. November, Freitag

Das ungarische Abgeordnetenhaus in Budapest verabschiedet gegen die Stimmen der Sozialisten ein neues Militärstrafgesetzbuch. Besondere Kritik hatte die Bestimmung gefunden, wonach ein Offizier bei Beleidigung durch einen Zivilisten sofort von der Waffe Gebrauch machen darf. Allerdings ist dies nur bei Anwesenheit von Zeugen erlaubt.

In Sofia werden Verhandlungen zwischen den Nachbarstaaten Jugoslawien und Bulgarien über Grenzfragen aufgenommen. Es war im Verlauf des Jahres wiederholt zu Grenzzwischenfällen gekommen.

Das Statut für die Bank für Internationalen Zahlungsausgleich (BIZ), die im Rahmen des Youngplans die Zahlung der Reparationen durch das Deutsche Reich abwickeln soll, wird in Baden-Baden unterzeichnet. →S. 187

»Die weiße Hölle vom Piz Palü«, ein Bergfilm von Arnold Fanck und G. W. Pabst mit Leni Riefenstahl, wird in Berlin uraufgeführt. →S. 193

16. November, Sonnabend

Die belgische Regierung unterzeichnet nachträglich in Brüssel das am →15. November (S. 187) von den anderen Beteiligten in Baden-Baden unterschriebene Statut für die Bank für Internationalen Zahlungsausgleich (BIZ).

17. November, Sonntag

Die NSDAP gewinnt bei der Wahl der Berliner Stadtverordneten 13 von 225 Mandaten und zieht damit erstmals in das Stadtparlament ein. Auch in anderen Gemeinden erzielen die Nationalsozialisten bei den preußischen Kommunalwahlen — meist auf Kosten der Deutschnationalen — z. T. erhebliche Stimmgewinne.

Pasqual Ortiz Rubio wird zum Präsidenten von Mexiko gewählt. Er tritt sein Amt am 5. Februar 1930 an.

18. November, Montag

Die Unterausschüsse des Verfassungsausschusses der Konferenz zur Reichsreform, die bis zum 19. November in Berlin tagen, kommen zu keiner Einigung. Einem dezentralen Einheitsstaat, den die Mehrheit der anwesenden Ausschußmitglieder fordert, stellt sich der bayerische Minsterpräsident Heinrich Held entgegen.

An der Prager deutschen Universität und an der deutschen Technischen Hochschule in Prag kommt es zu schweren Ausschreitungen von deutschvölkischen Studenten gegen jüdische Kommilitonen. Die antisemitischen Krawalle greifen auf die tschechische Universität in Prag über. →S. 191

19. November, Dienstag

Neuer irakischer Ministerpräsident wird Napi Beg es Suweidi. Sein Vorgänger Abdul Muhsin Beg es Sadun hat am 13. November — offensichtlich aus Verzweiflung darüber, daß es ihm nicht gelang, sich mit seinen politischen Vorstellungen gegenüber der britischen Mandatsmacht durchzusetzen — Selbstmord begangen.

In Düsseldorf wird das Drama »Die Brükke« des völkischen Schriftstellers Erwin Guido Kolbenheyer uraufgeführt.

20. November, Buß- und Bettag

In einer Rede vor der Katholischen Aktion von Berlin im Sportpalast bekennt sich der neuernannte Bischof von Berlin und Brandenburg, Christian Schreiber, zur republikanischen Staatsform.

Das Freiburger Bankhaus Otto Bürkle & Co. muß die Zahlungen einstellen (→ 30.11./S. 187).

21. November, Donnerstag

Die deutsch-französischen Saarverhandlungen werden in Paris eröffnet. →S. 186

Die französischen Besatzungstruppen beginnen mit der Räumung des Koblenzer Brückenkopfes (→30.11./S. 184).

Das Londoner Privatbankhaus Ironmonger & Co., das sich in erster Linie auf dem Devisenmarkt betätigte, stellt die Zahlungen ein.

Im Konflikt zwischen der Sowjetunion und China um die Mandschu-Eisenbahn kommt es zu einem Waffenstillstand (→ 17.7./S. 120; 22.12./S. 204).

In Berlin wird der Tonfilm »Die Königsloge« mit Alexander Moissi und Camilla Horn (Regie: Bryan Foy) uraufgeführt.

22. November, Freitag

In einer Art »konzertierter Aktion« verpflichten sich gegenüber US-Präsident Herbert Hoover die US-amerikanischen Unternehmerverbände, keine Lohnsenkungen vorzunehmen, und die Gewerkschaften, keine Lohnkämpfe durchzuführen, um auf diese Weise den Arbeitsfrieden zu sichern.

Der deutsche Tonfilm »Dich hab ich geliebt« mit Mady Christians und Walter Jankuhn wird in Berlin uraufgeführt.

23. November, Sonnabend

Die deutsche I. G. Farbenindustrie AG und die US-amerikanische Firma Standard Oil Co. of New Jersey geben die Gründung einer gemeinsamen Gesellschaft bekannt, der alle Patente für Kohle- und Ölhydrierung, die beide Partner innehaben, übertragen werden. →S. 187

In Kassel geht nach zweitägiger Dauer der Parteitag der rechtsgerichteten Deutschnationalen Volkspartei (DNVP) zu Ende, der im Zeichen heftigster Auseinandersetzungen über das Verhalten der Reichstagsabgeordneten bei der Abstimmung über das »Versklavungsgesetz« steht (→30.11./S. 185; 3.12./S. 201).

Auf der Führertagung des Reichslandbundes in Berlin erklärt der Vorsitzende der Organisation, der ehemalige Reichslandwirtschaftsminister Martin Schiele (DNVP), »ideelles Ziel« der Organisation der Landwirte sei es, die »Ketten von Versailles« zu sprengen.

24. November, Sonntag

Der radikalsozialistische französische Politiker und ehemalige Ministerpräsident (1906 bis 1909 und 1917 bis 1920) Georges Benjamin Clemenceau stirbt im Alter von 88 Jahren in Paris.

Im Magdeburger Dom wird ein eichengeschnitztes Denkmal von Ernst Barlach öffentlich aufgestellt. Es stellt eine Gruppe von Kriegern, die sich um ein Kreuz versammeln, dar.

25. November, Montag

Reichsinnenminister Carl Severing (SPD) unterbreitet dem Reichstag in Berlin — wie nach dem Ausgang des Volksbegehrens (→29.10./S. 170) notwendig geworden — den Entwurf des »Versklavungsgesetzes« und erläutert den Abgeordneten noch einmal die ablehnende Haltung der Reichsregierung (→30.11./S. 185).

Die wegen »Rechtsabweichung« aller Parteiämter in der KPdSU verlustig gegangenen Dissidenten Nikolai I. Bucharin, Alexei I. Rykow und Michail P. Tomski veröffentlichen eine »Unterwerfungserklärung« (→10.11./S. 190).

Erstmals in seiner jahrhundertealten Geschichte ist der Petersdom in Rom Schauplatz eines Revolverattentats. Eine 30jährige Schwedin gibt — offensichtlich aus privaten Gründen — drei Schüsse auf den Kanonikus Bischof Johann Smith ab, die jedoch nicht treffen.

Das Stück »Die Affäre Dreyfus« von Hans José Rehfisch und Wilhelm Herzog wird an der Berliner Volksbühne uraufgeführt (→S. 140).

26. November, Dienstag

Der sächsische Landtag lehnt mit 48 gegen 41 Stimmen die Aufhebung des 1. Mai — er ist im übrigen Reichsgebiet ein normaler Werktag — als gesetzlichen Feiertag ab und beschließt mit 47 gegen 44 Stimmen, den 9. November, den Tag der Novemberrevolution im Deutschen Reich (1918), nicht länger als Feiertag zu begehen.

Anläßlich eines Besuchs des italienischen Unterrichtsministers Balbino Guiliano im ungarischen Abgeordnetenhaus kommt es zu lärmenden pro- und antifaschistischen Kundgebungen der Mandatsträger. Die Sitzung wird abgebrochen.

Das belgische Kabinett demissioniert nach Auseinandersetzungen über die Flamisierung der Universität Gent. →S. 190

In Freiweinheim bei Bingen werden die Leichen von drei Zahnärzten, die bei einem Ausflug mit dem Auto in den Rhein gefahren waren, geborgen.

27. November, Mittwoch

Im Land Baden wird nach den Wahlen vom 27. Oktober eine neue Regierung gebildet, der wie bisher Zentrum, DDP und SPD angehören. Staatspräsident bleibt Josef Schmitt (Zentrum).

Die Frankfurter Hochschulgruppe des Nationalsozialistischen Studentenbundes wird unter Hinweis auf maßlose Beschimpfungen der Frankfurter Universität in den Flugblättern des Bundes verboten.

Die niederländische Schwimmerin Marie Braun stellt in Den Haag mit einer Zeit von 1:21,0 min einen Weltrekord über 100 m Rücken auf.

28. November, Donnerstag

Die Uraufführung des Dramas »Die gute Zeit« von dem expressionistischen Schriftsteller und Bildhauer Ernst Barlach findet in Gera statt.

29. November, Freitag

Der Reichstag berät in erster Lesung den von der Rechten über ein Volksbegehren eingebrachten Entwurf eines »Gesetzes gegen die Versklavung des deutschen Volkes«. Lediglich Vertreter der DNVP, der Nationalsozialisten und der Landvolkpartei sprechen sich vor dem Parlament für den Entwurf aus (→30.11./S. 185).

Der US-amerikanische Pilot und Polarforscher Richard Evelyn Byrd überfliegt mit drei Begleitern als erster Mensch den Südpol. →S. 191

30. November, Sonnabend

Die seit 1920 besetzte Koblenzer Rheinlandzone ist vollständig von Besatzungssoldaten geräumt. →S. 184

Der Entwurf des »Gesetzes gegen die Versklavung des deutschen Volkes« (Anti-Youngplan-Gesetz) wird vom Reichstag in zweiter Lesung mit großer Mehrheit abgelehnt. →S. 185

Die Dresdner Privatbank Albert Kuntze & Co. bricht zusammen. Der Konkurs steht im Zusammenhang mit dem »Schwarzen Freitag« (→25.10./S. 166) in der New Yorker Wallstreet →S. 187

Der erste Reichskongreß der Revolutionären Gewerkschaftsopposition (RGO), einer kommunistischen Abspaltung vom Allgemeinen Deutschen Gewerkschaftsbund (ADGB), findet bis zum 1. Dezember in Berlin statt. →S. 187

Das Wetter im Monat November

Station	Mittlere Lufttemperatur (°C)	Niederschlag (mm)	Sonnenscheindauer (Std.)
Aachen	7,1 (6,0)	51 (67)	— (62)
Berlin	5,3 (3,9)	15 (46)	— (50)
Bremen	5,9 (5,3)	23 (60)	— (50)
München	3,4 (3,0)	44 (53)	— (54)
Wien	6,4 (4,5)	48 (53)	— (58)
Zürich	4,6 (3,3)	39 (72)	62 (51)

( ) Langjähriger Mittelwert für diesen Monat
— Wert nicht ermittelt

Die Niederlage Alfred Hugenbergs bei der Abstimmung über das Volksbegehren gegen den Youngplan und die Förderung Adolf Hitlers durch Hugenberg liefern dem Münchner »Simplicissimus« im November 1929 Stoff für ein satirisches Bild der politischen Entwicklung im Deutschen Reich

Koblenzer Zone von Besatzern geräumt

30. November. Mit dem Abzug der letzten belgischen Soldaten aus Aachen und der letzten französischen Truppe aus Koblenz ist die Räumung der zweiten, der Koblenzer Rheinlandzone beendet.
Um Mitternacht werden die französischen und belgischen Fahnen eingeholt. Etwa zwei Millionen Menschen sind nicht länger der Besatzungsmacht unterworfen.

Verbundenheit wird beschworen
In einer Rede kurz nach Mitternacht erklärt Reichsjustizminister Theodor von Guérard in Koblenz:
»Drüben auf Ehrenbreitstein ist des Reiches Symbol, der Deutschen Republik Standarte gestiegen, als Zeichen der Freiheit von fremder Besatzung. Niemals ist die unlösliche nationale Verbundenheit des rheinischen Volkes mit dem großen deutschen Vaterland so erhebend in Erscheinung getreten wie in den schwersten Stunden der hinter uns liegenden Vergangenheit.«

Die drei Rheinlandzonen, die Kölner, Koblenzer und Mainzer Zone, waren nach den Bestimmungen des Versailler Friedensvertrags von 1919 mit dem Tag des Inkrafttretens am 10. Januar 1920 von britischen, französischen und belgischen Soldaten besetzt worden. In Koblenz nahm die Interalliierte Rheinlandkommission ihren Sitz, die in dem besetzten Gebiet Hoheitsbefugnisse ausübte. Die Zonen sollten 1925 (Köln), 1930 (Koblenz) und 1935 (Mainz) geräumt werden. Falls die Deutschen ihren Reparationsverpflichtungen nicht nachkommen sollten, war eine Verzögerung des Abzugs oder die Wiederbesetzung bereits geräumter deutscher Gebiete vorgesehen.
Im Krisenjahr 1923, als französische und belgische Truppen mit der Begründung, das Deutsche Reich habe seine Reparationen nicht rechtzeitig geleistet — tatsächlich war es zu einer geringfügigen Verzögerung bei der Kohle- und Holzlieferung gekommen — das Ruhrgebiet besetzten, erstarkte im besetzten Rheinland die separatistische Bewegung, die von den Franzosen finanziell unterstützt wurde. Anders als z. B. der vom Kölner Oberbürgermeister Konrad Adenauer geleitete Fünfzehnerausschuß, der das Rheinland zu einem eigenen Staat innerhalb des Reichsverbundes machen wollte, strebten die radikalen Separatisten eine gänzlich unabhängige Rheinprovinz unter französischem Protektorat an.
Die am 21. Oktober 1923 in Aachen proklamierte »Rheinische Republik« mit Regierungssitz in Aachen und einem Nordstaat um Aachen sowie einem Südstaat um Koblenz, stieß, da es wiederholt zu Plünderungen und Aufständen kam, auf Ablehnung bei der Bevölkerung sowie bei den Parteien und war daher nur von kurzer Lebensdauer (Niederlage in der Schlacht am Ägidienberg am 26.11.1923).
Die Räumung der Kölner Zone erfolgte mit einjähriger Verspätung am 31. Januar/1. Februar 1926. Der Abzug aus der letzten noch besetzten Rheinlandzone, der Mainzer Zone, soll nach dem Haager Abkommen (→31.8./S. 134) bis zum 30. Juni 1930 abgeschlossen sein. Tatsächlich ziehen die dort stationierten britischen Soldaten bereits bis zum 12. Dezember 1929 ab, so daß lediglich französische Soldaten auf deutschem Boden verbleiben.

Britische Besatzungssoldaten beim Exerzieren in Bingen am Rhein

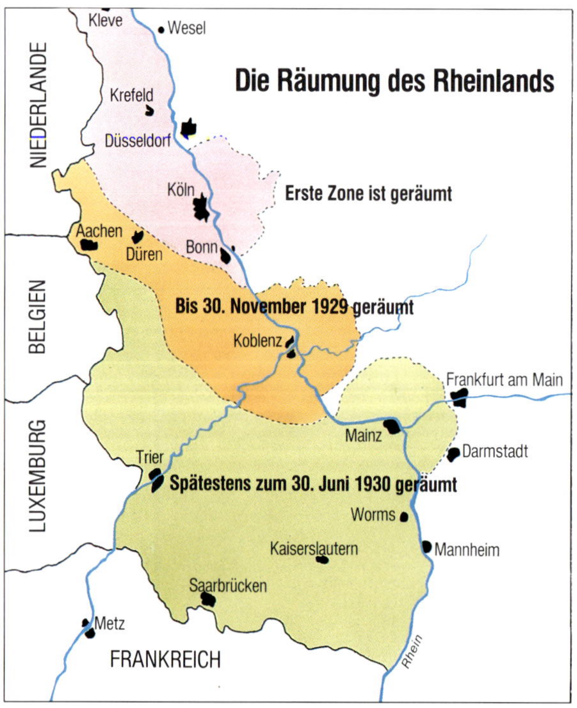

◁ Die Räumung des Rheinlands erfolgt in drei Stufen; der Abzug der Besatzungstruppen ist nicht zuletzt Ergebnis der Vermittlungsbemühungen von Gustav Stresemann

Während die ▷ letzten belgischen und französischen Soldaten am 30. November abziehen, verlassen die Briten am 12. Dezember das Deutsche Reich; Abb.: Einholen der britischen Flagge

Deutsche Flagge auf der Festung Ehrenbreitstein nach der französischen Räumung

Reichstag gegen »Freiheitsgesetz«

30. November. Der Reichstag in Berlin lehnt in zweiter Lesung den Entwurf des »Gesetzes gegen die Versklavung des deutschen Volkes«, das Gesetz gegen den Youngplan, erwartungsgemäß mit einer breiten Mehrheit ab.

Die Weimarer Verfassung sieht vor, daß im Falle eines erfolgreichen verfassungsändernden Volksbegehrens — wie es das Anti-Youngplan-Begehren (→29.10./S. 170) darstellt — zunächst der Reichstag darüber zu befinden hat, bevor im Falle der Ablehnung ein Volksentscheid stattfindet (→ 22.12./S. 201).

In den Reichstagsdebatten am 29. und 30. November sprechen sich lediglich Redner der NSDAP, der DNVP und der Landvolkpartei für die Vorlage aus. Die KPD lehnt das »Versklavungsgesetz«, und das heißt ein Zusammengehen mit der Rechten in dieser Frage ab, obwohl sie im Youngplan ein »Unterdrükkungsinstrument der Arbeiterschaft« zu sehen glaubt.

Der Passus in der Vorlage, in dem Mitgliedern der Reichsregierung eine Zuchthausstrafe wegen Landesverrats für den Fall der Billigung der Haager Beschlüsse (→31.8./S. 134) angedroht wird, findet die Zustimmung von nur 60 Reichstagsabgeordneten. Auch innerhalb der DNVP, die insgesamt die Vorlage vertritt, gibt es Gegenstimmen.

Reichspräsident hält den Youngplan für politisch sinnvoll

4. November. Reichspräsident Paul von Hindenburg, der sich in der Öffentlichkeit mit Äußerungen zum Youngplan zurückgehalten und damit die ihm in der Verfassung zugewiesene Neutralität gewahrt hat, antwortet auf ein Schreiben einiger hoher Offiziere, mit denen er während des Weltkriegs zusammengearbeitet hat. Diese hatten das Staatsoberhaupt dazu aufgefordert, sich dem Plan zu widersetzen. Hindenburg erklärt dagegen, daß er ein »Nein« zu der gefundenen Lösung nicht für politisch sinnvoll halte. Er schreibt u. a.:

»Meine endgültige Entschließung über Annahme oder Ablehnung des Youngplans muß ich … pflichtgemäß zurückstellen, bis alle noch offenen Fragen, die jetzt Gegenstand der Beratungen … bilden, klargelegt sind. Jetzt kann ich nur sagen, daß ich nach allem, was ich bisher aus den Ergebnissen der Pariser Sachverständigenkonferenz [→7.6./S. 98] wie der Haager Zusammenkunft [→31.8./S. 134] entnommen und von Anhängern wie von Gegnern der neuen Reparationsregelung gehört habe, nicht das Bild gewonnen habe, das … in Ihrem Verlangen nach bedingungsloser Verwerfung des Youngplans seinen Ausdruck findet …

Auch die erbittertsten Gegner der Regierungspolitik können nicht bestreiten, daß die Annahme des Youngplans politisch einen erheblichen Schritt vorwärts bedeutet auf dem Wege, stufenweise die politischen Fesseln des Versailler Vertrags abzustreifen und die finanziellen Lasten desselben zu erleichtern …

Das Verschwinden des riesigen Aufsichts- und Kontrollapparats, den wir mit dem Dawesplan auf uns nehmen mußten, bedeutet die Aufhebung von zwar nach außen hin weniger sichtbaren, aber für unsere nationale Würde peinlichen Beschränkungen unserer Souveränität. Auch die Befreiung des Rheinlandes durch die bedingungslose Räumung viereinhalb Jahre vor dem im Versailler Vertrag festgesetzten Termin ist ein sichtbarer politischer Fortschritt, der das ganze deutsche Volk, insbesondere aber das Rheinland aufatmen läßt … Die Rückgliederung der Saar muß freilich noch erkämpft werden …

Ein glatter Widerruf des Versailler Vertrags, wie ihn die schärfsten Gegner des Youngplans fordern, würde wahrscheinlich außenpolitisch die alte Sanktionspolitik und die Besetzung deutschen Gebiets — im Westen durch die Franzosen und Belgier, im Osten durch Polen und Tschechoslowaken — und im Innern schwere wirtschaftliche und politische Erschütterungen nach sich ziehen. In ihrem Zusammenwirken könnte diese Entwicklung statt der von den Vertretern dieser Politik angekündigten Freiheit gerade das Gegenteil derselben bringen, den Zerfall Deutschlands und das Einziehen kommunistischer … Regierungsmethoden in die Trümmerstaaten. Daß bei den beiderseitigen Stärkeverhältnissen ein Krieg kein Heilmittel sein würde, brauche ich wohl nicht erst weiter zu begründen.«

Wechsel nach dem Tod Stresemanns

11. November. Die nach dem Tod von Reichsaußenminister Gustav Stresemann (→3.10./S. 168) notwendig gewordene Umbildung der Regierung im Deutschen Reich wird durchgeführt.

Der 52jährige Julius Curtius, wie Stresemann der rechtsliberalen Deutschen Volkspartei (DVP) zugehörig, wird Reichsaußenminister. Der bisherige Reichswirtschaftsminister war bereits am 4. Oktober von Reichspräsident Paul von Hindenburg mit der kommissarischen Leitung des Reichsaußenministeriums betraut worden.

Nachfolger von Curtius im Wirtschaftsministerium wird sein Parteikollege, der 52jährige Paul Moldenhauer, Professor für Versicherungswissenschaft an der Universität Köln. Seine Ernennung erfolgt auf Betreiben des Unternehmerflügels seiner Partei; die DVP vertritt traditionell die Interessen der Großindustrie.

Julius Curtius

P. Moldenhauer

Die deutsche und die französische Delegation stellen sich vor den Saarverhandlungen vor dem Auswärtigen Amt in Paris den Pressefotografen

Gespräche über Saarfrage

21. November. In Paris werden die deutsch-französischen Verhandlungen über die politische Zukunft des Saargebiets eröffnet.

Der Versailler Vertrag hat Frankreich als Entschädigung für die Zerstörung der Kohlengruben in Nordfrankreich das uneingeschränkte Eigentum an den Kohlengruben im Saargebiet übertragen und zur Sicherung der französischen Interessen das Gebiet selbst für 15 Jahre unter Verwaltung des Völkerbundes, wirtschaftlich der Vormundschaft Frankreichs unterstellt. Nach Ablauf der Frist, 1935, soll die Bevölkerung des Saargebiets darüber entscheiden, ob sie den bisherigen Zustand aufrechterhalten, sich wieder dem Deutschen Reich anschließen oder sich mit Frankreich vereinigen will.

Nach den Beschlüssen über die Räumung des Rheinlands und der endgültigen Regelung der Reparationen (→31.8./S. 134) strebt die deutsche Seite an, auch über die vorzeitige Rückkehr des Saargebiets ans Reich — es ist bei einem Plebiszit mit einer überwältigenden Mehrheit für diese Lösung zu rechnen — eine Vereinbarung zu erreichen.

Böß tritt wegen Sklarek-Affäre zurück

7. November. Der Berliner Oberbürgermeister Gustav Böß (DDP) tritt nach Vorwürfen im Zusammenhang mit der Sklarek-Affäre (→26.9./S. 156) zurück.

Die wegen Kreditbetrugs festgenommenen Brüder Sklarek haben auf einer Kundenliste auch den Namen der Frau des Oberbürgermeisters vermerkt. Daraus wird konstruiert, daß auch Böß bestochen worden sei, weil seine Frau für einen Pelz einen viel zu niedrigen Preis gezahlt habe. Böß verweist darauf, daß er wiederholt einen höheren Kaufpreis angeboten und den Differenzbetrag für kulturelle Zwecke verwendet habe. In einem Disziplinarverfahren, das Böß selbst beantragt, wird er rehabilitiert.

Der Berliner Oberbürgermeister Gustav Böß (M.) auf seiner Amerikareise; nach der Rückkehr tritt er wegen der Sklarek-Affäre zurück.

Ulmer Soldaten bilden NS-Zellen

1. November. Drei junge Ulmer Offiziere statten der Parteizentrale der NSDAP in München einen Besuch ab und legen, inspiriert durch Adolf Hitlers Reichswehr-Rede vom →15. März (S. 46), ihre Vorstellung dar, durch einen »Aufstand der deutschen Freiheitsbewegung« mit Hilfe der Reichswehr einen Sturz der Regierung zu erreichen.

Die drei anwesenden NSDAP-Funktionäre lehnen, dem Legalitätsprinzip ihrer Partei folgend, alle verfassungswidrigen Aktionen ab, machen jedoch deutlich, daß sie mit den wesentlichen Auffassungen der Reichswehroffiziere übereinstimmen. Die drei Offiziere nehmen nach dem Besuch in München Kontakt mit jungen Offizieren der Ulmer Abteilung an anderen Standorten auf, um »nationalsozialistische Zellen« zu bilden.

Der Unmut der jungen Soldaten hatte sich u. a. an einem Befehl entzündet, der es der Ulmer Garnison am 1. August 1929, als die KPD eine Demonstration veranstaltete, untersagte, in Uniform auszugehen.

Der Jungdeutsche Orden und die DDP

1. November. Arthur Mahraun, der Gründer und Vorsitzende des Jungdeutschen Ordens (Jungdo), ruft zur Gründung einer »Volksnationalen Vereinigung« auf. Er begründet seinen Vorstoß damit, daß nach dem Volksbegehren gegen den Youngplan (→29.10./S. 170), dem der Jungdo ablehnend gegenübersteht, die »wahrhaft nationalen und staatsbejahenden Kräfte« der Neuordnung bedürften.

Der Jungdo ist konservativ ausgerichtet, teilweise von den Ideen der Jugendbewegung bestimmt, antiparlamentaristisch, aber auch antimonarchistisch. Die 1920 gegründete Organisation hat nahezu 200 000 Mitglieder, meist Angehörige der Mittelschicht, die von der harten Fronterfahrung des Weltkriegs geprägt sind.

Der Jungdo nimmt Kontakt mit der Deutschen Demokratischen Partei (DDP) auf, die sich immer stärker nach rechts orientiert.

Im Juli 1930 schließen sich Jungdo und DDP zur Deutschen Staatspartei zusammen.

Die Bankzusammenbrüche häufen sich

30. November. Der Konkurs des traditionsreichen Dresdner Bankhauses Albert Kuntze & Co. ist nur einer in einer langen Reihe von Bankzusammenbrüchen.
Bereits am 25. Oktober mußte die Kieler Bank nach hohen Verlusten und Kreditmanipulationen der Direktion die Zahlungen einstellen. Am 30. Oktober beging der Inhaber der Kasseler Privatbank André & Herzog, Julius Zinn, wegen der bevorstehenden Zahlungsunfähigkeit seines Instituts Selbstmord. Der Zusammenbruch der Bank für deutsche Beamte in Berlin am 31. Oktober führte dazu, daß von den 3,5 Millionen Reichsmark (RM) Gehaltsüberweisungen etwa 1,5 Millionen nicht ausbezahlt werden können, so daß einige tausend Beamte zunächst auf ihre Gehälter verzichten müssen.
Die Freiburger Privatbank Otto Bürkle & Co. ging am 20. November in Konkurs. Die beiden Inhaber, Otto Bürkle und Karl Herling, wurden wegen des Verdachts auf Depotunterschlagung in Haft genommen. Sie erklärten, ihre Gläubiger hätten mit einer Befriedigung von 40 bis 50 % ihrer Ansprüche zu rechnen.
Vom Zusammenbruch des Bankhauses Albert Kuntze & Co. ist wiederum eine Anzahl von Staatsbeamten betroffen. Ihr Gehalt ist von der Staatskasse an die Bank überwiesen worden, wegen des Konkurses kann es jedoch nicht ausgezahlt werden. Der Landesverband Sachsen der höheren Beamten beschließt, den Geschädigten zinslose Darlehen bis zur Höhe eines Monatsgehalts zu gewähren (→S. 202).

Die Bank für Deutsche Beamte in Berlin stellt die Zahlungen ein; betroffen sind davon etwa 16 500 Beamte, die ihre Gehälter nicht rechtzeitig erhalten

BIZ-Bankinstitut für Reparationen

15. November. In Baden-Baden wird das Statut für die Bank für Internationalen Zahlungsausgleich (BIZ) unterzeichnet, die nach den Bestimmungen des Youngplans (→ 7.6./S. 98) mit der Abwicklung der deutschen Reparationszahlungen an die Alliierten betraut werden soll. Sitz des Instituts soll Basel sein. Der Zweck der Bank, die Anfang 1930 von den Präsidenten der Notenbanken von Belgien, Frankreich, Großbritannien, Italien, Japan, dem Deutschen Reich und einer US-amerikanischen Bankengruppe offiziell gegründet wird, ist es, als Treuhänder bei internationalen Zahlungsgeschäften (wie den Reparationszahlungen) zu fungieren und die Grenzen internationaler Finanzgeschäfte zu erweitern.
Die Unterzeichnung des Statuts in Baden-Baden erfolgt von Vertretern der oben genannten Nationen, mit Ausnahme Belgiens, das Vorbehalte u. a. wegen des geplanten Sitzes hat. Es hält diese Vorbehalte bei der Unterschrift am 16. November in Brüssel aufrecht.

Der letzte Kanzler des Kaiserreichs

6. November. In Konstanz stirbt im Alter von 62 Jahren Prinz Max (eigtl. Maximilian Alexander Friedrich Wilhelm) von Baden, der letzte Kanzler des Kaiserreichs, in dessen einmonatige Regierungszeit (3.10.-9.11.1918) das Waffenstillstandsgesuch an die Alliierten, die Beendigung des U-Boot-Kriegs und die Entlassung von Erich Ludendorff als Generalquartiermeister der Obersten Heeresleitung fielen.
Max von Baden stand an der Spitze einer Regierung aus Zentrum, SPD und Fortschrittlicher Volkspartei. Als letzten Schritt, um die Einführung der Republik zu verhindern, gab er am 28. Oktober dem Deutschen Reich ein parlamentarisches Regierungssystem. Als die Novemberrevolution nicht mehr aufzuhalten war, verkündete er am 9. November eigenmächtig die Abdankung von Kaiser Wilhelm II. und übergab das Amt des Reichskanzlers an Friedrich Ebert.
In der Weimarer Zeit widmete sich Max von Baden dem Aufbau einer Privatschule in Salem.

I.G. Farben und Standard Oil

23. November. Der Aufsichtsrat der I. G. Farbenindustrie AG gibt in einem Kommuniqué bekannt, auf welche Grundlinien sich das Unternehmen mit der Standard Oil Co. of New Jersey bei den Verhandlungen über Patente geeinigt hat.
Das Ergebnis der jahrelang geführten Gespräche: Alle Patente der beiden Unternehmen für Kohle- und Ölhydrierung werden einer gemeinsamen Gesellschaft übertragen, deren Geschäftsführung der US-amerikanische Partner innehat. Für den deutschen Markt ist eine Sondervereinbarung für das von der I. G. Farben hergestellte Benzin vorgesehen, um die Interessen des deutschen Partners zu wahren.
Durch diese Zusammenarbeit erwerben die beiden Unternehmen, die bisher auf dem Weltmarkt konkurrierten, eine Vormachtstellung bei der Gewinnung synthetischer Gase aus Kohle oder Öl.
Die I. G. Farben sind 1925 durch den Zusammenschluß der größten deutschen Chemiekonzerne, u. a. der Badischen Anilin- & Sodafabrik (BASF), Bayer, Höchst und Agfa, gegründet worden. Vom Jahresumsatz in Höhe von rd. 1,4 Milliarden Reichsmark (1929) entfallen 57 % auf den Export. Die deutsche Chemieindustrie hat mit einem Anteil von 28 % an der Weltausfuhr (1929) wieder eine internationale Spitzenstellung erreicht.

Carl Bosch; er begründete 1925 mit Carl Duisberg die I.G. Farben

Revolutionäre Gewerkschaften

30. November. Der erste Reichskongreß der Revolutionären Gewerkschaftsopposition Deutschlands (RGO), eines kommunistisch orientierten Verbandes, findet bis zum 1. Dezember in Berlin statt.
Die KPD hat bisher mit der SPD im Allgemeinen Deutschen Gewerkschaftsbund (ADGB) zusammengearbeitet, jedoch bereits damit begonnen, innerhalb der Betriebe — unter Einbeziehung von unorganisierten Kollegen — Zellen aufzubauen, die, anders als die offizielle Sozialdemokratie und die ADGB-Spitze, eine revolutionäre Strategie verfolgen und die sozialistische Gesellschaftsordnung durch einen Umsturz erreichen wollen.
Die Gegnerschaft zu den als »Sozialfaschisten« diffamierten Sozialdemokraten (→9.6./S. 100) zeigt sich auf gewerkschaftlicher Ebene darin, daß die RGO sich immer mehr zu einer Organisation der Arbeitslosen entwickelt und sich von den meist SPD-nahen Facharbeitern, die ihr als »Arbeiteraristokraten« gelten, distanziert.

Wohnen und Design 1929:

Funktionalität im Design weiterhin en vogue

Neben der Richtung des Art deco (→S. 157), das von Frankreich aus allmählich Einfluß auch im Deutschen Reich gewinnt, bestimmt die kühl-sachliche, funktionale Linie der Hochschule für Gestaltung in Dessau (Bauhaus) weiterhin das moderne Wohndesign.

Die Wohnung soll nicht länger die individuelle Handschrift des Innenarchitekten tragen, aber auch nicht mehr Ausdruck des persönlichen Geschmacks der Bewohner sein. Der Abschied von den überladenen, schweren und plüschigen Einrichtungsgegenständen, die in ihrer Gestaltung noch aus der Kaiserzeit überlebt haben, zugunsten einer leichten, hellen, sparsamen und praktischen Möblierung soll — so die Vorstellung der Architekten — auch den Geist der Bewohner klar und beweglich machen.

Einfache Formen und klare Farben (dabei viel Weiß und Schwarz) bestimmen die gesamte Inneneinrichtung von den Möbeln über Lampen, Gardinen und Tapeten bis zu den Teppichen, aber auch bis zu Gebrauchsgegenständen wie Eßservice, Bestecken und sogar Schreibgarnituren.

Zu den herausragenden Bauhauskünstlern im Bereich des Wohndesigns gehört der gebürtige Ungar Marcel Breuer, der 1920 bis 1924 Student an der Hochschule für Gestaltung und von 1925 bis 1928 Leiter der Bauhaus-Kunsttischlerei war. Er ist vor allem durch seine Stahlrohrmöbel bekannt geworden. Ferner ist Marianne Brandt zu nennen, die 1923 das Studium am Bauhaus aufgenommen hat und seit 1924 durch Glas- und Metalllampen, entworfen in Zusammenarbeit mit der Leipziger Firma Körting & Matthiessen, hervorgetreten ist. Die junge Designerin ist u. a. für die Innenausstattung der Mustersiedlung Dammerstock in Karlsruhe (Architekt: Walter Gropius u.a.) verantwortlich.

Nicht der Bauhausschule im eigentlichen Sinne zuzurechnen, aber ebenfalls dem funktionalen Design verpflichtet sind die Architekten Le Corbusier (eigtl. Charles Edouard Jeanneret-Gris) aus der Schweiz und der aus Aachen stammende Ludwig Mies van der Rohe. Le Corbusier, dessen Bauten und Einrichtungsgegenstände sich v.a. durch harmonische Proportionen auszeichnen, hat sich wie Marcel Breuer auf Metall- und Stahlrohrmöbel spezialisiert. 1928/29 entwirft er u. a. eine verstellbare Liege. Dieselbe unterkühlte, aber zugleich repräsentative Eleganz wie bei der Außengestaltung des deutschen Pavillons bei der Weltausstellung in Barcelona (→19.5./S. 89) zeigt van der Rohe bei der Inneneinrichtung dieses Gebäudes; ein dort plazierter Stuhl geht als »Mies-van-der-Rohe-Chair« in die Design-Geschichte ein.

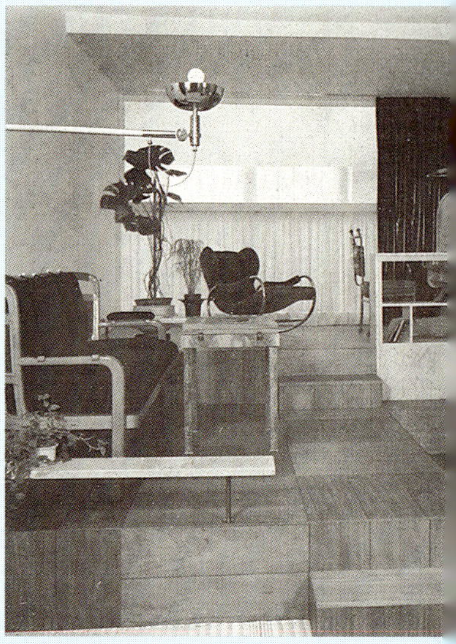

Terrassenartig angeordnete Zimmereinrichtung von Ernst Lichtblau

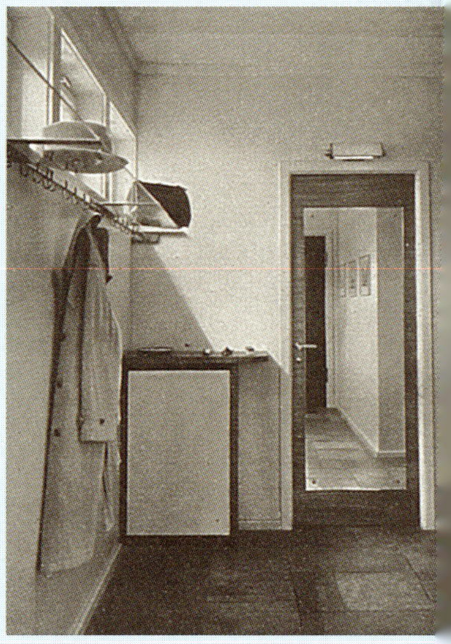

Vorplatz mit Garderobe eines von Karl Bartsch entworfenen Hauses

Repräsentativ-elegante Wohnzimmereinrichtung mit Möbeln aus brauner Esche und lackiertem Palisander, entworfen von dem französischen Innenarchitekten Eric Bagge; die Sitzgarnitur ist im Art-deco-Stil geometrisch gemustert

Badezimmer mit einem »Gemälde« aus Kacheln von François Gallé

Wohn- und Musikraum, durch einen Vorhang trennbar; die Stahlrohrsessel hat Marcel Breuer entworfen

Möbel als Apparate des modernen Lebens

In dem Aufsatz »metallmöbel und moderne räumlichkeit« erläutert Marcel Breuer sein Design-Konzept:

»die metallmöbel sind teile eines modernen raumes. sie sind 'stillos', denn sie sollen außer ihrem zweck ... meine beabsichtigte formung auszudrücken. der neue raum soll kein selbstporträt des architekten darstellen, auch nicht von vornherein die individuelle fassung der seele seiner gebraucher ... die möbel, sogar die wände des raumes, sind nicht mehr massig, monumental, scheinbar festgewachsen, oder tatsächlich festgebaut. sie sind vielmehr luftig durchbrochen, sozusagen in den raum gezeichnet; ... ich habe für diese möbel speziell metall gewählt ... die schwere, anspruchsvolle polsterung eines bequemen sessels ist durch eine straffgespannte stofffläche und einige leicht dimensionierte, federnde rohrbügel ersetzt ... [worden]. diese metallmöbel sollen nichts anderes als notwendige apparate des heutigen lebens sein.«

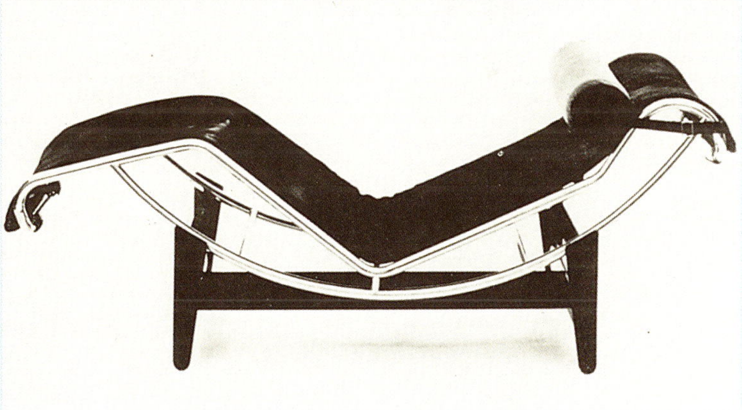

Die von Le Corbusier (eigentl. Charles Édouard Jeanneret-Gris) entworfene verstellbare Liege mit Stahlrohrelementen und schwarzem Lederbezug ist in die Designgeschichte eingegangen; sie beeindruckt sowohl durch ihre Bequemlichkeit als auch durch ihre schlichten und leichten Konturen sowie das ausgewählte Material; Le Corbusier ist auch durch theoretische Schriften zum neuen Design und zur neuen Architektur hervorgetreten, etwa durch das 1926 veröffentlichte Buch »L'Art décoratif moderne«, in dem er den funktionell-sachlichen Stil vehement gegen Kritiker verteidigt; Ziel seiner Möbelgestaltung wie auch seiner Architektur sind sowohl die Entfaltungsmöglichkeiten des einzelnen als auch die der jeweiligen Gemeinschaft

◁ Sessel aus verchromtem Stahlband und Polster mit Lederbezug, entworfen von Ludwig Mies van der Rohe für die Innenausstattung des deutschen Pavillons auf der Weltausstellung in Barcelona, die am 19. Mai 1929 eröffnet wird; Mies van der Rohes Möbel zeichnen sich durch eine unterkühlte Eleganz aus; der Barcelona-Sessel ist wegen der Polsterung untypisch; im allgemeinen sind die Stahlrohrmöbel der 20er Jahre lediglich mit Stoff oder Leder bespannt bzw. Sitzfläche und Lehne sind aus Rohrgeflecht geformt, wie es bei von Marcel Breuer entworfenen Exemplaren häufig der Fall ist

Industrialisierung und Kollektivierung

10. November. Das bis zum 17. November in Moskau tagende Plenum des Zentralkomitees (ZK) der Kommunistischen Partei der Sowjetunion (KPdSU) bekräftigt die forcierte Industrialisierung des Landes und die teilweise bereits unter Zwang erfolgende Kollektivierung der Landwirtschaft, d. h. den Zusammenschluß von kleineren und mittleren bäuerlichen Betrieben zu Kolchosen.
Unterdessen kommt es zu einer Ausreise von Hunderten von deutschstämmigen Bauern aus Sibirien und der Wolgarepublik. Die Deutschen hatten wegen materieller Not, aber auch — so ihre Angaben — wegen religiöser Verfolgung Anträge auf Ausreise nach Kanada und Argentinien gestellt.
Bereits im Juli und August hatte die sowjetische Parteiführung beschlossen, die Vorgaben für die Produktion in einigen Industriezweigen beträchtlich anzuheben, und propagiert, die Planziele des ersten Fünfjahresplans (seit 1.10. 1928) sollten innerhalb von vier Jahren erreicht werden.
Allerdings kam es zu erheblichen Störungen, z. T. weil die organisatorischen Voraussetzungen für das angestrebte Tempo und die veränderten Planvorgaben fehlten, aber auch wegen der Änderungen im Arbeitsrhythmus (→2.1./S. 15; 27. 8./S. 137). Das ZK-Plenum bestätigt nun den Kurs, sich auf einige Großprojekte zu beschränken.
Angesichts ihrer schlechten materiellen Lage (→29.4./S. 64) sind ab Sommer 1929 Klein- und Mittelbauern in großer Zahl in Kolchosen eingetreten, weil sie hoffen, daß sie dort Inventar und Saatgut erhalten. Auch hier fehlt es an organisatorischer Vorbereitung; die Lebensmittelknappheit in den Städten nimmt noch zu, und es kommt in Dörfern zu Auseinandersetzungen zwischen Funktionären und Kulaken. Diesen Großbauern ist der Beitritt zu den Kolchosen versperrt, sie müssen jedoch ihr Vermögen zur Verfügung stellen.

Aus der Sowjetunion eingewanderte deutschstämmige Bauernfamilien nach ihrer Ankunft in Kiel; sie werden in Sammellagern untergebracht

Regierungskrise wegen Genter Uni

26. November. Das belgische Kabinett, eine Koalition aus Katholiken, Christdemokraten und Liberalen, tritt nach einer Auseinandersetzung um die Flamisierung der Universität Gent zurück.
Französisch abgehaltene Kurse und Seminare sollten nur fakultativ angeboten und fürs Examen nicht entscheidend sein. Dem wiedersetzte sich die Liberale Partei, schien dann jedoch mit folgender Kompromißformel einverstanden zu sein: »Die Universität Gent wird vollständig flamisiert. Alle Examina werden in Flämisch abgelegt. Kurse im Französischen, die eingerichtet werden, werden rein fakultativ sein. Der Besuch kann aber im Enddiplom vermerkt werden.« Zuletzt machten die liberalen Regierungsmitglieder einen Rückzieher und erklärten, sie wollten einem entsprechen Gesetzentwurf erst zustimmen, wenn er von ihrem Parteikongreß gebilligt worden sei. Dies geschieht am 1. Dezember, und am 4. Dezember wird die Regierung in unveränderter Zusammensetzung wieder gebildet. Der Gesetzentwurf über die Flamisierung wird dann am 20. Dezember vom belgischen Parlament angenommen.

Hoover unternimmt neuen Vorstoß zur Flottenabrüstung

11. November. US-Präsident Herbert Clark Hoover hält vor dem Verband der US-amerikanischen Kriegsteilnehmer eine programmatische Rede zum elften Jahrestag des Waffenstillstands, der den Weltkrieg beendete.
Besonderes Aufsehen erregt der Vorschlag Hoovers, künftig bei kriegerischen Auseinandersetzungen Schiffe, die den kriegführenden Staaten ausschließlich Lebensmittel zuführen, wie Hospitalschiffe zu behandeln, d. h. sie als unverletzlich anzusehen. Wörtlich führt Hoover dazu aus:
»Seit vielen Jahren bin ich auf Grund persönlicher schmerzlicher Erfahrung zur Ansicht gekommen, daß Lebensmitteltransporte in Kriegszeiten frei von jeglichem Eingriff sein sollten. Die Zeit ist gekommen, wo wir die Aushungerung von Frauen und Kindern als Kriegswaffe verhindern müssen. Die schnelle Entwicklung industrieller Zivilisation während des letzten halben Jahrhunderts hat in manchen Ländern eine Bevölkerungszahl herbeigeführt, die zu ernähren die heimischen Kräfte und Möglichkeiten weit übersteigt. Diese Länder sind auf Lebensmittelzufuhr von Übersee angewiesen. Der Schutz dieser überseeischen Verbindungen ist daher heute eines der Hauptargumente und einer der Hauptgründe für die zunehmenden Seerüstungen und militärischen Bündnisse geworden.
Andererseits ist aber die wirtschaftliche Stabilität der Überschußländer von der Offenhaltung der Seewege für die Ausfuhr ihrer Lebensmittelerzeugnisse abhängig. Auch sie benützen das Argument, daß sie die Seewege, auf denen ihre Erzeugnisse anderen Ländern zugehen, schützen müssen, um ihrerseits eine starke Marine aufzubauen und zu erhalten. So rüsten Länder, die auf den Import angewiesen sind, um die Wette mit Ländern, für die der Export eine Lebensfrage ist.«
Zwar erklärt Hoover, die von ihm angeschnittene Frage werde auf der Seeabrüstungskonferenz im Januar 1930 (→7.10./S. 172) in London nicht behandelt werden, der Zusammenhang mit der Abrüstung der Flotten liegt jedoch auf der Hand, da alle Seenationen ihre Kampfbereitschaft stets mit der Notwendigkeit, die Versorgung der Bevölkerung zu gewährleisten, begründet haben.
Der Vorstoß Hoovers wird in der Presse im allgemeinen begrüßt. Einige Zeitungen weisen darauf hin, daß der Plan mit Artikel 16 des Völkerbundpakts kollidiert, da er selbst im Sanktionskrieg das Aushungern verbietet.

Der US-amerikanische Präsident Herbert Clark Hoover

Das dreimotorige Flugzeug, mit dem Byrd und drei Expeditionsmitglieder den Südpol überfliegen

Byrd — Bezwinger von Nord- und Südpol

29. November. Im Rahmen einer schon im Jahre 1928 begonnenen Antarktis-Expedition überfliegt der US-amerikanische Pilot Richard Evelyn Byrd erstmals den Südpol.
Byrd ist mit einer dreimotorigen Maschine und drei weiteren Personen an Bord von dem Expeditionslager »Little America« in der Antarktis aus gestartet und legt den Flug zum Pol und zurück mit einer Gesamtstrecke von rd. 2500 km in 18:55 h zurück. Besondere Probleme bereitet die Überwindung einer 4000 m hohen Bergkette, hinter der das Polplateau beginnt. Um die Höhe zu erreichen, muß Byrd einige Pakete mit Proviant — es befindet sich eine für drei Monate ausreichende Notration an Bord — abwerfen. Byrd ist der erste Mensch, der beide Pole von der Luft aus gesehen hat: Am 9. Mai 1926 überflog er von Spitzbergen kommend und dorthin zurückkehrend den Nordpol.
Der Norweger Roald Amundsen hat ebenfalls erfolgreiche Expeditionen zu beiden Polen unternommen: Am 15. Dezember 1911 erreichte er mit vier Begleitern bei einer Landexpedition mit Skiern und Hundeschlitten als erster Mensch überhaupt den Südpol. Den Nordpol überflog er am 12. Mai 1926 mit dem Luftschiff »Norge«; an Bord waren außerdem Lincoln Ellsworth und Umberto Nobile. Bei einer Rettungsaktion für Nobile, der 1928 erneut einen Versuch zur Überfliegung des Nordpols unternahm, blieb Amundsen verschollen (→13.3./S. 55).

◁ Richard Evelyn Byrd, Kommandeur des mit drei weiteren Personen besetzten Südpol-Flugzeuges; der 40jährige US-amerikanische Marineoffizier hat nicht nur 1926 den Nordpol, sondern im Juni 1927, einen Monat nach dem spektakulären Flug von Charles A. Lindbergh, auch allein den Atlantik überquert

▽ »Little America«, der Stützpunkt von Byrd und seiner Begleitmannschaft während der Antarktis-Expedition, wird errichtet; Byrd erforscht von 1928 bis 1930 die antarktische Küste und weite Inlandgebiete; das Buch »Himmelwärts« in dem er seine Erfahrungen bei früheren Expeditionen beschreibt, erscheint im Jahre 1929 in deutscher Sprache

Selbstversuch mit dem Herzkatheter

5. November. Der erst 25jährige deutsche Chirurg Werner Forßmann veröffentlicht in der »Klinischen Wochenschau« einen Artikel unter dem Titel »Die Sondierung des rechten Herzens«, in dem er über Selbstversuche zur Untersuchung des Herzens mittels eines Katheters berichtet.
Forßmann, der gegen den ausdrücklichen Wunsch seiner Vorgesetzten experimentiert, führte sich über eine Vene in der Ellenbeuge eine feine Sonde ins Herzinnere ein, spritzte ein Kontrastmittel und nahm so eine Röntgenaufnahme vor. Er wiederholte den Vorgang im Abstand von einigen Tagen sieben Mal, wobei sich der Versuch am lebenden Herzen jedesmal als gefahrlos erwies, und wagte sich danach an die Veröffentlichung.
Durch die Katheterisierung des Herzens sind Herzfehler und -erkrankungen zu diagnostizieren; insbesondere bei angeborenen Mißbildungen läßt sich die Lage genau bestimmen und damit eine Operation optimal vorbereiten.
Forßmann wird für seinen Selbstversuch, insbesondere aber für die Art der Veröffentlichung — wenig später erscheint ein sensationeller Artikel in einer Berliner Boulevardzeitung — von Fachkollegen, u. a. von dem Chirurgen Ferdinand Sauerbruch, heftig attackiert. Seine wissenschaftliche Entdeckung wird zunächst totgeschwiegen; erst 1939 wird sie in den Vereinigten Staaten wiederaufgegriffen.

Antisemitismus an den Prager Unis

18. November. An der deutschen Universität in Prag kommt es zu schweren Ausschreitungen von völkischen Studenten gegenüber Juden, Ungarn und Polen sowie gegenüber Studenten, die als Kommunisten verdächtigt werden. Die Krawalle greifen auch auf die deutsche Technische Hochschule von Prag über. Dort kommt es zu Schlägereien der völkischen Studenten mit Polen und Ungarn. Auch die tschechische Universität in Prag ist von den Auseinandersetzungen betroffen. Die Prager Behörden ordnen die Schließung der Hochschulen für die Dauer von drei Tagen an.

V.l.: Rosa Ohliger, Ida Reuter, Maria Lappe, Rudolf Scheer, Gertrud Albermann; Kürten wird als Mörder all dieser Personen mit Ausnahme Lappes überführt

Massenmörder beunruhigt Düsseldorfer

9. November. Eine Reihe von Morden und Mordversuchen beunruhigt die Düsseldorfer. Als vorerst letztes Opfer wird die fünfjährige Gertrud Albermann an der Mauer der Firma Haniel & Lueg in der Nähe der Villenkolonie Grafenberg gefunden. Die Kinderleiche weist 35 Messerstiche auf; das Mädchen ist vergewaltigt worden.

Auch bei den anderen Morden und Mordüberfällen hat der Täter ein Messer benutzt oder seine Opfer mit Schlägen auf den Kopf durch ein schweres Werkzeug umgebracht. Folgende Verbrechen werden demselben Täter angelastet:

▷ Die 55jährige Apollonia Kühn wird auf dem Nachhauseweg am 3. Februar von einem Mann überfallen und mit 18 Messerstichen verletzt; sie überlebt

▷ Die Leiche der achtjährigen Rosa Ohliger wird am 9. Februar bei der Vinzenzkirche gefunden; das Mädchen ist vergewaltigt und mit Messerstichen getötet worden

▷ Der Invalide Rudolf Scheer, dessen Leiche am 13. Februar im Stadtteil Flingern gefunden wird, ist ebenfalls mit einem Messer getötet worden

▷ Die Prostituierte Emma Groß stirbt in der Nacht vom 29. auf den 30. Juli in einem Absteigequartier in der Kurfürstenstraße

▷ Änne Goldhausen, Fritz Kornblum und Olga Mantel werden am 21. August bei der Rückkehr von der Kirmes in Lierenfeld überfallen; alle drei überleben

▷ Die sechsjährige Gertrud Hamacher und die 13jährige Luise Lenzen werden am 24. August bei der Rückkehr von der Kirmes im Vorort Flehe überfallen und mit Messerstichen getötet

▷ Gertrud Schulte lernt am 25. August auf der Kirmes in Neuss einen Mann kennen, mit dem sie einen Spaziergang am Rhein in Heerdt unternimmt; dort bringt er ihr zehn Messerstiche bei; Gertrud Schulte, die überlebt, gilt als wichtige Zeugin, weil sie länger mit dem brutalen Täter zusammengewesen ist

▷ Die Hausangestellte Ida Reuter wird am 30. September tot auf den Oberkasseler Rheinwiesen aufgefunden; ihr Schädel wurde mit einem schweren Gegenstand zertrümmert

▷ Ebenfalls mit schweren Kopfverletzungen wird die Prostituierte Elisabeth Dörrier am 11. Oktober in der Nähe des Ostparks aufgefunden; sie stirbt am folgenden Tag an ihren Verletzungen

▷ Am 15. November wird die Leiche von Maria Hahn aufgrund einer Skizze des Mörders beim Gut Papendell von der Polizei ausgegraben; die Tat ist bereits am 8. August geschehen

Die Ermittlungen gestalten sich schwierig, da der Täter von Zeugen unterschiedlich beschrieben wird. Am 24. Mai 1930 wird der 47jährige mehrfach vorbestrafte Peter Kürten festgenommen. Er hat alle Taten mit Ausnahme der Tötung von Emma Groß begangen. Ein weiterer Mord und zahlreiche weitere Mordversuche gehen auf sein Konto.

Aufgeregt studieren Passanten die amtliche Bekanntmachung der Polizei über die neueste Bluttat des Mörders, genannt der »Vampir von Düsseldorf«

Täter wendet sich brieflich an Polizei

Besonders auffällig an den Düsseldorfer Verbrechen ist, daß der Täter sich offensichtlich keine Mühe macht, seine Opfer zu verbergen, sondern im Gegenteil der Polizei schriftliche Hinweise gibt, wo die Leichen zu finden sind.

Den ersten Brief wirft der Mörder Ende September in den Briefkasten am Verlagshaus des »Düsseldorfer Stadtanzeigers«. Das Schreiben besteht aus einer Skizze der Grabstelle Maria Hahns und des umliegenden Geländes sowie dem Hinweis, daß bei Papendell ein Mord geschehen sei und sich die Leiche an der eingezeichneten Stelle befinde. Die Zeitung veröffentlicht den Brief nicht.

Der zweite Brief vom 13. Oktober ist an die Polizeiverwaltung Düsseldorf gerichtet und in einen normalen Postbriefkasten eingeworfen. Auf der Skizze ist die Grabstelle näher gekennzeichnet (»angekreuzte Stelle, welche nicht mit Unkraut bewachsen ist, und mit einem Stein bezeichnet ist«).

Der dritte Brief vom 8. November, gerichtet an die kommunistische Zeitung »Freiheit«, enthält eine noch genauere und — durch die Einzeichnung eines Weges — übersichtlichere Skizze des Geländes bei Papendell. Der Text hat denselben Wortlaut wie der zweite Brief, enthält aber außerdem die Mitteilung »Die Leiche der vermißten Gertrud Albermann liegt an der Mauer Haniel.« Die Polizei wird an beiden Orten fündig.

Giraudoux greift antiken Stoff auf

8. November. In der Comédie des Champs-Elysées in Paris wird die Komödie »Amphitryon 38« von Jean Giraudoux uraufgeführt. Die Inszenierung stammt von dem Regisseur Louis Jouvet.
Giraudoux greift den Stoff aus der antiken Mythologie auf, wonach der Feldherr Amphitryon vom Gott Zeus, der sich seiner Gattin Alkmene in seiner Gestalt nähert, zum Hahnrei gemacht wird. Der Titel spielt darauf an, daß es sich um die ungefähr 38. Bearbeitung des Themas handelt. Prominente Vorläufer sind u. a. Aischylos, Euripides und Sophokles (nicht erhaltene tragische Fassungen), ferner Plautus, Molière und Heinrich von Kleist. Giraudoux' Bearbeitung ist von Skepsis gegenüber der Götterwelt und einer eindeutigen Sympathie für die Menschen getragen.

Jean Giraudoux, geboren am 29. Oktober 1892 im Limousin, trat 1910 in den diplomatischen Dienst ein und veröffentlichte zwischen 1908 und 1912 unter einem Pseudonym die ersten Erzählungen in französischen Zeitschriften

»Hölle vom Piz Palü« mit der Riefenstahl

15. November. *Arnold Fanck, der Meister des deutschen Bergfilms, und G. W. Pabst, bekannt durch den kritischen Realismus seiner Filme, sind die Regisseure von »Die weiße Hölle vom Piz Palü«, der im Ufa-Palast am Zoo in Berlin uraufgeführt wird. Die weibliche Hauptrolle spielt Leni Riefenstahl.*
Die Story: Das frischvermählte Paar Karl und Maria will auf seiner Hochzeitsreise den Piz Palü besteigen und lernt auf dem Weg zum Gipfel in einer Hütte Dr. Johannes Krafft kennen, der schon seit Jahren auf der Suche nach der Leiche seiner Verlobten die Berge durchstreift. Sie ist bei einem gemeinsam unternommenen Aufstieg in eine Schlucht gestürzt.
Karl, Maria und Krafft geraten bei der Gipfelbesteigung in schwere Bergnot, da sich Krafft nach einer leichtsinnigen Handlung von Karl ein Bein bricht. Durch die Hilfe eines Fliegers (dargestellt durch Ernst Udet) werden Karl und Maria gerettet. Krafft, der Karl großzügig seine Jacke geliehen hat, erfriert. Auf einem Zettel, den die Retter finden, steht: »Nun bin ich wieder mit meiner Verlobten vereint« (Abb.: Filmszene mit den drei Bergsteigern an einer Schlucht).

Lob für die Bergner im O'Neill-Drama

4. November. Am Deutschen Theater in Berlin wird in der Regie von Heinz Hilpert die Tragödie »Seltsames Zwischenspiel« des US-Dramatikers Eugene O'Neill in deutscher Erstaufführung gezeigt.
Mit diesem Stück feiert die Schauspielerin Elisabeth Bergner, die sich nach einem Mißerfolg in William Shakespeares »Romeo und Julia« im November 1928 vom Theater zurückgezogen hatte, ein glänzendes Comeback. »Wo gibt es noch eine zweite Schauspielerin, die so unsentimental und hart dasteht und zugleich von Gefühl und Jammer überströmt? Jede ihrer Bewegungen wächst aus dem Erlebnis — mag sie den gesegneten Leib schaudernd oder beglückt berühren, die Hände zum Gebete ringen, mit den Ellbogen schwer sich stützen ...«, lobt der Kritiker Felix Hollaender.

Revolutionsstück aus fernem China

9. November. Die deutsche Erstaufführung des Dramas »Brülle China« des sowjetischen Schriftstellers Sergei M. Tretjakow findet am Schauspielhaus Frankfurt statt. Die Regie führt Fritz Peter Buch.
Das Stück schildert — an einem authentischen Fall orientiert —, wie ein britischer Kanonenbootkommandant eine Strafexpedition gegen eine chinesische Stadt unternimmt, weil ein britischer Kolonialkaufmann von einem Fährmann des Ortes nach einem Streit um das Fahrgeld ins Wasser geworfen worden und ertrunken ist. Am Schluß des Stücks wird der Kommandant — anders als beim tatsächlichen Geschehen — von den »wehrhaften« Chinesen erschlagen.
Das von großem Revolutionspathos getragene Drama wird vom Publikum begeistert aufgenommen.

Max Reinhardt — Erfolg mit Hamsun

11. November. Die Aufführung des Stücks »Vom Teufel geholt« des norwegischen Dramatikers Knut Hamsun wird zu einem großen Erfolg für den Regisseur Max Reinhardt und die Schauspielerin Lucie Höflich, die in der Rolle einer alternden Lebedame, die ihre letzten Liebesabenteuer erlebt, zu sehen ist. Weitere Rollen sind mit Oskar Homolka, Eugen Klöpfer und Grete Moosheim besetzt.
Der Kritiker Alfred Kerr kommentiert im »Berliner Tageblatt« unter Anspielung auf den naturalistischen Dramatiker August Strindberg: »Der Kern des Schauspiels ist nicht: Vergänglichkeit. Sondern: Abnutzung. Der Inhalt ist nicht: Entgötterung. Sondern: Verbiesterung. Ein Schmerzbeklommener, dennoch Trockner schrieb es — voll Haß. Ein Strindhügel.«

Groteske um »Held unserer Tage«

10. November. Im Studio des Berliner Staatstheaters wird das groteske Stück »Ein Held unserer Tage« uraufgeführt, dessen Verfasser, der unter dem Pseudonym F. J. Vantoch schreibt, ein junger Österreicher vom Lande sein soll. Die Regie führt Paul Bildt, der in der Rolle eines Heiratsschwindlers selbst auftritt. Die weibliche Hauptrolle spielt Maria Koppenhöfer.
Der Kritiker Herbert Jhering beschreibt im »Berliner Börsen-Courier« den Zwiespalt des Autors: »Einer vom Lande ist gegen die Großstadtliteratur, gegen den Presselärm, gegen den Asphaltrummel. Aber er legt dies Bekenntnis gegen die Literaten in einem gezierten Literatendeutsch nieder ... was er schreibt, ist doch wieder Literatur, doch wieder geziertes Getue, doch wieder Maskerade.«

Musik 1929:

Das Musiktheater steht im Zeichen der gesellschaftskritischen

Die Musik steht, wie das gesamte kulturelle Leben, unter dem Eindruck der wirtschaftlichen Misere, die durch den Börsenkrach in New York am →25. Oktober (S. 166) ausgelöst worden ist.

Mehr und mehr tragen die in dieser Zeit entstandenen Stücke und Kompositionen einen aufrührerischen und sozialkritischen Charakter. Sie wollen den »schlafenden Massen« die Augen öffnen und ein neues, kritisches Bewußtsein vermitteln. Nicht nur die 1929 entstandenen Werke, sondern auch die in diesem Jahr neuinszenierten älteren Stücke sind zunehmend auf diesen Trend ausgerichtet. Das Musiktheater hat nicht mehr eine erbauende Funktion zu erfüllen, sondern fungiert als kritisches und realistisches Aufklärungstheater.

Als Modellbühne in diesem Trend erweist sich die Berliner Krolloper, die in der Vergangenheit mehrfach den Besitzer — und die Theaterkonzeptionen — gewechselt hat. Sie ist 1924 in die gemeinsame Trägerschaft der Volksbühnenorganisation und des preußischen Staates übergegangen. Seit 1927 ist nun der Komponist Otto Klemperer als künstlerischer Leiter an dem Institut tätig. Es ist ihm innerhalb kurzer Zeit gelungen, die Krolloper zu einem der bedeutendsten Musiktheater in Europa zu machen. Mit einem ausgezeichneten Ensemble sowie einem ausgewogenen, im Niveau außerordentlich hochstehenden, aber dennoch publikumswirksamen Spielplan formte Klemperer die Krolloper zu einem echten »Volkstheater«, das bei den herrschenden Kreisen mit seinen wagemutigen, gegen Schlendrian und Oberflächlichkeit ausgerichteten Inszenierungen in höchstem Maße unbeliebt ist — es kommt den eingefleischten Seh- und Hörgewohnheiten nicht entgegen.

Neben revolutionären Neuinszenierungen klassischer Opern und der Pflege selten gespielter, aber zu Unrecht vergessener Werke der Vergangenheit liegt das Schwergewicht bei den Inszenierungen zeitgenössischer Kompositionen, etwa von Igor Strawinsky, Paul Hindemith, Ernst Křenek, Darius Milhaud, Jacques Ibert und anderen Komponisten, die in diesen Jahren allgemein als »höchstes Ärgernis« gelten.

Die Uraufführung der dreiaktiken Oper »Neues vom Tage« (→8.6./S. 108) von Paul Hindemith wächst sich zu einem handfesten Skandal aus. Die noch nicht in offizielle Funktionen eingezogenen zukünftigen NS-Kulturoberen werden durch das Werk auf den Komponisten, dessen Musik ihnen als »entartet« gilt, aufmerksam.

Der zwölfjährige Yehudi Menuhin bei einem Auftritt in London

Der brillante, aus der Ukraine stammende Pianist Wladimir Horowitz tritt seit 1924 in Westeuropa, seit 1928 auch in den Vereinigten Staaten auf

Hans Pfitzner spendet der Bayerischen Staatskapelle Beifall

Richard Strauss, Schöpfer der Opern »Salome«, »Elektra«, »Der Rosenkavalier«, »Die ägyptische Helena«, war bis 1924 Leiter der Wiener Staatsoper und ist seit 1925 freischaffender Komponist und Konzertdirigent

Der deutsche Dirigent Leo Blech war von 1905 bis 1923 und ist wieder seit 1926 als Dirigent an der Berliner Hof-Staatsoper tätig; er schrieb selbst einige Opern, u.a. »Aschenbrödel« (Uraufführung 1905)

Otto Klemperer war Kapellmeister in Prag, Hamburg, Straßburg und Köln. Seit 1927 künstlerischer Leiter der Berliner Krolloper, bemüht er sich insbesondere um die Pflege von zeitgenössischen musikalischen Werken

Bruno Walter, Dirigent in Wien und München und seit 1925 Generalmusikdirektor der dritten Oper in der Reichshauptstadt, der Städtischen Oper Berlin, geht 1929 als Gewandhauskapellmeister nach Leipzig

Der österreichische Dirigent Erich Kleiber, seit 1923 Generalmusikdirektor an der Berliner Staatsoper, gilt als hervorragender Mozart-, Beethoven- und Strauss-Interpret, leitete die Uraufführung von A. Bergs »Wozzeck«

Wilhelm Furtwängler dirigiert seit 1922 am Leipziger Gewandhausorchester und leitet seitdem auch die Berliner Philharmoniker; er tritt außerdem weltweit mit internationalen Spitzenorchestern auf

rneuerung

Als Widersacher der kulturellen Gleichschaltung und erbitterter Gegner künstlerischer Intoleranz erweist sich der italienische Dirigent Arturo Toscanini, der aus seiner Abneigung gegen das seit 1922 in Italien herrschende faschistische Regime von Ministerpräsident und Duce Benito Mussolini keinen Hehl macht und die künstlerische Leitung der Mailänder Scala niederlegt (→22.5./S. 92) — ein überzeugter Demokrat und unbestechlicher Musiker von höchsten künstlerischen Graden.

Toscanini ist es auch, der neue Werke seiner italienischen Landsleute bevorzugt im Ausland zur Uraufführung bring: Am 21. Februar entfacht er als Gastdirigent des New York Philharmonic Orchestra in der Carnegie Hall einen wahren Begeisterungssturm mit der Wiedergabe der Tondichtung »Feste Romane« (Römische Feste) von Ottorino Respighi.

Das Werk ist das letzte in einem Tryptichon von drei sinfonischen Dichtungen, die als Hommage des aus Bologna stammenden Respighi an seine Wahlheimat Rom zu verstehen sind. »Fontane di Roma« (Römische Brunnen) ist 1917 in Rom, »Pini di Roma« (Die Pinien Roms) 1924 ebenfalls in Rom uraufgeführt worden. Die Besetzung ist jeweils für großes Orchester, bei den »Feste Romane« kommen eine Harfe, drei Signaltrompeten und eine Mandoline hinzu. Das Werk wirkt effektvoll durch einen aufwendigen, koloristischen und folkloristischen Stil.

Einen gleichermaßen starken Erfolg wie Respighi erzielt Igor Strawinsky als Solist des von ihm komponierten »Capriccios für Klavier und Orchester« im Pariser Salle Pleyel am 6. Dezember. Dirigent dieser Uraufführung des Werks ist der Schweizer Ernest Ansermet.

Die Musik- und Ballettfreunde in der ganzen Welt betrauern den Tod des Choreographen Sergei Diaghilew am →19. August (S. 142) in Venedig. Diaghilew ist als Begründer des modernen russischen Balletts in die Geschichte des Tanzes eingegangen und gilt zugleich als Pionier eines revolutionär erscheinenden Ausdruckstanzes.

△ Szene aus der Uraufführung der Oper »Liebesspiel« von Richard Rosenberg am Stadttheater Aachen; das Libretto hat Willi Aron nach dem Lustspiel »Was ihr wollt« von William Shakespeare verfaßt, Bühnenbildner ist H. Jürgens

◁ Die letzte Inszenierung von Bruno Walter an der Städtischen Oper in Berlin; Szene aus der heiteren Barockoper »Die Magd als Herrin« von dem italienischen Komponisten Giovanni Battista Pergolesi mit Maria Ivogün und Ludwig Hoffman (l.) in den Hauptrollen

▽ Szene aus der Neuinszenierung der Oper »Die Meistersinger von Nürnberg« von Richard Wagner am Moskauer Opernhaus: Nächtliche Rauferei nach Beckmessers Gesang

Dezember 1929

Mo	Di	Mi	Do	Fr	Sa	So
						1
2	3	4	5	6	7	8
9	10	11	12	13	14	15
16	17	18	19	20	21	22
23	24	25	26	27	28	29
30	31					

1. Dezember, Sonntag

Charles Bathurst Bledisloe wird als Nachfolger von Charles Fergusson britischer Generalgouverneur in Neuseeland, das den Status eines Dominions innerhalb des britischen Commonwealth hat.

Auf einer deutsch-französischen Friedenskundgebung im Pariser Vorort Champigny sprechen u.a. der Präsident der Internationalen Arbeitsorganisation, Albert Thomas, der französische Sozialist Léon Blum und der SPD-Fraktionsvorsitzende im Reichstag, Otto Wels.

2. Dezember, Montag

Der bayerische Ministerpräsident Heinrich Held (BVP) distanziert sich in einer Rede beim Stiftungsfest des Katholischen Kasinos in Freising entschieden vom politischen Terror der Deutschnationalen und der Nationalsozialisten.

General Paul von Lettow-Vorbeck, von 1914 bis zum Ende des Weltkriegs Chef der Schutztruppe von Deutsch-Ostafrika, nimmt als Ehrengast am Festessen des britischen Ostafrika-Expeditionskorps in London teil.

Der Reichsverband der deutschen Industrie fordert in einer Denkschrift die Verbesserung der Bedingungen für eine stärkere Eigenkapitalbildung im Reich. →S. 202

3. Dezember, Dienstag

Drei Reichstagsabgeordnete der rechtsgerichteten Deutschnationalen Volkspartei (DNVP) treten nach einer Ausschlußdrohung durch den DNVP-Vorsitzenden Alfred Hugenberg freiwillig aus der Partei aus. Weitere Abgeordnete schließen sich ihnen an. →S. 201

4. Dezember, Mittwoch

Ein von der Reichsregierung ausgearbeiteter Gesetzentwurf für ein neues Gesetz zum Schutz der Republik (→27.6./S. 101) wird im Reichstag in Berlin in erster Lesung behandelt. Die Sitzung muß wegen Störung sechsmal unterbrochen werden. Der Entwurf wird an den Strafrechtsausschuß überwiesen.

Reichskanzler Hermann Müller (SPD) informiert bei einer Zusammenkunft mit den Reichsministern Julius Curtius (DVP), Paul Moldenhauer (DVP), Rudolf Hilferding (SPD) und Joseph Wirth (Zentrum) sowie Reichsbankpräsident Hjalmar Schacht über die akute Finanzkrise im Reich, die einen Überbrückungskredit unumgänglich mache (→22.12./S. 200).

Der belgische Ministerpräsident Henri Jaspar bildet eine neue Regierung in der gleichen Zusammensetzung wie die am →26. November (S. 190) zurückgetretene. Der Streit um die Flamisierung der Universität Gent, der zu einer Krise zwischen den Parteien der Regierungskoalition geführt hatte, ist damit abgeschlossen.

Eine dramatisierte Fassung des Jugendromans »Winnetou« von Karl May wird als Weihnachtsmärchen im Theater an der Königgrätzer Straße in Berlin uraufgeführt. →S. 210

5. Dezember, Donnerstag

Das Zentralexekutivkomitee der Kommunistischen Partei der Sowjetunion genehmigt die Aufnahme der neugegründeten Sowjetrepublik Tadschikistan in die Union der Sozialistischen Sowjetrepubliken (UdSSR).

Die Reichstagsfraktion der katholischen Zentrumspartei wählt Heinrich Brüning zu ihrem Vorsitzenden.

Der zweite Vorsitzende des Reichsverbandes der deutschen Industrie, Abraham Frowein-Elberfeld, tritt aus Protest gegen die Politik des Parteivorsitzenden Alfred Hugenberg aus der DNVP aus.

König Viktor Emanuel III. von Italien stattet Papst Pius XI. im Vatikan einen Besuch ab.

6. Dezember, Freitag

Reichsbankpräsident Hjalmar Schacht veröffentlicht ein Memorandum zum Youngplan. Er greift darin ausländische Mächte, aber auch die deutsche Reichsregierung scharf an (→22.12./S. 200).

Die Notgemeinschaft des deutschen Schrifttums e.V., die am 1. Januar 1930 ihre Arbeit aufnimmt, fordert in einem Aufruf, der in Zeitungen und Zeitschriften verbreitet wird, zu Spenden zugunsten von Schriftstellern auf, die sich in wirtschaftlicher Bedrängnis befinden.

Das »Capriccio für Klavier und Orchester« von Igor Strawinsky wird im Pariser Salle Pleyel uraufgeführt. Der Komponist spielt selbst den Solopart (→S. 194).

7. Dezember, Sonnabend

Die Reichsregierung wertet die Veröffentlichung des Schacht-Memorandums gegen den Youngplan vom Vortag als Angriff auf die Staatsautorität (→22.12./S. 200).

Im österreichischen Nationalrat wird die Änderung der Verfassung, mit der die Stellung des Bundespräsidenten auf Kosten des Parlaments gestärkt wird, verabschiedet. →S. 204

Der bisherige tschechoslowakische Ministerpräsident Franz Urzdal, der sich seit den Parlamentswahlen am 4. November um eine Regierungsneubildung bemüht hat, präsentiert sein neues Kabinett, dem Vertreter der tschechischen und deutschen Linksparteien sowie der bürgerlichen Mitte angehören.

In Aix-les-Bains findet die Hochzeit von Sultan Sir Mohammed Shah, dem dritten Aga Khan, mit der Französin Andrée Carron statt. Der Aga Khan ist das geistliche Oberhaupt der moslemischen Sekte der Hodschas. →S. 205

»Der Lügner und die Nonne«, eine Komödie von Curt Goetz, wird am Hamburger Thalia-Theater uraufgeführt. →S. 209

8. Dezember, Sonntag

Die Nationalsozialisten erhalten durch das Ergebnis der Landtagswahlen in Thüringen eine Schlüsselrolle. →S. 201

Bei den Gemeindewahlen in Bayern erzielen die Nationalsozialisten starke Gewinne, meist auf Kosten der liberalen Parteien. →S. 201

9. Dezember, Montag

Der päpstliche Nuntius in Berlin, Eugenio Pacelli, stattet Reichspräsident Paul von Hindenburg vor seiner Rückkehr nach Rom einen Abschiedsbesuch ab. →S. 205

Die USA, die sich bisher vom Völkerbund und anderen staatenübergreifenden Organisationen ferngehalten haben, treten dem Internationalen Gerichtshof in Genf bei. →S. 205

10. Dezember, Dienstag

Der Staatsgerichtshof in Leipzig entscheidet, daß die in Bayern vorgenommenen Verleihungen von Ehrentiteln nicht mit der Weimarer Verfassung in Einklang stehen. Preußen hatte deswegen gegen Bayern Klage erhoben.

Der österreichische Bundesrat in Wien, die Vertretung der Bundesländer, billigt die am →7. Dezember (S. 204) vom Nationalrat angenommene Verfassungsreform.

Die Bezeichnung »Interessengemeinschaft« (I.G.) wird als Bestandteil des Namens I.G. Farbenindustrie AG gesetzlich geschützt. Anderen Firmen wird verboten, dieses Kürzel in ihrem Namen zu benutzen. →S. 203

Bei einem Eisenbahnunglück in der Nähe der belgischen Stadt Namur kommen 17 Menschen ums Leben, 60 Personen werden z.T. schwer verletzt.

Die Verleihung der Nobelpreise für das Jahr 1929 findet in Stockholm und Oslo statt. Die Auszeichnung in der Sparte Literatur geht an den deutschen Schriftsteller Thomas Mann. →S. 208

In Bukarest dringen Studenten in das Gebäude der dort ansässigen Freimaurerloge ein, demolieren die Einrichtung und zerstören das Archiv.

11. Dezember, Mittwoch

Der Reichstag in Berlin nimmt einen Gesetzentwurf an, der die Ladenschlußzeit für den Heiligen Abend auf 17 Uhr festlegt.

12. Dezember, Donnerstag

Die zwölf bisher aus der DNVP-Fraktion ausgeschiedenen Reichstagsabgeordneten konstituieren sich als Deutschnationale Arbeitsgemeinschaft. Sie wählen Gottlieb Reinhold Treviranus zu ihrem geschäftsführenden Vorsitzenden (→ 3.12./S. 201).

Die DNVP-Fraktion im Reichstag wählt Ernst Oberfohren als Nachfolger des zurückgetretenen Kuno Graf von Westarp zu ihrem Fraktionsvorsitzenden (→3.12./S. 201).

Die letzten britischen Soldaten ziehen aus Wiesbaden ab. Damit sind — nach der Räumung der Koblenzer Zone — lediglich noch französische Truppen auf deutschem Reichsgebiet (in der Mainzer Rheinlandzone) stationiert (→30.11./S. 184).

Der schweizerische Bundesrat in Bern wählt turnusgemäß den katholisch-konservativen Bundesrat Jean Marie Musy zum Bundespräsidenten für das Jahr 1930.

Das Direktorium der Bank von England beschließt in London, in Reaktion auf den Börsenkrach in New York am →25. Oktober (S. 166) den Diskontsatz von 5,5 auf 5 % zu senken. Die schwedische Reichsbank schließt sich an.

Bei einer Zuchthausrevolte in Auburn (US-Bundesstaat New York) kommen acht Menschen ums Leben.

Im Theater am Schiffbauerdamm in Berlin wird das Stück »Die Gartenlaube« von Hermann Ungar uraufgeführt.

13. Dezember, Freitag

Die kommunistische Fraktion wird von der Sitzung der tschechoslowakischen Abgeordnetenkammer in Prag ausgeschlossen, nachdem sie wiederholt Ministerpräsident Franz Urzdal bei seiner Regierungserklärung durch lärmende Kundgebungen gestört hat.

14. Dezember, Sonnabend

Der Reichstag spricht der Reichsregierung mit 222 Ja-Stimmen gegen 156 Nein-Stimmen und 22 Enthaltungen das Vertrauen aus, doch mehrere Abgeordnete der Regierungsparteien enthalten sich, stimmen mit Nein oder bleiben der Abstimmung fern (→22.12./S. 200).

Die Christlich-Nationale Arbeitsgemeinschaft im Reichstag konstituiert sich aus der am 12. Dezember gebildeten Deutschnationalen Arbeitsgemeinschaft und ehemaligen Abgeordneten der Christlichnationalen Bauernpartei und der Landvolkpartei, die ebenfalls ihre Fraktionen verlassen haben. Die neugegründete Christlich-Nationale Arbeitsgemeinschaft hat 21 Mitglieder (→3.12./S. 201).

Der Zentralvorstand der rechtsliberalen Deutschen Volkspartei (DVP) wählt Ernst Scholz zum Parteivorsitzenden. Der Posten ist seit dem Tod von Gustav Stresemann (→ 3.10./S. 168) vakant.

Der neue US-amerikanische Botschafter in Paris, Walter Edge, überreicht dem französischen Außenminister Aristide Briand sein Beglaubigungsschreiben.

15. Dezember, Sonntag

Alexander Zaimis wird als Nachfolger von Pavlos Konduriotis Präsident von Griechenland. Konduriotis hatte seinen Rücktritt am 10. Dezember mit seiner angeschlagenen Gesundheit begründet, Gerüchten zufolge soll er jedoch Meinungsverschiedenheiten mit Ministerpräsident Eleftherios Wenizelos gehabt haben.

Die deutsche Presse berichtet im Dezember ausführlich über die Räumung des Rheinlands durch die Besatzungsmächte, hier die »Illustrierte Republikanische Zeitung« vom 7. Dezember 1929 über den Abzug der Franzosen aus der Festung Ehrenbreitstein

JLLUSTR. JRZ REPUBLIKANISCHE ZEITUNG

Preis 20 Pfg.

Nr. 49 — 6. JAHRGANG
Berlin, 7. Dezember 1929

Die zweite Zone frei!

Fast zu der gleichen Zeit, während der im Deutschen Reichstag das die Freiheit des Rheinlandes gefährdende Hugenbergsche „Freiheitsgesetz" mit überwältigender Mehrheit abgelehnt wurde, verließ der letzte fremde Soldat die zweite Zone. Unser Bild zeigt die Niederholung der französischen Trikolore auf der Festung Ehrenbreitstein.

16. Dezember, Montag

Der neue italienische Botschafter in Berlin, Luca Orsini-Baroni, überreicht Reichspräsident Paul von Hindenburg sein Beglaubigungsschreiben.

Der frühere päpstliche Nuntius in Berlin, Eugenio Pacelli (→9.12./S. 205) wird von Papst Pius XI. zusammen mit fünf weiteren Geistlichen zum Kardinal ernannt.

Willy Fritsch und Dita Parlo spielen die Hauptrollen in dem Tonfilm »Melodie des Herzens«, der im Ufa-Palast am Zoo in Berlin uraufgeführt wird. →S. 209

17. Dezember, Dienstag

Konrad Adenauer (Zentrum) wird mit 48 gegen 47 Stimmen von der Kölner Stadtverordnetenversammlung als Oberbürgermeister bestätigt. →S. 203

Die Stadt Dresden und ein Bankenkonsortium schließen ein Abkommen, mit dem der Stadt ein kurzfristiger Kredit von 7,5 Millionen Reichsmark gewährt wird, damit sie ihre zum Jahresende fälligen Zahlungen leisten kann.

18. Dezember, Mittwoch

Im Berliner Reichstag gibt es eine breite Mehrheit für die Änderung des Diätengesetzes, die es dem Reichstagspräsidenten erlaubt, Abgeordneten, die gegen die Geschäftsordnung des Parlaments verstoßen, die Diäten zu entziehen. →S. 203

Der Nationalrat in Wien nimmt mit der Mehrheit der sozialdemokratischen und großdeutschen Stimmen eine Entschließung an, mit der die österreichische Regierung dazu aufgefordert wird, das dort gültige Ehescheidungsrecht an das reichsdeutsche anzupassen.

Die britischen Liberalen wählen Ramsay Muir als Nachfolger von Herbert Samuel zu ihrem Parteivorsitzenden.

Der französische Ministerpräsident André Tardieu nimmt vor der Abgeordnetenkammer in Paris Stellung zur geplanten Seeabrüstungskonferenz (→7.10./S. 172). Seiner Ansicht nach habe die Konferenz lediglich in Grundsatzfragen Entscheidungen zu treffen und sollte keine genauen Obergrenzen für die Seerüstung festlegen.

19. Dezember, Donnerstag

Ein deutsches Bankenkonsortium unter der Führung der Reichsbank und die Reichsregierung einigen sich auf die Gewährung eines Überbrückungskredits für das Reich unter der Bedingung, daß ein Tilgungsfonds zur Erledigung der schwebenden Reichsschulden eingerichtet wird (→22.12./S. 200).

In einer von der Deutschnationalen Volkspartei (DNVP) gegen den preußischen Staat eingeleiteten Klage entscheidet der Staatsgerichtshof in Leipzig, daß die Teilnahme am Volksbegehren zum »Versklavungsgesetz« (→29.10./S. 170; 22.12./S. 201) mit der Freiheit der politischen Gesinnung von Beamten vereinbar sei. Die preußische Staatsregierung hatte ihren Beamten die Teilnahme am Volksbegehren ursprünglich untersagt.

Die nationalsozialistische Fraktion in der Berliner Stadtverordnetenversammlung wählt »Gauleiter« Joseph Goebbels zu ihrem Vorsitzenden.

Der Rat der Stadt Dresden beschließt angesichts der akuten finanziellen Schwierigkeiten, künftig zur Finanzierung langfristiger Ausgaben keine kurzfristigen Kredite mehr aufzunehmen und sich in der Zeit vom 1. Dezember 1929 (rückwirkend) bis zum 31. März 1931 jeglicher außerordentlichen Ausgaben zu enthalten.

Großbritannien und das Deutsche Reich schließen ein Liquidationsabkommen (→ 31.12./S. 203).

Der britische Premierminister James Ramsey MacDonald gibt im Unterhaus in London bekannt, daß König Georg V. am 21. Januar 1930 im Sitzungssaal des Oberhauses die internationale Flottenkonferenz eröffnen wird (→7.10./S. 172).

Der britische Premierminister James Ramsey MacDonald und Schatzkanzler Philip Snowden werden in der Londoner Guildhall zu Ehrenbürgern der Stadt London ernannt.

Luigi Centoz wird als Nachfolger von Eugenio Pacelli (→9.12./S. 205) päpstlicher Nuntius in Berlin.

»Die Nacht gehört uns«, ein Tonfilm mit Hans Albers und Charlotte Ander, läuft im Capitol in Berlin an. →S. 209

20. Dezember, Freitag

Reichsfinanzminister Rudolf Hilferding (SPD) muß nach geheimen Verhandlungen seines Staatssekretärs Johannes Popitz mit einer US-Bank über einen Überbrückungskredit zurücktreten. Popitz wird in den vorzeitigen Ruhestand versetzt. →S. 200

Die Reichshauptstadt Berlin wird wegen akuter finanzieller Probleme unter Staatsaufsicht gestellt.

In Berlin und Köln finden Demonstrationen von Arbeitslosen statt. →S. 211

Als Nachtrag zur Wiederaufnahme der diplomatischen Beziehungen tauschen die britische und die sowjetische Regierung Noten aus, in denen sie auf Propaganda im jeweils anderen Land verzichten (→3.10./S. 176).

Die belgische Abgeordnetenkammer in Brüssel nimmt mit 91 gegen 5 Stimmen bei 69 Enthaltungen den Gesetzentwurf zur Flamisierung der Universität Gent an (→26.11./S. 190).

21. Dezember, Sonnabend

Der Reichstag in Berlin verabschiedet das von der Regierung ausgearbeitete Sofortprogramm zur Beilegung der Finanzkrise (→22.12./S. 200).

Der 50. Geburtstag des KPdSU-Chefs Josef W. Stalin wird in der Sowjetunion festlich begangen. →S. 204

22. Dezember, Sonntag

Der Reichsrat, die Vertretung der Länder, nimmt in Berlin das Sofortprogramm der Reichsregierung zur Beilegung der akuten Finanzkrise an, das zuvor bereits vom Reichstag gebilligt worden ist. →S. 200

Der von den Rechtsparteien und -verbänden eingeleitete Volksentscheid über den Entwurf eines »Gesetzes gegen die Versklavung des deutschen Volkes« (auch: »Freiheitsgesetz« oder Anti-Youngplan-Gesetz) verfehlt die erforderliche Stimmenzahl weit. →S. 201

Die Auseinandersetzung zwischen China und der Sowjetunion um die Ostbahn wird mit der Unterzeichnung des Protokolls von Chaborowsk beigelegt. Die diplomatischen Beziehungen werden wieder aufgenommen. →S. 204

23. Dezember, Montag

Reichspräsident Paul von Hindenburg ernennt den bisherigen Reichswirtschaftsminister Paul Moldenhauer (DVP) zum Reichsfinanzminister. Neuer Reichswirtschaftsminister wird Robert Schmidt (SPD; →20.12./S. 200).

Etwa 300 Menschen finden den Tod, als ein chinesischer Dampfer kurz nach Auslaufen aus dem Hafen Swabue in der südchinesischen Provinz Kwangtung in einen Sturm gerät und untergeht.

24. Dezember, Dienstag

In Berlin finden Demonstrationen von Arbeitslosen statt. →S. 211

Ein Revolverattentat auf den argentinischen Präsidenten Hippolite Irigoyen in Buenos Aires ist erfolglos.

Im Vatikan wird der bevorstehende Rücktritt von Generalstaatssekretär Pietro Gasparri bekannt. Als sein Nachfolger ist Kardinal Eugenio Pacelli (→9.12./S. 205) im Gespräch. Tatsächlich erfolgt seine Ernennung 1930.

Am Heiligen Abend, während sich US-Präsident Herbert Hoover gerade bei einer Weihnachtsbescherung für Kinder befindet, bricht im Weißen Haus in Washington ein Feuer aus, das erst nach vier Stunden gelöscht werden kann. Der Sachschaden wird auf umgerechnet etwa 400 Millionen Reichsmark geschätzt.

25. Dezember, 1. Weihnachtstag

Papst Pius XI. richtet in einer Ansprache im Vatikan Vorwürfe gegen den italienischen Ministerpräsidenten und Duce Benito Mussolini: Die katholische Presse werde schlecht behandelt, und es habe einige »unehrerbietige Veröffentlichungen«, die den Heiligen Stuhl verletzten, gegeben.

Das Weihnachtsprogramm des Senders Königswusterhausen wird für die Deutschamerikaner über eine US-amerikanische Radiokette in den USA ausgestrahlt.

26. Dezember, 2. Weihnachtstag

Der frühere österreichische Bundeskanzler Ignaz Seipel (→4.5./S. 85) kehrt in die aktive Politik zurück. Er hält im Katholischen Volksverein in Laxenburg einen Vortrag zum Thema »Wert und Pflicht der Arbeit am Volke«. Anfang 1930 wird er wieder den Parteivorsitz bei der Christlichsozialen Partei übernehmen.

27. Dezember, Freitag

Der US-amerikanische Botschafter in Berlin, Jacob Gould Schurman, bestätigt, daß US-Präsident Herbert Hoover sein bereits im September eingereichtes Abschiedsgesuch angenommen hat. Über die Nachfolge ist noch nicht entschieden.

Im Verlauf einer hitzigen politischen Auseinandersetzung im Parlament von Rio de Janeiro wird ein Abgeordneter erschossen. Wegen der Erregung der Bevölkerung riegelt die Polizei die Deputiertenkammer ab, um eine weitere Ausbreitung der Unruhen zu verhindern.

28. Dezember, Sonnabend

Die Vertreter des Christlichen Volksdienstes und der Christlichsozialen Vereinigung im Reichstag schließen sich unter dem Namen »Christlichsozialer Volksdienst« zusammen.

Das Deutsche Reich und die Vereinigten Staaten schließen ein Liquidationsabkommen (→ 31.12./S. 203).

29. Dezember, Sonntag

Der indische Nationalkongreß, der in Lahore tagt, beschließt eine Kampagne des zivilen Ungehorsams gegenüber den britischen Kolonialbehörden, um auf diese Weise die staatliche Selbständigkeit Indiens durchzusetzen. Mit der Durchführung der Kampagne wird Mohandas Karamchand (Mahatma) Gandhi betraut. →S. 204

Kasimir Bartel, bereits von 1928 bis zum 12. April 1929 polnischer Ministerpräsident, übernimmt wieder dieses Amt. Sein Vorgänger, Kasimir Switalski, war am 7. Dezember zurückgetreten, nachdem ihm der am 5. Dezember wiedereröffnete Sejm mit 246 gegen 120 Stimmen das Mißtrauen ausgesprochen hatte. Starker Mann im Hintergrund bleibt Kriegsminister Józef Klemens Pilsudski.

Der deutsche Automobilkonstrukteur und Industrielle Wilhelm Maybach, der eng mit Gottlieb Daimler zusammengearbeitet hat, stirbt im Alter von 83 Jahren in Stuttgart.

30. Dezember, Montag

Der proletarische Film »Mutter Krausens Fahrt ins Glück« von Piel Jutzi wird in Berlin uraufgeführt (→S. 38).

31. Dezember, Dienstag

Das Deutsche Reich und Frankreich schließen in Vollzug des Youngplans ein Liquidationsabkommen. → S. 203

Das Wetter im Monat Dezember

Station	Mittlere Lufttemperatur (°C)	Niederschlag (mm)	Sonnenscheindauer (Std.)
Aachen	5,7 (3,1)	90 (62)	— (49)
Berlin	3,3 (0,7)	50 (41)	— (36)
Bremen	4,9 (2,2)	76 (54)	— (33)
München	2,0 (-0,7)	77 (44)	— (41)
Wien	2,8 (0,9)	48 (51)	— (41)
Zürich	3,8 (0,2)	111 (73)	60 (37)

( ) Langjähriger Mittelwert für diesen Monat
— Wert nicht ermittelt

Die in Berlin erscheinende »Woche« vom 21. Dezember 1929 mit einem Stimmungsbild zum bevorstehenden Weihnachtsfest

Risse in der Regierungskoalition wegen der Finanzkrise

Das deutsche Finanzsystem befindet sich zum Ende des Jahres 1929 in schwerer Unordnung, verursacht durch die Wirtschaftskrise, die zu Steuerausfällen und höheren Ausgaben, etwa durch unvorhergesehene Kredite und Zuschüsse an die Arbeitslosenversicherungsanstalt (→3.10./S. 173) geführt hat. Die Situation wird durch das unerwartete Ausbleiben von Auslandsanleihen (→S. 202) zusätzlich erschwert. Der Streit um Maßnahmen zur Eindämmung des Kassendefizits von 1,7 Milliarden Reichsmark hat Risse innerhalb der Regierung der großen Koalition und ein schwer gestörtes Verhältnis zwischen der Reichsregierung und Reichsbankpräsident Hjalmar Schacht im Laufe der Zeit immer deutlicher werden lassen.

22. Dezember. Der Reichsrat billigt das vom Reichstag am Vortag angenommene Sofortprogramm der Regierung zur Beilegung der akuten Finanzkrise, das u.a. eine Erhöhung der Tabaksteuer, die vorerst bis zum 30. Juni 1930 befristete Heraufsetzung der Arbeitslosenversicherungsbeiträge von 3 auf 3,5 % und die Einrichtung eines Tilgungsfonds vorsieht.

Der Fonds, der bis zum Ende des Rechnungsjahrs 1930 einen Betrag von 450 Millionen Reichsmark (RM) erreichen soll, ist für die Schuldentilgung vorgesehen.

Bei einer Zusammenkunft von Reichskanzler Hermann Müller, vier Reichsministern sowie Reichsbankpräsident Hjalmar Schacht am 4. Dezember war die finanzielle Krise deutlich geworden, die einen Überbrückungskredit von mindestens 250 Millionen RM bis Jahresende nötig machte.

Reichskanzler Hermann Müller (l.) nach der Kabinettssitzung, auf der Hilferdings Rücktritt genehmigt wird

Trotz der Bitte von Müller, um der Wahrung der deutschen Interessen gegenüber dem Ausland willen Stillschweigen zu bewahren, veröffentlichte Schacht am 6. Dezember ein Memorandum zum Youngplan. Schacht, der an der Sachverständigenkonferenz (→7.6./S. 98) teilgenommen hatte, stellte darin fest, daß die ausländischen Regierungen über die Bestimmungen des Youngplans hinausgehende Opfer gefordert hätten (→31.12./S. 203) und daß die Neuordnung der deutschen Finanzen nicht erfolgt sei.

Die Reichsregierung, die den Schritt Schachts als Gefährdung der Staatsautorität wertet, hält dem entgegen, daß die Verhandlungen mit den ausländischen Mächten noch nicht abgeschlossen seien, und verweist auf ihr Finanzprogramm. Die Regierung entschließt sich, die Abstimmung über dieses Programm mit der Vertrauensfrage zu verknüpfen. Zwar findet der Vertrauensantrag am 14. Dezember eine Mehrheit, doch nur Zentrum und DDP stimmen geschlossen dafür. Bei der DVP gibt es 13 Nein-Stimmen und drei Enthaltungen, die gesamte Fraktion der BVP enthält sich, und bei der SPD bleiben 25 Abgeordnete der Abstimmung fern.

Finanzminister Hilferding tritt nach Querelen mit Schacht zurück

Hilferding (SPD) muß zurücktreten

20. Dezember. Reichsfinanzminister Rudolf Hilferding (SPD) tritt zurück. Nachfolger wird Paul Moldenhauer (DVP), für den Robert Schmidt (SPD) Wirtschaftsminister wird. Hilferding und sein Staatssekretär Johannes Popitz müssen auf Druck von Reichsbankpräsident Hjalmar Schacht gehen. Popitz hatte, ohne — wie gesetzlich vorgesehen — die Reichsbank zu informieren, mit einer US-Bank über einen Überbrückungskredit (→ 22.12./S. 200) verhandelt. Als dies bekannt wurde, verknüpfte Schacht das Kreditangebot der Reichsbank mit der Forderung nach dem Rücktritt von Popitz. Die DVP verlangte auch Hilferdings Rücktritt.

Als eine seiner letzten Amtshandlungen verteidigt Hilferding (SPD; am Pult) die umstrittenen Finanzreformpläne der Regierung vor dem Reichstag

NSDAP in Bayern und Thüringen

8. Dezember. Bei den Landtagswahlen in Thüringen erhält die NSDAP sechs von 53 Sitzen und gelangt damit in eine Schlüsselposition. Bei den Kommunalwahlen in Bayern erzielen die Nationalsozialisten ebenfalls z.T. erhebliche Gewinne, meist auf Kosten der liberalen Parteien.
In Thüringen stehen 24 Abgeordneten der Linksparteien SPD und KPD 23 Abgeordnete der bürgerlichen Parteien (unter Einschluß der Rechten, aber ohne NSDAP) gegenüber. Da eine große Koalition der bürgerlichen Mitte mit den Sozialdemokraten nicht in Frage kommt – in der Reichsregierung zeigt diese Konstellation bereits deutliche Risse (→22.12./S. 200) – liegt eine Regierungsbeteiligung der Nationalsozialisten nahe.

Landtagswahlen in Thüringen

Partei	Mandate 1929	Mandate 1927
SPD	18	18
KPD	6	8
Wirtschaftspartei	6	6
NSDAP	6	2
DDP	1	2
Volksrechtspartei	-	1
Landbund	9	9
DVP	5	6
DNVP	2	4

Tatsächlich einigen sich DNVP, DVP, Landbund, Wirtschaftspartei und NSDAP rasch auf eine gemeinsame Regierung. Am 23. Januar 1930 wird Wilhelm Frick (NSDAP) als thüringischer Innen- und Volksbildungsminister vereidigt. Er ist der erste nationalsozialistische Landesminister überhaupt.
Bei den Kommunalwahlen in Bayern ragt das Ergebnis in Coburg besonders heraus. Bei den vorläufigen Stadtratswahlen am 23. Juni hatte die NSDAP durch eine Listenverbindung mit den bürgerlichen Parteien ihre Mandatszahl von 3 auf 13 steigern können und damit die absolute Mehrheit in dem 25köpfigen Stadtrat erzielt. Bei den endgültigen Wahlen am 8. Dezember wird nun diese absolute Mehrheit bestätigt.
Bei den preußischen Kommunalwahlen am 17. November hatten die Nationalsozialisten ihren Stimmenanteil im Landesdurchschnitt im Vergleich zu den Landtagswahlen am 20. Mai 1928 fast verdreifachen können (5,01 %; 1928: 1,8 %). Hier erzielten sie Gewinne vor allem auf Kosten der DNVP.

Streit um »Freiheitsgesetz« in der DNVP

3. Dezember. Nach der Ankündigung ihres Parteivorsitzenden Alfred Hugenberg, es werde ein Ausschlußverfahren gegen sie eingeleitet, erklären drei Mitglieder der DNVP-Reichstagsfraktion von sich aus ihren Parteiaustritt.
Am Tag darauf schließen sich drei weitere Abgeordnete dem Parteiaustritt an; sechs Mandatsträger erklären ihr Ausscheiden aus der DNVP-Fraktion, Kuno Graf von Westarp legt sein Amt als Fraktionsvorsitzender nieder. Die zwölf sezessionistischen Abgeordneten werden dem gemäßigten Flügel ihrer Partei, die insgesamt scharf rechtsgerichtet ist, zugerechnet.
Der Hintergrund: Auf dem DNVP-Parteitag in Kassel am 22./23. November hatten die Gemäßigten gefordert, auf den Passus des »Versklavungsgesetzes«, der die Reichsregierung bei Unterzeichnung des Haager Abkommens mit einer Zuchthausstrafe bedroht, bei der Abstimmung im Reichstag (→ 30.11./S. 185) zu verzichten. Der extrem rechtsstehende Hugenberg, einer der Hauptinitiatoren des Gesetzentwurfs, setzte demgegenüber bei den Parteitagsdelegierten den Beschluß durch, daß die gesamte Reichstagsfraktion den Entwurf uneingeschränkt und vorbehaltlos zu unterstützen habe.
Aus Protest gegen diese Einschränkung des freien Mandats und wegen der fortbestehenden inhaltlichen Bedenken enthielten sich 14 DNVP-Abgeordnete am 30. November bei der Abstimmung im Reichstag über den entsprechenden Passus des Gesetzes der Stimme, weitere sieben dokumentierten ihre Ablehnung durch Fernbleiben. Von der Einleitung des Ausschlußverfahrens sind die drei Abgeordneten betroffen, die sich außerdem noch öffentlich zu ihrer Gegnerschaft gegenüber dem Passus des Anti-Youngplan-Gesetzes bekannt hatten, den sie als »Zuchthaus«-Klausel bezeichnen.
Mit der Sezession der gemäßigten DNVP-Abgeordneten beginnt der Zerfall der zahlenmäßig stärksten Rechtspartei, der DNVP, die bisher das nationalkonservative und monarchistische Bürgertum, Landwirte und Anhänger der christlichsozialen Arbeiterbewegung versammelt hatte. Der Verfall der DNVP begünstigt vor allem den Aufstieg der noch weiter rechts stehenden Nationalsozialisten.

Der neue Außenminister Julius Curtius (am Pult) spricht im Reichstag

Aufruf zum Volksbegehren

Volksentscheid gegen die »Versklavung«

22. Dezember. Trotz heftigster Propaganda scheitert der von den Rechtsparteien DNVP und NSDAP sowie dem Stahlhelm und anderen rechten Verbänden getragene Volksentscheid über das »Gesetz gegen die Versklavung des deutschen Volkes« (Anti-Youngplan-Gesetz), der nach dem erfolgreichen Volksbegehren (→ 29.10./S. 170) und der Ablehnung im Reichstag (→30.11./S. 185) notwendig geworden war.
Statt der erforderlichen Mehrheit der insgesamt 42 322 689 Abstimmungsberechtigten stimmten nur 5 839 203, das sind 13,8 % der Abstimmungsberechtigten, zu.
Die Gegner des Anti-Youngplan-Gesetzes hatten aus taktischen Gründen zur Stimmenthaltung geraten, um den Entscheid schon durch die Nichtteilnahme von mehr als der Hälfte aller Abstimmungsberechtigten zu Fall zu bringen. Daher gaben lediglich 6 177 461 Personen (14,6 %) ihre Stimme ab; von ihnen stimmten 338 258 mit »Nein«. Den Antrag des »Reichsausschusses« (→ 9.7./S. 116), den Volksentscheid aufgrund des zahlenmäßigen Übergewichts der Ja-Stimmen anzuerkennen, lehnt Reichskanzler Hermann Müller unter Hinweis auf die Verfassung ab.
Trotz des Mißerfolgs beim Volksentscheid ist der gemeinsame Propagandafeldzug der DNVP und der Nationalsozialisten in dieser Frage – u.a. gab es einen gemeinsamen Auftritt der beiden Parteivorsitzenden Alfred Hugenberg und Adolf Hitler bei einer Großveranstaltung im Zirkus Krone in München im Oktober – als eine Wendemarke anzusehen. Hitler und seine Partei sind durch das Zusammengehen mit der DNVP, die ihre Anhängerschaft u.a. im nationalkonservativen oder reaktionären Bürgertum hat, für eine größere Anzahl von Menschen wählbar geworden.

Wirtschaft und Soziales 1929:

Die Anzeichen für eine Wirtschaftskrise mehren sich

Die wirtschaftliche Situation im Deutschen Reich zeigt zum Jahresende eine Reihe ernstzunehmender Krisensymptome.

Die Arbeitslosenzahl (→28.2./S. 33; S. 16) steigt zum Jahresende auf 2,9 Millionen, sie liegt auch an ihrem Tiefpunkt im Juli mit 1,35 Millionen um 300 000 höher als im Vergleichsmonat des Vorjahres.

Die Industrieproduktion bleibt insgesamt gegenüber 1928 fast unverändert; dieser günstige Wert wird jedoch vor allem durch Produktionsgüter (103 bei 1928 = Index 100), speziell in der Schwerindustrie und im Bergbau, erreicht.

Bei den Verbrauchsgütern ist im Gegensatz dazu ein Rückgang der Produktion zu verzeichnen (97 bei 1928 = Index 100).

Das jährliche Pro-Kopf-Einkommen der Bevölkerung geht ebenfalls zurück. Lag es 1928 noch bei 1415 Reichsmark (RM), so beträgt es im Jahre 1929 (Kaufkraft von 1928) nur noch 1389 RM.

Bei den Konkursen und Vergleichen bestätigt sich das düstere Bild: Die Zahl der Konkurse ist gegenüber dem Jahr 1928 um 24 % gestiegen, die Vergleiche haben um 59 % zugenommen.

Beim Außenhandel zeigt sich dagegen eine positive Entwicklung. Erstmals seit 1926 weist die Handelsbilanz wieder einen — allerdings bescheidenen — Überschuß auf: Einfuhren im Wert von 13 447 Millionen RM (1928: 14 001 Millionen RM) stehen Ausfuhren im Wert von 13 483 Millionen RM (1928: 12 276 Millionen RM) gegenüber.

Das Deutsche Reich ist von der sich anbahnenden Krise der Weltwirtschaft (→25.10./S. 166) wegen der Abhängigkeit von ausländischen Krediten stärker als alle anderen Staaten mit Ausnahme der USA betroffen. Infolge der Inflation und der anschließenden Währungsreform 1923, aber auch wegen der Reparationsverpflichtungen ist die Bereitschaft zum Sparen und damit zur Eigenkapitalbildung gering. Die insbesondere nach dem Dawes-Reparationsplan von 1924 reichlich angebotenen ausländischen Anleihen und Kredite, vor allem aus den USA, sind daher im Deutschen Reich bereitwillig angenommen worden (→1.1./S. 12).

Auch die Banken, deren Eigenkapitalbasis durch die Inflation vernichtet wurde und die ihre Verluste nicht durch inländische Einlagen ausgleichen konnten, nahmen ausländische Kredite auf und verliehen das Geld an industrielle Nachfrager weiter. Ein strukturelles Problem ergab sich daraus, daß etwa die Hälfte des bis 1930 aus den USA einfließenden Kapitals (Gesamthöhe 20,5 Milliarden RM) nur kurzfristig zur Verfügung gestellt, von den Banken jedoch zu langfristigen Konditionen weiterverliehen worden war. Bei Ausbleiben von ausländischen Geldern scheint also eine Bankenkrise im Deutschen Reich unabwendbar (→30.11./S. 187).

Wegen der Börsenspekulation in den USA hatte der Kapitalexport aus den Vereinigten Staaten jedoch bereits Mitte 1928 seinen Höhepunkt überschritten. Die Emissionen deutscher Anleihen in den USA sanken von 200,5 Millionen US-Dollar (802 Millionen RM) im ersten Halbjahr 1928 auf 76,6 Millionen US-Dollar (306,4 Millionen RM) im zweiten Halbjahr 1928 und wurden mit 29,5 Millionen US-Dollar (118 Millionen RM) im Gesamtjahr 1929 fast bedeutungslos.

Die hohen Haushaltsdefizite im Deutschen Reich (→22.12./S. 200) sind ebenfalls eine Folge dieser Entwicklung.

Unternehmer wollen keine Staatseingriffe

2. Dezember. Der Reichsverband der deutschen Industrie, die Spitzenorganisation der Unternehmerschaft, veröffentlicht eine Denkschrift, in der er seine Grundsätze zur Gestaltung der Wirtschaft vorträgt. Die Kernsätze lauten:

»Ausgangspunkt für alle Maßnahmen der Wirtschafts-, Finanz- und Sozialpolitik ist unter den ... gegebenen Umständen die Kapitalbildung. Sie ist die Voraussetzung für die Steigerung der Produktion und liegt daher im Interesse aller Schichten ... Die deutsche Wirtschaft muß von allen unwirtschaftlichen Hemmungen befreit werden. Die Vorbelastung der Produktion durch Steuern ist auf das unumgänglich notwendige Maß einzudämmen ... Die Betätigung der öffentlichen Körperschaften im Wirtschaftsleben muß sich auf die Aufgaben beschränken, die von der Individualwirtschaft nicht erfüllt werden können und sollen ... Soweit Unternehmungen der öffentlichen Hand überhaupt berechtigt sind, müssen sie grundsätzlich in privatwirtschaftlicher Form betrieben werden ... Die Kartelle sind notwendige und volkswirtschaftlich anerkannte Organisationsmittel der heutigen Wirtschaftsordnung ...«

Carl Bosch, Generaldirektor der I.G. Farben, des größten deutschen Trusts

August Rosterg, Generaldirektor des Wintershall Konzerns (Kali-Industrie)

Albert Vögler, Generaldirektor der 1926 gegründeten Vereinigten Stahlwerke

Moritz von der Porten, Leiter der staatlichen Vereinigten Aluminiumwerke

Fritz Blüthgen, Geschäftsführer der Vereinigten Glanzstoff-Fabriken

Ludwig Katzenellenbogen, ein führender Industrieller im Brauereigewerbe

Hans Gottstein, Generaldirektor des größten deutschen Papierkonzerns

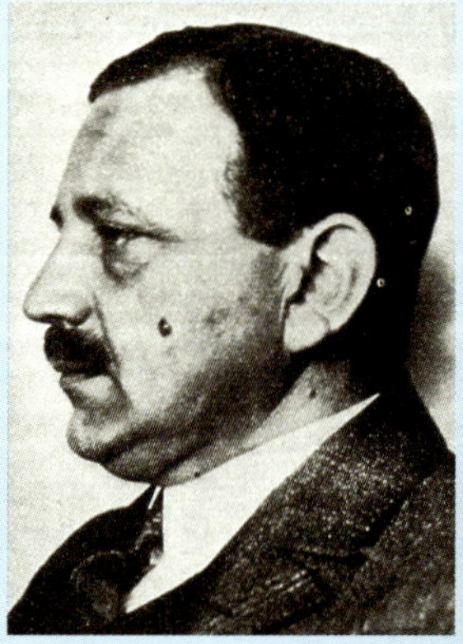

H. Bücher, Vorstandsmitglied der Allgemeinen Electricitäts-Gesellschaft

Ivar Kreuger, Ingenieur und »Zündholzkönig« aus Schweden

Emile Francqui, Präsident der belgischen Bank Société Générale

Walter Guinness, Chef der berühmten irischen Großbrauerei

Van Aalst, Präsident der größten niederländischen Bank

Sir Alfred Mond, Lord Melchett, Leiter eines britischen Chemietrusts

Horace Finaly, Generaldirektor der Banque de Paris et des Pays-Bas

Oberst J. M. Tarafa, genannt der »Zuckerkönig von Kuba«

Epaminondas Charilaos, erfolgreicher griechischer Unternehmer

Clarence Dillon, Chef der New Yorker Bank Dillon, Read & Co.

Mächtige Finanz- und Industriekapitäne

Die »Berliner Illustrirte« stellt ihren Lesern die mächtigsten Wirtschaftsführer des Auslands vor. Es sind nicht mehr unbedingt die bevölkerungsstarken und wirtschaftlich mächtigen Staaten, denen die Industrie- und Finanzkapitäne entstammen.
Bestes Beispiel ist der schwedische »Zündholzkönig« Ivar Kreuger, der 1929 als Gegenleistung für eine Millionenanleihe an das Deutsche Reich das Monopol für Zündwaren auch hier – wie zuvor in anderen Ländern – erworben hat (→26.10./S. 171). Aus Kuba stammt der als »Zuckerkönig« bekannte Multimillionär Oberst José M. Tarafa, der ein internationales Zuckerkartell anstrebt, um auf diese Weise die Weltmarktpreise für dieses Grundnahrungsmittel zu sichern. Sein Plan ist allerdings bisher vor allem am Widerstand des anderen großen Zuckerlandes, Java, gescheitert.
Durch sein Produkt – Bier – ist Walter Guiness, Mitglied des britischen Unterhauses, in aller Welt bekannt geworden.

Liquidationsabkommen

31. Dezember. Das Deutsche Reich schließt mit Frankreich wie zuvor mit Großbritannien (19.12.) und den Vereinigten Staaten (28.12.) ein Liquidationsabkommen, mit dem die Gläubiger des Deutschen Reichs abschließend befriedigt werden. Die drei Abkommen stellen den Vollzug der Vereinbarungen des Youngplans dar (→7.6./S. 98).
Nach dem Weltkrieg hatten neben anderen Siegermächten auch Großbritannien, Frankreich und die USA das Privateigentum von Deutschen, die in ihren Staaten Besitz hatten, eingezogen, um daraus die Ersatzforderungen für Schäden, die ihnen das Deutsche Reich durch die Kriegsereignisse zugefügt hatte, zu decken. In den Liquidationsabkommen wird nunmehr festgelegt, daß kein weiteres deutsches Eigentum mehr beschlagnahmt und das noch nicht eingezogene deutsche Eigentum freigegeben wird, da jetzt die Reparationszahlungen endgültig festgelegt sind.
Zwischen den USA und dem Deutschen Reich wird ferner eine Vereinbarung über die Zahlungen getroffen, die als Schadensersatz infolge von Kriegseinwirkung und als rückständige Besatzungskosten von deutscher Seite zu leisten sind.

Diätenentzug bei Pöbeleien möglich

18. Dezember. Der Reichstag in Berlin nimmt mit 314 gegen 105 Stimmen eine Änderung des Diätengesetzes an, eine Folge der sich häufenden Verstöße gegen die Geschäftsordnung des Reichstags, wie z.B. Pöbeleien und lärmende Kundgebungen, die wiederholt zu Sitzungsunterbrechungen geführt haben. Das neue Gesetz ermöglicht es dem Präsidenten des Reichstags, Abgeordnete, denen gröbliche Ordnungsverletzungen nachzuweisen sind, auf längere Zeit von den Parlamentssitzungen auszuschließen, ihnen die Freikarten und ihre Diäten zu entziehen.

Kürzel I.G. ist per Gesetz geschützt

10. Dezember. Das Reichsgericht in Leipzig entscheidet, daß die Abkürzung I.G. (Interessengemeinschaft) als Bestandteil des Namens der I.G. Farbenindustrie AG gesetzlich geschützt ist und untersagt der Interessengemeinschaft Deutscher Seifenfabriken GmbH die Verwendung des Kürzels I.G. in ihrem Namen. Das Gericht geht offensichtlich davon aus, daß dem einfachen Bürger im Zusammenhang mit der Abkürzung I.G. sofort die I.G. Farben einfallen, was im Widerspruch steht zu der Notierung der Aktien dieses Giganten der chemischen Industrie als »Farbenaktien«.

Adenauer knapp bestätigt

17. Dezember. Der Kölner Oberbürgermeister Konrad Adenauer von der katholischen Zentrumspartei wird von der Kölner Stadtverordnetenversammlung mit einer knappen Mehrheit wiedergewählt. 48 Stimmen entfallen auf ihn, 47 gehen an andere Kandidaten.
Für Adenauer stimmen die 35 Abgeordneten seiner Fraktion, 10 Abgeordnete der rechtsliberalen Deutschen Volkspartei, die beiden Abgeordneten der linksliberalen Deutschen Demokratischen Partei sowie ein Unabhängiger.
Adenauer hatte, als er sich der DVP-Stimmen sicher war, zunächst um die Wirtschaftspartei, die seine Politik in der Vergangenheit unterstützt hatte, geworben. Diese Partei vollzog jedoch nach Bekanntwerden eines Korruptionsverdachts gegenüber ihrem Vorsitzenden eine Abkehr von der Zentrumspolitik, und die Sozialdemokraten, die in der Vergangenheit häufig in kommunalpolitischen Fragen mit Adenauer zusammengearbeitet hatten, waren nach dem heftigen und persönlich geführten Wahlkampf zu den preußischen Kommunalwahlen vom 17. November nicht bereit, den Oberbürgermeister zu stützen.
Die SPD hatte bei dieser Wahl statt der erhofften 25 nur 21 Mandate erhalten, das Zentrum steigerte seine Mandatszahl von 30 auf 35.
Der 53jährige Jurist Adenauer wurde bereits im Weltkrieg (1917) Oberbürgermeister der Stadt Köln und gehört außerdem seit 1920 dem preußischen Staatsrat an.

Österreich erhält neue Verfassung

7. Dezember. Die österreichische Verfassungsreform erhält im Nationalrat, dem Bundesparlament in Wien, die erforderliche Zweidrittelmehrheit, da nicht nur die Regierungsparteien (Christlichsoziale, Großdeutsche und Landbund), sondern auch die oppositionellen Sozialdemokraten für den Reformentwurf stimmen.

Mit der neuen Verfassung verzichtet das Parlament auf wesentliche Rechte und stärkt die Position des Bundespräsidenten. Er ernennt und entläßt künftig die Bundesregierung — bisher konnte dies nur mit der Mehrheit des Nationalrats geschehen. Dem Bundespräsidenten wird ein »Notverordnungsrecht« zuerkannt, mit dem er den Nationalrat auflösen kann. Ferner wird er Oberbefehlshaber des Heeres. Weitergehende Pläne zur Verfassungsreform, die u.a. auf die Einrichtung eines Ständerates ähnlich wie im faschistischen Italien abzielten, haben die Regierungsparteien fallen lassen.

Flüchtlingslager für die Zivilbevölkerung in der Mandschurei

Ostbahn-Streit beigelegt

22. Dezember. Mit der Unterzeichnung des Protokolls von Chaborowsk wird der Konflikt zwischen der Sowjetunion und China, der zum Abbruch der diplomatischen Beziehungen geführt hatte (→17. 7./S. 120), beigelegt. Die sowjetischen Truppen haben bereits drei Tage zuvor mit dem Abzug aus den besetzten Gebieten in Ostchina begonnen. Mit dem Abkommen wird der alte Zustand wiederhergestellt. Die Mandschu-Eisenbahn soll weiterhin von beiden Staaten gemeinsam verwaltet werden. Alle in diesem Zusammenhang entstandenen Streitfragen sollen auf einer besonderen Konferenz geklärt werden.

Kampagne gegen Briten in Indien

29. Dezember. In Lahore tritt der indische Nationalkongreß unter der Leitung von Jawaharlal Nehru zusammen, um über das weitere Vorgehen gegenüber der britischen Kolonialmacht zu beraten.

Nehru ruft die Delegierten dazu auf, sich nicht mit dem Dominionstatus, wie ihn die Kolonialbehörden in Aussicht gestellt haben, zufriedenzugeben, sondern die vollständige Selbständigkeit Indiens zu erkämpfen. Dies soll mit folgenden Maßnahmen geschehen:

▷ Boykott der von den Briten eingesetzten gesetzgebenden Körperschaften
▷ Boykott ausländischer Stoffe und britischer Waren
▷ Organisation einer Massenbewegung zum Steuerstreik
▷ Sobald die Bewegung an Stärke gewonnen hat, Ausrufung des Generalstreiks.

Die Leitung dieser Kampagne des zivilen Ungehorsams soll Mohandas Karamchand (Mahatma) Gandhi übernehmen.

Der 50. Geburtstag Stalins wird mit großem Aufwand gefeiert

21. Dezember. Der mächtigste Mann der Sowjetunion, Generalsekretär Josef W. Stalin, begeht seinen 50. Geburtstag. Das Ereignis wird in der Sowjetunion mit großem Aufwand gefeiert.

Stalins Position scheint sieben Jahre nach der Übernahme des Generalsekretariats unangefochten. Er hat seine parteiinternen Kritiker aus den Parteiämtern gedrängt, verbannt oder ins Ausland abgeschoben, wie etwa Leo D. Trotzki (→11.2./S. 34). Eine am 25. November veröffentlichte »Unterwerfungserklärung« von Nikolai I. Bucharin, Alexei Rykow und Michail P. Tomski, die wegen »rechter Abweichung« ihre Parteiämter verloren hatten (→ 29.4./ S. 64), bleibt ohne Wirkung. Stalins Doktrin vom »Aufbau des Sozialismus in einem Lande« geht davon aus, daß ein sozialistisches System in der Sowjetunion geschaffen werden kann, auch wenn in anderen Staaten die kapitalistische Wirtschaftsordnung unverändert fortbesteht.

Stalin als Verbannter in Sibirien (1903); 1904 flüchtet er

Revolutionsführer Lenin (l.) und Stalin 1922 in Gorki

Josef W. Stalin, KPdSU-Generalsekretär, am 21.12.1929

Pacelli vom Papst nach Rom gerufen

9. Dezember. Reichspräsident Paul von Hindenburg empfängt in Berlin den scheidenden päpstlichen Nuntius Eugenio Pacelli.

Pacelli war 1917 zum Titularerzbischof und Nuntius von München ernannt und vom damaligen Papst Benedikt XV. mit der Friedensvermittlung bei der Reichsregierung betraut worden. 1920 ging Pacelli als Nuntius nach Berlin; er war der erste Botschafter, der von der Regierung der jungen Weimarer Republik das Beglaubigungsschreiben erhielt. Der Reichspräsident erinnert in seinen Abschiedsworten für Pacelli an die damalige Zeit: »Es war die schicksalsschwere Zeit, als die Arbeit des Wiederaufbaues und die Bemühungen um einen wahren Frieden einsetzten. Sie haben alle Phasen dieses Ringens inmitten des deutschen Volks durchgemacht und dieses auf seinem schweren Weg allzeit mit aufrichtiger Anteilnahme begleitet.«

Papst Pius XI. hat Pacelli für Aufgaben im Vatikan vorgesehen.

USA treten Haager Gerichtshof bei

9. Dezember. In Genf treten die USA dem Internationalen Gerichtshof bei. Der Akt muß noch vom US-Senat ratifiziert werden.

Der Internationale Gerichtshof ist am 16. Dezember 1920 vom Völkerbund geschaffen worden. Die USA, die nicht Mitglied des Völkerbunds sind, hatten in einer Resolution des US-Senats 1926 Vorbedingungen für ihren Beitritt formuliert. Sie laufen darauf hinaus, daß damit keine rechtlichen Beziehungen zwischen den Vereinigten Staaten und dem Völkerbund geschaffen werden, die USA beim Gerichtshof jedoch gleiche Rechte erhalten wie Völkerbundsmitglieder.

Probleme bereitete die US-Forderung, daß der Gerichtshof keine Gutachten über Streitfälle, in denen die USA verwickelt sind, abgeben darf, ohne daß Washington zuvor seine Zustimmung gegeben hat. Die Frage ist nun so geregelt, daß Anträge auf Einholung eines Gutachtens den USA zur Prüfung vorgelegt werden. Sofern sich Washington betroffen fühlt, wird ein Meinungsaustausch aufgenommen.

Aga Khan heiratet eine junge Französin

7. Dezember. *Sultan Sir Mohammed Shah, der dritte Aga Khan, vermählt sich in Aix-les-Bains (Frankreich) mit der Französin Andrée Carron. Nach der Ziviltrauung im Standesamt (Abb.) folgt eine religiöse Zeremonie, die zwei Geistliche in der Pariser Moschee vornehmen.*

Seit Anfang des 19. Jahrhunderts trägt das Oberhaupt der moslemischen Sekte der Hodschas den erblichen Titel Aga Khan. Der derzeitige Aga Khan, geboren in Karatschi am 2. November 1877, ist von der britischen Kolonialregierung in Indien in den Adelsstand erhoben worden und hat mit seiner probritischen Haltung verhindert, daß sich Indien dem vom Osmanischen Reich ausgerufenen Heiligen Krieg angeschlossen hat. Die Hodschas gehören zu den Ismailiten, einer Sekte innerhalb der schiitischen Glaubensrichtung des Islam, die den Aga Khan als religiösen Führer verehrt.

»Faun« kehrt die Straßen Berlins

Fast an einen Panzer erinnert eine neue Straßenkehrmaschine, die in Berlin im Einsatz ist (Abb.). Das Monstrum fegt nicht nur den Dreck von den Straßen, sondern nimmt ihn außerdem in seinem Inneren auf, ist also in ihrer Funktionsweise mit einem Staubsauger vergleichbar. Diese neuartige Straßenreinigungsmethode ist nicht nur hygienisch, sondern spart auch Arbeit: Die Müllberge, die traditionelle Kehrmaschinen am Straßenrand zurücklassen und die mühsam aufgesammelt werden müssen, gibt es bei diesen Maschinen der Marke »Faun« nicht.

Ein Schirm aus dem Automaten

Die Berlinerin und der Berliner können es künftig wagen, auch bei unbeständigem Wetter ohne Regenschirm auszugehen – wenn ihr Weg an einer neuen automatischen Schirmmaschine vorbeiführt (Abb.). Nach Einwurf eines Fünfzigpfennigstücks spuckt dieser Automat einen Schirm aus. Der ist zwar nur aus imprägniertem Papier und daher nur für den einmaligen Gebrauch bestimmt, er hilft jedoch, das Ziel trocken zu erreichen. Bei monatlichen durchschnittlichen Niederschlägen von bis zu 70 mm (Juli) scheint die neue Erfindung durchaus lohnenswert.

Wintersport für die ganze Familie im französischen Chamonix; auch der Kinderwagen hat Kufen

Die belgische Königin Elisabeth und der belgische König Albert I. (v.l.) sind seit Jahren begeisterte Wintersportler; hier stellt sich das beliebte Herrscherpaar, das sich in der Wintersaison 1929 in dem Kurort Mégève in Haute-Savoie aufhält, mit seinen Skiern den Fotografen; König Albert hat sich auf der Piste von Sankt Moritz auch schon als Bobfahrer versucht; Elisabeth läuft gern Schlittschuh und macht dabei eine recht gute Figur auf dem Eis

Ein neues Wintersportgerät, Skier mit Motorantrieb, stellt ein Skilehrer in Sankt Moritz vor

Ein Freizeitmaler bannt sonnenbadend die Gipfel des Engadin auf die Leinwand

Nach Schulschluß auf dem Pausenhof; Kinder, die ihren Schulweg im Winter mit Skiern oder Schlitten zurücklegen

Die Reichsbahn richtet Sonderzüge für Wintersportler ein; hier Ankunft von Skiläufern an der Haltestelle »Sprungschanze« bei Wengen im Berner Oberland

Diese Skiläuferin nutzt ein Hausdach als Skischanze

Start zur Talfahrt mit dem Rodelschlitten bei Sankt Moritz

Auch Pferderennen werden in den Wintersportorten der Alpen veranstaltet wie hier in Garmisch-Partenkirchen; beim sog. Skikjöring ziehen die Pferde die Skiläufer, die sich bemühen, nicht die Balance zu verlieren

Norwegische Skiläuferinnen beim Aufstieg; in Skandinavien ist Wintersport für Frauen selbstverständlich

Zu den militärischen Übungen, die im Gebirge stationierte Reichswehrtruppen durchführen, gehört auch der Skisport

Wintersportorte recht gut besucht

Dem Weihnachtstrubel durch einen kleinen Ausflug in die Berge zu entgehen, wird immer beliebter, auch wenn die Mittelgebirge im Dezember nicht schneesicher sind.

Nach Temperaturen um 10° C am 15. Dezember setzt am 17. Dezember Schneefall ein, und es kühlt merklich ab. Aus den Wintersportorten in den Alpen wird Neuschnee bis zu 20 cm gemeldet, der auf eine Grundlage von 10 bis 15 cm fällt. Auch in den Mittelgebirgen — Harz, Schwarzwald, Thüringer Wald, Erzgebirge — sind die Wintersportverhältnisse ab 700 m Höhe gut; allerdings setzt um die Weihnachtsfeiertage erneut Tauwetter ein.

Zu einem schweren Unfall kommt es am 23. Dezember auf dem Kamm des Riesengebirges. Vier Langskiläufer, die sich noch um 16 Uhr von der Spindlerbaude zur Prinz-Heinrich-Baude aufmachen, kommen in einem heftigen Schneesturm vom Weg ab und sterben.

Neben den traditionellen deutschen Skigebieten um Oberammergau, Berchtesgaden und Garmisch-Partenkirchen sind die für den Skisport gut ausgestatteten Wintersportorte in der Schweiz ein beliebtes Ziel. Neben den eher mondänen Orten wie Davos, Montreux und St. Moritz sind Les Avant, Mob, Villars, Andermatt, Moloja und Arosa zu nennen, ferner das von Luzern aus leicht zu erreichende Engelberg. Der Berliner Ullstein-Reisedienst bietet z.B. eine 14tägige Pauschalreise für 279 Reichsmark inklusive Bahnfahrten, Unterkunft, Vollverpflegung, Kurtaxe und Reiseleitung nach Engelberg in der Zentralschweiz an.

Für diejenigen, die sich eine weite Reise nicht leisten können, bleibt der Ausflug in die Naherholungsgebiete. Hier bietet z.B. die Berliner Verkehrsgesellschaft (BVG) den Fahrgästen nach Verhandlungen mit dem Deutschen Wintersportverband die Möglichkeit, ihre Schneeschuhe mit in die U- und S-Bahnen zu nehmen.

In der Wintersportmode bleiben buntgemusterte Norwegerpullover und Steghosen en vogue. Statt des Schultertuchs trägt die Wintersportlerin in der Saison 1929/30 ein breites Band, dessen ausgefranste Enden im Nacken oder seitlich geknotet werden.

Literatur-Nobelpreis für Thomas Mann

10. Dezember. In Stockholm und Oslo werden die Nobelpreise für 1929 feierlich verliehen. Der Literaturpreis geht an den deutschen Schriftsteller Thomas Mann.

Mann erhält die Auszeichnung für seinen ersten Roman, »Buddenbrooks« (1901), der den Niedergang einer Lübecker Kaufmannsfamilie schildert. Sie kann sich den veränderten gesellschaftlichen Verhältnissen nicht anpassen. Der Verfall zeigt sich schließlich am jüngsten Nachkommen, einem lebensuntüchtigen, künstlerisch veranlagten Menschen. In diesem Roman ist schon die Gegenüberstellung von »Kunst« und »Leben«, um die viele Erzählungen von Thomas Mann kreisen, angelegt.

Der Dichter, der zunächst, etwa in »Betrachtungen eines Unpolitischen« (1918), der republikanischen Staatsform kritisch gegenüberstand, wandelte sich in der Weimarer Zeit zum überzeugten Demokraten. Sein Werk zeichnet sich durch eine ironisch-skeptische Erzählhaltung und eine meisterhafte Sprachkunst aus.

Die weiteren Preisträger: Louis Victor Prinz von Broglie (Frankreich; Physik); Arthur Harden (Großbritannien), Hans Karl von Euler-Chelpin (Schweden; Chemie); Christiaan Eijkman (Niederlande), Frederick Gowland Hopkins (Großbritannien; Medizin); Frank Billings Kellogg (USA; Frieden).

△ Der feierliche Akt der Nobelpreisverleihung im großen Saal des Konzerthauses in der schwedischen Hauptstadt Stockholm; ganz rechts auf der ersten Bank sitzt der deutsche Preisträger, der Lübecker Schriftsteller Thomas Mann, dem das Nobelkomitee die Auszeichnung für seinen ersten Roman, »Buddenbrooks« (1901), zugedacht hat

◁ Die Nobelpreis-Urkunde Thomas Manns; der Dichter hat seit 1901, dem Erscheinen der »Buddenbrooks«, eine Vielzahl von Werken veröffentlicht, darunter den Roman »Königliche Hoheit« (1909) sowie die Novellen »Tristan« (1903), »Der Tod in Venedig« (1913) und »Tonio Kröger« (1914); der Roman »Der Zauberberg« (1924) entwirft ein umfassendes Bild zeitgenössischer Probleme

Nobelpreisträger Thomas Mann (Mitte) im Kreise seiner Familie; links von ihm seine Frau Katja, geborene Pringsheim, rechts die beiden ältesten Kinder, Erika und Klaus, am Tisch Angelus, Monika, Michael und Elisabeth Mann (v.l.)

Ruhm für das Werk trifft auch das Volk

In der Dankesrede, die Literaturnobelpreisträger Thomas Mann in Stockholm hält, heißt es:

»Ich habe immer den Heiligen Sebastian bewundert, den Jüngling, der von allen Seiten mit Pfeilen durchbohrt wurde. So sieht Deutschland jetzt aus. Da mein Land zwischen Osten und Westen liegt, vereinigt es in sich das Leiden des Ostens mit dem Formsinn des Westens ... Die Huldigung, die mir gebracht wurde, wird für mich keine Quelle des Übermuts werden. Ich lege sie vor die Füße meines Volkes. Sie wird eine Genugtuung sein für dieses Volk, das nicht immer voll und nicht immer richtig verstanden wurde.«

Heinrich Mann, der ältere Bruder des Preisträgers, würdigt im »Berliner Tageblatt« vom 13. November (die geplante Auszeichnung war kurz vorher bekanntgeworden) die Entwicklung Thomas Manns:

»Wenn sein Werk in der Welt gerühmt wird, trifft der Ruhm wirklich zugleich ein Volk mit und soll es treffen. Darum muß jedes seiner neuen Werke ... das Wesen dieses Volkes ... wiedergeben. 'Buddenbrooks' zeigten erst das heimatliche Bürgerhaus, sein Glück, seine Gefahren. Die 'Betrachtungen eines Unpolitischen' entstanden schon aus den mitgefühlten Gefahren und dem miterlebten Glück der ganzen Nation in ihren schwersten Tagen. Ein deutsches Lehrbuch der persönlichen Entwicklung aber ist der Roman 'Der Zauberberg'. Er vor allem kennzeichnet einen langen, verantwortungsvollen Weg, den Weg Thomas Manns vom Bürgersohn, der Erinnerungen an ein Haus in Lübeck schrieb, bis zum Meister, der für sein Volk spricht.«

Friedrich Sternthal schreibt in der »Literarischen Welt« vom 22. November:

»Thomas Mann gehört zu den wenigen Deutschen, die ein Stück unserer deutschen Tradition verkörpern. Er ist unter den Heutigen der Einzige, der in seiner Person die Überlieferung der Klassik und der Romantik vereinigt. Er ist auch der Einzige, der Konservativismus und Aufklärung zugleich darstellt.«

Goetz-Komödie in Hamburg gezeigt

7. Dezember. Im Thalia-Theater in Hamburg wird die Komödie »Der Lügner und die Nonne« von Curt Goetz uraufgeführt.
Die Handlung des Stücks: Bei einer jungen Klosternovizin wird ein Baby gefunden. Verdächtig, die Mutter zu sein, springt sie ins Wasser, um einen Skandal zu vermeiden. Ein junger Mann rettet sie. Er ist der Vater des Kindes und zugleich der Sohn des weisen Kardinals, der zum Ende des Stücks die beiden jungen Leute zusammenführt.
Das Stück lebt ganz von seinen geschliffen-gescheiten Dialogen und von einer Situationskomik, die immer dezent bleibt.
Der Autor der Komödie, Curt Goetz, hat zunächst als Schauspieler gearbeitet. Seinen ersten großen Erfolg als Dramatiker erlebte er 1921 mit der Komödie »Ingeborg«, die eine Dreiecksgeschichte heiter-elegant und ohne vordergründige Effekthascherei in Szene setzt.

Dita Parlo und Willy Fritsch in dem deutschen Tonfilm »Melodie des Herzens«

Charlotte Ander, Hans Albers

Zwei Stars des Tonfilms sind gekürt — Willy Fritsch und Hans Albers

16./19. Dezember. *Die ersten großen deutschen Ton-Unterhaltungsfilme werden in Berlin uraufgeführt — und zwei Stars des deutschen Films werden geboren: Willy Fritsch spielt mit Dita Parlo als Partnerin die Hauptrolle in dem Operettenfilm »Melodie des Herzens« (Regie: Hanns Schwarz; Musik: Werner R. Heymann), der am 16. Dezember im Ufa-Palast am Zoo anläuft. Hans Albers steht — mit Charlotte Ander als Partnerin — im Mittelpunkt des anspruchslos-vergnüglichen Streifens »Die Nacht gehört uns« (Regie: Carl Froelich), der am 19. Dezember im Capitol gestartet wird. Bis zum Jahresende laufen noch sechs weitere kommerzielle Tonfilme im Deutschen Reich an; dennoch sind Stummfilme immer noch bei weitem in der Überzahl.*

Jungbauern aus dem Westerwald beim Ausflug, um 1914

Konditormeister in Köln-Lindenthal, um 1928

Drei Straßenarbeiter im Ruhrgebiet, um 1928/29

Der Maler Anton Räderscheidt mit seiner Frau, Köln um 1925

Der Konzertpianist Max van der Sandt, Köln 1928

August Sander zeigt mit Fotos das »Antlitz der Zeit«

Von dem Fotografen August Sander erscheint das erste Ergebnis seiner Bemühungen, ein fotografisches Abbild seiner Epoche zu geben. »Antlitz der Zeit« heißt eine Sammlung von 60 Aufnahmen deutscher Menschen aus der Zeit vor und nach dem Weltkrieg. Der Schriftsteller Alfred Döblin hat die Einleitung für den Fotoband geschrieben.
»Menschen des 20. Jahrhunderts« soll die vollständige Sammlung einmal heißen, an der Sander seit 1924 arbeitet. Sie soll einen Querschnitt durch alle Berufe, Klassen und Lebensbereiche der Kaiserzeit und der Weimarer Zeit geben. Berühmte Persönlichkeiten wie der Dada-Künstler Raoul Haussmann werden genauso abgelichtet wie etwa einfache Bauern aus dem Westerwald bei einem Sonntagsausflug (Sander ist am 17.11.1876 in Herdorf im Westerwald geboren) oder die kleinstädtische Bürgerfamilie im repräsentativen Sonntagsstaat.
Sander verzichtet bei seinen Aufnahmen auf alle »malerischen« Mittel, seine Fotos sind auf den ersten Blick als technische Produkte erkennbar. Es geht ihm nicht um die Darstellung eines Individuums in seiner Besonderheit, sondern er ist stets auf der Suche nach dem Typischen, nach dem, was der Abgebildete mit anderen Personen seines Standes oder seiner Herkunft gemeinsam hat. So soll ein Porträt des Anarchisten und Schriftstellers Erich Mühsam dazu dienen, den Typus des »Revolutionärs« sichtbar werden zu lassen.
Sanders Bemühen um eine dokumentarische und »objektive« Abbildung der Wirklichkeit korrespondiert mit ähnlichen Versuchen des Fotografen Hugo Erfurth, der seit 1923 an einer Sammlung von Porträts unter dem Titel »Große Köpfe meiner Zeit« arbeitet.
Eine andere Richtung der modernen, als Kunstform anerkannten Fotografie ist die Experimentalfotografie, die neue Techniken und Verfahrensweisen anwendet, um in abstrakten Bildkompositionen multimediale Wirkungen zu erzielen. Herausragend auf diesem Gebiet ist der Bauhauskünstler Lászlo Moholy-Nagy, ein gebürtiger Ungar.

Die Kinder können die Bescherung kaum erwarten

Zum Christfest singen Londoner Polizisten bei einer Wohltätigkeitsveranstaltung Weihnachtslieder

Die Metzgereien sind auf das Fest gut vorbereitet

Weihnachtskirmes »Hamburger Dom«

Friedliche Weihnacht im Familienkreis

24. Dezember. Trotz der bedrohlichen wirtschaftlichen Situation im Deutschen Reich wird das Weihnachtsfest von vielen Menschen nach mehr als zehn Jahren Frieden in aller Ruhe mit Gänsebraten oder Karpfen und mit einem festlich geschmückten Weihnachtsbaum im Kreise der Familie begangen.

Für eine mannshohe Edeltanne muß man in Berlin allerdings tief in die Tasche greifen: Es gibt sie ab 15 Reichsmark (RM); einfache Fichten sind schon für 3 oder 4 RM zu haben, und ganz kleine Jungstämme kosten nur etwa 1,50 RM.

Zu den Rennern des Weihnachtsgeschäfts gehören Radios und Grammophonplatten, aber auch hochwertige Kleidungsstücke. Schmuck und Silberwaren laufen schlechter als in den Vorjahren. Als Geschenke in letzter Minute sind Krawatten, Handschuhe und Seidentücher, Zigarren und Parfum beliebt. Als ideales Geschenk für den anspruchsvollen Feinschmecker bieten viele Feinkostgeschäfte Präsentkörbe an, die sich die Kunden selbst zusammenstellen können: Kaviar, Hummer, Straßburger Gänseleberpastete, Mast- und Wildgeflügel, Schokolade und Marzipan, Lebkuchen, exotische Früchte, Champagner, Cognac und Punschextrakt werden gern gewählt.

Bei den Spielwaren setzen sich im Zeitalter der Technikeuphorie Konstruktionsbaukästen immer mehr durch. Sie fördern die Phantasie der kleinen Erfinder und sind daher vielfach begehrter als Fertigteile wie z.B. Spielzeugautos oder kleine Raketenflugzeuge.

Süßigkeiten, ein beliebtes Geschenk zu den Festtagen nicht nur für die Kleinen; hier bringt der Weihnachtsmann in einer von Felix Schwormstadt entworfenen Anzeige Produkte der Schokoladenfabrik Stollwerck; bei den Großen sind Marzipan aus Lübeck und Königsberg, aber auch Weinbrandbohnen, kandierte Früchte und Pralinen gern gesehene Geschenke

»Winnetou« als Weihnachtsstück

4. Dezember. Im Theater in der Königgrätzer Straße in Berlin hat das Weihnachtsmärchen »Winnetou« Premiere. Heinrich Dimmler und Ludwig Körner haben die Dramatisierung des Stoffes von Karl May besorgt. Der bekannte Stückeschreiber Carl Zuckmayer, ein Anhänger Karl Mays, äußert sich in einer Kritik in der »Vossischen Zeitung« begeistert:

»Es ist ein Stück unserer geliebten Karl-May-Welt lebendig geworden, mit so viel Ernst und Laune, daß man euch nur die harte, schwielige Westmannspratze drücken kann und allen Jungens so zwischen neun und 99 laut schallend zurufen: Uff uff ihr Krieger! Eilet in die Königgrätzer Straße, wenn der Schatten des Verkehrsturms schräg gegen die Südwestecke von Wertheim fällt (nach europäischen Zeitmaßen vier Uhr nachmittags). Also ich wiederhole in aller Bescheidenheit: Die Bühnenbearbeitung hat nur den einen Fehler, daß sie mit meiner Mithilfe noch besser geworden wäre (zum Beispiel in den Indianerszenen mangelte manchmal etwas vom Geheimnis, von der Urweltlichkeit, dem Hauch der Wälder und der Prärien) ...«

Unzufriedenheit bei der Bevölkerung zum Jahresende

Dezember. Von akuten Zahlungsengpässen bei zum Jahresende fälligen Krediten (Ultimokrediten) sind infolge des Ausbleibens von Auslandsanleihen nicht nur die Reichsregierung (→ 22.12./S. 200), sondern auch die kommunalen Verwaltungen betroffen. Angesichts dieser Situation stehen die in der Vergangenheit gezahlten Weihnachtsbeihilfen für Erwerbslose und Unterstützungsempfänger in Frage.

In zahlreichen deutschen Großstädten finden daraufhin Demonstrationen von Arbeitslosen statt, die in der Regel von der Kommunistischen Partei organisiert sind.

In Frankfurt am Main kommt es am 18. Dezember, als die Stadtverordnetenversammlung über die Erwerbslosenbeihilfe berät, in der Innenstadt zu schweren Zusammenstößen zwischen Demonstranten und der Polizei, die einige Schreckschüsse abgibt. 27 Personen werden festgenommen.

In Köln demonstrieren am 20. Dezember ebenfalls Erwerbslose vor dem Rathaus. In der Umgebung gehen dabei einige Schaufensterscheiben zu Bruch.

Das Berliner Rathaus wird bei der Beratung der Stadtverordnetenversammlung über die Weihnachtsunterstützung am 19. Dezember von der Polizei weiträumig abgeriegelt, Demonstrationszüge werden umgeleitet. Am Alexanderplatz kommt es zu handgreiflichen Auseinandersetzungen zwischen Demonstrierenden und Ordnungshütern.

Mit den Stimmen von SPD, KPD und NSDAP spricht sich die Berliner Stadtverordnetenversammlung für eine Weihnachtsbeihilfe aus, die den Stadthaushalt mit sechs Millionen Reichsmark belasten würde. Doch bevor der Magistrat einen entsprechenden Beschluß fassen kann, wird die Stadt am 20. Dezember ihrer Selbstverwaltung beraubt und unter Staatsaufsicht gestellt.

»Kladderadatsch« zum Jahreswechsel: Auch 1930 noch Besatzer

Ein Bankenkonsortium unter der Führung der Seehandlung sowie der Deutschen Bank und Disconto-Gesellschaft ist zur Gewährung des erforderlichen Ultimo-Überbrückungskredits in einer Höhe von 58,6 Millionen Reichsmark nur unter der Voraussetzung bereit, daß die Stadt auf alle zusätzlichen Ausgaben verzichtet. Diese Bedingung scheint allerdings nur durch die Staatsaufsicht gewährleistet.

Am 20. Dezember ist der Handel zwischen Konsortium und Stadt perfekt. Der Kredit soll in elf Monatsraten zurückgezahlt werden. Das dafür erforderliche Geld sollen Tariferhöhungen bei den öffentlichen Verkehrsmitteln (Einheitsfahrschein künftig 25 statt wie bisher 20 Reichspfennig), bei der Elektrizität (Kilowattstunde künftig 20 statt wie bisher 16 Reichspfennig), bei Wasser und Gas bringen.

Für den 24. Dezember ruft die KPD in Berlin wiederum zu einer Demonstration auf, die unter dem Motto »Hungernde in den Vierteln der Reichen« steht. Es nehmen allerdings nur 2000 Menschen daran teil, und der Weihnachtsfrieden bleibt gewahrt.

Schreckensbilanz von Carl Severing

Dezember. Reichsinnenminister Carl Severing (SPD) gibt in einer Denkschrift über die »Radikalisierung im politischen Alltag« eine erschreckende Übersicht über die Zunahme an politisch motivierten Gewalttaten im Jahr 1929:

- Überfall von Nationalsozialisten auf vier Reichsbanner-Mitglieder am 25. August in Essen
- Überfall von Kommunisten auf zwei Angehörige der Hitlerjugend am 1. September in Köln
- Gewalttätigkeiten zwischen Stahlhelmern und Kommunisten am selben Tag in Hamburg; mehrere Schwerverletzte
- Mißhandlung eines Lützowjugend-Mitglieds von Kommunisten am 6. September in Köln
- Schlägerei zwischen NSDAP- und KPD-Anhängern in Oranienburg am selben Tag
- Überfälle von Nationalsozialisten auf angeblich »jüdisch aussehende« Personen am 8. September in Berlin
- Überfall von vier Kommunisten auf zwei Reichsbannerleute in Hamburg am 11. September
- Angriff von Kommunisten auf SPD-Wahlhelfer am 17. November in Breslau; ein Todesopfer.

Festlicher Ausklang mit Silvesterbällen

31. Dezember. *Nur wenige wollen in der Silvesternacht zu Hause mit der Familie oder mit Freunden feiern. Die Kabaretts und Revuen sind ebenso ausverkauft wie die festlichen Silvesterbälle.*

Die Veranstaltung im Berliner Funkhaus steht unter dem Motto »Eine Nacht im Weindorf«; »Silvesterball in Oberbayern« heißt es im Berliner Etablissement »Neue Welt«, und es werden »Sieben Kapellen, Humor und Stimmung« versprochen. Das »Kabarett der Komiker« in Berlin bietet ein »Riesen-Doppelprogramm« unter dem Titel »Der große Abend des Lachens«. Es wirken u.a. Liesl Karlstadt und Karl Valentin mit, ferner Ilse Bols, Max Adalbert, Max Hansen und Siegfried Arno. Drei Tanzkapellen spielen auf. Der »Wintergarten« lockt mit einer Silvester-Gala-Vorstellung mit 16 Original-Lawrence-Tiller-Girls.

Bei festlichen Veranstaltungen hat sich das lange Abendkleid durchgesetzt. Strümpfe aus Goldgewebe und Schuhe mit Absätzen aus Goldfiligran runden die elegante Erscheinung ab (Abb.: Titelblatt der Zeitschrift »Die Woche).

Neue Postwertzeichen 1929 im Deutschen Reich

Wohltätigkeits-Ausgabe für die Deutsche Nothilfe — Wappenzeichnungen (4. November 1929)

Das Deutsche Reich, Österreich und die Schweiz 1929 in Zahlen

Die Statistiken für die drei deutschsprachigen Länder umfassen eine Auswahl von grundlegenden Daten. Es wurden vor allem Daten aufgenommen, die innerhalb der einzelnen Länder vergleichbar sind. Maßgebend für alle Angaben waren die amtlichen Statistiken. Die Zahlen beziehen sich auf die jeweiligen Staatsgrenzen von 1929. Nicht in allen gesellschaftlichen Bereichen finden jährliche Erhebungen statt, so daß mitunter die Daten aus früheren Jahren aufgenommen werden mußten. Das Erhebungsdatum ist jeweils angegeben (unter der Rubrik »Stand«). Die aktuellen Zahlen des Jahres 1929 werden — wo möglich — durch einen Vergleich zum Vorjahr relativiert. Wichtige Zusatzinformationen zum Verständnis einzelner Daten sind in den Fußnoten enthalten.

Deutsches Reich

Erhebungsgegenstand	Wert	Vergleich Vorjahr (%)	Stand
Fläche			
Fläche (km²)	470615,62	—	31. 12. 1909[2]
Bevölkerung			
Wohnbevölkerung	64739000	+ 1,1	1929
— männlich	30197000	—	16. 6. 1925[1]
— weiblich	32214000	—	16. 6. 1925[1]
Einwohner je km²	137,5	—	16. 6. 1925[1]
Ausländer	957100	—	1927
Privathaushalte	15275000	—	16. 6. 1925[1]
— Einpersonenhaushalte	1026000	—	16. 6. 1925[1]
— Mehrpersonenhaushalte	14249000	—	16. 6. 1925[1]
Lebendgeborene	1147458	- 3,0	1929
Gestorbene	805962	+ 9,0	1929
Eheschließungen	589611	+ 0,4	1929
Ehescheidungen	39424	- 6,8	1929
Familienstand der Bevölkerung			
— Ledige insgesamt	33009000	—	16. 6. 1925[1]
— männlich	16492000	—	16. 6. 1925[1]
— weiblich	16517000	—	16. 6. 1925[1]
— Verheiratete	25437000	—	16. 6. 1925[1]
— Verwitwete und Geschiedene	3864000	—	16. 6. 1925[1]
männlich	977000	—	16. 6. 1925[1]
weiblich	2887000	—	16. 6. 1925[1]
Religionszugehörigkeit			
— Christen insgesamt	60295591	—	16. 6. 1925[1]
katholisch	20193334	—	16. 6. 1925[1]
evangelisch	40014677	—	16. 6. 1925[1]
sonstige	87580	—	16. 6. 1925[1]
— Juden	564379	—	16. 6. 1925[1]
— andere, ohne Konfession	1550649	—	16. 6. 1925[1]
Altersgruppen			
unter 5 Jahren	5871517	—	16. 6. 1925[1]
5 bis unter 10 Jahren	3986512	—	16. 6. 1925[1]
10 bis unter 15 Jahren	6213829	—	16. 6. 1925[1]
15 bis unter 20 Jahren	6543101	—	16. 6. 1925[1]
20 bis unter 30 Jahren	11457815	—	16. 6. 1925[1]
30 bis unter 40 Jahren	8863091	—	16. 6. 1925[1]
40 bis unter 50 Jahren	7754071	—	16. 6. 1925[1]
50 bis unter 60 Jahren	5961114	—	16. 6. 1925[1]
60 bis unter 70 Jahren	3782011	—	16. 6. 1925[1]
70 bis unter 80 Jahren	1641934	—	16. 6. 1925[1]
80 und darüber	335633	—	16. 6. 1925[1]
Die zehn größten Städte			
— Berlin	4024165	—	16. 6. 1925[1]
— Hamburg	1079126	—	16. 6. 1925[1]
— Köln	700222	—	16. 6. 1925[1]
— München	680704	—	16. 6. 1925[1]
— Leipzig	679159	—	16. 6. 1925[1]
— Dresden	619157	—	16. 6. 1925[1]
— Breslau	557139	—	16. 6. 1925[1]
— Essen	470524	—	16. 6. 1925[1]
— Frankurt am Main	467520	—	16. 6. 1925[1]
— Düsseldorf	432633	—	16. 6. 1925[1]
Erwerbstätigkeit			
Erwerbstätige	32009000	—	16. 6. 1925[1]
— männlich	20531000	—	16. 6. 1925[1]
— weiblich	11478000	—	16. 6. 1925[1]
— nach Wirtschaftsbereichen			
Land- und Forstwirtschaft, Tierhaltung und Fischerei	9762000	—	16. 6. 1925[1]
Produzierendes Gewerbe	13239000	—	16. 6. 1925[1]
Handel und Verkehr	5274000	—	16. 6. 1925[1]
Sonstige	3734000	—	16. 6. 1925[1]
Arbeitslose	1899000	+ 38,8	1929
Betriebe			
— Landwirtschaftliche Betriebe	5096533	—	16. 6. 1925[1]
— Industrie und Handwerk	1625788	—	16. 6. 1925[1]
— Baugewerbe	226949	—	16. 6. 1925[1]
— Handel und Verkehr	1517823	—	16. 6. 1925[1]
— Theater, Musik und Schaustellung	17057	—	16. 6. 1925[1]
— Gesundheitswesen und Hygiene	83761	—	16. 6. 1925[1]
Außenhandel			
— Einfuhr (Mio. RM)	13447,0	- 14,2	1929
— Ausfuhr (Mio. RM)	13483,0	+ 2,0	1929
— Ausfuhrüberschuß (Mio. RM)	36,0	- 98,6	1929
Verkehr			
— Eisenbahnnetz (km)	56426	+ 0,1	1929
Beförderte Personen	2057000	- 1,5	1929
Beförderte Güter (in 1 000 t)	531400	+ 1,1	1929
— Straßennetz (km) Reichsstraßen			
— Bestand an Kraftfahrzeugen	1214059	+ 49,6	1. 6. 1929
davon PKW	433205	+ 23,3	1. 6. 1929
davon LKW	143952	+ 18,2	1. 6. 1929
— Binnenschiffe zum Gütertransport (Tragfähigkeit in t)	6391000	- 1,9	1. 1. 1929
Beförderte Güter (in 1 000 t)	110650	+ 2,7	1929
— Handelsschiffe/Seeschiffahrt (BRT)	3983000	+ 8,3	1. 1. 1929
Beförderte Güter (in 1 000 t)	48480	+ 2,9	1929
— Luftverkehr			
Beförderte Personen	96835	- 19,8	1929
Beförderte Güter (in 1 000 t)	2070	- 4,3	1929
Bildung			
— Schüler an Volksschulen	6698785	—	1926/27
Mittelschulen	259300	—	1926/27
Höheren Schulen	843818	—	1926/27
— Studenten	122374	+ 9,7	1929
Rundfunk			
— Hörfunkteilnehmer	2837894	+ 27,0	März 1929
Gesundheitswesen			
— Ärzte	47805	+ 3,6	31. 12. 1929
— Zahnärzte	29048	+ 18,7	31. 12. 1929
— Krankenhäuser	3044[3]	+ 1,9	1929
Sozialleistungen			
— Mitglieder der gesetzlichen Krankenversicherung	20956086	- 4,8	1929[4]
Rentenbestand Rentenversicherung der Arbeiter	3249407	+ 5,0	1929[4]
Rentenversicherung d. Angestellten	187817	+ 25,5	1929[4]
Knappschaftl. Rentenversicherung	367136	+ 1,2	1929[4]
— Empfänger von Arbeitslosengeld und -hilfe	1899121	—	31. 3. 1929
Sozialhilfe	1781811	+ 5,5	31. 3. 1929
Finanzen und Steuern			
— Reichshaushalt: Ausgaben	8375,8	+ 17,1	1928/29
— Reichshaushalt: Einnahmen	6568,3	- 5,2	1928/29
— Schuldenlast des Reichs in Mio. RM	9351,1	+ 31,1	31. 12. 1929

[1] Letzte verfügbare Angabe (Volkszählung)
[2] Deutsches Reich mit Saargebiet
[3] Allgemein-Krankenhäuser
[4] Jahresdurchschnitt

Erhebungsgegenstand	Wert	Vergleich Vorjahr (%)	Stand
Löhne und Gehälter			
— Wochenarbeitszeit in der Industrie (Stunden)	46,0	—	1928
— tariflicher Bruttostundenverdienst männlicher Facharbeiter (Rpf)	93,9	- 2,1	1929
— tariflicher Bruttostundenverdienst weiblicher Facharbeiter (Rpf)	59,2	- 1,9	1929
— tariflicher Bruttostundenverdienst männlicher ungelernter Arbeiter	74,7	- 0,7	1929
weiblicher ungelernter Arbeiter	49,3	- 0,6	1929
Preise			
— Index der Einzelhandelspreise (1913/14 = 100)	154,0	+ 1,5	1929
— Einzelhandelspreise ausgewählter Lebensmittel (RM)			
Butter, 1 kg	4,31	± 0	1929
Weizenmehl, 1 kg	0,57	- 5,0	1929
Schweinefleisch, 1 kg	2,61	+ 21,4	1929
Rindfleisch, 1 kg	2,35	+ 2,2	1929
Eier, 1 Stück	0,16	+ 14,3	1929
Kartoffeln, 5 kg	0,62	- 4,6	1929
Vollmilch, 1 l	0,30	± 0	1929
Zucker, 1 kg	0,62	- 1,6	1929
— 5-Personen-Arbeitnehmer-Haushalt mit mittlerem Einkommen (1913/14 = 100)	154,0	+ 1,5	1929

Erhebungsgegenstand	Bremen	Berlin	Breslau	Aachen	Stuttgart	München
Klimatische Verhältnisse						
— Mittlere Lufttemperatur (°C)						
Januar	- 2,8	- 4,4	- 7,0	- 1,6	- 3,1	- 6,9
Februar	- 8,0	-10,4	-13,3	- 4,3	- 6,0	-11,2
März	3,4	2,6	0,6	5,3	5,2	1,8
April	5,0	4,8	4,4	5,6	7,3	4,8
Mai	13,6	14,4	14,7	13,8	15,1	13,1
Juni	14,4	15,0	15,3	14,6	17,3	15,5
Juli	17,7	18,4	18,4	18,0	20,2	18,2
August	17,5	18,0	18,0	17,3	19,3	17,0
September	16,3	15,6	14,5	17,5	18,0	14,9
Oktober	10,4	10,1	10,7	10,1	11,9	9,1
November	5,9	5,3	5,0	7,1	6,4	3,4
Dezember	4,9	3,3	2,7	5,7	5,5	2,0
— Niederschlagsmengen (mm)						
Januar	14	34	26	34	24	56
Februar	22	14	9	20	12	24
März	5	11	15	8	3	10
April	44	22	39	73	37	53
Mai	15	55	87	23	82	47
Juni	67	111	36	38	83	86
Juli	38	47	85	120	84	186
August	33	13	99	47	57	138
September	28	18	14	24	43	33
Oktober	84	110	35	160	47	49
November	23	15	64	51	20	44
Dezember	76	50	28	90	66	77

Österreich

Erhebungsgegenstand	Wert	Vergleich Vorjahr (%)	Stand
Fläche			
Fläche (km²)	83 843	± 0	1929
Bevölkerung			
Wohnbevölkerung	6 699 556	+ 0,8	1929[1]
— männlich	3 231 099	+ 0,2	1929[1]
— weiblich	3 468 457	+ 0,2	1929[1]
Einwohner je km²	79,9	+ 0,9	1929[1]
Ausländer	423 487	—	1920[2]
Lebendgeborene	112 047	- 4,0	1929
Gestorbene	97 300	+ 1,4	1929
Eheschließungen	51 293	+ 4,0	1929
Familienstand der Bevölkerung			
— Ledige insgesamt	3 587 774	—	1920[2]
männlich	1 783 063	—	1920[2]
weiblich	1 804 711	—	1920[2]
— Verheiratete	2 072 203	—	1920[2]
— Verwitwete und Geschiedene	471 471	—	1920[2]
männlich	124 848	—	1920[2]
weiblich	346 623	—	1920[2]
Religionszugehörigkeit			
— Christen insgesamt	6 451 400	—	1920[2]
katholisch	6 225 843	—	1920[2]
evangelisch	206 505	—	1920[2]
— Juden	194 584	—	1920[2]
— andere, ohne Konfession	19 052	—	1920[2]
Altersgruppen			
unter 5 Jahren	556 292	—	1923[2]
5 bis unter 10 Jahren	450 589	—	1923[2]
10 bis unter 15 Jahren	627 284	—	1923[2]
15 bis unter 20 Jahren	633 698	—	1923[2]
20 bis unter 30 Jahren	1 150 756	—	1923[2]
30 bis unter 40 Jahren	953 190	—	1923[2]
40 bis unter 50 Jahren	850 234	—	1923[2]
50 bis unter 60 Jahren	649 361	—	1923[2]
60 bis unter 70 Jahren	432 957	—	1923[2]
70 und darüber	230 120	—	1923[2]
Die zehn größten Städte			
— Wien	1 865 780	—	1923[2]
— Graz	152 706	—	1923[2]
— Linz	102 081	—	1923[2]
— Innsbruck	56 401	—	1923[2]
— Salzburg	37 856	—	1923[2]
— Wiener Neustadt	36 956	—	1923[2]
— St. Pölten	31 576	—	1923[2]
— Klagenfurt	27 423	—	1923[2]
— Baden	22 217	—	1923[2]
— Steyr	22 111	—	1923[2]
Erwerbstätigkeit			
Erwerbstätige	3 342 996	—	1923[2]
— nach Wirtschaftsbereichen			
Land- und Forstwirtschaft, Tierhaltung und Fischerei	1 426 238	—	1923[2]
Industrie und Gewerbe	1 009 952	—	1923[2]
Handel und Verkehr	517 469	—	1923[2]
Sonstige	178 813	—	1923[2]
Öffentl. Dienst und Freie Berufe	210 524	—	1923[2]
Arbeitslose (zur Vermittlung vorgemerkt)	215 250	+ 26,0	1929[2]
Betriebe			
— Bergbau und verarbeitendes Gewerbe	50 009	—	1928[2]
— Baugewerbe	17 189	—	1928[2]
— Handel, Gastgewerbe, Reiseverkehr	13 521	—	1928[2]
— Sonstige	3 862	—	1928[2]
Außenhandel			
— Einfuhr (Mio. Schilling/RM)	3 310,438 (1 951,834)	+ 0,1	1929
— Ausfuhr (Mio. Schilling/RM)	2 205,527 (1 300,379)	- 1,6	1929
— Einfuhrüberschuß (in Mio. Schilling/RM)	1 104,911 (651,455)	+ 3,7	1929

[1] Berechnete durchschnittliche Bevölkerung
[2] Letzte verfügbare Angabe

Erhebungsgegenstand	Wert	Vergleich Vorjahr (%)	Stand
Verkehr			
— Eisenbahnnetz (km)[1]	6687	± 0,0	1929
Beförderte Personen	104925719	— 5,3	1929
Beförderte Güter (t)	30720104	+ 5,5	1929
— Straßennetz (km)	34265	—	1928[2]
— Bestand an Kraftfahrzeugen	78597	+ 21,1	1928[2]
davon PKW	19591	+ 16,9	1929
davon LKW	14854	+ 13,0	1929
— Binnenschiffe zum Gütertransport (Tragfähigkeit in t)			
Beförderte Güter (t)[3]	1628377	— 13,8	1929
— Luftverkehr			
Beförderte Personen	17366	— 5,0	1929
Beförderte Güter (kg)	698772	— 10,1	1929
Bildung			
— Schüler an Haupt- und Bürgerschulen	748058	+ 3,5	1928/29
Realschulen und Realgymnasien	33086	+ 6,1	1928/29
Gymnasien	14426	+ 11,2	1928/29
— Studenten	15042	+ 6,5	1928/29
Gesundheitswesen			
— Ärzte	7753	—	2. 5. 1928[2]
— Zahnärzte	289	—	2. 5. 1928[2]
— Krankenhäuser	275	+ 4,6	1929
Sozialleistungen			
— Mitglieder der Arbeiter-Krankenversicherung	1056503	- 1,2	1929
— Empfänger von Arbeitslosengeld und -hilfe	63125	- 55,6	30. 1. 1929
Finanzen und Steuern			
— Gesamtausgaben des Staates (Mio. Schilling/RM)	1990,26 (1137,46)	+ 0,7	1929
— Gesamteinnahmen des Staates (Mio. Schilling/RM)	2009,99 (1185,09)	- 6,2	1929
— Schuldenlast des Staates (Mio. Schilling/RM)	1.987,31 (1171,72)	- 15,9	31. 12. 1929
Preise			
— Index der Einzelhandelspreise (1914 = 100)	147	+ 2,8	Nov. 1929
— Einzelhandelspreise ausgewählter Lebensmittel[4] (Schilling/RM)			
Butter, 1 kg	6,40 (3,78)	± 0	Mai 1929
Weizenmehl, 1 kg	0,64 (0,38)	- 13,5	Mai 1929
Schweinefleisch, 1 kg	4,90 (2,89)	+ 19,5	Mai 1929
Rindfleisch, 1 kg	3,20 (1,89)	± 0	Mai 1929
Eier, 1 Stück	0,16 (0,09)	+ 6,6	Mai 1929
Kartoffeln, 1 kg	0,28 (0,17)	+ 40,0	Mai 1929
Vollmilch, 1 l	0,52 (0,31)	± 0	Mai 1929
Zucker, 1 kg	0,92 (0,56)	- 2,1	Mai 1929
— Bruttonationalprodukt (Mio. Schilling)	11360	- 2,7	1929

Erhebungsgegenstand	Wien	Innsbruck	Salzburg	Klagenfurt	Graz	Feldkirch
Klimatische Verhältnisse						
— Mittlere Lufttemperatur						
Januar (°C)	- 4,6	- 7,9	- 5,5	- 8,5	- 5,3	- 6,1
Februar	- 9,6	- 8,4	- 8,6	- 9,8	- 8,7	- 6,1
März	+ 2,7	4,1	3,2	2,9	2,2	3,4
April	6,4	6,8	6,2	6,6	6,9	5,6
Mai	15,2	14,2	13,7	15,3	15,4	13,3
Juni	17,3	17,1	16,0	17,9	17,3	16,8
Juli	20,1	19,1	18,9	20,1	19,9	18,5
August	19,5	17,5	17,9	19,0	19,5	17,0
September	16,6	15,9	16,5	15,2	15,5	16,2
Oktober	11,2	10,1	10,8	9,5	10,5	9,7
November	6,4	4,7	5,7	4,0	5,5	4,6
Dezember	2,8	1,6	3,5	0,5	1,9	2,7
— Niederschlagsmengen						
Januar (mm)	55	33	106	40	57	47
Februar	27	13	43	28	40	12
März	9	10	30	3	1	13
April	40	40	95	65	59	104
Mai	77	70	162	54	101	84
Juni	73	84	159	146	211	122
Juli	74	98	147	57	84	144
August	30	191	139	117	102	160
September	15	32	40	52	33	48
Oktober	41	101	100	136	72	102
November	48	46	61	117	76	29
Dezember	48	85	99	47	48	123

[1] Einschließlich Kleinbahnen
[2] Letzte verfügbare Angabe
[3] Donauschiffahrt
[4] In Wien
[5] Geschätzte mittlere Wohnbevölkerung

Schweiz

Erhebungsgegenstand	Wert	Vergleich Vorjahr (%)	Stand
Fläche			
Fläche (km²)	41294,93	± 0	1929
Bevölkerung			
Wohnbevölkerung	4023700	± 0,1	1929[5]
— männlich	1817123	—	1920[2]
— weiblich	2009197	—	1920[2]
Einwohner je km²	97,4	± 0,1	1929
Ausländer	402385	—	1920[2]
Privathaushalte	886874	—	1920[2]
Lebendgeborene	69006	- 0,8	1929
Gestorbene	50438	+ 4,9	1929
Eheschließungen	31238	+ 4,0	1929
Ehescheidungen	2733	+ 7,5	1929
Familienstand der Bevölkerung			
— Ledige insgesamt	2281170	—	1920[2]
männlich	1127467	—	1920[2]
weiblich	1153703	—	1920[2]
— Verheiratete	1337653	—	1920[2]
— Verwitwete und Geschiedene	261497	—	1920[2]
männlich	74844	—	1920[2]
weiblich	186653	—	1920[2]
Religionszugehörigkeit			
— Christen insgesamt	3815908	—	1920[2]
katholisch	1585311	—	1920[2]
evangelisch	2230597	—	1920[2]
— Juden	20979	—	1920[2]
— andere, ohne Konfession	43433	—	1920[2]
Altersgruppen			
unter 5 Jahren	328866	—	1920[2]
5 bis unter 10 Jahren	364063	—	1920[2]
10 bis unter 15 Jahren	390365	—	1920[2]
15 bis unter 20 Jahren	386901	—	1920[2]
20 bis unter 30 Jahren	653486	—	1920[2]
30 bis unter 40 Jahren	543828	—	1920[2]
40 bis unter 50 Jahren	488576	—	1920[2]
50 bis unter 60 Jahren	363569	—	1920[2]
60 bis unter 70 Jahren	227417	—	1920[2]
70 bis unter 80 Jahren	108445	—	1920[2]
80 und darüber	24804	—	1920[2]
Die zehn größten Städte			
— Zürich	236200	+ 4,5	1929[5]
— Basel	145000	+ 1,8	1929[5]
— Genf	129000	+ 0,9	1929[5]
— Bern	109800	+ 0,05	1929[5]
— Lausanne	74800	- 4,1	1929[5]
— St. Gallen	64300	- 0,3	1929[5]

Erhebungsgegenstand	Wert	Vergleich Vorjahr (%)	Stand
Die zehn größten Städte (Forts.)			
— Winterthur	53 500	- 0,8	1929[1]
— Luzern	46 800	+ 1,3	1929[1]
— Biel	36 700	- 2,9	1929[1]
— La-Chaux-de-Fonds	35 300	- 2,8	1920[1]
Erwerbstätigkeit			
Erwerbstätige	1 871 725	—	1920[2]
— männlich	1 236 281	—	1920[2]
— weiblich	635 444	—	1920[2]
— nach Wirtschaftsbereichen			
Land- und Forstwirtschaft Tierhaltung und Fischerei	482 758	—	1920[2]
Industrie, Handwerk und Baugewerbe	802 876	—	1920[2]
Dienstleistungen	586 091	—	1920[2]
Ausländische Arbeitnehmer	216 224	—	1920[2]
Arbeitslose	8 131	- 3,0	1929
Betriebe			
— Landwirtschaftliche Betriebe	238 641	—	1929
— Bergbau und verarbeitendes Gewerbe	68 900	—	1929
— Baugewerbe	41 705	—	1929
— Handel, Gastgewerbe, Reiseverkehr	129 841	—	1920
Außenhandel			
— Einfuhr (Mio. sFr./RM)	2 783,9 (2 250,6)	+ 2.4	1929
— Ausfuhr (Mio. sFr./RM)	2 104,5 (1 697,7)	- 1,3	1929
— Einfuhrüberschuß (Mio. sFr./RM)	679,4 (548,1)	+ 15,9	1929
Verkehr			
— Eisenbahnnetz (km)	5 868	± 0	1929
Beförderte Personen (in 1 000)	418 099	+ 5,6	1929
Beförderte Güter (in 1 000 t)	26 813	+ 3,9	1929
— Straßennetz (km)	14 922	+ 0,4	1929
— Bestand an Kraftfahrzeugen	69 743	+ 15,3	1929
davon PKW	55 149	+ 9,9	1929
davon LKW	14 594	+ 41,7	1929
— Binnenschiffe zum Gütertransport[3]	617 567	+ 30,9	1929
— Luftverkehr			
Beförderte Personen	21 234[4]	+ 197,1	1929
Beförderte Güter (in 1 000 t)	48,56	+ 18,4	1929
Bildung			
— Schüler an Primarschulen	471 867	- 0,1	1929/30
Sekundarschulen	59 374	+ 22,2	1929/30
obere Mittelschulen	14 125	—	1928/29
— Studenten	6 568	- 0,5	1929
Rundfunk			
— Hörfunkteilnehmer	83 757	+ 19,3	1929
Gesundheitswesen			
— Ärzte	3 269	—	1928[1]
— Zahnärzte	1 080	—	1928[1]
— Krankenhäuser	108	± 0	1929
Sozialleistungen			
— Mitglieder der gesetzlichen Krankenversicherung	1 561 162	+ 6,6	1929
— Rentenbestand[5]	59 205	—	1929
Finanzen und Steuern			
— Gesamtausgaben des Staates (Mio. sFr./RM)	371,9 (300,0)	+ 3,5	1929
— Gesamteinnahmen des Staates (Mio. sFr./RM)	395,9 (319,4)	+ 3,4	1929
— Schuldenlast des Staates (Mio. sFr./RM)	49,0 (39,5)	- 1,0	1929

Erhebungsgegenstand	Wert	Vergleich Vorjahr (%)	Stand
Löhne und Gehälter			
— Mittlerer Stundenverdienst männlicher Arbeiter (sFr./RM)	1,41 (1,14)	—	1928[2]
— Index der realen Durchschnitts-Stundenlöhne in der gewerblichen Wirtschaft (1913 = 100) von den ungelernten und gelernten Arbeitern	142	—	1929
Preise			
— Einzelhandelspreise ausgewählter Lebensmittel (sFr./RM)			
Butter, 1 kg	6,18 (4,99)	+ 0,8	Dez. 1929
Weizenmehl, 1 kg	0,64 (0,52)	- 7,2	Dez. 1929
Schweinefleisch, 1 kg	4,55 (3,67)	+ 16,1	Dez. 1929
Rindfleisch, 1 kg	3,39 (2,73)	+ 5,6	Dez. 1929
Eier, 1 Stück	0,21 (0,17)	± 0	Dez. 1929
Kartoffeln, 1 kg	0,20 (0,16)	- 16,7	Dez. 1929
Vollmilch, 1 l	0,35 (0,28)	- 2,8	Dez. 1929

Erhebungsgegenstand	Zürich	Basel	Bern	Genf	Davos	Lugano
Klimatische Verhältnisse						
— Mittlere Lufttemperatur						
Januar (°C)	- 4,5	- 3,6	- 5,1	- 2,6	- 10,6	- 0,5
Februar	- 6,7	- 6,1	- 6,9	- 3,6	- 10,5	- 1,2
März	4,4	4,2	3,6	5,0	- 1,8	7,4
April	6,2	6,6	5,8	7,8	0,6	10,0
Mai	13,7	14,1	13,0	14,2	8,1	16,1
Juni	17,0	17,0	16,7	18,4	11,3	20,5
Juli	18,8	19,2	18,7	20,3	13,3	22,9
August	17,4	17,9	16,9	18,6	11,8	20,1
September	17,1	17,4	16,5	17,7	10,7	19,6
Oktober	10,3	10,5	9,2	10,9	4,5	12,4
November	4,6	5,2	3,8	5,4	- 0,3	7,0
Dezember	3,8	4,7	3,1	4,5	- 3,4	4,2
— Niederschlagsmengen						
Januar (mm)	35	12	10	7	23	54
Februar	19	17	19	12	11	2
März	25	14	14	1	16	22
April	118	58	75	65	48	254
Mai	57	62	72	71	44	270
Juni	129	61	77	81	96	141
Juli	123	83	102	63	101	143
August	88	61	94	83	179	196
September	64	15	46	47	40	7
Oktober	112	87	114	71	54	212
November	39	43	52	64	32	116
Dezember	111	99	130	113	97	99
— Sonnenscheindauer						
Januar (Std.)	44	67	53	70	106	136
Februar	106	138	106	98	134	130
März	185	195	200	225	215	222
April	136	158	144	205	134	189
Mai	209	211	197	275	165	215
Juni	217	208	231	273	176	258
Juli	292	269	280	326	242	296
August	214	207	211	262	191	244
September	239	249	266	267	229	253
Oktober	93	87	94	127	116	118
November	62	77	69	76	84	90
Dezember	60	77	77	91	61	116

[1] Geschätzte mittlere Wohnbevölkerung
[2] Letzte verfügbare Angabe
[3] Basler Rheinhafenverkehr
[4] Flugschulen und allg. Flugbetrieb
[5] Versicherte bei der Eidgenössischen Versicherungskasse und bei der Pensionskasse der Bundesbahnen

Die Regierungen des Deutschen Reichs, Österreichs und der Schweiz 1929

Neben den Staatsoberhäuptern des Deutschen Reichs, Österreichs und der Schweiz sind in der Zusammenstellung die einzelnen Kabinette des Jahres 1945 in chronologischer Reihenfolge enthalten. Hinter den Namen der wichtigsten Regierungsmitglieder steht in Klammern der Zeitraum ihrer Tätigkeit.

Deutsches Reich

Staatsform:
Republik
Reichspräsident:
Paul von Hindenburg (1925-1934)

2. Kabinett Müller (1928-1930):
Reichskanzler:
Hermann Müller (SPD; 1920, 1928-1930)
Auswärtiges:
Gustav Stresemann (DVP; 1923-3.10.1929), beauftragt: Julius Curtius (DVP; 4.10.-11.11.1929; als Minister: 11.11.1929-1931)
Inneres:
Carl Severing (SPD; 1928-1930)
Finanzen:
Rudolf Hilferding (SPD; 1923, 1928-20.12.1929), Paul Moldenhauer (DVP; 23.12.1929-1930)
Wirtschaft:
Julius Curtius (DVP; 1926-11.11.1929), Paul Moldenhauer (DVP; 11.11.-23.12.1929), Robert Schmidt (SPD; 23.12.1929-1930)
Arbeit:
Rudolf Wissell (SPD; 1928-1930)
Justiz:
Erich Koch-Weser (DDP; 1928-13.4.1929), Theodor von Guérard (Zentrum; 13.4.1929-1930)
Wehr:
Wilhelm Groener (parteilos: 1928-1932)
Post:
Georg Schätzel (BVP; 1927-1932)
Verkehr:
Theodor von Guérard (Zentrum; 1928-6.2.1929, 1930/31), Georg Schätzel (BVP; beauftragt 7.2.-13.4.1929), Adam Stegerwald (Zentrum; 13.4.1929-1930)
Ernährung:
Hermann Dietrich (DDP; 1928-1930)
Besetzte Gebiete:
Theodor von Guérard (Zentrum; 1928-6.2.1929), Carl Severing (SPD; beauftragt 7.2.-13.4.1929), Joseph Wirth (Zentrum; 13.4.1929-1930)
Staatssekretär der Reichskanzlei:
Hermann Pünder (parteilos; 1926-1932)
Pressechef:
Walter Zechlin (parteilos: 1926-1932)

Die Regierungen der deutschen Länder, Freien Hansestädte und Berlins
Anhalt:
Heinrich Deist (SPD), Ministerpräsident (1919-1932)
Baden:
Joseph Schmitt (Zentrum), Staats- und Ministerpräsident (1928-1930, 1931-1933) und Finanzminister (1927-1931)
Bayern:
Heinrich Held (BVP), Ministerpräsident und Außenminister (1924-1930, geschäftsführend bis 1933)
Berlin:
Gustav Böß, Oberbürgermeister (1921-7.11.1929), Arthur Scholtz, kommissarischer Oberbürgermeister (7.11.1929-1931)
Braunschweig:
Heinrich Jasper (SPD), Ministerpräsident (1919/20, 1922-1924, 1927-1930)
Bremen:
Martin Donandt (DNVP), Bürgermeister (1920-1933)
Hamburg:
Rudolf Roß, Regierender Bürgermeister (1.1.1929-1931)
Hessen:
Bernhard Adelung (SPF), Ministerpräsident (1928-1931, geschäftsführend bis 1933)
Lippe:
Heinrich Drake (SPD), Ministerpräsident (1920-1933)
Lübeck:
P.B.H. Löwigt (SPD), Regierender Bürgermeister (1927-1933)
Mecklenburg-Schwerin:
Paul Schröder (SPD), Ministerpräsident, Äußeres und Inneres (1926-9.7.1929), Karl Eschenburg (Deutschnational), Ministerpräsident und Äußeres (10.7.1929-1932)
Mecklenburg-Strelitz:
Kurt Artur Freiherr von Reibnitz (SPD), Ministerpräsident (1919-1923, 1928-11.4.1929, 16.4.1929-1931), Kurt Häntzschel, Reichskommissar (12.-16.4.1929)
Oldenburg:
Eugen von Finkh, Ministerpräsident, Auswärtiges, Justiz, Kirche und Schule (1923-1930)
Preußen:
Otto Braun (SPD), Ministerpräsident (1920/21, 1921-1925, 1925-1932)
Sachsen:
Max Heldt (SPD), Ministerpräsident (1924-25.6.1929), Wilhelm Bünger (DVP), Ministerpräsident und Volksbildung (25.6.1929-1930)
Schaumburg-Lippe:
Heinrich Lorenz (SPD), Ministerpräsident (1927-1933)
Thüringen:
Carl Riedel (DVP), Ministerpräsident (1928-16.4.1929), Arnold Paulssen (DDP), Ministerpräsident, Volksbildung, Finanzen und Wirtschaft (1920/21, 7.5.-23.10.1929)
Württemberg:
Eugen Bolz (Zentrum), Ministerpräsident (1928-1932, geschäftsführend bis 1933)

Österreich

Staatsform:
Republik
Bundespräsident:
Wilhelm Miklas (christlichsozial; 1928-1938)

5. Kabinett Seipel (1927-3.4.1929):
Bundeskanzler:
Ignaz Seipel (christlichsozial; 1922-1924, 1926-3.4.1929)
Vizekanzler:
Karl Hartleb (Landbund; 1927-3.4.1929)
Äußeres:
Ignaz Seipel (christlichsozial; 1926-1930)
Inneres:
Ignaz Seipel (christlichsozial; 1923, 1926-3.4.1929)
Justiz:
Franz Slama (großdeutsch; 1928-1930)
Unterricht:
Richard Schmitz (christlichsozial; 1926-3.4.1929)
Finanzen:
Viktor Kienböck (christlichsozial; 1922-1924, 1926-3.4.1929)
Handel und Verkehr:
Hans Schürff (großdeutsch; 1923-25.9.1929)
Soziale Verwaltung:
Josef Resch (christlichsozial; 1920/21, 1924-25.9.1929)
Heerwesen:
Karl Vaugoin (christlichsozial; 1921-1933)
Land- und Forstwirtschaft:
Andreas Thaler (christlichsozial; 1926-3.4.1929)

Kabinett Streeruwitz (4.5.-25.9.1929):
Bundeskanzler:
Ernst Streer Ritter von Streeruwitz (christlichsozial; 4.5.-25.9.1929)
Vizekanzler:
Vinzenz Schumy (Landbund; 4.5.-25.9.1929)
Äußeres:
Ernst Streer Ritter von Streeruwitz (christlichsozial; 4.5.-25.9.1929)
Inneres:
Vinzenz Schumy (Landbund; 4.5.1929-1930)
Justiz:
Franz Slama (großdeutsch); 1928-1930)
Unterricht:
Emmerich Czermak (christlichsozial; 4.5.-25.9.1929)
Finanzen:
Johann Mittelberger (christlichsozial; 4.5.-25.9.1929)
Handel und Verkehr:
Hans Schürff (großdeutsch; 1923-25.9.1929)
Soziale Verwaltung:
Josef Resch (christlichsozial; 1920/21, 1924-25.9.1929)
Heerwesen:
Karl Vaugoin (christlichsozial; 1921-1933)
Land- und Forstwirtschaft:
Florian Födermayr (christlichsozial; 4.5.1929-1930)

3. Kabinett Schober (26.9.1929-1930):
Bundeskanzler:
Johann Schober (Schoberblock; 1921/22, 26.9.1929-1930)
Vizekanzler:
Karl Vaugoin (christlichsozial; 26.9.1929-1930)
Äußeres:
Johann Schober (Schoberblock; 1921/22, 26.9.1929-1930)
Inneres:
Vinzenz Schumy (Landbund; 4.5.1929-1930)
Justiz:
Franz Slama (großdeutsch; 1928-1930)
Unterricht:
Johann Schober (Schoberblock; 26.9.-16.10.1929), Heinrich Srbik (16.10.1929-1930)
Unterricht:
Johann Schober (Schoberblock; 26.9.-16.10.1929), Otto Juch (christlichsozial; 16.10.1929-1931)
Handel und Verkehr:
Michael Hainisch (christlichsozial; 26.9.1929-1930)
Soziale Verwaltung:
Theodor Innitzer (26.9.1929-1930)
Heerwesen:
Karl Vaugoin (christlichsozial; 1921-1933)
Land- und Forstwirtschaft:
Florian Födermayr (christlichsozial; 4.5.1929-1930)

Schweiz

Staatsform:
Republik
Bundespräsident:
Robert Haab (freisinnig; 1922, 1929)

Justiz und Polizei:
Heinrich Häberlin (freisinnig; 1920-1934)
Äußeres:
Giuseppe Motta (katholisch-konservativ; 1920-1940)
Inneres:
Marcel Pilet-Golaz (freisinnig; 1.1.-31.12.1929)
Finanzen und Zölle:
Jean-Marie Musy (katholisch-konservativ; 1919-1934)
Militär:
Karl Scheurer (freisinnig; 1919-14.11.1929), Rudolf Minger (BGB; 12.12.1929-1940)
Volkswirtschaft:
Edmund Schultheß (freisinnig; 1912-1935)
Post und Eisenbahn:
Robert Haab (freisinnig; 1918-31.12.1929)

Staatsoberhäupter und Regierungen ausgewählter Länder 1929

Die Einträge zu den wichtigsten Ländern des Jahres 1929 informieren über die Staatsform (hinter dem Ländernamen), Titel und Namen des Staatsoberhaupts sowie in Klammern dessen Regierungszeit. Es folgen — soweit vorhanden — die Regierungschefs, bei wichtigeren Ländern auch die Außenminister des Jahres 1929; jeweils in Klammern stehen die Zeiträume der Amtsausübung. Eine Kurzdarstellung gibt — wo es sinnvoll erscheint — einen Einblick in die innen- und außenpolitische Situation des Landes. Über bewaffnete Konflikte und Unruhegebiete, auf die hier nicht näher eingegangen wird, informiert der Anhang »Kriege und Krisenherde des Jahres 1929« gesondert.

Abessinien (heute Äthiopien): Kaiserreich
König:
Täfäri Mäkwännen (1928-1930, Kaiser 1930-1974 als Haile Selassie I.)

Afghanistan: Königreich
König:
Aman Ullah Khan (1926-14.1.1929 und 28.1.-23.5.1929, zuvor Sultan 1919-1926), Inajat Ullah Khan (14.1.1929-17.1.1929), Habib Ullah Ghasi (17.1.-17.10.1929), Ali Achmed Khan (Gegenkönig 28.1.-15.7. 1929) Mohammed Nadir Schah (17.10.1929-1933),
Ministerpräsident (1929 erstmals ernannt):
Sardar Mohammed Haschim Khan (14. 11.1929-1946)

Ägypten: Königreich
König:
Fuad I. (1922-1936, zuvor Sultan 1917-1922)
Britischer Oberkommissar:
George Ambrose Lord Lloyd of Dolobran (1925-1929), Sir Percy Loraine (1929-1933)
Obwohl das Land seit 1922 eine unabhängige Monarchie ist, bleibt der Einfluß Großbritanniens, das den König auf seiner Seite weiß, bestehen. Die nationalistische Wafd-Partei fordert die Abschaffung der britischen Reservatrechte und bekämpft den »pro-britischen König«, der ein diktatorisches Regime errichtet.

Albanien: Königreich
König:
Achmed Zogu I. (1928-1939)
Ministerpräsident:
Kosta Kotta (1928-1930, 1936-1939)
Albanien ist seit 1927 faktisch italienisches Protektorat.

Algerien:
Französisches Generalgouvernement
Generalgouverneur:
Pierre Louis Bordes (1927-1930)
Algerien ist ein politisch und wirtschaftlich dem Mutterland angegliedertes französisches Generalgouvernement.

Annam: Kaiserreich unter französischem Protektorat
Kaiser:
Bao-Dai (1925-1945, danach Staatschef von Vietnam 1945/48/49-1955)
Das Kaiserreich Annam ist als Teil der Indochinesischen Union französisches Protektorat.

Argentinien: Republik
Präsident:
Hipólito Irigoyen (1916-1922, 1928-1930)

Australien:
Bundesstaat im British Empire
Ministerpräsident und Außenminister:
Stanley Melbourne Bruce (1923-20.9. 1929), James Henry Scullin (22.10.1929-1931)
Britischer Generalgouverneur:
John Lawrence Baird Baron Stonehaven (1925-1930)

Belgien: Königreich
König:
Albert I. (1909-1934)
2. Kabinett Jaspar (1927-26.11.1929):
Ministerpräsident:
Henri Jaspar (katholisch; 1926-1931)
Außenminister:
Paul Hymans (liberal; 1918-1920, 1924/25, 1927-1934, 1934/35)
3. Kabinett Jaspar (4.12.-1929-1931):
Ministerpräsident:
Henri Jaspar (katholisch 1926-1931)
Außenminister:
Paul Hymans (liberal; 1918-1920, 1924/25, 1927-1934, 1934/35

Bhutan: Königreich
König:
Jigme Dorji Wangchuk (1926-1952)
Das Land erkennt die britisch-indische Vormacht an, regelt seine inneren Angelegenheiten jedoch selbständig.

Birma:
Provinz von Britisch-Indien
Gouverneur:
Charles Innes (1927-1932)
Birma wurde 1886 von Großbritannien annektiert und wird als Provinz von Britisch-Indien verwaltet.

Bolivien: Republik
Präsident:
Hernando Siles, Präsident (1926-1930)

Brasilien: Bundesrepublik
Präsident:
Washington Pereira de Souza (1926-1930)
Außenminister:
João Otavio Mangabeira (1926-1930)

Bulgarien: Königreich
König/Zar:
Boris III. (1918-1943)
Ministerpräsident:
Andreas Ljáptschew (1926-1931)
Außenminister:
Athanasios Burow (1926-1931)

Chile: Republik
Präsident (Diktator):
Oberst Carlos Ibáñez del Campo (1927-1931)

China: Republik
Präsident:
Chiang Kai-shek (1928-1931)

Costa Rica: Republik
Präsident:
Cleto Gonzáles Víquez (1906-1910, 1912-1914, 1928-1932)

Dänemark: Königreich
König:
Christian X. (1912-1947)
Ministerpräsident:
Thomas Madsen-Mygdal, Ministerpräsident (1926-25.4.1929), Thorvald Stauning (1924-1926, 30.4.1929-1942)

Danzig: Freie Stadt
unter dem Schutz des Völkerbundes
Völkerbundskommissar:
Joost Adriaan van Hamel (Holländer; 1925-22. 6. 1929), Manfredi Conte di Gravina (Italiener; 22. 6. 1929-1932)
Senatspräsident:
Heinrich Sahm (1920-1931)
Danzig gehört zum polnischen Zollgebiet, Polen vertritt die Freie Stadt im Ausland.

Dominikanische Republik: Republik
Präsident:
Horacio Vásquez (1899, 1902/03, 1924-1930)
Die USA haben zwar 1924 nach internationalen Protesten ihre Besatzungstruppen abgezogen, jedoch mit Vásquez einen ihnen genehmen Präsidenten eingesetzt. Die indirekte Kontrolle des Landes durch die USA dauert bis 1934 an.

Ecuador: Republik
Präsident:
Isidro Ayora (1926-1931)

El Salvador: Republik
Präsident:
Pio Rómeo Bosque (1927-1931)

Estland: Republik
Staats- und Ministerpräsident:
August Rei (1928-3.7.1929), Otto Strandmann (1919, 10.7.1929-1931)

Finnland: Republik
Präsident:
Lauri Relander (1925-1931)
Ministerpräsident:
Oskar Mantere (1928-6.8.1929), Kyösti Kallio (1922-1924, 1925/26, 16.8.1929-1930, 1936/37)
Außenminister:
Hjalmar Procope (1924/25, 1927-1931)
Der erneute Kabinettswechsel ist einer von 23 in den Jahren von 1917 bis 1939.

Frankreich: Republik
Präsident:
Gaston Doumergue (1924-1931)
5. Kabinett Poincaré (1928-26.7.1929):
Ministerpräsident:
Raymond Poincaré (1912/13, 1922-1924, 1924, 1926-1928, 1928-6.7.1929)
Außenminister:
Aristide Briand (1915-17, 1921/22, 1925-1932)
10. Kabinett Briand (29.7.-22.10.1929):
Ministerpräsident:
Aristide Briand (1909-1911, 1913, 1915-1917, 1921/22, 1925/26, 29.7.-22.10. 1929)
Außenminister:
Aristide Briand (1915-17, 1921/22, 1925-1932)
1. Kabinett Tardieu (2.11.1929-1930):
Ministerpräsident:
André Tardieu (2.11.1929-1930, 1932)
Außenminister:
Aristide Briand (1915-17, 1921/22, 1925-1932)

Griechenland: Republik
Präsident:
Pavlos Konduriotis (1924-1926, 1926-10. 12.1929), Alexander Zaimis (15.12.1929-1935)
Ministerpräsident:
Eleftherios Weniselos (1910-1915, 1917-1920, 1924, 1928-1932, 1932, 1933)

Großbritannien: Königreich
König:
Georg V. (1910-1936)
2. Kabinett Baldwin (konservativ; 1924-4.6.1929):
Premierminister:
Stanley Baldwin (1923/24, 1924-4.6. 1929)
Außenminister:
Joseph Austen Chamberlain (1924-4.6. 1929)
Schatzkanzler:
Winston Churchill (1924-4.6.1929)
Gesundheitsminister:
Arthur Neville Chamberlain (1924-4.6. 1929)
2. Kabinett MacDonald (Labour; 1924, 8.6.1929-1931):
Premierminister:
James Ramsey MacDonald (1924, 8.6. 1929-1931)
Außenminister:
Arthur Henderson (8.6.1929-1931)

Guatemala: Republik
Präsident:
Lázaro Chacón (1926-1930)

Haiti: Von den USA besetzte Republik
Präsident:
Joseph Luis Bornó (1922-1930)
Von 1915 bis 1934 ist Haiti von den USA besetzt, die das politische Geschehen, die Finanzen und die Zölle kontrollieren.

Honduras: Republik
Präsident:
Miguel Paz Baraona (1925-1.2.1929), Vicente Mejia Colindres (1.2.1929-1933)
Seit seiner Unabhängigkeit als Republik 1838/39 ist Honduras der unstabilste Staat in Zentralamerika.

Indien (Britisch-Indien)
Britisches Vizekönigreich
Vizekönig:
Edward Wood Lord Irwin of Kirby Underdale (1925-1929), George Joachim Viscount Goschen of Hawkhurst (Vertreter Juni 1929-1931)

Indochinesische Union: Französisches Protektorat
Generalgouverneur:
Pierre Pasquier (1928-1934)
Indochina besteht aus den 1887 vereinigten französischen Protektoraten Annam, Tonkin und Kambodscha, der Kolonie Kotschinchina und seit 1893 auch Laos.

Irak: Königreich
König:
Faisal I. (1921-1933)

Iran: Siehe Persien
(amtlich »Iran« ab 1934)

Irland: Republik
(Freistaat im Commonwealth)
Ministerpräsident:
Liam T. Mac Cosgair = William Cosgrave (1922-1932)
Außenminister:
Patrick Mac Giollagain = Mac Gilligan (1927-1932)
Britischer Generalgouverneur:
James McNeill (1927-1932)

Island: Republik (in Personalunion mit Dänemark bis 1944)
Ministerpräsident:
Trygvi Thorhallson (1927-1932)

Italien: Königreich/Diktatur
König:
Viktor Emanuel III. (1900-1946)
Ministerpräsident:
Benito Mussolini (1922-1943, 1943-1944); Außenminister 1922-12.9.1929, 1932-1936, 1943; Innenminister 1922-1924, 1926-1943; Kriegsminister 1933-1943; Marineminister 1933-1943; Luftfahrtminister 1933-1943)
Außenminister:
Dino Grandi di Mordano (12.9.1929-1932)

Japan: Kaiserreich
Kaiser:
Hirohito (seit 1926)
Ministerpräsident und Außenminister:
Gi-ichi Baron Tanaka (1927-1.7.1929), Juko Hamaguchi (1.7.1929-1931)

Jemen (Sana): Königreich
König:
Hamid Ad Din Jahja (1918-1948, davor Imam 1904-1918)

Jugoslawien: Königreich
König:
Alexander I. Karadordević (1921-1934, bis 3.10.1929)

Kambodscha: Königreich, zur Indochinesischen Union gehörendes französisches Protektorat
König:
Sisovath Monivong (1927, 1928-1941)

Kanada: Parlamentarische Monarchie im britischen Commonwealth
Premier- und Außenminister:
William Lyon Mackenzie King (1921-1926, 1926-1930, 1935-1948)
Britischer Generalgouverneur:
Freeman Freeman-Thomas Viscount Ratendone of Willingdone (1926-1931)

Kirchenstaat: Siehe Vatikanstadt

Kolumbien: Republik
Präsident:
Miguel Abadfa Méndez (1926-1930)

Königreich der Serben, Kroaten und Slowenen: Siehe Jugoslawien
Das Königreich der Serben, Kroaten und Slowenen wird am 3. Oktober 1929 in Königreich Jugoslawien umbenannt (siehe den Anhang »Kriege und Krisenherde 1929«, →S. 221)

Korea: Japanisches Generalgouvernement Chosen (1910-1945)
Generalgouverneur:
Hanzo Yamanashi (1927-1929), Makoto Graf Saito (1919-1927, August 1929 bis 1931)

Kuba: Republik
Präsident:
Gerardo Machado de Morales (1925-1933)

Kuwait: Emirat unter britischem Protektorat
Emir:
Scheich Ahmad (1921-1950)

Laos: Königreich unter französischem Protektorat
König:
Sisavong Vong (1904-1959)
Laos ist ein seit 1893 zur Indochinesischen Union gehörendes französisches Protektorat.

Lettland: Republik
Präsident:
Gustav Zemgals (1927-1930)
Ministerpräsident:
Hugo Celmiņš (1924/25, 1928-1931)

Libanon:
Französisches Völkerbundsmandat
Präsident:
Charles Dabbas (1926-1934)
Ministerpräsident:
Habib Pascha as-Sad (1928-8.5.1929), Bischara Bey al-Churi (1927/28, 9.5.-9.10. 1929), Émile Eddé (11.10.1929-1930)

Liberia: Republik
Präsident:
Charles Dunbar Burgess King (1920-1930)

Liechtenstein: Fürstentum
Fürst:
Johann II. (1858-11.2.1929), Franz I. (11.2.1929-1938)

Litauen: Diktatur
Diktator:
Anton Smetona (1919-1922, 1926-1940)
Ministerpräsident:
Augustin Voldemaras (1918, 1926-19.9. 1929), Josef Tubelis (23.9.1929-1938)

Luxemburg: Großherzogtum
Großherzogin:
Charlotte (1919-1964)
Ministerpräsident:
Josef Bech (1926-1937, 1953-1958)

Marokko: Sultanat unter französischem Protektorat
Sultan:
Sidi Muhammad V. (1927-1953)
Großwesir:
Muhammad al-Muqri (1917-1955)
Französischer Generalresident:
Théodore Steeg (1925 bis Januar 1929), Lucien Saint (Januar 1929 bis 1933)

Memelgebiet: Autonomer Staat unter Litauen 1924-1939
Landespräsident (vom Parlament gewählt):
Kadgiehn (1927-1930)

Mexiko: Bundesrepublik
Präsident:
Emilio Portes Gil (1928-1930)

Monaco: Fürstentum
Fürst:
Ludwig II. (1922-1949)

Mongolische Volksrepublik:
Volksrepublik
Vorsitzender des Präsidiums des Großen Rates (Staatspräsident):
Korlin Tschoibalsan (1924-1930)
Ministerpräsident:
Korlin Tschoibalsan (1924-1952)

Nepal: Königreich
König:
Tribhuwan Bir Bikram Schah (1911-1950, 1952/53)

Neuseeland:
Dominion im British Commonwealth
Premierminister:
Sir Joseph Ward (1906-1912, 1928-1930)
Britischer Generalgouverneur:
Charles Fergusson (1924-1.12.1929), Charles Bathurst Bledisloe (1.12.1929-1935)

Nicaragua: Republik
Präsident:
Adolfo Díaz (1911-1916, 1926-1.1.1929), José María Moncada (1.1.1929-1932)

Niederlande: Königreich
Königin:
Wilhelmina (1890-1948)
Ministerpräsident:
Dirk Jan de Geer (katholisch; 1926-2.7. 1929), Charles Joseph Maria Ruys de Beerenbrouck (katholisch; 1918-1925, 10.8.1929-1933)
Außenminister:
Frans Beelaerts van Blokland (1927-1933)

Nordirland: Teil von Großbritannien
Ministerpräsident:
James Craig Viscount Craigavon (1921-1940)

Norwegen: Königreich
König:
Håkon VII. (1905-1957)
Ministerpräsident und Außenminister:
Johann Ludwig Mowinckel (1924-1926, 1928-1931, 1933-1935)

Palästina:
Britisches Völkerbundsmandat
Oberkommissar:
John Robert Chancellor (1928-1931)

Panama: Republik
Präsident:
Florencio Harmodio Arosemana (1928-1931)
Die Republik Panama wird de facto finanziert von der US-Firma United Fruit Company.

Papst: siehe Vatikanstadt

Paraguay: Republik
Präsident:
José Particio Guggiari (1928-1931)

Persien:
(amtlich »Iran« ab 1934)
Schah:
Resa Pahlawi (1925-1941)
Ministerpräsident:
Mahdi Quly Chan Hidajät (1927-1933)

Peru: Republik
Präsident:
Augusto Bernardino Legufa (1908-1912, 1919-1930)

Philippinen: Gouvernement der USA
Generalgouverneur:
Henry Lewis Stimson (1927-März 1929), Dwight Filley Davis (1929-1932)

Polen: Republik/autoritär regierter Staat
Präsident:
Ignacy Mościcki (1926-1939)
Kriegsminister:
Józef Klemens Pilsudski (1926-1930)
Ministerpräsident:
Kasimir Bartel (1926, 1928-12.4.1929, 29.12.1929-1930), Kasimir Świtalski (14.4.-7.12.1929)
Außenminister:
August Zaleski (1926-1930, 1931/32)

Portugal: Diktatur
Präsident:
António Óscar de Fragoso Carmona (1926-1951)
Ministerpräsident:
José Vicente Freitas (1928-5.7.1929), Arturo Ivens Ferraz (8.7.1929-1930)

Rumänien: Königreich
König:
Michael I. (1927-1930, 1940-1947)
Ministerpräsident:
Iuliu Maniu (1928-1930, 1930/31, 1932/33, 1944)
Außenminister:
Georg Mirunescu (1928-1931)

Sansibar: Sultanat unter britischem Protektorat
Sultan:
Chalifa II. (1911-1960)

Saudi-Arabien: Königreich
König:
Ibn Saud, Abd Al Asis (1926-1953)

Schweden: Königreich
König:
Gustav V. (1907-1950)
Ministerpräsident:
Arvid Lindman (1906-1911, 1928-1930)
Außenminister:
Ernst Trygger (1928-1930)

Siam: Siehe Thailand

Spanien: Königreich
König:
Alfons XIII. (1886-1931)
Ministerpräsident/Militärdiktator:
Miguel Primo de Rivera y Orbaneja (1923-1930, 1927-1930 zugleich Außenminister)

Sowjetunion: Siehe UdSSR

Südafrikanische Union: Dominion im britischen Commonwealth
Ministerpräsident:
James Barry Munnick Hertzog (1924-1939)
Generalgouverneur:
Alexander Earl of Athlone (1924-1931)

Syrien: Französisches Völkerbundsmandat
Oberkommissar:
Henri Ponsot (1926-1931)
Ministerpräsident:
Tadsch ad-Din al-Hasani (1925/26, 1928-1931, 1934-1936)

Thailand: Königreich
(amtlicher Name bis 1939: Siam)

König:
Rama VII. Prajadhipock (1925-1935)

Tibet: Autonomer Staat seit 1914
Dalai-Lama:
Thupten Gjatso (1876/95-1933)
Pantschen-Lama:
Tschökji Njima (1883-1937)

Tschechoslowakei: Republik
Präsident:
Tomáš Garrigue Masaryk (1918/20-1935)
Ministerpräsident:
Anton Švehla (1922-1926, 1926-1.2.1929), Franz Udržal (1.2.1929-1932)
Außenminister:
Eduard Beneš (1918-1935, danach Staatspräsident)

Tunis: Französisches Protektorat
Bei:
Muhammad VI. (1922-11.2.1929), Ahmad II. (11.2.1929-1942)
Generalresident:
Lucien Saint (1921 bis Januar 1929), François Manceron (Januar 1929 bis 1933)

Türkei: Republik
Präsident:
Mustafa Kemal Pascha, ab 1934 genannt Kemal Atatürk (1923-1938)
Ministerpräsident:
Mustafa Ismet Pascha, ab 1934 genannt Ismet Inönü (1923/24, 1925-1937, 1961-1965)
Außenminister:
Tevfik Rüstü (1925-1938)

UdSSR: Republik
Parteichef:
Josef W. Stalin (1922-1953)
Präsident
(Vorsitzender des Präsidiums des Obersten Sowjets):
Michail I. Kalinin (1919/1923-1946)
Ministerpräsident (Vorsitzender des Rates der Volkskommissare):
Alexei I. Rykow (1924-1930)
Außenminister (Volkskommissar des Äußeren):
Georgi W. Tschitscherin (1918-1930)
Verteidigung:
Kliment J. Woroschilow (1925-1940)

Ungarn: Monarchie
(König):
Otto II. (1922-1944/45) lebt in Bayern, nachdem sein Vater, König Karl IV. (†1922), 1921 zweimal an der Rückkehr nach Ungarn gehindert worden ist. 1921 hat die Nationalversammlung die Thronenthebung der Habsburger ausgesprochen.
Reichsverweser:
Miklós Horthy (1920-1944)
Ministerpräsident:
István Graf Bethlen von Bethlen (1921-1931)
Außenminister:
Ludwig Walkó (1925-1930)

Uruguay: Republik
Präsident:
Juan Campisteguy (1927-1931)

USA: Bundesstaat
Präsident:
Calvin Coolidge (Republikaner), 30. Präsident (1923-4.3.1929), Herbert Clark Hoover (Republikaner), 31. Präsident (4.3.1929-1933)
Vizepräsident:
Charles Gates Dawes (1925-4.3.1929), Charles Curtis (4.3.1929-1933)
Außenminister:
Frank Billings Kellogg (1925-4.3.1929), Henry Lewis Stimson (4.3.1929-1933)

Vatikanstadt: Absolute Monarchie
Papst:
Pius XI., vorher Achille Ratti (1922-1939)
Kardinalstaatssekretär:
Kardinal Pietro Gasparri (1914-1930)
Der frühere Kirchenstaat ist seit 1870 dem italienischen Nationalstaat eingegliedert. 1929 wird durch die Lateranverträge der autonome Stadtstaat Vatikanstadt geschaffen (siehe den Anhang »Kriege und Krisenherde 1929«, →S. 221)

Venezuela: Diktatur
Präsident:
Juan Vicente Gómez (1908-30.5.1929, 1931-1935), Juan Bautista Pérez (30.5.1929-1931)

Kriege und Krisenherde des Jahres 1929

Die herausragenden politischen und militärischen Krisensituationen des Jahres 1929 werden — alphabetisch nach Ländern geordnet — im Überblick dargestellt. Internationale Kriege und Krisenherde sind dem alphabetischen Länderverzeichnis vorangestellt.

Youngplan regelt Zahlungen

Auf der internationalen Ersten Haager Konferenz wird die Annahme des Youngplans beschlossen, eines Abkommens über die Neuregelungen der deutschen Reparationszahlungen nach dem Weltkrieg. Am 31. August 1929 stimmen die Alliierten dem Abkommen zu, das auf einer internationalen Sachverständigenkonferenz in Paris unter dem Vorsitz des US-amerikanischen Managers Owen D. Young in Paris ausgearbeitet wurde, als sich herausstellte, daß das Deutsche Reich den ursprünglichen Zahlungsverpflichtungen aus dem Dawesplan von 1924 nicht würde nachkommen können.

Der Youngplan, der den Dawesplan ersetzt, sieht die Zahlung von 112 Milliarden Goldmark bis 1987 bei durchschnittlichen Jahresraten von 1,7 Milliarden Goldmark vor. Zu Beginn der Laufzeit liegt die jährliche Belastung bei 0,74 Milliarden. Ferner wird die Wiedererlangung deutscher Hoheitsrechte über die Reichsbank und die Reichsbahn sowie die Ablösung der bisherigen Reparationsbeauftragten durch die Bank für Internationalen Zahlungsausgleich (BIZ) in Basel beschlossen.

Im Deutschen Reich führt die Annahme des Youngplans zu einer schweren innenpolitischen Krise. Ein von der sog. nationalen Opposition gefordertes »Freiheitsgesetz«, das u. a. für die deutschen Unterzeichner des Youngplans Zuchthausstrafen vorsieht, wird im Volksentscheid am 22. Dezember 1929 trotz eines großen Propagandafeldzugs der Rechten abgelehnt. Statt der erforderlichen 21 Millionen (50% der Wahlberechtigten) stimmen nur 5,8 Millionen Menschen dafür.

Bereits im Sommer begann die Kampagne gegen den Youngplan. Ein sog. Reichsausschuß, dem der Vorsitzende der Deutschnationalen, Alfred Hugenberg, Stahlhelmführer Franz Seldte, Heinrich Claß als Vertreter der Alldeutschen und Adolf Hitler von der NSDAP angehören, agitierte gegen den Youngplan mit der Parole »Gegen die Versklavung des deutschen Volkes«. Die Kampagne gegen den Youngplan gilt als »Start Hitlers zur Machtergreifung«. Durch das Bündnis mit Alfred Hugenberg werden Hitler und seine Partei auch in bürgerlichen Kreisen »hoffähig«.

Maiunruhen in Berlin

Demonstrationen kommunistischer Arbeiter in Berlin-Mitte, Neukölln und Wedding am 1. Mai 1929, dem Tag der Arbeit, sowie Zusammenstöße und Krawalle in den darauffolgenden Tagen fordern 33 Menschenleben, mehr als 1200 Personen werden festgenommen. Unter den Toten und Verletzten befinden sich auch viele Unbeteiligte. Der Berliner Polizeipräsident Karl Zörgiebel (SPD) hatte für den 1. Mai Demonstrationen unter freiem Himmel verboten, um dem zunehmenden Straßenterror Einhalt zu gebieten. Die KPD-Führung ruft ihre Mitglieder dennoch zu Massenkundgebungen auf. Zörgiebel läßt das Demonstrationsverbot durch Polizeibeamte durchsetzen, die von ihren Schußwaffen zum Teil rücksichtslos Gebrauch machen.

Indien fordert Unabhängigkeit

Als die britische Regierung die Zusage zurücknimmt, die Kolonie Britisch-Indien werde den Dominion-Status erhalten, fordert der indische Nationalkongreß am 29. Dezember 1929 in Lahore die volle Unabhängigkeit (Purnasvaradsch). Da diese Forderung nicht erfüllt wird, überträgt der Nationalkongreß dem Freiheitskämpfer Mohandas Karamchand (Mahatma) Gandhi die Organisation von Kampagnen.

Staatsstreich in Jugoslawien

Alexander I. Karadordević, König des von ihm selbst 1921 proklamierten Königreichs der Serben, Kroaten und Slowenen, benennt am 3. Oktober 1929 sein Reich in »Jugoslawien« um, nachdem er am 5. Januar die Volksversammlung aufgelöst und die Pressefreiheit und das Versammlungsrecht aufgehoben hat. Die serbische »Königsdiktatur«, die u. a. mit den separatistischen Tendenzen der Kroaten begründet wird, wird 1931 durch eine oktroyierte Verfassung legalisiert. Das neue Königreich Jugoslawien wird unter Verwischung historischer Grenzen in neun Banate eingeteilt.

Börse: »Schwarzer Freitag«

Der Sturz von Aktienkursen an der New Yorker Börse, die vor allem durch Spekulationsgeschäfte hochgetrieben worden waren, löst am 25. Oktober 1929 eine Panik aus. Über 13 Millionen Wertpapiere werden verkauft, die Kurse fallen innerhalb einer Woche um durchschnittlich 40%. Die Gesamtverluste werden auf über 15 Milliarden Dollar beziffert. Der sog. Schwarze Freitag markiert das Ende der Hochkonjunktur der 20er Jahre und löst eine Wirtschaftskrise aus, die alle industrialisierten Länder in Mitleidenschaft zieht.

Der Börsenkrach in New York ist der Beginn einer wirtschaftlichen Talfahrt, deren Ursache vor allem in einer zu großen Ausdehnung der Produktionskapazitäten liegt, mit der die Kaufkraft nicht mehr mithalten kann. Während sich bereits seit 1927 ein leichter Rückgang der Industrieumsätze zeigte, stiegen die Aktienkurse immer weiter an.

Obwohl die Großbanken unmittelbar nach den Kursrückgängen versuchen, durch Stützungskäufe weitere Unruhe an der Börse zu verhindern, kann der Kurssturz nicht aufgehalten werden. Zahlreiche Spekulanten verlieren ihr Vermögen, viele Firmen müssen Konkurs anmelden.

Ausgewählte Neuerscheinungen auf dem Buchmarkt 1929

Die Auswahl berücksichtigt nicht nur Neuerscheinungen von literarischem oder wissenschaftlichem Wert, sondern auch vielgelesene Bücher des Jahres 1929. Innerhalb der einzelnen Länder sind die erschienenen Werke alphabetisch nach Autoren geordnet.

Deutsches Reich

Alfred Döblin
Berlin Alexanderplatz
Die Geschichte vom Franz Biberkopf
Roman
Mit dem Roman »Berlin Alexanderplatz. Die Geschichte vom Franz Biberkopf«, der beim Verlag Fischer in Berlin erscheint, legt der Berliner Arzt Alfred Döblin (1878-1957) den bedeutendsten deutschen Großstadtroman vor. Erzählt wird die Geschichte des Transportarbeiters Biberkopf, der nach der Haftentlassung versucht, im normalen Leben wieder Fuß zu fassen. Doch in der Großstadt Berlin, der »Hure Babylon«, mit ihrem Häusergewirr, ihren Menschenmassen, dem Zeitungs- und Reklamegeschrei, Ganoven, Zuhältern, Kneipen und Kaschemmen, Hurenwinkeln, Flittermoral und strahlendem Lichterglanz kommt er nicht weit mit seinem Vorsatz, »anständig zu sein«, denn »da hatte sich draußen nichts verändert, und er selber war der gleiche geblieben. Wie sollte da ein neues Resultat entstehen? Offenbar nur, indem einer von beiden zerstört wurde, entweder Berlin oder Franz Biberkopf«. Der Erzähler will die Geschichte vom Franz Biberkopf als Lehrbeispiel verstanden wissen: Biberkopf als Opfer eines falschen Lebensplans. Für Biberkopf ist das Leben etwas, »das von außen kommt, das unberechenbar ist und wie ein Schicksal aussieht«. Im Verlauf der Handlung wird er zu der Einsicht gebracht, daß er nicht dieses Schicksal anklagen, sondern sich selbst ändern muß. Sein dumpfes Dahinleben in zielloser Aktivität und im Vertrauen auf die eigene Stärke führt zur Niederlage. Am Schluß wird er, »ramponiert, aber doch zurechtgebogen«, Hilfsportier in einer kleinen Fabrik am Alexanderplatz.

Alexander Moritz Frey
Die Pflasterkästen
Ein Feldsanitätsroman
Der beim Verlag Kiepenheuer in Berlin erschienene Roman »Die Pflasterkästen« von Alexander Moritz Frey (1881-1957) ist eines der Ende der 20er Jahre veröffentlichten Antikriegsbücher, in denen bürgerliche Schriftsteller der zunehmenden Kriegspropaganda und der Verklärung des Weltkriegs durch nationalistische Autoren entgegentreten. Der Pazifist Frey führt die Ursachen des Kriegs auf die Selbstsucht der Herrschenden und den militärischen Dünkel der hohen Offiziere zurück. In der Form einer Reportage stellt der Autor die Greuel des Krieges dar.

Max René Hesse
Partenau
Roman
Mit dem Offiziersroman »Partenau« erringt Max René Hesse (1885-1952) seinen ersten großen Erfolg.
Geschildert wird die Unzufriedenheit hoher Offiziere während der Weimarer Republik. In Strategiespielen träumen sie von einer Revision des Versailler Vertrags und wünschen dafür einen starken Mann herbei. Ihr Denken ist rein soldatisch und zugleich strikt antibürgerlich, Freundschaft und sogar Liebe scheinen nur im militärischen Bereich möglich. Oberleutnant Partenau, die zentrale Gestalt dieses, der Neuen Sachlichkeit verpflichteten Romans, begeht Selbstmord, als er vor die Entscheidung gestellt wird, sein homoerotisches Verhältnis zu dem Oberfähnrich Kiebold zu lösen.

August Hinrichs
Das Volk am Meer
Roman
Der Oldenburger Tischlermeister August Hinrichs (1879-1956), bekannt als Verfasser sehr erfolgreicher hoch- und niederdeutscher realistischer Volksstücke mit derb-urwüchsigem Humor, bleibt auch in seinem erzählerischen Schaffen seiner norddeutschen Heimat verbunden, ohne der Blut-und-Boden-Mystik zu huldigen. Als sein episches Hauptwerk gilt der historische Roman »Das Volk am Meer«, der beim Verlag Quelle & Meyer in Leipzig erscheint. Hinrichs zeichnet ein realistisches Bild vom Freiheitskampf der Butjadinger Friesen, die sich 1499/1500 gegen den Grafen von Oldenburg zur Wehr setzten.

Hans Henny Jahnn
Perrudja
Roman
Wie auch die anderen Werke von Hans Henny Jahnn (1894-1959) kreist der beim Verlag Kiepenheuer in Berlin erschienene Roman »Perrudja« um die Stellung des Menschen zwischen den dämonischen Triebkräften und der Erlösung aus dieser Triebgebundenheit. Mit an James Joyce erinnernden Stilmitteln versucht Jahnn hier, »Anschauung von einer neuen Art Mensch« zu geben, fern von jeder Konvention, fern aber auch von der Idylle. Der Titelheld Perrudja lebt einsam mit seinen Tieren in der Bergwelt Norwegens, bis die Welt zu ihm kommt und eine verlobte Magd seine Leidenschaft entzündet. Sein Leben ist nun gekennzeichnet durch Trieb, Mord, Einsamkeit, Reichtum, Schuld und Verzweiflung. Durch die Blutsbrüderschaft mit einem jungen Mann gewinnt er Sendungsbewußtsein für seinen Kampf um eine Welt, die nicht von Zivilisation bedroht wird.

Ernst Jünger
Das abenteuerliche Herz
Aufzeichnungen bei Tag und Nacht
Prosaskizzen
Ernst Jünger (*1895), Autor des erfolgreichen Kriegstagebuchs »In Stahlgewittern« (1920) und des Essays »Der Kampf als inneres Erlebnis« (1922), setzt sich in den beim Verlag Frundsberg in Berlin erschienenen Prosaskizzen »Das abenteuerliche Herz. Aufzeichnungen bei Tag und Nacht« mit der Nachkriegszeit im Deutschen Reich auf der Grundlage der von ihm propagierten »heroischen« Lebenshaltung auseinander. — 1938 erscheint das Werk in einer Neufassung unter dem Titel »Das abenteuerliche Herz. Figuren und Capriccios«.

Hermann Kesten
Ein ausschweifender Mensch.
Das Leben eines Tölpels
Roman
Der Roman »Ein ausschweifender Mensch. Das Leben eines Tölpels«, der beim Verlag Kiepenheuer in Berlin erscheint, ist eine Fortsetzung des Romans »Josef sucht die Freiheit« (1927), für den Hermann Kesten (*1900) 1928 eine »Ehrenvolle Erwähnung beim Kleist-Preis« erhielt. Der inzwischen 20jährige Josef Bahr versucht, sich von allen Bindungen zu lösen, und zwar nicht, um sich sexuellen, sondern anarchistischen Ausschweifungen hinzugeben. Doch gerät er immer von neuem in Abhängigkeiten intimer, familiärer oder politischer Art. — Dem Roman ist als Motto ein Wort Wladimir I. Lenins vorangestellt, nach dem Freiheit nicht mehr sei als »ein bürgerliches Vorurteil«.

Theodor Plievier
Des Kaisers Kulis
Roman der deutschen Kriegsflotte
In seinem ersten Roman, »Des Kaisers Kulis«, erschienen im Malik-Verlag in Berlin, schildert der sozialistische Erzähler Theodor Plievier (1892-1955) reportagehaft die Ereignisse, die 1917 zur Meuterei auf der deutschen Hochseeflotte führten. Plievier versucht, dokumentarisch darzulegen, wie die Matrosen allmählich die Kriegsursachen erkennen und ihre Empörung wächst. Die unmenschlichen Anforderungen an die Soldaten werden als direkte Fortsetzung der Ausbeutung und Unterdrückung verstanden, denen sie als Arbeiter in Friedenszeiten ausgesetzt sind.

Erich Maria Remarque
Im Westen nicht Neues
Roman
Einen sensationellen Bucherfolg erringt Erich Maria Remarque (1898-1970) mit dem Antikriegsroman »Im Westen nichts Neues«, der im Propyläen-Verlag in Berlin erscheint. Allein im Jahr des Erscheinens werden mehr als 900 000 Exemplare verkauft. Remarque, der als Redakteur für die Zeitschrift »Sport im Bild« arbeitet, hat den Roman in nur sechs Wochen in einer Art Selbstbefreiungsprozeß vom Druck des Kriegserlebnisses geschrieben. Der Titel weist auf den Todestag des Ich-Erzählers hin, der als letzter einer Gruppe von Schulkameraden im Oktober 1918 fällt, einem Tag, von dem der offizielle Heeresbericht — fern jeder Menschlichkeit und brutal verlogen — schlicht vermeldet: »Im Westen nichts Neues«. Nach dem Vorabdruck eines Romankapitels in der »Vossischen Zeitung« und in einigen Provinzblättern ist die Erstauflage des Buchs in Höhe von 30 000 Exemplaren gleich nach Erscheinen am 31. Januar 1929 vergriffen. Am 23. Februar wird das 100 000. Exemplar ausgeliefert, im Mai das 500 000. Zeitweilig sind sechs Druckereien und zehn Buchbindereien mit der Herstellung des Buches beschäftigt, für das eine im Deutschen Reich bis dahin beispiellose Werbekampagne läuft. — Zehn Jahre nach dem Ende des verlorenen Krieges scheint die Zeit gekommen zu sein, in der die Deutschen bereit sind, sich offen mit den Schrecken des Weltkriegs auseinanderzusetzen.

Hermann Stehr
Nathanael Maechler
Roman
Der Roman »Nathanael Maechler«, der beim Horen-Verlag in Berlin und Leipzig erscheint, ist der erste Teil der Romantrilogie »Das Geschlecht der Maechler«, in dem der schlesische Erzähler Hermann Stehr (1864-1940) die Lebensgeschichte einer Handwerkerfamilie aus dem Riesengebirge schildert. Mit der Vorstellung, Ahnenblut und Schollentradition würden das Leben des Einzelnen bestimmen, nähert sich Stehr bereits stark der den Rassenmythos verkündenden Literatur. Die weiteren Bände der Trilogie sind »Die Nachkommen« (1933) und »Demian oder Das große Schermesser« (postum 1944).

Kurt Tucholsky/
John Heartfield
Deutschland, Deutschland über alles!
Ein Bilderbuch
Der Moralist und Zeitkritiker Kurt Tucholsky (1890-1935) veröffentlicht beim Neuen Deutschen Verlag in Berlin das im Untertitel als »Ein Bilderbuch« bezeichnete satirische Werk »Deutschland, Deutschland über alles!« mit Fotomontagen von John Heartfield. Tucholskys Satiren, die er z. T. bereits in der »Weltbühne« und in anderen linksintellektuellen Zeitschriften veröffentlicht hat, stellen einen radikalen Angriff auf den deutschen Militarismus, das kapitalistische Wirtschaftssystem, die Klassenjustiz und das Anwachsen reaktionärer und nationalistischer Strömungen dar. Das Zusammenwirken von entlarvenden sowie anklagenden Bildern und Texten erklärt den heftigen Sturm der Entrüstung, der nach dem Erscheinen des Buches bei der politischen Rechten ausbricht.

Argentinien

Roberto Arlt
Die sieben Narren
(Los siete locos)
Roman
Roberto Arlt (1900-1942), der mit seinen Romanen den Jargon der Elendsviertel von Buenos Aires, das sog. Lunfardo, in die argentinische Literatur eingeführt hat, entwirft in dem Roman »Die sieben Narren« ein stark von Fjodor M. Dostojewskis »Dämonen« beeinflußtes Bild der Wirklichkeit. Endorsain, die Hauptfigur des Romans, kämpft gegen die Ungerechtigkeit der Welt und plant mit sechs Freunden die Gründung eines Bordell-Konzerns, mit dessen Gewinnen eine soziale Utopie finanziert werden soll. Schauplatz der Handlung ist die Großstadt Buenos Aires, die in der Darstellung selbst wie ein riesiges Bordell erscheint.

Finnland

Maila Talvio
Tochter der Ostsee,
ein Roman aus dem alten Helsingfors
(Itämeren tytär romaani vanhasta Helsingistä)
»Kaukaa tullut« ist der erste Teil von Maila Talvios (1871-1951) Romantrilogie »Tochter der Ostsee«. Die Autorin, eine Vertreterin der finnischen nationalromantischen Bewegung, schildert die Geschichte einer Kaufmannsfamilie in der Mitte des 18. Jahrhunderts, als Helsinki noch zu Schweden gehörte und Helsingfors hieß. Ziel dieser Kaufleute ist es, ihre Stadt reich und den großen schwedischen Städten ebenbürtig zu machen. Die zwei Folgeromane der Trilogie erscheinen 1931 (»Hed-Ulla ja hänen kosijansa«) und 1936 (»Hopealaiva«). Die deutsche Übersetzung des Gesamtwerks erscheint 1939.

Frankreich

Jean Cocteau
Kinder der Nacht
(Les enfants terribles)
Roman
Thema des Romans »Kinder der Nacht«, der als erzählerisches Hauptwerk von Jean Cocteau (1889-1963) gilt, ist die Traumwelt der Kindheit. Die Geschwister Elisabeth und Paul verwandeln durch Rituale in ihrem Zimmer, in das nur die beiden Freunde Gérard und Agathe Zutritt haben, die Banalität des Alltags in eine magische Wirklichkeit. Dieses Spiel setzen sie auch als Erwachsene fort. Der Mann Elisabeths stirbt einen Tag nach der Hochzeit, und die vier Spielgefährten beziehen die weitläufige Villa des Toten. Paul verliebt sich in Agathe, kann sich jedoch dem Einfluß seiner Schwester Elisabeth, die eine Art Hohepriesterin dieser Traumwelt ist, nicht entziehen. Er vergiftet sich, Elisabeth erschießt sich, als er im Sterben Agathe seine Liebe gestehen will. — Die deutsche Übersetzung erscheint 1930.

Sidonie Gabrielle Colette
Sido
(Sido)
Memoiren
Sidonie Gabrielle Colette (1873-1954), die Autorin der erfolgreichen »Claudine«-Romanserie, legt mit dem Memoirenband »Sido« ein Porträt ihrer eigenen Mutter vor. — Die deutsche Übersetzung erscheint 1963.

Eugène Dabit
Hôtel du Nord
(Hôtel du Nord)
Roman
Eugène Dabit (1898-1936) erhält für sein Erstlingswerk »Hôtel du Nord« 1930 als erster den »Prix populiste« verliehen. Unbeschönigt geschildert werden banale Ereignisse in einem schäbigen Hotel in einem Arbeiterviertel von Paris, wo außer Arbeitern und Näherinnen auch Prostituierte und Asoziale wohnen. Das »Heldentum« der geschilderten Charaktere besteht darin, daß sie die Armseligkeit des Milieus und ihre kümmerliche Existenz ertragen, ohne zu verzweifeln. — Die deutsche Übersetzung des Romans erscheint 1931.

André Gide
Die Schule der Frauen
(L'école des femmes)
Roman
Der psychologische Roman »Die Schule der Frauen« von André Gide (1869-1951), Literaturnobelpreisträger 1947, besteht aus Tagebucheinträgen einer 1916 verstorbenen Frau, die von den Enttäuschungen ihrer Ehe berichtet. Nach Jahren des Zusammenlebens erkennt sie die Scheinheiligkeit und Habgier ihres Mannes, der sie mit subtilen Täuschungen zu lenken versteht. Bei Ausbruch des Weltkriegs verläßt sie ihn und widmet sich der Pflege von Verwundeten und Kranken. Der Stil der Erzählung ist von klassischer Einfachheit, wobei Gide sich gleichzeitig um strenge Analyse und höchste Präzision bemüht. — Ein Jahr später veröffentlicht Gide unter dem Titel »Robert« eine fiktive Selbstverteidigung des Mannes, 1936 folgt unter dem Titel »Geneviève« ein Brief der Tochter jener Frau, die in einem »Brief« an André Gide die Emanzipationsgedanken ihrer Mutter weiterentwickelt. — Die deutsche Übersetzung des Gesamtwerks erscheint 1950.

Julien Green
Leviathan
(Leviathan)
Roman
Wie in seinen meisten anderen Romanen gestaltet der katholische Schriftsteller Julien Green (*1900) in »Leviathan« den Kampf des Menschen gegen seine Triebhaftigkeit und das Leben in der Provinz als Hölle. Das Provinzstadtmilieu entstellt die Menschen und treibt sie zu Verbrechen aus Leidenschaft. Guéret, die zentrale Gestalt von »Leviathan«, verstümmelt seine Geliebte, eine Prostituierte, als sie ihn zurückweist. Als die Ziehmutter des Mädchens Guéret der Polizei ausliefert, begeht eine andere Frau, die sich von seinem gewalttätigen Wesen angezogen fühlt, Selbstmord. — Die deutsche Übersetzung erscheint 1930.

Antoine de Saint-Exupéry
Südkurier
(Courrier Sud)
Roman
Der Roman »Südkurier«, das eigentliche Erstlingswerk von Antoine de Saint-Exupéry (1900-1944), ist eine Weiterentwicklung der Novelle »Der Flieger«, die 1926 erschienen ist. Jacques Bernis, Kurierpilot einer der ersten transatlantischen Postfluglinien, muß in Afrika notlanden und wird von rebellierenden Arabern ermordert. Während des Flugs hat er sein bisheriges Leben überdacht, vor allem den Verlauf einer unglücklichen Liebe, und ist zu dem Schluß gekommen, daß nicht die Liebe das »Hauptwort« im Leben ist, sondern daß die Existenz nur durch Pflichterfüllung bis hin zur Selbstaufgabe ihre Rechtfertigung finden kann: »Leben heißt, sich angesichts des Todes bewähren.« — Die deutsche Übersetzung erscheint 1949.

Großbritannien

Robert Graves
Strich drunter
(Good-bye to all that)
Bericht
Robert Graves (1895-1985), ein Urenkel des deutschen Historikers Leopold von Ranke, erringt seinen ersten literarischen Erfolg mit dem autobiographischen Bericht »Strich drunter«, in dem er seine eigenen Erlebnisse als Frontsoldat während des Weltkriegs sowie Erinnerungen an die Vor- und Nachkriegszeit verarbeitet. »Nie mehr« lauten das Resümee und der Appell dieses Antikriegsbuchs. — Die deutsche Übersetzung erscheint 1930.

Charles Morgan
Das Bildnis
(Portrait in a Mirror)
Roman
Thema des Romans »Das Bildnis« von Charles Morgan (1894-1958) ist das Verhältnis von Leben und Kunst. Der Maler Nigel Frew verliebt sich als 17jähriger in Clare Sibright, weil er glaubt, daß ihn mit ihr eine innere Verwandtschaft verbinde. Doch Clare weist ihn zurück. Als er die Verheiratete später wieder trifft, spürt er, daß sie ihn unter der Maske der ihre gesellschaftlichen Verpflichtungen erfüllenden Dame leidenschaftlich zu lieben beginnt. Mit Rücksicht auf ihren Ehemann entzieht er sich ihr. Bei der dritten Begegnung kommt es zum Ehebruch, der in beiden jedoch die bittere Erkenntnis hinterläßt, daß ihr »Verlangen, neu geschaffen zu werden«, unerfüllt bleiben muß. — Die deutsche Übersetzung erscheint 1937.

Edith Sitwell
Gebräuche an der Goldküste
(Gold Coast Customs)
Gedicht
Edith Sitwell (1887-1964), die als eine der bedeutendsten englischen Lyrikerinnen ihrer Zeit gilt, stellt in ihrem Gedicht »Gebräuche an der Goldküste« kannibalische Zeremonien afrikanischer Stämme den Parties der Reichen in Großbritannien gegenüber: Die Reichen werden als die Kannibalen der Armen dargestellt. — Die deutsche Übersetzung erscheint 1964.

Italien

Alberto Moravia
Die Gleichgültigen
(Gli indiffirenti)
Roman
Alberto Moravia (*1907) erweist sich in seinem ersten Roman, »Die Gleichgültigen«, als Vertreter des psychologischen Realismus, der die Beziehungen zwischen den Geschlechtern und in der Familie analysiert und ein kritisches Bild bürgerlicher Dekadenz entwirft. Die Protagonisten des Romans sind von Lethargie und Gleichgültigkeit beherrscht, können sich »nicht für das Leben begeistern«, wie Michele, eine der zentralen Romangestalten, formuliert. In diesem Labyrinth aus Langeweile siedelt Moravia seinen Roman an: Die Witwe Mariagrazia läßt sich von ihrem Liebhaber Leo das Geld abnehmen, Leo verführt Mariagrazias Tochter Carla. Mariagrazias Sohn Michele, gezeichnet als eine Art moderner Hamlet, ringt sich zwar zu dem Entschluß durch, Leo zu töten, doch den Revolver, mit dem er auf ihn feuert, hat er zu laden vergessen. — Die deutsche Übersetzung erscheint 1956.

Norwegen

Sigrid Undset
Gymnadenia
(Gymnadenia)
Roman
Sigrid Undset (1882-1949), Literaturnobelpreisträgerin 1928, stellt in den Mittelpunkt des Romans »Gymnadenia« die Themen Selbstverwirklichung der Frau sowie Liebe und Ehe. Julie Selmer, eine fortschrittlich denkende, »freisinnige« Frau, zieht nach der Scheidung mit ihren vier Kindern in ein eigenes Haus und erzieht die Heranwachsenden zu selbständigen Persönlichkeiten. — Die deutsche Übersetzung erscheint 1929. 1930 ist die Fortsetzung von »Gymnadenia«, der Roman »Der brennende Busch«, auf dem norwegischen und deutschen Buchmarkt erhältlich.

Österreich

Vicki Baum
Menschen im Hotel
Ein Kolportageroman mit Hintergründen
Vicki Baum (1888-1960), Autorin von Unterhaltungsromanen, die auf solider Milieukenntnis beruhen und weltweite Wirkung haben, erringt ihren ersten großen Erfolg 1929 mit dem Roman »Menschen im Hotel« (später mit Greta Garbo verfilmt, auch als Bühnenstück in New York erfolgreich), dem Versuch, an Geschehnissen in einem Hotel Glanz und Elend, Schein und Sein der »guten Gesellschaft« darzustellen. Das Werk bildet den Auftakt zu einer ganzen Romanserie, deren Schauplatz die — meist jedoch unkritisch gesehene — »große Welt« ist, die Welt der Hotels und Kurorte, des Theaters und des Künstlertums usw.: »Zwischenfall in Lohwinkel« (1930), »Leben ohne Geheimnis« (1932), »Die Karriere der Doris Hart« (1926), »Die große Pause« (1940).

Rumänien

Lucian Blaga
Lob des Schlafes
(Lauda somnului)
Gedichte
Der rumänische Dichter und Philosoph Lucian Blaga (1895-1961) veröffentlicht 1929 den Gedichtband »Lob des Schlafes«. Die Lyrik Blagas, der auch Johann Wolfgang von Goethe, Rainer Maria Rilke und Friedrich Hölderlin ins Rumänische übersetzt, ist Illustration seiner Philosophie, nach welcher der im Organischen verwurzelte Mensch durch Mythos und Magie die Wirklichkeiten des Jenseits (Gott, Himmel) greifen kann.

Schweden

Axel M. F. Munthe
Das Buch von San Michele
(Boken om San Michele)
Memoiren
Axel Munthe (1857-1949) besuchte als 18jähriger Medizinstudent zum ersten Mal die Insel Capri und wünschte sich danach nichts sehnlicher, als dort einmal wohnen zu können. Später erlaubt es sein Einkommen, das Kloster San Michele bei Anacapri zu erwerben und zu einem repräsentativen Wohnsitz ausbauen zu lassen. In dem internationalen Bestseller »Das Buch von San Michele« beschreibt er nicht nur sein Leben auf Capri, sondern berichtet von seinen Wanderjahren in Deutschland, Schweden, Lappland und Italien, von seinen Lehrjahren und von seinem Wirken als Arzt. — Die deutsche Übersetzung erscheint 1931.

UdSSR

Alexei N. Tolstoi
Peter der Große
(Petr Pervyj)
Roman
Auf umfassenden Quellenstudien beruht der historische Roman »Peter der Große« von Alexei N. Tolstoi (1883-1945). Das mehrbändige Werk über den russischen Zaren und Kaiser Peter I., das Maxim Gorki als »ersten echten historischen Roman« bezeichnet, erscheint von 1929 bis zum Tod des Autors im Jahr 1945 und bleibt unvollendet. Tolstois Ziel: »Ich habe in diesem Thema die Enträtselung des russischen Volkes und der russischen Staatlichkeit gesucht.« — Die deutsche Übersetzung erscheint 1931 (erster Band) bzw. 1949 (drei Bände).

USA

William Faulkner
Sartoris
(Sartoris)
Roman
Die ersten literarischen Versuche des Literaturnobelpreisträgers von 1950, William Faulkner (1897-1962), mit Filmskripten,

Gedichten, Heimkehrer- und Künstlerromanen hatten keinen Erfolg, bis er 1929 mit dem Familienroman »Sartoris« bekannt wird. Faulkner stellt hier erstmals die fiktive Welt des Yoknapatawpha County vor, in der er den Konflikt von Vergangenheit und Gegenwart im Süden der USA am Beispiel des Verfalls der traditionsreichen Familie Sartoris darstellt. — Die deutsche Übersetzung erscheint 1961.

William Faulkner
Schall und Wahn
(The Sound and the Fury)
Roman
Wie in »Sartoris«, dem im selben Jahr erschienenen ersten erfolgreichen Roman vom William Faulkner (1897-1962), ist auch in »Schall und Wahn« Yoknapatawpha County wieder fiktiver Schauplatz der Handlung. Aufstieg und Niedergang der aristokratischen Südstaatenfamilie Compson demonstrieren beispielhaft die allmähliche Auflösung der traditionsgebundenen Welt im Süden der Vereinigten Staaten. Anders als in »Sartoris« sind in »Schall und Wahn« erzähltechnische Einflüsse von James Joyce erkennbar. Darüber hinaus ist »Schall und Wahn« Faulkners erstes Experiment mit der durchweg perspektivisch gebundenen Darstellung eines Geschehens. — Die deutsche Übersetzung erscheint erst 27 Jahre später, 1956.

Ernest Hemingway
In einem andern Land
(A Farewell to Arms)
Roman
Mehr als zehn Jahre nach seinen Erlebnissen als freiwilliger Fahrer bei einer italienischen Sanitätskolonne veröffentlicht Ernest Hemingway (1899-1961), Literaturnobelpreisträger des Jahres 1954, den autobiographisch gefärbten Roman »In einem andern Land«, in dem er die Schrecken des Krieges thematisiert. Der US-Amerikaner Frederic Henry, als Freiwilliger bei den Sanitätern in Italien eingesetzt, verliebt sich während des Weltkriegs in die englische Krankenschwester Catherine Barkley, die nach seiner schweren Verwundung seine Pflegerin und Geliebte wird. Die Verwundung und zahlreiche Gespräche verhelfen Frederic schließlich zur Selbsterkenntnis. Mit Catherine flieht er über den Lago Maggiore in die Schweiz. — Die deutsche Übersetzung erscheint 1930.

Sinclair Lewis
Sam Dodsworth
(Dodsworth)
Roman
Sinclair Lewis (1885-1951) thematisiert in dem Bestseller »Sam Dodsworth« den Kontrast zwischen der naiven Neuen und der korrupten Alten Welt. Der wohlhabende Automobilfabrikant Samuel Dodsworth unternimmt mit seiner Frau Fran eine Europareise. Dort entfremden sich die Ehepartner voneinander; Dodsworth wird wiederholt von seiner Frau betrogen. Doch in dem Maße, in dem Fran sich von ihm entfernt, wird Samuel selbst sein verfehltes, unausgefülltes Leben bewußt. Die Europareise wird so zur Suche nach Selbstverwirklichung und knüpft damit an ein traditionelles amerikanisches Thema an. — Die deutsche Übersetzung erscheint 1931.

Thomas Wolfe
Schau heimwärts, Engel!
Eine Geschichte vom begrabnen Leben
(Look homeward, Angel. A Story of the buried Life)
Roman
Wolfe (1900-1938), achtes Kind eines Steinmetzen, begann wenig erfolgreich als Dramatiker. In seinem ersten Roman, »Schau heimwärts, Engel! Eine Geschichte vom begrabnen Leben«, erzählt er seine eigene Lebensgeschichte von der Geburt bis zum Abschluß seiner Studien. In einer Folge vier autobiographisch gefärbter Romane versucht er, das Thema des einsamen jungen Menschen zu einem nationalen Mythos zu stilisieren: »Schau heimwärts, Engel«, »Von Zeit und Strom« (1935), »Geweb und Fels« (postum 1939) und »Es führt kein Weg zurück« (postum 1940). — Die deutsche Übersetzung von »Schau heimwärts, Engel!« erscheint 1932.

Venezuela

Rómula Gallegos
Doña Bárbara
(Doña Bárbara Novela de la llanura venezolana)
Roman aus der venezolanischen Ebene
»Doña Bárbara« von Rómulo Gallegos (1884-1969), im Untertitel als »Roman aus der venezolanischen Ebene« bezeichnet, gilt als Klassiker der lateinamerikanischen Literatur. Indios, Mulatten, Glücksritter und Banditen sind ebenso vertreten wie die Großgrundbesitzer; Schilderungen der phantastischen Natur fehlen ebensowenig wie Beschreibungen der Vitalität der Bewohner dieser venezolanischen Dörfer. Die Hauptfigur, Doña Bárbara, ist Herrin über riesige Ländereien. Als sich ihre Tochter in einen Nachbarn, dessen Gut Bárbara an sich bringen will, verliebt, will sie das Paar töten. Doch zuletzt erkennt sie die Sinnlosigkeit einer solchen Tat und überschreibt den gesamten Besitz ihrer Tochter. Das weitere Schicksal der Protagonisten bleibt im Roman offen. — Die deutsche Übersetzung erscheint 1941.

Uraufführungen Schauspiel, Oper, Operette und Ballett 1929

Die bedeutendsten Uraufführungen aus Schauspiel, Oper, Operette und Ballett sind alphabetisch nach Autoren/Komponisten geordnet.

Deutsches Reich

Leonhard Frank
Karl und Anna
Schauspiel in vier Akten
Leonhard Frank (1882-1961), sozialistisch-pazifistischer Erzähler zwischen Expressionismus und Sachlichkeit mit Neigung zu psychoanalytischer Darstellung, bekanntgeworden durch seine im Tatsachenstil verfaßten Romane, dramatisiert die 1926 in der »Vossischen Zeitung« abgedruckte Erzählung »Karl und Anna«, die nach dem Roman »Die Räuberbande« (1914) sein größter Erfolg geworden ist. Am 16. Januar 1929 wird das Stück in München, Frankfurt am Main, Bochum, Bremen, Magdeburg und Rostock uraufgeführt. In russischer Kriegsgefangenschaft erzählt der Soldat Richard seinem Kameraden Karl von seiner Ehe mit Anna. Karl, der etwas früher als Richard entlassen wird, hat sich aufgrund der Erzählungen so sehr in das Traumbild Annas verliebt, daß er sich bei ihr als ihr Mann vorstellt, obwohl Anna sofort merkt, daß er ein anderer ist. Verwirrt durch seine Kenntnis intimster wie trivialster Dinge aus ihrem früheren »gemeinsamen« Leben, gibt sie sich ihm schließlich hin. Sie beginnen, sich zu lieben, die Frage nach der tatsächlichen Identität spielt keine Rolle mehr. Als Richard nach Hause kommt, sind sie entschlossen, weiter zusammenzubleiben. Richard bricht daraufhin zusammen.

Georg Kaiser
Zwei Krawatten
Revuestück in neun Bildern
Georg Kaiser (1878-1945), der bedeutendste Dramatiker des deutschen Expressionismus, stellt mit »Zwei Krawatten« ein Revuestück vor. Am 5. September 1929 wird es in Berlin uraufgeführt. Der Kellner eines luxuriösen Vergnügungsetablissements gelangt durch einen Krawattentausch in den Besitz von 1000 Mark, unternimmt eine turbulente Amerikareise und kehrt schließlich zu seiner Freundin Trude zurück, die er fast einer Amerikanerin wegen verlassen hätte.

Erich Mühsam
Staatsräson. Ein Denkmal für Sacco und Vanzetti
Drama
Das Schauspiel »Staatsräson. Ein Denkmal für Sacco und Vanzetti« von Erich Mühsam (1878-1934) wird am 21. April in Berlin uraufgeführt. Mühsam sprengt in diesem Werk den Rahmen bürgerlicher Justizstücke, indem er in dem weitgehend dokumentarisch nachgestellten Prozeß gegen die US-amerikanischen Anarchisten Nicola Sacco und Bartolomeo Vanzetti die Klassenstruktur einer imperialistischen Gesellschaft aufzudecken versucht. Sacco und Vanzetti waren 1927 trotz Mangels an Beweisen wegen Mordes verurteilt und hingerichtet worden.

Hans José Rehfisch
Die Affäre Dreyfus
Schauspiel in fünf Akten
Hans José Rehfisch (1891-1960), der 1924 mit seinem Stück »Wer weint um Juckenack?« auch über die Grenzen des Deutschen Reichs hinaus bekannt wurde, und Wilhelm Herzog (1894-1960) dramatisieren in dem Schauspiel »Die Affäre Dreyfus«, das am 25. November 1929 an der Berliner Volksbühne uraufgeführt wird, die Ereignisse des Jahres 1898 während der Affäre um Alfred Dreyfus. Der jüdische Offizier war 1894 in einem juristisch unhaltbaren Verfahren von einem Militärgericht wegen Spionage zu Degradierung und lebenslänglicher Verbannung verurteilt worden. 1898 verfaßte Emile Zola die Kampfschrift »Ich klage an« und forderte die Wiederaufnahme des Prozesses vor einem Zivilgericht.

Friedrich Wolf
Cyankali — § 218
Schauspiel in acht Bildern
»Cyankali — § 218«, Friedrich Wolfs (1888-1953) erfolgreiches und spektakuläres Kampfstück gegen den Abtreibungsparagraphen und seine sozialen Konsequenzen, wird am 6. September 1929 im Berliner Lessingtheater durch die Gruppe Junger Schauspieler uraufgeführt. Das Agitprop-Drama spielt im Berliner Arbeitermilieu der Inflationszeit. Hete, die Freundin des nach illegaler Lebensmittelbeschaffung untergetauchten Arbeiterführers Paul, entscheidet sich, das Kind, das sie von ihm erwartet, abzutreiben. Von einem Modearzt, der nur zahlungskräftigen Damen »behilflich« ist, wird sie an eine »weise Frau« verwiesen. Auch diese verlangt zuviel Geld, gibt Hete aber das »populäre« Mittel Cyankali. Hetes Mutter verabreicht ihr versehentlich eine tödliche Dosis und wird daraufhin von der Polizei verhaftet.

Frankreich

Jean Giraudoux
Amphitryon 38
(Amphitryon 38)
Prosakomödie in drei Akten
»Amphitryon 38« nennt Jean Giraudoux (1882-1944) seine Komödie, weil es sich nach seinen Angaben um das 38. Bühnenstück dieses Namens seit der Antike handelt. Am 8. November 1929 wird es in der Comédie des Champs-Elysées unter der Regie von Louis Jouvet uraufgeführt. Giraudoux stellt hier in Alkmene einen vollkommenen Menschen dar, der in Jupiter dem vollkommenen Repräsentanten des Göttlichen begegnet. Auch nach der Umarmung des Gottes verteidigt Alkmene ihre Liebe zu Amphitryon, ihrem menschlichen Gatten. Die deutsche Erstaufführung findet 1931 in Berlin statt.

Marcel Pagnol
Marius
(Marius)
Stück in drei Akten
»Marius«, uraufgeführt am 8. März 1929 im Théâtre de Paris, ist der erste Teil einer erfolgreichen Dramentrilogie von Marcel Pagnol (1895-1974). Hier dramatisiert Pagnol humorvoll und mit volksnaher Sprache Freuden und Sorgen einfacher, liebenswerter Menschen aus Marseille. Die Hauptgestalten sind Marius, der Sohn eines Kneipenwirts, und seine Jugendkameradin Fanny. Neben deren Schicksal erlangt das Hafenmilieu von Marseille ein eigenes Gewicht. »Marius« wird 1931 verfilmt. Der zweite Teil der Trilogie, »Fanny«, gelangt 1931 zur Uraufführung und wird 1932 und 1933 verfilmt. Der letzte Teil, »César«, hat 1936 Premiere und wird im selben Jahr vom Autor verfilmt.

Österreich

Robert Musil
Die Schwärmer
Schauspiel in drei Akten
Das bereits 1921 im Druck erschienene Schauspiel »Die Schwärmer« von Robert Musil (1880-1942) wird am 3. April im »Theater in der Stadt« in Berlin uraufgeführt. Das Stück, das Alfred Döblin 1923 für den Kleistpreis vorgeschlagen hatte, gilt als Lesedrama, das nur schwer auf der Bühne zu realisieren ist. Musil selbst stellt später in seinen Tagebüchern fest, daß sein Stück intellektuell überfrachtet sei und zu hohe Anforderungen an den Theaterbesucher stelle: »Ein Drama muß Leerlauf haben, Ruhestellen, Verdünnungen usw. — das aber fehlt dem Stück.« Am Beispiel einer Ehebruchsgeschichte behandelt Musil das, was er das »Ideographische« nennt, die Auseinandersetzung mit den Beziehungen zwischen Denken und Handeln, Intellekt und Gefühl, Einsamkeit und Kommunikation usw. Die Personen des Stücks sind idealistische »Schwärmer«, die der Idee eines Glücks nachjagen, das keiner von ihnen erlangt.

Franz Lehár
Das Land des Lächelns
Romantische Operette in drei Akten
Mit der Operette »Das Land des Lächelns«, uraufgeführt am 10. Oktober im Berliner Metropoltheater, erringt der österreichisch-ungarische Operettenkomponist Franz Lehár (1870-1948) einen seiner größten Erfolge. Die Operette handelt von der Liebe der Grafentochter Lisa zu einem chinesischen Prinzen, den sie aber wieder verläßt, als dieser orientalische Herrenrechte geltend macht.
Die bekanntesten Lieder dieser in Wien und Peking zu Beginn des 20. Jahrhunderts spielenden »romantischen Operette« sind »Bei einem Tee à deux« und »Meine Liebe — Deine Liebe«.
Lehár begann als Militärkapellmeister. Durch die Einführung des Tanzliedes schuf er die Tanzoperette, die ihn zum prominentesten Vertreter der heiteren österreichischen Musik im 20. Jahrhundert machte. Seine letzten Werke zeigen eine Annäherung an die komische Oper und das Singspiel. Zu seinen am meisten gespielten Werken zählen »Die lustige Witwe« (uraufgeführt 1905), »Der Graf von Luxemburg (1909), »Paganini« (1925), »Der Zarewitsch« (1927) und »Giuditta« (1934).

Filme 1929

Die neuen Filme des Jahres 1929 sind im Länderalphabet und hier wiederum alphabetisch nach Regisseuren aufgeführt. Bei ausländischen Filmen steht unter dem deutschen Titel der Originaltitel.

Deutsches Reich

Paul Czinner
Fräulein Else
Elisabeth Bergner spielt die Titelrolle in Paul Czinners Stummfilm »Fräulein Else«, der nach Motiven der gleichnamigen Novelle von Arthur Schnitzler (1924) gedreht wurde. Am 8. März wird er im Berliner Capitol uraufgeführt. Else, die Tochter eines ruinierten Rechtsanwalts (Albert Bassermann) soll auf Drängen ihrer Eltern einen reichen Kunsthändler (Albert Steinrück) um Hilfe bitten. Der Kunsthändler stellt die Bedingung, daß sich Else ihm nackt zeigt.

Arnold Fanck/G. W. Pabst
Die weiße Hölle vom Piz Palü
Mit dem Stummfilm »Die weiße Hölle vom Piz Palü«, der am 15. November im Berliner Ufa-Palast am Zoo uraufgeführt wird, legt Arnold Fanck einen seiner typischen Berg-Abenteuer-Filme vor: Ein junges Paar (Luis Trenker, Leni Riefenstahl) will während der Flitterwochen den Piz Palü besteigen. Unterwegs stößt Dr. Krafft (Gustav Diessl) zu ihnen; er sucht nach der Leiche seiner Verlobten, die vor Jahren durch seine Schuld auf dem Piz Palü den Tod fand. Als die drei durch eine Lawine in Bergnot geraten, opfert sich Dr. Krafft, um ihnen zu helfen. Das junge Paar wird von einem Flieger (Ernst Udet) gerettet.
1930 wird in den USA und 1935 im Deutschen Reich eine Tonfassung des erfolgreichen Films herausgebracht. 1950 dreht Rolf Hansen ein Remake mit Hans Albers und Liselotte Pulver.
Fanck über die Zusammenarbeit mit G. W. Pabst, der als Ko-Regisseur fungierte: »Wir arbeiteten sehr gut zusammen, und ich lernte von Pabst viel, wie man Szenen am besten in einzelne Stellungen auflöst. Aber wenn er dann neben mir an der Kamera stand und zusah, wie ich die Aufnahmen von Udet drehte, der auf dem hochgelegenen Eisband versuchen mußte, den dort Verstiegenen Fallschirmchen mit Proviant abzuwerfen, oder auch wie ich die Aufnahme drehte von dem jungen Mädchen, das in eine Gletscherspalte stürzen mußte etc., da konnte Pabst auch von mir lernen. Vor allem hat er dann später in Vorträgen immer erzählt, wie verblüfft er darüber war, daß ich nicht die damals vorgeschriebenen 16 Bilder pro Sekunde drehte, sondern 24 Bilder. Was dann in der Branche erst als richtig anerkannt wurde, als der Ton hinzukam, der das natürliche Tempo von 24 Bildern pro Sekunde unbedingt erforderte.«

Piel Jutzi
Mutter Krausens Fahrt ins Glück
Für die marxistische Filmkritik stellt Piel Jutzis unter der Schirmherrschaft von Käthe Kollwitz, Hans Baluschek und Otto Nagel entstandener Stummfilm »Mutter Krausens Fahrt ins Glück«, der am 30. Dezember in Berlin uraufgeführt wird, zu den bedeutendsten Werken deutscher Filmkunst und stellt einen Höhepunkt des deutschen realistischen Stummfilms dar. In der Hauptrolle dieses nach Erzählungen Heinrich Zilles gedrehten Films ist Alexandra Schmidt zu sehen. »Die Welt am Abend« faßt den Inhalt so zusammen: »Ein Vorspiel zeigt Zilles Bild und dann einen Brief des Alten über das Elend in Berlin. Die einzelnen Sätze seiner Schrift leuchten auf, und dann führt uns der Weg über Höfe, Häuser und Straßen in das, was Zille 'det arme Leben' nannte. In diesem 'Milljöh' wohnt eine Einzelhändlerin, Mutter Krause, die Zeitungsausträgerin, deren Sohn das Zeitungsgeld vertrinkt und darüber zum Verbrecher wird. Mutter Krause, die ein hübsches Mädchen hat, die draußen auf dem Rummelplatz einen ehrlichen jungen Arbeiter kennenlernt, mit dem sie in die Zukunft marschiert. Mutter Krause, bei der ein Ganove und ein Straßenmädchen wohnen. Mutter Krause, die schließlich ins Gefängnis soll und den Gashahn aufdreht und stirbt. Dieser Spielfilm ist am wirkungsvollsten in den Szenen, in denen er den Charakter eines reinen Reportagefilms annimmt. Ansichten vom Rummelplatz, vom Freibad, von Arbeiterkneipen, von einem Sommerfest, aus einem Leihhaus, aus jener Tragödie, von der Zille gesagt hat: 'Mit einer Wohnung kann man einen Menschen töten wie mit einer Axt.'«

Robert Land
Ich küsse ihre Hand, Madame
Robert Lands Film »Ich küsse ihre Hand, Madame« mit Marlene Dietrich und Harry Liedtke, der am 17. Januar im Berliner Tauentzien-Palast uraufgeführt wird, ist noch ein ausgesprochener Stummfilm, hat jedoch bereits eine Tonszene: Den im Filmtitel genannten Schlager trägt Harry Liedtke mit der Playback-Stimme von Richard Tauber vor.
Als Vorprogramm zu »Ich küsse ihre Hand, Madame« werden an diesem Abend die beiden ersten deutschen Tonkurzfilme gezeigt: »Ramona« und »Das letzte Lied«.

Fritz Lang
Die Frau im Mond
Mit »Die Frau im Mond«, seinem letzten Stummfilm, inszeniert Fritz Lang ein dramatisches Weltraumabenteuer, zu dem seine Frau Thea von Harbou das Skript schrieb. Der Film mit Willy Fritsch, Gerda Maurus, Gustav von Wangenheim, Fritz Rasp und Klaus Pohl in den Hauptrollen wird am 4. Oktober in Berlin uraufgeführt, am selben Tag erscheint Thea von Harbous gleichnamiger Roman. Geschildert wird ein Flug zum Mond, wo ein Forscher reiche Goldlager ausbeuten will. Es kommt jedoch bald zu Auseinandersetzungen zwischen den Mitgliedern der Expedition. Als technischer Berater des Films wird Hermann Oberth, einer der »Väter der deutschen Raumfahrt«, hinzugezogen.

Joe May
Asphalt
»Asphalt«, uraufgeführt am 12. März im Berliner Ufa-Palast, ist Joe Mays letzter Stummfilm. Gustav Fröhlich spielt hier einen Polizisten, der sich in eine Juwelendiebin (Betty Amann) verliebt und dabei auf Abwege gerät. Der Film, in dem auch Hans Albers und Paul Hörbiger mitwirken, ist vom Expressionismus und vom sog. Straßenfilm beeinflußt.

G. W. Pabst
Die Büchse der Pandora
G. W. Pabsts Stummfilm »Die Büchse der Pandora« mit Louise Brooks in der Hauptrolle, uraufgeführt am 9. Februar in Berlin, ist die zweite deutsche Verfilmung von Frank Wedekinds »Lulu«-Tragödie, den zwei Bühnenstücken »Der Erdgeist« und »Die Büchse der Pandora«. Gezeigt werden Aufstieg und Fall der faszinierenden Lulu, die Wedekind als »das wahre Tier, das wilde, schöne Tier« bezeichnete. »Die Büchse der Pandora« gilt als Meisterwerk der Erotik im deutschen Stummfilm.
Weitere Lulu-Verfilmungen sind »Erdgeist« von Leopold Jessner mit Asta Nielsen in der Titelrolle (1923), »Lulu« von Rolf Thiele mit Nadja Tiller (1962) und »Lulu« von Walerian Borowczyk mit Anne Bennent.

G. W. Pabst
Das Tagebuch einer Verlorenen
Die Handlung des Stummfilms »Das Tagebuch einer Verlorenen« nach dem gleichnamigen Roman von Margarete Böhme, uraufgeführt am 15. Oktober in Berlin mit Louise Brooks in der Titelrolle, ist reine Kolportage. G. W. Pabst macht daraus ein Qualitätsprodukt, das neben »Die Büchse der Pandora« zu den Meisterwerken der Erotik im deutschen Stummfilm zählt. Thymian (Louise Brooks), die Tochter eines Apothekers, wird von einem Angestellten (Fritz Rasp) verführt und bekommt ein Kind; als der Vater sie verstößt, sie in einem Erziehungsheim sadistisch gequält wird und das Kind stirbt, macht sie in einem zwielichtigen Restaurant als Kokotte Karriere. Das Vermögen, das sie von ihrem Vater erbt, schenkt sie ihrer kleinen Schwester, um sie vor demselben erniedrigenden Schicksal zu bewahren; ihr Verlobter begeht daraufhin Selbstmord.

Walter Ruttmann
Melodie der Welt
Am 12. März wird in Berlin mit Walter Ruttmanns »Melodie der Welt« der este abendfüllende deutsche Tonfilm uraufgeführt. Die Musik zu diesem 73 Minuten langen Dokumentarfilm, den Ruttmann nach Materialien der Hamburg-Amerikanischen Paket-Fahrt-Aktiengesellschaft (HAPAG) drehte, komponierte Wolfgang Zeller. In die Musik Zellers werden Geräusche wie Schiffssirenen, der Maschinenlärm und das Rasseln von Ankerketten eingeblendet. Der Film hat keine eigentliche Handlung, sondern zeigt Menschen in verschiedenen Ländern der Welt.

Großbritannien

Alfred Hitchcock
Erpressung
(Blackmail)
Alfred Hitchcocks »Erpressung«, ursprünglich als Stummfilm begonnen, ist einer der ersten britischen Tonfilme. Ein Mädchen (Anny Ondra) ersticht einen Mann (Cyril Richard), der sie vergewaltigen wollte. Ihr Freund, ein Kriminalbeamter (John Longden), weiß von diesem Verbrechen, behält sein Wissen jedoch für sich, obwohl ausgerechnet er mit der Untersuchung des Mordfalls beauftragt wird. Die beiden geraten in die Hände eines Erpressers (Donald Calthrop). Hitchcock nutzt in diesem Film das Motiv der Verfolgungsjagd mit rasch wechselnden Hintergründen und einer Mischung aus Realismus und alptraumhafter Stilisierung der Wirklichkeit als spannungssteigerndes Element.

UdSSR

Alexandr P. Dowschenko
Arsenal
(Arsenal)
Alexandr P. Dowschenko erlangt Weltruhm mit dem 1928 gedrehten historischen Stummfilm »Arsenal«, der 1929 zur Uraufführung gelangt. Der Regisseur behandelt ein politisch bedeutsames Thema, den Klassenkampf in der Ukraine während des Bürgerkriegs im Jahre 1917. Die Arbeiter der Munitionsfabrik »Arsenal« unternehmen einen Aufstand gegen die Regierung. Der Film zeigt nicht nur, wie eine sozialistische Gemeinschaft entstehen kann, sondern schildert auch das Leben der Menschen in der Ukraine.

Grigori M. Kosinzew
Das neue Babylon
(Nowy Wawilon)
Grigori M. Kosinzew inszeniert in dem Stummfilm »Das neue Babylon« die Auseinandersetzung zwischen Bürgerlichen und Arbeitern während des Aufstands der Pariser Kommune 1871. Louise (Jelena Kusmina), eine junge Verkäuferin in dem Pariser Luxuskaufhaus »Das neue Babylon«, lernt während des Kriegs den Soldaten Jean (Pjotr Sobolewski) kennen. In den Wirren nach Kriegsende werden die beiden Liebenden getrennt. Während des Aufstands der Kommune kämpft Louise auf seiten der Revolutionäre, Jean gehört einer Truppe an, die gegen die Anhänger der Kommune eingesetzt wird. Die beiden finden nicht mehr zusammen.

Fjodor Ozep
Der lebende Leichnam
(Schiwoi trup)
Wsewolod I. Pudowkin spielt die Hauptrolle in Fjodor Ozeps in Berlin gedrehtem Stummfilm »Der lebende Leichnam«, einer eindrucksvollen Adaption von Leo N. Tolstois gleichnamigem Drama. Der dem Trunk verfallene Fedja Protasow (Pudowkin) verläßt seine Frau Lisa (Maria Jacobini), um ihr die Ehe mit dem geliebten Jugendfreund Karenin (Gustav Diessl) zu ermöglichen. Nachdem er einen Selbstmord vorgetäuscht hat, heiraten die beiden. Fedja führt eine Existenz als »lebender Leichnam«, bis er entdeckt wird.

USA

James Wesley Horne
Big Business
(Big Business)
Das Komikerduo Stan Laurel und Oliver Hardy sind die Hauptdarsteller in James Wesley Hornes Stummfilmkomödie »Big Business«. Zwei Weihnachtsbaumverkäufer demolieren das Haus eines kaufunlustigen Kunden (James Finlayson), während dieser ihr Auto auseinandernimmt.

King Vidor
Hallelujah
(Halleluja)
»Hallelujah« von King Vidor ist der erste Tonfilm mit einer durchweg farbigen Besetzung und zugleich das erste bedeutende Filmmusical. Die Musik komponierte Irving Berlin. Die im Milieu der farbigen Bevölkerung der Südstaaten angesiedelte Handlung ist relativ einfach — Geldverluste bei einem Würfelspiel, Totschlag, Zuchthaus, Reue —, die Musiknummern und religiösen Passagen erregen jedoch großes Aufsehen.

Sportereignisse und -rekorde des Jahres 1929

Die Aufstellung erfaßt Rekorde, Sieger und Meister in wichtigen Sportarten. Aufgenommen wurden nur solche Wettbewerbe, die in den vergangenen Jahren bereits regelmäßig ausgetragen worden sind oder ab 1929 kontinuierlich zu den Sportprogrammen gehören. Sportarten in alphabetischer Reihenfolge.

Automobilsport

Grand-Prix-Rennen

Großer Preis von (Datum) Kurs/Strecke (Länge)	Sieger (Land)	Marke	∅ km/h
Deutschland (14.7.) Nürburgring (508,8 km)	Louis Chiron (FRA)	Bugatti	106,693
Frankreich (30.6.) Le Mans (605,3 km)	William C. F. Grover-Williams (GBR)	Bugatti	133,027
Irland Phoenix Park (482,8 km)	Boris Ivanowski (URS/FRA)	Alfa Romeo	122,954
Italien (15.9.) Monza (99 km)	Achille Varzi (ITA)	Alfa Romeo	187,736
Monaco (14.4.) Monte Carlo (318 km)	William C. F. Grover-Williams (GBR)	Bugatti	80,784
Spanien (25.7.) Lasarte-San Sebastián (692,6 km)	Louis Chiron (FRA)	Bugatti	116,441
Tunesien Bardo (321 km)	Gastone Brilli-Peri (ITA)	Alfa Romeo	134,400

Langstreckenrennen

Kurs/Dauer (Datum)	Sieger (Land)	Marke	∅ km/h
Indianapolis /500 ms (30.5.)	Bryan Keech (USA)	Miller	157,047
Le Mans/24 h (15./16.6.)	Woolf Barnato (GBR)/ Henry Birkin (GBR)	Bentley	118,492
Mille Miglia/1000 ms (13./14.4.)	Giuseppe Campari (ITA)/ Giulio Ramponi (ITA)	Alfa Romeo	89,688
Targa Florio/540 km (5.5.)	Albert Divo (FRA)	Bugatti	74,366
Spa-Francorchamps/24 h (6./7.7.)	Robert Benoist (FRA)/ Athilio Marinoni (ITA)	Alfa Romeo	101,385
Tourist Trophy/660 km Ard-Belfast (17.8.)	Rudolf Caracciola (GER)	Mercedes	117,222

Rallyes

Rallye Monte Carlo	Sprenger Van Eijk (DAN)	Graham Paige	

Boxen/Schwergewicht

Weltmeister

Gene Tunney (USA)	1928 offiziell zurückgetreten
	1929 keine Titelkämpfe

Eiskunstlauf

Turnier	Ort	Datum
Weltmeisterschaften	London (Herren) Budapest (Damen, Paare)	4./5.3. 2./3.2.
Europameisterschaften	Davos	19./20.1.
Deutsche Meisterschaften	Oppeln	
Einzel	**Herren**	**Damen**
Weltmeister	Gillis Grafström (SWE)	Sonja Henie (NOR)
Europameister	Karl Schäfer (AUT)	nicht ermittelt
Deutscher Meister	Paul Franke (Berlin)	Else Flebbe (Berlin)
Paarlauf		
Weltmeister	Lilly Scholz/Otto Kaiser (AUT)	
Europameister	nicht ermittelt	
Deutsche Meister	Ilse Kishauer/Ernst Gaste (Berlin)	

Fußball

Länderspiele	Ergebnis	Ort	Datum
Deutschland (+4, =1, -0)			
Deutschland — Schweiz	7:1	Mannheim	10. 2.
Italien — Deutschland	1:2	Turin	28. 4.
Deutschland — Schottland	1:1	Berlin	1. 6.
Deutschland — Schweden	3:0	Köln	23. 6.
Deutschland — Finnland	4:0	Altona	20.10.
Österreich (+3, =2, -1)			
Österreich — Italien	3:0	Wien	7. 4.
Tschechoslowakei — Österreich	3:3	Prag	
Österreich — Tschechoslowakei	2:1	Wien	
Österreich — Ungarn	2:2	Wien	5. 5.
Ungarn — Österreich	2:1	Budapest	
Schweiz — Österreich	1:3	Bern	27.10.
Schweiz (+0, =0, -6)			
Deutschland — Schweiz	7:1	Mannheim	10. 2.
Holland — Schweiz	3:2	Amsterdam	17. 3.
Schweiz — Ungarn	4:5	Bern	14. 4.
Schweiz — Tschechoslowakei	1:4	Lausanne	5. 5.
Tschechoslowakei — Schweiz	5:0	Prag	6.10.
Schweiz — Österreich	1:3	Bern	27.10.

Landesmeister

Deutschland	SpVgg Fürth — Hertha BSC Berlin (Nürnberg, 28. 7.)
Österreich	Rapid Wien
Schweiz	Young Boys Bern
Belgien	FC Antwerpen
Dänemark	Boldklubben 93
England	Sheffield Wednesday
Finnland	PS Helsinki
Holland	Philips Eindhoven
Italien	AC Bologna
Jugoslawien	Hajduk Split
Norwegen	Sarpsborg
Schottland	Glasgow Rangers
Schweden	IF Hälsingborg
Spanien	FC Barcelona

Landespokal

Österreich	Vienna Wien — Rapid Wien 3:2
Schweiz	Urania Genf — Young Boys Bern 1:0
England	Bolton Wanderers — FC Portsmouth 2:0 (Wembley, 27.4.)
Frankreich	AC Montpellier
Holland	nicht ausgetragen
Schottland	Kilmarnock
Spanien	Espanol Barcelona — Real Madrid 2:1

Gewichtheben

Weltrekordhalter (Land)	Dreikampf	Drücken	Reißen	Stoßen
Karl Mörke (GER)	380,0 kg			
Rudolf Schilberg (AUT)		130,0 kg		
Charles Rigoulot (FRA)			126,5 kg	161,5 kg

Leichtathletik

Deutsche Meisterschaften (Breslau, 20.-22. Juli/Frankfurt am Main, 20./21. Juli)

Disziplin	Sieger (Ort)	Leistung
Männer (Breslau, 20.-22.7.)		
100 m	Ernst Geerling (Chemnitz)	10,8
200 m	Friedrich Wichmann (Frankfurt)	21,5
400 m	Joachim Büchner (Magdeburg)	48,1
800 m	Fredy Müller (Zehlendorf)	1:53,8
1 500 m	Hans Wichmann (Berlin)	3:57,8
5 000 m	Albert Kilp (Düsseldorf)	15:00,0
10 000 m	Erich Kraft (Bautzen)	34:16,5
Marathon	Franz Wanderer (Potsdam)	3:07:15,8
110 m Hürden	Willi Welscher (Frankfurt)	15,0
400 m Hürden	Ernst Allwardt (Leipzig)	56,0
4 x 100 m	SC Charlottenburg Berlin	40,8
4 x 400 m	SC Charlottenburg Berlin	3:21,8
4 x 1 500 m	SC Charlottenburg Berlin	16:25,9

Leichtathletik (Forts.)

Disziplin	Sieger (Ort)	Leistung
50 km Gehen[1]	Karl Hähnel (Erfurt)	4:54:26,5
Mannschaft	SW Erfurt	
Hochsprung	Fritz Köpke (Stettin)	1,90
Stabhochsprung	Gustav Wegner (Halle)	3,99
Weitsprung	Erich Köchermann (Hamburg)	7,29
Kugelstoßen	Emil Hirschfeld (Allenstein)	15,26
Diskuswurf	Emil Hirschfeld (Allenstein)	45,12
Hammerwurf	Josef Mang (Regensburg)	43,02
Speerwurf	Herbert Molles (Königsberg)	62,85
Zehnkampf	Kurt Weiß (Berlin)	585
Frauen (Frankfurt am Main, 20./21.7.)		
100 m	Lisa Gelius (München)	12,5
200 m	Lisa Gelius (München)	26,0
800 m	Marie Dollinger (Nürnberg)	2:17,5
80 m Hürden	Ruth Becker (Berlin)	12,5
4 x 100 m	TSV 1860 München	49,0
Hochsprung	Inge Braumüller (Berlin)	1,45
Weitsprung	Felicitas Schlarp (Köln)	5,65
Kugelstoßen	Grete Heublein (Elberfeld)	12,85
Diskuswurf	Paula Mollenhauer (Hamburg)	37,62
Speerwurf	Marta Jacobs (Charlottenburg)	38,24
Schlagballwurf	Ilse Groth (Itzehoe)	74,27
Fünfkampf	Ellen Braumüller (Berlin)	315

Weltrekorde (Stand: 31. 12. 1929)

Disziplin	Name (Land)	Leistung	Datum	Ort
Männer				
100 m	Charles Paddock (USA)	10,4	23.04.1921	Redlands
200 m (Gerade)	Roland Locke (USA)	20,6	01.05.1926	Lincoln
200 m (Kurve)	William Applegarth (USA)	21,2y	04.07.1914	London
	Helmut Körnig (GER)[2]	21,0	26.08.1929	Bochum
400 m	Emerson Spencer (USA)	47,0	12.05.1928	Palo Alto
800 m	Séraphin Martin (FRA)	1:50,6	14.07.1928	Paris
1000 m	Otto Peltzer (GER)	2:25,8	18.09.1927	Paris
1500 m	Otto Peltzer (GER)	3:51,0	11.09.1926	Berlin
Meile	Paavo Nurmi (FIN)	4:10,4	23.08.1923	Stockholm
3000 m	Paavo Nurmi (FIN)	8:20,4	13.07.1926	Stockholm
5000 m	Paavo Nurmi (FIN)	14:28,2	19.06.1924	Helsinki
10000 m	Paavo Nurmi (FIN)	30:06,2	31.08.1924	Kuopio
110 m Hürden	Erik Wennström (SWE)	14,4	25.08.1929	Stockholm
400 m Hürden	Morgan Taylor (USA)	52,0	04.07.1928	Philadelphia
3000 m Hindern.[2]	Toivo Loukola (FIN)	9:21,8	04.08.1928	Amsterdam
4 x 100 m	Deutschland	40,8	02.09.1928	Berlin
4 x 400 m	USA	3:14,2	05.08.1928	Amsterdam
	USA	3:13,4y	11.08.1928	London
Hochsprung	Harold Osborn (USA)	2,03	27.05.1924	Urbana
Stabhochsprung	Lee Barnes (USA)	4,30	28.04.1928	Fresno
Weitsprung	Silvio Cator (HAI)	7,93	09.09.1928	Paris
Dreisprung	Archibald Winter (AUS)	15,53	12.07.1924	Paris
Kugelstoßen	Emil Hirschfeld (GER)	16,04	26.08.1928	Bochum
Diskuswurf	Eric Krenz (USA)	49,90	09.03.1929	Palo Alto
Hammerwurf	Patrick Ryan (USA)	57,77	17.08.1913	New York
Speerwurf	Erik Lundkvist (SWE)	71,01	15.08.1928	Stockholm
Zehnkampf	Paavo Yrjöla (FIN)	8053,29	3./4.8.28	Amsterdam
Frauen				
100 m	Myrtle Cook (CAN)	12,0	02.07.1928	Halifax
200 m	Kinue Hitomi (JAP)	24,7	19.05.1929	Tokio
400 m[2]	Kinue Hitomi (JAP)	59,0	05.05.1928	Miyoshino

[1] Berlin, 14. 10.
[2] inoffiziell; offiziell (auch später) nicht anerkannt
y = Yard-Strecke

Disziplin	Name (Land)	Leistung	Datum	Ort
800 m	Lina Batschauer-Radke (GER)	2:16,8	02.08.1928	Amsterdam
1500 m[2]	Anna Muschkina (URS)	5:18,2	29.08.1927	Moskau
80 m Hürden	Lida Sychrova (ČSR)	12,2	01.07.1928	Prag
4 x 100 m	Kanada	48,4	05.08.1928	Amsterdam
Hochsprung	Carolina Gisolf (HOL)	1,60	18.07.1928	Maastricht
Weitsprung	Kinue Hitomi (JAP)	5,98	20.05.1928	Osaka
Kugelstoßen	Grete Heublein (GER)	12,85	21.07.1929	Frankf./M.
Diskuswurf	Halina Konopacke (POL)	39,62	31.07.1928	Amsterdam
Speerwurf	Anneliese Hargus (GER)	38,39	18.08.1928	Berlin
Fünfkampf[2]	Ellen Braumüller (GER)	3584	20./21.7.29	Frankf./M.

Deutsche Rekorde (Stand: 31. 12. 1929)

Disziplin	Name (Ort)	Leistung	Datum	Ort
Männer				
100 m	Helmut Körnig (Breslau)	10,4	08.08.1926	Leipzig
200 m	Helmut Körnig (Berlin)	20,9	19.08.1928	Berlin
400 m	Jochen Büchner (Magdeburg)	47,8	02.09.1928	Berlin
800 m	Otto Peltzer (Stettin)	1:51,6	03.07.1926	London
1000 m	Otto Peltzer (Stettin)	2:25,8	19.09.1927	Paris
1500 m	Otto Peltzer (Stettin)	3:51,0	11.09.1926	Berlin
3000 m	Willi Boltze (Hamburg)	8:35,3	11.09.1928	Düsseldorf
5000 m	Albert Kilp (Düsseldorf)	15:00,0	20.07.1929	Breslau
10000 m	Otto Petri (Hannover)	31:57,4	29.06.1929	Hannover
110 m Hürden	Heinrich Troßbach (Berlin)	14,9	08.08.1926	Berlin
400 m Hürden	Otto Peltzer (Stettin)	54,8	17.07.1927	Berlin
4 x 100 m	Nationalstaffel	40,8	03.06.1928	Berlin
	SC Charlottenburg	40,8	22.07.1929	Breslau
4 x 400 m	Nationalstaffel	3:14,6	15.08.1928	Amsterdam
	SC Teutonia Berlin	3:17,2	07.08.1928	Köln
Hochsprung	Robert Pasemann (Berlin)	1,923	13.08.1911	Braunschweig
Stabhochsprung	Gustav Wegner (Halle)	3,99	21.07.1929	Breslau
Weitsprung	Rudolf Dobermann (Köln)	7,645	10.06.1928	Jena
Dreisprung	Arthur Holz (Berlin)	14,99	01.07.1922	Berlin
Kugelstoßen	Emil Hirschfeld (Allenstein)	16,04	26.08.1928	Bochum
Diskuswurf	Hans Hoffmeister (Münster)	48,77	22.07.1928	Gelsenkirchen
Hammerwurf	Josef Mang (Regensburg)	46,05	17.06.1928	Fürth
Speerwurf	Herbert Molles (Königsberg)	64,91	28.07.1929	Lötzen
Zehnkampf	Kurt Weiß (Berlin)	785	20./21.7.29	Breslau
Frauen				
100 m	Wally Wittmann (Berlin)	12,4	24.08.1926	Braunschweig
200 m	Leni Schmitt (Bremen)	25,8	09.09.1928	Hamburg
800 m	Lina Batschauer-Radke (Karlsruhe)	2:16,8	02.08.1928	Amsterdam
1000 m	Wally Lingner (Berlin)	3:15,0	18.07.1926	Berlin
80 m Hürden	Ruth Becker (Berlin)	12,4	21.07.1929	Frankf./M.
4 x 100 m	Nationalstaffel	48,9	17.08.1929	Düsseldorf
	TSV 1860 München	49,0	21.07.1929	Frankf./M.
Hochsprung	Helma Nolte (Düsseldorf)	1,545	08.07.1928	Düsseldorf
Weitsprung	Selma Grieme (Bremen)	5,69	17.08.1929	Düsseldorf
Kugelstoßen	Grete Heublein (Barmen)	12,85	21.07.1929	Frankf./M.
Diskuswurf	Milly Reuter (Frankfurt)	38,34	22.08.1926	Braunschweig
Speerwurf	Augustine Hardus (Lübeck)	38,39	18.08.1928	Berlin

Pferdesport

Disziplin/Turnier	Sieger (Land)	Pferd (Gestüt)	Tag
Galopprennen			
Deutsches Derby	E. Grabsch	Graf Isolani	
Prix de l'Arc de Triomphe		Orthello	
Trabrennen			
Deutsches Derby	P. Finn	Signal (Köster)	
Prix d'Amerique			
Turniersport			
Springreiten			
Deutsches Derby	M. v. Barnekow	Derby	

Radsport

Disziplin, Ort	Plazierung, Name (Land)	Zeit/Rückstand
Straßenweltmeisterschaft		
Profis (200 km), Zürich	1. George Rousse (BEL)	
	2. Nicolas Frantz (LUX)	
	3. Alfredo Binda (ITA)	
Amateure (200 km), Zürich	1. Pierino Bertolazza (ITA)	
	2. Remo Bertoni (ITA)	
	3. Jean Brossy (FRA)	
Rundfahrten (Etappen)		
Tour de France (22) Datum: 30.6.-28.7. Länge: 5287 km 155 Starter, 60 im Ziel	1. Maurice Dewale (BEL)	186:39:16
	2. Joseph Demuysère (BEL)	32:07
	3. Guiseppe Pancera (ITA)	34:20
Giro d'Italia (14) Datum: 19.5.-9.6. Länge: 3318 km 166 Starter, 99 im Ziel	1. Alfredo Binda (ITA)	107:18:24
	2. Domenico Piemontesi	3:44
	3. Leonida Frascarelli (ITA)	5:04

Schwimmen

Deutsche Meisterschaften (Breslau)

Disziplin	Sieger (Ort)	Leistung
Männer		
Freistil 100 m	Ernst Derichs (Köln)	1:02,8
Freistil 200 m	Hans Balk (Göppingen)	2:27,2
Freistil 400 m	Herbert Heinrich (Leipzig)	5:26,2
Freistil 1 500 m	Werner Neitzel (Göppingen)	22:07,4
Freistil 4 x 100 m	Poseidon Leipzig	4:27,3
Freistil 4 x 200 m	Poseidon Leipzig	10:15,4
Seite 100 m	Robert Dahlem (Breslau)	1:11,7
Brust 200 m	Erwin Sietas (Hamburg)	2:56,0
Brust 4 x 200 m	Göppingen 04	12:27,4
Rücken 100 m	Ernst Küppers (Viersen)	1:12,5
Stromschwimmen 7 500 m	Walter Handschuhmacher (Dortmund)	1:02:05,0
Meeresschwimmen 2 000 m	Adalbert Maletzky (Breslau)	47:37,0
Lagenstaffel	Hellas Magdeburg	4:57,0
Kunstspringen	Heinz Plumanns (Köln)	153,04
Turmspringen	Heinz Plumanns (Köln)	94,80
Mehrkampf	Herbert Foest (Bochum)	
Wasserball	Hellas Magdeburg	
Frauen		
Freistil 100 m	Reni Erkens (Oberhausen)	1:13,9
Freistil 400 m	Reni Erkens (Oberhausen)	6:32,3
Freistil 3 x 100 m	Blau-Weiß Dresden	4:11,8
Brust 200 m	Lotte Mühe (Hildesheim)	3:18,4
Brust 3 x 200 m	Nixe Charlottenburg	10:26,6
Rücken 100 m	Anni Rehborn (Bochum)	1:29,3
Lagenstaffel	Nixe Charlottenburg	4:30,4
Stromschwimmen 7 500 m	Erna Lauer (Görlitz)	1:09:32,0
Meeresschwimmen 2 000 m	Elsbeth Zimmermann (Weißensee)	47:40,0
Kunstspringen	Lini Söhnchen (Bremen)	

Weltrekorde (Stand: 31. 12. 1929)

Disziplin	Name (Land)	Leistung	Datum	Ort
Männer				
Freistil 100 m	Johnny Weissmueller (USA)	57,4	17.02.1924	Miami
Freistil 200 m	Johnny Weissmueller (USA)	2:08,0	05.04.1927	Ann Arbor
Freistil 400 m	Arne Borg (SWE)	4:50,3	11.09.1925	Stockholm
Freistil 800 m	Johnny Weissmueller (USA)	10:22,2	27.07.1927	Honolulu
Freistil 1 500 m	Arne Borg (SWE)	19:07,2	02.09.1927	Bologna
Freistil 4 x 100 m	GER	4:22,0	15.07.1928	Berlin
Freistil 4 x 200 m	USA	9:36,2	11.08.1928	Amsterdam
Brust 100 m	Walter Spence (USA)	1:14,0	28.10.1927	New York
Brust 200 m	Yoshiyuki Tsuruta (JAP)	2:45,0	27.07.1929	Kyoto
Rücken 100 m	George Kojac (USA)	1:08,2	09.08.1928	Amsterdam
Rücken 200 m	Toshio Irie (JAP)	2:37,8	14.10.1928	Tamagawa
Frauen				
Freistil 100 m	Albina Osipowich (USA)	1:09,4	25.08.1929	San Frabci
Freistil 200 m	Martha Norelius (USA)	2:40,6	28.02.1926	Miami
Freistil 400 m	Martha Norelius (USA)	5:39,2	27.08.1928	Wien
Freistil 800 m	Josephine McKim (USA)	12:03,8	10.08.1929	Honolulu
Freistil 1 500 m	Martha Norelius (USA)	23:44,6	28.07.1927	Massapaqua
Freistil 4 x 100 m	USA	4:47,6	09.08.1928	Amsterdam
Brust 100 m	Lotte Mühe (GER)	1:26,3	09.06.1928	Magdeburg
Brust 200 m	Lotte Mühe (GER)	3:11,2	15.07.1928	Berlin
Rücken 100 m	Marie Braun (HOL)	1:21,0	27.11.1929	Den Haag
Rücken 200 m	Marie Braun (HOL)	2:59,2	24.11.1928	Brüssel

Deutsche Rekorde

Disziplin	Name (Verein)	Leistung	Datum	Ort
Männer				
Freistil 100 m	Karl Schubert (Breslau)	1:00,6	04.11.1928	Breslau
Freistil 200 m	Herbert Heinrich (Leipzig)	2:19,0	03.03.1927	Leipzig
Freistil 400 m	Herbert Heinrich (Leipzig)	5:07,0	30.05.1928	Halle
Freistil 800 m	Werner Neitzel (Göppingen)	11:18,0	21.07.1929	Göppingen
Freistil 1 500 m	Walter Handschuhmacher (Dortmund)	21:39,7	15.07.1928	Berlin
Freistil 4 x 100 m	Magdeburg 1896	4:22,0	15.07.1928	Berlin
Freistil 4 x 200 m	Magdeburg 1896	10:06,8	13.07.1928	Berlin
Brust 100 m	Erich Rademacher (Magdeburg)	1:15,0	22.03.1924	München
Brust 200 m	Erich Rademacher (Magdeburg)	2:48,0	20.03.1927	Brüssel
Rücken 100 m	Ernst Küppers (Viersen)	1:08,8	19.11.1929	Ruhrort
Rücken 200 m	Ernst Küppers (Viersen)	2:40,7	03.12.1928	Aachen
Frauen				
Freistil 100 m	Reni Erkens (Oberhausen)	1:13,6	24.06.1928	Koblenz
Freistil 200 m	Reni Erkens (Oberhausen)	2:47,8	17.01.1928	Duisburg
Freistil 400 m	Reni Erkens (Oberhausen)	6:08,0	26.01.1928	Duisburg
Freistil 800 m	Reni Erkens (Oberhausen)	14:05,2	18.08.1928	Gladbeck
Freistil 1 500 m	Reni Erkens (Oberhausen)	26:43,2	18.08.1928	Gladbeck
Freistil 4 x 100 m	Hamburger Turnerbund	6:16,5	1926	Köln
Brust 100 m	Lotte Mühe (Hildesheim)	1:26,3	09.06.1928	Magdeburg
Brust 200 m	Lotte Mühe (Hildesheim)	3:11,2	15.07.1928	Berlin
Rücken 100 m	Elfriede Sasserath (Rheydt)	1:28,5	03.11.1929	Ruhrort
Rücken 200 m	Hanna Wunram (Hildesheim)	3:18,0	08.03.1926	Magdeburg

Tennis

Meisterschaften	Ort	Datum
Wimbledon	London	24.6.-6.7.
French Open	Paris	
Australian Open	Melbourne	
Internationale Deutsche	Hamburg	
Daviscup-Endspiel	Paris	26.-28.7.

Turnier	Sieger (Land) — Finalgegner (Land)	Ergebnis
Herren		
Wimbledon	Henri Cochet (FRA) — Jean Borotra (FRA)	6:4, 6:3, 6:4
French Open	René Lacoste (FRA) — Jean Borotra (FRA)	6:3, 2:6, 6:0, 2:6, 8:6
US Open	Bill Tilden (USA) — Frank Hunter (USA)	3:6, 6:3, 4:6, 6:2, 6:4
Australian O.	John Gregory (GBR) — R. E. Schlesinger	6:2, 6:2, 5:7, 7:5
Int. Deutsche	Christian Boussus (FRA) — Otto Froitzheim (GER)	6:1, 4:6, 6:1, 3:6, 6:1
Daviscup	Frankreich — USA	3:2
Damen		
Wimbledon	Helen Wills (USA) — Helen Jacobs (USA)	6:1, 6:2
French Open	Helen Wills (USA) — Simone Mathieu (FRA)	6:3, 6:4
US Open	Helen Wills (USA) — Phoebe Holcroft Watson (GBR)	6:4, 6:2
Australian O.	Daphne Akhurst (AUS) — Louise Bickerton	6:1, 5:7, 6:2
Int. Deutsche	Paula von Reznicek-Stuck (GER)	
Herren-Doppel		
Wimbledon	Wilmer Allison (USA)/ John van Ryn (USA) — I. G. Collins (GBR)/ J. C. Gregory (GBR)	6:4, 5:7, 6:3, 10:12, 6:4
French Open	Jean Borotra (FRA)/ René Lacoste (FRA) — Jacques Brugnon (FRA)/ Henri Cochet (FRA)	6:3, 3:6, 6:3, 3:6, 8:6
US Open	John Doeg (USA)/ George Lott (USA) — B. Bell/ L. N. White	10:8, 16:14, 6:1
Australian O.	Jack Crawford (AUS)/ Harry Hopman (AUS) — R. O. Cummings/ E. F. Moon	6:1, 6:8, 4:6, 6:1, 6:3
Int. Deutsche	Jacques Brugnon (FRA)/Christian Boussus (FRA)	
Damen-Doppel		
Wimbledon	Peggy Mitchell (GBR)/ Phoebe Watson (GBR) — Phyllis Covell (GBR)/ Dorothea Shepherd-Barron (GBR)	6:4, 8:6
French Open	Lily de Alvarez (SPA)/ Kea Bouman (AUS) — Bobbie Heine/ Alida Neave	7:5, 6:3
US Open	Peggy Mitchell (GBR)/ Phoebe Watson (GBR) — Phyllis Covell (GBR)/ Dorothea Shepherd-Barron (GBR)	2:6, 6:3, 6:4
Australian O.	Daphne Akhurst (AUS)/ Louise Bickerton — Sylvia Harper/ Meryl O'HaraWood	6:2,3:6,6:2
Int. Deutsche	Joan Fry (GBR)/Evelyn Colyer	
Mixed		
Wimbledon	Frank Hunter (USA)/ Helen Wills (USA) — I. G. Collins (GBR)/ Joan Fry (GBR)	6:1, 6:4
French Open	Henri Cochet (FRA)/ Eileen Bennett (GBR) — Frank Hunter (USA)/ Helen Wills (USA)	6:3,6:2
Australian O.	E. F. Moon/ Daphne Akhurst (AUS) — Jack Crawford (AUS)/ M. Cox	6:0, 7:5
Int. Deutsche	H. G. N. Lee/Evelyn Colyer	

Abkürzungen zu den Sportseiten

AFG	Afghanistan	ČSR	Tschechoslowakei	HOL	Niederlande	MEX	Mexiko	SAL	El Salvador
ARG	Argentinien	CUB	Kuba	HON	Honduras	MON	Mongolei	SAN	San Marino
AUS	Australien	DAN	Dänemark	IND	Indien	NIC	Nicaragua	SPA	Spanien
AUT	Österreich	DOM	Dominikanische Republik	INS	Indonesien	NOR	Norwegen	SUI	Schweiz
BEL	Belgien			IRA	Iran	NSE	Neuseeland	SWE	Schweden
BOL	Bolivien	ECU	Ecuador	IRK	Irak	PAK	Pakistan	SYR	Syrien
BRA	Brasilien	EGY	Ägypten	IRL	Irland	PAN	Panama	THA	Thailand
BUL	Bulgarien	ETH	Äthiopien	ISL	Island	PAR	Paraguay	TUR	Türkei
BUR	Birma	FIN	Finnland	ITA	Italien	PER	Peru	UNG	Ungarn
CAB	Kambodscha	FRA	Frankreich	JAP	Japan	PHI	Philippinen	URS	UdSSR, Sowjetunion
CAN	Kanada	GBR	Großbritannien	LIA	Liberia	POL	Polen	URU	Uruguay
CHI	Chile	GER	Deutschland	LIB	Libanon	POR	Portugal	USA	Vereinigte Staaten von Amerika
CHN	China	GRE	Griechenland	LIE	Liechtenstein	RUM	Rumänien		
COL	Kolumbien	GUA	Guatemala	LUX	Luxemburg	SAA	Saarland	VEN	Venezuela
COS	Costa Rica	HAI	Haiti	MCO	Monaco	SAF	Südafrika	YUG	Jugoslawien

Nekrolog

»Bekannte Persönlichkeiten aus allen Bereichen des gesellschaftlichen Lebens, die im Jahr 1929 gestorben sind, werden — alphabetisch geordnet — in Kurzbiographien dargestellt.

Gyula Graf Andrássy d. J.

ungarischer Politiker, letzter österreichisch-ungarischer Außenminister 1918 (*30.6.1860, Töketerebes), stirbt am 11. Juni in Wien.
Graf Andrássy d. J., der Sohn des ersten ungarischen Ministerpräsidenten Gyula Graf Andrássy d. Ä., gründete 1905 die liberale Verfassungspartei und war von 1906 bis 1910 österreichisch-ungarischer Innenminister. Als letzter Außenminister der Doppelmonarchie vom 24. Oktober bis zum 5. November 1918 bot er den Alliierten am 28. Oktober 1918 einen Sonderfrieden an. 1921 war er führend an dem gescheiterten Rückkehrversuch des letzten Kaisers und Königs Karl in Ungarn beteiligt.

Carl Freiherr von Auer von Welsbach

österreichischer Chemiker (*1.9. 1858, Wien), stirbt am 4. August in Schloß Welsbach bei Mölbling in Kärnten.
Carl Freiherr von Auer von Welsbach, der Sohn des Buchdruckers und Erfinders des galvanoplastischen Naturselbstdrucks, Aloys Ritter Auer von Welsbach, entdeckte die Elemente Neodym, Praseodym, Ytterbium und Lutetium. Er entwickelte das nach ihm als Auerlicht bezeichnete Gasglühlicht (1892) und die erste Metallglühfadenlampe (Osmiumglühlampe, 1902) und wurde damit zum Begründer wichtiger Industriezweige.

Carl Benz

deutscher Ingenieur und Automobilpionier (*25.11.1844, Karlsruhe), stirbt am 4. April in Ladenburg.
Benz gründete 1883 in Mannheim die Benz & Cie. Gasmotorenfabrik und schuf unabhängig von Gottlieb Daimler mit der Konstruktion eines durch einen Viertakt-Benzinmotor angetriebenen, dreirädrigen Benzinautomobils 1885 die Grundlagen für den modernen Kraftwagen. Dieser Motorwagen wurde 1886 erstmals öffentlich vorgeführt, und Benz erhielt in- und ausländische Patente. 1926 schlossen sich Benz & Cie. mit der Daimler-Motoren-Gesellschaft zur Daimler-Benz AG zusammen.

Emil Berliner

deutsch-US-amerikanischer Elektroingenieur (*20.5.1851, Hannover), stirbt am 3. August in Washington.
Berliner erfand 1887 das Grammophon (Plattenspieler). Bei der Aufzeichnung ritzte die Nadel nicht direkt in Wachs, sondern in eine dünne Schicht aus Ruß und Leinöl, die dann mit Schellack gehärtet wurde. Diese »Negativ«-Aufzeichnung übertrug Berliner mit dem Druckverfahren »Heliogravüre« auf eine dünne Zinkplatte, in die die Rillen mit Säure eingeätzt wurden. Beim Abspielen wanderte die Nadel von innen nach außen.

Wilhelm von Bode

deutscher Kunsthistoriker (*10.12. 1845, Calvörde bei Magdeburg), stirbt am 1. März in Berlin.
Von Bode, Museumsfachmann von Weltruf, bestimmte von 1905 bis 1920 als Generaldirektor der Berliner Museen entscheidend Entwicklung und Charakter des staatlichen Museumswesens in der deutschen Reichshauptstadt. Eng verbunden ist sein Name mit dem Kaiser-Friedrich-Museum, das wesentlich nach seinen Plänen gestaltet wurde (1904, Umbenennung in Bode-Museum 1960). Bode zeichnete sich durch hervorragende Sachkenntnisse besonders auf dem Gebiet der niederländischen und italienischen Kunst aus (»Italienische Bildhauer der Renaissance«, 1887, »Die Meister der holländischen und vlämischen Malerschulen«, 1906). Bahnbrechend wirkte auch seine »Geschichte der deutschen Plastik« (1887). Von 1897 bis 1905 gab er das achtbändige Rembrandt-Werkverzeichnis heraus.

Adolf Braun

deutscher Sozialpolitiker (*20.3.1862, Laag/Steiermark), stirbt am 18. Mai in Berlin.
Braun zählte zu dem Mitbegründern der Sozialdemokratischen Partei Österreichs (SPÖ). Er war 1919 Mitglied der Weimarer Nationalversammlung und von 1920 bis 1928 des Deutschen Reichstags. Von 1920 bis 1927 gehörte er dem SPD-Parteivorstand an.

David Dunbar Buick

US-amerikanischer Ingenieur und Industrieller (*17.9.1854 in Schottland), stirbt am 5. März in Detroit.
Buick, Erfinder eines Verfahrens, Metalle mit Porzellan zu überziehen und so vor Korrosion zu bewahren, gründete 1903 die Buick Motor Car Company.

Bernhard Heinrich Martin Fürst von Bülow

deutscher Politiker, Reichskanzler von 1900 bis 1909 (*3.5. 1849, Klein-Flottbek/Hamburg), stirbt am 28. Oktober in Rom.
Kaiser Wilhelm II. berief Bernhard von Bülow, seit 1897 Staatssekretär des Auswärtigen (Außenminister), zum Reichskanzler und preußischen Ministerpräsidenten. Bülow war der Nachfolger von Chlodwig Fürst zu Hohenlohe-Schillingsfürst. Die Öffentlichkeit maß dem Wechsel im Reichskanzleramt nur geringe Bedeutung zu, da seit dem Sturz Otto von Bismarcks 1890 die Leitlinien der Politik der Kaiser bestimmte, der sein eigener Kanzler und Außenminister sein wollte. Der Rücktritt von Hohenlohe-Schillingsfürst wurde als Kapitulation vor der Flottenaufrüstungspolitik des Reichsmarineamtsstabschefs und preußischen Marineministers Alfred von Tirpitz und der von Bülow propagierten »Weltpolitik« gewertet. Bülow war ein Verfechter der wirtschaftlichen, militärischen und kolonialen Weltgeltung des Deutschen Reichs gemäß der Devise, die er schon 1897 ausgegeben hatte: »Wir wollen niemand in den Schatten stellen, aber wir verlangen auch unseren Platz an der Sonne.«

Georges Benjamin Clemenceau

französischer Politiker, Ministerpräsident von 1906 bis 1909 und von 1917 bis 1920 (*28.9. 1841, Mouilleron-en-Pareds in der Vendée), stirbt am 24. November in Paris.
Clemenceau, Radikalsozialist, während des Zweiten Kaiserreichs mehrmals inhaftiert, gilt als die stärkste politische Persönlichkeit der Dritten Republik in Frankreich. Als Ministerpräsident eines Kabinetts »über den Parteien« während des Weltkriegs mit fast diktatorischen Vollmachten ausgestattet, forderte er als Gegner des sozialistischen Pazifismus die Mobilisierung aller Kräfte. Auf der Friedenskonferenz von Versailles forderte er vom Deutschen Reich außer der Rückgabe Elsaß-Lothringens hohe Reparationen, ständige militärische Besetzung des Rheinlands, Annexion des Saargebiets und ein um Oberschlesien und Westpreußen vergrößertes Polen, mußte jedoch Abstriche machen. Als er 1920 bei der Präsidentschaftswahl Alexandre Millerand unterlag, zog er sich aus der Politik zurück.

Hans Delbrück

deutscher Historiker (*11.11.1848, Bergen/Rügen), stirbt am 14. Juli in Berlin.
Delbrück, als Freikonservativer von 1882 bis 1885 Mitglied des preußischen Abgeordnetenhauses und von 1884 bis 1890 des Reichstags, leitete ab 1883 die Herausgabe der »Preußischen Jahrbücher«, anfangs zusammen mit Heinrich von Treitschke, dann als Alleinherausgeber. Seine historischen Arbeiten betreffen vor allem die Kriegsgeschichte: »Geschichte der Kriegskunst im Rahmen der politischen Geschichte« (1900-1936), »Weltgeschichte« (1923-1928).

Sergei Diaghilew

russischer Ballettimpresario, Gründer und Leiter der »Ballets Russes« (*31.3.1872, Kaserne Selischtschwe im Gouvernement Nowgorod), stirbt am 19. August in Venedig.
Diaghilew gründete aus Mitgliedern des Petersburger (Leningrader) und Moskauer Hofballetts die »Ballets Russes«, eine Ballettkompanie, die 1909 in Paris erstmals auftrat und in der Folgezeit die westliche Ballettszene revolutionierte. Mitarbeiter waren u. a. die Tänzer Tamara Karsawina, Anna P. Pawlowa und Waslaw Nijinski, die Choreographen Michail M. Fokin, Nijinski, Bronislava Nijinska, Léonide Massine und George Balanchine, als Ausstatter Léon Bakst, Michel Larionoff, Henri Matisse, Georges Rouault, André Derain und Pablo Picasso, die Komponisten Igor Strawinski, Maurice Ravel, Claude Debussy, Eric Satie, Manuel de Falla, Richard Strauss, Francis Poulenc und Sergei S. Prokofjew. Zu den bedeutendsten Produktionen zählen »Les Sylphides« (1909), »Carnaval« (1910), »Der Feuervogel« (1910), »Petruschka« (1911), »Daphnis und Chloe« (1912), »L'après-midi d'un faune« (1912), »Le sacre du printemps« (1913), »Parade« (1917), »Der Dreispitz« (1919), »Les noces« (1923), »Les biches« (1924) und »Apollon Musagète« (1928).

Jodok Fink

österreichischer Politiker (*19.2.1853, Andelsbusch/Vorarlberg), stirbt am 1. Juli in Andelsbusch.
Fink, Landwirt, wurde 1897 christlichsozialer Abgeordneter im Reichsrat. Nach dem Weltkrieg war er einer der drei Präsidenten der konstituierenden Nationalversammlung, 1919/20 Vizekanzler im Kabinett Karl Renner. Bis 1929 gehörte er dem Nationalrat an.

Ferdinand Foch

französischer Marschall (*2.10.1851, Tarbes), stirbt am 20. März in Paris.
Foch, Freiwilliger während des Deutsch-Französischen Kriegs 1870/71, stoppte zu Beginn des Weltkriegs 1914 als Kommandant der IX. Armee den deutschen Vormarsch während der Marneschlacht und übernahm 1916 den Oberbefehl an der Somme. 1917 wurde er Nachfolger Philippe Pétains als Chef des Armeegeneralstabs und Mitglied des Obersten Kriegsrats. Im April 1918 wurde er als bedeutendster Heerführer der Entente Oberkommandierender der alliierten Truppen einschließlich des US-Expeditionskorps. Am 11. November 1918 diktierte er der deutschen Waffenstillstandsdelegation im Wald von Compiègne die Friedensbedingungen der Alliierten.

Hugo Freiherr von Habermann

deutscher Maler (*14.6.1849, Dillingen an der Donau), stirbt am 27. Februar in München.
Von Habermann, Schüler Karl von Pilotys, wurde 1892 Vizepräsident der Münchner Secession und 1905 Professor an der Münchner Akademie. Er begann mit Genreszenen, wandte sich jedoch später weiblichen Bildnissen und Akten zu. Als eines seiner Meisterwerke gilt das »Bildnis der Mutter« (1899).

Hugo von Hofmannsthal

österreichischer Dichter (*1.2.1874, Wien), stirbt am 15. Juli in Rodaun.
Hofmannsthal entschloß sich nach dem Scheitern einer angestrebten akademi-

schen Karriere (1901) zu einem Leben als freier Schriftsteller. Schon zuvor hatte er unter dem Eindruck des Symbolismus die Dramen »Der Tod des Tizian« (1892) und »Der Thor und der Tod« (1894, uraufgeführt 1898) geschaffen, die von einer ästhetizistischen Haltung geprägt sind. Nach der Jahrhundertwende wandte er sich von Neuromantik, Lyrismus und Ästhetizismus ab und orientierte sich an antiken und christlich-abendländischen Vorbildern (Elektra«, 1904, »Jedermann«, 1911, »Das Salzburger Große Welttheater«, 1922). Der Verlust ethischer und moralischer Werte in der höheren Gesellschaft der Donaumonarchie ist in den Komödien »Der Schwierige« (1921) und »Der Unbestechliche« (1923) thematisiert. Hofmannsthal schuf Librettos zu zahlreichen Opern von Richard Strauss (»Der Rosenkavalier«, 1911) und war Mitbegründer der Salzburger Festspiele (1917).

Arno Holz

deutscher Schriftsteller (*26.4.1863, Rastenburg), stirbt am 26. Oktober in Berlin.
Holz war der Begründer und erste bedeutende deutsche Dichter und Theoretiker (»Die Kunst, ihr Wesen und ihre Gesetze, 1891/92) des Naturalismus mit großer Wirkung für die naturalistische Kunstauffassung, die Einbeziehung der Umgangssprache und neuer Stoffbereiche (Großstadt) in die Literatur. Wegen seiner dogmatischen Starre wurde er jedoch nicht populär. Hauptwerke: »Papa Hamlet« (Novellen, mit Johannes Schlaf, 1889), »Die Familie Selicke« (Drama, mit Johannes Schlaf, 1890), »Socialaristokaten« (Komödie, 1896), »Phantasus« (Gedichte, 1898/99), »Traumulus« (Komödie, mit Oskar Jerschke, 1904), »Sonnenfinsternis« (Tragödie, 1908).

Ehrenfried Günther Freiherr von Hünefeld

deutscher Ozeanflieger und Schriftsteller (*1.5.1892, Königsberg/Preußen), stirbt am 5. Februar in Berlin.
Von Hünefeld führte im April 1928 zusammen mit Hermann Köhl und dem Iren James C. Fitzmaurice auf einem Junkers-Flugzeug vom Typ W 33, der »Bremen«, die erste erfolgreiche Überquerung des Atlantiks von Ost nach West durch. Im Oktober desselben Jahres unternahm er in einem gleichen Flugzeug einen Flug über Bagdad, Kalkutta und Schanghai nach Tokio. Neben Gedichten und Dramen schrieb er die Memoiren »Unser Ozeanflug« (1928, mit Köhl und Fitzmaurice) und »Mein Ostasienflug« (postum 1929).

Paul Leni

deutscher Bühnenbildner und Filmregisseur (8.7.1885, Stuttgart), stirbt am 2. September in Hollywood.
Leni, ursprünglich Plakatzeichner und Bühnenausstatter Max Reinhardts, war einer der hervorragenden Vertreter des deutschen expressionistischen Films. 1921 drehte er mit Leopold Jessner seinen ersten Film, »Die Hintertreppe«. Der große Erfolg von »Das Wachsfigurenkabinett« (1924) brachte ihn nach Hollywood, wo er brillant inszenierte Thriller drehte: »The Cat and the Canary« (1927), »The Man who laughs« (1928), »The Chinese Parrot« (1928) und »The last Warning« (1929).

Max, Prinz von Baden

eigentlich Maximilian Alexander Friedrich Wilhelm, letzter deutscher kaiserlicher Reichskanzler 1918 (*10.7. 1867, Baden-Baden), stirbt am 6. November in Konstanz.
In die Amtszeit von Max, Prinz von Baden, fielen die entscheidenden Ereignisse am Ende des Weltkriegs vor der Novemberrevolution. Noch vor der offiziellen Amtsübernahme unterzeichnete er am 3. Oktober als designierter Reichskanzler eine Note an US-Präsident Woodrow Wilson, in der dieser ersucht wurde, »die Herstellung des Friedens in die Hand zu nehmen«. Die neue Reichsregierung akzeptierte die von Wilson aufgestellten Forderungen, insbesondere die 14 Punkte seiner Kongreßbotschaft vom 8. Januar, als Grundlage für Friedensverhandlungen. Außerdem wurde der Präsident aufgefordert, »den sofortigen Abschluß eines Waffenstillstandes« herbeizuführen. Damit hatte sich die Oberste Herresleitung (OHL) durchgesetzt, den neuen Reichskanzler ohne jeden Aufschub zur Absendung eines Waffenstillstandsersuchens zu veranlassen. Max, der ein solches Vorgehen als ersten Schritt zur Kapitulation ablehnte, hatte sich vergeblich bemüht, ein sofortiges Friedensgesuch zu verhindern. Kaiser Wilhelm II. und das Auswärtige Amt waren seinen Bedenken mit dem Hinweis auf die Lagebeurteilung der OHL begegnet, nach der keine Hoffnung mehr bestand, »dem Feind den Frieden aufzuzwingen«. Am 28. Oktober 1918 beschloß der Reichstag den Übergang zum parlamentarischen Regierungssystem. Die mit dem Schlagwort »Oktoberverfassung« bezeichneten Reformen sahen weitreichende Verfassungsänderungen vor. Am 9. November verkündete Max gegen 12 Uhr die Abdankung von Kaiser Wilhelm II. Gegen 13 Uhr ernannte er den Führer der Mehrheitssozialdemokraten, Friedrich Ebert, zum neuen Reichskanzler und trat selbst zurück.

Wilhelm Maybach

deutscher Konstrukteur und Unternehmer (*9.2.1846, Heilbronn), stirbt am 29. Dezember in Stuttgart.
Maybach, der von 1872 bis 1882 zusammen mit Gottlieb Daimler bei der Gasmotorenfabrik Deutz arbeitete, gründete mit Daimler 1882 eine Werkstatt in Cannstatt. Hier wurde mit Hilfe des von Maybach erfundenen Vergasers der erste schnellaufende Benzinmotor gebaut. 1895 wurde Maybach technischer Direktor der Daimler-Motoren-Gesellschaft. 1909 gründete er mit seinem Sohn Karl Maybach und dem Luftschiffkonstrukteur Ferdinand Graf von Zeppelin in Friedrichshafen am Bodensee eine Fabrik zur Herstellung von Luftschiffmotoren.

Bruno Möhring

deutscher Architekt (*11.12.1863, Königsberg/Preußen), stirbt am 26. März in Berlin.
Möhring machte sich um die Jahrhundertwende durch seine Bauten für die Berliner Hochbahn und als Stahlbrückenbauer einen Namen (Bahnhöfe Bülowstraße und Potsdamer Straße in Berlin, Rheinbrücke bei Bonn). Ab 1909 galt er als einer der bedeutendsten deutschen Städteplaner (Entwurf für den Generalbebauungsplan Groß-Berlins 1910, 1. Preis im Wettbewerb für die Bebauung des Südgelände in Berlin-Schöneberg 1910, Modell einer aufgelockerten modernen Großstadt 1910). 1920 legte er Entwürfe für ein System von Hochhäusern im Zentrum von Berlin vor.

Gerhard Munthe

norwegischer Maler (*19.7.1849, Elverum/Østerdal), stirbt am 15. Juni in Oslo.
Munthe, der sich während des Studiums in Düsseldorf und München der Landschaftsmalerei zuwandte, zählte ab 1883 zu den bedeutendsten Vertretern der naturalistischen Malerei Norwegens. Um die Jahrhundertwende wandte er sich unter dem Einfluß des Jugendstils großen Wandgemälden und Schilderungen aus der Welt der Geschichte und Sagen seiner Heimat zu. Bedeutend sind auch seine Entwürfe für Bildteppiche, seine grafischen Werke und Illustrationen, vor allem zur Ausgabe der Werke Snorri Sturlusons (1900).

Ilja Semjonowitsch Ostrouchow

russisch-sowjetischer Maler und Kunstsammler (*1.8.1858, Moskau), stirbt am 8. Juli in Moskau.
Ostrouchow, der ab 1891 zu der realistischen Künstlervereinigung der Peredwischniki gehörte, war einer der bedeutendsten Vertreter der russischen Landschaftsmalerei im ausgehenden 19. Jahrhundert (»Goldener Herbst«, 1887, »Erstes Grün, 1887). Seine umfangreiche Sammlung von Werken altrussischer und zeitgenössischer Malerei geht nach seinem Tod in den Bestand der Moskauer Tretjakow-Galerie über, deren Kurator Ostrouchow von 1905 bis 1913 war.

Clemens Pirquet

österreichischer Kinderarzt (*12.5.1874, Hirschstetten/Wien), scheidet am 28. Februar in Wien durch Freitod aus dem Leben.
Pirquet arbeitete auf den Gebieten der Immunologie und der Säuglingsernährung, nach dem Weltkrieg war er Vorsitzender des Völkerbundkomitees für Säuglingsfürsorge. Mit Bela Schick prägte er 1905 den Begriff Serumkrankheit, 1906 definierte er das Krankheitsbild Allergie. Ein Jahr später entdeckte er die Kutanreaktion mit Tuberkulin auf Tuberkulose (Pirquet-Reaktion), die als Hilfsmittel bei der Erkennung der kindlichen Tuberkulose international weite Verbreitung fand.

Jánis Rainis

lettischer Dichter (*11.9.1865, Tadenava bei Dünaburg), stirbt am 12. September in Riga.
Rainis, neuromanischer Symbolist auf sozialistischer Grundlage, gilt als bedeutendster Dichter Lettlands und als Klassiker der lettischen Literatur. Er verfaßte philosophische Lyrik (»Die Saat des Sturms«, 1905, »Das stille Buch«, 1909) und Dramen über Stoffe aus der nationalen mittelalterlichen Geschichte, der lettischen Mythologie und Folklore sowie aus der Bibel (»Feuer und Nacht«, 1905, »Das goldene Roß«, 1910, »Joseph und seine Brüder«, 1919).

Karl Scheurer

schweizerischer Politiker, Bundespräsident 1923 (*27.9.1872, Grünen/Sumiswald), stirbt am 14. November in Bern.
Scheurer, von 1911 bis 1919 Nationalrat, reformierte als Bundesrat und Chef des Militärdepartements von 1919 bis 1929 das eidgenössische Militärwesen. 1923 bekleidete er turnusmäßig das Amt des Bundespräsidenten.

Albert Freiherr von Schrenck-Notzing

deutscher Mediziner (*18.5.1882, Oldenburg/Oldenburg), stirbt am 12. Februar in München.
Von Schrenck-Notzing forschte auf dem Gebiet der Hypnose und wurde bekannt durch seine parapsychologischen Untersuchungen verschiedener Medien. Er veröffentlichte u. a. »Materialisationsphänomene« (1914), »Physikalische Phänomene des Mediumismus« (1920) und »Grundfragen der Parapsychologie« (postum 1929).

Carl Sonnenschein

deutscher katholischer Theologe (*15.7.1876, Düsseldorf), stirbt am 20. Februar in Berlin.
Sonnenschein gilt als Schöpfer der katholisch-sozialen Studentenbewegung. 1908 gründete er das Sekretariat Sozialer Studentenarbeit in München-Gladbach (Mönchengladbach) und übernahm 1919 die Leitung des Akademischen Arbeitsamts in Berlin. Seine Großstadt-Seelsorgetätigkeit zielte darauf hin, eine »Einheitsfront der Berliner Katholiken« zu errichten. Von 1908 bis 1916 gab er die Zeitschrift »Soziale Studentenblätter« heraus, ab 1925 das »Katholische Kirchenblatt für Berlin«.

Karl von Steinen

deutscher Forschungsreisender, Ethnologe und Arzt (*7.3.1855, Mülheim an der Ruhr), stirbt am 4. November in Kronberg im Taunus.
Von Steinen unternahm von 1879 bis 1881 eine Reise um die Erde, nahm 1883/884 als Arzt an der deutschen Südpolarexpedition nach Südgeorgien teil, bereiste 1884 und 1887/88 Zentralsibirien und 1897/98 die Marquesasinseln. 1900 wurde er Professor für Völkerkunde in Berlin, wo er von 1904 bis 1928 auch das Völkerkundemuseum leitete. Er veröffentlichte u. a. »Durch Central-Brasilien« (1886), »Unter den Naturvölkern Zentral-Brasiliens« (1894), »Die Marquesaner und ihre Kunst« (1925-1928).

Albert Steinrück

deutscher Schauspieler (*20.5.1872, Wetterburg/Waldeck), stirbt am 11. Februar in Berlin. Steinrück spielte von 1905 bis 1908 am Deutschen Theater in Berlin, von 1909 bis 1920 am Münchner Hoftheater und wirkte ab 1921 wieder in Berlin an verschiedenen Bühnen als Charakterdarsteller (Odoardo Galotti, Baumeister Solneß, Fuhrmann Henschel). Mit Vorliebe spielte er in Stücken von August Strindberg und Frank Wedekind.

Gustav Stresemann

deutscher DVP-Politiker, Reichskanzler 1923, Reichsaußenminister seit 1923, Friedensnobelpreisträger 1926 (*10.5.1878, Berlin), stirbt am 3. Oktober in Berlin. Stresemann, der von 1907 bis 1912 und von 1914 bis 1918 für die Nationalliberale Partei Reichstagsabgeordneter war, gründete nach der Novemberrevolution 1918 die Deutsche Volkspartei (DVP). 1923 war er kurz Reichskanzler, nach dem Ausscheiden der SPD aus der Koalition blieb er Reichsaußenminister aller folgenden Kabinette. Sein Verdienst ist es, das Deutsche Reich wieder zu einem international anerkannten Partner gemacht zu haben. In seine Amtszeit fallen der Dawesplan zur Neuregelung der deutschen Reparationszahlungen (1924), das Ende der Ruhrbesetzung (1925), der als Locarnopakt bezeichnete Sicherheitspakt (1925), die Aufnahme des Deutschen Reichs in der Völkerbund (1926), der deutsch-sowjetische Berliner Vertrag (1926) und der Briand-Kellogg-Pakt, ein internationaler Kriegsächtungspakt (1928). 1926 wurde ihm zusammen mit dem französischen Außenminister Aristide Briand der Friedensnobelpreis verliehen.

Édouard Vallet

schweizerischer Maler und Grafiker (*12.1.1876, Genf), stirbt am 1. Mai in Genf.
Vallet lebte ab 1910 im Wallis, dessen Landschaft und Leute die Hauptthemen seiner von Ferdinand Hodler beeinflußten Gemälde sind. Er schuf auch Radierungen und Farbholzschnitte.

Heinrich Zille

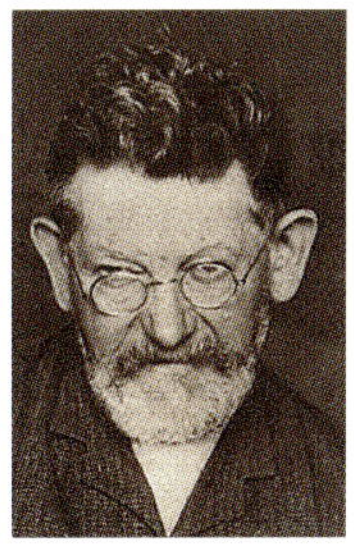

deutscher Zeichner und Photograph (*10.1.1858, Radeburg), stirbt am 9. August in Berlin.
Zille, der aus proletarischen Verhältnissen stammte, wurde durch seine humoristischen und sozialkritischen Darstellungen des »Milljöhs« bekannt. Die Atmosphäre der Berliner Hinterhöfe und Straßen gab er im seinen zahlreichen Lithographien und Zeichnungen so wirklichkeitsnah wieder, daß er bald als der populärste Zeichner Berlins galt. 1924 wurde er zum Professor und ordentlichen Mitglied der Akademie der Künste ernannt. Parteipolitisch nicht gebunden, bezeichnete er sich selbst jedoch als Kommunist. Als freischaffender Künstler sah er sich gezwungen, dem bürgerlichen Geschmack Konzessionen zu machen (»Witzblattzeichner«), und viele seiner Arbeiten verraten durch Verharmlosung und Schablonenhaftigkeit ihren Charakter als »Brotarbeit«, wie Zille sie selbst nannte. Zille-Themen dienten in den 20er Jahren als Vorlage für Kabarettveranstaltungen und Filme. 1928 begann das Märkische Museum in Berlin, eine größere Sammlung mit Arbeiten des Meisters, der sich auch als Fotograf betätigte, anzulegen.

Richard Zsigmondy

österreichischer Chemiker, Chemienobelpreisträger 1925 (*1. 4. 1865, Wien), stirbt am 29. September in Göttingen.
Zsigmondy, bahnbrechend auf dem Gebiet der Kolloidforschung, erhielt 1925 den Chemienobelpreis für seinen »Nachweis der heterogenen Natur der kolloiden Lösungen und die dabei angewandten Methoden, die für die moderne Kolloidchemie grundlegend sind«. 1902/03 entwickelte er zusammen mit Henry Friedrich Wilhelm Siedentopf das Ultramikroskop, mit dem Kolloidteilchen sichtbar gemacht werden können. Kolloide sind fein verteilte Stoffe im Grenzbereich zwischen echten Lösungen und heterogenen Mischungen.

Personenregister

Das Personenregister enthält alle in diesem Buch genannten Personen (nicht berücksichtigt sind mythologische Gestalten und fiktive Persönlichkeiten sowie Eintragungen im Anhang mit Ausnahme des Nekrologs). Die Herrscher und Angehörigen regierender Häuser mit selben Namen sind alphabetisch nach den Ländern ihrer Herkunft geordnet. Kursive Zahlen verweisen auf Abbildungen.

Sachregister

Das Sachregister enthält Suchwörter zu den in den einzelnen Artikeln behandelten Ereignissen sowie Hinweise auf die im Anhang erfaßten Daten und Entwicklungen. Kalendariumseinträge sind nicht in das Register aufgenommen. Während politische Ereignisse im Ausland unter den betreffenden Ländernamen zu finden sind (Beispiel: »Sprachenstreit unter »Belgien«), wird das politische Geschehen im Deutschen Reich unter den entsprechenden Schlagwörtern erfaßt. Begriffe zu herausragenden Ereignissen des Jahres sind ebenso direkt zu finden (Beispiel: »Schwarzer Freitag« eben dort). Ereignisse und Begriffe, die einem großen Themenbereich (außer Politik) zuzuordnen sind, sind unter einem Oberbegriff aufgelistet (Beispiel: »Streik und Aussperrung« unter »Arbeit und Soziales«).

Bildquellenverzeichnis

Adam Opel AG, Rüsselsheim (1); Deutsches Literaturarchiv/Schiller Nationalmuseum, Marbach (1); Eupra-Press-Service, München (1); Hapag Lloyd, Bremen (1); Harenberg Kommunikation, Dortmund (580); Harenberg Kommunikation/Fischer, Berlin (1); Historia-Photo, Hamburg (1); Keystone Pressedienst, Hamburg (5); Lossen & Co., Stuttgart (1); Österreichische Nationalbibliothek, Wien (2); Lothar Rübelt, Wien (1); Süddeutscher Verlag, München (7); Thomas Mann-Archiv der Technischen Hochschule, Zürich (1)